des Bundesausbildungsförderungsgesetzes (27. BAföGÄndG) v. 15.7.2022 (BGBl. I S. 1150);

- im Aufenthaltsgesetz (Nr. **565**) durch das **Gesetz zur Regelung eines Sofortzuschlages und einer Einmalzahlung in den sozialen Mindestsicherungssystemen sowie zur Änderung des Finanzausgleichsgesetzes und weiterer Gesetze** v. 23.5.2022 (BGBl. I S. 760);.
- in der Verwaltungsgerichtsordnung (Nr. **600**) durch das **Zweite Gesetz zur Änderung des Windenergie-auf-See-Gesetzes und anderer Vorschriften** v. 20.7.2022 (BGBl. I S. 1325);
- in der Gewerbeordnung (Nr. **800**) durch das **Gesetz zum Übergang des Bewacherregisters vom Bundesamt für Wirtschaft und Ausfuhrkontrolle auf das Statistische Bundesamt** v. 19.6.2022 (BGBl. I S. 918) und
- im Bundesnaturschutzgesetz (Nr. **880**) durch das **Vierte Gesetz zur Änderung des Bundesnaturschutzgesetzes** v. 20.7.2022 (BGBl. I S. 1362, ber. S. 1436).

Kleine Änderungen bzw. Korrekturen gab es im Verwaltungszustellungsgesetz (Nr. **110**), im Bundesdatenschutzgesetz (Nr. **245**), im Beamtenrechtsrahmengesetz (Nr. **150a**), im Umweltverträglichkeitsprüfungsgesetz (Nr. **295**), im Kreislaufwirtschaftsgesetz (Nr. **298**), im Baugesetzbuch (Nr. **300**), im Raumordnungsgesetz (Nr. **340**), im Bundeskriminalamtgesetz (Nr. **450**), in der Bundeshaushaltsordnung (Nr. **700**), in der Handwerksordnung (Nr. **815**), im Wasserhaushaltsgesetz (Nr. **845**) und im Bundesfernstraßengesetz (Nr. **932**).

An EU-Recht angepasst wurde die Gewerbeordnung (Nr. **800**) durch das **Gesetz zur Umsetzung der Richtlinie (EU) 2019/1152 des Europäischen Parlaments und des Rates vom 20. Juni 2019 über transparente und vorhersehbare Arbeitsbedingungen in der Europäischen Union im Bereich des Zivilrechts und zur Übertragung von Aufgaben an die Sozialversicherung für Landwirtschaft, Forsten und Gartenbau** v. 20.7.2022 (BGBl. I S. 1174).
Die Artikel 1 bis 11 dieses Gesetzes dienen der Umsetzung der Richtlinie (EU) 2019/1152 des Europäischen Parlaments und des Rates vom 20. Juni 2019 über transparente und vorhersehbare Arbeitsbedingungen in der Europäischen Union (ABl. L 186 vom 11.7.2019, S. 105).

Vorschau

Die kommende 136. Ergänzungslieferung wird sämtliche Änderungen enthalten, die nach dem 1. August 2022 verkündet und bis zum Erscheinungstermin der 136. EL in Kraft treten werden.

Bereits **zugestimmt** hat der Bundesrat der **Zweiten Verordnung zur Änderung der Ukraine-Aufenthalts-Übergangsverordnung,** die das Aufenthaltsgesetz (Nr. **565**) ändert.

Kurzbeschreibung:
Verlängerung der Verordnung in angepasster Fassung, Befreiung vom Erfordernis eines Aufenthaltstitels;

Keine Einwendungen des Bundesrats gab es gegen das **Gesetz zur Änderung des Grundgesetzes (Artikel 82) (Nr. 1).**

Kurzbeschreibung:
Ablösung der allein verbindlichen Papierfassung des Bundesgesetzblattes durch Verkündung auf einer digitalen Verkündungsplattform des Bundes: Einführung eines Gesetzesvorbehaltes betr. elektronische Verkündung auch von Gesetzen.

Bei dieser Gelegenheit wollen wir uns für die Anregungen und Fehlerhinweise durch unsere Bezieher bedanken, die uns auf diese Weise eine wertvolle Hilfestellung bei der Gestaltung der Textsammlung leisten. Zudem möchten wir darauf aufmerksam machen, dass wir unter der eigens für diese Textsammlung eingerichteten E-Mail-Adresse sartorius.redaktion@beck.de erreichbar sind; die Adresse ist auch auf der Rückseite des Titelblattes vermerkt.

München, im August 2022 **Verlag C. H. Beck**

Sartorius

Verfassungs- und Verwaltungsgesetze

Einordnungsanweisung für die 135. Ergänzungslieferung August 2022

Herauszunehmen:		Zahl der Blätter:	Einzufügen:		Zahl der Blätter:
Titelblatt		1	Titelblatt		1
Geleitwort zur 134. EL „Sartorius aktuell“		2	Geleitwort zur 133. EL „Sartorius aktuell“ *		2
1	5-10	3	**1**	5-10	2
	45/46	1		45/46	1
	61/62	1		61/62	1
110	1-4	3	**110**	1-4	2
150a	5/6	1	**150a**	5/6	1
245	1/2	1	**245**	1/2	1
	9/10	1		9/10	1
256	1-16	8	**256**	1-16a	9
	27-34	4		27-34	4
	39-42	2		39-42	2
295	1-4	2	**295**	1-4	2
296	1-10	7	**296**	1-10a	6
	15/16	1		15/16	1
	21-22a	2		21-22a	2
	31b-32a	2		32-32c	2
	41-44	2		41-44	2
298	1-2a	2	**298**	1-2a	2
300	1-4	2	**300**	1-4	2
340	1/2	1	**340**	1/2	1
420	1-22	11	**420**	1-22	11
	27-38	6		27-38	6
	45-48	2		45-48	2
450	1/2	1	**450**	1/2	1
	7/8	1		7-8a	2
565	1-4	2	**565**	1-4	2
	23-26	2		23-26a	3
	55-60	2		55-60	2
	89-92	2		89-92	2
	151/152	1		151-152a	2
	165-168	2		165-168	2
Übertrag:		81	Übertrag:		82

* Aus technischen Gründen liegt das Geleitwort zur 135. EL „Sartorius aktuell“ am Anfang der Lieferung, bitte ordnen Sie es wie gewohnt anstelle des Geleitworts zur 134. EL hinter dem Vorwort in die Textsammlung ein.

Herauszunehmen:		Zahl der Blätter:
Übertrag:		81
600	1-3a	2
	18-24a	6
700	1/2-4	1
	19/19a	1
800	1-8	4
	15-20	3
	40-41a	2
	72-74	2
	94-**805** 2	4
815	1/2	1
	21/21a	1
	77-82	3
830	1-236	121
845	1/2	1
	10-10c	2
	15/16	1
	38b/38c	1
880	1-4	2
	19/20	1
	47/48	1
	53/54	1
	73/74	1
932	1/2	1
	11-22	6
Insgesamt herauszunehmen:		250

Einzufügen:		Zahl der Blätter:
Übertrag:		82
600	1-3a	2
	18-24a	5
700	1/2-4	1
	19/19a	1
800	1-8a	5
	15-20	3
	40-41a	2
	72-74a	2
	94-**805** 2	4
815	1/2	1
	21/21a	1
	77-82	3
830	1-258	129
845	1/2	1
	10-10c	2
	15/16	1
	38b/38c	1
880	1-4	2
	19-20a	2
	47-48c	3
	53/54	1
	73-80	4
932	1/2	1
	11-22a	7
Insgesamt einzufügen:		266

SARTORIUS

Verfassungs- und Verwaltungsgesetze

Textausgabe

Begründet von Dr. Carl Sartorius

Stand: 10. August 2022
(135. Ergänzungslieferung)

C.H.BECK

Dieses Titelblatt entstammt der 135. Ergänzungslieferung August 2022
(Anschluss an die 134. Ergänzungslieferung Mai 2022)
ISBN 978 3 406 78879 6

Redaktioneller Hinweis:

Paragraphenüberschriften in eckigen Klammern sind nicht amtlich. Sie sind ebenso wie die Fußnoten urheber- und wettbewerbsgeschützt. Die Angaben zum Stand der Sammlung auf dem Titelblatt beziehen sich auf das Verkündungsdatum der maßgebenden Gesetzes-, Verordnungs- und Amtsblätter.
Anregungen und Hinweise zur Gestaltung der Textsammlung bitte an den Verlag oder an

sartorius.redaktion@beck.de

www.beck.de

ISBN 978 3 406 45645 9 (Grundwerk zur Fortsetzung für 12 Monate)
ISBN 978 3 406 63600 4 (Grundwerk ohne Fortsetzung)

Wilhelmstraße 9, 80801 München
Satz, Druck und Bindung: Druckerei C. H. Beck Nördlingen
(Adresse wie Verlag)

CO_2 neutral
chbeck.de/nachhaltig

Gedruckt auf säurefreiem, alterungsbeständigem Papier
(hergestellt aus chlorfrei gebleichtem Zellstoff)

Lfd. Nr.	Änderndes Gesetz	Datum	Fundstelle	Betroffen	Hinweis
57.	Art. 1 ÄndG (Art. 87d)	29.7.2009	BGBl. I S. 2247	Art. 87d	geänd. mWv 1.8.2009
58.	Art. 1 ÄndG (Art. 91c, 91d, 104b, 109, 109a, 115, 143d)	29.7.2009	BGBl. I S. 2248	Überschrift Abschnitt VIIIa, Art. 104b, 109, 115	geänd. mWv 1.8.2009
				Art. 91c, 91d, 109a, 143d	eingef. mWv 1.8.2009
59.	Art. 1 ÄndG (Art. 91e)	21.7.2010	BGBl. I S. 944	Art. 91e	eingef. mWv 27.7.2010
60.	Art. 1 ÄndG (Art. 93)	11.7.2012	BGBl. I S. 1478	Art. 93	geänd. mWv 17.7.2012
61.	Art. 1 ÄndG (Art. 91b)	23.12. 2014	BGBl. I S. 2438	Art. 91b	geänd. mWv 1.1.2015
62.	Art. 1 ÄndG (Art. 21)	13.7.2017	BGBl. I S. 2346	Art. 21	geänd. mWv 20.7.2017
63.	Art. 1 ÄndG (Art. 90, 91c, 104b, 104c, 107, 108, 109a, 114, 125c, 143d, 143e, 143f, 143g)	13.7.2017	BGBl. I S. 2347	Art. 90, 91c, 104b, 107, 108, 109a, 114, 125c, 143d	geänd. mWv 20.7.2017
				Art. 104c, 143e, 143f, 143g	eingef. mWv 20.7.2017
64.	Art. 1 ÄndG (Art. 104b, 104c, 104d, 125c, 143e)	28.3.2019	BGBl. I S. 404	Art. 104b, 125c, 143e	geänd. mWv 4.4.2019
				Art. 104c	neu gef. mWv 4.4.2019
				Art. 104d	eingef. mWv 4.4.2019
65.	Art. 1 ÄndG (Art. 72, 105, 125b)	15.11. 2019	BGBl. I S. 1546	Art. 72, 105, 125b	geänd. mWv 21.11.2019
66.	Art. 1 und 2 ÄndG (Art. 104a, 143h)	29.9.2020	BGBl. I S. 2048	Art. 104a	geänd. mWv 8.10.2020
				Art. 143h	eingef. mWv 8.10.2020–31.12.2020
67.	Art. 1 ÄndG (Art. 87a)	28.6.2022	BGBl. I S. 968	Art. 87a	geänd. mWv 1.7.2022

Nichtamtliche Gliederungsübersicht

[Verkündungsformel]

Der Parlamentarische Rat hat am 23. Mai 1949 in Bonn am Rhein in öffentlicher Sitzung festgestellt, daß das am 8. Mai des Jahres 1949 vom Parlamentarischen Rat beschlossene Grundgesetz für die Bundesrepublik Deutschland in der Woche vom 16. bis 22. Mai 1949 durch die Volksvertretungen von mehr als Zweidritteln der beteiligten deutschen Länder angenommen worden ist.

Auf Grund dieser Feststellung hat der Parlamentarische Rat, vertreten durch seine Präsidenten, das Grundgesetz ausgefertigt und verkündet.

Das Grundgesetz wird hiermit gemäß Artikel 145 Abs. 3 im Bundesgesetzblatt veröffentlicht:

Präambel[1]

[1] Im Bewußtsein seiner Verantwortung vor Gott und den Menschen,

von dem Willen beseelt, als gleichberechtigtes Glied in einem vereinten Europa dem Frieden der Welt zu dienen, hat sich das Deutsche Volk kraft seiner verfassungsgebenden Gewalt dieses Grundgesetz gegeben.

[2] Die Deutschen[2] in den Ländern Baden-Württemberg, Bayern, Berlin, Brandenburg, Bremen, Hamburg, Hessen, Mecklenburg-Vorpommern, Niedersachsen, Nordrhein-Westfalen, Rheinland-Pfalz, Saarland, Sachsen, Sachsen-Anhalt, Schleswig-Holstein und Thüringen haben in freier Selbstbestimmung die Einheit und Freiheit Deutschlands vollendet. [3] Damit gilt dieses Grundgesetz für das gesamte Deutsche Volk.

I.[3] Die Grundrechte

Art. 1[4] [5] [Schutz der Menschenwürde, Menschenrechte, Grundrechtsbindung] (1) [1] Die Würde des Menschen ist unantastbar. [2] Sie zu achten und zu schützen ist Verpflichtung aller staatlichen Gewalt.

(2) Das Deutsche Volk bekennt sich darum zu unverletzlichen und unveräußerlichen Menschenrechten als Grundlage jeder menschlichen Gemeinschaft, des Friedens und der Gerechtigkeit in der Welt.

(3) Die nachfolgenden Grundrechte binden Gesetzgebung, vollziehende Gewalt und Rechtsprechung als unmittelbar geltendes Recht.

Art. 2 [Freie Entfaltung der Persönlichkeit, Recht auf Leben, körperliche Unversehrtheit, Freiheit der Person] (1) Jeder hat das Recht auf die freie Entfaltung seiner Persönlichkeit, soweit er nicht die Rechte anderer verletzt und nicht gegen die verfassungsmäßige Ordnung oder das Sittengesetz verstößt.

---

[1] Präambel neu gef. mWv 29.9.1990 durch EVertr. v. 31.8.1990 (BGBl. II S. 885, 889).
[2] Zum Begriff des „Deutschen" siehe Art. 116 Abs. 1.
[3] Siehe hierzu auch die Konvention zum Schutz der Menschenrechte und Grundfreiheiten (Nr. **1003**).
[4] Art. 1 Abs. 3 neu gef. mWv 22.3.1956 durch G v. 19.3.1956 (BGBl. I S. 111).
[5] Zur Unzulässigkeit der Änderung des Art. 1 siehe Art. 79 Abs. 3.

(2) [1]Jeder hat das Recht auf Leben und körperliche Unversehrtheit. [2]Die Freiheit der Person ist unverletzlich.[1)] [3]In diese Rechte darf nur auf Grund eines Gesetzes eingegriffen werden.[2)]

Art. 3[3)] [4)] [Gleichheit vor dem Gesetz] (1) Alle Menschen sind vor dem Gesetz gleich.

(2) [1]Männer und Frauen sind gleichberechtigt. [2]Der Staat fördert die tatsächliche Durchsetzung der Gleichberechtigung von Frauen und Männern und wirkt auf die Beseitigung bestehender Nachteile hin.

(Fortsetzung nächstes Blatt)

[1)] Zur Freiheitsentziehung siehe Art. 104.

[2)] Siehe hierzu ua Buch 7 (§§ 415 ff. – Verfahren in Freiheitsentziehungssachen) des G über das Verfahren in Familiensachen und in den Angelegenheiten der freiwilligen Gerichtsbarkeit (FamFG) **(Habersack, Deutsche Gesetze Nr. 112)**.

[3)] Art. 3 Abs. 2 Satz 2 und Abs. 3 Satz 2 angef. mWv 15.11.1994 durch G v. 27.10.1994 (BGBl. I S. 3146).

[4)] Siehe hierzu auch Art. 33 Abs. 2 GG sowie Art. 136 Abs. 1 und 2 WRV, wiedergegeben im Anschluss an Art. 146.

entsenden, mit deren Zustimmung und, falls diese Zustimmung versagt wird, mit Zustimmung des Bundesrates auch zu den nachgeordneten Behörden.

(4) [1] Werden Mängel, die die Bundesregierung bei der Ausführung der Bundesgesetze in den Ländern festgestellt hat, nicht beseitigt, so beschließt auf Antrag der Bundesregierung oder des Landes der Bundesrat, ob das Land das Recht verletzt hat. [2] Gegen den Beschluß des Bundesrates kann das Bundesverfassungsgericht angerufen werden.[1)]

(5) [1] Der Bundesregierung kann durch Bundesgesetz, das der Zustimmung des Bundesrates bedarf, zur Ausführung von Bundesgesetzen die Befugnis verliehen werden, für besondere Fälle Einzelweisungen zu erteilen. [2] Sie sind, außer wenn die Bundesregierung den Fall für dringlich erachtet, an die obersten Landesbehörden zu richten.

Art. 85[2)] [Landesverwaltung im Bundesauftrag] (1) [1] Führen die Länder die Bundesgesetze im Auftrage des Bundes aus, so bleibt die Einrichtung der Behörden Angelegenheit der Länder, soweit nicht Bundesgesetze mit Zustimmung des Bundesrates etwas anderes bestimmen. [2] Durch Bundesgesetz dürfen Gemeinden und Gemeindeverbänden Aufgaben nicht übertragen werden.

(2) [1] Die Bundesregierung kann mit Zustimmung des Bundesrates allgemeine Verwaltungsvorschriften erlassen. [2] Sie kann die einheitliche Ausbildung der Beamten und Angestellten regeln. [3] Die Leiter der Mittelbehörden sind mit ihrem Einvernehmen zu bestellen.

(3) [1] Die Landesbehörden unterstehen den Weisungen der zuständigen obersten Bundesbehörden. [2] Die Weisungen sind, außer wenn die Bundesregierung es für dringlich erachtet, an die obersten Landesbehörden zu richten. [3] Der Vollzug der Weisung ist durch die obersten Landesbehörden sicherzustellen.

(4) [1] Die Bundesaufsicht erstreckt sich auf Gesetzmäßigkeit und Zweckmäßigkeit der Ausführung. [2] Die Bundesregierung kann zu diesem Zwecke Bericht und Vorlage der Akten verlangen und Beauftragte zu allen Behörden entsenden.

Art. 86 [Bundesverwaltung] [1] Führt der Bund die Gesetze durch bundeseigene Verwaltung oder durch bundesunmittelbare Körperschaften oder Anstalten des öffentlichen Rechtes aus, so erläßt die Bundesregierung, soweit nicht das Gesetz Besonderes vorschreibt, die allgemeinen Verwaltungsvorschriften. [2] Sie regelt, soweit das Gesetz nichts anderes bestimmt, die Einrichtung der Behörden.

Art. 87[3) 4)] [Gegenstände der Bundesverwaltung] (1) [1] In bundeseigener Verwaltung mit eigenem Verwaltungsunterbau werden geführt der Auswärtige Dienst, die Bundesfinanzverwaltung und nach Maßgabe des Artikels 89 die Verwaltung der Bundeswasserstraßen und der Schiffahrt. [2] Durch Bundesgesetz können Bundesgrenzschutzbehörden[5) 6)], Zentralstellen für das polizeiliche Auskunfts- und Nachrichtenwesen, für die Kriminalpolizei[7)] und zur Sammlung von Unterlagen

---

[1)] Siehe hierzu § 13 Nr. 7 und §§ 68 ff. BundesverfassungsgerichtsG (Nr. **40**).

[2)] Art. 85 Abs. 1 Satz 2 angef. mWv 1.9.2006 durch G v. 28.8.2006 (BGBl. I S. 2034).

[3)] Art. 87 Abs. 1 Satz 2 neu gef. mWv 3.8.1972 durch G v. 28.7.1972 (BGBl. I S. 1305); Abs. 1 Satz 1 geänd. mWv 23.12.1993 durch G v. 20.12.1993 (BGBl. I S. 2089); Abs. 1 Satz 1 geänd. mWv 3.9.1994 durch G v. 30.8.1994 (BGBl. I S. 2245); Abs. 2 Satz 2 angef. mWv 15.11.1994 durch G v. 27.10.1994 (BGBl. I S. 3146).

[4)] Siehe hierzu auch Art. 130.

[5)] Bezeichnung ab 1.7.2005: „Bundespolizei".

[6)] Siehe das BundespolizeiG (Nr. **90**).

[7)] Siehe das BundeskriminalamtG (Nr. **450**).

für Zwecke des Verfassungsschutzes[1] und des Schutzes gegen Bestrebungen im Bundesgebiet, die durch Anwendung von Gewalt oder darauf gerichtete Vorbereitungshandlungen auswärtige Belange der Bundesrepublik Deutschland gefährden, eingerichtet werden.

(2) [1] Als bundesunmittelbare Körperschaften des öffentlichen Rechtes werden diejenigen sozialen Versicherungsträger geführt, deren Zuständigkeitsbereich sich über das Gebiet eines Landes hinaus erstreckt. [2] Soziale Versicherungsträger, deren Zuständigkeitsbereich sich über das Gebiet eines Landes, aber nicht über mehr als drei Länder hinaus erstreckt, werden abweichend von Satz 1 als landesunmittelbare Körperschaften des öffentlichen Rechtes geführt, wenn das aufsichtsführende Land durch die beteiligten Länder bestimmt ist.

(3) [1] Außerdem können für Angelegenheiten, für die dem Bunde die Gesetzgebung zusteht, selbständige Bundesoberbehörden und neue bundesunmittelbare Körperschaften und Anstalten des öffentlichen Rechtes durch Bundesgesetz errichtet werden. [2] Erwachsen dem Bunde auf Gebieten, für die ihm die Gesetzgebung zusteht, neue Aufgaben, so können bei dringendem Bedarf bundeseigene Mittel- und Unterbehörden mit Zustimmung des Bundesrates und der Mehrheit[2] der Mitglieder des Bundestages errichtet werden.

Art. 87a[3) 4)] **[Streitkräfte]** (1) [1] Der Bund stellt Streitkräfte zur Verteidigung auf. [2] Ihre zahlenmäßige Stärke und die Grundzüge ihrer Organisation müssen sich aus dem Haushaltsplan ergeben.

(1a) [1] Zur Stärkung der Bündnis- und Verteidigungsfähigkeit kann der Bund ein Sondervermögen für die Bundeswehr mit eigener Kreditermächtigung in Höhe von einmalig bis zu 100 Milliarden Euro errichten. [2] Auf die Kreditermächtigung sind Artikel 109 Absatz 3 und Artikel 115 Absatz 2 nicht anzuwenden. [3] Das Nähere regelt ein Bundesgesetz.

(2) Außer zur Verteidigung dürfen die Streitkräfte nur eingesetzt werden, soweit dieses Grundgesetz es ausdrücklich zuläßt.

(3) [1] Die Streitkräfte haben im Verteidigungsfalle und im Spannungsfalle die Befugnis, zivile Objekte zu schützen und Aufgaben der Verkehrsregelung wahrzunehmen, soweit dies zur Erfüllung ihres Verteidigungsauftrages erforderlich ist. [2] Außerdem kann den Streitkräften im Verteidigungsfalle und im Spannungsfalle der Schutz ziviler Objekte auch zur Unterstützung polizeilicher Maßnahmen übertragen werden; die Streitkräfte wirken dabei mit den zuständigen Behörden zusammen.

(Fortsetzung nächstes Blatt)

---

1) Siehe das BundesverfassungsschutzG (Nr. **80**).

2) Zum Begriff der Mehrheit siehe Art. 121.

3) Art. 87a eingef. mWv 22.3.1956 durch G v. 19.3.1956 (BGBl. I S. 111); neu gef. mWv 28.6.1968 durch G v. 24.6.1968 (BGBl. I S. 709); Abs. 1a eingef. mWv 1.7.2022 durch G v. 28.6.2022 (BGBl. I S. 968).

4) Siehe hierzu das ParlamentsbeteiligungsG v. 18.3.2005 (BGBl. I S. 775).

Art. 108[1] **[Finanzverwaltung]** (1) [1] Zölle, Finanzmonopole, die bundesgesetzlich geregelten Verbrauchsteuern einschließlich der Einfuhrumsatzsteuer, die Kraftfahrzeugsteuer und sonstige auf motorisierte Verkehrsmittel bezogene Verkehrsteuern ab dem 1. Juli 2009 sowie die Abgaben im Rahmen der Europäischen Gemeinschaften werden durch Bundesfinanzbehörden verwaltet. [2] Der Aufbau dieser Behörden wird durch Bundesgesetz[2] geregelt. [3] Soweit Mittelbehörden eingerichtet sind, werden deren Leiter im Benehmen mit den Landesregierungen bestellt.

(2) [1] Die übrigen Steuern werden durch Landesfinanzbehörden verwaltet. [2] Der Aufbau dieser Behörden und die einheitliche Ausbildung der Beamten können durch Bundesgesetz[3] mit Zustimmung des Bundesrates geregelt werden. [3] Soweit Mittelbehörden eingerichtet sind, werden deren Leiter im Einvernehmen mit der Bundesregierung bestellt.

(3) [1] Verwalten die Landesfinanzbehörden Steuern, die ganz oder zum Teil dem Bund zufließen, so werden sie im Auftrage des Bundes tätig. [2] Artikel 85 Abs. 3 und 4 gilt mit der Maßgabe, daß an die Stelle der Bundesregierung der Bundesminister der Finanzen tritt.

(4) [1] Durch Bundesgesetz, das der Zustimmung des Bundesrates bedarf, kann bei der Verwaltung von Steuern ein Zusammenwirken von Bundes- und Landesfinanzbehörden sowie für Steuern, die unter Absatz 1 fallen, die Verwaltung durch Landesfinanzbehörden und für andere Steuern die Verwaltung durch Bundesfinanzbehörden vorgesehen werden, wenn und soweit dadurch der Vollzug der Steuergesetze erheblich verbessert oder erleichtert wird. [2] Für die den Gemeinden (Gemeindeverbänden) allein zufließenden Steuern kann die den Landesfinanzbehörden zustehende Verwaltung durch die Länder ganz oder zum Teil den Gemeinden (Gemeindeverbänden) übertragen werden. [3] Das Bundesgesetz nach Satz 1 kann für ein Zusammenwirken von Bund und Ländern bestimmen, dass bei Zustimmung einer im Gesetz genannten Mehrheit Regelungen für den Vollzug von Steuergesetzen für alle Länder verbindlich werden.

(4a) [1] Durch Bundesgesetz, das der Zustimmung des Bundesrates bedarf, können bei der Verwaltung von Steuern, die unter Absatz 2 fallen, ein Zusammenwirken von Landesfinanzbehörden und eine länderübergreifende Übertragung von Zuständigkeiten auf Landesfinanzbehörden eines oder mehrerer Länder im Einvernehmen mit den betroffenen Ländern vorgesehen werden, wenn und soweit dadurch der Vollzug der Steuergesetze erheblich verbessert oder erleichtert wird. [2] Die Kostentragung kann durch Bundesgesetz geregelt werden.

(5) [1] Das von den Bundesfinanzbehörden anzuwendende Verfahren wird durch Bundesgesetz geregelt. [2] Das von den Landesfinanzbehörden und in den Fällen des Absatzes 4 Satz 2 von den Gemeinden (Gemeindeverbänden) anzuwendende Verfahren kann durch Bundesgesetz mit Zustimmung des Bundesrates geregelt werden.

(6) Die Finanzgerichtsbarkeit wird durch Bundesgesetz[4] einheitlich geregelt.

---

[1] Art. 108 neu gef. mWv 1.1.1970 durch G v. 12.5.1969 (BGBl. I S. 359); Abs. 1 Satz 3 und Abs. 2 Satz 3 neu gef. mWv 30.11.2001 durch G v. 26.11.2001 (BGBl. I S. 3219); Abs. 1 Satz 1 neu gef. mWv 26.3.2009 durch G v. 19.3.2009 (BGBl. I S. 606); Abs. 4 Satz 3 angef., Abs. 4a eingef. mWv 20.7.2017 durch G v. 13.7.2017 (BGBl. I S. 2347).

[2] Siehe das FinanzverwaltungsG **(Sartorius ErgBd. Nr. 698)**.

[3] Siehe das Steuerbeamten-AusbildungsG idF der Bek. v. 29.10.1996 (BGBl. I S. 1577), zuletzt geänd. durch G v. 9.7.2021 (BGBl. I S. 2442).

[4] Siehe die FinanzgerichtsO idF der Bek. v. 28.3.2001 (BGBl. I S. 442, ber. S. 2262, 2002 S. 679), zuletzt geänd. durch G v. 5.10.2021 (BGBl. I S. 4607).

(7) Die Bundesregierung kann allgemeine Verwaltungsvorschriften erlassen, und zwar mit Zustimmung des Bundesrates, soweit die Verwaltung den Landesfinanzbehörden oder Gemeinden (Gemeindeverbänden) obliegt.

Art. 109[1)] **[Haushaltswirtschaft in Bund und Ländern]** (1) Bund und Länder sind in ihrer Haushaltswirtschaft selbständig und voneinander unabhängig.

(2) Bund und Länder erfüllen gemeinsam die Verpflichtungen der Bundesrepublik Deutschland aus Rechtsakten der Europäischen Gemeinschaft auf Grund des Artikels 104 des Vertrags zur Gründung der Europäischen Gemeinschaft zur Einhaltung der Haushaltsdisziplin und tragen in diesem Rahmen den Erfordernissen des gesamtwirtschaftlichen Gleichgewichts Rechnung.

(3) [1] Die Haushalte von Bund und Ländern sind grundsätzlich ohne Einnahmen aus Krediten auszugleichen. [2] Bund und Länder können Regelungen zur im Auf- und Abschwung symmetrischen Berücksichtigung der Auswirkungen einer von der Normallage abweichenden konjunkturellen Entwicklung sowie eine Ausnahmeregelung für Naturkatastrophen oder außergewöhnliche Notsituationen, die sich der Kontrolle des Staates entziehen und die staatliche Finanzlage erheblich beeinträchtigen, vorsehen. [3] Für die Ausnahmeregelung ist eine entsprechende Tilgungsregelung vorzusehen. [4] Die nähere Ausgestaltung regelt für den Haushalt des Bundes Artikel 115 mit der Maßgabe, dass Satz 1 entsprochen ist, wenn die Einnahmen aus Krediten 0,35 vom Hundert im Verhältnis zum nominalen Bruttoinlandsprodukt nicht überschreiten. [5] Die nähere Ausgestaltung für die Haushalte der Länder regeln diese im Rahmen ihrer verfassungsrechtlichen Kompetenzen mit der Maßgabe, dass Satz 1 nur dann entsprochen ist, wenn keine Einnahmen aus Krediten zugelassen werden.

(4) Durch Bundesgesetz[2)], das der Zustimmung des Bundesrates bedarf, können für Bund und Länder gemeinsam geltende Grundsätze für das Haushaltsrecht, für eine konjunkturgerechte Haushaltswirtschaft und für eine mehrjährige Finanzplanung aufgestellt werden.

(5) [1] Sanktionsmaßnahmen der Europäischen Gemeinschaft im Zusammenhang mit den Bestimmungen in Artikel 104 des Vertrags zur Gründung der Europäischen Gemeinschaft zur Einhaltung der Haushaltsdisziplin tragen Bund und Länder im Verhältnis 65 zu 35. [2] Die Ländergesamtheit trägt solidarisch 35 vom Hundert der auf die Länder entfallenden Lasten entsprechend ihrer Einwohnerzahl; 65 vom Hundert der auf die Länder entfallenden Lasten tragen die Länder entsprechend ihrem Verursachungsbeitrag. [3] Das Nähere regelt ein Bundesgesetz, das der Zustimmung des Bundesrates bedarf.

[1)] Art. 109 neu gef. mWv 14.6.1967 durch G v. 8.6.1967 (BGBl. I S. 581); Abs. 3 neu gef. mWv 15.5. 1969 durch G v. 12.5.1969 (BGBl. I S. 357); Abs. 5 angef. mWv 1.9.2006 durch G v. 28.8.2006 (BGBl. I S. 2034); Abs. 2 neu gef., Abs. 3 eingef., bish. Abs. 3 wird Abs. 4, bish. Abs. 4, Abs. 5 Satz 1 aufgeh., bish. Sätze 2 bis 4 werden Sätze 1 bis 3, neuer Satz 1 neu gef. mWv 1.8.2009 durch G v. 29.7.2009 (BGBl. I S. 2248).

[2)] Siehe das HaushaltsgrundsätzeG (Nr. **699**) und das G zur Förderung der Stabilität und des Wachstums der Wirtschaft (Nr. **720**).

110. Verwaltungszustellungsgesetz (VwZG)[1) 2) 3)]

Vom 12. August 2005
(BGBl. I S. 2354)

FNA 201-9

geänd. durch Art. 6b G zur Modernisierung des GmbH-Rechts und zur Bekämpfung von Missbräuchen v. 23.10.2008 (BGBl. I S. 2026), Art. 9a Viertes G zur Änd. verwaltungsverfahrensrechtl. Vorschriften v. 11.12.2008 (BGBl. I S. 2418), Art. 3 G zur Regelung von De-Mail-Diensten und zur Änd. weiterer Vorschriften v. 28.4.2011 (BGBl. I S. 666), Art. 2 Abs. 2 G zur Änd. von Vorschriften über Verkündung und Bekanntmachungen sowie der ZPO, des EGZPO und der AO v. 22.12.2011 (BGBl. I S. 3044), Art. 17 G zur Förderung des elektronischen Rechtsverkehrs mit den Gerichten v. 10.10.2013 (BGBl. I S. 3786), Art. 11 Abs. 3 eIDAS-Durchführungsgesetz v. 18.7.2017 (BGBl. I S. 2745), Art. 15 Abs. 2 Vormundschafts- und Betreuungsrechts-Reformgesetz v. 4.5.2021 (BGBl. I S. 882), Art. 7 G zur Neuregelung des Berufsrechts der anwaltlichen und steuerberatenden Berufsausübungsgesellschaften sowie zur Änd. weiterer Vorschriften im Bereich der rechtsberatenden Berufe v. 7.7.2021 (BGBl. I S. 2363) und Art. 6 Personengesellschaftsrechtsmodernisierungsgesetz (MoPeG) v. 10.8.2021 (BGBl. I S. 3436)

§ 1 Anwendungsbereich. (1) Die Vorschriften dieses Gesetzes gelten für das Zustellungsverfahren der Bundesbehörden, der bundesunmittelbaren Körperschaf-

---

1) Verkündet als Art. 1 G zur Novellierung des Verwaltungszustellungsrechts v. 12.8.2005 (BGBl. I S. 2354); Inkrafttreten gem. Art. 4 Abs. 1 Satz 2 dieses G am 1.2.2006.

2) Siehe zur Verwaltungszustellung u.a. auch die folgenden Vorschriften der Länder:

- **Baden-Württemberg:** Verwaltungszustellungsgesetz für Baden-Württemberg – LVwZG v. 3.7.2007 (GBl. S. 293), zuletzt geänd. durch G v. 4.2.2021 (GBl. S. 181)
- **Bayern:** Bayerisches Verwaltungszustellungs- und Vollstreckungsgesetz (VwZVG) v. 11.11.1970 (BayRS II S. 232), zuletzt geänd. durch V v. 26.3.2019 (GVBl. S. 98)
- **Berlin:** Gesetz über das Verfahren der Berliner Verwaltung v. 21.4.2016 (GVBl. S. 218), zuletzt geänd. durch G v. 27.9.2021 (GVBl. S. 1117)
- **Brandenburg:** Verwaltungszustellungsgesetz für das Land Brandenburg (BbgVwZG) v. 18.10.1991 (GVBl. S. 457), zuletzt geänd. durch G v. 28.6.2006 (GVBl. I S. 74)
- **Bremen:** Bremisches Verwaltungszustellungsgesetz (BremVwZG) v. 26.1.2006 (Brem.GBl. S. 49)
- **Hamburg:** Hamburgisches Verwaltungszustellungsgesetz (HmbVwZG) v. 21.6.1954 (BS Hbg I), zuletzt geänd. durch G v. 25.11.2010 (HmbGVBl. S. 614)
- **Hessen:** Hessisches Verwaltungszustellungsgesetz (HessVwZG) v. 14.2.1957 (GVBl. I S. 9), zuletzt geänd. durch G v. 13.12.2012 (GVBl. S. 622)
- **Mecklenburg-Vorpommern:** Verwaltungsverfahrens-, Zustellungs- und Vollstreckungsgesetz des Landes Mecklenburg-Vorpommern (Landesverwaltungsverfahrensgesetz – VwVfG M-V) idF der Bek. v. 6.5. 2020 (GVOBl. M-V S. 410)
- **Niedersachsen:** Niedersächsisches Verwaltungszustellungsgesetz (NVwZG) v. 23.2.2006 (Nds. GVBl. S. 72)
- **Nordrhein-Westfalen:** Verwaltungszustellungsgesetz für das Land Nordrhein-Westfalen (Landeszustellungsgesetz – LZG NRW) v. 7.3.2006 (GV. NRW. S. 94), zuletzt geänd. durch G v. 23.6.2021 (GV. NRW. S. 762)
- **Rheinland-Pfalz:** Landesverwaltungszustellungsgesetz (LVwZG) v. 2.3.2006 (GVBl. S. 56), geänd. durch G v. 3.4.2014 (GVBl. S. 34)
- **Saarland:** Saarländisches Verwaltungszustellungsgesetz (SVwZG) v. 13.12.2005 (Amtsbl. 2006 S. 214)
- **Sachsen:** Gesetz zur Regelung des Verwaltungsverfahrens- und des Verwaltungszustellungsrechts für den Freistaat Sachsen (SächsVwVfZG) v. 19.5.2010 (SächsGVBl. S. 142), geänd. durch G v. 12.7.2013 (SächsGVBl. S. 503)
- **Sachsen-Anhalt:** Verwaltungszustellungsgesetz des Landes Sachsen-Anhalt (VwZG-LSA) v. 9.10.1992 (GVBl. LSA S. 715), zuletzt geänd. durch G v. 17.1.2008 (GVBl. LSA S. 2)
- **Schleswig-Holstein:** Allgemeines Verwaltungsgesetz für das Land Schleswig-Holstein (LVwG) idF der Bek. v. 2.6.1992 (GVOBl. Schl.-H. S. 243, ber. S. 534), zuletzt geänd. durch G v. 29.4.2022 (GVOBl. Schl.-H. S. 549)
- **Thüringen:** Thüringer Verwaltungszustellungs- und Vollstreckungsgesetz (ThürVwZVG) idF der Bek. v. 5.2.2009 (GVBl. S. 24), zuletzt geänd. durch G v. 23.9.2015 (GVBl. S. 131)

3) Die Änderung durch G v. 4.5.2021 (BGBl. I S. 882) tritt erst **mWv 1.1.2023**, die Änderung durch G v. 10.8.2021 (BGBl. I S. 3436) tritt erst **mWv 1.1.2024** in Kraft und ist im Text noch nicht berücksichtigt.

ten, Anstalten und Stiftungen des öffentlichen Rechts und der Landesfinanzbehörden.

(2) Zugestellt wird, soweit dies durch Rechtsvorschrift oder behördliche Anordnung bestimmt ist.

§ 2[1)] Allgemeines. (1) Zustellung ist die Bekanntgabe eines schriftlichen oder elektronischen Dokuments in der in diesem Gesetz bestimmten Form.

(2) [1] Die Zustellung wird durch einen Erbringer von Postdienstleistungen (Post), einen nach § 17 des De-Mail-Gesetzes[2)] akkreditierten Diensteanbieter oder durch die Behörde ausgeführt. [2] Daneben gelten die in den §§ 9 und 10 geregelten Sonderarten der Zustellung.

(3) [1] Die Behörde hat die Wahl zwischen den einzelnen Zustellungsarten. [2] § 5 Absatz 5 Satz 2 bleibt unberührt.

§ 3 Zustellung durch die Post mit Zustellungsurkunde. (1) Soll durch die Post mit Zustellungsurkunde zugestellt werden, übergibt die Behörde der Post den Zustellungsauftrag, das zuzustellende Dokument in einem verschlossenen Umschlag und einen vorbereiteten Vordruck einer Zustellungsurkunde.

(2) [1] Für die Ausführung der Zustellung gelten die §§ 177 bis 182 der Zivilprozessordnung[3)] entsprechend. [2] Im Fall des § 181 Abs. 1 der Zivilprozessordnung kann das zuzustellende Dokument bei einer von der Post dafür bestimmten Stelle am Ort der Zustellung oder am Ort des Amtsgerichts, in dessen Bezirk der Ort der Zustellung liegt, niedergelegt werden oder bei der Behörde, die den Zustellungsauftrag erteilt hat, wenn sie ihren Sitz an einem der vorbezeichneten Orte hat. [3] Für die Zustellungsurkunde, den Zustellungsauftrag, den verschlossenen Umschlag nach Absatz 1 und die schriftliche Mitteilung nach § 181 Abs. 1 Satz 3 der Zivilprozessordnung sind die Vordrucke nach der Zustellungsvordruckverordnung zu verwenden.

§ 4 Zustellung durch die Post mittels Einschreiben. (1) Ein Dokument kann durch die Post mittels Einschreiben durch Übergabe oder mittels Einschreiben mit Rückschein zugestellt werden.

(2) [1] Zum Nachweis der Zustellung genügt der Rückschein. [2] Im Übrigen gilt das Dokument am dritten Tag nach der Aufgabe zur Post als zugestellt, es sei denn, dass es nicht oder zu einem späteren Zeitpunkt zugegangen ist. [3] Im Zweifel hat die Behörde den Zugang und dessen Zeitpunkt nachzuweisen. [4] Der Tag der Aufgabe zur Post ist in den Akten zu vermerken.

§ 5[4)] Zustellung durch die Behörde gegen Empfangsbekenntnis; elektronische Zustellung. (1) [1] Bei der Zustellung durch die Behörde händigt der zustellende Bedienstete das Dokument dem Empfänger in einem verschlossenen Umschlag aus. [2] Das Dokument kann auch offen ausgehändigt werden, wenn keine schutzwürdigen Interessen des Empfängers entgegenstehen. [3] Der Empfänger hat ein mit dem Datum der Aushändigung versehenes Empfangsbekenntnis zu unterschrei-

---

[1)] § 2 Abs. 3 Satz 2 angef. mWv 18.12.2008 durch G v. 11.12.2008 (BGBl. I S. 2418); Abs. 2 Satz 1 geänd., Abs. 3 Satz 2 neu gef. mWv 3.5.2011 durch G v. 28.4.2011 (BGBl. I S. 666).

[2)] **Sartorius III Nr. 730.**

[3)] **Habersack, Deutsche Gesetze Nr. 100.**

[4)] § 5 Abs. 4 Satz 2 aufgeh., Abs. 5 neu gef., Abs. 6 und 7 angef. mWv 18.12.2008 durch G v. 11.12.2008 (BGBl. I S. 2418); Überschrift, Abs. 5 und 7 Satz 2 und 4 neu gef., Abs. 7 Satz 3 geänd. mWv 3.5.2011 durch G v. 28.4.2011 (BGBl. I S. 666); Abs. 5 Satz 3 geänd. mWv 29.7.2017 durch G v. 18.7.2017 (BGBl. I S. 2745); Abs. 4 geänd. mWv 1.8.2022 durch G v. 7.7.2021 (BGBl. I S. 2363).

ben. [4]Der Bedienstete vermerkt das Datum der Zustellung auf dem Umschlag des auszuhändigenden Dokuments oder bei offener Aushändigung auf dem Dokument selbst.

(2) [1]Die §§ 177 bis 181 der Zivilprozessordnung[1)] sind anzuwenden. [2]Zum Nachweis der Zustellung ist in den Akten zu vermerken:

1. im Fall der Ersatzzustellung in der Wohnung, in Geschäftsräumen und Einrichtungen nach § 178 der Zivilprozessordnung der Grund, der diese Art der Zustellung rechtfertigt,
2. im Fall der Zustellung bei verweigerter Annahme nach § 179 der Zivilprozessordnung, wer die Annahme verweigert hat und dass das Dokument am Ort der Zustellung zurückgelassen oder an den Absender zurückgesandt wurde sowie der Zeitpunkt und der Ort der verweigerten Annahme,
3. in den Fällen der Ersatzzustellung nach den §§ 180 und 181 der Zivilprozessordnung der Grund der Ersatzzustellung sowie wann und wo das Dokument in einen Briefkasten eingelegt oder sonst niedergelegt und in welcher Weise die Niederlegung schriftlich mitgeteilt wurde.

[3]Im Fall des § 181 Abs. 1 der Zivilprozessordnung kann das zuzustellende Dokument bei der Behörde, die den Zustellungsauftrag erteilt hat, niedergelegt werden, wenn diese Behörde ihren Sitz am Ort der Zustellung oder am Ort des Amtsgerichts hat, in dessen Bezirk der Ort der Zustellung liegt.

(3) [1]Zur Nachtzeit, an Sonntagen und allgemeinen Feiertagen darf nach den Absätzen 1 und 2 im Inland nur mit schriftlicher oder elektronischer Erlaubnis des Behördenleiters zugestellt werden. [2]Die Nachtzeit umfasst die Stunden von 21 bis 6 Uhr. [3]Die Erlaubnis ist bei der Zustellung abschriftlich mitzuteilen. [4]Eine Zustellung, bei der diese Vorschriften nicht beachtet sind, ist wirksam, wenn die Annahme nicht verweigert wird.

(4) Das Dokument kann an Behörden, Körperschaften, Anstalten und Stiftungen des öffentlichen Rechts, an Rechtsanwälte, Patentanwälte, Notare, Steuerberater, Steuerbevollmächtigte, Wirtschaftsprüfer, vereidigte Buchprüfer, Berufsausübungsgesellschaften im Sinne der Bundesrechtsanwaltsordnung[2)], der Patentanwaltsordnung und des Steuerberatungsgesetzes, Wirtschaftsprüfungsgesellschaften und Buchprüfungsgesellschaften auch auf andere Weise, auch elektronisch, gegen Empfangsbekenntnis zugestellt werden.

(5) [1]Ein elektronisches Dokument kann im Übrigen unbeschadet des Absatzes 4 elektronisch zugestellt werden, soweit der Empfänger hierfür einen Zugang eröffnet. [2]Es ist elektronisch zuzustellen, wenn auf Grund einer Rechtsvorschrift ein Verfahren auf Verlangen des Empfängers in elektronischer Form abgewickelt wird. [3]Für die Übermittlung ist das Dokument mit einer qualifizierten elektronischen Signatur zu versehen und gegen unbefugte Kenntnisnahme Dritter zu schützen.

(6) [1]Bei der elektronischen Zustellung ist die Übermittlung mit dem Hinweis „Zustellung gegen Empfangsbekenntnis“ einzuleiten. [2]Die Übermittlung muss die absendende Behörde, den Namen und die Anschrift des Zustellungsadressaten sowie den Namen des Bediensteten erkennen lassen, der das Dokument zur Übermittlung aufgegeben hat.

(7) [1]Zum Nachweis der Zustellung nach den Absätzen 4 und 5 genügt das mit Datum und Unterschrift versehene Empfangsbekenntnis, das an die Behörde durch

---

[1)] **Habersack, Deutsche Gesetze Nr. 100.**
[2)] **Habersack, Deutsche Gesetze ErgBd. Nr. 98.**

die Post oder elektronisch zurückzusenden ist. [2] Ein elektronisches Dokument gilt in den Fällen des Absatzes 5 Satz 2 am dritten Tag nach der Absendung an den vom Empfänger hierfür eröffneten Zugang als zugestellt, wenn der Behörde nicht spätestens an diesem Tag ein Empfangsbekenntnis nach Satz 1 zugeht. [3] Satz 2 gilt nicht, wenn der Empfänger nachweist, dass das Dokument nicht oder zu einem späteren Zeitpunkt zugegangen ist. [4] Der Empfänger ist in den Fällen des Absatzes 5 Satz 2 vor der Übermittlung über die Rechtsfolgen nach den Sätzen 2 und 3 zu belehren. [5] Zum Nachweis der Zustellung ist von der absendenden Behörde in den Akten zu vermerken, zu welchem Zeitpunkt und an welchen Zugang das Dokument gesendet wurde. [6] Der Empfänger ist über den Eintritt der Zustellungsfiktion nach Satz 2 zu benachrichtigen.

§ 5a[1)] Elektronische Zustellung gegen Abholbestätigung über De-Mail-Dienste. (1) [1] Die elektronische Zustellung kann unbeschadet des § 5 Absatz 4 und 5 Satz 1 und 2 durch Übermittlung der nach § 17 des De-Mail-Gesetzes[2)] akkreditierten Diensteanbieter gegen Abholbestätigung nach § 5 Absatz 9 des De-Mail-Gesetzes an das De-Mail-Postfach des Empfängers erfolgen. [2] Für die Zustellung nach Satz 1 ist § 5 Absatz 4 und 6 mit der Maßgabe anzuwenden, dass an die Stelle des Empfangsbekenntnisses die Abholbestätigung tritt.

(2) [1] Der nach § 17 des De-Mail-Gesetzes akkreditierte Diensteanbieter hat eine Versandbestätigung nach § 5 Absatz 7 des De-Mail-Gesetzes und eine Abholbestätigung nach § 5 Absatz 9 des De-Mail-Gesetzes zu erzeugen. [2] Er hat diese Bestätigungen unverzüglich der absendenden Behörde zu übermitteln.

(3) [1] Zum Nachweis der elektronischen Zustellung genügt die Abholbestätigung nach § 5 Absatz 9 des De-Mail-Gesetzes. [2] Für diese gelten § 371 Absatz 1 Satz 2 und § 371a Absatz 3 der Zivilprozessordnung[3)].

(4) [1] Ein elektronisches Dokument gilt in den Fällen des § 5 Absatz 5 Satz 2 am dritten Tag nach der Absendung an das De-Mail-Postfach des Empfängers als zugestellt, wenn er dieses Postfach als Zugang eröffnet hat und der Behörde nicht spätestens an diesem Tag eine elektronische Abholbestätigung nach § 5 Absatz 9 des De-Mail-Gesetzes zugeht. [2] Satz 1 gilt nicht, wenn der Empfänger nachweist, dass das Dokument nicht oder zu einem späteren Zeitpunkt zugegangen ist. [3] Der Empfänger ist in den Fällen des § 5 Absatz 5 Satz 2 vor der Übermittlung über die Rechtsfolgen nach den Sätzen 1 und 2 zu belehren. [4] Als Nachweis der Zustellung nach Satz 1 dient die Versandbestätigung nach § 5 Absatz 7 des De-Mail-Gesetzes oder ein Vermerk der absendenden Behörde in den Akten, zu welchem Zeitpunkt und an welches De-Mail-Postfach das Dokument gesendet wurde. [5] Der Empfänger ist über den Eintritt der Zustellungsfiktion nach Satz 1 elektronisch zu benachrichtigen.

§ 6 Zustellung an gesetzliche Vertreter. (1) [1] Bei Geschäftsunfähigen oder beschränkt Geschäftsfähigen ist an ihre gesetzlichen Vertreter zuzustellen. [2] Gleiches gilt bei Personen, für die ein Betreuer bestellt ist, soweit der Aufgabenkreis des Betreuers reicht.

(2) [1] Bei Behörden wird an den Behördenleiter, bei juristischen Personen, nicht rechtsfähigen Personenvereinigungen und Zweckvermögen an ihre gesetzlichen Vertreter zugestellt. [2] § 34 Abs. 2 der Abgabenordnung bleibt unberührt.

---

1) § 5a eingef. mWv 3.5.2011 durch G v. 28.4.2011 (BGBl. I S. 666); Abs. 3 Satz 2 geänd. mWv 1.7.2014 durch G v. 10.10.2013 (BGBl. I S. 3786).

2) **Sartorius III Nr. 730.**

3) **Habersack, Deutsche Gesetze Nr. 100.**

(2) In Verfahren wegen fahrlässig begangener Straftaten werden die in Absatz 1 Satz 1 bestimmten Übermittlungen nur vorgenommen, wenn

1. es sich um schwere Verstöße, namentlich Vergehen der Trunkenheit im Straßenverkehr oder der fahrlässigen Tötung, handelt oder
2. in sonstigen Fällen die Kenntnis der Daten auf Grund der Umstände des Einzelfalls erforderlich ist, um zu prüfen, ob dienstrechtliche Maßnahmen zu ergreifen sind.

(3) [1] Entscheidungen über Verfahrenseinstellungen, die nicht bereits nach Absatz 1 oder 2 zu übermitteln sind, sollen übermittelt werden, wenn die in Absatz 2 Nr. 2 genannten Voraussetzungen erfüllt sind. [2] Dabei ist zu berücksichtigen, wie gesichert die zu übermittelnden Erkenntnisse sind.

(4) [1] Sonstige Tatsachen, die in einem Strafverfahren bekannt werden, dürfen mitgeteilt werden, wenn ihre Kenntnis auf Grund besonderer Umstände des Einzelfalls für dienstrechtliche Maßnahmen gegen einen Beamten erforderlich ist und soweit nicht für die übermittelnde Stelle erkennbar ist, daß schutzwürdige Interessen des Beamten an dem Ausschluß der Übermittlung überwiegen; erforderlich ist die Kenntnis der Daten auch dann, wenn diese Anlaß zur Prüfung bieten, ob dienstrechtliche Maßnahmen zu ergreifen sind. [2] Absatz 3 Satz 2 ist entsprechend anzuwenden.

(5) Nach den Absätzen 1 bis 4 übermittelte Daten dürfen auch für die Wahrnehmung der Aufgaben nach dem Sicherheitsüberprüfungsgesetz[1)] oder einem entsprechenden Landesgesetz verwendet werden.

(6) [1] Übermittlungen nach den Absätzen 1 bis 3 sind auch zulässig, soweit sie Daten betreffen, die dem Steuergeheimnis (§ 30 der Abgabenordnung) unterliegen. [2] Übermittlungen nach Absatz 4 sind unter den Voraussetzungen des § 30 Abs. 4 Nr. 5 der Abgabenordnung zulässig.

(7) Mitteilungen sind an den zuständigen Dienstvorgesetzten oder seinen Vertreter im Amt zu richten und als „Vertrauliche Personalsache" zu kennzeichnen.

Abschnitt II. Rechtsweg

§ 126[2)] [Verwaltungsrechtsweg, Vorverfahren] (1) Für alle Klagen der Beamten, Ruhestandsbeamten, früheren Beamten und der Hinterbliebenen aus dem Beamtenverhältnis ist der Verwaltungsrechtsweg gegeben.

(2) Für Klagen des Dienstherrn gilt das gleiche.

(3) Für Klagen nach Absatz 1, einschließlich der Leistungs- und Feststellungsklagen, gelten die Vorschriften des 8. Abschnitts der Verwaltungsgerichtsordnung[3)] mit folgenden Maßgaben:

1. Eines Vorverfahrens bedarf es auch dann, wenn die Maßnahme von der obersten Dienstbehörde getroffen worden ist.
2. [1] Den Widerspruchsbescheid erläßt die oberste Dienstbehörde. [2] Sie kann die Entscheidung für Fälle, in denen sie die Maßnahme nicht selbst getroffen hat, durch allgemeine Anordnung auf andere Behörden übertragen; die Anordnung ist zu veröffentlichen.

[1)] **Sartorius III Nr. 810.**

[2)] § 126 Abs. 3 Nr. 1 und Nr. 2 Satz 2 geänd. sowie Nr. 4 angef. mWv 1.7.2002 durch G v. 21.6.2002 (BGBl. I S. 2138).

[3)] Nr. **600**.

3. Widerspruch und Anfechtungsklage gegen die Abordnung oder die Versetzung haben keine aufschiebende Wirkung.
4. Eines Vorverfahrens bedarf es nicht, wenn ein Gesetz dies bestimmt.

§ 127 [Revision] Für die Revision gegen das Urteil eines Oberverwaltungsgerichts über eine Klage aus dem Beamtenverhältnis gilt folgendes:

1. Die Revision ist außer in den Fällen des § 132 Abs. 2 der Verwaltungsgerichtsordnung[1)] zuzulassen, wenn das Urteil von der Entscheidung eines anderen Oberverwaltungsgerichts abweicht und auf dieser Abweichung beruht, solange eine Entscheidung des Bundesverwaltungsgerichts in der Rechtsfrage nicht ergangen ist.
2. Die Revision kann außer auf die Verletzung von Bundesrecht darauf gestützt werden, daß das angefochtene Urteil auf der Verletzung von Landesrecht beruht.

Abschnitt III. Rechtsstellung der Beamten und Versorgungsempfänger bei der Umbildung von Körperschaften

§ 128 [Übertritt oder Übernahme von Beamten und Versorgungsempfängern bei der Umbildung von Körperschaften] (1) Die Beamten einer Körperschaft, die vollständig in eine andere Körperschaft eingegliedert wird, treten mit der Umbildung kraft Gesetzes in den Dienst der aufnehmenden Körperschaft über.

(2) [1] Die Beamten einer Körperschaft, die vollständig in mehrere andere Körperschaften eingegliedert wird, sind anteilig in den Dienst der aufnehmenden Körperschaften zu übernehmen. [2] Die beteiligten Körperschaften haben innerhalb einer Frist von sechs Monaten nach dem Zeitpunkt, in dem die Umbildung vollzogen ist, im Einvernehmen miteinander zu bestimmen, von welchen Körperschaften die einzelnen Beamten zu übernehmen sind. [3] Solange ein Beamter nicht übernommen ist, haften alle aufnehmenden Körperschaften für die ihm zustehenden Bezüge als Gesamtschuldner.

(3) [1] Die Beamten einer Körperschaft, die teilweise in eine oder mehrere andere Körperschaften eingegliedert wird, sind zu einem verhältnismäßigen Teil, bei mehreren Körperschaften anteilig, in den Dienst der aufnehmenden Körperschaften zu übernehmen. [2] Absatz 2 Satz 2 findet Anwendung.

(4) Die Absätze 1 bis 3 gelten entsprechend, wenn eine Körperschaft mit einer oder mehreren anderen Körperschaften zu einer neuen Körperschaft

(Fortsetzung nächstes Blatt)

[1)] Nr. **600**.

245. Bundesdatenschutzgesetz (BDSG)[1)]

Vom 30. Juni 2017
(BGBl. I S. 2097)

FNA 204-4

geänd. durch Art. 12 Zweites Datenschutz-Anpassungs- und Umsetzungsgesetz EU v. 20.11.2019 (BGBl. I S. 1626) und Art. 10 Telekommunikationsmodernisierungsgesetz v. 23.6.2021 (BGBl. I S. 1858, ber. 2022 S. 1045)

Inhaltsübersicht[2)]

---

1) Verkündet als Art. 1 des Datenschutz-Anpassungs- und -UmsetzungsG EU v. 30.6.2017 (BGBl. I S. 2097); Inkrafttreten gem. Art. 8 Abs. 1 dieses G am 25.5.2018.

2) Inhaltsübersicht geänd. mWv 26.11.2019 durch G v. 20.11.2019 (BGBl. I S. 1626).

(2) [1]Die oder der Datenschutzbeauftragte kann andere Aufgaben und Pflichten wahrnehmen. [2]Die öffentliche Stelle stellt sicher, dass derartige Aufgaben und Pflichten nicht zu einem Interessenkonflikt führen.

(3) Die oder der Datenschutzbeauftragte trägt bei der Erfüllung ihrer oder seiner Aufgaben dem mit den Verarbeitungsvorgängen verbundenen Risiko gebührend Rechnung, wobei sie oder er die Art, den Umfang, die Umstände und die Zwecke der Verarbeitung berücksichtigt.

Kapitel 4. Die oder der Bundesbeauftragte für den Datenschutz und die Informationsfreiheit

§ 8 Errichtung. (1) [1]Die oder der Bundesbeauftragte für den Datenschutz und die Informationsfreiheit (Bundesbeauftragte) ist eine oberste Bundesbehörde. [2]Der Dienstsitz ist Bonn.

(2) Die Beamtinnen und Beamten der oder des Bundesbeauftragten sind Beamtinnen und Beamte des Bundes.

(3) [1]Die oder der Bundesbeauftragte kann Aufgaben der Personalverwaltung und Personalwirtschaft auf andere Stellen des Bundes übertragen, soweit hierdurch die Unabhängigkeit der oder des Bundesbeauftragten nicht beeinträchtigt wird. [2]Diesen Stellen dürfen personenbezogene Daten der Beschäftigten übermittelt werden, soweit deren Kenntnis zur Erfüllung der übertragenen Aufgaben erforderlich ist.

§ 9[1] Zuständigkeit. (1) [1]Die oder der Bundesbeauftragte ist zuständig für die Aufsicht über die öffentlichen Stellen des Bundes, auch soweit sie als öffentlich-rechtliche Unternehmen am Wettbewerb teilnehmen, sowie über Unternehmen, soweit diese für die geschäftsmäßige Erbringung von Telekommunikationsdienstleistungen Daten von natürlichen oder juristischen Personen verarbeiten und sich die Zuständigkeit nicht bereits aus § 29 des Telekommunikation-Telemedien-Datenschutz-Gesetzes ergibt. [2]Die Vorschriften dieses Kapitels gelten auch für Auftragsverarbeiter, soweit sie nichtöffentliche Stellen sind, bei denen dem Bund die Mehrheit der Anteile gehört oder die Mehrheit der Stimmen zusteht und der Auftraggeber eine öffentliche Stelle des Bundes ist.

(2) Die oder der Bundesbeauftragte ist nicht zuständig für die Aufsicht über die von den Bundesgerichten im Rahmen ihrer justiziellen Tätigkeit vorgenommenen Verarbeitungen.

§ 10 Unabhängigkeit. (1) [1]Die oder der Bundesbeauftragte handelt bei der Erfüllung ihrer oder seiner Aufgaben und bei der Ausübung ihrer oder seiner Befugnisse völlig unabhängig. [2]Sie oder er unterliegt weder direkter noch indirekter Beeinflussung von außen und ersucht weder um Weisung noch nimmt sie oder er Weisungen entgegen.

(2) Die oder der Bundesbeauftragte unterliegt der Rechnungsprüfung durch den Bundesrechnungshof, soweit hierdurch ihre oder seine Unabhängigkeit nicht beeinträchtigt wird.

[1] § 9 Abs. 1 Satz 1 neu gef. mWv 26.11.2019 durch G v. 20.11.2019 (BGBl. I S. 1626); Abs. 1 Satz 1 geänd. mWv 1.12.2021 durch G v. 23.6.2021 (BGBl. I S. 1858, ber. 2022 S. 1045).

§ 11 Ernennung und Amtszeit. (1) [1] Der Deutsche Bundestag wählt ohne Aussprache auf Vorschlag der Bundesregierung die Bundesbeauftragte oder den Bundesbeauftragten mit mehr als der Hälfte der gesetzlichen Zahl seiner Mitglieder. [2] Die oder der Gewählte ist von der Bundespräsidentin oder dem Bundespräsidenten zu ernennen. [3] Die oder der Bundesbeauftragte muss bei ihrer oder seiner Wahl das 35. Lebensjahr vollendet haben. [4] Sie oder er muss über die für die Erfüllung ihrer oder seiner Aufgaben und Ausübung ihrer oder seiner Befugnisse erforderliche Qualifikation, Erfahrung und Sachkunde insbesondere im Bereich des Schutzes personenbezogener Daten verfügen. [5] Insbesondere muss die oder der Bundesbeauftragte über durch einschlägige Berufserfahrung erworbene Kenntnisse des Datenschutzrechts verfügen und die Befähigung zum Richteramt oder höheren Verwaltungsdienst haben.

(2) [1] Die oder der Bundesbeauftragte leistet vor der Bundespräsidentin oder dem Bundespräsidenten folgenden Eid: „Ich schwöre, dass ich meine Kraft dem Wohle des deutschen Volkes widmen, seinen Nutzen mehren, Schaden von ihm wenden, das Grundgesetz[1)] und die Gesetze des Bundes wahren und verteidigen, meine Pflichten gewissenhaft erfüllen und Gerechtigkeit gegen jedermann üben werde. So wahr mir Gott helfe." [2] Der Eid kann auch ohne religiöse Beteuerung geleistet werden.

(3) [1] Die Amtszeit der oder des Bundesbeauftragten beträgt fünf Jahre. [2] Einmalige Wiederwahl ist zulässig.

§ 12 Amtsverhältnis. (1) Die oder der Bundesbeauftragte steht nach Maßgabe dieses Gesetzes zum Bund in einem öffentlich-rechtlichen Amtsverhältnis.

(2) [1] Das Amtsverhältnis beginnt mit der Aushändigung der Ernennungsurkunde. [2] Es endet mit dem Ablauf der Amtszeit oder mit dem Rücktritt. [3] Die Bundespräsidentin oder der Bundespräsident enthebt auf Vorschlag der Präsidentin oder des Präsidenten des Bundestages die Bundesbeauftragte ihres oder den Bundesbeauftragten seines Amtes, wenn die oder der Bundesbeauftragte eine schwere Verfehlung begangen hat oder die Voraussetzungen für die Wahrnehmung ihrer oder seiner Aufgaben nicht mehr erfüllt. [4] Im Fall der Beendigung des Amtsverhältnisses oder der Amtsenthebung erhält die oder der Bundesbeauftragte eine von der Bundespräsidentin oder dem Bundespräsidenten vollzogene Urkunde. [5] Eine Amtsenthebung wird mit der Aushändigung der Urkunde wirksam. [6] Endet das Amtsverhältnis mit Ablauf der Amtszeit, ist die oder der Bundesbeauftragte verpflichtet, auf Ersuchen der Präsidentin oder des Präsidenten des Bundestages die Geschäfte bis zur Ernennung einer Nachfolgerin oder eines Nachfolgers für die Dauer von höchstens sechs Monaten weiterzuführen.

(3) [1] Die Leitende Beamtin oder der Leitende Beamte nimmt die Rechte der oder des Bundesbeauftragten wahr, wenn die oder der Bundesbeauftragte an der Ausübung ihres oder seines Amtes verhindert ist oder wenn ihr oder sein Amtsverhältnis endet und sie oder er nicht zur Weiterführung der Geschäfte verpflichtet ist. [2] § 10 Absatz 1 ist entsprechend anzuwenden.

(4) [1] Die oder der Bundesbeauftragte erhält vom Beginn des Kalendermonats an, in dem das Amtsverhältnis beginnt, bis zum Schluss des Kalendermonats, in dem das Amtsverhältnis endet, im Fall des Absatzes 2 Satz 6 bis zum Ende des

---

[1)] Nr. 1.

256. Bundesmeldegesetz (BMG)[1) 2) 3) 4)]

Vom 3. Mai 2013
(BGBl. I S. 1084)

FNA 210-7

geänd. durch Art. 1 Nr. 1 G zur Änd. des G zur Fortentwicklung des Meldewesens v. 20.11.2014 (BGBl. I S. 1738), Art. 3a Bundeswehr-AttraktivitätssteigerungsG v. 13.5.2015 (BGBl. I S. 706), Art. 2a G zur Änd. des PersonalausweisG zur Einführung eines Ersatz-Personalausweises und zur Änd. des PassG v. 20.6.2015 (BGBl. I S. 970), Art. 4 AsylverfahrensbeschleunigungsG v. 20.10.2015 (BGBl. I S. 1722), Art. 8, 9 DatenaustauschverbesserungsG v. 2.2.2016 (BGBl. I S. 130), Art. 1, 2 Erstes G zur Änd. des BundesmeldeG und weiterer Vorschriften v. 11.10.2016 (BGBl. I S. 2218), Art. 11 Abs. 4 eIDAS-DurchführungsG v. 18.7.2017 (BGBl. I S. 2745), Art. 5 Abs. 2 G zur Einführung einer Karte für Unionsbürger und Angehörige des Europäischen Wirtschaftsraums mit Funktion zum elektronischen Identitätsnachweis sowie zur Änd. des PersonalausweisG und weiterer Vorschriften[5)] v. 21.6.2019 (BGBl. I S. 846), Art. 8 Zweites DatenaustauschverbesserungsG v. 4.8.2019 (BGBl. I S. 1131), Art. 16 Zweites Datenschutz-Anpassungs- und UmsetzungsG EU v. 20.11.2019 (BGBl. I S. 1626), Art. 1 Drittes BürokratieentlastungsG v. 22.11.2019 (BGBl. I S. 1746), Art. 4 Drittes WaffenrechtsänderungsG v. 17.2.2020 (BGBl. I S. 166), Art. 82 Elfte ZuständigkeitsanpassungsVO v. 19.6.2020 (BGBl. I S. 1328), Art. 3, 9 G zur Stärkung der Sicherheit im Pass-, Ausweis- und ausländerrechtlichen Dokumentenwesen v. 3.12.2020

[1)] Verkündet als Art. 1 G v. 3.5.2013 (BGBl. I S. 1084, geänd. durch G v. 20.11.2014, BGBl. I S. 1738); Inkrafttreten gem. Art. 4 Satz 1 dieses G am 1.11.2015, mit Ausnahme der §§ 55–57, die gem. Art. 4 Satz 2 dieses G bereits am 26.11.2014 in Kraft getreten sind.

[2)] Die Änderungen durch G v. 15.1.2021 (BGBl. I S. 530) treten teilweise erst **mWv 1.5.2023**, die Änderungen durch G v. 28.3.2021 (BGBl. I S. 591) treten teilweise erst **mit noch unbestimmtem Datum** und die Änderungen durch G v. 21.7.2022 (BGBl. I S. 1182) treten teilweise erst **mWv 1.11. 2022** in Kraft und sind insoweit im Text noch nicht berücksichtigt.

[3)] Zu abweichendem Landesrecht siehe ua:
- **Hessen:** Abweichungen in der Verwaltungskostenordnung für den Geschäftsbereich des Ministeriums des Innern und für Sport (VwKostO-MdIS) mWv 1.11.2015; vgl. Hinweis v. 22.12.2017 (BGBl. I S. 4016).

[4)] Zur Ausführung und Durchführung des BMG haben die Länder ua folgende Vorschriften erlassen:
- **Baden-Württemberg:** Bundesmeldegesetz-AusführungsG v. 12.5.2015 (GBl. S. 320), zuletzt geänd. durch G v. 28.6.2022 (GBl. S. 345)
- **Bayern:** Bundesmeldegesetz-AusführungsG v. 23.6.2015 (GVBl. S. 178), zuletzt geänd. durch G v. 5.7. 2022 (GVBl. S. 306)
- **Berlin:** Bundesmeldegesetz-AusführungsG v. 7.7.2016 (GVBl. S. 430), geänd. durch G v. 12.10.2020 (GVBl. S. 807)
- **Bremen:** Bundesmeldegesetz-AusführungsG v. 24.3.2015 (Brem.GBl. S. 135), zuletzt geänd. durch G v. 8.5.2018 (Brem.GBl. S. 149)
- **Hamburg:** Bundesmeldegesetz-AusführungsG v. 15.7.2015 (HmbGVBl. S. 193), zuletzt geänd. durch G v. 26.10.2021 (HmbGVBl. S. 723)
- **Hessen:** Bundesmeldegesetz-AusführungsG v. 28.9.2015 (GVBl. S. 346), geänd. durch G v. 12.11.2020 (GVBl. S. 762)
- **Niedersachsen:** Bundesmeldegesetz-AusführungsG v. 17.9.2015 (Nds. GVBl. S. 186), zuletzt geänd. durch G v. 23.3.2022 (Nds. GVBl. S. 193)
- **Rheinland-Pfalz:** Bundesmeldegesetz-AusführungsG v. 21.10.2015 (GVBl. S. 365), geänd. durch G v. 19.12.2018 (GVBl. S. 448)
- **Saarland:** Bundesmeldegesetz-AusführungsG v. 13.10.2015 (Amtsbl. I S. 712), geänd. durch G v. 22.8. 2018 (Amtsbl. I S. 674)
- **Sachsen:** Bundesmeldegesetz-AusführungsG v. 9.7.2014 (SächsGVBl. S. 376), zuletzt geänd. durch G v. 5.4.2019 (SächsGVBl. S. 245)
- **Sachsen-Anhalt:** Bundesmeldegesetz-AusführungsG v. 21.7.2015 (GVBl. LSA S. 369), zuletzt geänd. durch G v. 18.2.2020 (GVBl. LSA S. 25)
- **Schleswig-Holstein:** LandesmeldeG v. 20.10.2015 (GVOBl. Schl.-H. S. 344), zuletzt geänd. durch G v. 4.3.2022 (GVOBl. Schl.-H. S. 154)
- **Thüringen:** Bundesmeldegesetz-AusführungsG v. 23.9.2015 (GVBl. S. 131), geänd. durch G v. 30.3. 2022 (GVBl. S. 201)

[5)] Die Änd. des Inkrafttretens dieses G durch Art. 154a G v. 20.11.2019 (BGBl. I S. 1626) ist unbeachtlich, da das G bei Erlass des ÄndG bereits in Kraft getreten war.

(BGBl. I S. 2744), Art. 5 ArbeitsschutzkontrollG v. 22.12.2020 (BGBl. I S. 3334), Art. 1 G zur Erprobung weiterer elektronischer Verfahren zur Erfüllung der besonderen Meldepflicht in Beherbergungsstätten v. 10.3.2021 (BGBl. I S. 332), Art. 4 Rechtsextremismus-BekämpfungsG v. 30.3.2021 (BGBl. I S. 441, geänd. durch G v. 30.3.2021 BGBl. I S. 448), Art. 1, 5, 7 Zweites G zur Änd. des BundesmeldeG v. 15.1. 2021 (BGBl. I S. 530), Art. 4 RegistermodernisierungsG[1] v. 28.3.2021 (BGBl. I S. 591) und Art. 4 G zur Durchführung der VO (EU) 2021/784 und zur Änd. weiterer Gesetze v. 21.7.2022 (BGBl. I S. 1182)

Inhaltsübersicht[2]

---

[1] Die Änderungen durch Art. 4 Nr. 1, 2, 3, 4, 5 Buchst. b, Nr. 6 und 7 RegistermodernisierungsG treten gem. Art. 22 Satz 3 dieses Gesetzes „an dem Tag in Kraft, an dem das Bundesministerium des Innern, für Bau und Heimat im Bundesgesetzblatt [...] bekannt gibt, dass die technischen Voraussetzungen für die Verarbeitung der Identifikationsnummer nach § 139b der Abgabenordnung [...] vorliegen".

[2] Inhaltsübersicht geänd. mWv 26.11.2019 durch G v. 20.11.2019 (BGBl. I S. 1626); geänd. mWv 7.4. 2021, geänd. mWv 1.5.2022 durch G v. 15.1.2021 (BGBl. I S. 530); geänd. mWv 27.7.2022 durch G v. 21.7.2022 (BGBl. I S. 1182).

Abschnitt 1. Allgemeine Bestimmungen

§ 1 Meldebehörden. Meldebehörden sind die durch Landesrecht dazu bestimmten Behörden.

§ 2[1] Aufgaben und Befugnisse der Meldebehörden. (1) Die Meldebehörden haben die in ihrem Zuständigkeitsbereich wohnhaften Personen (Einwohner) zu registrieren, um deren Identität und deren Wohnungen feststellen und nachweisen zu können.

(2) [1] Die Meldebehörden führen zur Erfüllung ihrer Aufgaben Melderegister. [2] Diese enthalten Daten, die bei der betroffenen Person erhoben, von öffentlichen Stellen übermittelt oder sonst amtlich bekannt werden.

(3) Die Meldebehörden erteilen Melderegisterauskünfte, wirken nach Maßgabe dieses Gesetzes oder sonstiger Rechtsvorschriften bei der Durchführung von Aufgaben anderer öffentlicher Stellen mit und übermitteln Daten.

(4) [1] Die Meldebehörden dürfen personenbezogene Daten, die im Melderegister gespeichert werden, nur nach Maßgabe dieses Gesetzes oder sonstiger Rechtsvorschriften verarbeiten. [2] Daten nicht meldepflichtiger Personen dürfen nur verarbeitet werden, wenn die betroffene Person in die Datenverarbeitung eingewilligt hat.

---

[1] § 2 Abs. 4 Satz 1 geänd., Satz 2 neu gef. mWv 26.11.2019 durch G v. 20.11.2019 (BGBl. I S. 1626).

§ 3[1] Speicherung von Daten. (1) Zur Erfüllung ihrer Aufgaben nach § 2 Absatz 1 und 3 speichern die Meldebehörden folgende Daten sowie die zum Nachweis ihrer Richtigkeit erforderlichen Hinweise im Melderegister:

1. Familienname,
2. frühere Namen,
3. Vornamen unter Kennzeichnung des gebräuchlichen Vornamens,
4. Doktorgrad,
5. Ordensname, Künstlername,
6. Geburtsdatum und Geburtsort sowie bei Geburt im Ausland auch den Staat,
7. Geschlecht,
8. keine Eintragung,
9. zum gesetzlichen Vertreter
   a) Familienname,
   b) Vornamen,
   c) Doktorgrad,
   d) Anschrift,
   e) Geburtsdatum,
   f) Geschlecht,
   g) Sterbedatum sowie
   h) Auskunftssperren nach § 51 und bedingte Sperrvermerke nach § 52,
10. derzeitige Staatsangehörigkeiten,
11. rechtliche Zugehörigkeit zu einer öffentlich-rechtlichen Religionsgesellschaft,
12. derzeitige Anschriften, frühere Anschriften im Zuständigkeitsbereich der Meldebehörde sowie Anschrift der letzten alleinigen Wohnung oder Hauptwohnung und der letzten Nebenwohnungen außerhalb des Zuständigkeitsbereichs der Meldebehörde, gekennzeichnet nach Haupt- und Nebenwohnung, bei Zuzug aus dem Ausland auch den Staat und die letzte Anschrift im Inland, bei Wegzug in das Ausland auch die Zuzugsanschrift im Ausland und den Staat,
13. Einzugsdatum, Auszugsdatum, Datum des letzten Wegzugs aus einer Wohnung im Inland sowie Datum des letzten Zuzugs aus dem Ausland,
14. Familienstand, bei Verheirateten oder Lebenspartnern zusätzlich Datum und Ort der Eheschließung oder der Begründung der Lebenspartnerschaft sowie bei Eheschließung oder Begründung der Lebenspartnerschaft im Ausland auch den Staat,
15. zum Ehegatten oder Lebenspartner
    a) Familienname,
    b) Vornamen,

---

[1] § 3 Abs. 2 Nr. 2 Buchst. c und d Doppelbuchst. aa geänd. durch G v. 20.11.2014 (BGBl. I S. 1738); Abs. 1 Nr. 17 geänd., Abs. 2 Nr. 4 neu gef. durch G v. 20.6.2015 (BGBl. I S. 970); Abs. 1 Nr. 17a eingef. mWv 5.2.2016 durch G v. 2.2.2016 (BGBl. I S. 130); Abs. 1 Nr. 9 Buchst. h, Nr. 15 Buchst. i, Nr. 16 Buchst. g geänd., Abs. 2 Nr. 5 neu gef., Nr. 10 geänd. mWv 1.11.2016 durch G v. 11.10.2016 (BGBl. I S. 2218); Abs. 1 Nr. 17a neu gef. mWv 1.11.2019 durch G v. 4.8.2019 (BGBl. I S. 1131); Abs. 2 Nr. 7 neu gef. mWv 1.5.2020 durch G v. 17.2.2020 (BGBl. I S. 166); Abs. 1 Nr. 17 geänd. mWv 12.12.2020 und mWv 1.5.2021 durch G v. 3.12.2020 (BGBl. I S. 2744); Abs. 1 Nr. 14 geänd., Abs. 2 Nr. 1 Buchst. c aufgeh. mWv 7.4.2021 durch G v. 15.1.2021 (BGBl. I S. 530); Abs. 2 Nr. 6 aufgeh. mWv 27.7.2022 durch G v. 21.7.2022 (BGBl. I S. 1182).

c) Geburtsname,
d) Doktorgrad,
e) Geburtsdatum,
f) Geschlecht,
g) derzeitige Anschriften im Zuständigkeitsbereich der Meldebehörde sowie Anschrift der letzten alleinigen Wohnung oder Hauptwohnung außerhalb des Zuständigkeitsbereichs der Meldebehörde,
h) Sterbedatum sowie
i) Auskunftssperren nach § 51 und bedingte Sperrvermerke nach § 52,

16. zu minderjährigen Kindern
a) Familienname,
b) Vornamen,
c) Geburtsdatum,
d) Geschlecht,
e) Anschrift im Inland,
f) Sterbedatum,
g) Auskunftssperren nach § 51 und bedingte Sperrvermerke nach § 52,

17. Ausstellungsbehörde, Ausstellungsdatum, letzter Tag der Gültigkeitsdauer und Seriennummer des Personalausweises, vorläufigen Personalausweises oder Ersatz-Personalausweises, des anerkannten Passes oder Passersatzpapiers, Ausstellungsbehörde, letzter Tag der Gültigkeitsdauer und Seriennummer der eID-Karte sowie Sperrkennwort und Sperrsumme des Personalausweises und der eID-Karte,

17a. die AZR-Nummer in den Fällen und nach Maßgabe des § 10 Absatz 4 Satz 2 Nummer 4 des AZR-Gesetzes[1], übergangsweise die Seriennummer des Ankunftsnachweises nach § 63a Absatz 1 Nummer 10 des Asylgesetzes[2],

18. Auskunfts- und Übermittlungssperren,

19. Sterbedatum und Sterbeort sowie bei Versterben im Ausland auch den Staat.

(2) Über die in Absatz 1 genannten Daten hinaus speichern die Meldebehörden folgende Daten sowie die zum Nachweis ihrer Richtigkeit erforderlichen Hinweise im Melderegister:

1. für die Vorbereitung und Durchführung von Wahlen und Abstimmungen auf staatlicher und kommunaler Ebene die Tatsache, dass die betroffene Person
a) von der Wahlberechtigung oder der Wählbarkeit ausgeschlossen ist,
b) als Unionsbürger (§ 6 Absatz 3 Satz 1 des Europawahlgesetzes) bei der Wahl des Europäischen Parlaments von Amts wegen in ein Wählerverzeichnis im Inland einzutragen ist; ebenfalls zu speichern ist die Gebietskörperschaft oder der Wahlkreis im Herkunftsmitgliedstaat, wo die betroffene Person zuletzt in ein Wählerverzeichnis eingetragen war,

2. für das Verfahren zur Bildung und Anwendung der elektronischen Lohnsteuerabzugsmerkmale nach § 39e Absatz 2 Satz 2 und 3 des Einkommensteuergesetzes
a) die Zugehörigkeit zu einer steuererhebenden Religionsgesellschaft sowie das Datum des Eintritts und Austritts,
b) den Familienstand,

---

[1] **Sartorius ErgBd. Nr. 569.**
[2] Nr. **567**.

c) das Datum der Begründung oder Auflösung der Ehe oder Lebenspartnerschaft sowie

d) die Identifikationsnummern oder die Vorläufigen Bearbeitungsmerkmale

aa) des Ehegatten oder Lebenspartners,

bb) der minderjährigen Kinder, die ihre alleinige Wohnung oder ihre Hauptwohnung im Zuständigkeitsbereich derselben Meldebehörde haben,

3. für Zwecke nach § 139b Absatz 2 der Abgabenordnung
die Identifikationsnummer nach § 139b der Abgabenordnung und bis zu deren Speicherung im Melderegister das Vorläufige Bearbeitungsmerkmal nach § 139b Absatz 6 Satz 2 der Abgabenordnung,

4. für die Ausstellung von Pässen und Ausweisen
die Tatsache, dass Passversagungsgründe vorliegen, ein Pass versagt oder entzogen oder eine Anordnung nach § 6 Absatz 7, § 6a Absatz 1 oder § 6a Absatz 2 des Personalausweisgesetzes[1] getroffen worden ist,

5. für staatsangehörigkeitsrechtliche Verfahren
die Tatsache, dass die deutsche Staatsangehörigkeit nach § 4 Absatz 3 oder § 40b des Staatsangehörigkeitsgesetzes[2] erworben wurde und nach § 29 des Staatsangehörigkeitsgesetzes ein Verlust der deutschen Staatsangehörigkeit eintreten kann,

6. *(aufgehoben)*

7. für waffenrechtliche Verfahren
die Tatsache, dass eine waffenrechtliche Erlaubnis erteilt oder ein Waffenbesitzverbot erlassen worden ist, sowie die jeweilige Behörde, die diese Tatsache mitteilt, mit Angabe des Datums, an dem die waffenrechtliche Erlaubnis erstmals erteilt oder das Waffenbesitzverbot erlassen worden ist,

8. für sprengstoffrechtliche Verfahren
die Tatsache, dass eine sprengstoffrechtliche Erlaubnis oder ein Befähigungsschein nach § 20 des Sprengstoffgesetzes[3] erteilt worden ist, sowie die Behörde, die diese Tatsache mitteilt, mit Angabe des Datums der erstmaligen Erteilung,

9. zur Beantwortung von Aufenthaltsanfragen anderer Behörden und sonstiger öffentlicher Stellen, wenn der Einwohner die Wohnung aufgegeben hat und der Meldebehörde eine neue Wohnung nicht bekannt ist,
das Ersuchen um Datenübermittlung mit dem Datum der Anfrage und der Angabe der anfragenden Stelle für die Dauer von bis zu zwei Jahren,

10. für die Prüfung, ob die von der meldepflichtigen Person gemachten Angaben richtig sind, und zur Gewährleistung der Auskunftsrechte in § 19 Absatz 1 Satz 3 und § 50 Absatz 4
den Namen und die Anschrift des Eigentümers der Wohnung und, wenn dieser nicht selbst Wohnungsgeber ist, den Namen des Eigentümers der Wohnung sowie den Namen und die Anschrift des Wohnungsgebers,

11. im Spannungs- oder Verteidigungsfall für die Wehrerfassung
die Tatsache, dass ein Einwohner bereits vor der Erfassung seines Jahrganges erfasst worden ist.

---

[1] Nr. **255**.
[2] Nr. **15**.
[3] **Sartorius ErgBd. Nr. 822.**

§ 4[1)] Ordnungsmerkmale. (1) [1]Die Meldebehörden dürfen ihre Register mit Hilfe von Ordnungsmerkmalen führen. [2]Die Ordnungsmerkmale können aus den in § 3 Absatz 1 Nummer 6 und 7 genannten Daten gebildet werden. [3]Durch geeignete technische Maßnahmen nach den Artikeln 24, 25 und 32 der Verordnung (EU) 2016/679[2)] des Europäischen Parlaments und des Rates vom 27. April 2016 zum Schutz natürlicher Personen bei der Verarbeitung personenbezogener Daten, zum freien Datenverkehr und zur Aufhebung der Richtlinie 95/46/EG (Datenschutz-Grundverordnung) (ABl. L 119 vom 4.5.2016, S. 1; L 314 vom 22.11.2016, S. 72; L 127 vom 23.5.2018, S. 2) in der jeweils geltenden Fassung sind die Ordnungsmerkmale vor Verwechslungen zu schützen.

(2) Soweit von den Meldebehörden bereits Ordnungsmerkmale verarbeitet werden, die andere als die in § 3 Absatz 1 Nummer 6 und 7 genannten Daten enthalten, dürfen diese noch für eine Übergangsfrist von sechs Jahren nach Inkrafttreten dieses Gesetzes verarbeitet werden.

(3) [1]Ordnungsmerkmale dürfen im Rahmen von Datenübermittlungen an öffentliche Stellen und öffentlich-rechtliche Religionsgesellschaften übermittelt werden. [2]Der Empfänger der Daten darf die Ordnungsmerkmale nur im Verkehr mit der jeweiligen Meldebehörde verarbeiten, eine Weiterübermittlung ist unzulässig. [3]Soweit Ordnungsmerkmale personenbezogene Daten enthalten, dürfen sie nur übermittelt werden, wenn dem Empfänger auch die im Ordnungsmerkmal enthaltenen personenbezogenen Daten übermittelt werden dürfen.

(4) Absatz 3 Satz 2 und 3 gilt entsprechend für die Weitergabe von Ordnungsmerkmalen innerhalb der Verwaltungseinheit, der die Meldebehörde angehört.

§ 5[3)] Zweckbindung der Daten. (1) [1]Die Meldebehörden dürfen die in § 3 Absatz 2 bezeichneten Daten nur für die dort genannten Zwecke verarbeiten. [2]Sie haben durch technische und organisatorische Maßnahmen nach den Artikeln 24, 25 und 32 der Verordnung (EU) 2016/679[2)] sicherzustellen, dass diese Daten nur nach Maßgabe des Satzes 1 verarbeitet werden.

(2) [1]Die in § 3 Absatz 2 bezeichneten Daten dürfen nur insoweit zusammen mit den in § 3 Absatz 1 bezeichneten Daten verarbeitet werden, als dies zur Erfüllung der jeweiligen Aufgabe erforderlich ist. [2]§ 34 Absatz 3 und 4 bleibt unberührt mit der Maßgabe, dass

1. die in § 3 Absatz 2 Nummer 1 genannten Daten nur an die Stellen übermittelt werden dürfen, die für die Vorbereitung und Durchführung der dort genannten Wahlen und Abstimmungen zuständig sind, und
2. die in § 3 Absatz 2 Nummer 2 und 3 genannten Daten nur an das Bundeszentralamt für Steuern übermittelt werden dürfen. Das in § 3 Absatz 2 Nummer 2 Buchstabe c genannte Datum zur Auflösung der Ehe oder Lebenspartnerschaft darf auch an die amtliche Statistik übermittelt werden.

[3]Die in Satz 2 Nummer 1 und 2 genannten Daten dürfen nach § 33 auch an die Meldebehörden übermittelt werden.

[1)] § 4 Abs. 1 Satz 3, Abs. 2, 3 Satz 2 geänd. mWv 26.11.2019 durch G v. 20.11.2019 (BGBl. I S. 1626).

[2)] Nr. **246**.

[3)] § 5 Abs. 2 Satz 2 Nr. 2 Satz 2 angef. mWv 1.11.2016 durch G v. 11.10.2016 (BGBl. I S. 2218); Abs. 1 Sätze 1, 2, Abs. 2 Satz 1 geänd. mWv 26.11.2019 durch G v. 20.11.2019 (BGBl. I S. 1626).

§ 6[1] Richtigkeit und Vollständigkeit des Melderegisters. (1) [1]Ist das Melderegister unrichtig oder unvollständig, hat es die Meldebehörde nach Artikel 5 Absatz 1 Buchstabe d der Verordnung (EU) 2016/679[2] zu berichtigen oder zu vervollständigen (Fortschreibung). [2]Über die Fortschreibung sind unverzüglich diejenigen öffentlichen Stellen zu unterrichten, denen im Rahmen regelmäßiger Datenübermittlungen die unrichtigen oder unvollständigen Daten übermittelt worden sind.

(2) [1]Soweit die in Absatz 1 Satz 2 genannten öffentlichen Stellen nicht Aufgaben der amtlichen Statistik wahrnehmen oder öffentlich-rechtliche Religionsgesellschaften sind, haben sie die Meldebehörden unverzüglich zu unterrichten, wenn ihnen konkrete Anhaltspunkte für die Unrichtigkeit oder Unvollständigkeit der übermittelten Daten vorliegen. [2]Öffentliche Stellen, denen auf ihr Ersuchen hin Meldedaten übermittelt worden sind, haben die Meldebehörden zu unterrichten, wenn ihnen solche Anhaltspunkte vorliegen. [3]Gesetzliche Geheimhaltungspflichten, insbesondere das Steuergeheimnis nach § 30 der Abgabenordnung, sowie Berufs- oder besondere Amtsgeheimnisse stehen der Unterrichtung nicht entgegen, soweit sie sich auf die Angabe beschränkt, dass konkrete Anhaltspunkte für die Unrichtigkeit oder Unvollständigkeit übermittelter Daten vorliegen.

(3) Liegen der Meldebehörde konkrete Anhaltspunkte für die Unrichtigkeit oder Unvollständigkeit des Melderegisters vor, hat sie den Sachverhalt von Amts wegen zu ermitteln.

(4) Bei der Weitergabe von Daten und Hinweisen nach § 37 sind Absatz 1 Satz 2 und Absatz 2 entsprechend anzuwenden.

§ 7[3] Meldegeheimnis. (1) Personen, die bei Meldebehörden oder anderen Stellen, die im Auftrag der Meldebehörden handeln, beschäftigt sind, ist es verboten, personenbezogene Daten unbefugt zu verarbeiten.

(2) [1]Die in Absatz 1 genannten Personen sind bei Aufnahme ihrer Tätigkeit von ihrem Arbeitgeber über ihre Pflichten nach Absatz 1 zu belehren und schriftlich auf die Einhaltung des Meldegeheimnisses zu verpflichten. [2]Ihre Pflichten bestehen auch nach Beendigung ihrer Tätigkeit fort.

Abschnitt 2. Schutzrechte

§ 8[4] Schutzwürdige Interessen der betroffenen Person. [1]Schutzwürdige Interessen der betroffenen Person dürfen durch die Verarbeitung personenbezogener Daten nicht beeinträchtigt werden. [2]Schutzwürdige Interessen werden insbesondere beeinträchtigt, wenn die Verarbeitung, gemessen an ihrer Eignung und ihrer Erforderlichkeit zu dem vorgesehenen Zweck, die betroffene Person unverhältnismäßig belastet. [3]Die Prüfung, ob schutzwürdige Interessen der betroffenen Person beeinträchtigt werden, entfällt, falls die Verarbeitung durch Rechtsvorschrift vorgeschrieben ist.

§ 9[5] *(aufgehoben)*

[1] § 6 Abs. 1 Satz 1 geänd. mWv 26.11.2019 durch G v. 20.11.2019 (BGBl. I S. 1626); Abs. 3 geänd. mWv 7.4.2021 durch G v. 15.1.2021 (BGBl. I S. 530).

[2] Nr. **246**.

[3] § 7 Abs. 1 geänd. mWv 26.11.2019 durch G v. 20.11.2019 (BGBl. I S. 1626).

[4] § 8 Sätze 1, 2, 3 geänd. mWv 26.11.2019 durch G v. 20.11.2019 (BGBl. I S. 1626).

[5] § 9 aufgeh. mWv 26.11.2019 durch G v. 20.11.2019 (BGBl. I S. 1626).

§ 10[1] **Auskunftsrecht der betroffenen Person.** (1) Vor der Erteilung der Auskunft an die betroffene Person nach Artikel 15 der Verordnung (EU) 2016/679[2] hat die Meldebehörde die Identität der betroffenen Person zu überprüfen.

(2) Sofern die Auskunft elektronisch erteilt wird, ist sicherzustellen, dass Maßnahmen nach den Artikeln 24, 25 und 32 der Verordnung (EU) 2016/679 auch im Bereich der Verschlüsselungstechnik und der Authentifizierung getroffen werden, um den Datenschutz und die Datensicherheit zu gewährleisten, insbesondere im Hinblick auf die Vertraulichkeit und die Unversehrtheit der Daten, die im Melderegister gespeichert sind und an die betroffene Person übermittelt werden.

(3) Das bei einer elektronischen Antragstellung erforderliche Vertrauensniveau zum Nachweis der Identität des Antragstellers wird durch Rechtsverordnung nach § 56 Absatz 1 Nummer 6 festgelegt.

§ 11[3] **Auskunftsbeschränkungen.** (1) [1]Das Recht auf Auskunft der betroffenen Person über die Kategorien der übermittelten Daten und über die Empfänger der Daten nach Artikel 15 Absatz 1 Buchstabe b und c der Verordnung (EU) 2016/679[2] besteht nicht, wenn

1. eine nicht automatisierte Melderegisterauskunft nach den §§ 46 und 50 Absatz 1 bis 3 erfolgt ist,
2. eine nicht automatisierte Datenübermittlung nach § 34 oder eine nicht automatisierte Datenweitergabe nach § 37 Absatz 1 erfolgt ist oder
3. die abrufende Stelle eine der in § 34 Absatz 4 Satz 1 genannten Behörden ist.

[2]Auskunft über automatisierte Melderegisterauskünfte und über Datenübermittlungen im automatisierten Abrufverfahren durch öffentliche Stellen wird nur innerhalb der Frist zur Aufbewahrung der Protokolldaten nach § 40 Absatz 5 erteilt.

(2) Das Recht auf Auskunft der betroffenen Person nach Artikel 15 der Verordnung (EU) 2016/679 besteht nicht,

1. soweit der betroffenen Person die Einsicht in ein Personenstandsregister nach § 63 Absatz 1 und 3 des Personenstandsgesetzes[4] nicht gestattet werden darf,
2. wenn Fälle des § 1758 des Bürgerlichen Gesetzbuches[5] vorliegen,
3. soweit es sich um Daten zum gesetzlichen Vertreter, Ehegatten, Lebenspartner oder zu minderjährigen Kindern handelt und für diesen Personenkreis eine Auskunftssperre nach § 51 oder ein bedingter Sperrvermerk nach § 52 gespeichert ist oder
4. wenn das Interesse der betroffenen Person an der Auskunftserteilung zurücktreten muss, weil

---

[1] § 10 Abs. 1 Satz 2 geänd. durch G v. 20.11.2014 (BGBl. I S. 1738); Abs. 3 Satz 2 geänd. mWv 29.7. 2017 durch G v. 18.7.2017 (BGBl. I S. 2745); Abs. 3 Satz 1 geänd. mWv 1.11.2019 durch G v. 21.6.2019 (BGBl. I S. 846); Überschrift, Abs. 1, 2 neu gef. mWv 26.11.2019 durch G v. 20.11.2019 (BGBl. I S. 1626); Abs. 2 geänd. mWv 7.4.2021, Abs. 3 neu gef. mWv 1.5.2022 durch G v. 15.1.2021 (BGBl. I S. 530).

[2] Nr. **246**.

[3] § 11 Abs. 2 Nr. 3 geänd. mWv 1.11.2016 durch G v. 11.10.2016 (BGBl. I S. 2218); Abs. 1, 2 neu gef., Abs. 4 Satz 3 geänd. mWv 26.11.2019 durch G v. 20.11.2019 (BGBl. I S. 1626); Abs. 1 Satz 2 geänd. mWv 1.5.2022 durch G v. 15.1.2021 (BGBl. I S. 530).

[4] Nr. **260**.

[5] **Habersack, Deutsche Gesetze Nr. 20.**

a) die Auskunft die ordnungsgemäße Erfüllung der Aufgaben im Sinne des Artikels 23 Absatz 1 Buchstabe e der Verordnung (EU) 2016/679, die in der Zuständigkeit der Meldebehörde liegen, gefährden würde,
b) die Auskunft die öffentliche Sicherheit oder Ordnung gefährden oder sich sonst nachteilig auf das Wohl des Bundes oder eines Landes auswirken würde,
c) die Auskunft strafrechtliche Ermittlungen gefährden würde oder
d) die Daten oder die Tatsache ihrer Speicherung nach einer Rechtsvorschrift oder ihrem Wesen nach, insbesondere wegen der überwiegenden berechtigten Interessen eines Dritten, geheim gehalten werden müssen.

(3) [1] Die Auskunft über die Herkunft von Daten ist nur mit Zustimmung der übermittelnden Stellen zulässig, wenn diese der Meldebehörde übermittelt worden sind von

1. den Polizeibehörden des Bundes und der Länder,
2. den Staatsanwaltschaften,
3. den Amtsanwaltschaften,
4. den Verfassungsschutzbehörden des Bundes und der Länder,
5. dem Bundesnachrichtendienst,
6. dem Militärischen Abschirmdienst,
7. dem Zollfahndungsdienst,
8. den Hauptzollämtern oder
9. den Finanzbehörden, soweit sie strafverfolgend tätig sind.

[2] Dies gilt entsprechend für die Auskunft über den Empfänger der Daten, soweit sie an die in Satz 1 genannten Behörden übermittelt worden sind. [3] Die Zustimmung darf nur unter den in den Absätzen 1 und 2 bezeichneten Voraussetzungen versagt werden.

(4) [1] Die Ablehnung der Auskunftserteilung bedarf einer Begründung nicht, soweit durch die Mitteilung der tatsächlichen und rechtlichen Gründe, auf die die Entscheidung gestützt wird, der mit der Auskunftsverweigerung verfolgte Zweck gefährdet würde. [2] In diesem Fall ist die betroffene Person darauf hinzuweisen, dass sie sich an die Stelle wenden kann, die für die Kontrolle der Einhaltung der Datenschutzbestimmungen bei der Meldebehörde zuständig ist. [3] Die Mitteilung dieser Stelle an die betroffene Person darf keine Rückschlüsse auf den Erkenntnisstand des Verantwortlichen zulassen, sofern dieser nicht einer weitergehenden Auskunft zustimmt.

(5) [1] Wird der betroffenen Person keine Auskunft erteilt, so ist die Auskunft auf ihr Verlangen der in Absatz 4 Satz 2 bezeichneten Stelle zu erteilen. [2] Stellt die jeweils zuständige oberste Landesbehörde im Einzelfall fest, dass dadurch die Sicherheit des Bundes oder eines Landes gefährdet würde, erhält der Landesbeauftragte für den Datenschutz persönlich Auskunft.

§ 12[1)] Recht auf Berichtigung. [1] Hat die Meldebehörde die Daten auf Antrag der betroffenen Person nach Artikel 16 der Verordnung (EU) 2016/679[2)] berichtigt oder vervollständigt, so gilt § 6 Absatz 1 Satz 2 entsprechend. [2] Für die Dauer der Prüfung der Richtigkeit ist die Verarbeitung der Daten nicht nach Artikel 18 Absatz 1 Buchstabe a der Verordnung (EU) 2016/679 eingeschränkt.

[1)] § 12 neu gef. mWv 26.11.2019 durch G v. 20.11.2019 (BGBl. I S. 1626).
[2)] Nr. **246**.

§ 13[1)] Aufbewahrung von Daten. (1) [1]Nach dem Wegzug oder dem Tod eines Einwohners hat die Meldebehörde für die Erfüllung ihrer Aufgaben weiterhin die in § 3 Absatz 1 Nummer 1 bis 10,12 bis 16, 17a, 18 und 19 genannten Daten zu speichern. [2]Sie darf in diesen Fällen auch die Daten nach § 3 Absatz 2 Nummer 1 und 2 im Melderegister speichern. [3]Bei Wegzug eines Einwohners speichert die Meldebehörde außerdem die Daten nach § 3 Absatz 1 Nummer 17 und die Feststellung der Tatsachen nach § 3 Absatz 2 Nummer 4, 5, 7 und 8.

(2) [1]Nach Ablauf von fünf Jahren nach dem Ende des Kalenderjahres, in dem ein Einwohner weggezogen oder verstorben ist, sind die nach Absatz 1 weiterhin gespeicherten Daten für die Dauer von 50 Jahren aufzubewahren und durch technische und organisatorische Maßnahmen nach Artikel 24, 25 und 32 der Verordnung (EU) 2016/679[2)] zu sichern, es sei denn, § 14 sieht eine frühere Löschung vor. [2]Während dieser Zeit dürfen die Daten nicht mehr verarbeitet werden. [3]Davon ausgenommen sind Familienname und Vornamen sowie frühere Namen, Geburtsdatum, Geburtsort sowie bei Geburt im Ausland auch der Staat, derzeitige und frühere Anschriften, Auszugsdatum, Auskunftssperren nach § 51 Absatz 1 sowie Sterbedatum, Sterbeort sowie bei Versterben im Ausland auch der Staat. [4]Satz 2 gilt nicht, wenn

1. die betroffene Person in die Verarbeitung der Daten eingewilligt hat,
2. die Verarbeitung der Daten unerlässlich ist
   a) zu wissenschaftlichen Zwecken,
   b) zur Behebung einer bestehenden Beweisnot,
   c) zur Erfüllung der Aufgaben der in § 34 Absatz 4 Satz 1 genannten Behörden,
   d) für Wahlzwecke nach § 3 Absatz 2 Nummer 1,
   e) zur Durchführung des staatsangehörigkeitsrechtlichen Verfahrens nach § 3 Absatz 2 Nummer 5 dieses Gesetzes sowie nach § 29 Absatz 6 und § 30 des Staatsangehörigkeitsgesetzes[3)] oder
3. die Daten nach Absatz 1 mit Ausnahme der Daten nach § 3 Absatz 1 Nummer 18 als Auswahldaten nach Maßgabe des § 38 Absatz 1 bis 3 verarbeitet werden.

§ 14[4)] Löschung von Daten. (1) [1]Die Meldebehörde hat gespeicherte Daten zu löschen, wenn sie zur Erfüllung ihrer Aufgaben nicht mehr erforderlich sind. [2]Das Gleiche gilt, wenn bereits die Speicherung der Daten unzulässig war.

(2) [1]Die Daten nach § 3 Absatz 1 Nummer 11 und Absatz 2 Nummer 2 sind nach Ablauf des auf den Wegzug oder den Tod des Einwohners folgenden Kalenderjahres zu löschen. [2]Die Daten nach § 3 Absatz 1 Nummer 17 sind fünf Jahre nach dem Ablauf der Gültigkeit des Ausweisdokuments, auf das sie sich beziehen, zu löschen. [3]Die weiteren Daten weggezogener oder verstorbener Einwohner, die

---

[1)] § 13 Abs. 1 Satz 1 geänd. mWv 9.8.2019 durch G v. 4.8.2019 (BGBl. I S. 1131); Abs. 2 Sätze 1, 2, 4 Nr. 2 einl. Satzteil geänd., Satz 4 Nr. 1 neu gef. mWv 26.11.2019 durch G v. 20.11.2019 (BGBl. I S. 1626); Abs. 1 Satz 3, Abs. 2 Satz 1 geänd. mWv 12.12.2020 durch G v. 3.12.2020 (BGBl. I S. 2744); Abs. 1 Satz 3, Abs. 2 Sätze 3 und 4 Nr. 1, 2 Buchst. e geänd., Nr. 3 angef. mWv 1.5.2022 durch G v. 15.1. 2021 (BGBl. I S. 530).

[2)] Nr. **246**.

[3)] Nr. **15**.

[4)] § 14 Abs. 4 angef. mWv 5.2.2016 durch G v. 2.2.2016 (BGBl. I S. 130); Abs. 4 geänd. mWv 9.8.2019 durch G v. 4.8.2019 (BGBl. I S. 1131); Abs. 3 neu gef. mWv 26.11.2019 durch G v. 20.11.2019 (BGBl. I S. 1626); Abs. 2 Satz 3 eingef., bish. Satz 3 wird Satz 4 mWv 12.12.2020 durch G v. 3.12.2020 (BGBl. I S. 2744); Abs. 2 Satz 1 aufgeh., bish. Sätze 2–4 werden Sätze 1–3 mWv 27.7.2022 durch G v. 21.7.2022 (BGBl. I S. 1182).

nicht nach § 13 Absatz 1 aufbewahrt werden, sind 30 Tage nach dem Wegzug und der Auswertung der Rückmeldung oder nach dem Tod des Einwohners zu löschen.

(3) [1]Ist eine Löschung im Fall nicht automatisierter Datenverarbeitung wegen der besonderen Art der Speicherung nicht oder nur mit unverhältnismäßig hohem Aufwand möglich und ist das Interesse der betroffenen Person an der Löschung als gering anzusehen, besteht das Recht der betroffenen Person auf Löschung personenbezogener Daten und die Pflicht der Meldebehörde zur Löschung personenbezogener Daten nach Artikel 17 Absatz 1 der Verordnung (EU) 2016/679[1)] ergänzend zu den in Artikel 17 Absatz 3 der Verordnung (EU) 2016/679 genannten Ausnahmen nicht. [2]In diesem Fall tritt an die Stelle einer Löschung die Einschränkung der Verarbeitung nach Artikel 18 der Verordnung (EU) 2016/679.

(4) Die Meldebehörde hat Daten, die nach § 3 Absatz 1 Nummer 17a gespeichert sind, zu löschen, sobald sie von der Ausländerbehörde nach § 90a Absatz 1 Satz 3 des Aufenthaltsgesetzes[2)] unterrichtet wurde.

§ 15 Aufbewahrung und Löschung von Hinweisen. Die §§ 13 und 14 gelten entsprechend für Hinweise, die gespeichert werden, um die Richtigkeit der jeweiligen Daten nachzuweisen.

§ 16[3)] Anbieten von Daten an Archive. (1) Nach Ablauf der in § 13 Absatz 2 Satz 1 für die Aufbewahrung bestimmten Frist hat die Meldebehörde die Daten und die zum Nachweis ihrer Richtigkeit gespeicherten Hinweise vor der Löschung den durch Landesrecht bestimmten Archiven nach den jeweiligen archivrechtlichen Vorschriften zur Übernahme anzubieten.

(2) [1]Innerhalb der in § 13 Absatz 2 Satz 1 für die Aufbewahrung bestimmten Frist kann die Meldebehörde die Daten und Hinweise den durch Landesrecht bestimmten Archiven zur Übernahme anbieten, sofern die Erfüllung der Aufgaben der Meldebehörde im Rahmen des § 13 Absatz 2 Satz 2 und 3 gewährleistet bleibt. [2]Bis zum Ablauf dieser Frist darf das Archiv die übernommenen Daten und Hinweise nur nach Maßgabe des § 13 Absatz 2 Satz 2 bis 4 verarbeiten.

Abschnitt 3. Allgemeine Meldepflichten

§ 17 Anmeldung, Abmeldung. (1) Wer eine Wohnung bezieht, hat sich innerhalb von zwei Wochen nach dem Einzug bei der Meldebehörde anzumelden.

(2) [1]Wer aus einer Wohnung auszieht und keine neue Wohnung im Inland bezieht, hat sich innerhalb von zwei Wochen nach dem Auszug bei der Meldebehörde abzumelden. [2]Eine Abmeldung ist frühestens eine Woche vor Auszug möglich; die Fortschreibung des Melderegisters erfolgt zum Datum des Auszugs.

(3) [1]Die An- oder Abmeldung für Personen unter 16 Jahren obliegt denjenigen, in deren Wohnung die Personen unter 16 Jahren einziehen oder aus deren Wohnung sie ausziehen. [2]Neugeborene, die im Inland geboren wurden, sind nur anzumelden, wenn sie in eine andere Wohnung als die der Eltern oder der Mutter aufgenommen werden. [3]Ist für eine volljährige Person ein Pfleger oder ein Betreuer bestellt, der den Aufenthalt bestimmen kann, obliegt diesem die An- oder Abmeldung.

---

1) Nr. **246**.
2) Nr. **565**.
3) § 16 Abs. 2 Satz 2 geänd. mWv 26.11.2019 durch G v. 20.11.2019 (BGBl. I S. 1626).

(4) Die Standesämter teilen den Meldebehörden unverzüglich die Beurkundung der Geburt eines Kindes sowie jede Änderung des Personenstandes einer Person mit.

§ 18[1] Meldebescheinigung. (1) [1]Die Meldebehörde erteilt der betroffenen Person auf deren Antrag eine schriftliche oder elektronische Meldebescheinigung. [2]Die Meldebescheinigung enthält folgende Daten:

1. Familienname,
2. Vornamen unter Kennzeichnung des gebräuchlichen Vornamens,
3. Doktorgrad,
4. Geburtsdatum,
5. derzeitige Anschriften, gekennzeichnet nach Haupt- und Nebenwohnung.

[3]Hierzu hat die meldepflichtige Person Familienname, Vornamen, Geburtsdatum sowie die Anschrift der derzeitigen Haupt- oder alleinigen Wohnung zu übermitteln.

(2) Auf Antrag der betroffenen Person kann die Meldebescheinigung zusätzlich zu den Daten nach Absatz 1 Satz 2 Daten nach § 3 Absatz 1 Nummer 2, 5 bis 16, 17 mit Ausnahme des Sperrkennworts und der Sperrsumme des Personalausweises und der eID-Karte sowie die Tatsache, dass ein Sterbedatum nicht gespeichert ist, enthalten.

(3) Die elektronische Meldebescheinigung wird unentgeltlich erteilt.

(4) Im Übrigen gelten § 10 Absatz 2 und 3 sowie § 11 Absatz 2 Nummer 1 bis 3 entsprechend.

§ 18a[2] Meldedatensatz zum Abruf. (1) [1]Die Meldebehörde stellt der betroffenen Person auf deren Antrag die Meldedaten nach § 18 Absatz 1 und 2 zum Zweck der Weiterleitung in einer elektronischen Verwaltungsleistung nach dem Onlinezugangsgesetz[3] im Wege des automatisierten Abrufs bereit. [2]Hierzu hat die meldepflichtige Person die in § 18 Absatz 1 Satz 3 genannten Daten zu übermitteln. [3]Die Meldedaten werden als unveränderbarer maschinenlesbarer Datensatz (Meldedatensatz) bereitgestellt. [4]Aus dem Meldedatensatz muss der Zeitpunkt des Abrufs erkennbar sein.

(2) Der Meldedatensatz wird unentgeltlich zum Abruf bereitgestellt.

(3) Im Übrigen gelten § 10 Absatz 2 und 3 sowie § 11 Absatz 2 Nummer 1 bis 3 entsprechend.

§ 19[4] Mitwirkung des Wohnungsgebers. (1) [1]Der Wohnungsgeber ist verpflichtet, bei der Anmeldung mitzuwirken. [2]Hierzu hat der Wohnungsgeber oder eine von ihm beauftragte Person der meldepflichtigen Person den Einzug schriftlich oder gegenüber der Meldebehörde nach Absatz 4 auch elektronisch innerhalb der in § 17 Absatz 1 genannten Frist zu bestätigen. [3]Er kann sich durch Rückfrage bei der Meldebehörde davon überzeugen, dass sich die meldepflichtige Person angemeldet hat. [4]Die meldepflichtige Person hat dem Wohnungsgeber die Aus-

---

[1] § 18 neu gef. mWv 1.5.2022 durch G v. 15.1.2021 (BGBl. I S. 530).

[2] § 18a eingef. mWv 1.5.2022 durch G v. 15.1.2021 (BGBl. I S. 530); Abs. 1 Satz 2 geänd. mWv 27.7.2022 durch G v. 21.7.2022 (BGBl. I S. 1182).

[3] **Sartorius III Nr. 718.**

[4] § 19 Abs. 1 Sätze 1–4, Abs. 3 Nr. 1 geänd., Nr. 2 neu gef., Nr. 4 geänd. mWv 1.11.2016 durch G v. 11.10.2016 (BGBl. I S. 2218); Abs. 4 Satz 3 neu gef. mWv 26.11.2019 durch G v. 20.11.2019 (BGBl. I S. 1626).

künfte zu geben, die für die Bestätigung des Einzugs erforderlich sind. [5]Die Bestätigung nach Satz 2 darf nur vom Wohnungsgeber oder einer von ihm beauftragten Person ausgestellt werden.

(2) Verweigert der Wohnungsgeber oder eine von ihm beauftragte Person die Bestätigung oder erhält die meldepflichtige Person sie aus anderen Gründen nicht rechtzeitig, so hat die meldepflichtige Person dies der Meldebehörde unverzüglich mitzuteilen.

(3) Die Bestätigung des Wohnungsgebers enthält folgende Daten:

1. Name und Anschrift des Wohnungsgebers und wenn dieser nicht Eigentümer ist, auch den Namen des Eigentümers,
2. Einzugsdatum,
3. Anschrift der Wohnung sowie
4. Namen der nach § 17 Absatz 1 meldepflichtigen Personen.

(4) [1]Bei einer elektronischen Bestätigung gegenüber der Meldebehörde erhält der Wohnungsgeber ein Zuordnungsmerkmal, welches er der meldepflichtigen Person zur Nutzung bei der Anmeldung mitzuteilen hat. [2]§ 10 Absatz 2 und 3 gilt entsprechend. [3]Sofern die Meldebehörde weitere Formen der Authentifizierung des Wohnungsgebers vorsieht, ist sicherzustellen, dass Maßnahmen nach den Artikeln 24, 25 und 32 der Verordnung (EU) 2016/679[1)] getroffen werden.

(5) Die Meldebehörde kann von dem Eigentümer der Wohnung und, wenn er nicht selbst Wohnungsgeber ist, auch vom Wohnungsgeber Auskunft verlangen über Personen, welche bei ihm wohnen oder gewohnt haben.

(6) Es ist verboten, eine Wohnungsanschrift für eine Anmeldung nach § 17 Absatz 1 einem Dritten anzubieten oder zur Verfügung zu stellen, obwohl ein tatsächlicher Bezug der Wohnung durch einen Dritten weder stattfindet noch beabsichtigt ist.

§ 20 Begriff der Wohnung. [1]Wohnung im Sinne dieses Gesetzes ist jeder umschlossene Raum, der zum Wohnen oder Schlafen benutzt wird. [2]Als Wohnung gilt auch die Unterkunft an Bord eines Schiffes der Marine. [3]Wohnwagen und Wohnschiffe sind nur dann als Wohnungen anzusehen, wenn sie nicht oder nur gelegentlich fortbewegt werden.

§ 21[2)] Mehrere Wohnungen. (1) Hat ein Einwohner mehrere Wohnungen im Inland, so ist eine dieser Wohnungen seine Hauptwohnung.

(2) Hauptwohnung ist die vorwiegend benutzte Wohnung des Einwohners.

(3) Nebenwohnung ist jede weitere Wohnung des Einwohners im Inland.

(4) [1]Die meldepflichtige Person hat der Meldebehörde bei jeder An- oder Abmeldung mitzuteilen, welche weiteren Wohnungen im Inland sie hat und welche Wohnung ihre Hauptwohnung ist. [2]Sie hat jede Änderung der Hauptwohnung innerhalb von zwei Wochen der Meldebehörde mitzuteilen, die für die neue Hauptwohnung zuständig ist. [3]Zieht die meldepflichtige Person aus einer ihrer Nebenwohnungen im Inland aus und bezieht sie keine neue Wohnung, so hat sie dies der Meldebehörde, die für die Nebenwohnung zuständig ist, oder der Meldebehörde, die für die alleinige Wohnung oder die Hauptwohnung zuständig ist, mitzuteilen.

---

1) Nr. **246**.

2) § 21 Abs. 4 Satz 3 neu gef. mWv 7.4.2021 durch G v. 15.1.2021 (BGBl. I S. 530).

§ 22 Bestimmung der Hauptwohnung. (1) Hauptwohnung eines verheirateten oder eine Lebenspartnerschaft führenden Einwohners, der nicht dauernd getrennt von seiner Familie oder seinem Lebenspartner lebt, ist die vorwiegend benutzte Wohnung der Familie oder der Lebenspartner.

(2) Hauptwohnung eines minderjährigen Einwohners ist die vorwiegend benutzte Wohnung der Personensorgeberechtigten; leben diese getrennt, ist Hauptwohnung die Wohnung des Sorgeberechtigten, die von dem minderjährigen Einwohner vorwiegend benutzt wird.

(3) In Zweifelsfällen ist die vorwiegend benutzte Wohnung dort, wo der Schwerpunkt der Lebensbeziehungen des Einwohners liegt.

(4) Kann der Wohnungsstatus eines verheirateten oder eine Lebenspartnerschaft führenden Einwohners nach den Absätzen 1 und 3 nicht zweifelsfrei bestimmt werden, ist die Hauptwohnung die Wohnung nach § 21 Absatz 2.

(5) Auf Antrag eines Einwohners, der in einer Einrichtung für behinderte Menschen wohnt, bleibt die Wohnung nach Absatz 2, bis er 25 Jahre alt ist, seine Hauptwohnung.

§ 23[1) 2)] Erfüllung der allgemeinen Meldepflicht. (1) [1]Soweit nachstehend nicht etwas anderes bestimmt ist, hat die meldepflichtige Person einen Meldeschein auszufüllen, zu unterschreiben und der Meldebehörde zusammen mit dem Personalausweis, dem vorläufigen Personalausweis, dem Ersatz-Personalausweis, dem anerkannten und gültigen Pass oder Passersatzpapier sowie der Bestätigung des Wohnungsgebers oder dem entsprechenden Zuordnungsmerkmal nach § 19 Absatz 4 Satz 1 vorzulegen. [2]Wird das Melderegister automatisiert geführt, kann von dem Ausfüllen des Meldescheins abgesehen werden, wenn die meldepflichtige Person persönlich bei der Meldebehörde erscheint und auf einem Ausdruck die Richtigkeit und Vollständigkeit der bei ihr erhobenen Daten durch ihre Unterschrift bestätigt.

(2) [1]Die Meldebehörde des neuen Wohnortes (Zuzugsmeldebehörde) ist verpflichtet, der meldepflichtigen Person die Daten der Wegzugsmeldebehörde nach § 3 Absatz 1 Nummer 1 bis 18 und Absatz 2 Nummer 4 vorzulegen (vorausgefüllter Meldeschein). [2]Daten zum gesetzlichen Vertreter, Ehegatten, Lebenspartner oder zu minderjährigen Kindern, für die eine Auskunftssperre nach § 51 oder ein bedingter Sperrvermerk nach § 52 gespeichert ist, dürfen nicht in dem vorausgefüllten Meldeschein enthalten sein. [3]Die meldepflichtige Person hat die übermittelten Angaben auf ihre Richtigkeit zu prüfen, unzutreffende Angaben zu berichtigen und fehlende Angaben zu ergänzen. [4]Sie hat den aktualisierten vorausgefüllten Meldeschein bei der Zuzugsmeldebehörde unterschrieben einzureichen. [5]Im Fall, dass ein vorausgefüllter Meldeschein nicht erstellt werden kann, hat die meldepflichtige Person einen Meldeschein auszufüllen und zu unterschreiben.

(3) [1]Für den vorausgefüllten Meldeschein gibt die meldepflichtige Person Familienname, Vornamen, Geburtsdatum sowie die letzte Wohnanschrift an. [2]Diese Daten übermittelt die Zuzugsmeldebehörde der Wegzugsmeldebehörde, um die

---

1) Siehe hierzu ua die Erste BundesmeldedatenübermittlungsVO – 1. BMeldDÜV v. 1.12.2014 (BGBl. I S. 1945), zuletzt geänd. durch G v. 21.7.2022 (BGBl. I S. 1182).

2) § 23 Abs. 6 angef. mWv 1.11.2016 durch G v. 2.2.2016 (BGBl. I S. 130); Abs. 1 Satz 1 geänd., Abs. 7 angef. mWv 1.11.2016 durch G v. 11.10.2016 (BGBl. I S. 2218); Abs. 6 geänd. mWv 1.11.2019 durch G v. 4.8.2019 (BGBl. I S. 1131); Abs. 2 aufgeh., bish. Abs. 3 wird Abs. 2 und Satz 1 neu gef., Satz 2 eingef., bish. Sätze 2, 3 werden Sätze 3, 4, bish. Satz 4 wird Satz 5 und neu gef., bish. Abs. 4 wird Abs. 3 und Satz 2 geänd., bish. Abs. 5 wird Abs. 4 und Sätze 2, 3 geänd., bish. Abs. 6 wird Abs. 5 und geänd., bish. Abs. 7 wird Abs. 6 und Satz 1 geänd. mWv 1.5.2022 durch G v. 15.1.2021 (BGBl. I S. 530).

Daten nach § 3 Absatz 1 Nummer 1 bis 18 und Absatz 2 Nummer 4 anzufordern. [3]Die Wegzugsmeldebehörde übermittelt der Zuzugsmeldebehörde unverzüglich die angeforderten Daten.

(4) [1]Ehegatten, Lebenspartner und Familienangehörige mit denselben Zuzugsdaten (Zuzugsdatum sowie frühere und derzeitige Wohnungen) sollen gemeinsam einen Meldeschein verwenden. [2]Es genügt die Anmeldung durch eine der meldepflichtigen Personen. [3]Die Absätze 2 und 3 gelten entsprechend, wenn die meldepflichtige Person versichert, dass sie berechtigt ist, die Daten der übrigen meldepflichtigen Personen entgegenzunehmen. [4]Sie ist darüber zu belehren, dass der unberechtigte Empfang unter Vorspiegelung einer Berechtigung nach § 202a des Strafgesetzbuchs[1)] unter Strafe steht.

(5) Abweichend von Absatz 1 kann die Anmeldung von Personen, die in eine Aufnahmeeinrichtung zugezogen sind, automatisiert durch Übernahme der Daten aus dem Ausländerzentralregister nach § 18e des AZR-Gesetzes[2)] erfolgen.

(6) [1]Die Abmeldung in das Ausland kann schriftlich oder in entsprechender Anwendung des § 10 Absatz 2 und 3 elektronisch erfolgen. [2]Der Nachweis der Identität der abmeldepflichtigen Person kann bei der elektronischen Abmeldung auch durch die Angabe des Familiennamens, des Vornamens, des Geburtsdatums und der Seriennummer des zuletzt im Melderegister gespeicherten Ausweises oder Passes nach § 3 Absatz 1 Nummer 17 erfolgen.

§ 23a[3)] Elektronische Anmeldung. (1) [1]Die meldepflichtige Person darf bei der Wegzugsmeldebehörde die nach § 3 Absatz 1 Nummer 1 bis 18 und Absatz 2 Nummer 4 gespeicherten Daten elektronisch anfordern. [2]Hierzu hat sie die in § 18 Absatz 1 Satz 3 genannten Daten zu übermitteln. [3]Die Wegzugsmeldebehörde ist verpflichtet, diese Daten in elektronischer und unveränderbarer Form zu übermitteln (vorausgefüllter Meldeschein). [4]Daten zum gesetzlichen Vertreter, Ehegatten, Lebenspartner oder zu minderjährigen Kindern, für die eine Auskunftssperre nach § 51 oder ein bedingter Sperrvermerk nach § 52 gespeichert ist, dürfen nicht in dem vorausgefüllten Meldeschein enthalten sein.

(2) Die meldepflichtige Person hat die übermittelten Angaben auf ihre Richtigkeit zu prüfen, um die Angaben nach § 19 Absatz 3 Nummer 1 bis 3 zu ergänzen, elektronisch zu bestätigen und an die Zuzugsmeldebehörde zu übermitteln.

(3) Die Vorlage der Bestätigung des Wohnungsgebers oder des entsprechenden Zuordnungsmerkmals nach § 19 Absatz 4 Satz 1 kann bei einer elektronischen Anmeldung durch einen Code, der durch die Zuzugsmeldebehörde an die Zuzugsanschrift der meldepflichtigen Person versendet und von dieser bestätigt wird, ersetzt werden.

(4) § 10 Absatz 2 und 3 gilt entsprechend.

§ 24[4)] Datenerhebung, Meldebestätigung. (1) [1]Bei der An- oder Abmeldung oder der Änderung der Hauptwohnung dürfen bei der meldepflichtigen Person die in § 3 Absatz 1 Nummer 1 bis 18 und in Absatz 2 Nummer 2 Buchstabe a bis

---

[1)] **Habersack, Deutsche Gesetze Nr. 85.**

[2)] **Sartorius ErgBd. Nr. 569.**

[3)] § 23a neu gef. mWv 1.5.2022 durch G v. 15.1.2021 (BGBl. I S. 530); Abs. 1 Satz 2 geänd. mWv 27.7.2022 durch G v. 21.7.2022 (BGBl. I S. 1182).

[4)] § 24 Abs. 2 Satz 2 Nr. 2 geänd. mWv 1.11.2016 durch G v. 11.10.2016 (BGBl. I S. 2218); Abs. 2 Satz 1 geänd. mWv 7.4.2021 durch G v. 15.1.2021 (BGBl. I S. 530); Abs. 1 Satz 1 geänd. mWv 27.7.2022 durch G v. 21.7.2022 (BGBl. I S. 1182).

c, Nummer 5 und 10 genannten Daten erhoben werden. [2] Dies gilt auch für die Hinweise, die zum Nachweis der Richtigkeit dieser Daten erforderlich sind.

(2) [1] Die meldepflichtige Person erhält unentgeltlich eine schriftliche oder, sofern die An- oder Abmeldung elektronisch durchgeführt wird, eine elektronische Bestätigung über die An- oder Abmeldung (amtliche Meldebestätigung). [2] Diese darf nur folgende Daten enthalten:

1. Familienname,

2. Vornamen unter Kennzeichnung des gebräuchlichen Vornamens,

(Fortsetzung nächstes Blatt)

mittelt, wenn für diesen Personenkreis eine Auskunftssperre nach § 51 gespeichert ist.

§ 35 Datenübermittlungen an ausländische Stellen. Im Rahmen von Tätigkeiten, die ganz oder teilweise in den Anwendungsbereich des Rechts der Europäischen Union fallen, gilt § 34 Absatz 1 Satz 1 nach Maßgabe der dafür geltenden Gesetze und Vereinbarungen, wenn Daten übermittelt werden an

1. öffentliche Stellen in anderen Mitgliedstaaten der Europäischen Union,
2. öffentliche Stellen in anderen Vertragsstaaten des Abkommens über den Europäischen Wirtschaftsraum,
3. Organe und Einrichtungen der Europäischen Union oder
4. Organe und Einrichtungen der Europäischen Atomgemeinschaft.

§ 36[1] Regelmäßige Datenübermittlungen. (1) Datenübermittlungen an andere öffentliche Stellen, die ohne Ersuchen in allgemein bestimmten Fällen regelmäßig wiederkehrend durchgeführt werden (regelmäßige Datenübermittlungen), sind zulässig, soweit dies durch Bundes- oder Landesrecht bestimmt ist, in dem Anlass und Zweck der Übermittlungen, der Empfänger und die zu übermittelnden Daten festgelegt sind.

(2) [1] Eine Datenübermittlung nach § 58c Absatz 1 Satz 1 des Soldatengesetzes[2] ist nur zulässig, soweit die betroffene Person nicht widersprochen hat. [2] Bei einem Widerspruch hat die betroffene Person gegenüber der Meldebehörde ein Recht auf unentgeltliche Einrichtung einer Übermittlungssperre. [3] Die betroffene Person ist auf ihr Widerspruchsrecht bei der Anmeldung und spätestens im Oktober eines jeden Jahres durch ortsübliche Bekanntmachung hinzuweisen.

§ 37[3] Datenweitergabe. (1) [1] Innerhalb der Verwaltungseinheit, der die Meldebehörde angehört, dürfen unter den in § 34 Absatz 1 genannten Voraussetzungen sämtliche der in § 3 Absatz 1 aufgeführten Daten und Hinweise weitergegeben werden. [2] Für die Einsichtnahme und Weitergabe von Daten und Hinweisen nach § 3 Absatz 2 gilt § 34 Absatz 3 entsprechend.

(2) [1] Die Einrichtung automatisierter Verfahren zur Datenübertragung an andere Stellen innerhalb der Verwaltungseinheit, der die Meldebehörde angehört, bedarf der Zulassung durch den Leiter der Verwaltungseinheit; dabei hat er die abrufberechtigten Stellen sowie die erforderlichen technischen und organisatorischen Maßnahmen nach den Artikeln 24, 25 und 32 der Verordnung (EU) 2016/679[4] schriftlich festzulegen. [2] Die abrufberechtigte Stelle darf von der Möglichkeit des Datenabrufs nur Gebrauch machen, wenn dies im Einzelfall zur Erfüllung ihrer Aufgaben erforderlich ist. [3] § 34a Absatz 5 gilt entsprechend.

---

[1] § 36 Abs. 2 Satz 1 geänd. durch G v. 20.11.2014 (BGBl. I S. 1738); Abs. 1 geänd., Abs. 2 Satz 2 eingef., bish. Satz 2 wird Satz 3 mWv 26.11.2019 durch G v. 20.11.2019 (BGBl. I S. 1626).

[2] **Sartorius III Nr. 850.**

[3] § 37 Abs. 2 Satz 1 geänd. mWv 26.11.2019 durch G v. 20.11.2019 (BGBl. I S. 1626); Abs. 2 Satz 3 angef. mWv 1.5.2022 durch G v. 15.1.2021 (BGBl. I S. 530).

[4] Nr. **246**.

§ 38[1] Auswahldaten für automatisierte Abrufe und für Datenübermittlungen über Personengruppen. (1)[2] [1] Für automatisierte Abrufe von Daten mittels Personensuche sind aus dem Datenkatalog nach § 34 Absatz 1 Satz 1 folgende Auswahldaten zu verwenden:

1. hinsichtlich des Namens
   a) der Familienname und mindestens ein Vorname,
   b) ein früherer Name und mindestens ein Vorname,
   c) der Ordensname oder
   d) der Künstlername sowie
2. zusätzlich zu den Angaben nach Nummer 1
   a) eine Anschrift oder
   b) ein Wohnort und mindestens eines der folgenden Daten:
      aa) Straße,
      bb) Geburtsdatum,
      cc) Geburtsort sowie bei Geburt im Ausland auch den Staat,
      dd) Geschlecht,
      ee) Sterbedatum,
      ff) Sterbeort sowie bei Versterben im Ausland auch den Staat.

[2] Die AZR-Nummer darf in den Fällen und nach Maßgabe des § 10 Absatz 4 Satz 2 Nummer 4 des AZR-Gesetzes[3] nur zum Zweck der eindeutigen Zuordnung als zusätzliches Auswahldatum verwendet werden. [3] Für Familiennamen, frühere Namen und Vornamen sowie für Ordens- und Künstlernamen ist eine phonetische Suche zulässig.

(2) [1] Für automatisierte Abrufe und für Ersuchen um Übermittlung von Daten mittels freier Suche sollen vorbehaltlich des Satzes 2 verwenden:

1. die in § 34 Absatz 4 Satz 1 genannten Behörden alle verfügbaren Daten nach § 34 Absatz 1 Satz 1 und die Daten nach § 34 Absatz 1 Satz 2 Nummer 3,
2. alle übrigen öffentlichen Stellen nur die verfügbaren Daten nach § 34 Absatz 1 Satz 1.

[2] Die Daten beigeschriebener Personen nach § 34 Absatz 1 Satz 1 Nummer 11, 13 und 14, das Datum des letzten Wegzugs aus einer Wohnung im Inland und das Datum des letzten Zuzugs aus dem Ausland nach § 34 Absatz 1 Satz 1 Nummer 10 sowie Auskunftssperren nach § 51 und bedingte Sperrvermerke nach § 52 sind als Auswahldaten nicht zulässig. [3] Für Familiennamen, frühere Namen und Vornamen sowie für Ordens- und Künstlernamen ist eine phonetische Suche zulässig.

(3) Die Verwendung von weiteren Auswahldaten nach den Absätzen 1 und 2 ist zulässig, soweit dies durch Bundes- oder Landesrecht bestimmt ist, in dem auch Anlass und Zweck des Abrufs festgelegt sind.

(4) [1] Werden auf Grund eines automatisierten Abrufs die Datensätze mehrerer Personen angezeigt, darf die abrufberechtigte Stelle diese Daten nur in dem Umfang verwenden, der zur Erfüllung der ihr durch Rechtsvorschrift übertrage-

---

[1] § 38 neu gef. mWv 1.5.2022 durch G v. 15.1.2021 (BGBl. I S. 530); Abs. 1 Satz 3 eingef., bish. Satz 3 wird Satz 4 mit unbestimmtem Inkrafttreten durch G v. 28.3.2021 (BGBl. I S. 591).

[2] Gem. Art. 4 Nr. 7 G v. 28.3.2021 (BGBl. I S. 591) wird nach Satz 2 mit noch unbestimmtem Inkrafttreten folgender Satz eingefügt: „Die Identifikationsnummer nach § 139b der Abgabenordnung darf in den Fällen des § 34a Absatz 2 Satz 3 zusätzlich als Auswahldatum verwendet werden."

[3] **Sartorius ErgBd. Nr. 569.**

nen Aufgaben erforderlich ist. [2]Nicht erforderliche Daten sind unverzüglich zu löschen.

(5) [1]Die abrufende Stelle kann für den Fall einer neutralen Antwort auf eine weitere Bearbeitung der Anfrage durch die Meldebehörde verzichten. [2]Die Pflicht zur unverzüglichen Unterrichtung der veranlassenden Stelle nach § 34 Absatz 5 Satz 1 und 3 bleibt unberührt.

§ 39[1)] Verfahren des automatisierten Abrufs. (1) Bei der Einrichtung eines automatisierten Abrufverfahrens hat die abrufberechtigte Stelle durch geeignete technische und organisatorische Maßnahmen nach den Artikeln 24, 25 und 32 der Verordnung (EU) 2016/679[2)] sicherzustellen, dass Daten nur durch hierzu befugte Personen abgerufen werden können und dass nur die Daten abgerufen werden, die für ihre Aufgabenerfüllung erforderlich sind.

(2) [1]Werden auf Grund eines automatisierten Abrufs nach § 34a die Datensätze von unterschiedlichen Personen gefunden, werden hierzu Identifikationsmerkmale gebildet und übermittelt. [2]Zur Bildung dieser Identifikationsmerkmale dürfen die in § 3 genannten Daten nicht verarbeitet werden. [3]Der Empfänger der Daten darf das Identifikationsmerkmal nur an die Meldebehörde übermitteln.

(3) [1]Für die in § 34 Absatz 4 Satz 1 genannten sowie weitere durch Bundes- oder Landesrecht bestimmte öffentliche Stellen ist bei zentralen Meldedatenbeständen der Länder oder, sofern solche nicht vorhanden sind, bei sonstigen Stellen, die durch Landesrecht dazu bestimmt sind, oder bei den Meldebehörden zu jeder Zeit sicherzustellen, dass Daten über das Internet oder über das Verbindungsnetz des Bundes und der Länder abgerufen werden können. [2]Absatz 1 Satz 2 bis 4 gilt entsprechend.

(4) [1]Die Verantwortung für die Zulässigkeit des einzelnen automatisierten Abrufs trägt die abrufende Stelle. [2]Die Meldebehörde überprüft die Zulässigkeit des Abrufs nur, wenn dazu Anlass besteht.

§ 39a[3)] Datenbestätigung für öffentliche Stellen. (1) [1]Die Meldebehörde darf Daten einer namentlich bestimmten Person, die sie von einer anderen öffentlichen Stelle im Wege einer maschinellen Anfrage erhält, automatisiert auf Übereinstimmung mit den im Melderegister gespeicherten Daten prüfen, soweit eine Datenübermittlung nach § 34 zulässig wäre. [2]Für die Auswahldaten, die der Anfrage um Datenbestätigung zugrunde gelegt werden dürfen, gilt § 38 Absatz 1 entsprechend.

(2) [1]Wird die Person mit den Auswahldaten im Melderegister eindeutig identifiziert und stimmen die Daten mit den im Melderegister gespeicherten Daten überein, bestätigt die Meldebehörde dies der anfragenden Stelle. [2]Werden mit den angegebenen Daten mehrere übereinstimmende Datensätze gefunden, teilt die Meldebehörde diese Tatsache mit. [3]Ist im Melderegister eine Auskunftssperre nach § 51 eingetragen oder ist zu der betroffenen Person kein übereinstimmender Datensatz vorhanden, erhält die anfragende Stelle eine Mitteilung, die keine Rückschlüsse darauf zulassen darf, welcher von beiden Fällen vorliegt.

---

1) § 39 Abs. 1 Satz 1, Abs. 2 Satz 2 geänd. mWv 26.11.2019 durch G v. 20.11.2019 (BGBl. I S. 1626); Abs. 1 Satz 1 geänd., Sätze 2–4 aufgeh., Abs. 2 Satz 1 neu gef. mWv 1.5.2022 durch G v. 15.1.2021 (BGBl. I S. 530).

2) Nr. **246**.

3) § 39a eingef. mWv 1.5.2022 durch G v. 15.1.2021 (BGBl. I S. 530).

(3) § 34 Absatz 5 und 6 sowie § 39 Absatz 1, 3 und 4 sind entsprechend anzuwenden.

§ 40[1] **Protokollierungspflicht bei automatisiertem Abruf und bei Datenbestätigung.** (1) Die Meldebehörde hat bei einer Personensuche im automatisierten Abruf und bei einer Datenbestätigung Folgendes zu protokollieren:

1. die abrufberechtigte Stelle,
2. die abgerufenen Daten,
3. den Zeitpunkt des Abrufs,
4. das Aktenzeichen der abrufenden Behörde,
5. den Anlass des Abrufs,
6. die Kennung der abrufenden Person oder bei einem maschinellen Abruf die Bezeichnung des Verfahrens und
7. die nach den Auswahldaten als abrufbar gekennzeichneten Datensätze der gefundenen Personen (Treffer).

(2) Bei einer freien Suche im automatisierten Abruf sind

1. zusätzlich zu Absatz 1 Nummer 1 bis 6 die verwendeten Auswahldaten zu protokollieren und
2. statt der Treffer nach Absatz 1 Nummer 7 die als abrufbar gekennzeichneten Datensätze der gefundenen nicht namentlich bestimmten Personen (Ergebnisse) zu protokollieren.

(3) Ist die abrufende oder maschinell anfragende Stelle eine der in § 34 Absatz 4 Satz 1 genannten Behörden, hat sie die Protokollierung vorzunehmen.

(4) Die Meldebehörde hat bei einem automatisierten Datenabruf durch die betroffene Person über ein Verwaltungsportal (§ 2 Absatz 2 des Onlinezugangsgesetzes[2]) Folgendes zu protokollieren:

1. Familienname, Vornamen, Geburtsdatum sowie die Anschrift der derzeitigen Haupt- oder alleinigen Wohnung der betroffenen Person,
2. die Art der Dienstleistung,
3. die abgerufenen Daten und
4. den Zeitpunkt des Abrufs.

(5) [1] Die Protokolldaten sind mindestens zwölf Monate aufzubewahren und zu sichern. [2] Sie sind spätestens zum Ende des Kalenderjahres zu löschen, das auf die Speicherung folgt. [3] Die Protokolldaten dürfen nur für Zwecke der Datenschutzkontrolle, hieraus folgender Strafverfahren, der Sicherstellung des Betriebs der Register und der Auskunftserteilung an die betroffene Person verarbeitet werden.

§ 41[3] **Zweckbindung übermittelter Daten und Hinweise.** [1] Die Empfänger dürfen die Daten und Hinweise, soweit gesetzlich nichts anderes bestimmt ist, nur für die Zwecke verarbeiten, zu deren Erfüllung sie ihnen übermittelt oder weitergegeben wurden. [2] In den Fällen der §§ 51 und 52 ist eine Verarbeitung der übermittelten oder weitergegebenen Daten und Hinweise nur zulässig, wenn die

---

[1] § 40 Abs. 4 Satz 3 geänd. mWv 26.11.2019 durch G v. 20.11.2019 (BGBl. I S. 1626); Überschrift und Abs. 1, 2 neu gef., Abs. 3 geänd., Abs. 4 eingef., bish. Abs. 4 wird Abs. 5 mWv 1.5.2022 durch G v. 15.1.2021 (BGBl. I S. 530).

[2] **Sartorius III Nr. 718.**

[3] § 41 Sätze 1, 2 geänd. mWv 26.11.2019 durch G v. 20.11.2019 (BGBl. I S. 1626).

Beeinträchtigung schutzwürdiger Interessen der betroffenen Person ausgeschlossen werden kann.

§ 42[1)] Datenübermittlungen an öffentlich-rechtliche Religionsgesellschaften. (1) Die Meldebehörde darf einer öffentlich-rechtlichen Religionsgesellschaft unter den in § 34 Absatz 1 Satz 1 genannten Voraussetzungen zur Erfüllung ihrer Aufgaben, nicht jedoch zu arbeitsrechtlichen Zwecken folgende Daten ihrer Mitglieder auch regelmäßig übermitteln:

1. Familienname,
2. frühere Namen,
3. Vornamen unter Kennzeichnung des gebräuchlichen Vornamens,
4. Doktorgrad,
5. Ordensname, Künstlername,
6. Geburtsdatum und Geburtsort sowie bei Geburt im Ausland auch den Staat,
7. zum gesetzlichen Vertreter
   a) Familienname,
   b) Vornamen,
   c) Doktorgrad,
   d) Anschrift,
   e) Geburtsdatum,
   f) Geschlecht,
   g) Sterbedatum sowie
   h) Auskunftssperren nach § 51 und bedingte Sperrvermerke nach § 52,
8. Geschlecht,
9. derzeitige Staatsangehörigkeiten,
10. rechtliche Zugehörigkeit zu der öffentlich-rechtlichen Religionsgesellschaft,
11. derzeitige Anschriften, gekennzeichnet nach Haupt- und Nebenwohnung, die letzte frühere Anschrift, bei Zuzug aus dem Ausland die letzte Anschrift im Inland, bei Wegzug in das Ausland auch die Zuzugsanschrift im Ausland und den Staat,
12. Einzugsdatum und Auszugsdatum,
13. Familienstand beschränkt auf die Angabe, ob verheiratet oder eine Lebenspartnerschaft führend oder nicht; zusätzlich bei Verheirateten oder Lebenspartnern: Datum, Ort und Staat der Eheschließung oder der Begründung der Lebenspartnerschaft,
14. Zahl der minderjährigen Kinder,
15. Auskunftssperren nach § 51 und bedingte Sperrvermerke nach § 52 sowie
16. Sterbedatum und Sterbeort sowie bei Versterben im Ausland auch den Staat.

(2) Haben Mitglieder einer öffentlich-rechtlichen Religionsgesellschaft Familienangehörige, darf die Meldebehörde von diesen Familienangehörigen folgende Daten übermitteln:

---

1) § 42 Abs. 1 einl. Satzteil, Nr. 11 und 13, Abs. 2 Nr. 5 und Abs. 3 Satz 1 geänd., Abs. 4a eingef. durch G v. 20.11.2014 (BGBl. I S. 1738); Abs. 1 Nr. 3, 7 Buchst. h, Nr. 15 und Abs. 2 Nr. 6 geänd. mWv 1.11. 2016 durch G v. 11.10.2016 (BGBl. I S. 2218); Abs. 3 Satz 3 eingef., bish. Satz 3 wird Satz 4, Abs. 5 Satz 1 geänd. mWv 26.11.2019 durch G v. 20.11.2019 (BGBl. I S. 1626); Abs. 4a Satz 3 geänd. mWv 27.6.2020 durch VO v. 19.6.2020 (BGBl. I S. 1328); Abs. 1 Nr. 11 geänd. mWv 7.4.2021, Abs. 2 einl. Satzteil und Nr. 1 geänd., Nr. 2, 3 eingef., bish. Nr. 2–4 weren Nr. 4–6, bish. Nr. 5 wird Nr. 7 und geänd., bish. Nr. 6, 7 werden Nr. 8, 9, Abs. 3 Satz 2 geänd. mWv 1.5.2022 durch G v. 15.1.2021 (BGBl. I S. 530).

1. Familiennamen,
2. frühere Namen,
3. Vornamen,
4. Geburtsdatum und Geburtsort,
5. Geschlecht,
6. Zugehörigkeit zu einer öffentlich-rechtlichen Religionsgesellschaft,
7. derzeitige Anschriften, gekennzeichnet nach Haupt- und Nebenwohnung, und letzte frühere Anschrift,
8. Auskunftssperren nach § 51 und bedingte Sperrvermerke nach § 52 sowie
9. Sterbedatum.

(3) [1] Familienangehörige im Sinne des Absatzes 2 sind der Ehegatte oder Lebenspartner, minderjährige Kinder und die Eltern von minderjährigen Kindern. [2] Familienangehörige, die nicht derselben oder keiner öffentlich-rechtlichen Religionsgesellschaft angehören, haben das Recht, der Übermittlung ihrer Daten zu widersprechen; sie sind auf dieses Recht bei der Anmeldung nach § 17 Absatz 1 sowie einmal jährlich durch ortsübliche Bekanntmachung hinzuweisen. [3] § 36 Absatz 2 Satz 2 gilt entsprechend. [4] Satz 2 gilt nicht, soweit Daten für Zwecke des Steuererhebungsrechts der jeweiligen öffentlich-rechtlichen Religionsgesellschaft übermittelt werden.

(4) Für Datenübermittlungen nach den Absätzen 1 und 2 gilt § 34 Absatz 5 entsprechend.

(4a) [1] Die Meldebehörden dürfen den öffentlich-rechtlichen Religionsgesellschaften jeweils zu Beginn einer standardisierten Datenübermittlung zu einem bundesweit einheitlichen Stichtag die in den Absätzen 1 und 2 genannten sowie die gemäß § 55 Absatz 2 durch Landesrecht bestimmten Daten innerhalb von längstens zwölf Monaten automatisiert übermitteln, um einen einmaligen Abgleich zum Zwecke der Bestands- und Ersterfassung und darauf aufbauende Folgedatenübermittlungen zu ermöglichen. [2] Dabei sind auch Widersprüche nach § 42 Absatz 3 Satz 2 zu übermitteln. [3] Der jeweilige Stichtag wird vom Bundesministerium des Innern, für Bau und Heimat im Bundesanzeiger bekannt gegeben.

(5) [1] Eine Datenübermittlung nach den Absätzen 1 und 2 ist nur zulässig, wenn sichergestellt ist, dass beim Empfänger ausreichende Maßnahmen zum Datenschutz getroffen sind. [2] Die Feststellung hierüber trifft eine durch Landesrecht zu bestimmende Behörde.

§ 43[1)] *(aufgehoben)*

Unterabschnitt 2. Melderegisterauskunft

§ 44[2)] **Einfache Melderegisterauskunft.** (1) [1] Wenn eine Person zu einer anderen Person oder wenn eine andere als die in § 34 Absatz 1 Satz 1 oder § 35 bezeichnete Stelle Auskunft verlangt, darf die Meldebehörde nur Auskunft über folgende Daten einzelner bestimmter Personen erteilen (einfache Melderegisterauskunft):

1. Familienname,
2. Vornamen unter Kennzeichnung des gebräuchlichen Vornamens,

---

[1)] § 43 aufgeh. mWv 27.7.2022 durch G v. 21.7.2022 (BGBl. I S. 1182).

[2)] § 44 Abs. 1 Satz 1 Nr. 2 geänd. mWv 1.11.2016 durch G v. 11.10.2016 (BGBl. I S. 2218); Abs. 3, 4 neu gef., Abs. 5 angef. mWv 26.11.2019 durch G v. 20.11.2019 (BGBl. I S. 1626).

3. Doktorgrad und
4. derzeitige Anschriften sowie,
5. sofern die Person verstorben ist, diese Tatsache.

[2] Sofern die Daten für gewerbliche Zwecke verwendet werden, sind diese anzugeben.

(2) Absatz 1 gilt auch, wenn Auskunft über Daten einer Vielzahl von Personen verlangt wird.

(3) Die Erteilung einer einfachen Melderegisterauskunft ist nur zulässig, wenn

1. die Identität der Person, über die eine Auskunft begehrt wird, eindeutig festgestellt werden kann auf Grund der in der Anfrage mitgeteilten Angaben über
   a) den Familiennamen,
   b) den früheren Namen,
   c) die Vornamen,
   d) das Geburtsdatum,
   e) das Geschlecht oder
   f) eine Anschrift und
2. die Daten nicht für Zwecke der Werbung oder des Adresshandels verwendet werden und die Auskunft verlangende Person oder Stelle dies erklärt.

(4) Es ist verboten, Daten aus einer Melderegisterauskunft gewerblich zu verwenden, ohne dass ein Zweck nach Absatz 1 Satz 2 bei der Anfrage angegeben wurde.

(5) § 45 Absatz 2 gilt entsprechend.

§ 45[1] Erweiterte Melderegisterauskunft. (1) Soweit ein berechtigtes Interesse glaubhaft gemacht wird, darf zu den in § 44 Absatz 1 genannten Daten einzelner bestimmter Personen eine erweiterte Melderegisterauskunft erteilt werden über

1. frühere Namen,
2. Geburtsdatum und Geburtsort sowie bei Geburt im Ausland auch den Staat,
3. Familienstand, beschränkt auf die Angabe, ob verheiratet oder eine Lebenspartnerschaft führend oder nicht,
4. derzeitige Staatsangehörigkeiten,
5. frühere Anschriften,
6. Einzugsdatum und Auszugsdatum,
7. Familienname und Vornamen sowie Anschrift des gesetzlichen Vertreters,
8. Familienname und Vornamen sowie Anschrift des Ehegatten oder des Lebenspartners sowie
9. Sterbedatum und Sterbeort sowie bei Versterben im Ausland auch den Staat.

(2) Die Pflicht zur Information der betroffenen Person gemäß Artikel 14 Absatz 1, 2 und 4 der Verordnung (EU) 2016/679[2] durch den Empfänger der erweiterten Melderegisterauskunft besteht ergänzend zu den in Artikel 14 Absatz 5 der Verordnung (EU) 2016/679 genannten Ausnahmen nicht, wenn durch ihre Erfüllung ein rechtliches Interesse, insbesondere die Geltendmachung von Rechtsansprüchen, beeinträchtigen würde, sofern nicht das berechtigte Interesse der betroffenen Person an der Erfüllung der Informationspflicht überwiegt.

---

[1] § 45 Abs. 2 neu gef. mWv 26.11.2019 durch G v. 20.11.2019 (BGBl. I S. 1626).

[2] Nr. **246**.

§ 46 Gruppenauskunft. (1) [1]Eine Melderegisterauskunft über eine Vielzahl nicht namentlich bezeichneter Personen (Gruppenauskunft) darf nur erteilt werden, wenn sie im öffentlichen Interesse liegt. [2]Für die Zusammensetzung der Personengruppe dürfen die folgenden Daten herangezogen werden:

1. Geburtsdatum,
2. Geschlecht,
3. derzeitige Staatsangehörigkeit,
4. derzeitige Anschriften,
5. Einzugsdatum und Auszugsdatum,
6. Familienstand mit der Angabe, ob ledig, verheiratet, geschieden, verwitwet, eine Lebenspartnerschaft führend, Lebenspartnerschaft aufgehoben oder Lebenspartner verstorben.

(2) Außer der Tatsache der Zugehörigkeit zu der Gruppe dürfen folgende Daten mitgeteilt werden:

1. Familienname,
2. Vornamen,
3. Doktorgrad,
4. Alter,

(Fortsetzung nächstes Blatt)

1. Pflegeheimen oder sonstigen Einrichtungen, die der Betreuung pflegebedürftiger oder behinderter Menschen oder der Heimerziehung dienen,
2. Einrichtungen zum Schutz vor häuslicher Gewalt oder
3. Einrichtungen zur Behandlung von Suchterkrankungen.

(2) [1] In diesen Fällen darf, soweit nicht die Voraussetzungen des § 51 Absatz 1 bis 3 vorliegen, eine Melderegisterauskunft nur erteilt werden, wenn eine Beeinträchtigung schutzwürdiger Interessen ausgeschlossen werden kann. [2] Die betroffene Person ist vor Erteilung einer Melderegisterauskunft zu hören. [3] Ist der Meldebehörde eine aktuelle, nicht gesperrte Anschrift bekannt, so darf sie diese aktuelle Anschrift beauskunften.

Unterabschnitt 3. Zeugenschutz

§ 53[1)] Zeugenschutz. Die Vorschriften des Zeugenschutz-Harmonisierungsgesetzes[2)] vom 11. Dezember 2001 (BGBl. I S. 3510), das durch Artikel 2 Absatz 12 des Gesetzes vom 19. Februar 2007 (BGBl. I S. 122) geändert worden ist, in der jeweils geltenden Fassung bleiben von den Regelungen zu Datenübermittlungen und Datenweitergabe nach den §§ 34, 34a, 36, 37 und 49 unberührt.

Abschnitt 6. Ordnungswidrigkeiten

§ 54[3)] Bußgeldvorschriften. (1) Ordnungswidrig handelt, wer entgegen § 19 Absatz 6 eine Wohnanschrift anbietet oder zur Verfügung stellt.

(2) Ordnungswidrig handelt, wer vorsätzlich oder fahrlässig

1. entgegen § 17 Absatz 1, auch in Verbindung mit § 27 Absatz 2 Satz 2 oder § 28 Absatz 1 Satz 1 oder Satz 2, entgegen § 29 Absatz 1 Satz 2 oder Absatz 4 Satz 2 oder § 32 Absatz 1 Satz 2 sich nicht, nicht richtig oder nicht rechtzeitig anmeldet,
2. entgegen § 17 Absatz 2 Satz 1 sich nicht oder nicht rechtzeitig abmeldet,
3. entgegen § 19 Absatz 1 Satz 2 den Einzug nicht, nicht richtig oder nicht rechtzeitig bestätigt,
4. entgegen § 19 Absatz 1 Satz 5 eine Bestätigung ausstellt,
5. einer vollziehbaren Anordnung nach § 19 Absatz 5 oder § 25 oder § 28 Absatz 4 zuwiderhandelt,
6. entgegen § 21 Absatz 4 Satz 2 eine Mitteilung nicht, nicht richtig, nicht vollständig oder nicht rechtzeitig macht,
7. entgegen § 28 Absatz 2 Satz 1 oder Satz 2 den Kapitän oder ein Besatzungsmitglied nicht oder nicht rechtzeitig anmeldet oder nicht oder nicht rechtzeitig abmeldet,
8. entgegen § 29 Absatz 2 Satz 1 einen besonderen Meldeschein nicht oder nicht rechtzeitig unterschreibt,
9. entgegen § 30 Absatz 1 Satz 1 einen besonderen Meldeschein nicht bereithält,

---

1) § 53 geänd. mWv 1.5.2022 durch G v. 15.1.2021 (BGBl. I S. 530).

2) **Habersack, Deutsche Gesetze ErgBd. Nr. 90b.**

3) § 54 Abs. 1 neu gef., Abs. 2 Nr. 3, 10, 11, Abs. 3 geänd., Abs. 2 Nr. 12, 13 aufgeh. mWv 26.11.2019 durch G v. 20.11.2019 (BGBl. I S. 1626); Abs. 2 Nr. 9 geänd., Nr. 10 und 11 neu gef. mWv 1.1.2020 durch G v. 22.11.2019 (BGBl. I S. 1746).

10. entgegen § 30 Absatz 4 Satz 1, auch in Verbindung mit Satz 2, einen Meldeschein nicht oder nicht mindestens ein Jahr aufbewahrt oder Daten nicht oder nicht mindestens ein Jahr speichert,
11. entgegen § 30 Absatz 4 Satz 3 einen Meldeschein nicht oder nicht rechtzeitig vorlegt oder Daten nicht oder nicht rechtzeitig zur Verfügung stellt,[1]

(3) Die Ordnungswidrigkeit kann in den Fällen des Absatzes 1 mit einer Geldbuße bis zu fünfzigtausend Euro und in den übrigen Fällen mit einer Geldbuße bis zu tausend Euro geahndet werden.

Abschnitt 7. Sonstige Vorschriften, Schlussvorschriften

§ 55[2) 3)] Regelungsbefugnisse der Länder. (1) Durch Landesrecht kann bestimmt werden, dass für die Erfüllung von Aufgaben der Länder weitere als die in § 3 aufgeführten Daten und Hinweise verarbeitet werden.

(2) Durch Landesrecht kann bestimmt werden, dass den öffentlich-rechtlichen Religionsgesellschaften zur Erfüllung ihrer Aufgaben weitere als die in § 42 genannten Daten übermittelt werden dürfen.

(3) [1]Durch Landesrecht können die Einrichtung, die Führung und die Aufgaben von zentralen Meldedatenbeständen geregelt werden. [2]In diesem Fall gelten die §§ 4, 5, 6 Absatz 2 Satz 1 und 2 sowie die §§ 7, 8, 10, 11 und 40 entsprechend.

(4) Durch Landesrecht kann das Muster der Meldescheine für die Meldungen nach § 17 Absatz 1 und 2 Satz 1, der Meldebescheinigung nach § 18 Absatz 1, der Meldebestätigung nach § 24 Absatz 2 und der besonderen Meldescheine nach § 30 Absatz 1 bestimmt werden.

(5) Durch Landesrecht können regelmäßige Datenübermittlungen nach § 36 Absatz 1 im Rahmen der Erfüllung von Aufgaben der Länder geregelt werden, soweit dadurch Anlass und Zweck der Übermittlung festgelegt und der Empfänger sowie die zu übermittelnden Daten bestimmt werden.

(6) Durch Landesrecht kann die Übermittlung weiterer Daten und Hinweise nach § 34a Absatz 4 im Rahmen der Erfüllung von Aufgaben der Länder geregelt werden, soweit dadurch Anlass und Zweck der Übermittlung festgelegt und der Empfänger sowie die zu übermittelnden Daten bestimmt werden.

(7) Durch Landesrecht kann bestimmt werden, welche weiteren Daten nach § 38 Absatz 3 im Rahmen der Erfüllung von Aufgaben der Länder als Auswahldaten für Abrufe zulässig sind, soweit dadurch Anlass und Zweck des Abrufs bestimmt werden.

(8) [1]Durch Landesrecht kann bestimmt werden, welche sonstigen Stellen nach § 39 Absatz 3 Daten zum Abruf anbieten. [2]Sofern bestimmt wird, dass der Datenabruf innerhalb eines Landes abweichend von § 39 Absatz 3 über landesinterne Netze erfolgt, ist sicherzustellen, dass Maßnahmen nach den Artikeln 24, 25 und 32 der Verordnung (EU) 2016/679[4)] getroffen werden.

(9) Von den in § 33 Absatz 1 bis 3 und 6, § 34 Absatz 6 sowie in § 39 Absatz 3 getroffenen Regelungen und von den auf Grund von § 56 Absatz 1 getroffenen

---

[1)] Zeichensetzung amtlich.
[2)] § 55 ist bereits am 26.11.2014 in Kraft getreten; vgl. Fußnote am Titel.
[3)] § 55 Abs. 1, 5, 6 geänd., Abs. 8 Satz 2 neu gef. mWv 26.11.2019 durch G v. 20.11.2019 (BGBl. I S. 1626); Abs. 6, 7 geänd. mWv 1.5.2022 durch G v. 15.1.2021 (BGBl. I S. 530); Abs. 4 geänd. mWv 27.7.2022 durch G v. 21.7.2022 (BGBl. I S. 1182).
[4)] Nr. **246**.

Regelungen des Verwaltungsverfahrens kann durch Landesrecht nicht abgewichen werden.

§ 56[1) 2)] Verordnungsermächtigungen. (1) Das Bundesministerium des Innern, für Bau und Heimat wird ermächtigt, durch Rechtsverordnung[3)] mit Zustimmung des Bundesrates

1. zur Durchführung von Datenübermittlungen nach § 23 Absatz 2 und 3 sowie § 33 Absatz 1 bis 3, die zur Fortschreibung der Melderegister erforderlich sind, die zu übermittelnden Daten, ihre Form sowie das Nähere über das Verfahren der Übermittlung festzulegen,
2. zur Durchführung von regelmäßigen Datenübermittlungen nach § 36 Absatz 1, die zur Aufgabenerfüllung der datenempfangenden öffentlichen Stelle erforderlich sind, die zu übermittelnden Daten, ihre Form sowie das Nähere über das Verfahren der Übermittlung festzulegen,
3. zur Durchführung von automatisierten Abrufen nach den §§ 34a, 38 und 39 die Voraussetzungen, unter denen ein Datenabruf erfolgen darf, sowie die Form und den Inhalt der Daten festzulegen,
4. zur Durchführung von Datenübermittlungen zwischen Meldebehörden und einem Verwaltungsportal nach § 2 Absatz 2 des Onlinezugangsgesetzes[4)] vom 14. August 2017 (BGBl. I S. 3122, 3138), die zur Erbringung von elektronischen Verwaltungsleistungen nach diesem Gesetz erforderlich sind, die zu übermittelnden Daten, ihre Form sowie das Nähere über das Verfahren der Übermittlung festzulegen,
5. zur Durchführung von Melderegisterauskünften über Portale nach § 49 Absatz 3 die Voraussetzungen und das Verfahren zur Zulassung von Portalen zu regeln und
6. das Vertrauensniveau im Sinne des Artikels 8 der Verordnung (EU) Nr. 910/2014[5)] des Europäischen Parlaments und des Rates vom 23. Juli 2014 über elektronische Identifizierung und Vertrauensdienste für elektronische Transaktionen im Binnenmarkt und zur Aufhebung der Richtlinie 1999/93/EG (ABl. L 257 vom 28.8.2014, S. 73; L 23 vom 29.1.2015, S. 19; L 155 vom 14.6. 2016, S. 44) festzulegen, das bei einer elektronischen Beantragung von Verwaltungsleistungen nach diesem Gesetz jeweils erforderlich ist.

(2) [1]Das Bundesministerium des Innern, für Bau und Heimat wird ermächtigt, durch Rechtsverordnung, die nicht der Zustimmung des Bundesrates bedarf, die Einzelheiten der elektronischen Speicherung nach § 29 Absatz 5 und § 30 Absatz 4, insbesondere die bei der Speicherung der Daten einzuhaltenden Datenformate, zu regeln. [2]Es hat dabei die technischen und wirtschaftlichen Belange der nach § 30 Absatz 1 Satz 1 verpflichteten Beherbergungsstätten und Einrichtungen zu berücksichtigen.

---

1) § 56 ist bereits am 26.11.2014 in Kraft getreten; vgl. Fußnote am Titel.

2) § 56 Abs. 1 Nr. 1, 3 geänd., Nr. 4 aufgeh., bish. Nr. 5 wird Nr. 4 mWv 26.11.2019 durch G v. 20.11. 2019 (BGBl. I S. 1626); Abs. 2 eingef., bish. Abs. 2 wird Abs. 3 mWv 1.1.2020 durch G v. 22.11.2019 (BGBl. I S. 1746); Abs. 1 einl. Satzteil geänd. mWv 27.6.2020 durch VO v. 19.6.2020 (BGBl. I S. 1328); Abs. 1 Nr. 1, 3 geänd., Nr. 4 eingef., bish. Nr. 4 wird Nr. 5 und geänd., Nr. 6 angef. mWv 7.4.2021 durch G v. 15.1.2021 (BGBl. I S. 530); Abs. 1 Nr. 4 geänd. mWv 27.7.2022 durch G v. 21.7.2022 (BGBl. I S. 1182).

3) Siehe hierzu ua die Erste BundesmeldedatenübermittlungsVO – 1. BMeldDÜV v. 1.12.2014 (BGBl. I S. 1945), zuletzt geänd. durch G v. 21.7.2022 (BGBl. I S. 1182).

4) **Sartorius III Nr. 718.**

5) **Sartorius III Nr. 741.**

(3) [1]Soweit in Rechtsverordnungen auf Grund dieses Gesetzes Form und Verfahren von Datenübermittlungen zu bestimmen sind, kann insoweit auf jedermann zugängliche Bekanntmachungen sachverständiger Stellen verwiesen werden. [2]In der Rechtsverordnung sind das Datum der Bekanntmachung, die Fundstelle und die Bezugsquelle der Bekanntmachung anzugeben. [3]Die Bekanntmachung ist beim Bundesarchiv niederzulegen; in der Rechtsverordnung ist darauf hinzuweisen.

§ 57[1)] Verwaltungsvorschriften. Die Bundesregierung kann mit Zustimmung des Bundesrates allgemeine Verwaltungsvorschriften zur Durchführung dieses Gesetzes und der auf Grund dieses Gesetzes erlassenen Rechtsverordnungen erlassen.[2)]

§ 58[3)] *(aufgehoben)*

[1)] § 57 ist bereits am 26.11.2014 in Kraft getreten; vgl. Fußnote am Titel.
[2)] Siehe hierzu ua Bundesmeldegesetz-Verwaltungsvorschrift v. 28.10.2015 (BAnz AT 30.10.2015 B2).
[3)] § 58 aufgeh. mWv 26.11.2019 durch G v. 20.11.2019 (BGBl. I S. 1626).

295. Gesetz über die Umweltverträglichkeitsprüfung (UVPG)[1) 2)]

In der Fassung der Bekanntmachung vom 18. März 2021[3)]
(BGBl. I S. 540)

FNA 2129-20

geänd. durch Art. 14 AufbauhilfeG 2021 v. 10.9.2021 (BGBl. I S. 4147)

Zum UVPG wurden ua folgende Vorschriften erlassen:
– UmweltverträglichkeitsprüfungsVO Bergbau **(Sartorius III Nr. 470)**
– RohrfernleitungsVO (Nr. **295a**)
– KWK-Kosten-Nutzen-Vergleich-VO – KNV-V v. 28.4.2015 (BGBl. I S. 670), zuletzt geänd. durch VO v. 6.7.2021 (BGBl. I S. 2514)
– Allg. VwV zur Ausführung des G über die Umweltverträglichkeitsprüfung – UVPVwV v. 18.9.1995 (GMBl S. 671)
– UVP-Portale-VO v. 11.11.2020 (BGBl. I S. 2428)

Inhaltsübersicht

[1)] **Amtl. Anm.:** Dieses Gesetz dient der Umsetzung der Richtlinie 2011/92/EU des Europäischen Parlaments und des Rates vom 13. Dezember 2011 über die Umweltverträglichkeitsprüfung bei bestimmten öffentlichen und privaten Projekten in der Fassung der Richtlinie 2014/52/EU (ABl. L 124 vom 25.4. 2014, S. 1) und der Richtlinie 2001/42/EG des Europäischen Parlaments und des Rates vom 27. Juni 2001 über die Prüfung der Umweltauswirkungen bestimmter Pläne und Programme (ABl. L 197 vom 21.7.2001, S. 30).

[2)] Zur Sicherstellung ordnungsgemäßer Planungs- und Genehmigungsverfahren während der COVID-19-Pandemie siehe das PlanungssicherstellungsG **(Sartorius III Nr. 160).**

[3)] Neubekanntmachung des UVPG idF der Bek. v. 24.2.2010 (BGBl. I S. 94) in der ab 4.3.2021 geltenden Fassung.

Teil 1. Allgemeine Vorschriften für die Umweltprüfungen

§ 1 Anwendungsbereich. (1) Dieses Gesetz gilt für

1. die in Anlage 1 aufgeführten Vorhaben,
2. die in Anlage 5 aufgeführten Pläne und Programme,
3. sonstige Pläne und Programme, für die nach den §§ 35 bis 37 eine Strategische Umweltprüfung oder Vorprüfung durchzuführen ist, sowie
4. die grenzüberschreitende Behörden- und Öffentlichkeitsbeteiligung bei UVP-pflichtigen Vorhaben im Ausland nach den §§ 58 und 59 und bei SUP-pflichtigen Plänen und Programmen eines anderen Staates nach den §§ 62 und 63.

(2) [1] Bei Vorhaben oder Teilen von Vorhaben, die ausschließlich Zwecken der Verteidigung dienen, kann das Bundesministerium der Verteidigung oder eine von ihm benannte Stelle im Einzelfall entscheiden, dieses Gesetz ganz oder teilweise nicht anzuwenden, soweit sich die Anwendung nach Einschätzung des Bundesministeriums der Verteidigung oder der von ihm benannten Stelle nachteilig auf die Erfüllung dieser Zwecke auswirken würde, insbesondere wegen Eilbedürftigkeit des Vorhabens oder aus Gründen der Geheimhaltung. [2] Zwecke der Verteidigung schließen auch zwischenstaatliche Verpflichtungen ein. [3] Bei der Entscheidung ist der Schutz vor erheblichen nachteiligen Umweltauswirkungen zu berücksichtigen. [4] Sonstige Rechtsvorschriften, die das Zulassungsverfahren betreffen, bleiben unberührt. [5] Wird eine Entscheidung nach Satz 1 getroffen, unterrichtet das Bundesministerium der Verteidigung hierüber das für Umwelt zuständige Ministerium des betroffenen Landes unverzüglich sowie das Bundesministerium für Umwelt, Naturschutz und nukleare Sicherheit spätestens bis zum Ablauf des 31. März des Folgejahres.

(3) [1] Bei Vorhaben oder Teilen von Vorhaben, die ausschließlich der Bewältigung von Katastrophenfällen dienen, kann die zuständige Behörde im Einzelfall entscheiden, dieses Gesetz ganz oder teilweise nicht anzuwenden, soweit sich die Anwendung nach Einschätzung der zuständigen Behörde negativ auf die Erfüllung dieses Zwecks auswirken würde. [2] Bei der Entscheidung ist der Schutz vor erheblichen nachteiligen Umweltauswirkungen zu berücksichtigen. [3] Sonstige Rechtsvorschriften, die das Zulassungsverfahren betreffen, bleiben unberührt.

(4)[1)] [1] Dieses Gesetz findet Anwendung, soweit Rechtsvorschriften des Bundes oder der Länder die Umweltverträglichkeitsprüfung nicht näher bestimmen oder die wesentlichen Anforderungen dieses Gesetzes nicht beachten. [2] Rechtsvorschriften mit weitergehenden Anforderungen bleiben unberührt.

§ 2 Begriffsbestimmungen. (1) Schutzgüter im Sinne dieses Gesetzes sind

---

[1)] Beachte zur Anwendung von § 1 Abs. 4 hinsichtlich der Zulassung einer Anlage nach § 2 Abs. 1 Nr. 1, 3, 4 und 5 LNGG die Maßgaben gem. § 4 LNGG iVm § 13 LNGG v. 24.5.2022 (BGBl. I S. 802).

1. Menschen, insbesondere die menschliche Gesundheit,
2. Tiere, Pflanzen und die biologische Vielfalt,
3. Fläche, Boden, Wasser, Luft, Klima und Landschaft,
4. kulturelles Erbe und sonstige Sachgüter sowie
5. die Wechselwirkung zwischen den vorgenannten Schutzgütern.

(2) [1] Umweltauswirkungen im Sinne dieses Gesetzes sind unmittelbare und mittelbare Auswirkungen eines Vorhabens oder der Durchführung eines Plans oder Programms auf die Schutzgüter. [2] Dies schließt auch solche Auswirkungen des Vorhabens ein, die aufgrund von dessen Anfälligkeit für schwere Unfälle oder Katastrophen zu erwarten sind, soweit diese schweren Unfälle oder Katastrophen für das Vorhaben relevant sind.

(3) Grenzüberschreitende Umweltauswirkungen im Sinne dieses Gesetzes sind Umweltauswirkungen eines Vorhabens in einem anderen Staat.

(4) Vorhaben im Sinne dieses Gesetzes sind nach Maßgabe der Anlage 1

1. bei Neuvorhaben
   a) die Errichtung und der Betrieb einer technischen Anlage,
   b) der Bau einer sonstigen Anlage,
   c) die Durchführung einer sonstigen in Natur und Landschaft eingreifenden Maßnahme,
2. bei Änderungsvorhaben
   a) die Änderung, einschließlich der Erweiterung, der Lage, der Beschaffenheit oder des Betriebs einer technischen Anlage,
   b) die Änderung, einschließlich der Erweiterung, der Lage oder der Beschaffenheit einer sonstigen Anlage,
   c) die Änderung, einschließlich der Erweiterung, der Durchführung einer sonstigen in Natur und Landschaft eingreifenden Maßnahme.

(5) [1] Windfarm im Sinne dieses Gesetzes sind drei oder mehr Windkraftanlagen, deren Einwirkungsbereich sich überschneidet und die in einem funktionalen Zusammenhang stehen, unabhängig davon, ob sie von einem oder mehreren Vorhabenträgern errichtet und betrieben werden. [2] Ein funktionaler Zusammenhang wird insbesondere angenommen, wenn sich die Windkraftanlagen in derselben Konzentrationszone oder in einem Gebiet nach § 7 Absatz 3 des Raumordnungsgesetzes[1)] befinden.

(6) Zulassungsentscheidungen im Sinne dieses Gesetzes sind

1. die Bewilligung, die Erlaubnis, die Genehmigung, der Planfeststellungsbeschluss und sonstige behördliche Entscheidungen über die Zulässigkeit von Vorhaben, die in einem Verwaltungsverfahren getroffen werden, einschließlich des Vorbescheids, der Teilgenehmigung und anderer Teilzulassungen, mit Ausnahme von Anzeigeverfahren,
2. Linienbestimmungen und andere Entscheidungen in vorgelagerten Verfahren nach den §§ 47 und 49,
3. Beschlüsse nach § 10 des Baugesetzbuchs[2)] über die Aufstellung, Änderung oder Ergänzung von Bebauungsplänen, durch die die Zulässigkeit von bestimmten

---

[1)] Nr. **340**.
[2)] Nr. **300**.

296. Gesetz zum Schutz vor schädlichen Umwelteinwirkungen durch Luftverunreinigungen, Geräusche, Erschütterungen und ähnliche Vorgänge (Bundes-Immissionsschutzgesetz – BImSchG)[1) 2) 3)]

In der Fassung der Bekanntmachung vom 17. Mai 2013[4)]
(BGBl. I S. 1274, ber. 2021 S. 123)

FNA 2129-8

geänd. durch Art. 1 Elftes ÄndG v. 2.7.2013 (BGBl. I S. 1943), Art. 1 Zwölftes ÄndG v. 20.11.2014 (BGBl. I S. 1740), Art. 76 Zehnte ZuständigkeitsanpassungsVO v. 31.8.2015 (BGBl. I S. 1474), Art. 3 G

[1)] **Amtl. Anm.:** Dieses Gesetz dient der Umsetzung folgender Richtlinien:
- Richtlinie 96/82/EG des Rates vom 9. Dezember 1996 zur Beherrschung der Gefahren bei schweren Unfällen mit gefährlichen Stoffen (ABl. L 345 vom 31.12.2003, S. 97), die zuletzt durch die Richtlinie 2012/18/EU (ABl. L 197 vom 24.7.2012, S. 1) geändert worden ist;
- Richtlinie 97/68/EG des Europäischen Parlaments und des Rates vom 16. Dezember 1997 zur Angleichung der Rechtsvorschriften der Mitgliedstaaten über Maßnahmen zur Bekämpfung der Emission von gasförmigen Schadstoffen und luftverunreinigenden Partikeln aus Verbrennungsmotoren für mobile Maschinen und Geräte (ABl. L 59 vom 27.2.1998, S. 1), die zuletzt durch die Richtlinie 2012/46/EU (ABl. L 353 vom 21.12.2012, S. 80) geändert worden ist;
- Richtlinie 98/70/EG des Europäischen Parlaments und des Rates vom 13. Oktober 1998 über die Qualität von Otto- und Dieselkraftstoffen und zur Änderung der Richtlinie 93/12/EWG des Rates (ABl. L 350 vom 28.12.1998, S. 58), die zuletzt durch die Richtlinie 2009/30/EG (ABl. L 140 vom 5.6.2009, S. 88) geändert worden ist;
- Richtlinie 1999/32/EG des Rates vom 26. April 1999 über eine Verringerung des Schwefelgehalts bestimmter flüssiger Kraft- oder Brennstoffe und zur Änderung der Richtlinie 93/12/EWG (ABl. L 121 vom 11.5.1999, S. 13), die zuletzt durch die Richtlinie 2009/30/EG (ABl. L 140 vom 5.6.2009, S. 88) geändert worden ist;
- Richtlinie 2000/25/EG des Europäischen Parlaments und des Rates vom 22. Mai 2000 über Maßnahmen zur Bekämpfung der Emission gasförmiger Schadstoffe und luftverunreinigender Partikel aus Motoren, die für den Antrieb von land- und forstwirtschaftlichen Zugmaschinen bestimmt sind, und zur Änderung der Richtlinie 74/150/EWG des Rates (ABl. L 173 vom 12.7.2000, S. 1), die zuletzt durch die Richtlinie 2011/87/EU (ABl. L 301 vom 18.11.2011, S. 1) geändert worden ist;
- Richtlinie 2002/49/EG des Europäischen Parlaments und des Rates vom 25. Juni 2002 über die Bewertung und Bekämpfung von Umgebungslärm (ABl. L 189 vom 18.7.2002, S. 12);
- Richtlinie 2003/35/EG des Europäischen Parlaments und des Rates vom 26. Mai 2003 über die Beteiligung der Öffentlichkeit bei der Ausarbeitung bestimmter umweltbezogener Pläne und Programme und zur Änderung der Richtlinien 85/337/EWG und 96/61/EG des Rates in Bezug auf die Öffentlichkeitsbeteiligung und den Zugang zu Gerichten (ABl. L 156 vom 25.6.2003, S. 17), die zuletzt durch die Richtlinie 2011/92/EU (ABl. L 26 vom 28.1.2012, S. 1) geändert worden ist;
- Richtlinie 2008/50/EG des Europäischen Parlaments und des Rates vom 21. Mai 2008 über Luftqualität und saubere Luft für Europa (ABl. L 152 vom 11.6.2008, S. 1);
- Richtlinie 2008/98/EG des Europäischen Parlaments und des Rates vom 19. November 2008 über Abfälle und zur Aufhebung bestimmter Richtlinien (ABl. L 312 vom 22.11.2008, S. 3, L 127 vom 26.5.2009, S. 24);
- Richtlinie 2009/28/EG des Europäischen Parlaments und des Rates vom 23. April 2009 zur Förderung der Nutzung von Energie aus erneuerbaren Quellen und zur Änderung und anschließenden Aufhebung der Richtlinien 2001/77/EG und 2003/30/EG (ABl. L 140 vom 5.6.2009, S. 16);
- Richtlinie 2010/75/EU des Europäischen Parlaments und des Rates vom 24. November 2010 über Industrieemissionen (integrierte Vermeidung und Verminderung der Umweltverschmutzung) (Neufassung) (ABl. L 334 vom 17.12.2010, S. 17).

[2)] Zur Sicherstellung ordnungsgemäßer Planungs- und Genehmigungsverfahren während der COVID-19-Pandemie siehe das PlanungssicherstellungsG **(Sartorius III Nr. 160)**.

[3)] Die Änderung durch G v. 10.8.2021 (BGBl. I S. 3436) tritt erst **mWv 1.1.2024** in Kraft und ist im Text noch nicht berücksichtigt.

[4)] Neubekanntmachung des BImSchG idF der Bek. v. 26.9.2002 (BGBl. I S. 3830) in der ab 2.5.2013 geltenden Fassung.

zur Änd. des UmweltstatistikG, des HochbaustatistikG sowie bestimmter immissionsschutz- und wasserrechtlicher Vorschriften v. 26.7.2016 (BGBl. I S. 1839), Art. 1 G zur Umsetzung der RL 2012/18/EU zur Beherrschung der Gefahren schwerer Unfälle mit gefährlichen Stoffen, zur Änd. und anschließenden Aufh. der RL 96/82/EG des Rates v. 30.11.2016 (BGBl. I S. 2749), Art. 55 G zum Abbau verzichtbarer Anordnungen der Schriftform im Verwaltungsrecht des Bundes v. 29.3.2017 (BGBl. I S. 626), Art. 3 G zur Anpassung des Umwelt-RechtsbehelfsG und anderer Vorschriften an europa- und völkerrechtliche Vorgaben v. 29.5.2017 (BGBl. I S. 1298), Art. 3 G zur Einführung einer wasserrechtlichen Genehmigung für Behandlungsanlagen für Deponiesickerwasser, zur Änd. der Vorschriften zur Eignungsfeststellung für Anlagen zum Lagern, Abfüllen oder Umschlagen wassergefährdender Stoffe und zur Änd. des Bundes-ImmissionsschutzG v. 18.7.2017 (BGBl. I S. 2771), Art. 1 13. ÄndG v. 8.4.2019 (BGBl. I S. 432), Art. 103 Elfte ZuständigkeitsanpassungsVO v. 19.6.2020 (BGBl. I S. 1328), Art. 3 Investitionen-BeschleunigungsG v. 3.12.2020 (BGBl. I S. 2694), Art. 2 Abs. 1 Erstes G zur Änd. des G zur Ausführung des Protokolls über Schadstofffreisetzungs- und -verbringungsregister vom 21. Mai 2003 sowie zur Durchführung der VO (EG) Nr. 166/2006 v. 9.12.2020 (BGBl. I S. 2873), Art. 10 G zur Anpassung des ProduktsicherheitsG und zur Neuordnung des Rechts der überwachungsbedürftigen Anlagen v. 27.7.2021 (BGBl. I S. 3146), Art. 14 PersonengesellschaftsrechtsmodernisierungsG (MoPeG) v. 10.8.2021 (BGBl. I S. 3436), Art. 1 G zur Umsetzung von Vorgaben der RL (EU) 2018/2001 für Zulassungsverfahren nach dem Bundes-ImmissionsschutzG, dem WasserhaushaltsG und dem BundeswasserstraßenG v. 18.8.2021 (BGBl. I S. 3901), Art. 1 G zur Weiterentwicklung der Treibhausgasminderungs-Quote v. 24.9.2021 (BGBl. I S. 4458, ber. 2022 S. 1024), Art. 3 G zur Bereithaltung von Ersatzkraftwerken zur Reduzierung des Gasverbrauchs im Stromsektor im Fall einer drohenden Gasmangellage durch Änd. des EnergiewirtschaftsG und weiterer energiewirtschaftlicher Vorschriften v. 8.7.2022 (BGBl. I S. 1054) und Art. 2 Viertes G zur Änd. des BundesnaturschutzG v. 20.7.2022 (BGBl. I S. 1362)

Zum BImSchG wurden ua folgende Durchführungsvorschriften erlassen:

- VO über kleine und mittlere Feuerungsanlagen – 1. BImSchV **(Sartorius ErgBd. Nr. 296/1)**
- VO zur zur Emissionsbegrenzung von leichtflüchtigen halogenierten organischen Verbindungen – 2. BImSchV v. 10.12.1990 (BGBl. I S. 2694), zuletzt geänd. durch VO v. 19.6.2020 (BGBl. I S. 1328)
- VO über genehmigungsbedürftige Anlagen – 4. BImSchV (Nr. **296a**)
- VO über Immissionsschutz- und Störfallbeauftragte – 5. BImSchV **(Sartorius ErgBd. Nr. 296/5)**
- VO zur Auswurfbegrenzung von Holzstaub – 7. BImSchV v. 18.12.1975 (BGBl. I S. 3133)
- VO über das Genehmigungsverfahren – 9. BImSchV (Nr. **296b**)
- VO über die Beschaffenheit und die Auszeichnung der Qualitäten von Kraft- und Brennstoffen – 10. BImSchV **(Sartorius ErgBd. Nr. 296/10)**
- VO über Emissionserklärungen – 11. BImSchV **(Sartorius ErgBd. Nr. 296/11)**
- Störfall-VO – 12. BImSchV **(Sartorius ErgBd. Nr. 296/12)**
- VO über Großfeuerungs-, Gasturbinen- und Verbrennungsmotoranlagen – 13. BImSchV **(Sartorius ErgBd. Nr. 296/13)**
- VO über Anlagen der Landesverteidigung – 14. BImSchV v. 9.4.1986 (BGBl. I S. 380)
- VerkehrslärmschutzVO – 16. BImSchV **(Sartorius ErgBd. Nr. 296/16)**
- VO über die Verbrennung und die Mitverbrennung von Abfällen – 17. BImSchV **(Sartorius ErgBd. Nr. 296/17)**
- SportanlagenlärmschutzVO – 18. BImSchV **(Sartorius ErgBd. Nr. 296/18)**
- VO zur Begrenzung der Emissionen flüchtiger organischer Verbindungen beim Umfüllen und Lagern von Ottokraftstoffen – 20. BImSchV idF der Bek. v. 18.8.2014 (BGBl. I S. 1447), zuletzt geänd. durch G v. 27.7.2021 (BGBl. I S. 3146)
- VO zur Begrenzung der Kohlenwasserstoffemissionen bei der Betankung von Kraftfahrzeugen – 21. BImSchV idF der Bek. v. 18.8.2014 (BGBl. I S. 1453), zuletzt geänd. durch G v. 27.7.2021 (BGBl. I S. 3146)
- Verkehrswege-SchallschutzmaßnahmenVO – 24. BImSchV **(Sartorius ErgBd. Nr. 296/24)**
- VO zur Begrenzung von Emissionen aus der Titandioxid-Industrie – 25. BImSchV idF der Bek. v. 30.7. 2014 (BGBl. I S. 1316), zuletzt geänd. durch VO v. 24.3.2017 (BGBl. I S. 656)
- VO über elektromagnetische Felder – 26. BImSchV **(Sartorius ErgBd. Nr. 296/26)**
- VO über Anlagen zur Feuerbestattung – 27. BImSchV v. 19.3.1997 (BGBl. I S. 545), zuletzt geänd. durch VO v. 2.5.2013 (BGBl. I S. 973)
- VO zur Durchführung der unionsrechtlichen Verordnung über Emissionsgrenzwerte und die Typgenehmigung für Verbrennungsmotoren für nicht für den Straßenverkehr bestimmte mobile Maschinen und Geräte – 28. BImSchV **(Sartorius ErgBd. Nr. 296/28)**
- GebührenO für Maßnahmen bei Typprüfungen von Verbrennungsmotoren – 29. BImSchV v. 22.5.2000 (BGBl. I S. 735), zuletzt geänd. durch VO v. 14.8.2012 (BGBl. I S. 1712)
- VO über Anlagen zur biologischen Behandlung von Abfällen – 30. BImSchV **(Sartorius ErgBd. Nr. 296/30)**

– VO zur Begrenzung der Emissionen flüchtiger organischer Verbindungen bei der Verwendung organischer Lösemittel in bestimmten Anlagen – 31. BImSchV v. 21.8.2001 (BGBl. I S. 2180), zuletzt geänd. durch G v. 27.7.2021 (BGBl. I S. 3146)
– Geräte- und MaschinenlärmschutzVO – 32. BImSchV **(Sartorius ErgBd. Nr. 296/32)**
– VO über die Lärmkartierung – 34. BImSchV **(Sartorius ErgBd. Nr. 296/34)**
– VO zur Kennzeichnung der Kraftfahrzeuge mit geringem Beitrag zur Schadstoffbelastung – 35. BImSchV **(Sartorius ErgBd. Nr. 296/35)**
– VO zur Durchführung der Regelungen der Biokraftstoffquote – 36. BImSchV v. 29.1.2007 (BGBl. I S. 60), zuletzt geänd. durch VO v. 12.11.2021 (BGBl. I S. 4932)
– VO zur Anrechnung von strombasierten Kraftstoffen und mitverarbeiteten biogenen Ölen auf die Treibhausgasquote – 37. BImSchV v. 15.5.2017 (BGBl. I S. 1195), geänd. durch G v. 21.12.2020 (BGBl. I S. 3138)
– VO über Luftqualitätsstandards und Emissionshöchstmengen – 39. BImSchV **(Sartorius ErgBd. Nr. 296/39)**
– BekanntgabeVO – 41. BImSchV v. 2.5.2013 (BGBl. I S. 973, 1001, ber. S. 3756), zuletzt geänd. durch G v. 10.8.2021 (BGBl. I S. 3436)
– VO über Verdunstungskühlanlagen, Kühltürme und Nassabscheider – 42. BImSchV v. 12.7.2017 (BGBl. I S. 2379, ber. 2018 S. 202)
– VO über nationale Verpflichtungen zur Reduktion der Emissionen bestimmter Luftschadstoffe – 43. BImSchV v. 18.7.2018 (BGBl. I S. 1222)
– VO über mittelgroße Feuerungs-, Gasturbinen- und Verbrennungsmotoranlagen – 44. BImSchV v. 13.6.2019 (BGBl. I S. 804), geänd. durch VO v. 6.7.2021 (BGBl. I S. 2514)
– AltholzVO – AltholzV v. 15.8.2002 (BGBl. I S. 3302), zuletzt geänd. durch VO v. 19.6.2020 (BGBl. I S. 1328)
– AltölVO – AltölV idF der Bek. v. 16.4.2002 (BGBl. I S. 1368), zuletzt geänd. durch VO v. 5.10.2020 (BGBl. I S. 2091)
– Biokraftstoff-NachhaltigkeitsVO – Biokraft-NachV v. 2.12.2021 (BGBl. I S. 5126, 5143)
– DeponieVO – DepV **(Sartorius ErgBd. Nr. 298h)**
– EMAS-Privilegierungs-VO – EMASPrivilegV **(Sartorius ErgBd. Nr. 297)**
– VO über die Entsorgung gebrauchter halogenierter Lösemittel – HKWAbfV v. 23.10.1989 (BGBl. I S. 1918), geänd. durch VO v. 20.10.2006 (BGBl. I S. 2298)
– GefahrstoffVO – GefStoffV v. 26.11.2010 (BGBl. I S. 1643, 1644), zuletzt geänd. durch VO v. 21.7. 2021 (BGBl. I S. 3115)
– KWK-Kosten-Nutzen-Vergleich-VO – KNV-V v. 28.4.2015 (BGBl. I S. 670), zuletzt geänd. durch VO v. 6.7.2021 (BGBl. I S. 2514)
– Magnetschwebebahn-Bau- und Betriebsordnung – MbBO v. 23.9.1997 (BGBl. I S. 2329)
– Technische Anleitung zur Reinhaltung der Luft – TA Luft v. 18.8.2021 (GMBl S. 1050)
– Technische Anleitung zum Schutz gegen Lärm – TA Lärm v. 26.8.1998 (GMBl S. 503), geänd. durch VwV v. 1.6.2017 (BAnz AT 08.06.2017 B5)
– Upstream-Emissionsminderungs-VO – UERV v. 22.1.2018 (BGBl. I S. 169), zuletzt geänd. durch VO v. 12.11.2021 (BGBl. I S. 4932)
– UVP-Portale-VO – UVPPortV v. 11.11.2020 (BGBl. I S. 2428)

Zur Ausführung und Durchführung des BImSchG haben die **Länder** ua folgende Vorschriften erlassen:
– **Baden-Württemberg:** Immissionsschutz-ZuständigkeitsVO v. 11.5.2010 (GBl. S. 406), zuletzt geänd. durch G v. 17.12.2020 (GBl. S. 1233)
– **Bayern:** Bayerisches ImmissionsschutzG v. 10.12.2019 (GVBl. S. 686), zuletzt geänd. durch G v. 9.11. 2021 (GVBl. S. 608)
– **Berlin:** Landes-ImmissionsschutzG Berlin v. 5.12.2005 (GVBl. S. 735, ber. S. 42), zuletzt geänd. durch G v. 3.2.2010 (GVBl. S. 38)
– **Brandenburg:** LandesimmissionsschutzG idF der Bek. v. 22.7.1999 (GVBl. I S. 386), zuletzt geänd. durch G v. 8.5.2018 (GVBl. I Nr. 8); ImmissionsschutzzuständigkeitsVO v. 31.3.2008 (GVBl. II S. 122), zuletzt geänd. durch VO v. 25.7.2022 (GVBl. II Nr. 49)
– **Bremen:** Bremisches ImmissionsschutzG v. 14.5.2019 (Brem.GBl. S. 316); VO über die Zuständigkeit für die Verfolgung und Ahndung von Ordnungswidrigkeiten nach dem Bundes-ImmissionsschutzG v. 20.11.2007 (Brem.GBl. S. 493), zuletzt geänd. durch Bek. v. 20.10.2020 (Brem.GBl. S. 1172)
– **Hamburg:** Hamburgisches KlimaschutzG v. 20.2.2020 (HmbGVBl. S. 148), geänd. durch G v. 12.5. 2020 (HmbGVBl. S. 280)
– **Hessen:** VO über immissionsschutzrechtliche Zuständigkeiten, zur Bestimmung der federführenden Behörde nach dem G über die Umweltverträglichkeitsprüfung und über Zuständigkeiten nach dem BenzinbleiG v. 26.11.2014 (GVBl. S. 331), geänd. durch VO v. 13.3.2019 (GVBl. S. 42)
– **Mecklenburg-Vorpommern:** Immissionsschutz-ZuständigkeitslandesVO v. 12.2.2015 (GVOBl. M-V S. 70), geänd. durch VO v. 1.6.2017 (GVOBl. M-V S. 114); Immissionsschutz-KostenVO v. 12.12.2018 (GVOBl. M-V S. 430), zuletzt geänd. durch VO v. 2.5.2022 (GVOBl. M-V S. 286)

– **Niedersachsen:** ZustVO-Umwelt-Arbeitsschutz v. 27.10.2009 (Nds. GVBl. S. 374), zuletzt geänd. durch VO v. 26.8.2021 (Nds. GVBl. S. 618)
– **Nordrhein-Westfalen:** Landes-ImmissionsschutzG v. 18.3.1975 (GV. NRW. S. 232), zuletzt geänd. durch G v. 1.2.2022 (GV. NRW. S. 122)
– **Rheinland-Pfalz:** Landes-ImmissionsschutzG v. 20.12.2000 (GVBl. S. 578), zuletzt geänd. durch G v. 3.9.2018 (GVBl. S. 372); LandesVO über Zuständigkeiten auf dem Gebiet des Immissionsschutzes v. 14.6.2002 (GVBl. S. 280), zuletzt geänd. durch VO v. 1.12.2020 (GVBl. S. 672)
– **Saarland:** VO über die Zuständigkeiten nach dem Bundes-ImmissionsschutzG und nach dem Treibhausgas-EmissionshandelsG v. 17.2.2014 (Amtsbl. I S. 64)
– **Sachsen:** Immissionsschutz-AusführungsG v. 4.7.1994 (SächsGVBl. S. 1281), zuletzt geänd. durch G v. 23.3.2022 (SächsGVBl. S. 256); Immissionsschutz-ZuständigkeitsVO idF der Bek. v. 14.12.2018 (SächsGVBl. S. 831), zuletzt geänd. durch G v. 9.2.2022 (SächsGVBl. S. 144)
– **Sachsen-Anhalt:** Immissionsschutz-, Gewerbe- und Arbeitsschutzrecht-ZuständigkeitsVO v. 14.6.1994 (GVBl. LSA S. 636, ber. 889), zuletzt geänd. durch VO v. 10.12.2019 (GVBl. LSA S. 988); Immissionsschutz-ZuständigkeitsVO v. 8.10.2015 (GVBl. LSA S. 518), geänd. durch VO v. 18.12.2018 (GVBl. LSA S. 430)
– **Schleswig-Holstein:** Landes-ImmissionsschutzG v. 6.1.2009 (GVOBl. Schl.-H. S. 2), zuletzt geänd. durch VO v. 16.1.2019 (GVOBl. Schl.-H. S. 30); LandesVO über die zuständigen Behörden nach dem Bundes-ImmissionsschutzG v. 20.10.2008 (GVOBl. Schl.-H. S. 540), zuletzt geänd. durch VO v. 16.1.2020 (GVOBl. Schl.-H. S. 33)
– **Thüringen:** Thüringer VO zur Regelung von Zuständigkeiten und zur Übertragung von Ermächtigungen auf den Gebieten des Immissionsschutzes und des Treibhausgas-Emissionshandels v. 6.4.2008 (GVBl. S. 78), zuletzt geänd. durch VO v. 7.7.2021 (GVBl. S. 355)

Inhaltsübersicht[1]

Erster Teil. Allgemeine Vorschriften

Zweiter Teil. Errichtung und Betrieb von Anlagen

Erster Abschnitt. Genehmigungsbedürftige Anlagen

[1] Inhaltsübersicht geänd. mWv 1.1.2015 durch G v. 20.11.2014 (BGBl. I S. 1740); sie wurde nichtamtlich an weitere Änderungen durch dieses Gesetz angepasst; geänd. mWv 7.12.2016 durch G v. 30.11.2016 (BGBl. I S. 2749); geänd. mWv 10.12.2020 durch G v. 3.12.2020 (BGBl. I S. 2694); geänd. mWv 31.8.2021 durch G v. 18.8.2021 (BGBl. I S. 3901); geänd. mWv 1.10.2021 durch G v. 24.9.2021 (BGBl. I S. 4458); geänd. mWv 12.7.2022 durch G v. 8.7.2022 (BGBl. I S. 1054).

[1)] **Amtl. Anm.:** Dieser Abschnitt dient mit den §§ 31a und 31b der Umsetzung der Richtlinie 2010/75/EU des Europäischen Parlaments und des Rates vom 24. November 2010 über Industrieemissionen (integrierte Vermeidung und Verminderung der Umweltverschmutzung) (Neufassung) (ABl. L 334 vom 17.12.2010, S. 17) und mit den §§ 31c und 31d der Umsetzung der Richtlinie (EU) 2015/2193 des Europäischen Parlaments und des Rates vom 25. November 2015 zur Begrenzung der Emissionen bestimmter Schadstoffe aus mittelgroßen Feuerungsanlagen in die Luft (ABl. L 313 vom 28.11.2015, S. 1).

Erster Teil. Allgemeine Vorschriften

§ 1 Zweck des Gesetzes. (1) Zweck dieses Gesetzes ist es, Menschen, Tiere und Pflanzen, den Boden, das Wasser, die Atmosphäre sowie Kultur- und sonstige Sachgüter vor schädlichen Umwelteinwirkungen zu schützen und dem Entstehen schädlicher Umwelteinwirkungen vorzubeugen.

(2) Soweit es sich um genehmigungsbedürftige Anlagen handelt, dient dieses Gesetz auch

– der integrierten Vermeidung und Verminderung schädlicher Umwelteinwirkungen durch Emissionen in Luft, Wasser und Boden unter Einbeziehung der Abfallwirtschaft, um ein hohes Schutzniveau für die Umwelt insgesamt zu erreichen, sowie
– dem Schutz und der Vorsorge gegen Gefahren, erhebliche Nachteile und erhebliche Belästigungen, die auf andere Weise herbeigeführt werden.

§ 2 Geltungsbereich. (1) Die Vorschriften dieses Gesetzes gelten für

1. die Errichtung und den Betrieb von Anlagen,
2. das Herstellen, Inverkehrbringen und Einführen von Anlagen, Brennstoffen und Treibstoffen, Stoffen und Erzeugnissen aus Stoffen nach Maßgabe der §§ 32 bis 37,
3. die Beschaffenheit, die Ausrüstung, den Betrieb und die Prüfung von Kraftfahrzeugen und ihren Anhängern und von Schienen-, Luft- und Wasserfahrzeugen sowie von Schwimmkörpern und schwimmenden Anlagen nach Maßgabe der §§ 38 bis 40 und
4. den Bau öffentlicher Straßen sowie von Eisenbahnen, Magnetschwebebahnen und Straßenbahnen nach Maßgabe der §§ 41 bis 43.

(2) [1] Die Vorschriften dieses Gesetzes gelten nicht für Flugplätze, soweit nicht die sich aus diesem Gesetz ergebenden Anforderungen für Betriebsbereiche oder der Sechste Teil betroffen sind, und für Anlagen, Geräte, Vorrichtungen sowie Kernbrennstoffe und sonstige radioaktive Stoffe, die den Vorschriften des Atomgesetzes[1)] oder einer hiernach erlassenen Rechtsverordnung unterliegen, soweit es sich um den Schutz vor den Gefahren der Kernenergie und der schädlichen Wirkung ionisierender Strahlen handelt. [2] Sie gelten ferner nicht, soweit sich aus wasserrechtlichen Vorschriften des Bundes und der Länder zum Schutz der Gewässer oder aus Vorschriften des Düngemittel- und Pflanzenschutzrechts etwas anderes ergibt.

(3) Die Vorschriften dieses Gesetzes über Abfälle gelten nicht für

1. Luftverunreinigungen,
2. Böden am Ursprungsort (Böden in situ) einschließlich nicht ausgehobener, kontaminierter Böden und Bauwerke, die dauerhaft mit dem Boden verbunden sind,
3. nicht kontaminiertes Bodenmaterial und andere natürlich vorkommende Materialien, die bei Bauarbeiten ausgehoben wurden, sofern sichergestellt ist, dass die Materialien in ihrem natürlichen Zustand an dem Ort, an dem sie ausgehoben wurden, für Bauzwecke verwendet werden.

---

1) Nr. **835**.

§ 3[1] **Begriffsbestimmungen.** (1) Schädliche Umwelteinwirkungen im Sinne dieses Gesetzes sind Immissionen, die nach Art, Ausmaß oder Dauer geeignet sind, Gefahren, erhebliche Nachteile oder erhebliche Belästigungen für die Allgemeinheit oder die Nachbarschaft herbeizuführen.

(2) Immissionen im Sinne dieses Gesetzes sind auf Menschen, Tiere und Pflanzen, den Boden, das Wasser, die Atmosphäre sowie Kultur- und sonstige Sachgüter einwirkende Luftverunreinigungen, Geräusche, Erschütterungen, Licht, Wärme, Strahlen und ähnliche Umwelteinwirkungen.

(3) Emissionen im Sinne dieses Gesetzes sind die von einer Anlage ausgehenden Luftverunreinigungen, Geräusche, Erschütterungen, Licht, Wärme, Strahlen und ähnliche Erscheinungen.

(4) Luftverunreinigungen im Sinne dieses Gesetzes sind Veränderungen der natürlichen Zusammensetzung der Luft, insbesondere durch Rauch, Ruß, Staub, Gase, Aerosole, Dämpfe oder Geruchsstoffe.

(5) Anlagen im Sinne dieses Gesetzes sind

1. Betriebsstätten und sonstige ortsfeste Einrichtungen,
2. Maschinen, Geräte und sonstige ortsveränderliche technische Einrichtungen sowie Fahrzeuge, soweit sie nicht der Vorschrift des § 38 unterliegen, und
3. Grundstücke, auf denen Stoffe gelagert oder abgelagert oder Arbeiten durchgeführt werden, die Emissionen verursachen können, ausgenommen öffentliche Verkehrswege.

(5a) Ein Betriebsbereich ist der gesamte unter der Aufsicht eines Betreibers stehende Bereich, in dem gefährliche Stoffe im Sinne des Artikels 3 Nummer 10 der Richtlinie 2012/18/EU des Europäischen Parlaments und des Rates vom 4. Juli 2012 zur Beherrschung der Gefahren schwerer Unfälle mit gefährlichen Stoffen, zur Änderung und anschließenden Aufhebung der Richtlinie 96/82/EG des Rates (ABl. L 197 vom 24.7.2012, S. 1) in einer oder mehreren Anlagen einschließlich gemeinsamer oder verbundener Infrastrukturen oder Tätigkeiten auch bei Lagerung im Sinne des Artikels 3 Nummer 16 der Richtlinie in den in Artikel 3 Nummer 2 oder Nummer 3 der Richtlinie bezeichneten Mengen tatsächlich vorhanden oder vorgesehen sind oder vorhanden sein werden, soweit vernünftigerweise vorhersehbar ist, dass die genannten gefährlichen Stoffe bei außer Kontrolle geratenen Prozessen anfallen; ausgenommen sind die in Artikel 2 Absatz 2 der Richtlinie 2012/18/EU angeführten Einrichtungen, Gefahren und Tätigkeiten, es sei denn, es handelt sich um eine in Artikel 2 Absatz 2 Unterabsatz 2 der Richtlinie 2012/18/EU genannte Einrichtung, Gefahr oder Tätigkeit.

(5b) [1] Eine störfallrelevante Errichtung und ein Betrieb oder eine störfallrelevante Änderung einer Anlage oder eines Betriebsbereichs ist eine Errichtung und ein Betrieb einer Anlage, die Betriebsbereich oder Bestandteil eines Betriebsbereichs ist, oder eine Änderung einer Anlage oder eines Betriebsbereichs einschließlich der Änderung eines Lagers, eines Verfahrens oder der Art oder physikalischen Form oder der Mengen der gefährlichen Stoffe im Sinne des Artikels 3 Nummer 10 der Richtlinie 2012/18/EU, aus der sich erhebliche Auswirkungen auf die Gefahren schwerer Unfälle ergeben können. [2] Eine störfallrelevante Änderung einer Anlage oder eines Betriebsbereichs liegt zudem vor, wenn eine Änderung dazu führen könnte, dass ein Betriebsbereich der unteren Klasse zu einem Betriebsbereich der oberen Klasse wird oder umgekehrt.

---

[1] § 3 Abs. 6b Nr. 1 ber. gem. BGBl. 2013 I S. 3753; Abs. 5a neu gef., Abs. 5b–5d eingef. mWv 7.12. 2016 durch G v. 30.11.2016 (BGBl. I S. 2749).

(5c) [1] Der angemessene Sicherheitsabstand im Sinne dieses Gesetzes ist der Abstand zwischen einem Betriebsbereich oder einer Anlage, die Betriebsbereich oder Bestandteil eines Betriebsbereichs ist, und einem benachbarten Schutzobjekt, der zur gebotenen Begrenzung der Auswirkungen auf das benachbarte Schutzobjekt, welche durch schwere Unfälle im Sinne des Artikels 3 Nummer 13 der Richtlinie 2012/18/EU hervorgerufen werden können, beiträgt. [2] Der angemessene Sicherheitsabstand ist anhand störfallspezifischer Faktoren zu ermitteln.

(5d) Benachbarte Schutzobjekte im Sinne dieses Gesetzes sind ausschließlich oder überwiegend dem Wohnen dienende Gebiete, öffentlich genutzte Gebäude und Gebiete, Freizeitgebiete, wichtige Verkehrswege und unter dem Gesichtspunkt des Naturschutzes besonders wertvolle oder besonders empfindliche Gebiete.

(6) [1] Stand der Technik im Sinne dieses Gesetzes ist der Entwicklungsstand fortschrittlicher Verfahren, Einrichtungen oder Betriebsweisen, der die praktische Eignung einer Maßnahme zur Begrenzung von Emissionen in Luft, Wasser und Boden, zur Gewährleistung der Anlagensicherheit, zur Gewährleistung einer umweltverträglichen Abfallentsorgung oder sonst zur Vermeidung oder Verminderung von Auswirkungen auf die Umwelt zur Erreichung eines allgemein hohen Schutzniveaus für die Umwelt insgesamt gesichert erscheinen lässt. [2] Bei der Bestimmung des Standes der Technik sind insbesondere die in der Anlage aufgeführten Kriterien zu berücksichtigen.

(6a) BVT-Merkblatt im Sinne dieses Gesetzes ist ein Dokument, das auf Grund des Informationsaustausches nach Artikel 13 der Richtlinie 2010/75/EU des Europäischen Parlaments und des Rates vom 24. November 2010 über Industrieemissionen (integrierte Vermeidung und Verminderung der Umweltverschmutzung) (Neufassung) (ABl. L 334 vom 17.12.2010, S. 17) für bestimmte Tätigkeiten erstellt wird und insbesondere die angewandten Techniken, die derzeitigen Emissions- und Verbrauchswerte, alle Zukunftstechniken sowie die Techniken beschreibt, die für die Festlegung der besten verfügbaren Techniken sowie der BVT-Schlussfolgerungen berücksichtigt wurden.

(6b) BVT-Schlussfolgerungen im Sinne dieses Gesetzes sind ein nach Artikel 13 Absatz 5 der Richtlinie 2010/75/EU von der Europäischen Kommission erlassenes Dokument, das die Teile eines BVT-Merkblatts mit den Schlussfolgerungen in Bezug auf Folgendes enthält:

1. die besten verfügbaren Techniken, ihre Beschreibung und Informationen zur Bewertung ihrer Anwendbarkeit,
2. die mit den besten verfügbaren Techniken assoziierten Emissionswerte,
3. die zu den Nummern 1 und 2 gehörigen Überwachungsmaßnahmen,
4. die zu den Nummern 1 und 2 gehörigen Verbrauchswerte sowie
5. die gegebenenfalls einschlägigen Standortsanierungsmaßnahmen.

(6c) Emissionsbandbreiten im Sinne dieses Gesetzes sind die mit den besten verfügbaren Techniken assoziierten Emissionswerte.

(6d) Die mit den besten verfügbaren Techniken assoziierten Emissionswerte im Sinne dieses Gesetzes sind der Bereich von Emissionswerten, die unter normalen Betriebsbedingungen unter Verwendung einer besten verfügbaren Technik oder einer Kombination von besten verfügbaren Techniken entsprechend der Beschreibung in den BVT-Schlussfolgerungen erzielt werden, ausgedrückt als Mittelwert für einen vorgegebenen Zeitraum unter spezifischen Referenzbedingungen.

(6e) Zukunftstechniken im Sinne dieses Gesetzes sind neue Techniken für Anlagen nach der Industrieemissions-Richtlinie, die bei gewerblicher Nutzung entweder ein höheres allgemeines Umweltschutzniveau oder zumindest das gleiche Umweltschutzniveau und größere Kostenersparnisse bieten könnten als der bestehende Stand der Technik.

(7) Dem Herstellen im Sinne dieses Gesetzes steht das Verarbeiten, Bearbeiten oder sonstiges Behandeln, dem Einführen im Sinne dieses Gesetzes das sonstige Verbringen in den Geltungsbereich dieses Gesetzes gleich.

(8) Anlagen nach der Industrieemissions-Richtlinie im Sinne dieses Gesetzes sind die in der Rechtsverordnung nach § 4 Absatz 1 Satz 4 gekennzeichneten Anlagen.

(9) Gefährliche Stoffe im Sinne dieses Gesetzes sind Stoffe oder Gemische gemäß Artikel 3 der Verordnung (EG) Nr. 1272/2008 des Europäischen Parlaments und des Rates vom 16. Dezember 2008 über die Einstufung, Kennzeichnung und Verpackung von Stoffen und Gemischen, zur Änderung und Aufhebung der Richtlinien 67/548/EWG und 1999/45/EG und zur Änderung der Verordnung (EG) Nr. 1907/2006 (ABl. L 353 vom 31.12.2008, S. 1), die zuletzt durch die Verordnung (EG) Nr. 286/2011 (ABl. L 83 vom 30.3.2011, S. 1) geändert worden ist.

(10) Relevante gefährliche Stoffe im Sinne dieses Gesetzes sind gefährliche Stoffe, die in erheblichem Umfang in der Anlage verwendet, erzeugt oder freigesetzt werden und die ihrer Art nach eine Verschmutzung des Bodens oder des Grundwassers auf dem Anlagengrundstück verursachen können.

Zweiter Teil. Errichtung und Betrieb von Anlagen

Erster Abschnitt. Genehmigungsbedürftige Anlagen

§ 4[1] Genehmigung. (1) [1] Die Errichtung und der Betrieb von Anlagen, die auf Grund ihrer Beschaffenheit oder ihres Betriebs in besonderem Maße geeignet sind, schädliche Umwelteinwirkungen hervorzurufen oder in anderer Weise die Allgemeinheit oder die Nachbarschaft zu gefährden, erheblich zu benachteiligen oder erheblich zu belästigen, sowie von ortsfesten Abfallentsorgungsanlagen zur Lagerung oder Behandlung von Abfällen bedürfen einer Genehmigung. [2] Mit Ausnahme von Abfallentsorgungsanlagen bedürfen Anlagen, die nicht gewerblichen Zwecken dienen und nicht im Rahmen wirtschaftlicher Unternehmungen Verwendung finden, der Genehmigung nur, wenn sie in besonderem Maße geeignet sind, schädliche Umwelteinwirkungen durch Luftverunreinigungen oder Geräusche hervorzurufen. [3] Die Bundesregierung bestimmt nach Anhörung der beteiligten Kreise (§ 51) durch Rechtsverordnung[2] mit Zustimmung des Bundesrates die Anlagen, die einer Genehmigung bedürfen (genehmigungsbedürftige Anlagen); in der Rechtsverordnung kann auch vorgesehen werden, dass eine Genehmigung nicht erforderlich ist, wenn eine Anlage insgesamt oder in ihren in der Rechtsverordnung bezeichneten wesentlichen Teilen der Bauart nach zugelassen ist und in Übereinstimmung mit der Bauartzulassung errichtet und betrieben

[1] Beachte zur Anwendung von § 4 hinsichtlich der Zulassung einer Anlage nach § 2 Abs. 1 Nr. 1 und 2 LNGG die Maßgabe gem. § 5 Abs. 1 Nr. 4 LNGG iVm § 13 LNGG v. 24.5.2022 (BGBl. I S. 802).

[2] Siehe die VO über genehmigungsbedürftige Anlagen – 4. BImSchV (Nr. **296a**), die GefahrstoffVO v. 26.11.2010 (BGBl. I S. 1643, 1644), zuletzt geänd. durch VO v. 21.7.2021 (BGBl. I S. 3115) und die KWK-Kosten-Nutzen-Vergleich-VO v. 28.4.2015 (BGBl. I S. 670), zuletzt geänd. durch VO v. 6.7.2021 (BGBl. I S. 2514).

wird. [4] Anlagen nach Artikel 10 in Verbindung mit Anhang I der Richtlinie 2010/75/EU sind in der Rechtsverordnung nach Satz 3 zu kennzeichnen.

(2) [1] Anlagen des Bergwesens oder Teile dieser Anlagen bedürfen der Genehmigung nach Absatz 1 nur, soweit sie über Tage errichtet und betrieben werden. [2] Keiner Genehmigung nach Absatz 1 bedürfen Tagebaue und die zum Betrieb eines Tagebaus erforderlichen sowie die zur Wetterführung unerlässlichen Anlagen.

§ 5 Pflichten der Betreiber genehmigungsbedürftiger Anlagen.

(1) Genehmigungsbedürftige Anlagen sind so zu errichten und zu betreiben, dass zur Gewährleistung eines hohen Schutzniveaus für die Umwelt insgesamt

1. schädliche Umwelteinwirkungen und sonstige Gefahren, erhebliche Nachteile und erhebliche Belästigungen für die Allgemeinheit und die Nachbarschaft nicht hervorgerufen werden können;
2. Vorsorge gegen schädliche Umwelteinwirkungen und sonstige Gefahren, erhebliche Nachteile und erhebliche Belästigungen getroffen wird, insbesondere durch die dem Stand der Technik entsprechenden Maßnahmen;
3. Abfälle vermieden, nicht zu vermeidende Abfälle verwertet und nicht zu verwertende Abfälle ohne Beeinträchtigung des Wohls der Allgemeinheit beseitigt werden; Abfälle sind nicht zu vermeiden, soweit die Vermeidung technisch nicht möglich oder nicht zumutbar ist; die Vermeidung ist unzulässig, soweit sie zu nachteiligeren Umweltauswirkungen führt als die Verwertung; die Verwertung und Beseitigung von Abfällen erfolgt nach den Vorschriften des Kreislaufwirtschaftsgesetzes[1)] und den sonstigen für die Abfälle geltenden Vorschriften;
4. Energie sparsam und effizient verwendet wird.

(2) [1] Soweit genehmigungsbedürftige Anlagen dem Anwendungsbereich des Treibhausgas-Emissionshandelsgesetzes[2)] unterliegen, sind Anforderungen zur Begrenzung von Emissionen von Treibhausgasen nur zulässig, um zur Erfüllung der Pflichten nach Absatz 1 Nummer 1 sicherzustellen, dass im Einwirkungsbereich der Anlage keine schädlichen Umwelteinwirkungen entstehen; dies gilt nur für Treibhausgase, die für die betreffende Tätigkeit nach Anhang 1 des Treibhausgas-Emissionshandelsgesetzes umfasst sind. [2] Bei diesen Anlagen dürfen zur Erfüllung der Pflicht zur effizienten Verwendung von Energie in Bezug auf die Emissionen von Kohlendioxid, die auf Verbrennungs- oder anderen Prozessen der Anlage beruhen, keine Anforderungen gestellt werden, die über die Pflichten hinausgehen, welche das Treibhausgas-Emissionshandelsgesetz begründet.

(Fortsetzung nächstes Blatt)

---

1) Nr. **298**.
2) **Sartorius III Nr. 330**.

2. ein öffentliches Interesse oder ein berechtigtes Interesse des Antragstellers an dem vorzeitigen Beginn besteht und
3. der Antragsteller sich verpflichtet, alle bis zur Entscheidung durch die Errichtung der Anlage verursachten Schäden zu ersetzen und, wenn das Vorhaben nicht genehmigt wird, den früheren Zustand wiederherzustellen.

(2) [1] Die Zulassung kann jederzeit widerrufen werden. [2] Sie kann mit Auflagen verbunden oder unter dem Vorbehalt nachträglicher Auflagen erteilt werden. [3] Die zuständige Behörde kann die Leistung einer Sicherheit verlangen, soweit dies erforderlich ist, um die Erfüllung der Pflichten des Antragstellers zu sichern.

(3) In einem Verfahren zur Erteilung einer Genehmigung nach § 16 Absatz 1 kann die Genehmigungsbehörde unter den in Absatz 1 genannten Voraussetzungen auch den Betrieb der Anlage vorläufig zulassen, wenn die Änderung der Erfüllung einer sich aus diesem Gesetz oder einer auf Grund dieses Gesetzes erlassenen Rechtsverordnung ergebenden Pflicht dient.

§ 9 Vorbescheid. (1) Auf Antrag soll durch Vorbescheid über einzelne Genehmigungsvoraussetzungen sowie über den Standort der Anlage entschieden werden, sofern die Auswirkungen der geplanten Anlage ausreichend beurteilt werden können und ein berechtigtes Interesse an der Erteilung eines Vorbescheides besteht.

(2) Der Vorbescheid wird unwirksam, wenn der Antragsteller nicht innerhalb von zwei Jahren nach Eintritt der Unanfechtbarkeit die Genehmigung beantragt; die Frist kann auf Antrag bis auf vier Jahre verlängert werden.

(3) Die Vorschriften der §§ 6 und 21 gelten sinngemäß.

§ 10[1) 2)] Genehmigungsverfahren. (1) [1] Das Genehmigungsverfahren setzt einen schriftlichen oder elektronischen Antrag voraus. [2] Dem Antrag sind die zur Prüfung nach § 6 erforderlichen Zeichnungen, Erläuterungen und sonstigen Unterlagen beizufügen. [3] Reichen die Unterlagen für die Prüfung nicht aus, so hat sie der Antragsteller auf Verlangen der zuständigen Behörde innerhalb einer angemessenen Frist zu ergänzen. [4] Erfolgt die Antragstellung elektronisch, kann die zuständige Behörde Mehrfertigungen sowie die Übermittlung der dem Antrag beizufügenden Unterlagen auch in schriftlicher Form verlangen.

(1a) [1] Der Antragsteller, der beabsichtigt, eine Anlage nach der Industrieemissions-Richtlinie zu betreiben, in der relevante gefährliche Stoffe verwendet, erzeugt oder freigesetzt werden, hat mit den Unterlagen nach Absatz 1 einen Bericht über den Ausgangszustand vorzulegen, wenn und soweit eine Verschmutzung des Bodens oder des Grundwassers auf dem Anlagengrundstück durch die relevanten gefährlichen Stoffe möglich ist. [2] Die Möglichkeit einer Verschmutzung des Bodens oder des Grundwassers besteht nicht, wenn auf Grund der tatsächlichen Umstände ein Eintrag ausgeschlossen werden kann.

(2) [1] Soweit Unterlagen Geschäfts- oder Betriebsgeheimnisse enthalten, sind die Unterlagen zu kennzeichnen und getrennt vorzulegen. [2] Ihr Inhalt muss, soweit es ohne Preisgabe des Geheimnisses geschehen kann, so ausführlich dargestellt sein, dass es

---

1) § 10 Abs. 11 geänd. mWv 8.9.2015 durch VO v. 31.8.2015 (BGBl. I S. 1474); Abs. 1 Sätze 1 und 4, Abs. 3 Satz 4 und Abs. 8 Satz 6 geänd. mWv 5.4.2017 durch G v. 29.3.2017 (BGBl. I S. 626); Abs. 3 Sätze 4 und 5 geänd., Abs. 3a eingef. mWv 2.6.2017 durch G v. 29.5.2017 (BGBl. I S. 1298); Abs. 11 geänd. mWv 27.6.2020 durch VO v. 19.6.2020 (BGBl. I S. 1328); Abs. 5 Sätze 2 und 3 eingef., bish. Satz 2 wird Satz 4, Abs. 5a eingef. mWv 31.8.2021 durch G v. 18.8.2021 (BGBl. I S. 3901).

2) Beachte zur Anwendung von § 10 hinsichtlich der Zulassung einer Anlage nach § 2 Abs. 1 Nr. 1 LNGG v. 24.5.2022 (BGBl. I S. 802) die Maßgaben gem. § 5 Abs. 1 Nr. 1–3 LNGG v. 24.5.2022 (BGBl. I S. 802) iVm § 13 LNGG v. 24.5.2022 (BGBl. I S. 802).

Dritten möglich ist, zu beurteilen, ob und in welchem Umfang sie von den Auswirkungen der Anlage betroffen werden können.

(3) [1] Sind die Unterlagen des Antragstellers vollständig, so hat die zuständige Behörde das Vorhaben in ihrem amtlichen Veröffentlichungsblatt und außerdem entweder im Internet oder in örtlichen Tageszeitungen, die im Bereich des Standortes der Anlage verbreitet sind, öffentlich bekannt zu machen. [2] Der Antrag und die vom Antragsteller vorgelegten Unterlagen, mit Ausnahme der Unterlagen nach Absatz 2 Satz 1, sowie die entscheidungserheblichen Berichte und Empfehlungen, die der Behörde im Zeitpunkt der Bekanntmachung vorliegen, sind nach der Bekanntmachung einen Monat zur Einsicht auszulegen. [3] Weitere Informationen, die für die Entscheidung über die Zulässigkeit des Vorhabens von Bedeutung sein können und die der zuständigen Behörde erst nach Beginn der Auslegung vorliegen, sind der Öffentlichkeit nach den Bestimmungen über den Zugang zu Umweltinformationen zugänglich zu machen. [4] Bis zwei Wochen nach Ablauf der Auslegungsfrist kann die Öffentlichkeit gegenüber der zuständigen Behörde schriftlich oder elektronisch Einwendungen erheben; bei Anlagen nach der Industrieemissions-Richtlinie gilt eine Frist von einem Monat. [5] Mit Ablauf der Einwendungsfrist sind für das Genehmigungsverfahren alle Einwendungen ausgeschlossen, die nicht auf besonderen privatrechtlichen Titeln beruhen. [6] Einwendungen, die auf besonderen privatrechtlichen Titeln beruhen, sind auf den Rechtsweg vor den ordentlichen Gerichten zu verweisen.

(3a) Nach dem Umwelt-Rechtsbehelfsgesetz[1] anerkannte Vereinigungen sollen die zuständige Behörde in einer dem Umweltschutz dienenden Weise unterstützen.

(4) In der Bekanntmachung nach Absatz 3 Satz 1 ist

1. darauf hinzuweisen, wo und wann der Antrag auf Erteilung der Genehmigung und die Unterlagen zur Einsicht ausgelegt sind;
2. dazu aufzufordern, etwaige Einwendungen bei einer in der Bekanntmachung zu bezeichnenden Stelle innerhalb der Einwendungsfrist vorzubringen; dabei ist auf die Rechtsfolgen nach Absatz 3 Satz 5 hinzuweisen;
3. ein Erörterungstermin zu bestimmen und darauf hinzuweisen, dass er auf Grund einer Ermessensentscheidung der Genehmigungsbehörde nach Absatz 6 durchgeführt wird und dass dann die formgerecht erhobenen Einwendungen auch bei Ausbleiben des Antragstellers oder von Personen, die Einwendungen erhoben haben, erörtert werden;
4. darauf hinzuweisen, dass die Zustellung der Entscheidung über die Einwendungen durch öffentliche Bekanntmachung ersetzt werden kann.

(5) [1] Die für die Erteilung der Genehmigung zuständige Behörde (Genehmigungsbehörde) holt die Stellungnahmen der Behörden ein, deren Aufgabenbereich durch das Vorhaben berührt wird. [2] Hat eine zu beteiligende Behörde bei einem Verfahren zur Genehmigung einer Anlage zur Nutzung erneuerbarer Energien innerhalb einer Frist von einem Monat keine Stellungnahme abgegeben, so ist davon auszugehen, dass die beteiligte Behörde sich nicht äußern will. [3] Die zuständige Behörde hat die Entscheidung in diesem Fall auf Antrag auf der Grundlage der geltenden Sach- und Rechtslage zum Zeitpunkt des Ablaufs der Monatsfrist zu treffen. [4] Soweit für das Vorhaben selbst oder für weitere damit unmittelbar in einem räumlichen oder betrieblichen Zusammenhang stehende Vorhaben, die Auswirkungen auf die Umwelt haben können und die für die Genehmigung

(Fortsetzung nächstes Blatt)

[1] Nr. **293**.

zuständige Behörde unverzüglich, spätestens innerhalb von zwei Monaten nach Eingang der Anzeige und der nach Absatz 1 Satz 2 erforderlichen Unterlagen zu prüfen, ob diese Änderung einer Genehmigung bedarf. [2] Soweit es zur Ermittlung des angemessenen Sicherheitsabstands erforderlich ist, kann die zuständige Behörde ein Gutachten zu den Auswirkungen verlangen, die bei schweren Unfällen durch die Anlage hervorgerufen werden können. [3] Der Träger des Vorhabens darf die störfallrelevante Änderung vornehmen, sobald ihm die zuständige Behörde mitteilt, dass sie keiner Genehmigung bedarf.

(3) [1] Beabsichtigt der Betreiber, den Betrieb einer genehmigungsbedürftigen Anlage einzustellen, so hat er dies unter Angabe des Zeitpunktes der Einstellung der zuständigen Behörde unverzüglich anzuzeigen. [2] Der Anzeige sind Unterlagen über die vom Betreiber vorgesehenen Maßnahmen zur Erfüllung der sich aus § 5 Absatz 3 und 4 ergebenden Pflichten beizufügen. [3] Die Sätze 1 und 2 gelten für die in Absatz 1 Satz 5 bezeichneten Anlagen entsprechend.

(4) In der Rechtsverordnung nach § 10 Absatz 10 können die näheren Einzelheiten für das Verfahren nach den Absätzen 1 bis 3 geregelt werden.

§ 16 Wesentliche Änderung genehmigungsbedürftiger Anlagen.

(1) [1] Die Änderung der Lage, der Beschaffenheit oder des Betriebs einer genehmigungsbedürftigen Anlage bedarf der Genehmigung, wenn durch die Änderung nachteilige Auswirkungen hervorgerufen werden können und diese für die Prüfung nach § 6 Absatz 1 Nummer 1 erheblich sein können (wesentliche Änderung); eine Genehmigung ist stets erforderlich, wenn die Änderung oder Erweiterung des Betriebs einer genehmigungsbedürftigen Anlage für sich genommen die Leistungsgrenzen oder Anlagengrößen des Anhangs zur Verordnung über genehmigungsbedürftige Anlagen[1)] erreichen. [2] Eine Genehmigung ist nicht erforderlich, wenn durch die Änderung hervorgerufene nachteilige Auswirkungen offensichtlich gering sind und die Erfüllung der sich aus § 6 Absatz 1 Nummer 1 ergebenden Anforderungen sichergestellt ist.

(2) [1] Die zuständige Behörde soll von der öffentlichen Bekanntmachung des Vorhabens sowie der Auslegung des Antrags und der Unterlagen absehen, wenn der Träger des Vorhabens dies beantragt und erhebliche nachteilige Auswirkungen auf in § 1 genannte Schutzgüter nicht zu besorgen sind. [2] Dies ist insbesondere dann der Fall, wenn erkennbar ist, dass die Auswirkungen durch die getroffenen oder vom Träger des Vorhabens vorgesehenen Maßnahmen ausgeschlossen werden oder die Nachteile im Verhältnis zu den jeweils vergleichbaren Vorteilen gering sind. [3] Betrifft die wesentliche Änderung eine in einem vereinfachten Verfahren zu genehmigende Anlage, ist auch die wesentliche Änderung im vereinfachten Verfahren zu genehmigen. [4] § 19 Absatz 3 gilt entsprechend.

(3) [1] Über den Genehmigungsantrag ist innerhalb einer Frist von sechs Monaten, im Falle des Absatzes 2 in drei Monaten zu entscheiden. [2] Im Übrigen gilt § 10 Absatz 6a Satz 2 und 3 entsprechend.

(4) [1] Für nach § 15 Absatz 1 anzeigebedürftige Änderungen kann der Träger des Vorhabens eine Genehmigung beantragen. [2] Diese ist im vereinfachten Verfahren zu erteilen; Absatz 3 und § 19 Absatz 3 gelten entsprechend.

(5) Einer Genehmigung bedarf es nicht, wenn eine genehmigte Anlage oder Teile einer genehmigten Anlage im Rahmen der erteilten Genehmigung ersetzt oder ausgetauscht werden sollen.

---

1) Nr. **296a**.

§ 16a[1]) Störfallrelevante Änderung genehmigungsbedürftiger Anlagen. [1]Die störfallrelevante Änderung einer genehmigungsbedürftigen Anlage, die Betriebsbereich oder Bestandteil eines Betriebsbereichs ist, bedarf der Genehmigung, wenn durch die störfallrelevante Änderung der angemessene Sicherheitsabstand zu benachbarten Schutzobjekten erstmalig unterschritten wird, der bereits unterschrittene Sicherheitsabstand räumlich noch weiter unterschritten wird oder eine erhebliche Gefahrenerhöhung ausgelöst wird und die Änderung nicht bereits durch § 16 Absatz 1 Satz 1 erfasst ist. [2]Einer Genehmigung bedarf es nicht, soweit dem Gebot, den angemessenen Sicherheitsabstand zu wahren, bereits auf Ebene einer raumbedeutsamen Planung oder Maßnahme durch verbindliche Vorgaben Rechnung getragen worden ist.

§ 16b[2]) Repowering von Anlagen zur Erzeugung von Strom aus erneuerbaren Energien. (1) Wird eine Anlage zur Erzeugung von Strom aus erneuerbaren Energien modernisiert (Repowering), müssen auf Antrag des Vorhabenträgers im Rahmen des Änderungsgenehmigungsverfahrens nur Anforderungen geprüft werden, soweit durch das Repowering im Verhältnis zum gegenwärtigen Zustand unter Berücksichtigung der auszutauschenden Anlage nachteilige Auswirkungen hervorgerufen werden und diese für die Prüfung nach § 6 erheblich sein können.

(2) [1]Die Modernisierung umfasst den vollständigen oder teilweisen Austausch von Anlagen oder Betriebssystemen und -geräten zum Austausch von Kapazität oder zur Steigerung der Effizienz oder der Kapazität der Anlage. [2]Bei einem vollständigen Austausch der Anlage sind zusätzlich folgende Anforderungen einzuhalten:

1. Die neue Anlage wird innerhalb von 24 Monaten nach dem Rückbau der Bestandsanlage errichtet und
2. der Abstand zwischen der Bestandsanlage und der neuen Anlage beträgt höchstens das Zweifache der Gesamthöhe der neuen Anlage.

(3) Die Genehmigung einer Windenergieanlage im Rahmen einer Modernisierung nach Absatz 2 darf nicht versagt werden, wenn nach der Modernisierung nicht alle Immissionsrichtwerte der technischen Anleitung zum Schutz gegen Lärm eingehalten werden, wenn aber

1. der Immissionsbeitrag der Windenergieanlage nach der Modernisierung niedriger ist als der Immissionsbeitrag der durch sie ersetzten Windenergieanlagen und
2. die Windenergieanlage dem Stand der Technik entspricht.

(4) Die Prüfung anderer öffentlich-rechtlicher Vorschriften, insbesondere des Raumordnungs-, Bauplanungs- und Bauordnungsrechts, und der Belange des Arbeitsschutzes nach § 6 Absatz 1 Nummer 2 bleibt unberührt.

(5) Auf einen Erörterungstermin soll verzichtet werden, wenn nicht der Antragsteller diesen beantragt.

(6) [1]§ 19 findet auf Genehmigungsverfahren im Sinne von Absatz 1 für das Repowering von bis zu 19 Windenergieanlagen Anwendung. [2]§ 2 Absatz 1 Satz 1

---

[1]) § 16a eingef. mWv 7.12.2016 durch G v. 30.11.2016 (BGBl. I S. 2749); Satz 1 geänd. mWv 29.7. 2017 durch G v. 18.7.2017 (BGBl. I S. 2771).

[2]) § 16b eingef. mWv 31.8.2021 durch G v. 18.8.2021 (BGBl. I S. 3901); Abs. 4 aufgeh., bish. Abs. 5–7 werden Abs. 4–6 mWv 29.7.2022 durch G v. 20.7.2022 (BGBl. I S. 1362).

Nummer 1 Buchstabe c der Verordnung über genehmigungsbedürftige Anlagen[1] bleibt unberührt. [3] Im vereinfachten Verfahren ist die Genehmigung auf Antrag des Trägers des Vorhabens öffentlich bekannt zu machen. [4] In diesem Fall gilt § 10 Absatz 8 Satz 2 bis 6 entsprechend.

§ 17[2] Nachträgliche Anordnungen. (1) [1] Zur Erfüllung der sich aus diesem Gesetz und der auf Grund dieses Gesetzes erlassenen Rechtsverordnungen ergebenden Pflichten können nach Erteilung der Genehmigung sowie nach einer nach § 15 Absatz 1 angezeigten Änderung Anordnungen getroffen werden. [2] Wird nach Erteilung der Genehmigung sowie nach einer nach § 15 Absatz 1 angezeigten Änderung festgestellt, dass die Allgemeinheit oder die Nachbarschaft nicht ausreichend vor schädlichen Umwelteinwirkungen oder sonstigen Gefahren, erheblichen Nachteilen oder erheblichen Belästigungen geschützt ist, soll die zuständige Behörde nachträgliche Anordnungen treffen.

(1a) [1] Bei Anlagen nach der Industrieemissions-Richtlinie ist vor dem Erlass einer nachträglichen Anordnung nach Absatz 1 Satz 2, durch welche Emissionsbegrenzungen neu festgelegt werden sollen, der Entwurf der Anordnung öffentlich bekannt zu machen. [2] § 10 Absatz 3 und 4 Nummer 1 und 2 gilt für die Bekanntmachung entsprechend. [3] Einwendungsbefugt sind Personen, deren Belange durch die nachträgliche Anordnung berührt werden, sowie Vereinigungen, welche die Anforderungen von § 3 Absatz 1 oder § 2 Absatz 2 des Umwelt-Rechtsbehelfsgesetzes[3] erfüllen. [4] Für die Entscheidung über den Erlass der nachträglichen Anordnung gilt § 10 Absatz 7 bis 8a entsprechend.

(1b) Absatz 1a gilt für den Erlass einer nachträglichen Anordnung entsprechend, bei der von der Behörde auf Grundlage einer Verordnung nach § 7 Absatz 1b oder einer Verwaltungsvorschrift nach § 48 Absatz 1b weniger strenge Emissionsbegrenzungen festgelegt werden sollen.

(2) [1] Die zuständige Behörde darf eine nachträgliche Anordnung nicht treffen, wenn sie unverhältnismäßig ist, vor allem wenn der mit der Erfüllung der Anordnung verbundene Aufwand außer Verhältnis zu dem mit der Anordnung angestrebten Erfolg steht; dabei sind insbesondere Art, Menge und Gefährlichkeit der von der Anlage ausgehenden Emissionen und der von ihr verursachten Immissionen sowie die Nutzungsdauer und technische Besonderheiten der Anlage zu berücksichtigen. [2] Darf eine nachträgliche Anordnung wegen Unverhältnismäßigkeit nicht getroffen werden, soll die zuständige Behörde die Genehmigung unter den Voraussetzungen des § 21 Absatz 1 Nummer 3 bis 5 ganz oder teilweise widerrufen; § 21 Absatz 3 bis 6 sind anzuwenden.

(2a) § 12 Absatz 1a gilt für Anlagen nach der Industrieemissions-Richtlinie entsprechend.

(2b) [1] Abweichend von Absatz 2a kann die zuständige Behörde weniger strenge Emissionsbegrenzungen festlegen, wenn

1. wegen technischer Merkmale der Anlage die Anwendung der in den BVT-Schlussfolgerungen genannten Emissionsbandbreiten unverhältnismäßig wäre und die Behörde dies begründet oder
2. in Anlagen Zukunftstechniken für einen Gesamtzeitraum von höchstens neun Monaten erprobt oder angewendet werden sollen, sofern nach dem festgelegten Zeitraum die Anwendung der betreffenden Technik beendet wird oder in der

---

[1] Nr. **296a**.
[2] § 17 Abs. 1b eingef., Abs. 4 Satz 2 angef. mWv 7.12.2016 durch G v. 30.11.2016 (BGBl. I S. 2749).
[3] Nr. **293**.

Anlage mindestens die mit den besten verfügbaren Techniken assoziierten Emissionsbandbreiten erreicht werden.

[2] § 12 Absatz 1b Satz 2 und 3 gilt entsprechend. [3] Absatz 1a gilt entsprechend.

(Fortsetzung nächstes Blatt)

1. Anforderungen an die Gleichwertigkeit nicht inländischer Anerkennungen und Nachweise bestimmt werden,
2. Anforderungen an das Verfahren der Bekanntgabe und ihrer Aufhebung bestimmt werden,
3. Anforderungen an den Inhalt der Bekanntgabe bestimmt werden, insbesondere, dass sie mit Nebenbestimmungen versehen und für das gesamte Bundesgebiet erteilt werden kann,
4. Anforderungen an die Organisationsform der bekannt zu gebenden Stellen bestimmt werden,
5. Anforderungen an die Struktur bestimmt werden, die die Sachverständigen der Erfüllung ihrer Aufgaben zugrunde legen,
6. Anforderungen an die Fachkunde, Zuverlässigkeit, Unabhängigkeit und gerätetechnische Ausstattung der bekannt zu gebenden Stellen und Sachverständigen bestimmt werden,
7. Pflichten der bekannt gegebenen Stellen und Sachverständigen festgelegt werden.

§ 30 Kosten der Messungen und sicherheitstechnischen Prüfungen.

[1] Die Kosten für die Ermittlungen der Emissionen und Immissionen sowie für die sicherheitstechnischen Prüfungen trägt der Betreiber der Anlage. [2] Bei nicht genehmigungsbedürftigen Anlagen trägt der Betreiber die Kosten für Ermittlungen nach § 26 oder § 29 Absatz 2 nur, wenn die Ermittlungen ergeben, dass

1. Auflagen oder Anordnungen nach den Vorschriften dieses Gesetzes oder der auf dieses Gesetz gestützten Rechtsverordnungen nicht erfüllt worden sind oder
2. Anordnungen oder Auflagen nach den Vorschriften dieses Gesetzes oder der auf dieses Gesetz gestützten Rechtsverordnungen geboten sind.

§ 31[1)] Auskunftspflichten des Betreibers. (1) [1] Der Betreiber einer Anlage nach der Industrieemissions-Richtlinie hat nach Maßgabe der Nebenbestimmungen der Genehmigung oder auf Grund von Rechtsverordnungen der zuständigen Behörde jährlich Folgendes vorzulegen:

1. eine Zusammenfassung der Ergebnisse der Emissionsüberwachung,
2. sonstige Daten, die erforderlich sind, um die Einhaltung der Genehmigungsanforderungen gemäß § 6 Absatz 1 Nummer 1 zu überprüfen.

[2] Die Pflicht nach Satz 1 besteht nicht, soweit die erforderlichen Angaben der zuständigen Behörde bereits auf Grund anderer Vorschriften vorzulegen sind. [3] Wird in einer Rechtsverordnung nach § 7 ein Emissionsgrenzwert nach § 7 Absatz 1a, in einer Verwaltungsvorschrift nach § 48 ein Emissionswert nach § 48 Absatz 1a oder in einer Genehmigung nach § 12 Absatz 1 oder einer nachträglichen Anordnung nach § 17 Absatz 2a eine Emissionsbegrenzung nach § 12 Absatz 1a oder § 17 Absatz 2a oberhalb der in den BVT-Schlussfolgerungen genannten Emissionsbandbreiten bestimmt, so hat die Zusammenfassung nach Satz 1 Nummer 1 einen Vergleich mit den in den BVT-Schlussfolgerungen genannten Emissionsbandbreiten zu ermöglichen.

(2) [1] Der Betreiber einer Anlage nach der Industrieemissions-Richtlinie kann von der zuständigen Behörde verpflichtet werden, diejenigen Daten zu übermit-

1) § 31 Abs. 2 Satz 1 geänd., Abs. 2a eingef. mWv 7.12.2016 durch G v. 30.11.2016 (BGBl. I S. 2749); Abs. 2 Satz 2 neu gef. mWv 15.12.2020 durch G v. 9.12.2020 (BGBl. I S. 2873).

teln, deren Übermittlung nach einem Durchführungsrechtsakt nach Artikel 72 Absatz 2 der Richtlinie 2010/75/EU vorgeschrieben ist und die zur Erfüllung der Berichtspflicht nach § 61 Absatz 1 erforderlich sind, soweit solche Daten nicht bereits auf Grund anderer Vorschriften bei der zuständigen Behörde vorhanden sind. ² § 3 Absatz 1 Satz 2 und § 5 Absatz 2 bis 6 des Gesetzes zur Ausführung des Protokolls über Schadstofffreisetzungs- und -verbringungsregister vom 21. Mai 2003 sowie zur Durchführung der Verordnung (EG) Nr. 166/2006 vom 6. Juni 2007 (BGBl. I S. 1002), das durch Artikel 1 des Gesetzes vom 9. Dezember 2020 (BGBl. I S. 2873) geändert worden ist, gelten entsprechend.

(2a) ¹ Der Betreiber von Anlagen, die Betriebsbereich oder Bestandteil eines Betriebsbereichs sind, kann von der zuständigen Behörde verpflichtet werden, diejenigen Daten zu übermitteln, deren Übermittlung nach einem Durchführungsrechtsakt nach Artikel 21 Absatz 5 der Richtlinie 2012/18/EU vorgeschrieben ist und die zur Erfüllung der Berichtspflicht nach § 61 Absatz 2 erforderlich sind, soweit solche Daten nicht bereits auf Grund anderer Vorschriften bei der zuständigen Behörde vorhanden sind. ² Absatz 2 Satz 2 gilt entsprechend.

(3) Wird bei einer Anlage nach der Industrieemissions-Richtlinie festgestellt, dass Anforderungen gemäß § 6 Absatz 1 Nummer 1 nicht eingehalten werden, hat der Betreiber dies der zuständigen Behörde unverzüglich mitzuteilen.

(4) Der Betreiber einer Anlage nach der Industrieemissions-Richtlinie hat bei allen Ereignissen mit schädlichen Umwelteinwirkungen die zuständige Behörde unverzüglich zu unterrichten, soweit er hierzu nicht bereits nach § 4 des Umweltschadensgesetzes[1)] oder nach § 19 der Störfall-Verordnung[2)] verpflichtet ist.

(5) ¹ Der Betreiber der Anlage hat das Ergebnis der auf Grund einer Anordnung nach § 26, § 28 oder § 29 getroffenen Ermittlungen der zuständigen Behörde auf Verlangen mitzuteilen und die Aufzeichnungen der Messgeräte nach § 29 fünf Jahre lang aufzubewahren. ² Die zuständige Behörde kann die Art der Übermittlung der Messergebnisse vorschreiben. ³ Die Ergebnisse der Überwachung der Emissionen, die bei der Behörde vorliegen, sind für die Öffentlichkeit nach den Bestimmungen des Umweltinformationsgesetzes mit Ausnahme des § 12 zugänglich; für Landesbehörden gelten die landesrechtlichen Vorschriften.

Vierter Abschnitt.[3)] Brennstoffwechsel bei einer Mangellage[4)]

§ 31a[3)] Abweichungen nach Artikel 30 Absatz 5 der Richtlinie 2010/75/EU. (1) Die zuständige Behörde kann eine Abweichung von der Verpflichtung zur Einhaltung der in der Verordnung über Großfeuerungs-, Gasturbinen- und Verbrennungsmotoranlagen[5)] vom 6. Juli 2021 (BGBl. I S. 2514), in der jeweils geltenden Fassung, vorgesehenen Emissionsgrenzwerte für Schwefeldioxid für eine Dauer von bis zu sechs Monaten bei Feuerungsanlagen zulassen, in denen zu diesem Zweck normalerweise ein schwefelarmer Brennstoff verfeuert wird, wenn der Betreiber aufgrund einer sich aus einer ernsten Mangellage ergebenden Unter-

---

[1)] **Sartorius III Nr. 310.**

[2)] **Sartorius ErgBd. Nr. 296/12.**

[3)] Vierter Abschnitt (§§ 31a–31d) eingef. mWv 12.7.2022 durch G v. 8.7.2022 (BGBl. I S. 1054).

[4)] **Amtl. Anm.:** Dieser Abschnitt dient mit den §§ 31a und 31b der Umsetzung der Richtlinie 2010/75/EU des Europäischen Parlaments und des Rates vom 24. November 2010 über Industrieemissionen (integrierte Vermeidung und Verminderung der Umweltverschmutzung) (Neufassung) (ABl. L 334 vom 17.12.2010, S. 17) und mit den §§ 31c und 31d der Umsetzung der Richtlinie (EU) 2015/2193 des Europäischen Parlaments und des Rates vom 25. November 2015 zur Begrenzung der Emissionen bestimmter Schadstoffe aus mittelgroßen Feuerungsanlagen in die Luft (ABl. L 313 vom 28.11.2015, S. 1).

[5)] **Sartorius ErgBd. Nr. 296/13.**

brechung der Versorgung mit schwefelarmem Brennstoff nicht in der Lage ist, diese Grenzwerte einzuhalten.

(2) [1]Die zuständige Behörde hat unverzüglich eine Ausfertigung der Zulassung der Abweichung nach Absatz 1 dem Bundesministerium für Umwelt, Naturschutz, nukleare Sicherheit und Verbraucherschutz zur Weiterleitung an die Europäische Kommission zuzuleiten. [2]Das Bundesministerium für Umwelt, Naturschutz, nukleare Sicherheit und Verbraucherschutz unterrichtet die Europäische Kommission unverzüglich über jede nach Absatz 1 gewährte Abweichung.

§ 31b[1)] Abweichungen nach Artikel 30 Absatz 6 der Richtlinie 2010/75/EU. (1) [1]Die zuständige Behörde kann eine Abweichung von der Verpflichtung zur Einhaltung der in der Verordnung über Großfeuerungs-, Gasturbinen- und Verbrennungsmotoranlagen[2)] vom 6. Juli 2021 (BGBl. I S. 2514), in der jeweils geltenden Fassung, vorgesehenen Emissionsgrenzwerte in den Fällen zulassen, in denen eine Feuerungsanlage, in der nur gasförmiger Brennstoff verfeuert wird, wegen einer plötzlichen Unterbrechung der Gasversorgung ausnahmsweise auf andere Brennstoffe ausweichen muss und aus diesem Grund mit einer Abgasreinigungsanlage ausgestattet werden müsste. [2]Eine solche Abweichung darf nur für einen Zeitraum von nicht mehr als zehn Tagen zugelassen werden, es sei denn, es ist ein vorrangiges Bedürfnis für einen längeren Zeitraum im Hinblick auf die Aufrechterhaltung der Energieversorgung gegeben.

(2) Der Betreiber unterrichtet die zuständige Behörde umgehend über jeden einzelnen Fall im Sinne des Absatzes 1.

(3) § 31a Absatz 2 ist entsprechend anzuwenden.

§ 31c[1)] Abweichungen nach Artikel 6 Absatz 11 der Richtlinie (EU) 2015/2193. (1) Die zuständige Behörde kann für eine Dauer von bis zu sechs Monaten eine Abweichung von der Verpflichtung zur Einhaltung der in den §§ 10 bis 16 und 18 der Verordnung über mittelgroße Feuerungs-, Gasturbinen- und Verbrennungsmotoranlagen vom 13. Juni 2019 (BGBl. I S. 804), die durch Artikel 3 Absatz 1 der Verordnung vom 6. Juli 2021 (BGBl. I S. 2514), geändert worden ist, in der jeweils geltenden Fassung, vorgesehenen Emissionsgrenzwerte für Schwefeldioxid bei mittelgroßen Feuerungsanlagen zulassen, in denen normalerweise ein schwefelarmer Brennstoff verfeuert wird, wenn der Betreiber aufgrund einer sich aus einer erheblichen Mangellage ergebenden Unterbrechung der Versorgung mit schwefelarmem Brennstoff nicht in der Lage ist, diese Emissionsgrenzwerte einzuhalten.

(2) [1]Die zuständige Behörde hat unverzüglich eine Ausfertigung der Zulassung der Abweichung nach Absatz 1 dem Bundesministerium für Umwelt, Naturschutz, nukleare Sicherheit und Verbraucherschutz zur Weiterleitung an die Europäische Kommission zuzuleiten. [2]Das Bundesministerium für Umwelt, Naturschutz, nukleare Sicherheit und Verbraucherschutz unterrichtet die Europäische Kommission innerhalb eines Monats über jede nach Absatz 1 gewährte Abweichung.

[1)] Vierter Abschnitt (§§ 31a-31d) eingef. mWv 12.7.2022 durch G v. 8.7.2022 (BGBl. I S. 1054).
[2)] **Sartorius ErgBd. Nr. 296/13.**

§ 31d[1] **Abweichungen nach Artikel 6 Absatz 12 der Richtlinie (EU) 2015/2193.** (1) [1]Die zuständige Behörde kann eine Abweichung von der Verpflichtung zur Einhaltung der in den §§ 10 bis 16 und 18 der Verordnung über mittelgroße Feuerungs-, Gasturbinen- und Verbrennungsmotoranlagen vom 13. Juni 2019 (BGBl. I S. 804), die durch Artikel 3 Absatz 1 der Verordnung vom 6. Juli 2021 (BGBl. I S. 2514) geändert worden ist, in der jeweils geltenden Fassung, vorgesehenen Emissionsgrenzwerte in den Fällen zulassen, in denen eine mittelgroße Feuerungsanlage, in der nur gasförmiger Brennstoff verfeuert wird, wegen einer plötzlichen Unterbrechung der Gasversorgung ausnahmsweise auf andere Brennstoffe ausweichen muss und aus diesem Grund mit einer sekundären Emissionsminderungsvorrichtung ausgestattet werden müsste. [2]Eine solche Abweichung darf nur für einen Zeitraum von nicht mehr als zehn Tagen zugelassen werden, es sei denn, der Betreiber weist der zuständigen Behörde nach, dass ein längerer Zeitraum gerechtfertigt ist.

(2) § 31c Absatz 2 ist entsprechend anzuwenden.

Dritter Teil.[2] Beschaffenheit von Anlagen, Stoffen, Erzeugnissen, Brennstoffen, Treibstoffen und Schmierstoffen; Treibhausgasminderung bei Kraftstoffen

Erster Abschnitt. Beschaffenheit von Anlagen, Stoffen, Erzeugnissen, Brennstoffen, Treibstoffen und Schmierstoffen

§ 32 Beschaffenheit von Anlagen. (1) [1]Die Bundesregierung wird ermächtigt, nach Anhörung der beteiligten Kreise (§ 51) durch Rechtsverordnung[3] mit Zustimmung des Bundesrates vorzuschreiben, dass serienmäßig

(Fortsetzung nächstes Blatt)

[1] Vierter Abschnitt (§§ 31a-31d) eingef. mWv 12.7.2022 durch G v. 8.7.2022 (BGBl. I S. 1054).
[2] Dritter Teil Überschrift neu gef. mWv 1.1.2015 durch G v. 20.11.2014 (BGBl. I S. 1740).
[3] Siehe die Geräte- und MaschinenlärmschutzVO – 32. BImSchV **(Sartorius ErgBd. Nr. 296/32)**.

9. andere Kraftstoffe, soweit eine Rechtsverordnung der Bundesregierung nach § 37d Absatz 2 Satz 1 Nummer 13 dies zulässt.

[2] Erfüllungsoptionen nach Satz 1 Nummer 6 bis 8 werden mindestens mit dem Doppelten ihres Energiegehaltes auf die Erfüllung der Verpflichtungen nach Absatz 1 Satz 1 und 2 in Verbindung mit dem Absatz 4 angerechnet. [3] Die Verpflichtung nach Absatz 2 in Verbindung mit Absatz 4a wird von Verpflichteten durch das Inverkehrbringen von flüssigen oder gasförmigen erneuerbaren Kraftstoffen nicht-biogenen Ursprungs erfüllt, soweit eine Rechtsverordnung der Bundesregierung nach § 37d Absatz 2 Satz 1 Nummer 13 dies zulässt.

(6) [1] Die Erfüllung von Verpflichtungen

1. nach Absatz 1 Satz 1 und 2 in Verbindung mit Absatz 4 und
2. nach Absatz 2 in Verbindung mit Absatz 4a

kann durch Vertrag, der der Schriftform bedarf, auf einen Dritten, der nicht selbst Verpflichteter ist, übertragen werden. [2] Der Vertrag muss mengenmäßige Angaben zum Umfang der vom Dritten gegenüber dem Verpflichteten eingegangenen Verpflichtung enthalten sowie Angaben, für welche Erfüllungsoptionen die Übertragung gilt. [3] Außerdem muss der Vertrag Angaben zu den Treibhausgasemissionen der Kraftstoffe in Kilogramm Kohlenstoffdioxid-Äquivalent enthalten. [4] Der Dritte kann den Vertrag ausschließlich durch Erfüllungsoptionen erfüllen, die er im Verpflichtungsjahr einsetzt oder eingesetzt hat. [5] Abweichend von Satz 4 kann der Dritte Verträge nach Satz 3 auch durch Erfüllungsoptionen erfüllen, die er bereits im Vorjahr des Verpflichtungsjahres in Verkehr gebracht hat, wenn die Erfüllungsoptionen nicht bereits Gegenstand eines Vertrages nach Satz 1 waren und der Dritte im Vorjahr des Verpflichtungsjahres nicht selbst Verpflichteter gewesen ist. [6] Absatz 1 Satz 2, Absatz 2 Satz 2, Absatz 5 Satz 1 und 2 gelten entsprechend. [7] Bei Vorliegen der Voraussetzungen nach den Sätzen 1 bis 6 ist der Verpflichtete so zu behandeln, als hätte er die vom Dritten eingesetzten Erfüllungsoptionen im Verpflichtungsjahr selbst in Verkehr gebracht. [8] Absatz 4 Satz 3 bis 10 gelten entsprechend. [9] Die vom Dritten zur Erfüllung einer nach Satz 1 übertragenen Verpflichtung eingesetzten Erfüllungsoptionen können nicht zur Erfüllung der Verpflichtung eines weiteren Verpflichteten eingesetzt werden.

(7) [1] Die Erfüllung von Verpflichtungen

1. nach Absatz 1 Satz 1 und 2 in Verbindung mit Absatz 4 und
2. nach Absatz 2 in Verbindung mit Absatz 4a

kann durch Vertrag, der der Schriftform bedarf, auf einen Dritten, der selbst Verpflichteter ist, übertragen werden. [2] Absatz 6 Satz 2 gilt entsprechend. [3] Der Vertrag zur Erfüllung von Verpflichtungen nach Absatz 1 Satz 1 und 2 in Verbindung mit Absatz 4 muss Angaben zum Umfang der vom Dritten im Verpflichtungsjahr sicherzustellenden Treibhausgasminderungsmenge in Kilogramm Kohlenstoffdioxid-Äquivalent enthalten. [4] Der Vertrag zur Erfüllung von Verpflichtungen nach Absatz 2 Satz 1 und 2 in Verbindung mit Absatz 4a muss Angaben zum Umfang der vom Dritten im Verpflichtungsjahr sicherzustellenden energetischen Menge erneuerbarer Kraftstoffe nicht-biogenen Ursprungs nach Absatz 5 Satz 2 in Gigajoule enthalten. [5] Der Dritte kann Verträge ausschließlich durch Erfüllungsoptionen erfüllen, die er im Verpflichtungsjahr einsetzt oder eingesetzt hat. [6] Absatz 1 Satz 2, Absatz 2 Satz 2, Absatz 5 Satz 1 und 2 gelten entsprechend. [7] Bei Vorliegen der Voraussetzungen nach den Sätzen 1 bis 5 werden zugunsten des Verpflichteten berücksichtigt

1. im Fall des Absatzes 1 Satz 1 und 2 in Verbindung mit Absatz 4 die vom Dritten erreichte Treibhausgasminderungsmenge ausschließlich bei der Berechnung der Treibhausgasemissionen nach Absatz 4 Satz 5 und 6 und
2. im Fall des Absatzes 2 in Verbindung mit Absatz 4a die vom Dritten eingesetzten Erfüllungsoptionen ausschließlich bei der Ermittlung der Mindestanteile von erneuerbaren Kraftstoffen nicht-biogenen Ursprungs nach Absatz 4a Satz 3.

[8] Im Fall des Satzes 6 Nummer 1 berechnet sich die Treibhausgasminderungsmenge in entsprechender Anwendung des Absatzes 4 Satz 3 bis 10. [9] Die vom Dritten zur Erfüllung einer nach Satz 1 übertragenen Verpflichtung eingesetzten Treibhausgasminderungs- und Kraftstoffmengen können nicht zur Erfüllung der eigenen Verpflichtung des Dritten oder der Verpflichtung eines weiteren Verpflichteten eingesetzt werden.

(8) Treibhausgasminderungs- oder Kraftstoffmengen, die den nach den Absätzen 4 oder 4a vorgeschriebenen Prozentsatz oder Mindestanteil für ein bestimmtes Verpflichtungsjahr übersteigen, werden auf Antrag des Verpflichteten auf den Prozentsatz oder Mindestanteil des folgenden Kalenderjahres angerechnet.

§ 37b[1)] Begriffsbestimmungen und Anrechenbarkeit von Biokraftstoffen. (1) [1] Biokraftstoffe sind unbeschadet der Absätze 2 bis 6 Energieerzeugnisse ausschließlich aus Biomasse im Sinne der Biomasseverordnung vom 21. Juni 2001 (BGBl. I S. 1234), die zuletzt durch Artikel 12 des Gesetzes vom 21. Juli 2014 (BGBl. I S. 1066) geändert worden ist, in der jeweils geltenden Fassung. [2] Energieerzeugnisse, die anteilig aus Biomasse hergestellt werden, gelten in Höhe dieses Anteils als Biokraftstoff.

(2) [1] Fettsäuremethylester (Biodiesel) sind abweichend von Absatz 1 nur dann Biokraftstoffe, wenn sie aus biogenen Ölen oder Fetten gewonnen werden, die selbst Biomasse im Sinne der Biomasseverordnung sind, und wenn ihre Eigenschaften mindestens den Anforderungen für Biodiesel nach § 5 der Verordnung über die Beschaffenheit und die Auszeichnung der Qualitäten von Kraft- und Brennstoffen[2)] vom 8. Dezember 2010 (BGBl. I S. 1849), die durch Artikel 8 Absatz 1 der Verordnung vom 2. Mai 2013 (BGBl. I S. 1021) geändert worden ist, in der jeweils geltenden Fassung entsprechen. [2] Biodiesel ist unter diesen Voraussetzungen in vollem Umfang als Biokraftstoff zu behandeln.

(3) [1] Bioethanol ist abweichend von Absatz 1 nur dann Biokraftstoff, wenn es sich um Ethylalkohol ex Unterposition 2207 10 00 der Kombinierten Nomenklatur im Sinne des § 1a Satz 1 Nummer 2 des Energiesteuergesetzes handelt. [2] Im Fall von Bioethanol, das fossilem Ottokraftstoff beigemischt wird, müssen die Eigenschaften des Bioethanols außerdem mindestens den Anforderungen der DIN EN 15376, Ausgabe März 2008 oder Ausgabe November 2009 oder Ausgabe April 2011, entsprechen. [3] Im Fall von Bioethanol, das im Ethanolkraftstoff (E85) enthalten ist, müssen die Eigenschaften des Ethanolkraftstoffs (E85) außerdem mindestens den Anforderungen für Ethanolkraftstoff (E85) nach § 6 der Verordnung über die Beschaffenheit und die Auszeichnung der Qualitäten von Kraft- und Brennstoffen entsprechen. [4] Für Energieerzeugnisse, die anteilig aus Bioethanol hergestellt werden, gelten für den Bioethanolanteil die Sätze 1 und 2 entsprechend.

[1)] § 37b neu gef. mWv 1.1.2015 durch G v. 20.11.2014 (BGBl. I S. 1740); Abs. 9 geänd. mWv 27.6. 2020 durch VO v. 19.6.2020 (BGBl. I S. 1328); Abs. 8 Satz 1 einl. Satzteil geänd., Nr. 4 und Satz 2 neu gef., Sätze 3–5 angef. mWv 1.10.2021 durch G v. 24.9.2021 (BGBl. I S. 4458, ber. 2022 S. 1024).

[2)] **Sartorius ErgBd. Nr. 296/10.**

(4) Pflanzenöl ist abweichend von Absatz 1 nur dann Biokraftstoff, wenn seine Eigenschaften mindestens den Anforderungen für Pflanzenölkraftstoff nach § 9 der Verordnung über die Beschaffenheit und die Auszeichnung der Qualitäten von Kraft- und Brennstoffen entsprechen.

(5) [1] Hydrierte biogene Öle sind abweichend von Absatz 1 nur dann Biokraftstoffe, wenn sie aus biogenen Ölen oder Fetten gewonnen werden, die selbst Biomasse im Sinne der Biomasseverordnung sind, und wenn die Hydrierung nicht in einem raffinerietechnischen Verfahren gemeinsam mit mineralölstämmigen Ölen erfolgt ist. [2] Hydrierte biogene Öle sind unter diesen Voraussetzungen in vollem Umfang als Biokraftstoff zu behandeln.

(6) Biomethan ist abweichend von Absatz 1 nur dann Biokraftstoff, wenn es den Anforderungen für Erdgas nach § 8 der Verordnung über die Beschaffenheit und die Auszeichnung der Qualitäten von Kraft- und Brennstoffen entspricht.

(7) [1] Für die Kraftstoffe nach den Absätzen 1 bis 6 gilt § 11 der Verordnung über die Beschaffenheit und die Auszeichnung der Qualitäten von Kraft- und Brennstoffen entsprechend. [2] Die in Satz 1 sowie den Absätzen 2 bis 4 und 6 genannten oder in Bezug genommenen Normen sind im Beuth Verlag GmbH, Berlin, erschienen und bei der Deutschen Nationalbibliothek archivmäßig gesichert niedergelegt.

(8) [1] Nicht auf die Erfüllung von Verpflichtungen nach § 37a Absatz 1 Satz 1 und 2 in Verbindung mit § 37a Absatz 4 angerechnet werden können

1. biogene Öle, die in einem raffinerietechnischen Verfahren gemeinsam mit mineralölstämmigen Ölen hydriert wurden,
2. der Biokraftstoffanteil von Energieerzeugnissen mit einem Bioethanolanteil von weniger als 70 Volumenprozent, denen Bioethanol enthaltende Waren der Unterposition 3824 90 99 der Kombinierten Nomenklatur zugesetzt wurden,
3. Biokraftstoffe, die vollständig oder teilweise aus tierischen Ölen oder Fetten hergestellt wurden, und
4. Wasserstoff aus biogenen Quellen.

[2] Abweichend von Satz 1 Nummer 3 und Absatz 1 Satz 1 können Biokraftstoffe, die vollständig oder teilweise aus tierischen Fetten und Ölen der Kategorie 1 und 2 gemäß Artikel 8 und 9 der Verordnung (EG) Nr. 1069/2009 des Europäischen Parlaments und des Rates vom 21. Oktober 2009 mit Hygienevorschriften für nicht für den menschlichen Verzehr bestimmte tierische Nebenprodukte und zur Aufhebung der Verordnung (EG) Nr. 1774/2002, die zuletzt durch die Verordnung (EU) 2019/1009 (ABl. L 170 vom 25.6.2019, S. 1) geändert worden ist, in ihrer jeweils geltenden Fassung bestehen, auf die Erfüllung von Verpflichtungen nach § 37a Absatz 1 Satz 1 und 2 in Verbindung mit § 37a Absatz 4 angerechnet werden. [3] Abweichend von Satz 1 Nummer 4 und Absatz 1 Satz 1 wird Wasserstoff aus biogenen Quellen des Anhangs IX Teil A der Richtlinie (EU) 2018/2001, der in Straßenfahrzeugen eingesetzt wird, ab dem 1. Juli 2023 auf die Erfüllung nach § 37a Absatz 1 Satz 1 und 2 in Verbindung mit § 37a Absatz 4 angerechnet; eine Rechtsverordnung der Bundesregierung nach § 37d Absatz 2 Satz 1 Nummer 19 regelt weitere Bestimmungen. [4] Ab dem Kalenderjahr 2023 wird für die Treibhausgasemissionen von Biokraftstoffen aus Rohstoffen mit hohem Risiko indirekter Landnutzungsänderung nach Artikel 3 der Verordnung (EU) 2019/807 der Basiswert zugrunde gelegt. [5] Der Rechenfaktor nach § 37d Absatz 2 Satz 1 Nummer 2 für Biokraftstoffe aus Abwasser aus Palmölmühlen und leeren Palmfruchtbündeln beträgt eins.

(9) Das Bundesministerium für Umwelt, Naturschutz und nukleare Sicherheit gibt den Energiegehalt der verschiedenen Kraftstoffe sowie Änderungen ihres Energiegehaltes im Bundesanzeiger bekannt.

§ 37c[1] Mitteilungs- und Abgabepflichten. (1) [1] Verpflichtete haben der zuständigen Stelle jeweils bis zum Ablauf des 15. April des auf das Verpflichtungsjahr folgenden Kalenderjahres schriftlich mitzuteilen

1. die im Verpflichtungsjahr von ihnen in Verkehr gebrachte Menge fossilen Otto- und fossilen Dieselkraftstoffs oder fossilen Flugturbinenkraftstoffs,
2. die im Verpflichtungsjahr von ihnen eingesetzte Menge an Erfüllungsoptionen, bezogen auf die verschiedenen jeweils betroffenen Erfüllungsoptionen, und
3. die Treibhausgasemissionen in Kilogramm Kohlenstoffdioxid-Äquivalent der jeweiligen Mengen.

[2] In der Mitteilung sind darüber hinaus die Firma des Verpflichteten, der Ort der für das Inverkehrbringen verantwortlichen Niederlassung oder der Sitz des Unternehmens, die jeweils zugehörige Anschrift sowie der Name und die Anschrift des Vertretungsberechtigten anzugeben. [3] Soweit die Erfüllung von Verpflichtungen nach § 37a Absatz 6 Satz 1 oder nach § 37a Absatz 7 Satz 1 vertraglich auf Dritte übertragen wurde, haben Verpflichtete der zuständigen Stelle zusätzlich die Angaben nach § 37a Absatz 6 Satz 2 oder Satz 3 oder § 37a Absatz 7 Satz 2 oder Satz 3 schriftlich mitzuteilen und eine Kopie des Vertrags mit dem Dritten vorzulegen. [4] Im Fall des § 37a Absatz 6 hat der Dritte der zuständigen Stelle schriftlich mitzuteilen

1. die auf Grund seiner vertraglichen Verpflichtung von ihm im Verpflichtungsjahr in Verkehr gebrachte Menge Kraftstoff, bezogen auf die verschiedenen jeweils betroffenen Erfüllungsoptionen, und
2. die Treibhausgasemissionen in Kilogramm Kohlenstoffdioxid-Äquivalent der jeweiligen Mengen.

[5] Im Fall des § 37a Absatz 6 Satz 5 gilt dies entsprechend für die im Vorjahr des Verpflichtungsjahres vom Dritten *eingesetzte*[2] Erfüllungsoptionen. [6] Im Fall des § 37a Absatz 7 hat der Dritte der zuständigen Stelle die auf Grund seiner vertraglichen Verpflichtung von ihm im Verpflichtungsjahr in Verkehr gebrachte Menge Kraftstoff, bezogen auf die verschiedenen jeweils betroffenen Erfüllungsoptionen, und die auf Grund seiner vertraglichen Verpflichtung im Verpflichtungsjahr sichergestellte Treibhausgasminderungsmenge in Kilogramm Kohlenstoffdioxid-Äquivalent schriftlich mitzuteilen. [7] Die zuständige Stelle erteilt jedem Verpflichteten eine Registriernummer und führt ein elektronisches Register, das für alle Verpflichteten die nach den Sätzen 1 bis 6 erforderlichen Angaben enthält.

(2) [1] Soweit Verpflichtete einer Verpflichtung nach § 37a Absatz 1 Satz 1 und 2 in Verbindung mit § 37a Absatz 4 oder nach § 37a Absatz 2 Satz 1 und 2 in Verbindung mit § 37a Absatz 4a nicht nachkommen, setzt die zuständige Stelle eine Abgabe fest

---

[1] § 37c Abs. 1 und 2 Satz 1 neu gef., Satz 2 eingef., bish. Sätze 2–6 werden Sätze 3–7, neue Sätze 5 und 7 geänd., neuer Satz 6 neu gef., Abs. 3 Sätze 1–5 und Abs. 4 geänd., Abs. 5 Satz 3 eingef., bish. Satz 3 wird Satz 4 mWv 1.1.2015 durch G v. 20.11.2014 (BGBl. I S. 1740); Abs. 1 Sätze 1 und 4 neu gef., Satz 5 geänd., Satz 6 und Abs. 2 neu gef., Abs. 3 Sätze 1–3 und 5 geänd., Abs. 4 neu gef. mWv 1.10.2021 durch G v. 24.9.2021 (BGBl. I S. 4458).

[2] Richtig wohl: „eingesetzten".

298. Gesetz zur Förderung der Kreislaufwirtschaft und Sicherung der umweltverträglichen Bewirtschaftung von Abfällen (Kreislaufwirtschaftsgesetz – KrWG)[1) 2) 3) 4) 5)]

Vom 24. Februar 2012

(BGBl. I S. 212)

FNA 2129-56

geänd. durch Art. 3 G zur Umsetzung der RL über Industrieemissionen v. 8.4.2013 (BGBl. I S. 734, ber. S. 3753), § 44 Abs. 4 TiergesundheitsG v. 22.5.2013 (BGBl. I S. 1324), Art. 4 G zur Neuordnung des Rechts über das Inverkehrbringen, die Rücknahme und die umweltverträgliche Entsorgung von Elektro- und Elektronikgeräten v. 20.10.2015 (BGBl. I S. 1739), Art. 1a Erstes G zur Änd. des BatterieG und des KreislaufwirtschaftsG v. 20.11.2015 (BGBl. I S. 2071), Art. 4 G zur Umsetzung der RL über Tabakerzeugnisse und verwandte Erzeugnisse v. 4.4.2016 (BGBl. I S. 569), Art. 1 G zur Änd. des KreislaufwirtschaftsG und des Elektro- und ElektronikgeräteG v. 27.3.2017 (BGBl. I S. 567), Art. 15 G zur Neuordnung des Rechts zum Schutz vor der schädlichen Wirkung ionisierender Strahlung v. 27.6.2017 (BGBl. I S. 1966), Art. 2 Abs. 9 G zur Modernisierung des Rechts der Umweltverträglichkeitsprüfung v. 20.7.2017 (BGBl. I S. 2808), Art. 1 G zur Umsetzung der AbfallrahmenRL der Europäischen Union v. 23.10.2020 (BGBl. I S. 2232), Art. 2 Abs. 2 Erstes G zur Änd. des G zur Ausführung des Protokolls über Schadstofffreisetzungs- und -verbringungsregister vom 21. Mai 2003 sowie zur Durchführung der VO (EG) Nr. 166/2006 v. 9.12.2020 (BGBl. I S. 2873), Art. 2 G zur Umsetzung von Vorgaben der EinwegkunststoffRL und der AbfallrahmenRL im VerpackungsG und in anderen Gesetzen v. 9.6.2021 (BGBl. I S. 1699), Art. 15 G zur Anpassung des ProduktsicherheitsG und zur Neuordnung des Rechts der überwachungsbedürftigen Anlagen v. 27.7.2021 (BGBl. I S. 3146) und Art. 20 PersonengesellschaftsrechtsmodernisierungsG (MoPeG) v. 10.8.2021 (BGBl. I S. 3436)

Zum KrWG (bzw. vormals KrW-/AbfG) wurden ua folgende Vorschriften erlassen:
- AbfallbeauftragtenVO – AbfBeauftrV v. 2.12.2016 (BGBl. I S. 2770, 2789), zuletzt geänd. durch VO v. 28.4.2022 (BGBl. I S. 700)
- Abfallverzeichnis-VO – AVV **(Sartorius ErgBd. Nr. 298a)**
- Altfahrzeug-VO – AltfahrzeugV **(Sartorius ErgBd. Nr. 298b)**
- AltholzVO – AltholzV v. 15.8.2002 (BGBl. I S. 3302), zuletzt geänd. durch VO v. 19.6.2020 (BGBl. I S. 1328)

---

1) **Amtl. Anm.: Amtl. Anm. zum MantelG:**
Dieses Gesetz dient der Umsetzung der Richtlinie 2008/98/EG des Europäischen Parlaments und des Rates vom 19. November 2008 über Abfälle und zur Aufhebung bestimmter Richtlinien (ABl. L 312 vom 22.11.2008, S. 3, L 127 vom 26.5.2009, S. 24). Die Verpflichtung aus der Richtlinie 98/34/EG des Europäischen Parlaments und des Rates vom 22. Juni 2008 über ein Informationsverfahren auf dem Gebiet der technischen Vorschriften und der Vorschriften für die Dienste der Informationsgesellschaft (ABl. L 204 vom 21.7.1998, S. 37), die zuletzt durch die Richtlinie 2006/96/EG vom 20. November 2006 (ABl. L 363 vom 20.12.2006, S. 81) geändert worden ist, sind beachtet worden.

2) Verkündet als Art. 1 G zur Neuordnung des Kreislaufwirtschafts- und Abfallrechts v. 24.2.2012 (BGBl. I S. 212, ber. S. 1474); Inkrafttreten gem. Art. 6 Abs. 1 Satz 1 dieses G am 1.6.2012. § 4 Abs. 2, § 5 Abs. 2, § 8 Abs. 2, § 10, § 11 Abs. 2 und 3, § 12 Abs. 7, § 16, § 23 Abs. 4, § 24, § 25, § 26 Abs. 1, § 36 Abs. 4 Satz 4, § 38 Abs. 1 Satz 2, § 41 Abs. 2, § 43, § 48 Satz 2, § 52, § 53 Abs. 6, § 54 Abs. 7, § 55 Abs. 2, § 57, § 59 Abs. 1 Satz 2, § 60 Abs. 3, § 61, § 65, § 67 und § 68 treten gem. Art. 6 Abs. 2 dieses G am 1.3.2012 in Kraft.

3) Siehe auch das BatterieG v. 25.6.2009 (BGBl. I S. 1582), zuletzt geänd. durch G v. 3.11.2020 (BGBl. I S. 2280), das Elektro- und ElektronikgeräteG v. 20.10.2015 (BGBl. I S. 1739), zuletzt geänd. durch G v. 10.8.2021 (BGBl. I S. 3436), das VerpackungsG **(Sartorius ErgBd. Nr. 299)** und das AbfallverbringungsG v. 19.7.2007 (BGBl. I S. 1462), zuletzt geänd. durch VO v. 8.11.2021 (BGBl. I S. 4899).

4) Zur Sicherstellung ordnungsgemäßer Planungs-und Genehmigungsverfahren während der COVID-19-Pandemie siehe das PlanungssicherstellungsG **(Sartorius III Nr. 160)**.

5) Die Änderungen durch G v. 10.8.2021 (BGBl. I S. 3436) treten erst **mWv 1.1.2024** in Kraft und sind im Text noch nicht berücksichtigt.

– AltölVO – AltölV idF der Bek. v. 16.4.2002 (BGBl. I S. 1368), zuletzt geänd. durch VO v. 5.10.2020 (BGBl. I S. 2091)
– VO über Anlagen zur biologischen Behandlung von Abfällen **(Sartorius ErgBd. Nr. 296/30)**
– Anzeige- und ErlaubnisVO – AbfAEV v. 5.12.2013 (BGBl. I S. 4043), zuletzt geänd. durch VO v. 28.4.2022 (BGBl. I S. 700)
– BioabfallVO – BioAbfV idF der Bek. v. 4.4.2013 (BGBl. I S. 658), zuletzt geänd. durch VO v. 28.4.2022 (BGBl. I S. 700)
– Chemikalien-KlimaschutzVO – ChemKlimaschutzV v. 2.7.2008 (BGBl. I S. 1139), zuletzt geänd. durch VO v. 19.6.2020 (BGBl. I S. 1328)
– Chemikalien-OzonschichtVO – ChemOzonSchichtV idF der Bek. v. 15.2.2012 (BGBl. I S. 409), zuletzt geänd. durch VO v. 19.6.2020 (BGBl. I S. 1328)
– DeponieVO – DepV **(Sartorius ErgBd. Nr. 298h)**
– EinwegkunststoffkennzeichnungsVO – EWKKennzV v. 24.6.2021 (BGBl. I S. 2024)
– EinwegkunststoffverbotsVO – EWKVerbotsV v. 20.1.2021 (BGBl. I S. 95)
– Elektro- und Elektronikgeräte-Stoff-VO – ElektroStoffV v. 19.4.2013 (BGBl. I S. 1111), zuletzt geänd. durch G v. 10.8.2021 (BGBl. I S. 3436)
– EMAS-Privilegierungs-VO – EMASPrivilegV **(Sartorius ErgBd. Nr. 297)**
– EntsorgungsfachbetriebeVO – EfbV v. 2.12.2016 (BGBl. I S. 2770), zuletzt geänd. durch G v. 20.5.2021 (BGBl. I S. 1145)
– VO über die Entsorgung gebrauchter halogenierter Lösemittel – HKWAbfV v. 23.10.1989 (BGBl. I S. 1918), geänd. durch VO v. 20.10.2006 (BGBl. I S. 2298)
– ErsatzbaustoffVO – ErsatzbaustoffV v. 9.7.2021 (BGBl. I S. 2598)
– GewinnungsabfallVO – GewinnungsAbfV **(Sartorius ErgBd. Nr. 298g)**
– GewerbeabfallVO – GewAbfV **(Sartorius ErgBd. Nr. 298e)**
– KlärschlammVO – AbfKlärV v. 27.9.2017 (BGBl. I S. 3465), zuletzt geänd. durch VO v. 19.6.2020 (BGBl. I S. 1328)
– NachweisVO – NachwV v. 20.10.2006 (BGBl. I S. 2298), zuletzt geänd. durch VO v. 28.4.2022 (BGBl. I S. 700)
– PCB/PCT-AbfallVO – PCBAbfallV v. 26.6.2000 (BGBl. I S. 932), zuletzt geänd. durch G v. 24.2.2012 (BGBl. I S. 212)
– POP-Abfall-Überwachungs-VO – POP-Abfall-ÜberwV v. 17.7.2017 (BGBl. I S. 2644), zuletzt geänd. durch VO v. 28.4.2022 (BGBl. I S. 700)
– Tierische Nebenprodukte-BeseitigungsVO – TierNebV v. 27.7.2006 (BGBl. I S. 1735), zuletzt geänd. durch G v. 4.12.2018 (BGBl. I S. 2254)
– VersatzVO – VersatzV v. 24.7.2002 (BGBl. I S. 2833), zuletzt geänd. durch G v. 24.2.2012 (BGBl. I S. 212)

Zur Ausführung und Durchführung des KrWG (bzw. vormals KrW-/AbfG) haben die **Länder** ua folgende Vorschriften erlassen:
– **Hessen:** Hessisches KrWG-AusführungsG v. 6.3.2013 (GVBl. S. 80), zuletzt geänd. durch G v. 3.5.2018 (GVBl. S. 82)
– **Nordrhein-Westfalen:** LandeskreislaufwirtschaftsG v. 21.6.1988 (GV. NRW. S. 250), zuletzt geänd. durch G v. 1.2.2022 (GV. NRW. S. 136)
– **Rheinland-Pfalz:** LandeskreislaufwirtschaftsG v. 22.11.2013 (GVBl. S. 459), zuletzt geänd. durch G v. 19.12.2018 (GVBl. S. 469)
– **Thüringen:** Thüringer KrWG-AusführungsG v. 23.11.2017 (GVBl. S. 246), geänd. durch G v. 18.12.2018 (GVBl. S. 731)

Inhaltsübersicht[1]

Teil 1. Allgemeine Vorschriften

Teil 2. Grundsätze und Pflichten der Erzeuger und Besitzer von Abfällen sowie der öffentlich-rechtlichen Entsorgungsträger

Abschnitt 1. Grundsätze der Abfallvermeidung und Abfallbewirtschaftung

---

[1] Inhaltsübersicht geänd. mWv 29.10.2020 durch G v. 23.10.2020 (BGBl. I S. 2232).

(Fortsetzung nächstes Blatt)

300. Baugesetzbuch (BauGB)[1) 2)]

In der Fassung der Bekanntmachung vom 3. November 2017[3)]
(BGBl. I S. 3634)

FNA 213-1

geänd. durch Art. 2 HochwasserschutzG II v. 30.6.2017 (BGBl. I S. 2193), Art. 6 G zum Schutz der Bevölkerung bei einer epidemischen Lage von nationaler Tragweite v. 27.3.2020 (BGBl. I S. 587), Art. 2 G zur Vereinheitlichung des Energieeinsparrechts für Gebäude und zur Änd. weiterer Gesetze v. 8.8.2020 (BGBl. I S. 1728), Art. 1 BaulandmobilisierungsG v. 14.6.2021 (BGBl. I S. 1802), Art. 1 G zur baulichen Anpassung von Anlagen der Jungsauen- und Sauenhaltung v. 16.7.2021 (BGBl. I S. 2939), Art. 9 AufbauhilfeG 2021 v. 10.9.2021 (BGBl. I S. 4147) und Art. 2 G zur Änd. des EnergiewirtschaftsG zur Einführung von Füllstandsvorgaben für Gasspeicheranlagen sowie zur Änd. von § 246 des BauGB v. 26.4.2022 (BGBl. I S. 674)

Zum BauGB haben die **Länder** ua folgende Vorschriften erlassen:
- **Baden-Württemberg:** AusführungsG zum BauGB v. 23.6.2009 (GBl. S. 251); GutachterausschußVO v. 11.12.1989 (GBl. S. 541), zuletzt geänd. durch VO v. 21.12.2021 (GBl. 2022 S. 1); DurchführungsVO zum BauGB v. 2.3.1998 (GBl. S. 185), zuletzt geänd. durch VO v. 21.12.2021 (GBl. 2022 S. 1);
- **Bayern:** AusführungsG zum Bau- und RaumordnungsG 1998 v. 9.5.1998 (GVBl. S. 242); UmlegungsausschussVO v. 18.1.1961 (BayRS III S. 483), zuletzt geänd. durch V v. 30.9.2014 (GVBl S. 411); Gerichtliche ZuständigkeitsVO Justiz v. 11.6.2012 (GVBl. S. 295), zuletzt geänd. durch V v. 6.7.2022 (GVBl. S. 408); GutachterausschussVO v. 5.4.2005 (GVBl. S. 88), zuletzt geänd. durch V v. 24.5.2022 (GVBl. S. 246); Bauwesen-ZuständigkeitsVO v. 5.7.1994 (GVBl. S. 573), zuletzt geänd. durch V v. 16.6.2020 (GVBl. S. 310);
- **Berlin:** BauGB-AusführungsG idF der Bek. v. 7.11.1999 (GVBl. S. 578), zuletzt geänd. durch G v. 27.9. 2021 (GVBl. S. 1119); BauGB-DurchführungsVO v. 5.6.2018 (GVBl. S. 407), zuletzt geänd. durch G v. 27.9.2021 (GVBl. S. 1119); ErschließungsbeitragsG v. 12.7.1995 (GVBl. S. 444), zuletzt geänd. durch G v. 12.10.2020 (GVBl. S. 807);
- **Brandenburg:** UmlegungsausschussVO v. 23.2.2009 (GVBl. II S. 101); GutachterausschussVO v. 12.5. 2010 (GVBl. II Nr. 27), geänd. durch VO v. 21.9.2017 (GVBl. II Nr. 52); Gutachterausschuss-GebührenO v. 30.7.2010 (GVBl. II Nr. 51), zuletzt geänd. durch VO v. 21.1.2019 (GVBl. II Nr. 7);
- **Bremen:** BauGB-DurchführungsVO v. 22.6.1993 (Brem.GBl. S. 234), zuletzt geänd. durch Bek. v. 20.10.2020 (Brem.GBl. S. 1172); Erschließungsanlagen-BeitragserhebungsG v. 12.6.1973 (Brem.GBl. S. 127), zuletzt geänd. durch G v. 25.5.2010 (Brem.GBl. S. 365); ErschließungsbeitragsG v. 20.12.1982 (Brem.GBl. S. 405), zuletzt geänd. durch G v. 25.5.2010 (Brem.GBl. S. 365); GutachterausschussVO v. 2.9.2008 (Brem.GBl. S. 321), geänd. durch VO v. 17.6.2014 (Brem.GBl. S. 314); BauGB-GenehmigungswegfallG idF der Bek. v. 7.7.1987 (Brem.GBl. S. 215), zuletzt geänd. durch G v. 26.5.1998 (Brem. GBl. S. 134);
- **Hamburg:** BauleitplanfeststellungsG idF der Bek. v. 30.11.1999 (HmbGVBl. S. 271), zuletzt geänd. durch G v. 9.2.2022 (HmbGVBl. S. 104); GutachterausschussVO v. 12.5.2009 (HmbGVBl. S. 124); Enteignungsverfahren-DurchführungsVO v. 18.2.2004 (HmbGVBl. S. 107), geänd. durch G v. 31.3.2021

---

1) **Amtl. Anm.:** Dieses Gesetz dient der Umsetzung folgender Richtlinien:
1. Richtlinie 92/43/EWG des Rates vom 21. Mai 1992 zur Erhaltung der natürlichen Lebensräume sowie der wild lebenden Tiere und Pflanzen (ABl. L 206 vom 22.7.1992, S. 7), die zuletzt durch die Richtlinie 2013/17/EU (ABl. L 158 vom 10.6.2013, S. 193) geändert worden ist,
2. Richtlinie 2001/42/EG des Europäischen Parlaments und des Rates vom 27. Juni 2001 über die Prüfung der Umweltauswirkungen bestimmter Pläne und Programme (ABl. L 197 vom 21.7.2001, S. 30),
3. Richtlinie 2009/147/EG des Europäischen Parlaments und des Rates vom 30. November 2009 über die Erhaltung der wildlebenden Vogelarten (ABl. L 20 vom 26.1.2010, S. 7), die zuletzt durch die Richtlinie 2013/17/EU (ABl. L 158 vom 10.6.2013, S. 193) geändert worden ist,
4. Richtlinie 2011/92/EU des Europäischen Parlaments und des Rates vom 13. Dezember 2011 über die Umweltverträglichkeitsprüfung bei bestimmten öffentlichen und privaten Projekten (ABl. L 26 vom 28.1. 2012, S. 1), die zuletzt durch die Richtlinie 2014/52/EU (ABl. L 124 vom 25.4.2014, S. 1) geändert worden ist.

2) Beachte hierzu ua das Planungssicherstellungsgesetz v. 20.5.2020 (BGBl. I S. 1041).

3) Neubekanntmachung des BauGB idF der Bek. v. 23.9.2004 (BGBl. I S. 2414) in der ab 1.10.2017 geltenden Fassung.

(HmbGVBl. S. 182); BodenordnungskommissionsG v. 29.4.1997 (HmbGVBl. S. 131), zuletzt geänd. durch G v. 18.12.2020 (HmbGVBl. S. 703);

- **Hessen:** BauGB-AusführungsVO v. 15.6.2018 (GVBl. S. 258), zuletzt geänd. durch G v. 30.9.2021 (GVBl. S. 602)
- **Mecklenburg-Vorpommern:** BaugesetzbuchausführungsG v. 30.1.1998 (GVOBl. M-V S. 110), zuletzt geänd. durch G v. 19.3.2021 (GVOBl. M-V S. 270); GutachterausschusslandesVO v. 29.6.2011 (GVOBl. M-V S. 441); Enteignungsverfahren-DurchführungsVO v. 4.5.1993 (GVOBl. M-V S. 515); AnzeigepflichtVO v. 5.2.1998 (GVOBl. M-V S. 124), geänd. durch VO v. 10.10.2000 (GVOBl. M-V S. 530);
- **Niedersachsen:** NBauGB-DurchführungsG v. 13.5.2009 (Nds. GVBl. S. 169); Baugesetzbuch-DVO idF der Bek. v. 24.5.2005 (Nds. GVBl. S. 183), zuletzt geänd. durch G v. 15.7.2020 (Nds. GVBl. S. 244); Gutachterausschuss-GebührenO v. 25.6.2019 (Nds. GVBl. S. 156), geänd. durch VO v. 23.2.2021 (Nds. GVBl. S. 77);
- **Nordrhein-Westfalen:** Baugesetzbuch-AusführungsG v. 3.2.2015 (GV. NRW. S. 211), zuletzt geänd. durch G v. 13.4.2022 (GV. NRW. S. 671); BauGB-DurchführungsVO v. 7.7.1987 (GV. NRW. S. 220), zuletzt geänd. durch VO v. 14.12.2021 (GV. NRW. S. 1473); GrundstückswertermittlungsVO v. 8.12.2020 (GV. NRW. S. 1186), geänd. durch VO v. 9.6.2021 (GV. NRW. S. 751); Baulandsachenzusammenfassungs-VO v. 21.10.1994 (GV. NRW. S. 961), zuletzt geänd. durch VO v. 24.9.2014 (GV. NRW. S. 647);
- **Rheinland-Pfalz:** BauGB-ZuständigkeitsVO v. 21.12.2007 (GVBl. 2008 S. 22); UmlegungsausschussVO v. 27.6.2007 (GVBl. S. 102); GutachterausschussVO v. 20.4.2005 (GVBl. S. 139), zuletzt geänd. durch G v. 19.12.2018 (GVBl. S. 448);
- **Saarland:** BauGB-ZuständigkeitsVO v. 13.12.2012 (Amtsbl. 2013 I S. 3), zuletzt geänd. durch VO v. 7.4.2020 (Amtsbl. I S. 249); GutachterausschußVO v. 21.8.1990 (Amtsbl. S. 957), zuletzt geänd. durch G v. 8.12.2021 (Amtsbl. I S. 2629); UmlegungsausschußV v. 11.9.1998 (Amtsbl. S. 950), zuletzt geänd. durch G v. 4.12.2019 (Amtsbl. 2020 I S. 211);
- **Sachsen:** GutachterausschussVO v. 15.11.2011 (SächsGVBl. S. 598), zuletzt geänd. durch VO v. 25.3.2021 (SächsGVBl. S. 426);
- **Sachsen-Anhalt:** Durchführung des Baugesetzbuchs LSA v. 1.12.1999 (MBl. LSA 2000 S. 227); GutachterausschussVO v. 18.12.2013 (GVBl. LSA S. 555), geänd. durch G v. 7.7.2020 (GVBl. LSA S. 372); Bodenordnung-VO v. 31.10.1991 (GVBl. LSA S. 430), zuletzt geänd. durch G v. 19.3.2002 (GVBl. LSA S. 130); UntersagungsVO zur Bebauungsteilgenehmigung v. 2.1.1998 (GVBl. LSA S. 2);
- **Schleswig-Holstein:** Baugesetzbuch-AusführungsG v. 21.10.1998 (GVOBl. Schl.-H. S. 303), zuletzt geänd. durch G v. 8.10.2009 (GVOBl. Schl.-H. S. 640); Vierte BundesbauG-DurchführungsVO v. 30.3.1961 (GVOBl. Schl.-H. S. 45), zuletzt geänd. durch VO v. 17.10.1980 (GVOBl. Schl.-H. S. 315); Sechste BundesbauG-DurchführungsVO v. 14.6.1961 (GVOBl. Schl.-H. S. 108); GutachterausschussVO v. 27.4.2022 (GVOBl. Schl.-H. S. 588); BauGB-ZuständigkeitsVO v. 2.9.2021 (GVOBl. Schl.-H. S. 1057);
- **Thüringen:** Vorläufige BauGB-ZuständigkeitsVO v. 25.3.1991 (GVBl. S. 67); UmlegungsausschussVO v. 22.3.2005 (GVBl. S. 155), zuletzt geänd. durch G v. 18.12.2018 (GVBl. S. 731); GutachterausschussVO v. 30.6.2021 (GVBl. S. 356).

Außerdem haben die Länder **Bauordnungen** und ua folgende zugehörige Vorschriften erlassen:

- **Baden-Württemberg:** LandesbauO idF der Bek. v. 5.3.2010 (GBl. S. 357, ber. S. 416), zuletzt geänd. durch VO v. 21.12.2021 (GBl. 2022 S. 1); Allgemeine LBO-AusführungsVO v. 5.2.2010 (GBl. S. 24), zuletzt geänd. durch VO v. 21.12.2021 (GBl. 2022 S. 1); VersammlungsstättenVO v. 28.4.2004 (GBl. S. 311, ber. S. 653), zuletzt geänd. durch VO v. 21.12.2021 (GBl. 2022 S. 1); Elektrische Betriebsräume-Bau-VO v. 8.12.2020 (GBl. S. 1182, 1192), geänd. durch VO v. 21.12.2021 (GBl. 2022 S. 1); CampingplatzVO v. 15.7.1984 (GBl. S. 545, ber. 1985 S. 20), zuletzt geänd. durch VO v. 21.12.2021 (GBl. 2022 S. 1); BauprüfVO v. 10.5.2010 (GBl. S. 446), zuletzt geänd. durch VO v. 21.12.2021 (GBl. 2022 S. 1); Verfahrensverordnung zur LBO v. 13.11.1995 (GBl. S. 794), zuletzt geänd. durch VO v. 21.12.2021 (GBl. 2022 S. 1); VerkaufsstättenVO v. 11.2.1997 (GBl. S. 84), zuletzt geänd. durch VO v. 21.12.2021 (GBl. 2022 S. 1); GaragenVO v. 7.7.1997 (GBl. S. 332), zuletzt geänd. durch VO v. 21.12.2021 (GBl. 2022 S. 1);
- **Bayern:** BauO idF der Bek. v. 14.8.2007 (GVBl. S. 588), zuletzt geänd. durch G v. 25.5.2021 (GVBl. S. 286); Elektrische Anlagen-BetriebsräumebauVO v. 13.4.1977 (BayRS III S. 575), zuletzt geänd. durch V v. 8.12.1997 (GVBl. S. 827); VersammlungsstättenVO v. 2.11.2007 (GVBl. S. 736), zuletzt geänd. durch V v. 7.8.2018 (GVBl. S. 694); Garagen- und Stellplatzverordnung v. 30.11.1993 (GVBl. S. 910), zuletzt geänd. durch V v. 7.8.2018 (GVBl. S. 694); BauvorlagenVO v. 10.11.2007 (GVBl. S. 792), zuletzt geänd. durch G v. 23.12.2020 (GVBl. S. 663); FeuerungsVO v. 11.11.2007 (GVBl. S. 800), zuletzt geänd. durch V v. 7.8.2018 (GVBl. S. 694); FeuerbeschauVO v. 5.6.1999 (GVBl. S. 270), zuletzt geänd. durch V v. 16.5.2019 (GVBl. S. 315); PrüfsachverständigenVO v. 29.11.2007 (GVBl. S. 829), zuletzt geänd. durch G v. 23.12.2020 (GVBl. S. 663);
- **Berlin:** BauO v. 29.9.2005 (GVBl. S. 495), zuletzt geänd. durch G v. 12.10.2020 (GVBl. S. 807); Bautechnische PrüfungsVO v. 12.2.2010 (GVBl. S. 62), zuletzt geänd. durch VO v. 15.12.2020 (GVBl. S. 1506); BauverfahrensVO v. 15.11.2017 (GVBl. S. 636, ber. 2018 S. 147), zuletzt geänd. durch VO v. 20.9.2020 (GVBl. S. 742);

– **Brandenburg:** BauO idF der Bek. v. 15.11.2018 (GVBl. I Nr. 39), zuletzt geänd. durch G v. 9.2.2021 (GVBl. I Nr. 5); Garagen- und StellplatzVO v. 8.11.2017 (GVBl. II Nr. 61); Bautechnische PrüfungsVO v. 10.9.2008 (GVBl. II S. 374), zuletzt geänd. durch VO v. 24.8.2021 (GVBl. II Nr. 79); BauvorlagenVO v. 7.11.2016 (GVBl. II Nr. 60), zuletzt geänd. durch VO v. 31.3.2021 (GVBl. II Nr. 33); FeuerungsVO v. 13.1.2006 (GVBl. II S. 58), geänd. durch VO v. 13.9.2010 (GVBl. II Nr. 61 S. 1); Verkaufsstätten-BauVO v. 8.11.2017 (GVBl. II Nr. 60); BaugebührenO v. 20.8.2009 (GVBl. II S. 562), zuletzt geänd. durch VO v. 12.5.2021 (GVBl. II Nr. 50);
– **Bremen:** Landesbauordnung v. 4.9.2018 (Brem.GBl. S. 320), zuletzt geänd. durch G v. 22.9.2020 (Brem.GBl. S. 963); VO über die Prüfingenieure und Prüfsachverständigen (BremPPV) v. 7.1.2016 (Brem.GBl. S. 41); BauvorlagenVO v. 2.5.2019 (Brem.GBl. S. 368);
– **Hamburg:** BauO v. 14.12.2005 (HmbGVBl. S. 525, ber. S. 563), zuletzt geänd. durch G v. 20.2.2020 (HmbGVBl. S. 148); FeuerungsVO v. 25.9.2007 (HmbGVBl. S. 338), geänd. durch VO v. 2.11.2010 (HmbGVBl. S. 582); BauvorlagenVO v. 30.6.2020 (HmbGVBl. S. 391, ber. 2021 S. 280); BaugebührenO v. 23.5.2006 (HmbGVBl. S. 261), zuletzt geänd. durch VO v. 7.12.2021 (HmbGVBl. S. 901); GaragenVO v. 17.1.2012 (HmbGVBl. S. 8);
– **Hessen:** BauO v. 28.5.2018 (GVBl. S. 198), zuletzt geänd. durch G v. 3.6.2020 (GVBl. S. 378); Bauprodukte- und Bauartenverordnung v. 20.1.2004 (GVBl. I S. 56), zuletzt geänd. durch VO v. 4.12.2017 (GVBl. S. 396); FeuerungsVO v. 15.10.2020 (GVBl. S. 748); Prüfberechtigten- und Prüfsachverständigen-VO v. 18.12.2006 (GVBl. I S. 745), zuletzt geänd. durch VO v. 2.12.2020 (GVBl. S. 854, ber. 927); GaragenVO v. 17.11.2014 (GVBl. S. 286);
– **Mecklenburg-Vorpommern:** LandesbauO idF der Bek. v. 15.10.2015 (GVOBl. M-V S. 334, ber. 2016 S. 28), zuletzt geänd. durch G v. 26.6.2021 (GVOBl. M-V S. 1033); BauvorlagenVO v. 10.7.2006 (GVOBl. M-V S. 612), geänd. durch VO v. 28.6.2016 (GVOBl. M-V S. 519); Bauprodukte- und BauartenVO v. 10.7.2006 (GVOBl. M-V S. 610), zuletzt geänd. durch VO v. 14.7.2015 (GVOBl. M-V S. 190); CampingplatzVO v. 9.1.1996 (GVOBl. M-V S. 84), zuletzt geänd. durch VO v. 7.12.2010 (GVOBl. M-V S. 771); BauprüfVO v. 14.4.2016 (GVOBl. M-V S. 171), geänd. durch VO v. 11.6.2021 (GVOBl. M-V S. 1019);
– **Niedersachsen:** NBauO v. 3.4.2012 (Nds. GVBl. S. 46), zuletzt geänd. durch G v. 28.6.2022 (Nds. GVBl. S. 388); NBauO-DurchführungsVO v. 26.9.2012 (Nds. GVBl. S. 382), zuletzt geänd. durch VO v. 18.5.2022 (Nds. GVBl. S. 357); Elektrische Anlagen-BetriebsräumebauVO v. 25.1.2011 (Nds. GVBl. S. 19); VersammlungsstättenVO v. 8.11.2004 (Nds. GVBl. S. 426), zuletzt geänd. durch VO v. 23.11.2021 (Nds. GVBl. S. 758); CampingplatzVO v. 12.4.1984 (Nds. GVBl. S. 109), zuletzt geänd. durch VO v. 13.11.2012 (Nds. GVBl. S. 438); Bautechnische PrüfungsVO v. 24.7.1987 (Nds. GVBl. S. 129), zuletzt geänd. durch VO v. 23.11.2021 (Nds. GVBl. S. 758); BauvorlagenVO v. 23.11.2021 (Nds. GVBl. S. 760); Garagen- und StellplatzVO v. 4.9.1989 (Nds. GVBl. S. 327), zuletzt geänd. durch VO v. 18.5.2022 (Nds. GVBl. S. 357); VerkaufsstättenVO v. 17.1.1997 (Nds. GVBl. S. 31), zuletzt geänd. durch VO v. 13.11.2012 (Nds. GVBl. S. 438); BaugebührenO v. 13.1.1998 (Nds. GVBl. S. 3), zuletzt geänd. durch VO v. 21.3.2022 (Nds. GVBl. S. 221); FeuerungsVO v. 27.3.2008 (Nds. GVBl. S. 96), zuletzt geänd. durch VO v. 30.6.2020 (Nds. GVBl. S. 199);
– **Nordrhein-Westfalen:** LandesbauO v. 21.7.2018 (GV. NRW. S. 421), zuletzt geänd. durch G v. 14.9.2021 (GV. NRW. S. 1086); SonderbauvO v. 2.12.2016 (GV. NRW. 2017 S. 2, ber. 2020 S. 148, 2020 148); Camping- und WochenendplatzVO v. 24.3.2011 (GV. NRW. S. 197), zuletzt geänd. durch VO v. 10.12.2018 (GV. NRW. S. 680); Bautechnische PrüfungsVO v. 6.12.1995 (GV. NRW. S. 1241), zuletzt geänd. durch VO v. 2.7.2021 (GV. NRW. S. 845); FeuerungsVO v. 10.12.2018 (GV. NRW. S. 675);
– **Rheinland-Pfalz:** LandesbauO v. 24.11.1998 (GVBl. S. 365), zuletzt geänd. durch G v. 28.9.2021 (GVBl. S. 543); VersammlungsstättenVO v. 13.3.2018 (GVBl. S. 29), geänd. durch VO v. 15.11.2018 (GVBl. S. 388); LandesVO über Betriebsräume für elektrische Anlagen v. 6.7.1977 (GVBl. S. 254), geänd. durch G v. 16.12.2002 (GVBl. S. 481); Camping- und WochenendplatzVO v. 18.9.1984 (GVBl. S. 195), zuletzt geänd. durch VO v. 8.8.2017 (GVBl. S. 184); GaragenVO v. 13.7.1990 (GVBl. S. 243), geänd. durch G v. 16.12.2002 (GVBl. S. 481); VerkaufsstättenVO v. 8.7.1998 (GVBl. S. 229), zuletzt geänd. durch G v. 16.12.2002 (GVBl. S. 481); VO über die Gebühren für Amtshandlungen der Bauaufsichtsbehörden und über die Vergütung der Leistungen der Prüfingenieurinnen und Prüfingenieure für Baustatik v. 9.1.2007 (GVBl. S. 22), zuletzt geänd. durch VO v. 18.3.2021 (GVBl. S. 195);
– **Saarland:** LandesbauO v. 18.2.2004 (Amtsbl. S. 822), zuletzt geänd. durch G v. 16.3.2022 (Amtsbl. I S. 648); BauvorlagenVO v. 15.6.2011 (Amtsbl. I S. 254), zuletzt geänd. durch G v. 16.2.2022 (Amtsbl. I S. 456); GaragenVO idF der Bek. v. 30.8.1976 (Amtsbl. S. 951), geänd. durch VO v. 25.8.2008 (Amtsbl. S. 1470); Prüfberechtigten- und PrüfsachverständigenVO v. 26.1.2011 (Amtsbl. I S. 30), zuletzt geänd. durch G v. 16.2.2022 (Amtsbl. I S. 456); Technische PrüfVO v. 26.1.2011 (Amtsbl. I S. 30, 48), zuletzt geänd. durch VO v. 12.11.2015 (Amtsbl. I S. 888); VersammlungsstättenVO v. 21.6.2021 (Amtsbl. I S. 1684), geänd. durch G v. 16.3.2022 (Amtsbl. I S. 648); Elektrische Anlagen-BetriebsräumebauVO v. 27.1.2014 (Amtsbl. I S. 17); Camping- und WochenendplatzVO v. 22.6.1999 (Amtsbl. S. 1158), zuletzt

geänd. durch G v. 15.7.2015 (Amtsbl. I S. 632); VerkaufsstättenVO v. 25.9.2000 (Amtsbl. S. 1934), zuletzt geänd. durch G v. 15.7.2015 (Amtsbl. I S. 632);

– **Sachsen:** BauO idF der Bek. v. 11.5.2016 (SächsGVBl. S. 186), zuletzt geänd. durch G v. 1.6.2022 (SächsGVBl. S. 366); BauO-DurchführungsVO v. 2.9.2004 (SächsGVBl. S. 427), zuletzt geänd. durch VO v. 12.4.2021 (SächsGVBl. S. 517); VwV zur BauO v. 18.3.2005 (SächsABl. SDr. S. 59, ber. S. 363), zuletzt geänd. durch VwV v. 9.5.2019 (SächsABl. S. 782); RLn für die Durchführung von Bauaufgaben des Freistaates Sachsen im Zuständigkeitsbereich des Staatshochbauverwaltung; VO über Bauvorlagen und bautechnische Prüfungen v. 2.9.1997 (SächsABl. S. 533);
– **Sachsen-Anhalt:** BauO idF der Bek. v. 10.9.2013 (GVBl. LSA S. 440), zuletzt geänd. durch G v. 18.11. 2020 (GVBl. LSA S. 660); BaugebührenO v. 4.5.2006 (GVBl. LSA S. 315), zuletzt geänd. durch VO v. 17.8.2018 (GVBl. LSA S. 284); FeuerungsVO v. 27.3.2006 (GVBl. LSA S. 177), geänd. durch VO v. 20.10.2008 (GVBl. LSA S. 374)
– **Schleswig-Holstein:** LandesbauO v. 22.1.2009 (GVOBl. Schl.-H. S. 6), zuletzt geänd. durch G v. 6.12. 2021 (GVOBl. Schl.-H. S. 1422); Allg. LandesVO zur Durchführung der LBO v. 25.4.1968 (GVOBl. Schl.-H. S. 105), zuletzt geänd. durch VO v. 10.7.1980 (GVOBl. Schl.-H. S. 263); Versammlungsstätten-VO v. 11.9.2014 (GVOBl. Schl.-H. S. 245), geänd. durch VO v. 16.9.2019 (GVOBl. Schl.-H. S. 395); Bauvorlagenverordnung 2022 v. 5.1.2022 (GVOBl. Schl.-H. S. 26); LandesVO über die Zuständigkeiten der Landesbauämter v. 19.5.1995 (GVOBl. Schl.-H. S. 227); LandesVO über die Prüfingenieurinnen oder Prüfingenieure für Baustatik, sowie Prüfsachverständigen v. 31.5.2021 (GVOBl. Schl.-H. S. 662); GaragenVO v. 22.4.2020 (GVOBl. Schl.-H. S. 203); FeuerungsVO v. 25.2.2020 (GVOBl. Schl.-H. S. 142); BaugebührenVO v. 10.6.2022 (GVOBl. Schl.-H. S. 704); VerkaufsstättenVO v. 7.6.2022 (GVOBl. Schl.-H. S. 686); Camping- und WochenendplatzVO v. 30.5.2022 (GVOBl. Schl.-H. S. 681);
– **Thüringen:** BauO v. 13.3.2014 (GVBl. S. 49), zuletzt geänd. durch G v. 23.11.2020 (GVBl. S. 561); BauvorlagenVO v. 23.3.2010 (GVBl. S. 129), geänd. durch VO v. 2.12.2015 (GVBl. S. 212); FeuerungsVO v. 10.8.2009 (GVBl. S. 745), zuletzt geänd. durch VO v. 16.6.2021 (GVBl. S. 274).

Inhaltsübersicht[1)]

Erstes Kapitel. Allgemeines Städtebaurecht

Erster Teil. Bauleitplanung

Erster Abschnitt. Allgemeine Vorschriften

[1)] Inhaltsübersicht geänd. mWv 28.3.2020 durch G v. 27.3.2020 (BGBl. I S. 587); geänd. mWv 23.6.2021 durch G v. 14.6.2021 (BGBl. I S. 1802); geänd. mWv 23.7.2021 durch G v. 16.7.2021 (BGBl. I S. 2939); geänd. mWv 15.9.2021 durch G v. 10.9.2021 (BGBl. I S. 4147).

340. Raumordnungsgesetz (ROG)[1) 2) 3) 4)]

Vom 22. Dezember 2008
(BGBl. I S. 2986)

FNA 2301-2

geänd. durch Art. 4 Drittes G zur Änd. des EnergieeinsparungsG v. 28.3.2009 (BGBl. I S. 643), Art. 9 G zur Neuregelung des Rechts des Naturschutzes und der Landschaftspflege v. 29.7.2009 (BGBl. I S. 2542), Art. 9 G zur Neuregelung des Wasserrechts v. 31.7.2009 (BGBl. I S. 2585), Art. 124 Zehnte ZuständigkeitsanpassungsVO v. 31.8.2015 (BGBl. I S. 1474), Art. 1, 5 Satz 2 G zur Änderung raumordnungsrechtlicher Vorschriften v. 23.5.2017 (BGBl. I S. 1245), Art. 2 Abs. 14a, 15 G zur Modernisierung des Rechts der Umweltverträglichkeitsprüfung v. 20.7.2017 (BGBl. I S. 2808), Art. 159 Elfte ZuständigkeitsanpassungsVO v. 19.6.2020 (BGBl. I S. 1328), Art. 5 G zur Beschleunigung von Investitionen v. 3.12.2020 (BGBl. I S. 2694) und Art. 3 G zur Erhöhung und Beschleunigung des Ausbaus von Windenergieanlagen an Land v. 20.7.2022 (BGBl. I S. 1353)

Inhaltsübersicht[5)]

---

1) **Amtl. Anm.:** Das Gesetz dient der Umsetzung folgender Rechtsakte des Gemeinschaftsrechts:

Richtlinie 79/409/EWG des Rates vom 2. April 1979 über die Erhaltung der wild lebenden Vogelarten (ABl. EG Nr. L 103 S. 1), zuletzt geändert durch Art. 1 der Änderungsrichtlinie 2006/105/EG vom 20. November 2006 (ABl. EU Nr. L 363 S. 368),

Richtlinie 92/43/EWG des Rates vom 21. Mai 1992 zur Erhaltung der natürlichen Lebensräume sowie der wild lebenden Tiere und Pflanzen (ABl. EG Nr. L 206 S. 7), zuletzt geändert durch Art. 1 der Änderungsrichtlinie 2006/105/EG vom 20. November 2006 (ABl. EU Nr. L 363 S. 368),

Richtlinie 2001/42/EG des europäischen Parlaments und des Rates vom 27. Juni 2001 über die Prüfung der Umweltauswirkungen bestimmter Pläne und Programme (ABl. EG Nr. L 197 S. 30).

2) Verkündet als Art. 1 G v. 22.12.2008 (BGBl. I S. 2986); Inkrafttreten von Abschnitt 3 (§§ 17–25) und § 29 gem. Art. 9 Nr. 1 Satz 1 dieses G am 31.12.2008; die übrigen Abschnitte und Paragraphen treten gem. Art. 9 Nr. 1 Satz 2 dieses G am 30.6.2009 in Kraft.

3) Die Änderungen durch G v. 20.7.2022 (BGBl. I S. 1353) treten erst **mWv 1.2.2023 in Kraft** und sind im Text noch nicht berücksichtigt.

4) Beachte hierzu ua das Planungssicherstellungsgesetz v. 20.5.2020 (BGBl. I S. 1041).

5) Inhaltsübersicht neu gef. mWv 29.11.2017 durch G v. 23.5.2017 (BGBl. I S. 1245); sie wurde nichtamtlich an die nachträgliche Änderung mWv 1.10.2021 durch G v. 23.5.2017 (BGBl. I S. 1245) angepasst.

Abschnitt 1. Allgemeine Vorschriften

§ 1[1] Aufgabe und Leitvorstellung der Raumordnung (1) [1]Der Gesamtraum der Bundesrepublik Deutschland und seine Teilräume sind durch Raumordnungspläne, durch raumordnerische Zusammenarbeit und durch Abstimmung raumbedeutsamer Planungen und Maßnahmen zu entwickeln, zu ordnen und zu sichern. [2]Dabei sind

1. unterschiedliche Anforderungen an den Raum aufeinander abzustimmen und die auf der jeweiligen Planungsebene auftretenden Konflikte auszugleichen,
2. Vorsorge für einzelne Nutzungen und Funktionen des Raums zu treffen.

(2) Leitvorstellung bei der Erfüllung der Aufgabe nach Absatz 1 ist eine nachhaltige Raumentwicklung, die die sozialen und wirtschaftlichen Ansprüche an den Raum mit seinen ökologischen Funktionen in Einklang bringt und zu einer dauerhaften, großräumig ausgewogenen Ordnung mit gleichwertigen Lebensverhältnissen in den Teilräumen führt.

(3) Die Entwicklung, Ordnung und Sicherung der Teilräume soll sich in die Gegebenheiten und Erfordernisse des Gesamtraums einfügen; die Entwicklung, Ordnung und Sicherung des Gesamtraums soll die Gegebenheiten und Erfordernisse seiner Teilräume berücksichtigen (Gegenstromprinzip).

(4) Raumordnung findet im Rahmen der Vorgaben des Seerechtsübereinkommens der Vereinten Nationen vom 10. Dezember 1982 (BGBl. 1994 II S. 1798) auch in der deutschen ausschließlichen Wirtschaftszone statt.

§ 2[2] Grundsätze der Raumordnung. (1) Die Grundsätze der Raumordnung sind im Sinne der Leitvorstellung einer nachhaltigen Raumentwicklung nach § 1 Abs. 2 anzuwenden und durch Festlegungen in Raumordnungsplänen zu konkretisieren, soweit dies erforderlich ist.

---

[1] § 1 Abs. 1 Satz 1 geänd. mWv 29.11.2017 durch G v. 23.5.2017 (BGBl. I S. 1245).

[2] § 2 Abs. 2 Nr. 1 Satz 4, Nr. 3 Satz 6, Nr. 5 Satz 2 geänd., Nr. 6 Satz 2 neu gef., Satz 3 geänd., Satz 9 angef. mWv 29.11.2017 durch G v. 23.5.2017 (BGBl. I S. 1245).

420. Bundesgesetz über individuelle Förderung der Ausbildung (Bundesausbildungsförderungsgesetz – BAföG)[1) 2) 3)]

In der Fassung der Bekanntmachung vom 7. Dezember 2010[4)]
(BGBl. I S. 1952, ber. BGBl. 2012 I S. 197)

FNA 2212-2

geänd. durch Art. 11 Abs. 3 G zur Umsetzung aufenthaltsrechtlicher Richtlinien der EU und zur Anpassung nationaler Rechtsvorschriften an den EU-Visakodex v. 22.11.2011 (BGBl. I S. 2258), Art. 1 24. ÄndG v. 6.12.2011 (BGBl. I S. 2569), Art. 19 BeitreibungsRL-UmsetzungsG v. 7.12.2011 (BGBl. I S. 2592), Art. 31 G zur Verbesserung der Eingliederungschancen am Arbeitsmarkt v. 20.12.2011 (BGBl. I S. 2854), Art. 5 G zur Verbesserung der Rechte von international Schutzberechtigten und ausländischen Arbeitnehmern v. 29.8.2013 (BGBl. I S. 3484, ber. S. 3899), Art. 1 25. ÄndG v. 23.12.2014 (BGBl. I S. 2475, geänd durch G v. 21.12.2015, BGBl. I S. 2557), Art. 6 G zur Neubestimmung des Bleiberechts und der Aufenthaltsbeendigung v. 27.7.2015 (BGBl. I S. 1386), Art. 71 G zum Abbau verzichtbarer Anordnungen der Schriftform im Verwaltungsrecht des Bundes v. 29.3.2017 (BGBl. I S. 626), Art. 2 FamiliennachzugsneuregelungsG v. 12.7.2018 (BGBl. I S. 1147), Art. 2 G zu Übergangsregelungen in den

---

[1)] Die Änderungen durch G v. 8.4.2019 (BGBl. I S. 418) treten gem. Art. 4 dieses G an dem Tag in Kraft, an dem der Austritt des Vereinigten Königreichs Großbritannien und Nordirland aus der Europäischen Union wirksam wird, sofern bis zu diesem Zeitpunkt kein Austrittsabkommen im Sinne von Artikel 50 Absatz 2 Satz 2 des Vertrags über die Europäische Union in Kraft getreten ist. Der Tag des Inkrafttretens wird vom Bundesministerium für Arbeit und Soziales im Bundesgesetzblatt bekannt gegeben; sie sind im Text noch nicht berücksichtigt.

[2)] Die Änderungen durch G v. 12.12.2019 (BGBl. I S. 2652, geänd. durch G v. 20.8.2021, BGBl. 2021 I S. 3932) treten erst **mWv 1.1.2024**, die Änderungen durch G v. 20.8.2021 (BGBl. I S. 3932) treten erst **mWv 1.1.2024** bzw. **mWv 1.1.2025** in Kraft und sind im Text noch nicht berücksichtigt.

[3)] Zum BAföG haben die Länder ua folgende Vorschriften erlassen:
- **Baden-Württemberg:** AGBAföG idF der Bek. v. 15.5.1985 (GBl. S. 177), zuletzt geänd. durch VO v. 23.2.2017 (GBl. S. 99),
- **Bayern:** BayAGBAföG v. 27.6.1980 (BayRS IV S. 242), zuletzt geänd. durch G v. 5.8.2022 (GVBl. S. 414),
- **Berlin:** DVO-BAföG v. 28.9.1971 (GVBl. S. 1818), zuletzt geänd. durch G v. 25.2.2016 (GVBl. S. 58),
- **Brandenburg:** BAföGZV v. 30.1.1996 (GVBl. II S. 79), zuletzt geänd. durch VO v. 16.3.2004 (GVBl II S. 147),
- **Bremen:** BAföG-Zuständigkeits-Bekanntmachung v. 3.5.2022 (Brem.ABl. S. 244),
- **Hessen:** BAföG-HAG v. 23.5.1973 (GVBl. I S. 173), zuletzt geänd. durch G v. 13.12.2012 (GVBl. S. 622),
- **Mecklenburg-Vorpommern:** AGBAföG v. 15.12.1993 (GVOBl. M-V 1994 S. 15), zuletzt geänd. durch G v. 13.12.2013 (GVOBl. M-V S. 699),
- **Niedersachsen:** VO über die Ämter für Ausbildungsförderung bei den Hochschulen v. 9.8.2011 (Nds. GVBl. S. 277), zuletzt geänd. durch VO v. 23.1.2020 (Nds. GVBl. S. 25),
- **Nordrhein-Westfalen:** AG BAföG NRW v. 30.1.1973 (GV. NRW. S. 57), zuletzt geänd. durch G v. 23.1.2018 (GV. NRW. S. 90),
- **Rheinland-Pfalz:** AGBAföG v. 21.12.1978 (GVBl. S. 759), zuletzt geänd. durch G v. 15.10.2020 (GVBl. S. 573),
- **Saarland:** BAföG-AusführungsG v. 31.3.2004 (Amtsbl. S. 786), geänd. durch G v. 16.6.2021 (Amtsbl. I S. 1762),
- **Sachsen:** SächsAG-BAföG v. 7.1.1993 (SächsGVBl. S. 16), zuletzt geänd. durch G v. 27.1.2012 (SächsGVBl. S. 130),
- **Sachsen-Anhalt:** AGBAföG idF der Bek. v. 24.4.2007 (GVBl. LSA S. 150), zuletzt geänd. durch G v. 17.2.2017 (GVBl. LSA S. 14),
- **Schleswig-Holstein:** BAföGZustVO v. 22.12.1975 (GVOBl. Schl.-H. S. 340), zuletzt geänd. durch VO v. 16.1.2019 (GVOBl. Schl.-H. S. 30),
- **Thüringen:** ThürAGBAföG idF der Bek. v. 29.5.2002 (GVBl. S. 201), zuletzt geänd. durch G v. 2.7. 2016 (GVBl. S. 226).

[4)] Neubekanntmachung des BAföG idF der Bek. v. 6.6.1983 (BGBl. I S. 645, ber. S. 1680) in der ab 28.10.2010 geltenden Fassung.

Bereichen Arbeit, Bildung, Gesundheit, Soziales und Staatsangehörigkeit nach dem Austritt des Vereinigten Königreichs Großbritannien und Nordirland aus der EU v. 8.4.2019 (BGBl. I S. 418), Art. 1, 2 und 3 26. G zur Änd. des BundesausbildungsförderungsG v. 8.7.2019 (BGBl. I S. 1048), Art. 51 G zur Regelung des Sozialen Entschädigungsrechts v. 12.12.2019 (BGBl. I S. 2652, geänd. durch G v. 20.8. 2021, BGBl. 2021 I S. 3932), Art. 13 MDK-Reformgesetz v. 14.12.2019 (BGBl. I S. 2789), Art. 5 COVID-19-KrankenhausentlastungsG v. 27.3.2020 (BGBl. I S. 580), Art. 2 Wissenschafts- und StudierendenunterstützungsG v. 25.5.2020 (BGBl. I S. 1073), Art. 4 G zur aktuellen Anpassung des FreizügigkeitsG/EU und weiterer Vorschriften an das Unionsrecht v. 12.11.2020 (BGBl. I S. 2416), Art. 82 G über die Entschädigung der Soldatinnen und Soldaten und zur Neuordnung des Soldatenversorgungsrechts v. 20.8.2021 (BGBl. I S. 3932), Art. 15 G zur Änd. des InfektionsschutzG und weiterer Gesetze anlässlich der Aufhebung der Feststellung der epidemischen Lage von nationaler Tragweite v. 22.11.2021 (BGBl. I S. 4906), Art. 8 G zur Regelung eines Sofortzuschlages und einer Einmalzahlung in den sozialen Mindestsicherungssystemen sowie zur Änd. des FinanzausgleichsG und weiterer G v. 23.5.2022 (BGBl. I S. 760) und Art. 1 27. G zur Änd. des BundesausbildungsförderungsG v. 15.7.2022 (BGBl. I S. 1150)

§ 1 Grundsatz. Auf individuelle Ausbildungsförderung besteht für eine der Neigung, Eignung und Leistung entsprechende Ausbildung ein Rechtsanspruch nach Maßgabe dieses Gesetzes, wenn dem Auszubildenden die für seinen Lebensunterhalt und seine Ausbildung erforderlichen Mittel anderweitig nicht zur Verfügung stehen.

Abschnitt I. Förderungsfähige Ausbildung

§ 2[1)] Ausbildungsstätten. (1) [1] Ausbildungsförderung wird geleistet für den Besuch von

1. weiterführenden allgemeinbildenden Schulen und Berufsfachschulen, einschließlich der Klassen aller Formen der beruflichen Grundbildung, ab Klasse 10 sowie von Fach- und Fachoberschulklassen, deren Besuch eine abgeschlossene Berufsausbildung nicht voraussetzt, wenn der Auszubildende die Voraussetzungen des Absatzes 1a erfüllt,
2. Berufsfachschulklassen und Fachschulklassen, deren Besuch eine abgeschlossene Berufsausbildung nicht voraussetzt, sofern sie in einem zumindest zweijährigen Bildungsgang einen berufsqualifizierenden Abschluss vermitteln,
3. Fach- und Fachoberschulklassen, deren Besuch eine abgeschlossene Berufsausbildung voraussetzt,
4. Abendhauptschulen, Berufsaufbauschulen, Abendrealschulen, Abendgymnasien und Kollegs,
5. Höheren Fachschulen sowie von Akademien, die Abschlüsse verleihen, die nicht nach Landesrecht Hochschulabschlüssen gleichgestellt sind,
6. Hochschulen sowie von Akademien, die Abschlüsse verleihen, die nach Landesrecht Hochschulabschlüssen gleichgestellt sind.

[2] Maßgebend für die Zuordnung sind Art und Inhalt der Ausbildung. [3] Ausbildungsförderung wird geleistet, wenn die Ausbildung an einer öffentlichen Einrichtung – mit Ausnahme nichtstaatlicher Hochschulen – oder einer genehmigten Ersatzschule durchgeführt wird.

(1a) [1] Für den Besuch der in Absatz 1 Nummer 1 bezeichneten Ausbildungsstätten wird Ausbildungsförderung nur geleistet, wenn der Auszubildende nicht bei seinen Eltern wohnt und

---

[1)] § 2 Abs. 1a Satz 2 und Abs. 3 einl. Satzteil geänd. mWv 1.1.2015 durch G v. 23.12.2014 (BGBl. I S. 2475); Abs. 1 Satz 1 Nr. 5 neu gef., Nr. 6 und Abs. 2 Satz 1 geänd. mWv 16.7.2019 durch G v. 8.7. 2019 (BGBl. I S. 1048); Abs. 6 Nr. 4 neu gef. mWv 22.7.2022 durch G v. 15.7.2022 (BGBl. I S. 1150).

1. von der Wohnung der Eltern aus eine entsprechende zumutbare Ausbildungsstätte nicht erreichbar ist,
2. einen eigenen Haushalt führt und verheiratet oder in einer Lebenspartnerschaft verbunden ist oder war,
3. einen eigenen Haushalt führt und mit mindestens einem Kind zusammenlebt.

[2] Die Bundesregierung kann durch Rechtsverordnung ohne Zustimmung des Bundesrates bestimmen, dass über Satz 1 hinaus Ausbildungsförderung für den Besuch der in Absatz 1 Nummer 1 bezeichneten Ausbildungsstätten auch in Fällen geleistet wird, in denen die Verweisung des Auszubildenden auf die Wohnung der Eltern aus schwerwiegenden sozialen Gründen unzumutbar ist.

(2) [1] Für den Besuch von Ergänzungsschulen und nichtstaatlichen Hochschulen sowie von nichtstaatlichen Akademien im Sinne des Absatzes 1 Satz 1 Nummer 6 wird Ausbildungsförderung nur geleistet, wenn die zuständige Landesbehörde anerkennt, dass der Besuch der Ausbildungsstätte dem Besuch einer in Absatz 1 bezeichneten Ausbildungsstätte gleichwertig ist. [2] Die Prüfung der Gleichwertigkeit nach Satz 1 erfolgt von Amts wegen im Rahmen des Bewilligungsverfahrens oder auf Antrag der Ausbildungsstätte.

(3) Das Bundesministerium für Bildung und Forschung kann durch Rechtsverordnung ohne Zustimmung des Bundesrates bestimmen, dass Ausbildungsförderung geleistet wird für den Besuch von

1. Ausbildungsstätten, die nicht in den Absätzen 1 und 2 bezeichnet sind,
2. Ausbildungsstätten, an denen Schulversuche durchgeführt werden,

wenn er dem Besuch der in den Absätzen 1 und 2 bezeichneten Ausbildungsstätten gleichwertig ist.

(4) [1] Ausbildungsförderung wird auch für die Teilnahme an einem Praktikum geleistet, das in Zusammenhang mit dem Besuch einer der in den Absätzen 1 und 2 bezeichneten oder nach Absatz 3 bestimmten Ausbildungsstätten gefordert wird und dessen Inhalt in Ausbildungsbestimmungen geregelt ist. [2] Wird das Praktikum in Zusammenhang mit dem Besuch einer in Absatz 1 Nummer 1 bezeichneten Ausbildungsstätte gefordert, wird Ausbildungsförderung nur geleistet, wenn der Auszubildende nicht bei seinen Eltern wohnt.

(5) [1] Ausbildungsförderung wird nur geleistet, wenn der Ausbildungsabschnitt mindestens ein Schul- oder Studienhalbjahr dauert und die Ausbildung die Arbeitskraft des Auszubildenden im Allgemeinen voll in Anspruch nimmt. [2] Ausbildungsabschnitt im Sinne dieses Gesetzes ist die Zeit, die an Ausbildungsstätten einer Ausbildungsstättenart einschließlich der im Zusammenhang hiermit geforderten Praktika bis zu einem Abschluss oder Abbruch verbracht wird. [3] Ein Masterstudiengang nach § 7 Absatz 1a gilt im Verhältnis zu dem Studiengang, auf den er aufbaut, in jedem Fall als eigener Ausbildungsabschnitt.

(6) Ausbildungsförderung wird nicht geleistet, wenn der Auszubildende

1. Unterhaltsgeld, Arbeitslosengeld bei beruflicher Weiterbildung nach dem Dritten Buch Sozialgesetzbuch[1)] oder Arbeitslosengeld II bei beruflicher Weiterbildung nach dem Zweiten Buch Sozialgesetzbuch[2)] erhält,
2. Leistungen von den Begabtenförderungswerken erhält,
3. als Beschäftigter im öffentlichen Dienst Anwärterbezüge oder ähnliche Leistungen aus öffentlichen Mitteln erhält oder

---

[1)] **Aichberger, SGB Nr. 3.**
[2)] **Sartorius ErgBd. Nr. 402.**

4. als Strafgefangener Anspruch auf Ausbildungsbeihilfe nach einer Landesvorschrift für den Strafvollzug hat.

§ 3 Fernunterricht. (1) Ausbildungsförderung wird für die Teilnahme an Fernunterrichtslehrgängen geleistet, soweit sie unter denselben Zugangsvoraussetzungen auf denselben Abschluss vorbereiten wie die in § 2 Absatz 1 bezeichneten oder nach § 2 Absatz 3 bestimmten Ausbildungsstätten.

(2) Ausbildungsförderung wird nur für die Teilnahme an Lehrgängen geleistet, die nach § 12 des Fernunterrichtsschutzgesetzes zugelassen sind oder, ohne unter die Bestimmungen des Fernunterrichtsschutzgesetzes zu fallen, von einem öffentlich-rechtlichen Träger veranstaltet werden.

(3) [1] Ausbildungsförderung wird nur geleistet, wenn
1. der Auszubildende in den sechs Monaten vor Beginn des Bewilligungszeitraumes erfolgreich an dem Lehrgang teilgenommen hat und er die Vorbereitung auf den Ausbildungsabschluss in längstens zwölf Monaten beenden kann,
2. die Teilnahme an dem Lehrgang die Arbeitskraft des Auszubildenden voll in Anspruch nimmt und diese Zeit zumindest drei aufeinanderfolgende Kalendermonate dauert.

[2] Das ist durch eine Bescheinigung des Fernlehrinstituts nachzuweisen.

(4) [1] Die zuständige Landesbehörde entscheidet, den Auszubildenden welcher Ausbildungsstättenart die Teilnehmer an dem jeweiligen Fernunterrichtslehrgang gleichzustellen sind. [2] Auszubildende, die an Lehrgängen teilnehmen, die
1. auf den Hauptschulabschluss vorbereiten, werden nach Vollendung des 17. Lebensjahres den Schülern von Abendhauptschulen,
2. auf den Realschulabschluss vorbereiten, werden nach Vollendung des 18. Lebensjahres den Schülern von Abendrealschulen,
3. auf die Fachhochschulreife vorbereiten, werden nach Vollendung des 19. Lebensjahres den Schülern von Fachoberschulklassen, deren Besuch eine abgeschlossene Berufsausbildung voraussetzt,
4. auf die allgemeine oder eine fachgebundene Hochschulreife vorbereiten, werden nach Vollendung des 21. Lebensjahres den Schülern von Abendgymnasien

gleichgestellt.

(5) § 2 Absatz 4 und 6 ist entsprechend anzuwenden.

§ 4 Ausbildung im Inland. Ausbildungsförderung wird vorbehaltlich der §§ 5 und 6 für die Ausbildung im Inland geleistet.

§ 5[1)] Ausbildung im Ausland. (1) Der ständige Wohnsitz im Sinne dieses Gesetzes ist an dem Ort begründet, der nicht nur vorübergehend Mittelpunkt der Lebensbeziehungen ist, ohne dass es auf den Willen zur ständigen Niederlassung ankommt; wer sich lediglich zum Zwecke der Ausbildung an einem Ort aufhält, hat dort nicht seinen ständigen Wohnsitz begründet.

(2) [1] Auszubildenden, die ihren ständigen Wohnsitz im Inland haben, wird Ausbildungsförderung geleistet für den Besuch einer im Ausland gelegenen Ausbildungsstätte, wenn

---

[1)] § 5 Abs. 2 Satz 2 aufgeh., bish. Satz 3 wird Satz 2, Satz 3 eingef., Abs. 4 Satz 1 einl. Satzteil und Nr. 4 geänd., Nr. 3 und Abs. 5 Satz 1 neu gef. mWv 1.1.2015 durch G v. 23.12.2014 (BGBl. I S. 2475); Abs. 2 Satz 1 Nr. 3 geänd., Nr. 4 angef., Satz 3 eingef., bish. Sätze 3 und 4 werden Sätze 4 und 5, Abs. 5 Satz 3 angef. mWv 22.7.2022 durch G v. 15.7.2022 (BGBl. I S. 1150).

1. er der Ausbildung nach dem Ausbildungsstand förderlich ist und außer bei Schulen mit gymnasialer Oberstufe und bei Fachoberschulen zumindest ein Teil dieser Ausbildung auf die vorgeschriebene oder übliche Ausbildungszeit angerechnet werden kann oder
2. im Rahmen der grenzüberschreitenden Zusammenarbeit einer deutschen und mindestens einer ausländischen Ausbildungsstätte die aufeinander aufbauenden Lehrveranstaltungen einer einheitlichen Ausbildung abwechselnd von den beteiligten deutschen und ausländischen Ausbildungsstätten angeboten werden oder
3. eine Ausbildung an einer Ausbildungsstätte in einem Mitgliedstaat der Europäischen Union oder in der Schweiz aufgenommen oder fortgesetzt wird oder
4. die Ausbildung nach einer der Regelstudienzeit nach § 10 Absatz 2 des Hochschulrahmengesetzes[1)] vergleichbaren Festsetzung regelmäßig innerhalb eines Jahres abgeschlossen werden kann.

[2] Die Ausbildung muss mindestens sechs Monate oder ein Semester dauern; findet sie im Rahmen einer mit der besuchten Ausbildungsstätte vereinbarten Kooperation statt, muss sie mindestens zwölf Wochen dauern. [3] Satz 2 gilt nicht für die in § 8 Absatz 1 Nummer 1 bis 5 bezeichneten Auszubildenden beim Besuch einer Ausbildungsstätte in Mitgliedstaaten der Europäischen Union, sofern eine vergleichbare Ausbildung im Inland förderungsfähig wäre. [4] Satz 1 ist auf die in § 8 Absatz 1 Nummer 1 bis 5 bezeichneten Auszubildenden auch dann anzuwenden, wenn sie ihren ständigen Wohnsitz nicht im Inland haben, aber nach den besonderen Umständen des Einzelfalls ihre hinreichende Verbundenheit zum Inland anderweitig nachweisen. [5] Satz 1 Nummer 3 gilt für die in § 8 Absatz 1 Nummer 6 und 7, Absatz 2 und 3 bezeichneten Auszubildenden nur, wenn sie die Zugangsvoraussetzungen für die geförderte Ausbildung im Inland erworben haben oder eine Aufenthaltserlaubnis nach § 25 Absatz 1 und 2 des Aufenthaltsgesetzes[2)] besitzen.

(3) (weggefallen)

(4) [1] Absatz 2 Nummer 1 und 2 gilt nur für den Besuch von Ausbildungsstätten, der dem Besuch von folgenden im Inland gelegenen Ausbildungsstätten nach § 2 gleichwertig ist:
1. Schulen mit gymnasialer Oberstufe ab Klasse 11,
2. Schulen mit gymnasialer Oberstufe ab Klasse 10, soweit die Hochschulzugangsberechtigung nach 12 Schuljahren erworben werden kann,
3. Berufsfachschulen,
4. Fach- und Fachoberschulklassen,
5. Höheren Fachschulen, Akademien oder Hochschulen;

Absatz 2 Nummer 3 gilt nur für den Besuch von Ausbildungsstätten, der dem Besuch der Ausbildungsstätten in den Nummern 3 bis 5 gleichwertig ist, wobei die Fachoberschulklassen ausgenommen sind. [2] Die Prüfung der Gleichwertigkeit erfolgt von Amts wegen im Rahmen des Bewilligungsverfahrens.

(5) [1] Wird im Zusammenhang mit dem Besuch einer im Inland gelegenen Berufsfachschule, einer Fachschulklasse, einer Höheren Fachschule, Akademie oder Hochschule oder mit dem nach Absatz 2 Satz 1 Nummer 3 geförderten Besuch einer in einem Mitgliedstaat der Europäischen Union gelegenen vergleichbaren Ausbildungsstätte ein Praktikum gefordert, so wird für die Teilnahme an

---

1) Nr. **500**.
2) Nr. **565**.

einem Praktikum im Ausland Ausbildungsförderung nur geleistet, wenn die Ausbildungsstätte oder die zuständige Prüfungsstelle anerkennt, das[1] diese fachpraktische Ausbildung den Anforderungen der Prüfungsordnung an die Praktikantenstelle genügt. [2]Das Praktikum im Ausland muss der Ausbildung nach dem Ausbildungsstand förderlich sein und mindestens zwölf Wochen dauern. [3]Satz 2 gilt nicht für die in § 8 Absatz 1 Nummer 1 bis 5 bezeichneten Auszubildenden bei einem Praktikum in Mitgliedstaaten der Europäischen Union, sofern ein vergleichbares Praktikum im Inland förderungsfähig wäre.

§ 5a[2] Unberücksichtigte Ausbildungszeiten. [1]Bei der Leistung von Ausbildungsförderung für eine Ausbildung im Inland bleibt die Zeit einer Ausbildung, die der Auszubildende im Ausland durchgeführt hat, längstens jedoch bis zu einem Jahr, unberücksichtigt. [2]Wenn während einer Ausbildung, die im Inland begonnen wurde und nach § 5 Absatz 2 Nummer 1 im Ausland fortgesetzt wird, die Förderungshöchstdauer erreicht würde, verlängert sich diese um die im Ausland verbrachte Ausbildungszeit, höchstens jedoch um ein Jahr. [3]Insgesamt bleibt nach den Sätzen 1 und 2 höchstens ein Jahr unberücksichtigt; dies gilt auch bei mehrfachem Wechsel zwischen In- und Ausland. [4]Die Sätze 1 und 2 gelten nicht, wenn der Auslandsaufenthalt in Ausbildungsbestimmungen als ein notwendig im Ausland durchzuführender Teil der Ausbildung vorgeschrieben ist.

§ 6[3] Förderung der Deutschen im Ausland. [1]Deutschen im Sinne des Grundgesetzes[4], die ihren ständigen Wohnsitz in einem ausländischen Staat haben und dort oder von dort aus in einem Nachbarstaat eine Ausbildungsstätte besuchen, ohne dass ein Anspruch nach § 5 besteht, kann Ausbildungsförderung geleistet werden, wenn die besonderen Umstände des Einzelfalles dies rechtfertigen. [2]Art und Dauer der Leistungen sowie die Anrechnung des Einkommens und Vermögens richten sich nach den besonderen Verhältnissen im Aufenthaltsland. [3]§ 9 Absatz 1 und 2 sowie § 48 sind entsprechend, die §§ 36 bis 38 sind nicht anzuwenden.

§ 7[5] Erstausbildung, weitere Ausbildung. (1) [1]Ausbildungsförderung wird für die weiterführende allgemeinbildende und zumindest für drei Schul- oder Studienjahre berufsbildender Ausbildung im Sinne der §§ 2 und 3 bis zu einem daran anschließenden berufsqualifizierenden Abschluss geleistet, längstens bis zum Erwerb eines Hochschulabschlusses oder eines damit gleichgestellten Abschlusses. [2]Berufsqualifizierend ist ein Ausbildungsabschluss auch dann, wenn er im Ausland erworben wurde und dort zur Berufsausübung befähigt. [3]Satz 2 ist nicht anzuwenden, wenn der Auszubildende eine im Inland begonnene Ausbildung fortsetzt, nachdem er im Zusammenhang mit einer nach § 5 Absatz 2 Nummer 1 und 2 dem Grunde nach förderungsfähigen Ausbildung einen berufsqualifizierenden Abschluss erworben hat.

---

[1] Richtig wohl: „dass".

[2] § 5a Satz 2 geänd. mWv 1.1.2015 durch G v. 23.12.2014 (BGBl. I S. 2475).

[3] § 6 Satz 1 geänd. mWv 1.1.2015 durch G v. 23.12.2014 (BGBl. I S. 2475).

[4] Siehe Art. 116.

[5] § 7 Abs. 1a Satz 3 angef. mWv 1.8.2015, Abs. 1 Satz 1 und Abs. 1a Satz 2 geänd., Abs. 1b eingef. und Abs. 4 aufgeh. mWv 1.8.2016 durch G v. 23.12.2014 (BGBl. I S. 2475); Abs. 1 Satz 1, Abs. 1a Satz 1 einl. Satzteil neu gef., Nr. 1 geänd., Abs. 2 Satz 1 Nr. 4 Buchst. b neu gef. mWv 16.7.2019 durch G v. 8.7.2019 (BGBl. I S. 1048); Abs. 1a Satz 3 neu gef., Satz 4 angef. mWv 22.7.2022 durch G v. 15.7.2022 (BGBl. I S. 1150).

(1a) [1] Für einen Master- oder Magisterstudiengang oder für einen postgradualen Diplomstudiengang sowie jeweils für vergleichbare Studiengänge in Mitgliedstaaten der Europäischen Union und der Schweiz wird Ausbildungsförderung geleistet, wenn

1. er auf einem Bachelor- oder Bakkalaureusabschluss aufbaut oder im Rahmen einer Ausbildung nach § 5 Absatz 2 Nummer 1 oder Nummer 3 erfolgt und auf einem noch nicht abgeschlossenen einstufigen Inlandsstudium aufbaut, das von der aufnehmenden Hochschule oder der aufnehmenden Akademie im Sinne des § 2 Absatz 1 Satz 1 Nummer 6 als einem Bachelorabschluss entsprechend anerkannt wird, und
2. der Auszubildende bislang ausschließlich einen Bachelor- oder Bakkalaureusstudiengang abgeschlossen oder im Sinne der Nummer 1 eine Anerkennung des bisherigen Studiums als einem solchen Abschluss entsprechend erreicht hat.

[2] Für nach Satz 1 förderungsfähige Ausbildungen findet Absatz 3 Satz 1 Nummer 1 keine Anwendung. [3] Auszubildenden, die von der Ausbildungsstätte auf Grund vorläufiger Zulassung für einen nach Satz 1 förderungsfähigen Studiengang eingeschrieben worden sind, wird für die Dauer der vorläufigen Zulassung, längstens jedoch für zwölf Monate, Ausbildungsförderung unter dem Vorbehalt der Rückforderung für den Fall geleistet, dass bis dahin keine endgültige Zulassung erfolgt. [4] Der Rückforderungsvorbehalt gilt nur für den Zeitraum nach Ablauf der für den noch nicht abgeschlossenen Bachelor- oder Bakkalaureusstudiengang geltenden Förderungshöchstdauer oder der nach § 15 Absatz 3 verlängerten Förderungsdauer.

(1b) [1] Für einen Studiengang, der ganz oder teilweise mit einer staatlichen Prüfung abschließt (Staatsexamensstudiengang), wird Ausbildungsförderung auch geleistet, nachdem Auszubildende einen Bachelor- oder Bakkalaureusstudiengang abgeschlossen haben. [2] Voraussetzung der Leistung ist, dass der Studiengang durch Studien- oder Prüfungsordnung in der Weise vollständig in den Staatsexamensstudiengang integriert ist, dass innerhalb der Regelstudienzeit des Bachelor- oder Bakkalaureusstudiengangs auch sämtliche Ausbildungs- und Prüfungsleistungen zu erbringen sind, die für den Staatsexamensstudiengang in der Studien- oder Prüfungsordnung für denselben Zeitraum vorgesehen sind.

(2) [1] Für eine einzige weitere Ausbildung wird Ausbildungsförderung längstens bis zu einem berufsqualifizierenden Abschluss geleistet,

1. (weggefallen)
2. wenn sie eine Hochschulausbildung oder eine dieser nach Landesrecht gleichgestellte Ausbildung insoweit ergänzt, als dies für die Aufnahme des angestrebten Berufs rechtlich erforderlich ist,
3. wenn im Zusammenhang mit der vorhergehenden Ausbildung der Zugang zu ihr eröffnet worden ist, sie in sich selbständig ist und in derselben Richtung fachlich weiterführt,
4. wenn der Auszubildende
   a) eine Fachoberschulklasse, deren Besuch eine abgeschlossene Berufsausbildung voraussetzt, eine Abendhauptschule, eine Berufsaufbauschule, eine Abendrealschule, ein Abendgymnasium oder ein Kolleg besucht oder
   b) die Zugangsvoraussetzungen für die zu fördernde weitere Ausbildung an einer in Buchstabe a genannten Ausbildungsstätte, durch eine Nichtschülerprüfung oder durch eine Zugangsprüfung zu einer Hochschule oder zu einer Akademie im Sinne des § 2 Absatz 1 Satz 1 Nummer 6 erworben hat oder

5. wenn der Auszubildende als erste berufsbildende eine zumindest dreijährige Ausbildung an einer Berufsfachschule oder in einer Fachschulklasse, deren Besuch eine abgeschlossene Berufsausbildung nicht voraussetzt, abgeschlossen hat.

[2] Im übrigen wird Ausbildungsförderung für eine einzige weitere Ausbildung nur geleistet, wenn die besonderen Umstände des Einzelfalles, insbesondere das angestrebte Ausbildungsziel, dies erfordern.

(3) [1] Hat der Auszubildende

1. aus wichtigem Grund oder
2. aus unabweisbarem Grund

die Ausbildung abgebrochen oder die Fachrichtung gewechselt, so wird Ausbildungsförderung für eine andere Ausbildung geleistet; bei Auszubildenden an Höheren Fachschulen, Akademien und Hochschulen gilt Nummer 1 nur bis zum Beginn des vierten Fachsemesters. [2] Ein Auszubildender bricht die Ausbildung ab, wenn er den Besuch von Ausbildungsstätten einer Ausbildungsstättenart einschließlich der im Zusammenhang hiermit geforderten Praktika endgültig aufgibt. [3] Ein Auszubildender wechselt die Fachrichtung, wenn er einen anderen berufsqualifizierenden Abschluss oder ein anderes bestimmtes Ausbildungsziel eines rechtlich geregelten Ausbildungsganges an einer Ausbildungsstätte derselben Ausbildungsstättenart anstrebt. [4] Beim erstmaligen Fachrichtungswechsel oder Abbruch der Ausbildung wird in der Regel vermutet, dass die Voraussetzungen nach Nummer 1 erfüllt sind; bei Auszubildenden an Höheren Fachschulen, Akademien und Hochschulen gilt dies nur, wenn der Wechsel oder Abbruch bis zum Beginn des dritten Fachsemesters erfolgt. [5] Bei der Bestimmung des nach den Sätzen 1 und 4 maßgeblichen Fachsemesters wird die Zahl der Semester abgezogen, die nach Entscheidung der Ausbildungsstätte aus der ursprünglich betriebenen Fachrichtung auf den neuen Studiengang angerechnet werden.

Abschnitt II. Persönliche Voraussetzungen

§ 8[1)] Staatsangehörigkeit. (1) Ausbildungsförderung wird geleistet

1. Deutschen im Sinne des Grundgesetzes[2)],
2. Unionsbürgern, die ein Recht auf Daueraufenthalt im Sinne des Freizügigkeitsgesetzes/EU[3)] besitzen sowie anderen Ausländern, die eine Niederlassungserlaubnis oder eine Erlaubnis zum Daueraufenthalt – EU nach dem Aufenthaltsgesetz[4)] besitzen,
3. Unionsbürgern, die nach § 2 Absatz 2 des Freizügigkeitsgesetzes/EU als Arbeitnehmer oder Selbständige unionsrechtlich freizügigkeitsberechtigt sind, sowie deren Ehegatten, Lebenspartnern und Kindern, die unter den Voraussetzungen des § 3 Absatz 1 und 3 des Freizügigkeitsgesetzes/EU unionsrechtlich freizügigkeitsberechtigt sind oder denen diese Rechte als Kinder nur deshalb nicht

---

[1)] § 8 Abs. 2 Nr. 1 geänd. mWv 26.11.2011 durch G v. 22.11.2011 (BGBl. I S. 2258); Abs. 1 Nr. 2 geänd. mWv 2.12.2013 durch G v. 29.8.2013 (BGBl. I S. 3484); Abs. 1 Nr. 3 neu gef. mWv 1.1.2015, Abs. 2 Nr. 2 und Abs. 2a geänd. mWv 1.1.2016 durch G v. 23.12.2014 (BGBl. I S. 2475, geänd. durch G v. 21.12.2015, BGBl. I S. 2557); Abs. 2 Nr. 1 geänd. mWv 1.8.2015 durch G v. 27.7.2015 (BGBl. I S. 1386); Abs. 2 Nr. 2 geänd. mWv 1.8.2018 durch G v. 12.7.2018 (BGBl. I S. 1147); Abs. 1 Nr. 3 geänd. mWv 24.11.2020 durch G v. 12.11.2020 (BGBl. I S. 2416).

[2)] Nr. **1**.

[3)] Nr. **560**.

[4)] Nr. **565**.

zustehen, weil sie 21 Jahre oder älter sind und von ihren Eltern oder deren Ehegatten oder Lebenspartnern keinen Unterhalt erhalten,

4. Unionsbürgern, die vor dem Beginn der Ausbildung im Inland in einem Beschäftigungsverhältnis gestanden haben, dessen Gegenstand mit dem der Ausbildung in inhaltlichem Zusammenhang steht,
5. Staatsangehörigen eines anderen Vertragsstaates des Abkommens über den Europäischen Wirtschaftsraum unter den Voraussetzungen der Nummern 2 bis 4,
6. Ausländern, die ihren gewöhnlichen Aufenthalt im Inland haben und die außerhalb des Bundesgebiets als Flüchtlinge im Sinne des Abkommens über die Rechtsstellung der Flüchtlinge[1] vom 28. Juli 1951 (BGBl. 1953 II S. 559) anerkannt und im Gebiet der Bundesrepublik Deutschland nicht nur vorübergehend zum Aufenthalt berechtigt sind,
7. heimatlosen Ausländern im Sinne des Gesetzes über die Rechtsstellung heimatloser Ausländer im Bundesgebiet[2] in der im Bundesgesetzblatt Teil III, Gliederungsnummer 243-1, veröffentlichten bereinigten Fassung, zuletzt geändert durch Artikel 7 des Gesetzes vom 30. Juli 2004 (BGBl. I S. 1950).

(2) Anderen Ausländern wird Ausbildungsförderung geleistet, wenn sie ihren ständigen Wohnsitz im Inland haben und

1. eine Aufenthaltserlaubnis nach den §§ 22, 23 Absatz 1, 2 oder 4, den §§ 23a, 25 Absatz 1 oder 2, den §§ 25a, 25b, 28, 37, 38 Absatz 1 Nummer 2, § 104a oder als Ehegatte oder Lebenspartner oder Kind eines Ausländers mit Niederlassungserlaubnis eine Aufenthaltserlaubnis nach § 30 oder den §§ 32 bis 34 des Aufenthaltsgesetzes besitzen,
2. eine Aufenthaltserlaubnis nach § 25 Absatz 3, Absatz 4 Satz 2 oder Absatz 5, § 31 des Aufenthaltsgesetzes oder als Ehegatte oder Lebenspartner oder Kind eines Ausländers mit Aufenthaltserlaubnis eine Aufenthaltserlaubnis nach § 30, den §§ 32 bis 34 oder nach § 36a des Aufenthaltsgesetzes besitzen und sich seit mindestens 15 Monaten in Deutschland ununterbrochen rechtmäßig, gestattet oder geduldet aufhalten.

(2a) Geduldeten Ausländern (§ 60a des Aufenthaltsgesetzes), die ihren ständigen Wohnsitz im Inland haben, wird Ausbildungsförderung geleistet, wenn sie sich seit mindestens 15 Monaten ununterbrochen rechtmäßig, gestattet oder geduldet im Bundesgebiet aufhalten.

(3) Im Übrigen wird Ausländern Ausbildungsförderung geleistet, wenn

1. sie selbst sich vor Beginn des förderungsfähigen Teils des Ausbildungsabschnitts insgesamt fünf Jahre im Inland aufgehalten haben und rechtmäßig erwerbstätig gewesen sind oder
2. zumindest ein Elternteil während der letzten sechs Jahre vor Beginn des förderungsfähigen Teils des Ausbildungsabschnitts sich insgesamt drei Jahre im Inland aufgehalten hat und rechtmäßig erwerbstätig gewesen ist, im Übrigen von dem Zeitpunkt an, in dem im weiteren Verlauf des Ausbildungsabschnitts diese Voraussetzungen vorgelegen haben. Die Voraussetzungen gelten auch für einen einzigen weiteren Ausbildungsabschnitt als erfüllt, wenn der Auszubildende in dem vorhergehenden Ausbildungsabschnitt die Zugangsvoraussetzungen erworben hat und danach unverzüglich den Ausbildungsabschnitt beginnt. Von dem Erfordernis der Erwerbstätigkeit des Elternteils während der letzten sechs

---

[1] Nr. **568**.
[2] Nr. **563**.

Jahre kann abgesehen werden, wenn sie aus einem von ihm nicht zu vertretenden Grunde nicht ausgeübt worden ist und er im Inland mindestens sechs Monate erwerbstätig gewesen ist.

(4) Auszubildende, die nach Absatz 1 oder 2 als Ehegatten oder Lebenspartner persönlich förderungsberechtigt sind, verlieren den Anspruch auf Ausbildungsförderung nicht dadurch, dass sie dauernd getrennt leben oder die Ehe oder Lebenspartnerschaft aufgelöst worden ist, wenn sie sich weiterhin rechtmäßig in Deutschland aufhalten.

(5) Rechts- und Verwaltungsvorschriften, nach denen anderen Ausländern Ausbildungsförderung zu leisten ist, bleiben unberührt.

§ 9 Eignung. (1) Die Ausbildung wird gefördert, wenn die Leistungen des Auszubildenden erwarten lassen, dass er das angestrebte Ausbildungsziel erreicht.

(2) [1] Dies wird in der Regel angenommen, solange der Auszubildende die Ausbildungsstätte besucht oder an dem Praktikum teilnimmt und bei dem Besuch einer Höheren Fachschule, Akademie oder Hochschule die den jeweiligen Ausbildungs- und Prüfungsordnungen entsprechenden Studienfortschritte erkennen lässt. [2] Hierüber sind die nach § 48 erforderlichen Nachweise zu erbringen.

(3) Bei der Teilnahme an Fernunterrichtslehrgängen wird dies angenommen, wenn der Auszubildende die Bescheinigung nach § 3 Absatz 3 beigebracht hat.

§ 10[1)] Alter. (1) (weggefallen)

(2) (weggefallen)

(3) [1] Ausbildungsförderung wird nicht geleistet, wenn Auszubildende bei Beginn des Ausbildungsabschnitts, für den sie Ausbildungsförderung beantragen, das 45. Lebensjahr vollendet haben. [2] Satz 1 gilt nicht, wenn

1. der Auszubildende die Zugangsvoraussetzungen für die zu fördernde Ausbildung an einer in § 7 Absatz 2 Satz 1 Nummer 4 Buchstabe a genannten Ausbildungsstätte, durch eine Nichtschülerprüfung oder durch eine Zugangsprüfung zu einer Hochschule oder zu einer Akademie im Sinne des § 2 Absatz 1 Satz 1 Nummer 6 erworben hat,

1a. der Auszubildende ohne Hochschulzugangsberechtigung auf Grund seiner beruflichen Qualifikation an einer Hochschule oder an einer Akademie im Sinne des § 2 Absatz 1 Satz 1 Nummer 6 eingeschrieben worden ist,

1b. der Auszubildende eine weitere Ausbildung nach § 7 Absatz 2 Nummer 2 oder 3 aufnimmt,

2. Auszubildende, die das 45. Lebensjahr während eines zuvor abgeschlossenen Bachelor- oder Bakkalaureusstudiengangs vollendet haben, danach unverzüglich einen nach § 7 Absatz 1a förderungsfähigen Studiengang beginnen,

3. Auszubildende aus persönlichen oder familiären Gründen gehindert waren, den Ausbildungsabschnitt rechtzeitig zu beginnen; dies ist insbesondere der Fall, wenn sie bei Erreichen der Altersgrenzen bis zur Aufnahme der Ausbildung ein eigenes Kind unter 14 Jahren ohne Unterbrechung erziehen und während dieser Zeit bis zu höchstens 30 Wochenstunden im Monatsdurchschnitt erwerbstätig sind; Alleinerziehende dürfen auch mehr als 30 Wochen-

---

1) § 10 Abs. 3 Satz 2 Nr. 1 neu gef., Nr. 1a und 3 geänd. mWv 16.7.2019 durch G v. 8.7.2019 (BGBl. I S. 1048); Abs. 3 Satz 1 neu gef., Satz 2 Nr. 2 neu gef. mWv 22.7.2022 durch G v. 15.7.2022 (BGBl. I S. 1150).

stunden erwerbstätig sein, um dadurch Unterstützung durch Leistungen der Grundsicherung zu vermeiden, oder

4. der Auszubildende infolge einer einschneidenden Veränderung seiner persönlichen Verhältnisse bedürftig geworden ist und noch keine Ausbildung, die nach diesem Gesetz gefördert werden kann, berufsqualifizierend abgeschlossen hat.

³Satz 2 Nummer 1, 1b, 3 und 4 gilt nur, wenn der Auszubildende die Ausbildung unverzüglich nach Erreichen der Zugangsvoraussetzungen, dem Wegfall der Hinderungsgründe oder dem Eintritt einer Bedürftigkeit infolge einschneidender Veränderungen seiner persönlichen Verhältnisse aufnimmt.

Abschnitt III. Leistungen

§ 11[1)] Umfang der Ausbildungsförderung. (1) Ausbildungsförderung wird für den Lebensunterhalt und die Ausbildung geleistet (Bedarf).

(2) ¹Auf den Bedarf sind nach Maßgabe der folgenden Vorschriften Einkommen und Vermögen des Auszubildenden sowie Einkommen seines Ehegatten oder Lebenspartners und seiner Eltern in dieser Reihenfolge anzurechnen; die Anrechnung erfolgt zunächst auf den nach § 17 Absatz 2 Satz 1 als Zuschuss und Darlehen, dann auf den nach § 17 Absatz 3 als als Darlehen und anschließend auf den nach § 17 Absatz 1 als Zuschuss zu leistenden Teil des Bedarfs. ²Als Ehegatte oder Lebenspartner im Sinne dieses Gesetzes gilt der nicht dauernd Getrenntlebende, sofern dieses Gesetz nichts anderes bestimmt.

(2a) Einkommen der Eltern bleibt außer Betracht, wenn ihr Aufenthaltsort nicht bekannt ist oder sie rechtlich oder tatsächlich gehindert sind, im Inland Unterhalt zu leisten.

(3) ¹Einkommen der Eltern bleibt ferner außer Betracht, wenn der Auszubildende

1. ein Abendgymnasium oder Kolleg besucht,
2. bei Beginn des Ausbildungsabschnitts das 30. Lebensjahr vollendet hat,
3. bei Beginn des Ausbildungsabschnitts nach Vollendung des 18. Lebensjahres fünf Jahre erwerbstätig war oder
4. bei Beginn des Ausbildungsabschnitts nach Abschluss einer vorhergehenden, zumindest dreijährigen berufsqualifizierenden Ausbildung drei Jahre oder im Falle einer kürzeren Ausbildung entsprechend länger erwerbstätig war.

²Satz 1 Nummer 3 und 4 gilt nur, wenn der Auszubildende in den Jahren seiner Erwerbstätigkeit in der Lage war, sich aus deren Ertrag selbst zu unterhalten.

(4) ¹Ist Einkommen des Ehegatten oder Lebenspartners, der Eltern oder eines Elternteils außer auf den Bedarf des Antragstellers auch auf den anderer Auszubildender anzurechnen, die in einer Ausbildung stehen, die nach diesem Gesetz oder nach § 56 des Dritten Buches Sozialgesetzbuch[2)] gefördert werden kann, so wird es zu gleichen Teilen angerechnet. ²Dabei sind auch die Kinder des Einkommensbeziehers zu berücksichtigen, die Ausbildungsförderung ohne Anrechnung des Einkommens der Eltern erhalten können und nicht ein Abendgymnasium oder Kolleg besuchen oder bei Beginn der Ausbildung das 30. Lebensjahr vollendet haben. ³Nicht zu berücksichtigen sind Auszubildende, die eine Uni-

[1)] § 11 Abs. 4 Satz 1 geänd. mWv 1.4.2012 durch G v. 20.12.2011 (BGBl. I S. 2854); Abs. 2 Satz 1 geänd. mWv 16.7.2019 durch G v. 8.7.2019 (BGBl. I S. 1048).

[2)] **Aichberger, SGB Nr. 3.**

versität der Bundeswehr oder Verwaltungsfachhochschule besuchen, sofern diese als Beschäftigte im öffentlichen Dienst Anwärterbezüge oder ähnliche Leistungen aus öffentlichen Mitteln erhalten.

§ 12[1)] Bedarf für Schüler. (1) Als monatlicher Bedarf gelten für Schüler

1. von Berufsfachschulen und Fachschulklassen, deren Besuch eine abgeschlossene Berufsausbildung nicht voraussetzt, 262 Euro,
2. von Abendhauptschulen, Berufsaufbauschulen, Abendrealschulen und von Fachoberschulklassen, deren Besuch eine abgeschlossene Berufsausbildung voraussetzt, 474 Euro.

(2) Als monatlicher Bedarf gelten, wenn der Auszubildende nicht bei seinen Eltern wohnt, für Schüler

1. von weiterführenden allgemeinbildenden Schulen und Berufsfachschulen sowie von Fach- und Fachoberschulklassen, deren Besuch eine abgeschlossene Berufsausbildung nicht voraussetzt, 632 Euro,
2. von Abendhauptschulen, Berufsaufbauschulen, Abendrealschulen und von Fachoberschulklassen, deren Besuch eine abgeschlossene Berufsausbildung voraussetzt, 736 Euro.

(3) (weggefallen)

(3a) Ein Auszubildender wohnt auch dann bei seinen Eltern, wenn der von ihm bewohnte Raum im Eigentum der Eltern steht.

(4) [1] Bei einer Ausbildung im Ausland wird für die Hinreise zum Ausbildungsort sowie für eine Rückreise ein Reisekostenzuschlag geleistet. [2] Der Reisekostenzuschlag beträgt jeweils 250 Euro bei einer Reise innerhalb Europas, sonst jeweils 500 Euro. [3] In besonderen Härtefällen können die notwendigen Aufwendungen für eine weitere Hin- und Rückreise geleistet werden.

§ 13[2)] Bedarf für Studierende. (1) Als monatlicher Bedarf gelten für Auszubildende in

1. Fachschulklassen, deren Besuch eine abgeschlossene Berufsausbildung voraussetzt, Abendgymnasien und Kollegs 421 Euro,
2. Höheren Fachschulen, Akademien und Hochschulen 452 Euro.

(2) Die Bedarfe nach Absatz 1 erhöhen sich für die Unterkunft, wenn der Auszubildende

1. bei seinen Eltern wohnt, um monatlich 59 Euro,
2. nicht bei seinen Eltern wohnt, um monatlich 360 Euro.

(3) (weggefallen)

[1)] § 12 Abs. 1 Nr. 1 und 2 sowie Abs. 2 Nr. 1 und 2 geänd. mWv 1.8.2016 durch G v. 23.12.2014 (BGBl. I S. 2475); Abs. 1 Nr. 1 und 2, Abs. 2 Nr. 1 und 2 geänd. mWv 16.7.2019 und mWv 1.8.2020 durch G v. 8.7.2019 (BGBl. I S. 1048); Abs. 1 Nr. 1 und 2 sowie Abs. 2 Nr. 1 und 2 geänd. mWv 22.7.2022 durch G v. 15.7.2022 (BGBl. I S. 1150).

[2)] § 13 Abs. 4 geänd. mWv 1.1.2015, Abs. 1 Nr. 1 und 2 sowie Abs. 2 Nr. 1 und 2 geänd. mWv 1.8.2016 durch G v. 23.12.2014 (BGBl. I S. 2475), Abs. 1 Nr. 1 und 2 sowie Abs. 2 Nr. 1 und 2 geänd. mWv 16.7.2019, Abs. 1 Nr. 1 und 2 sowie Abs. 2 Nr. 1 mWv 1.8.2020 durch G v. 8.7.2019 (BGBl. I S. 1048); Abs. 1 Nr. 1 und 2 sowie Abs. 2 Nr. 1 und 2 geänd. mWv 22.7.2022 durch G v. 15.7.2022 (BGBl. I S. 1150).

(3a) Ein Auszubildender wohnt auch dann bei seinen Eltern, wenn der von ihm bewohnte Raum im Eigentum der Eltern steht.

(4) Bei einer Ausbildung im Ausland nach § 5 Absatz 2 wird, soweit die Lebens- und Ausbildungsverhältnisse im Ausbildungsland dies erfordern, bei dem Bedarf ein Zu- oder Abschlag vorgenommen, dessen Höhe die Bundesregierung durch Rechtsverordnung[1] ohne Zustimmung des Bundesrates bestimmt.

§ 13a[2] Kranken- und Pflegeversicherungszuschlag. (1) [1] Für Auszubildende, die in der gesetzlichen Krankenversicherung nach § 5 Absatz 1 Nummer 9 oder 10 des Fünften Buches Sozialgesetzbuch[3] versichert sind, erhöht sich der Bedarf um 94 Euro monatlich für ihren Krankenversicherungsbeitrag. [2] Für ihren Versicherungsbeitrag als Pflichtmitglied in der sozialen Pflegeversicherung nach § 20 Absatz 1 Nummer 9 oder 10 des Elften Buches Sozialgesetzbuch[4] erhöht sich der Bedarf um weitere 28 Euro monatlich. [3] Für Auszubildende, die als freiwilliges Mitglied in der gesetzlichen Krankenversicherung beitragspflichtig versichert sind und deren Kranken- und Pflegeversicherungsbeiträge nach § 240 Absatz 4 Satz 2 des Fünften Buches Sozialgesetzbuch und § 57 Absatz 4 des Elften Buches Sozialgesetzbuch berechnet werden, gelten die Sätze 1 und 2 entsprechend.

(2) [1] Für Auszubildende, die – außer in den Fällen des Absatzes 1 Satz 3 – als freiwilliges Mitglied oder nach § 5 Absatz 1 Nummer 13 des Fünften Buches Sozialgesetzbuch in der gesetzlichen Krankenversicherung beitragspflichtig versichert sind, erhöht sich der Bedarf um 168 Euro monatlich. [2] Für ihren Versicherungsbeitrag als Pflichtmitglied in der sozialen Pflegeversicherung nach § 20 Absatz 1 Nummer 12 oder Absatz 3 des Elften Buches Sozialgesetzbuch – außer in den Fällen des Absatzes 1 Satz 3 – erhöht sich der Bedarf um 38 Euro monatlich.

(3) [1] Für Auszubildende, die ausschließlich

1. beitragspflichtig bei einem privaten Krankenversicherungsunternehmen versichert sind, das die in § 257 Absatz 2a Satz 1 des Fünften Buches Sozialgesetzbuch genannten Voraussetzungen erfüllt, und
2. aus dieser Versicherung Leistungen beanspruchen können, die der Art nach den Leistungen des Fünften Buches Sozialgesetzbuch mit Ausnahme des Kranken- und Mutterschaftsgeldes entsprechen,

erhöht sich der Bedarf um 94 Euro monatlich. [2] Sind die in Satz 1 Nummer 2 genannten Leistungen auf einen bestimmten Anteil der erstattungsfähigen Kosten begrenzt, erhöht sich der Bedarf stattdessen um die nachgewiesenen Krankenversicherungsbeiträge, höchstens aber um den in Satz 1 genannten Betrag. [3] Für Auszubildende, die nach § 23 des Elften Buches Sozialgesetzbuch beitragspflichtig bei einem privaten Versicherungsunternehmen versichert sind, das die in § 61 Absatz 5 des Elften Buches Sozialgesetzbuch genannten Voraussetzungen erfüllt, erhöht sich der Bedarf um weitere 28 Euro monatlich. [4] Abweichend von den Sätzen 1 bis 3 gilt für Auszubildende, die die Altersgrenze des § 5 Absatz 1 Nummer 9 oder Nummer 10 des Fünften Buches Sozialgesetzbuch überschreiten, Absatz 2 entsprechend.

---

[1] Siehe die VO über die Zuschläge zu dem Bedarf bei einer Ausbildung im Ausland (BAföG-AuslandzuschlagsV) v. 25.6.1986 (BGBl. I S. 935), zuletzt geänd. durch VO v. 15.7.2022 (BGBl. I S. 1162).

[2] § 13a neu gef. mWv 16.7.2019 durch G v. 8.7.2019 (BGBl. I S. 1048); Abs. 3 Satz 4 geänd. mWv 1.1.2020 durch G v. 14.12.2019 (BGBl. I S. 2789); Abs. 1 Sätze 1 und 2, Abs. 2 Sätze 1 und 2, Abs. 3 Satz 1 abschl. Satzteil und Satz 3 geänd. mWv 22.7.2022 durch G v. 15.7.2022 (BGBl. I S. 1150).

[3] **Aichberger, SGB Nr. 5.**

[4] **Aichberger, SGB Nr. 11.**

§ 14 Bedarf für Praktikanten. [1] Als monatlicher Bedarf für Praktikanten gelten die Beträge, die für Schüler und Studenten der Ausbildungsstätten geleistet werden, mit deren Besuch das Praktikum in Zusammenhang steht. [2] § 13 Absatz 4 ist entsprechend anzuwenden.

§ 14a[1)] Zusatzleistungen in Härtefällen. [1] Die Bundesregierung kann durch Rechtsverordnung[2)] ohne Zustimmung des Bundesrates bestimmen, dass bei einer Ausbildung im Inland Ausbildungsförderung über die Beträge nach § 12 Absatz 1 und 2, § 13 Absatz 1 und 2 sowie § 13a hinaus geleistet wird zur Deckung besonderer Aufwendungen des Auszubildenden

1. für seine Ausbildung, wenn sie hiermit in unmittelbarem Zusammenhang stehen und soweit dies zur Erreichung des Ausbildungszieles notwendig ist,
2. für seine Unterkunft, soweit dies zur Vermeidung unbilliger Härten erforderlich ist.

[2] In der Rechtsverordnung können insbesondere Regelungen getroffen werden über

1. die Ausbildungsgänge, für die ein zusätzlicher Bedarf gewährt wird,
2. die Arten der Aufwendungen, die allgemein als bedarfserhöhend berücksichtigt werden,
3. die Arten der Lern- und Arbeitsmittel, deren Anschaffungskosten als zusätzlicher Bedarf anzuerkennen sind,
4. die Verteilung des zusätzlichen Bedarfs auf den Ausbildungsabschnitt,
5. die Höhe oder die Höchstbeträge des zusätzlichen Bedarfs und die Höhe einer Selbstbeteiligung.

§ 14b[3)] Zusatzleistung für Auszubildende mit Kind (Kinderbetreuungszuschlag) (1) [1] Für Auszubildende, die mit mindestens einem eigenen Kind, das das 14. Lebensjahr noch nicht vollendet hat, in einem Haushalt leben, erhöht sich der Bedarf um monatlich 160 Euro für jedes dieser Kinder. [2] Der Zuschlag wird für denselben Zeitraum nur einem Elternteil gewährt. [3] Sind beide Elternteile nach diesem Gesetz dem Grunde nach förderungsberechtigt und leben in einem gemeinsamen Haushalt, bestimmen sie untereinander den Berechtigten.

(2) [1] Der Zuschlag nach Absatz 1 bleibt als Einkommen bei Sozialleistungen unberücksichtigt. [2] Für die Ermittlung eines Kostenbeitrags nach § 90 des Achten Buches Sozialgesetzbuch[4)] gilt dies jedoch nur, soweit der Kostenbeitrag für eine Kindertagesbetreuung an Wochentagen während der regulären Betreuungszeiten erhoben wird.

---

1) § 14a Satz 1 einl. Satzteil geänd. mWv 1.1.2015 durch G v. 23.12.2014 (BGBl. I S. 2475).

2) Siehe die VO über Zusatzleistungen in Härtefällen nach dem BAföG (HärteV) v. 15.7.1974 (BGBl. I S. 1449), zuletzt geänd. durch VO v. 15.7.2022 (BGBl. I S. 1162).

3) § 14b Abs. 1 Satz 1 geänd. mWv 1.8.2016 durch G v. 23.12.2014 (BGBl. I S. 2475); Abs. 1 Satz 1 und 3 geänd. mWv 16.7.2019 und Abs. 1 Satz 1 geänd. mWv 1.8.2020 durch G v. 8.7.2019 (BGBl. I S. 1048); Abs. 1 Satz 1 geänd. mWv 22.7.2022 durch G v. 15.7.2022 (BGBl. I S. 1150).

4) **Habersack, Deutsche Gesetze ErgBd. Nr. 46.**

§ 15[1)] Förderungsdauer. (1) Ausbildungsförderung wird vom Beginn des Monats an geleistet, in dem die Ausbildung aufgenommen wird, frühestens jedoch vom Beginn des Antragsmonats an.

(2) [1] Ausbildungsförderung wird für die Dauer der Ausbildung – einschließlich der unterrichts- und vorlesungsfreien Zeit – geleistet, bei Studiengängen an Hochschulen und an Akademien im Sinne des § 2 Absatz 1 Satz 1 Nummer 6 jedoch grundsätzlich nur bis zum Ende der Förderungshöchstdauer nach § 15a. [2] Für die Teilnahme an Einrichtungen des Fernunterrichts wird Ausbildungsförderung höchstens für 12 Kalendermonate geleistet.

(2a) Ausbildungsförderung wird auch geleistet, solange die Auszubildenden infolge von Erkrankung oder Schwangerschaft gehindert sind, die Ausbildung durchzuführen, nicht jedoch über das Ende des dritten Kalendermonats hinaus.

(3) Über die Förderungshöchstdauer hinaus wird für eine angemessene Zeit Ausbildungsförderung geleistet, wenn sie

1. aus schwerwiegenden Gründen,
2. infolge der in häuslicher Umgebung erfolgenden Pflege eines oder einer pflegebedürftigen nahen Angehörigen im Sinne des § 7 Absatz 3 des Pflegezeitgesetzes[2)], der oder die nach den §§ 14 und 15 des Elften Buches Sozialgesetzbuch[3)] – Soziale Pflegeversicherung – mindestens in Pflegegrad 3 eingeordnet ist,
3. infolge einer Mitwirkung in gesetzlich oder satzungsmäßig vorgesehenen Gremien und Organen
   a) der Hochschulen und der Akademien im Sinne des § 2 Absatz 1 Satz 1 Nummer 6,
   b) der Selbstverwaltung der Studierenden an Ausbildungsstätten im Sinne des Buchstabens a,
   c) der Studentenwerke und
   d) der Länder,
4. infolge des erstmaligen Nichtbestehens der Abschlussprüfung,
5. infolge einer Behinderung, einer Schwangerschaft oder der Pflege und Erziehung eines Kindes bis zu 14 Jahren

überschritten worden ist.

(3a) [1] Auszubildenden an Hochschulen und an Akademien im Sinne des § 2 Absatz 1 Satz 1 Nummer 6, die sich in einem in sich selbständigen Studiengang befinden, wird als Hilfe zum Studienabschluss für höchstens zwölf Monate Ausbildungsförderung auch nach dem Ende der Förderungshöchstdauer oder der Förderungsdauer nach Absatz 3 Nummer 1, 2, 3 oder 5 geleistet, wenn die Auszubildenden spätestens innerhalb von vier Semestern nach diesem Zeitpunkt zur Abschlussprüfung zugelassen worden sind und die Prüfungsstelle bescheinigt, dass sie die Ausbildung innerhalb der Dauer der Hilfe zum Studienabschluss abschließen können. [2] Ist eine Abschlussprüfung nicht vorgesehen, gilt Satz 1 unter der Voraussetzung, dass die Auszubildenden eine Bestätigung der Ausbildungsstätte darüber vorlegen, dass sie die Ausbildung innerhalb der Dauer der Hilfe zum Studienabschluss abschließen können.

[1)] § 15 Abs. 2 Satz 1 geänd., Abs. 3 Nr. 2 eingef., Nr. 3 neu gef., Nr. 5 geänd., Abs. 3a neu gef. mWv 16.7.2019 durch G v. 8.7.2019 (BGBl. I S. 1048); Abs. 3a Satz 1 geänd. mWv 22.7.2022 durch G v. 15.7.2022 (BGBl. I S. 1150).

[2)] **Aichberger, SGB Nr. 11/10.**

[3)] **Aichberger, SGB Nr. 11.**

§ 15a[1] Förderungshöchstdauer, Verordnungsermächtigung. (1) Die Förderungshöchstdauer entspricht vorbehaltlich der Absätze 1a und 1b der Regelstudienzeit nach § 10 Absatz 2 des Hochschulrahmengesetzes[2] oder einer vergleichbaren Festsetzung.

(1a) Für die Bestimmung der Förderungshöchstdauer sind Verlängerungen der Regelstudienzeit nicht zu berücksichtigen, die als Ausnahme von hochschulrechtlichen Vorgaben zur Berücksichtigung vorübergehender außergewöhnlicher Beeinträchtigungen des Lehrbetriebs festgesetzt werden.

(1b) Die Bundesregierung darf abweichend von Absatz 1 durch Rechtsverordnung mit Zustimmung des Bundesrates bestimmen, dass die Förderungshöchstdauer über die Regelstudienzeit nach Absatz 1 hinaus um einen bestimmten Zeitraum verlängert wird, soweit der Studien- und Lehrbetrieb an Ausbildungsstätten gemäß § 2 Absatz 1 Nummer 6 erheblich beeinträchtigt ist.

(2) [1] Auf die Förderungshöchstdauer sind anzurechnen

1. Zeiten, die der Auszubildende vor Förderungsbeginn in der zu fördernden Ausbildung verbracht hat,
2. Zeiten, die durch die zuständige Stelle auf Grund einer vorangegangenen Ausbildung oder berufspraktischen Tätigkeit oder eines vorangegangenen Praktikums für die zu fördernde Ausbildung anerkannt werden,
3. in Fällen der Förderung eines nach dem 31. Dezember 2007 aufgenommenen Masterstudiengangs nach § 5 Absatz 2 Nummer 1 und 3 Zeiten, die der Auszubildende in einem gemäß § 7 Absatz 1a Nummer 1 als einem Bachelorabschluss entsprechend anerkannten einstufigen Studiengang über das achte Fachsemester hinaus verbracht hat.

[2] Zeiten, in denen der Auszubildende eine Teilzeitausbildung durchgeführt hat, sind in Vollzeitausbildungszeiten umzurechnen. [3] Legt der Auszubildende eine Anerkennungsentscheidung im Sinne des Satzes 1 Nummer 2 nicht vor, setzt das Amt für Ausbildungsförderung die anzurechnenden Zeiten unter Berücksichtigung der jeweiligen Studien- und Prüfungsordnungen sowie der Umstände des Einzelfalles fest. [4] Weicht eine spätere Anerkennungsentscheidung der zuständigen Stelle von der Festsetzung nach Satz 3 ab, so ist sie zu berücksichtigen, wenn der Auszubildende nachweist, dass er den Antrag auf Anerkennung zu dem für ihn frühestmöglichen Zeitpunkt gestellt hat.

(3) [1] Setzt ein Studiengang Sprachkenntnisse über die Sprachen Deutsch, Englisch, Französisch oder Latein hinaus voraus und werden diese Kenntnisse von dem Auszubildenden während des Besuchs der Hochschule erworben, verlängert sich die Förderungshöchstdauer für jede Sprache um ein Semester. [2] Satz 1 gilt für Auszubildende, die die Hochschulzugangsberechtigung vor dem 1. Oktober 2001 in dem in Artikel 3 des Einigungsvertrages[3] genannten Gebiet erworben haben, mit der Maßgabe, dass auch der Erwerb erforderlicher Lateinkenntnisse während des Besuchs der Hochschule zu einer Verlängerung der Förderungshöchstdauer führt.

---

[1] § 15a Überschr. neu gef., Abs. 1 geänd., Abs. 1a und 1b eingef. mWv 22.7.2022 durch G v. 15.7. 2022 (BGBl. I S. 1150).

[2] Nr. **500**.

[3] **Sartorius III Nr. 2.**

§ 15b[1)] Aufnahme und Beendigung der Ausbildung. (1) Die Ausbildung gilt im Sinne dieses Gesetzes als mit dem Anfang des Monats aufgenommen, in dem Unterricht oder Vorlesungen tatsächlich begonnen werden.

(2) [1] Liegt zwischen dem Ende eines Ausbildungsabschnitts und dem Beginn eines anderen nur ein Monat, so gilt die Ausbildung abweichend von Absatz 1 als bereits zu Beginn dieses Monats aufgenommen. [2] Der Kalendermonat ist in den ersten Bewilligungszeitraum des späteren Ausbildungsabschnitts einzubeziehen.

(2a) [1] Besucht ein Auszubildender zwischen dem Ende einer Ausbildung im Ausland und dem frühestmöglichen Beginn der anschließenden Ausbildung im Inland für längstens vier Monate keine Ausbildungsstätte, so wird ihm längstens für die Dauer der beiden Monate vor Beginn der anschließenden Ausbildung Ausbildungsförderung geleistet. [2] Die beiden Kalendermonate sind in den folgenden Bewilligungszeitraum einzubeziehen.

(3) [1] Die Ausbildung endet mit dem Ablauf des Monats, in dem die Abschlussprüfung des Ausbildungsabschnitts bestanden wurde, oder, wenn eine solche nicht vorgesehen ist, mit dem Ablauf des Monats, in dem der Ausbildungsabschnitt tatsächlich planmäßig geendet hat. [2] Abweichend von Satz 1 ist, sofern ein Prüfungs- oder Abgangszeugnis erteilt wird, das Datum dieses Zeugnisses maßgebend. [3] Eine Hochschulausbildung ist abweichend von den Sätzen 1 und 2 mit Ablauf des Monats beendet, in dem der erfolgreiche Abschluss des Ausbildungsabschnitts dem Auszubildenden erstmals bekanntgegeben ist, spätestens jedoch mit Ablauf des zweiten Monats nach dem Monat, in dem der letzte Prüfungsteil abgelegt wurde.

(4) Die Ausbildung ist ferner beendet, wenn der Auszubildende die Ausbildung abbricht (§ 7 Absatz 3 Satz 2) und sie nicht an einer Ausbildungsstätte einer anderen Ausbildungsstättenart weiterführt.

§ 16[2)] Förderungsdauer im Ausland. (1) [1] Für eine Ausbildung im Ausland nach § 5 Absatz 2 Nummer 1 oder Absatz 5 wird Ausbildungsförderung längstens für die Dauer eines Jahres geleistet. [2] Innerhalb eines Ausbildungsabschnitts gilt Satz 1 nur für einen einzigen zusammenhängenden Zeitraum, soweit nicht der Besuch von Ausbildungsstätten in mehreren Ländern für die Ausbildung von besonderer Bedeutung ist.

(2) Darüber hinaus kann in den Fällen einer Ausbildung im Ausland im Sinne des § 5 Absatz 2 Satz 1 Nummer 1 während drei weiterer Semester Ausbildungsförderung geleistet werden für den Besuch einer Ausbildungsstätte, die den im Inland gelegenen Hochschulen gleichwertig ist, wenn er für die Ausbildung von besonderer Bedeutung ist.

(3) In den Fällen des § 5 Absatz 2 Nummer 2 und 3 wird Ausbildungsförderung ohne die zeitliche Begrenzung der Absätze 1 und 2 geleistet.

§ 17[3)] Förderungsarten. (1) Ausbildungsförderung wird vorbehaltlich der Absätze 2 und 3 als Zuschuss geleistet.

(2) [1] Bei dem Besuch von Höheren Fachschulen, Akademien und Hochschulen sowie bei der Teilnahme an einem Praktikum, das im Zusammenhang mit dem

---

[1)] § 15b Abs. 3 Satz 1 neu gef., Satz 2 geänd., Satz 3 angef. mWv 1.8.2016 durch G v. 23.12.2014 (BGBl. I S. 2475); Abs. 3 Satz 3 neu gef. mWv 22.7.2022 durch G v. 15.7.2022 (BGBl. I S. 1150).

[2)] § 16 Abs. 3 geänd. mWv 1.1.2015 durch G v. 23.12.2014 (BGBl. I S. 2475); Abs. 2 geänd. mWv 22.7.2022 durch G v. 15.7.2022 (BGBl. I S. 1150).

[3)] § 17 Abs. 2 Satz 1 und Abs. 3 Satz 1 einl. Satzteil geänd., Nr. 1 aufgeh. mWv 16.7.2019 durch G v. 8.7.2019 (BGBl. I S. 1048).

Besuch dieser Ausbildungsstätten steht, wird der monatliche Förderungsbetrag vorbehaltlich des Absatzes 3 zur Hälfte als Darlehen geleistet. [2]Satz 1 gilt nicht

1. für den Zuschlag zum Bedarf nach § 13 Absatz 4 für nachweisbar notwendige Studiengebühren,
2. für die Ausbildungsförderung, die nach § 15 Absatz 3 Nummer 5 über die Förderungshöchstdauer hinaus geleistet wird,
3. für den Kinderbetreuungszuschlag nach § 14b.

(3) [1]Bei dem Besuch von Höheren Fachschulen, Akademien und Hochschulen sowie bei der Teilnahme an einem Praktikum, das im Zusammenhang mit dem Besuch dieser Ausbildungsstätten steht, erhält der Auszubildende Ausbildungsförderung ausschließlich als Darlehen

1. *(aufgehoben)*
2. für eine andere Ausbildung nach § 7 Absatz 3, soweit die Semesterzahl der hierfür maßgeblichen Förderungshöchstdauer, die um die Fachsemester der vorangegangenen, nicht abgeschlossenen Ausbildung zu kürzen ist, überschritten wird,
3. nach Überschreiten der Förderungshöchstdauer in den Fällen des § 15 Absatz 3a.

[2]Nummer 2 gilt nicht, wenn der Auszubildende erstmalig aus wichtigem Grund oder aus unabweisbarem Grund die Ausbildung abgebrochen oder die Fachrichtung gewechselt hat. [3]Satz 1 gilt nicht für den Kinderbetreuungszuschlag nach § 14b und die Ausbildungsförderung, die nach § 15 Absatz 3 Nummer 5 über die Förderungshöchstdauer hinaus geleistet wird.

§ 18[1)] Darlehensbedingungen. (1) Für

1. nach § 17 Absatz 2 Satz 1 geleistete Darlehen gelten die Absätze 2 bis 14 und die §§ 18a und 18b,
2. nach § 17 Absatz 3 Satz 1 geleistete Darlehen gelten die Absätze 2 bis 12, 14 und § 18a.

(2) [1]Die Darlehen sind nicht zu verzinsen. [2]Wenn Darlehensnehmende einen Zahlungstermin um mehr als 45 Tage überschritten haben, ist abweichend von Satz 1 jeweils der gesamte bis zu diesem Zeitpunkt noch nicht getilgte Betrag, höchstens jedoch der nach Maßgabe des Absatzes 13 Satz 1 zu tilgende Rückzahlungsbetrag – vorbehaltlich des Gleichbleibens der Rechtslage – mit 6 vom Hundert für das Jahr zu verzinsen. [3]Für nach § 17 Absatz 3 Satz 1 geleistete Darlehen gilt die Pflicht zur Verzinsung für den gesamten noch zu tilgenden Rückzahlungsbetrag. [4]Kosten für die Geltendmachung der Darlehensforderung sind durch die Verzinsung nicht abgegolten.

(3) [1]Die Darlehen sind – vorbehaltlich des Gleichbleibens der Rechtslage – in gleichbleibenden monatlichen Raten von mindestens 130 Euro innerhalb von 20 Jahren zurückzuzahlen. [2]Für die Rückzahlung gelten als ein Darlehen jeweils alle nach § 17 Absatz 2 Satz 1 und alle nach § 17 Absatz 3 Satz 1 geleisteten Darlehen. [3]Von der Verpflichtung zur Rückzahlung sind Darlehensnehmende auf Antrag freizustellen, solange sie Leistungen nach diesem Gesetz erhalten.

[1)] § 18 neu gef. mWv 16.7.2019 durch G v. 8.7.2019 (BGBl. I S. 1048); Abs. 11 geänd., Abs. 12 Sätze 1, 3 und 4 neu gef. mWv 22.7.2022 durch G v. 15.7.2022 (BGBl. I S. 1150).

(4) [1] Für die Tilgung des nach § 17 Absatz 2 Satz 1 geleisteten Darlehens ist die erste Rate

1. bei einer Ausbildung an einer Hochschule oder an einer Akademie im Sinne des § 2 Absatz 1 Satz 1 Nummer 6 fünf Jahre nach dem Ende der Förderungshöchstdauer,
2. bei einer Ausbildung an einer Höheren Fachschule oder an einer Akademie im Sinne des § 2 Absatz 1 Satz 1 Nummer 5 fünf Jahre nach dem Ende der in der Ausbildungs- und Prüfungsordnung vorgesehenen Ausbildungszeit

zu zahlen. [2] Maßgeblich ist jeweils der zuletzt mit Darlehen geförderte Ausbildungs- oder Studiengang. [3] Wurden Darlehensbeträge nach § 17 Absatz 2 Satz 1 in mehreren Ausbildungsabschnitten geleistet, ist jeweils das Ende derjenigen Förderungshöchstdauer oder vorgesehenen Ausbildungszeit maßgeblich, die für den ersten Ausbildungsabschnitt zuletzt gegolten hat.

(5) Wurden ausschließlich nach § 17 Absatz 3 Satz 1 Darlehen geleistet, so ist die erste Rate drei Jahre nach dem Ende der Förderungshöchstdauer oder der vorgesehenen Ausbildungszeit zu zahlen.

(6) [1] Wurden sowohl nach § 17 Absatz 2 Satz 1 als auch nach § 17 Absatz 3 Satz 1 Darlehen geleistet, ist zunächst das nach § 17 Absatz 2 Satz 1 geleistete Darlehen zurückzuzahlen. [2] Die erste Rate des nach § 17 Absatz 3 Satz 1 geleisteten Darlehens ist in diesem Fall in dem Monat zu leisten, der auf die Fälligkeit der letzten Rate des nach § 17 Absatz 2 Satz 1 geleisteten Darlehens folgt.

(7) Nach Aufforderung durch das Bundesverwaltungsamt sind die Raten für jeweils drei aufeinanderfolgende Monate in einer Summe zu entrichten.

(8) Die Zinsen nach Absatz 2 sind sofort fällig.

(9) [1] Nach dem Ende der Förderungshöchstdauer erteilt das Bundesverwaltungsamt den Darlehensnehmenden – unbeschadet der Fälligkeit nach den Absätzen 4 bis 6 – jeweils einen Bescheid, in dem die Höhe der Darlehensschuld und die Förderungshöchstdauer festgestellt werden. [2] Nach Eintritt der Unanfechtbarkeit des Bescheides sind diese Feststellungen nicht mehr zu überprüfen; insbesondere gelten die Vorschriften des § 44 des Zehnten Buches Sozialgesetzbuch[1)] nicht. [3] Ist für ein Kalenderjahr ein Betrag geleistet worden, auf das sich die Feststellung der Höhe der Darlehensschuld nach Satz 1 nicht erstreckt, so wird diese insoweit durch einen ergänzenden Bescheid festgestellt; Satz 2 gilt entsprechend.

(10) [1] Die nach § 17 Absatz 2 Satz 1 oder Absatz 3 Satz 1 geleisteten Darlehen können jeweils ganz oder teilweise vorzeitig zurückgezahlt werden. [2] Auf Antrag ist ein Nachlass auf die verbleibende Darlehensschuld zu gewähren.

(11) Mit dem Tod der Darlehensnehmenden erlischt die verbliebene Darlehensschuld einschließlich damit verbundener Kosten und Zinsen.

(12) [1] Darlehensnehmenden, die während des Rückzahlungszeitraums nach Absatz 3 Satz 1 nicht oder nur in geringfügigem Umfang gegen ihre Zahlungs- oder Mitwirkungspflichten verstoßen haben, ist die verbleibende Darlehensschuld einschließlich damit verbundener Kosten und Zinsen zu erlassen. [2] Sind die Voraussetzungen des Satzes 1 nicht erfüllt, ist dies durch Bescheid festzustellen. [3] Die Sätze 1 und 2 gelten für Darlehensnehmende, denen Förderung mit Darlehen nach § 17 in einer vor dem 1. September 2019 geltenden Fassung, mit Ausnahme von Bankdarlehen nach § 18c, gewährt wurde, auch wenn sie eine Erklärung nach § 66a Absatz 7 Satz 1 abgegeben haben, mit der Maßgabe, dass ihnen die ver-

---

[1)] **Sartorius ErgBd. Nr. 410.**

bleibende Darlehensschuld einschließlich damit verbundener Kosten und Zinsen 20 Jahre nach Beginn des für sie geltenden Rückzahlungszeitraums erlassen wird. [4]Der Erlass nach Satz 3 erfolgt für Darlehensnehmende, die die 20 Jahre bereits vor dem 22. Juli 2022 überschritten haben, zum 1. Oktober 2022.

(13) [1]Bereits vor Ablauf der nach Absatz 3 je nach Höhe der Darlehensschuld planmäßigen Rückzahlungsdauer ist Darlehensnehmenden, die Tilgungsleistungen in 77 monatlichen Raten in jeweils der nach Absatz 3 geschuldeten Höhe erbracht haben, die noch verbleibende Darlehensschuld zu erlassen. [2]Für Zeiträume, in denen eine Freistellung nach § 18a Absatz 1 mit verminderter Ratenzahlung gewährt wurde, genügen für einen Erlass nach Satz 1 Tilgungsleistungen jeweils in Höhe der vom Bundesverwaltungsamt zugleich festgesetzten verminderten Rückzahlungsraten; Absatz 10 bleibt unberührt.

(14) Das Bundesministerium für Bildung und Forschung kann durch Rechtsverordnung ohne Zustimmung des Bundesrates für die Aufgaben gemäß § 39 Absatz 2 das Nähere bestimmen über

1. den Beginn und das Ende der Verzinsung sowie den Verzicht auf Zinsen aus besonderen Gründen,
2. das Verfahren zur Verwaltung und Einziehung der Darlehen – einschließlich der erforderlichen Nachweise oder der Zulässigkeit des Glaubhaftmachens mittels der Versicherung an Eides statt sowie der Maßnahmen zur Sicherung der Rückzahlungsansprüche – sowie zur Rückleitung der eingezogenen Beträge an Bund und Länder und
3. die Erhebung von Kostenpauschalen für die Ermittlung der jeweiligen Anschrift der Darlehensnehmenden und für das Mahnverfahren.

§ 18a[1)] Einkommensabhängige Rückzahlung. (1) [1]Auf Antrag sind Darlehensnehmende während der Rückzahlungsfrist des § 18 Absatz 3 Satz 1 bis spätestens zu deren Ablauf von der Verpflichtung zur Rückzahlung freizustellen, soweit ihr Einkommen monatlich jeweils den Betrag von 1605 Euro nicht um mindestens 42 Euro übersteigt. [2]Der in Satz 1 bezeichnete Betrag erhöht sich für

1. Ehegattinnen, Ehegatten, Lebenspartnerinnen oder Lebenspartner um 805 Euro,
2. jedes Kind der Darlehensnehmenden um 730 Euro,

wenn sie nicht in einer Ausbildung stehen, die nach diesem Gesetz oder nach § 56 des Dritten Buches Sozialgesetzbuch[2)] gefördert werden kann. [3]Die Beträge nach Satz 2 mindern sich um das Einkommen der Ehegattinnen, Ehegatten, Lebenspartnerinnen oder Lebenspartner und Kinder. [4]Als Kinder gelten insoweit außer eigenen Kindern der Darlehensnehmenden die in § 25 Absatz 5 Nummer 1 bis 3 bezeichneten Personen. [5]§ 47 Absatz 4 und 5 gilt entsprechend.

(2) Auf besonderen Antrag erhöht sich der in Absatz 1 Satz 1 bezeichnete Betrag

---

[1)] § 18a Abs. 1 Satz 2 geänd. mWv 1.4.2012 durch G v. 20.12.2011 (BGBl. I S. 2854); Abs. 1 Satz 1, Satz 2 Nr. 1 und 2 sowie Satz 6 Nr. 1 geänd. mWv 1.8.2016 durch G v. 23.12.2014 (BGBl. I S. 2475); Abs. 1 neu gef., Abs. 2 eingef., bish. Abs. 2 wird Abs. 3 und Satz 2 geänd., Satz 3 neu gef., Satz 4 angef., bish. Abs. 3 wird Abs. 4, Abs. 5 aufgeh. mWv 16.7.2019, Abs. 1 Satz 1, Satz 2 Nr. 1 und 2 geänd. mWv 1.8.2020 und Abs. 1 Sätze 1 und 2 geänd. mWv 1.8.2021 durch G v. 8.7.2019 (BGBl. I S. 1048); Abs. 1 Satz 1, Satz 2 Nr. 1 und 2 geänd. mWv 22.7.2022 durch G v. 15.7.2022 (BGBl. I S. 1150).

[2)] **Aichberger, SGB Nr. 3.**

1. bei behinderten Menschen um den Betrag der behinderungsbedingten Aufwendungen entsprechend § 33b des Einkommensteuergesetzes,
2. bei Alleinstehenden um den Betrag der notwendigen Aufwendungen für die Dienstleistungen zur Betreuung eines zum Haushalt gehörenden Kindes, das das 16. Lebensjahr noch nicht vollendet hat, bis zur Höhe von monatlich 175 Euro für das erste und je 85 Euro für jedes weitere Kind.

(3) [1] Auf den Antrag nach Absatz 1 Satz 1 erfolgt die Freistellung vom Beginn des Antragsmonats an in der Regel für ein Jahr, rückwirkend erfolgt sie für längstens vier Monate vor dem Antragsmonat (Freistellungszeitraum). [2] Das im Antragsmonat erzielte Einkommen gilt vorbehaltlich des Absatzes 4 als monatliches Einkommen für alle Monate des Freistellungszeitraums. [3] Die Darlehensnehmenden haben das Vorliegen der Freistellungsvoraussetzungen nachzuweisen, soweit nicht durch Rechtsverordnung auf Grund des § 18 Absatz 14 Nummer 2 etwas Abweichendes geregelt ist. [4] Soweit eine Glaubhaftmachung mittels der Versicherung an Eides statt zugelassen ist, ist das Bundesverwaltungsamt für die Abnahme derselben zuständig.

(4) [1] Ändert sich ein für die Freistellung maßgeblicher Umstand nach der Antragstellung, so wird der Bescheid vom Beginn des Monats an geändert, in dem die Änderung eingetreten ist. [2] Nicht als Änderung im Sinne des Satzes 1 gelten Regelanpassungen gesetzlicher Renten und Versorgungsbezüge.

§ 18b[1)] Teilerlass des Darlehens. (1) (weggefallen)

(2) [1] Auszubildenden, die die Abschlussprüfung bis zum 31. Dezember 2012 bestanden haben und nach ihrem Ergebnis zu den ersten 30 vom Hundert aller Prüfungsabsolventen gehören, die diese Prüfung in demselben Kalenderjahr abgeschlossen haben, wird auf Antrag der für diesen Ausbildungsabschnitt geleistete Darlehensbetrag teilweise erlassen. [2] Der Erlass beträgt von dem nach dem 31. Dezember 1983 für diesen Ausbildungsabschnitt geleisteten Darlehensbetrag

1. 25 vom Hundert, wenn innerhalb der Förderungshöchstdauer,
2. 20 vom Hundert, wenn innerhalb von sechs Monaten nach dem Ende der Förderungshöchstdauer,
3. 15 vom Hundert, wenn innerhalb von zwölf Monaten nach dem Ende der Förderungshöchstdauer

die Abschlussprüfung bestanden wurde. [3] Der Antrag ist innerhalb eines Monats nach Bekanntgabe des Bescheids nach § 18 Absatz 9 zu stellen. [4] Abweichend von Satz 1 erhalten Auszubildende, die zu den ersten 30 vom Hundert der Geförderten gehören, unter den dort genannten Voraussetzungen den Erlass

a) in Ausbildungs- und Studiengängen, in denen als Gesamtergebnis der Abschlussprüfung nur das Bestehen festgestellt wird, nach den in dieser Prüfung erbrachten Leistungen,
b) in Ausbildungs- und Studiengängen ohne Abschlussprüfung nach den am Ende der planmäßig abgeschlossenen Ausbildung ausgewiesenen Leistungen; dabei ist eine differenzierte Bewertung über die Zuordnung zu den ersten 30 vom Hundert der Geförderten hinaus nicht erforderlich.

[1)] § 18b Abs. 4 und 5 neu gef, Abs. 5a eingef. mWv 14.12.2011 durch G v. 6.12.2011 (BGBl. I S. 2569); Abs. 6 Satz 1 geänd. mWv 1.1.2015 durch G v. 23.12.2014 (BGBl. I S. 2475); Abs. 2 Satz 3, Abs. 3 Satz 3 und Abs. 4 Satz 3 geänd. mWv 16.7.2019 durch G v. 8.7.2019 (BGBl. I S. 1048).

[5] Auszubildende, die ihre Ausbildung an einer im Ausland gelegenen Ausbildungsstätte bestanden haben, erhalten den Teilerlass nicht. [6] Abweichend von Satz 5 wird den Auszubildenden, die eine nach § 5 Absatz 1 oder 3 in der bis

(Fortsetzung nächstes Blatt)

[2]Die Regelung über die Erstattungspflicht gilt nicht für Bankdarlehen nach § 18c.

(2) [1]Der Förderungsbetrag ist für den Kalendermonat oder den Teil eines Kalendermonats zurückzuzahlen, in dem der Auszubildende die Ausbildung aus einem von ihm zu vertretenden Grund unterbrochen hat. [2]Die Regelung über die Erstattungspflicht gilt nicht für Bankdarlehen nach § 18c.

Abschnitt IV. Einkommensanrechnung

§ 21[1)] Einkommensbegriff. (1) [1]Als Einkommen gilt – vorbehaltlich des Satzes 3, der Absätze 2a, 3 und 4 – die Summe der positiven Einkünfte im Sinne des § 2 Absatz 1 und 2 des Einkommensteuergesetzes. [2]Ein Ausgleich mit Verlusten aus anderen Einkunftsarten und mit Verlusten des zusammenveranlagten Ehegatten oder Lebenspartners ist nicht zulässig. [3]Abgezogen werden können:

1. der Altersentlastungsbetrag (§ 24a des Einkommensteuergesetzes),
2. *(aufgehoben)*
3. die für den Berechnungszeitraum zu leistende Einkommensteuer, Kirchensteuer und Gewerbesteuer,
4. die für den Berechnungszeitraum zu leistenden Pflichtbeiträge zur Sozialversicherung und zur Bundesagentur für Arbeit sowie die geleisteten freiwilligen Aufwendungen zur Sozialversicherung und für eine private Kranken-, Pflege-, Unfall- oder Lebensversicherung in angemessenem Umfang und
5. geförderte Altersvorsorgebeiträge nach § 82 des Einkommensteuergesetzes, soweit sie den Mindesteigenbeitrag nach § 86 des Einkommensteuergesetzes nicht überschreiten.

[4]Leibrenten, einschließlich Unfallrenten, und Versorgungsrenten gelten in vollem Umfang als Einnahmen aus nichtselbständiger Arbeit.

(2) [1]Zur Abgeltung der Abzüge nach Absatz 1 Nummer 4 wird von der – um die Beträge nach Absatz 1 Nummer 1 und Absatz 4 Nummer 4 geminderten – Summe der positiven Einkünfte ein Betrag in Höhe folgender Vomhundertsätze dieses Gesamtbetrages abgesetzt:

1. für rentenversicherungspflichtige Arbeitnehmer und für Auszubildende 21,6 vom Hundert, höchstens jedoch ein Betrag von jährlich 15 100 Euro,
2. für nichtrentenversicherungspflichtige Arbeitnehmer und für Personen im Ruhestandsalter, die einen Anspruch auf Alterssicherung aus einer renten- oder nichtrentenversicherungspflichtigen Beschäftigung oder Tätigkeit haben, 15,9 vom Hundert, höchstens jedoch ein Betrag von jährlich 9000 Euro,
3. für Nichtarbeitnehmer und auf Antrag von der Versicherungspflicht befreite oder wegen geringfügiger Beschäftigung versicherungsfreie Arbeitnehmer 38 vom Hundert, höchstens jedoch ein Betrag von jährlich 27 200 Euro,
4. für Personen im Ruhestandsalter, soweit sie nicht erwerbstätig sind, und für sonstige Nichterwerbstätige 15,9 vom Hundert, höchstens jedoch ein Betrag von jährlich 9000 Euro.

---

1) § 21 Abs. 3 Satz 1 Nr. 4 geänd. mWv 1.1.2015, Abs. 1 Satz 2 geänd., Satz 3 Nr. 2 und Satz 4 aufgeh., bish. Satz 5 wird Satz 4, Abs. 2 Satz 1 Nr. 1–4 geänd. mWv 1.8.2016 durch G v. 23.12.2014 (BGBl. I S. 2475); Abs. 1 Satz 1, Abs. 2 Satz 1 einl. Satzteil und Nr. 1–4 geänd. mWv 16.7.2019 durch G v. 8.7. 2019 (BGBl. I S. 1048); Abs. 4 Nr. 4 geänd., Nr. 5 angef. mWv 1.3.2020 durch G v. 25.5.2020 (BGBl. I S. 1073); Abs. 2 Satz 1 Nr. 1–4 geänd. mWv 22.7.2022 durch G v. 15.7.2022 (BGBl. I S. 1150).

²Jeder Einkommensbezieher ist nur einer der in den Nummern 1 bis 4 bezeichneten Gruppen zuzuordnen; dies gilt auch, wenn er die Voraussetzungen nur für einen Teil des Berechnungszeitraums erfüllt. ³Einer Gruppe kann nur zugeordnet werden, wer nicht unter eine in den jeweils vorhergehenden Nummern bezeichnete Gruppe fällt.

(2a) ¹Als Einkommen gelten auch nur ausländischem Steuerrecht unterliegende Einkünfte eines Einkommensbeziehers, der seinen ständigen Wohnsitz im Ausland hat. ²Von dem Bruttobetrag sind in entsprechender Anwendung des Einkommensteuergesetzes Beträge entsprechend der jeweiligen Einkunftsart, gegebenenfalls mindestens Beträge in Höhe der Pauschbeträge für Werbungskosten nach § 9a des Einkommensteuergesetzes, abzuziehen. ³Die so ermittelte Summe der positiven Einkünfte vermindert sich um die gezahlten Steuern und den nach Absatz 2 entsprechend zu bestimmenden Pauschbetrag für die soziale Sicherung.

(3) ¹Als Einkommen gelten ferner in Höhe der tatsächlich geleisteten Beträge

1. Waisenrenten und Waisengelder, die der Antragsteller bezieht,
2. Ausbildungsbeihilfen und gleichartige Leistungen, die nicht nach diesem Gesetz gewährt werden; wenn sie begabungs- und leistungsabhängig nach von dem Geber allgemeingültig erlassenen Richtlinien ohne weitere Konkretisierung des Verwendungszwecks vergeben werden, gilt dies jedoch nur, soweit sie im Berechnungszeitraum einen Gesamtbetrag übersteigen, der einem Monatsdurchschnitt von 300 Euro entspricht; Absatz 4 Nummer 4 bleibt unberührt;
3. (weggefallen)
4. sonstige Einnahmen[1], die zur Deckung des Lebensbedarfs bestimmt sind, mit Ausnahme der Unterhaltsleistungen der Eltern des Auszubildenden und seines Ehegatten oder Lebenspartners, soweit sie das Bundesministerium für Bildung und Forschung in einer Rechtsverordnung ohne Zustimmung des Bundesrates bezeichnet hat.

²Die Erziehungsbeihilfe, die ein Beschädigter für ein Kind erhält (§ 27 des Bundesversorgungsgesetzes[2]), gilt als Einkommen des Kindes.

(4) Nicht als Einkommen gelten

1. Grundrenten und Schwerstbeschädigtenzulage nach dem Bundesversorgungsgesetz und nach den Gesetzen, die das Bundesversorgungsgesetz für anwendbar erklären,
2. ein der Grundrente und der Schwerstbeschädigtenzulage nach dem Bundesversorgungsgesetz entsprechender Betrag, wenn diese Leistungen nach § 65 des Bundesversorgungsgesetzes ruhen,
3. Renten, die den Opfern nationalsozialistischer Verfolgung wegen einer durch die Verfolgung erlittenen Gesundheitsschädigung geleistet werden, bis zur Höhe des Betrages, der in der Kriegsopferversorgung bei gleicher Minderung der Erwerbsfähigkeit als Grundrente und Schwerstbeschädigtenzulage geleistet würde,
4. Einnahmen, deren Zweckbestimmung einer Anrechnung auf den Bedarf entgegensteht; dies gilt insbesondere für Einnahmen, die für einen anderen Zweck als für die Deckung des Bedarfs im Sinne dieses Gesetzes bestimmt sind,

---

[1] Siehe die BAföG-EinkommensV v. 5.4.1988 (BGBl. I S. 505), zuletzt geänd. durch G v. 20.8.2021 (BGBl. I S. 3932).

[2] **Sartorius III Nr. 590.**

5.[1] zusätzliche Einnahmen aus einer Tätigkeit der Antragstellenden in systemrelevanten Branchen und Berufen, soweit die Tätigkeit zur Bekämpfung der COVID-19-Pandemie und deren sozialen Folgen seit dem 1. März 2020 aufgenommen oder in ihrem arbeitszeitlichen Umfang aufgestockt wurde, für die Dauer dieser Tätigkeit oder Arbeitszeitaufstockung.

§ 22 Berechnungszeitraum für das Einkommen des Auszubildenden.

(1) [1] Für die Anrechnung des Einkommens des Auszubildenden sind die Einkommensverhältnisse im Bewilligungszeitraum maßgebend. [2] Sind bei ihrer Ermittlung Pauschbeträge für Werbungskosten nach § 9a des Einkommensteuergesetzes zu berücksichtigen, so ist der Betrag abzuziehen, der sich ergibt, wenn ein Zwölftel des Jahrespauschbetrages mit der Zahl der Kalendermonate des Bewilligungszeitraumes vervielfacht wird.

(2) Auf den Bedarf jedes Kalendermonats des Bewilligungszeitraums wird der Betrag angerechnet, der sich ergibt, wenn das Gesamteinkommen durch die Zahl der Kalendermonate des Bewilligungszeitraums geteilt wird.

(3) Die Absätze 1 und 2 gelten entsprechend für die Berücksichtigung des Einkommens

1. der Kinder nach § 23 Absatz 2,
2. der Kinder, der in § 25 Absatz 5 Nummer 1 bis 3 bezeichneten Personen und der sonstigen Unterhaltsberechtigten nach § 25 Absatz 3.

§ 23[2] Freibeträge vom Einkommen des Auszubildenden. (1) [1] Vom Einkommen des Auszubildenden bleiben monatlich anrechnungsfrei

1.	für den Auszubildenden selbst	330 Euro,
2.	für den Ehegatten oder Lebenspartner des Auszubildenden	805 Euro,
3.	für jedes Kind des Auszubildenden	730 Euro.

[2] Satz 1 Nummer 2 und 3 findet keine Anwendung auf Ehegatten oder Lebenspartner und Kinder, die in einer Ausbildung stehen, die nach diesem Gesetz oder nach § 56 des Dritten Buches Sozialgesetzbuch[3] gefördert werden kann.

(2) Die Freibeträge nach Absatz 1 Nummer 2 und 3 mindern sich um Einnahmen des Auszubildenden sowie Einkommen des Ehegatten oder Lebenspartners und des Kindes, die dazu bestimmt sind oder üblicher- oder zumutbarerweise dazu verwendet werden, den Unterhaltsbedarf des Ehegatten oder Lebenspartners und der Kinder des Auszubildenden zu decken.

(3) Die Vergütung aus einem Ausbildungsverhältnis wird abweichend von den Absätzen 1 und 2 voll angerechnet.

(4) Abweichend von Absatz 1 werden

---

[1] § 21 Abs. 4 Nr. 5 des BundesausbildungsförderungsG ist bis zum Ablauf des 31. Dezember 2022 weiter anzuwenden; siehe hierzu die Covid-19-BAföG-Verlängerungsverordnung 2022 v. 10.3.2022 (BGBl. I S. 426, 427).

[2] § 23 Abs. 1 Satz 2 geänd. mWv 1.4.2012 durch G v. 20.12.2011 (BGBl. I S. 2854); Abs. 1 Satz 1 Nr. 1–3, Abs. 4 Nr. 1 und Abs. 5 geänd. mWv 1.8.2016 durch G v. 23.12.2014 (BGBl. I S. 2475); Abs. 1 Satz 1 Nr. 2 und 3, Abs. 4 Nr. 1 und Abs. 5 geänd. mWv 16.7.2019, mWv 1.8.2020 und mWv 1.8.2021 durch G v. 8.7.2019 (BGBl. I S. 1048); Abs. 1 Satz 1 Nr. 1–3, Abs. 4 Nr. 1 und Abs. 5 geänd. mWv 22.7. 2022 durch G v. 15.7.2022 (BGBl. I S. 1150).

[3] **Aichberger, SGB Nr. 3.**

1. von der Waisenrente und dem Waisengeld der Auszubildenden, deren Bedarf sich nach § 12 Absatz 1 Nummer 1 bemisst, monatlich 225 Euro, anderer Auszubildender 180 Euro monatlich nicht angerechnet,
2. Ausbildungsbeihilfen und gleichartige Leistungen aus öffentlichen Mitteln oder von Förderungseinrichtungen, die hierfür öffentliche Mittel erhalten, sowie Förderungsleistungen ausländischer Staaten voll auf den Bedarf angerechnet; zu diesem Zweck werden Ausbildungsbeihilfen und gleichartige Leistungen, die zugleich aus öffentlichen und privaten Mitteln finanziert und dem Empfänger insgesamt als eine Leistung zugewendet werden, als einheitlich aus öffentlichen Mitteln erbracht behandelt. Voll angerechnet wird auch Einkommen, das aus öffentlichen Mitteln zum Zweck der Ausbildung bezogen wird,
3. (weggefallen)
4. Unterhaltsleistungen des geschiedenen oder dauernd getrennt lebenden Ehegatten voll auf den Bedarf angerechnet; dasselbe gilt für Unterhaltsleistungen des Lebenspartners nach Aufhebung der Lebenspartnerschaft oder des dauernd getrennt lebenden Lebenspartners.

(5) Zur Vermeidung unbilliger Härten kann auf besonderen Antrag, der vor dem Ende des Bewilligungszeitraums zu stellen ist, abweichend von den Absätzen 1 und 4 ein weiterer Teil des Einkommens des Auszubildenden anrechnungsfrei gestellt werden, soweit er zur Deckung besonderer Kosten der Ausbildung erforderlich ist, die nicht durch den Bedarfssatz gedeckt sind, höchstens jedoch bis zu einem Betrag von 370 Euro monatlich.

§ 24[1)] Berechnungszeitraum für das Einkommen der Eltern und des Ehegatten oder Lebenspartners. (1) Für die Anrechnung des Einkommens der Eltern und des Ehegatten oder Lebenspartners des Auszubildenden sind die Einkommensverhältnisse im vorletzten Kalenderjahr vor Beginn des Bewilligungszeitraums maßgebend.

(2) [1] Ist der Einkommensbezieher für diesen Zeitraum zur Einkommensteuer zu veranlagen, liegt jedoch der Steuerbescheid dem Amt für Ausbildungsförderung noch nicht vor, so wird unter Berücksichtigung der glaubhaft gemachten Einkommensverhältnisse über den Antrag entschieden. [2] Ausbildungsförderung wird insoweit – außer in den Fällen des § 18c – unter dem Vorbehalt der Rückforderung geleistet. [3] Sobald der Steuerbescheid dem Amt für Ausbildungsförderung vorliegt, wird über den Antrag abschließend entschieden.

(3) [1] Ist das Einkommen im Bewilligungszeitraum voraussichtlich wesentlich niedriger als in dem nach Absatz 1 maßgeblichen Zeitraum, so ist auf besonderen Antrag des Auszubildenden bei der Anrechnung von den Einkommensverhältnissen im Bewilligungszeitraum auszugehen; nach dessen Ende gestellte Anträge werden nicht berücksichtigt. [2] Der Auszubildende hat das Vorliegen der Voraussetzungen des Satzes 1 glaubhaft zu machen. [3] Ausbildungsförderung wird insoweit – außer in den Fällen des § 18c – unter dem Vorbehalt der Rückforderung geleistet. [4] Sobald sich das Einkommen in dem Bewilligungszeitraum endgültig feststellen lässt, wird über den Antrag abschließend entschieden.

(4) [1] Auf den Bedarf für jeden Kalendermonat des Bewilligungszeitraums ist ein Zwölftel des im Berechnungszeitraum erzielten Jahreseinkommens anzurechnen. [2] Abweichend von Satz 1 ist in den Fällen des Absatzes 3 der Betrag anzurechnen, der sich ergibt, wenn die Summe der Monatseinkommen des Bewilligungszeit-

[1)] § 24 Abs. 2 Satz 2 ber. BGBl. 2012 I S. 197.

raums durch die Zahl der Kalendermonate des Bewilligungszeitraums geteilt wird; als Monatseinkommen gilt ein Zwölftel des jeweiligen Kalenderjahreseinkommens.

§ 25[1)] Freibeträge vom Einkommen der Eltern und des Ehegatten oder Lebenspartners. (1) Es bleiben monatlich anrechnungsfrei

1. vom Einkommen der miteinander verheirateten oder in einer Lebenspartnerschaft verbundenen Eltern, wenn sie nicht dauernd getrennt leben, 2415 Euro,
2. vom Einkommen jedes Elternteils in sonstigen Fällen sowie vom Einkommen des Ehegatten oder Lebenspartners des Auszubildenden je 1605 Euro.

(2) (weggefallen)

(3) [1] Die Freibeträge des Absatzes 1 erhöhen sich

1. für den nicht in Eltern-Kind-Beziehung zum Auszubildenden stehenden Ehegatten oder Lebenspartner des Einkommensbeziehers um 805 Euro,
2. für Kinder des Einkommensbeziehers sowie für weitere dem Einkommensbezieher gegenüber nach dem bürgerlichen Recht Unterhaltsberechtigte um je 730 Euro,

wenn sie nicht in einer Ausbildung stehen, die nach diesem Gesetz oder nach § 56 des Dritten Buches Sozialgesetzbuch[2)] gefördert werden kann. [2] Die Freibeträge nach Satz 1 mindern sich um das Einkommen des Ehegatten oder Lebenspartners, des Kindes oder des sonstigen Unterhaltsberechtigten.

(4) Das die Freibeträge nach den Absätzen 1, 3 und 6 übersteigende Einkommen der Eltern und des Ehegatten oder Lebenspartners bleibt anrechnungsfrei

1. zu 50 vom Hundert und
2. zu 5 vom Hundert für jedes Kind, für das ein Freibetrag nach Absatz 3 gewährt wird.

(5) Als Kinder des Einkommensbeziehers gelten außer seinen eigenen Kindern

1. Pflegekinder (Personen, mit denen er durch ein familienähnliches, auf längere Dauer berechnetes Band verbunden ist, sofern er sie in seinen Haushalt aufgenommen hat und das Obhuts- und Pflegeverhältnis zu den Eltern nicht mehr besteht),
2. in seinen Haushalt aufgenommene Kinder seines Ehegatten oder Lebenspartners,
3. in seinen Haushalt aufgenommene Enkel.

(6) [1] Zur Vermeidung unbilliger Härten kann auf besonderen Antrag, der vor dem Ende des Bewilligungszeitraums zu stellen ist, abweichend von den vorstehenden Vorschriften ein weiterer Teil des Einkommens anrechnungsfrei bleiben. [2] Hierunter fallen insbesondere außergewöhnliche Belastungen nach den §§ 33 bis 33b des Einkommensteuergesetzes sowie Aufwendungen für behinderte

---

[1)] § 25 Abs. 3 Satz 1 geänd. mWv 1.4.2012 durch G v. 20.12.2011 (BGBl. I S. 2854); Abs. 1 Nr. 1 und 2 sowie Abs. 3 Satz 1 Nr. 1 und 2 geänd. mWv 1.8.2016 durch G v. 23.12.2014 (BGBl. I S. 2475); Abs. 1 Nr. 1 und 2, Abs. 3 Satz 1 Nr. 1 und 2 geänd. mWv 16.7.2019, mWv 1.8.2020 und mWv 1.8.2021 durch G v. 8.7.2019 (BGBl. I S. 1048); Abs. 1 Nr. 1 und 2, Abs. 3 Satz 1 Nr. 1 und 2 geänd. mWv 22.7.2022 durch G v. 15.7.2022 (BGBl. I S. 1150).

[2)] **Aichberger, SGB Nr. 3.**

Personen, denen der Einkommensbezieher nach dem bürgerlichen Recht unterhaltspflichtig ist.

Abschnitt V. Vermögensanrechnung

§ 26 Umfang der Vermögensanrechnung. Vermögen des Auszubildenden wird nach Maßgabe der §§ 27 bis 30 angerechnet.

§ 27[1)] Vermögensbegriff. (1) [1] Als Vermögen gelten alle

1. beweglichen und unbeweglichen Sachen,
2. Forderungen und sonstige Rechte.

[2] Ausgenommen sind Gegenstände, soweit der Auszubildende sie aus rechtlichen Gründen nicht verwerten kann.

(2) Nicht als Vermögen gelten

1. Rechte auf Versorgungsbezüge, auf Renten und andere wiederkehrende Leistungen,
2. Übergangsbeihilfen nach den §§ 12 und 13 des Soldatenversorgungsgesetzes[2)] in der Fassung der Bekanntmachung vom 21. April 1983 (BGBl. I S. 457) sowie die Wiedereingliederungsbeihilfe nach § 4 Absatz 1 Nummer 2 des Entwicklungshelfer-Gesetzes[3)],
3. Nießbrauchsrechte,
4. Haushaltsgegenstände.

§ 28 Wertbestimmung des Vermögens. (1) Der Wert eines Gegenstandes ist zu bestimmen

1. bei Wertpapieren auf die Höhe des Kurswertes,
2. bei sonstigen Gegenständen auf die Höhe des Zeitwertes.

(2) Maßgebend ist der Wert im Zeitpunkt der Antragstellung.

(3) [1] Von dem nach den Absätzen 1 und 2 ermittelten Betrag sind die im Zeitpunkt der Antragstellung bestehenden Schulden und Lasten abzuziehen. [2] Dies gilt nicht für das nach diesem Gesetz erhaltene Darlehen.

(4) Veränderungen zwischen Antragstellung und Ende des Bewilligungszeitraums bleiben unberücksichtigt.

§ 29[4)] Freibeträge vom Vermögen. (1) [1] Von dem Vermögen bleiben anrechnungsfrei

1. für Auszubildende, die das 30. Lebensjahr noch nicht vollendet haben, 15 000 Euro, für Auszubildende, die das 30. Lebensjahr vollendet haben, 45 000 Euro,
2. für den Ehegatten oder Lebenspartner des Auszubildenden 2 300 Euro,
3. für jedes Kind des Auszubildenden 2 300 Euro.

[2] Maßgebend sind die Verhältnisse im Zeitpunkt der Antragstellung.

---

1) § 27 Abs. 2 Nr. 2 geänd. mWv 1.8.2016 durch G v. 23.12.2014 (BGBl. I S. 2475).

2) **Sartorius III Nr. 865.**

3) **Aichberger, SGB Nr. 40/10.**

4) § 29 Abs. 1 Satz 1 Nr. 1–3 geänd. mWv 1.8.2016 durch G v. 23.12.2014 (BGBl. I S. 2475); Abs. 1 Satz 1 Nr. 1-3 geänd. mWv 1.8.2020 durch G v. 8.7.2019 (BGBl. I S. 1048); Abs. 1 Satz 1 Nr. 1 neu gef. mWv 22.7.2022 durch G v. 15.7.2022 (BGBl. I S. 1150).

(2) (weggefallen)

(3) Zur Vermeidung unbilliger Härten kann ein weiterer Teil des Vermögens anrechnungsfrei bleiben.

§ 30 Monatlicher Anrechnungsbetrag. Auf den monatlichen Bedarf des Auszubildenden ist der Betrag anzurechnen, der sich ergibt, wenn der Betrag des anzurechnenden Vermögens durch die Zahl der Kalendermonate des Bewilligungszeitraums geteilt wird.

§§ 31–34 (weggefallen)

Abschnitt VI. [Anpassung der Bedarfssätze und Freibeträge]

§ 35[1] Anpassung der Bedarfssätze und Freibeträge. [1] Die Bedarfssätze, Freibeträge sowie die Vomhundertsätze und Höchstbeträge nach § 21 Absatz 2 sind alle zwei Jahre zu überprüfen und durch Gesetz gegebenenfalls neu festzusetzen. [2] Dabei ist der Entwicklung der Einkommensverhältnisse und der Vermögensbildung, den Veränderungen der Lebenshaltungskosten sowie der finanzwirtschaftlichen Entwicklung Rechnung zu tragen. [3] Die Bundesregierung hat hierüber dem Deutschen Bundestag und dem Bundesrat zu berichten.

Abschnitt VII. Vorausleistung und Anspruchsübergang

§ 36[2] Vorausleistung von Ausbildungsförderung. (1) Macht der Auszubildende glaubhaft, dass seine Eltern den nach den Vorschriften dieses Gesetzes angerechneten Unterhaltsbetrag nicht leisten, und ist die Ausbildung – auch unter Berücksichtigung des Einkommens des Ehegatten oder Lebenspartners im Bewilligungszeitraum – gefährdet, so wird auf Antrag nach Anhörung der Eltern Ausbildungsförderung ohne Anrechnung dieses Betrages geleistet; nach Ende des Bewilligungszeitraumes gestellte Anträge werden nicht berücksichtigt.

(2) Absatz 1 ist entsprechend anzuwenden, wenn

1. der Auszubildende glaubhaft macht, dass seine Eltern den Bedarf nach den §§ 12 bis 14b nicht leisten, und die Eltern entgegen § 47 Absatz 4 die für die Anrechnung ihres Einkommens erforderlichen Auskünfte nicht erteilen oder Urkunden nicht vorlegen und darum ihr Einkommen nicht angerechnet werden kann, und wenn
2. Bußgeldfestsetzung oder Einleitung des Verwaltungszwangsverfahrens nicht innerhalb zweier Monate zur Erteilung der erforderlichen Auskünfte geführt haben oder rechtlich unzulässig sind, insbesondere weil die Eltern ihren ständigen Wohnsitz im Ausland haben.

(3) Ausbildungsförderung wird nicht vorausgeleistet, soweit die Eltern bereit sind, Unterhalt entsprechend einer gemäß § 1612 Absatz 2 des Bürgerlichen Gesetzbuches[3] getroffenen Bestimmung zu leisten.

---

[1] § 35 Satz 4 angef. mWv 1.1.2015 durch G v. 23.12.2014 (BGBl. I S. 2475); Satz 4 neu gef. mWv 16.7.2019 durch G v. 8.7.2019 (BGBl. I S. 1048); Satz 4 aufgeh. mWv 22.7.2022 durch G v. 15.7.2022 (BGBl. I S. 1150).

[2] § 36 Abs. 2 Nr. 1 geänd. mWv 16.7.2019 durch G v. 8.7.2019 (BGBl. I S. 1048).

[3] **Habersack, Deutsche Gesetze Nr. 20.**

(4) Von der Anhörung der Eltern kann aus wichtigem Grund oder, wenn der Auszubildende in demselben Ausbildungsabschnitt für den vorhergehenden Bewilligungszeitraum Leistungen nach Absatz 1 oder 2 erhalten hat, abgesehen werden.

§ 37 Übergang von Unterhaltsansprüchen. (1) [1] Hat der Auszubildende für die Zeit, für die ihm Ausbildungsförderung gezahlt wird, nach bürgerlichem Recht einen Unterhaltsanspruch gegen seine Eltern, so geht dieser zusammen mit dem unterhaltsrechtlichen Auskunftsanspruch mit der Zahlung bis zur Höhe der geleisteten Aufwendungen auf das Land über, jedoch nur soweit auf den Bedarf des Auszubildenden das Einkommen der Eltern nach diesem Gesetz anzurechnen ist. [2] Die Zahlungen, welche die Eltern auf Grund der Mitteilung über den Anspruchsübergang erbringen, werden entsprechend § 11 Absatz 2 angerechnet. [3] Die Sätze 1 und 2 gelten nicht, soweit der Auszubildende Ausbildungsförderung als Bankdarlehen nach § 18c erhalten hat.

(2) (weggefallen)

(3) (weggefallen)

(4) Für die Vergangenheit können die Eltern des Auszubildenden nur von dem Zeitpunkt an in Anspruch genommen werden, in dem

1. die Voraussetzungen des bürgerlichen Rechts vorgelegen haben oder
2. sie bei dem Antrag auf Ausbildungsförderung mitgewirkt haben oder von ihm Kenntnis erhalten haben und darüber belehrt worden sind, unter welchen Voraussetzungen dieses Gesetz eine Inanspruchnahme von Eltern ermöglicht.

(5) (weggefallen)

(6) [1] Der Anspruch ist von der Fälligkeit an mit 6 vom Hundert zu verzinsen. [2] Zinsen werden jedoch erst vom Beginn des Monats an erhoben, der auf die Mitteilung des Amtes für Ausbildungsförderung über den erfolgten Anspruchsübergang folgt.

§ 38 Übergang von anderen Ansprüchen. [1] Hat der Auszubildende für die Zeit, für die ihm Ausbildungsförderung gezahlt wird, gegen eine öffentlich-rechtliche Stelle, die nicht Leistungsträger ist, Anspruch auf Leistung, die auf den Bedarf anzurechnen ist oder eine Leistung nach diesem Gesetz ausschließt, geht dieser mit der Zahlung in Höhe der geleisteten Aufwendungen auf das Land über. [2] Die §§ 104 und 115 des Zehnten Buches Sozialgesetzbuch[1] bleiben unberührt.

Abschnitt VIII. Organisation

§ 39[2] Auftragsverwaltung. (1) Dieses Gesetz wird vorbehaltlich des Absatzes 2 im Auftrag des Bundes von den Ländern ausgeführt.

(2) [1] Die nach § 18 Absatz 1 geleisteten Darlehen werden durch das Bundesverwaltungsamt verwaltet und eingezogen. [2] Die zuständige Bundeskasse nimmt die Aufgaben der Kasse beim Einzug der Darlehen einschließlich damit verbundener Kosten und Zinsen und deren Anmahnung für das Bundesverwaltungsamt wahr.

(3) Jedes Land bestimmt die zuständigen Behörden für die Entscheidungen nach § 2 Absatz 2 und § 3 Absatz 4 hinsichtlich der Ausbildungsstätten und Fernlehrinstitute, die ihren Sitz in diesem Land haben.

---

[1] **Sartorius ErgBd. Nr. 410.**
[2] § 39 Abs. 2 Satz 2 geänd. mWv 22.7.2022 durch G v. 15.7.2022 (BGBl. I S. 1150).

(4) Die Bundesregierung kann durch Allgemeine Verwaltungsvorschrift mit Zustimmung des Bundesrates eine einheitliche maschinelle Berechnung, Rückrechnung und Abrechnung der Leistungen nach diesem Gesetz in Form einer algorithmischen Darstellung materiellrechtlicher Regelungen (Programmablaufplan) regeln.

§ 40[1)] Ämter für Ausbildungsförderung. (1) [1] Die Länder errichten für jeden Kreis und jede kreisfreie Stadt ein Amt für Ausbildungsförderung. [2] Die Länder können für mehrere Kreise oder kreisfreie Städte ein gemeinsames Amt für Ausbildungsförderung errichten. [3] Im Land Berlin können mehrere Ämter für Ausbildungsförderung errichtet werden. [4] In den Ländern Berlin, Bremen und Hamburg kann davon abgesehen werden, Ämter für Ausbildungsförderung zu errichten.

(2) [1] Für Auszubildende, die eine im Inland gelegene Hochschule besuchen, richten die Länder abweichend von Absatz 1 Ämter für Ausbildungsförderung bei staatlichen Hochschulen oder bei Studentenwerken ein; diesen kann auch die Zuständigkeit für andere Auszubildende übertragen werden, die Ausbildungsförderung wie Studierende an Hochschulen erhalten. [2] Die Länder können bestimmen, dass ein bei einer staatlichen Hochschule errichtetes Amt für Ausbildungsförderung ein Studentenwerk zur Durchführung seiner Aufgaben heranzieht. [3] Ein Studentenwerk kann Amt für Ausbildungsförderung nur sein, wenn

1. es eine Anstalt oder Stiftung des öffentlichen Rechts ist und
2. ein Bediensteter die Befähigung zu einem Richteramt nach dem Deutschen Richtergesetz[2)] oder für den höheren allgemeinen Verwaltungsdienst hat.

(3) Für Auszubildende, die eine im Ausland gelegene Ausbildungsstätte besuchen, können die Länder abweichend von Absatz 1 Ämter für Ausbildungsförderung bei staatlichen Hochschulen, Studentenwerken oder Landesämtern für Ausbildungsförderung einrichten.

§ 40a Landesämter für Ausbildungsförderung. [1] Die Länder können Landesämter für Ausbildungsförderung errichten. [2] Mehrere Länder können ein gemeinsames Landesamt für Ausbildungsförderung errichten. [3] Im Falle der Errichtung eines Landesamtes für Ausbildungsförderung nach Satz 1 findet § 40 Absatz 2 Satz 3 Nummer 2 keine Anwendung.

§ 41[3)] Aufgaben der Ämter für Ausbildungsförderung. (1) [1] Das Amt für Ausbildungsförderung nimmt die zur Durchführung dieses Gesetzes erforderlichen Aufgaben wahr, soweit sie nicht anderen Stellen übertragen sind. [2] Bei der Bearbeitung der Anträge können zentrale Verwaltungsstellen herangezogen werden.

(2) Es trifft die zur Entscheidung über den Antrag erforderlichen Feststellungen, entscheidet über den Antrag und erlässt den Bescheid hierüber.

(3) Das Amt für Ausbildungsförderung hat die Auszubildenden und ihre Eltern über die individuelle Förderung der Ausbildung nach bundes- und landesrechtlichen Vorschriften zu beraten.

(4) [1] Die Ämter für Ausbildungsförderung dürfen Personen, die Leistungen nach diesem Gesetz beziehen, auch regelmäßig im Wege des automatisierten Datenabgleichs daraufhin überprüfen, ob und welche Daten nach § 45d Absatz 1 des

---

[1)] § 40 Abs. 1 Satz 2, Abs. 2 Satz 3 Nr. 1 geänd. mWv 16.7.2019 durch G v. 8.7.2019 (BGBl. I S. 1048).
[2)] **Habersack, Deutsche Gesetze ErgBd. Nr. 97.**
[3)] § 41 Abs. 2 Satz 2 aufgeh. mWv 16.7.2019 durch G v. 8.7.2019 (BGBl. I S. 1048).

Einkommensteuergesetzes dem Bundeszentralamt für Steuern übermittelt worden sind. [2] Die Ämter für Ausbildungsförderung dürfen zu diesem Zweck Namen, Vornamen, Geburtsdatum und Anschrift der Personen, die Leistungen nach diesem Gesetz beziehen, sowie die Amts- und Förderungsnummer an das Bundeszentralamt für Steuern übermitteln. [3] Die Übermittlung kann auch über eine von der zuständigen Landesbehörde bestimmte zentrale Landesstelle erfolgen. [4] Das Bundeszentralamt für Steuern hat die ihm überlassenen Daten und Datenträger nach Durchführung des Abgleichs unverzüglich zurückzugeben, zu löschen oder zu vernichten. [5] Die Ämter für Ausbildungsförderung dürfen die ihnen übermittelten Daten nur zur Überprüfung nach Satz 1 nutzen. [6] Die übermittelten Daten der Personen, bei denen die Überprüfung zu keinen abweichenden Feststellungen führt, sind unverzüglich zu löschen.

§§ 42 und 43 (weggefallen)

§ 44[1)] Beirat für Ausbildungsförderung. (1) Das Bundesministerium für Bildung und Forschung kann durch Rechtsverordnung[2)] ohne Zustimmung des Bundesrates einen Beitrag für Ausbildungsförderung bilden, der es bei

1. der Durchführung des Gesetzes,
2. der weiteren Ausgestaltung der gesetzlichen Regelung der individuellen Ausbildungsförderung und
3. der Berücksichtigung neuer Ausbildungsformen

berät.

(2) In den Beirat sind Vertreter der an der Ausführung des Gesetzes beteiligten Landes- und Gemeindebehörden, des Deutschen Studentenwerkes e.V., der Bundesagentur für Arbeit, der Lehrkörper der Ausbildungsstätten, der Auszubildenden, der Elternschaft, der Rechts-, Wirtschafts- oder Sozialwissenschaften, der Arbeitgeber sowie der Arbeitnehmer zu berufen.

Abschnitt IX. Verfahren

§ 45[3)] Örtliche Zuständigkeit. (1) [1] Für die Entscheidung über die Ausbildungsförderung ist das Amt für Ausbildungsförderung zuständig, in dessen Bezirk die Eltern des Auszubildenden oder, wenn nur noch ein Elternteil lebt, dieser den ständigen Wohnsitz haben. [2] Das Amt für Ausbildungsförderung, in dessen Bezirk der Auszubildende seinen ständigen Wohnsitz hat, ist zuständig, wenn

1. der Auszubildende verheiratet oder in einer Lebenspartnerschaft verbunden ist oder war,
2. seine Eltern nicht mehr leben,
3. dem überlebenden Elternteil die elterliche Sorge nicht zusteht oder bei Erreichen der Volljährigkeit des Auszubildenden nicht zustand,
4. nicht beide Elternteile ihren ständigen Wohnsitz in dem Bezirk desselben Amtes für Ausbildungsförderung haben,
5. kein Elternteil einen Wohnsitz im Inland hat,

[1)] § 44 Abs. 1 einl. Satzteil geänd. mWv 1.1.2015 durch G v. 23.12.2014 (BGBl. I S. 2475).

[2)] Siehe die VO über die Errichtung eines Beirates für die Ausbildungsförderung (BeiratsV) v. 11.11. 1971 (BGBl. I S. 1801), zuletzt geänd. durch G v. 23.12.2003 (BGBl. I S. 2848).

[3)] § 45 Abs. 4 Satz 2 geänd., Abs. 1 Satz 2 Nr. 6 neu gef. mWv 1.8.2016 mWv 1.1.2015 durch G v. 23.12.2014 (BGBl. I S. 2475).

6. der Auszubildende eine Fachschulklasse besucht, deren Besuch eine abgeschlossene Berufsausbildung voraussetzt,
7. der Auszubildende Ausbildungsförderung für die Teilnahme an Fernunterrichtslehrgängen erhält (§ 3).

[3] Hat in den Fällen des Satzes 2 der Auszubildende im Inland keinen ständigen Wohnsitz, so ist das Amt für Ausbildungsförderung zuständig, in dessen Bezirk die Ausbildungsstätte liegt.

(2) Abweichend von Absatz 1 ist für die Auszubildenden an

1. Abendgymnasien und Kollegs,
2. Höheren Fachschulen und Akademien

das Amt für Ausbildungsförderung zuständig, in dessen Bezirk die Ausbildungsstätte gelegen ist, die der Auszubildende besucht.

(3) [1] Abweichend von den Absätzen 1 und 2 ist das bei einer staatlichen Hochschule errichtete Amt für Ausbildungsförderung für die an dieser Hochschule immatrikulierten Auszubildenden zuständig; diese Zuständigkeit gilt auch für Auszubildende, die im Zusammenhang mit dem Hochschulbesuch ein Vor- oder Nachpraktikum ableisten. [2] Die Länder können bestimmen, dass das an einer staatlichen Hochschule errichtete Amt für Ausbildungsförderung auch zuständig ist für Auszubildende, die an anderen Hochschulen immatrikuliert sind, und andere Auszubildende, die Ausbildungsförderung wie Studierende an Hochschulen erhalten. [3] Ist das Amt für Ausbildungsförderung bei einem Studentenwerk errichtet, so wird dessen örtliche Zuständigkeit durch das Land bestimmt.

(4) [1] Für die Entscheidung über Ausbildungsförderung für eine Ausbildung im Ausland nach § 5 Absatz 2 und 5 sowie § 6 ist ausschließlich das durch das zuständige Land bestimmte Amt für Ausbildungsförderung örtlich zuständig. [2] Das Bundesministerium für Bildung und Forschung bestimmt durch Rechtsverordnung[1)] ohne Zustimmung des Bundesrates, welches Land das für alle Auszubildenden, die die in einem anderen Staat gelegenen Ausbildungsstätten besuchen, örtlich zuständige Amt bestimmt.

§ 45a Wechsel in der Zuständigkeit. (1) [1] Wird ein anderes Amt für Ausbildungsförderung zuständig, so tritt dieses Amt für sämtliche Verwaltungshandlungen einschließlich des Vorverfahrens an die Stelle des bisher zuständigen Amtes. [2] § 2 Absatz 2 des Zehnten Buches Sozialgesetzbuch[2)] bleibt unberührt.

(2) Hat die örtliche Zuständigkeit gewechselt, muss das bisher zuständige Amt die Leistungen noch solange erbringen, bis sie von dem nunmehr zuständigen Amt fortgesetzt werden.

(3) Sobald ein Amt zuständig ist, das in einem anderen Land liegt, gehen die Ansprüche nach § 50 Absatz 1 des Zehnten Buches Sozialgesetzbuch und § 20 auf dieses Land über.

§ 46[3)] Antrag. (1) Über die Leistung von Ausbildungsförderung wird auf schriftlichen oder elektronischen Antrag entschieden.

[1)] Siehe die BAföG-AuslandszuständigkeitsV v. 6.1.2004 (BGBl. I S. 42), geänd. durch VO v. 19.10. 2011 (BGBl. I S. 2098).

[2)] **Sartorius ErgBd. Nr. 410.**

[3)] § 46 Abs. 1 Satz 2 eingef., bish. Satz 2 wird Satz 3 mWv 1.1.2015, Abs. 5 Satz 1 Nr. 2 eingef., bish. Nr. 2–4 werden Nr. 3–5, Satz 2 geänd. mWv 1.8.2015 durch G v. 23.12.2014 (BGBl. I S. 2475); Abs. 1 neu gef. mWv 22.7.2022 durch G v. 15.7.2022 (BGBl. I S. 1150).

(2) Der Antrag ist an das örtlich zuständige Amt für Ausbildungsförderung zu richten.

(3) Die zur Feststellung des Anspruchs erforderlichen Tatsachen sind auf den Formblättern[1)] anzugeben, die die Bundesregierung durch Allgemeine Verwaltungsvorschrift mit Zustimmung des Bundesrates bestimmt hat.

(4) (weggefallen)

(5) [1] Auf Antrag hat das Amt für Ausbildungsförderung dem Grunde nach vorab zu entscheiden, ob die Förderungsvoraussetzungen für eine nach Fachrichtung und Ausbildungsstätte bestimmt bezeichnete

1. Ausbildung im Ausland nach § 5 Absatz 2 und 5,
2. Ausbildung nach § 7 Absatz 1a,

(Fortsetzung nächstes Blatt)

[1)] Siehe die Allgemeine Verwaltungsvorschrift zur Bestimmung der Formblätter nach § 46 Absatz 3 des Bundesausbildungsförderungsgesetzes (BAföG-FormblattVwV 2020) v. 18.8.2020 (GMBl S. 742).

1. entgegen § 60 Absatz 1 des Ersten Buches Sozialgesetzbuch[1], jeweils auch in Verbindung mit § 47 Absatz 4, eine Angabe oder eine Änderungsmitteilung nicht, nicht richtig, nicht vollständig oder nicht rechtzeitig macht oder eine Beweisurkunde nicht, nicht richtig, nicht vollständig oder nicht rechtzeitig vorlegt;
2. entgegen § 47 Absatz 2 oder 5 Nummer 1 eine Auskunft nicht, nicht richtig, nicht vollständig oder nicht rechtzeitig erteilt oder eine Urkunde nicht oder nicht rechtzeitig vorlegt oder nicht oder nicht rechtzeitig ausstellt;

2a. entgegen § 47 Absatz 3 das Amt für Ausbildungsförderung nicht oder nicht rechtzeitig unterrichtet oder

3. einer Rechtsverordnung nach § 18 Absatz 14 Nummer 2 zuwiderhandelt, soweit sie für einen bestimmten Tatbestand auf diese Bußgeldvorschrift verweist.

(2) Die Ordnungswidrigkeit kann mit einer Geldbuße bis zu 2 500 Euro geahndet werden.

(3) Verwaltungsbehörde im Sinne des § 36 Absatz 1 Nummer 1 des Gesetzes über Ordnungswidrigkeiten[2] ist in den Fällen des Absatzes 1 Nummer 1, 2 und 2a das Amt für Ausbildungsförderung, in den Fällen des Absatzes 1 Nummer 3 das Bundesverwaltungsamt.

§ 59 (weggefallen)

§ 60[3] **Opfer politischer Verfolgung durch SED-Unrecht.** Verfolgten nach § 1 des Beruflichen Rehabilitierungsgesetzes[4] oder verfolgten Schülern nach § 3 des Beruflichen Rehabilitierungsgesetzes wird für Ausbildungsabschnitte, die vor dem 1. Januar 2003 beginnen,

1. Ausbildungsförderung ohne Anwendung der Altersgrenze des § 10 Absatz 3 Satz 1 geleistet, sofern sie eine Bescheinigung nach § 17 oder § 18 des Beruflichen Rehabilitierungsgesetzes erhalten haben; § 10 Absatz 3 Satz 2 Nummer 3 bleibt unberührt,
2. auf Antrag der nach dem 31. Dezember 1990 nach § 17 Absatz 2 geleistete Darlehensbetrag erlassen, sofern in der Bescheinigung nach § 17 des Beruflichen Rehabilitierungsgesetzes eine Verfolgungszeit oder verfolgungsbedingte Unterbrechung der Ausbildung vor dem 3. Oktober 1990 von insgesamt mehr als drei Jahren festgestellt wird; der Antrag ist innerhalb eines Monats nach Bekanntgabe des Bescheides nach § 18 Absatz 9 zu stellen,
3. auf Antrag der nach dem 31. Juli 1996 nach § 17 Absatz 3 in der am 31. Juli 2019 geltenden Fassung geleistete Darlehensbetrag unter den Voraussetzungen der Nummer 2 erlassen; der Antrag ist innerhalb eines Monats nach Erhalt der Mitteilung nach § 18c Absatz 8 an die Kreditanstalt für Wiederaufbau zu richten.

---

[1] **Sartorius ErgBd. Nr. 401.**

[2] **Habersack, Deutsche Gesetze Nr. 94.**

[3] § 60 einl. Satzteil, Nr. 2 und 3 geänd. mWv 16.7.2019 durch G v. 8.7.2019 (BGBl. I S. 1048).

[4] **Sartorius III Nr. 95.**

§ 61[1] Förderung von Ausländerinnen und Ausländern mit einer Aufenthaltserlaubnis oder einer entsprechenden Fiktionsbescheinigung.

(1) Ergänzend zu § 8 Absatz 2 Nummer 1 wird Ausländerinnen und Ausländern Ausbildungsförderung auch geleistet, die gemäß § 49 des Aufenthaltsgesetzes[2] erkennungsdienstlich behandelt worden sind, ihren ständigen Wohnsitz im Inland haben und

1. denen eine Aufenthaltserlaubnis nach § 24 Absatz 1 des Aufenthaltsgesetzes erteilt worden ist oder
2. die eine Aufenthaltserlaubnis nach § 24 Absatz 1 des Aufenthaltsgesetzes beantragt haben und denen ausgestellt worden ist
   a) eine entsprechende Fiktionsbescheinigung nach § 81 Absatz 5 in Verbindung mit Absatz 3 des Aufenthaltsgesetzes oder
   b) eine entsprechende Fiktionsbescheinigung nach § 81 Absatz 5 in Verbindung mit Absatz 4 des Aufenthaltsgesetzes.

(2) § 74 Absatz 3 und 4 des Zweiten Buches Sozialgesetzbuch[3] gilt entsprechend.

(3) § 5 Absatz 2 Satz 4 gilt entsprechend.

§§ 62 bis 64 (weggefallen)

§ 65 Weitergeltende Vorschriften. (1) Die Vorschriften über die Leistung individueller Förderung der Ausbildung nach

1. dem Bundesversorgungsgesetz[4],
2. den Gesetzen, die das Bundesversorgungsgesetz für anwendbar erklären,
3. (weggefallen)
4. dem Bundesentschädigungsgesetz[5] sowie
5. dem Häftlingshilfegesetz[6] in der Fassung der Bekanntmachung vom 2. Juni 1993 (BGBl. I S. 838), zuletzt geändert durch Artikel 4 des Gesetzes vom 17. Dezember 1999 (BGBl. I S. 2662)

werden durch dieses Gesetz nicht berührt.

(2) Die in Absatz 1 bezeichneten Vorschriften haben Vorrang vor diesem Gesetz.

§ 66 (weggefallen)

§ 66a[7] Übergangs- und Anwendungsvorschrift; Verordnungsermächtigung. (1) [1]Für Auszubildende, denen bis zum 31. Juli 2016 nach zuvor bereits erworbenem Hochschulabschluss die Leistung von Ausbildungsförderung nach § 7 Absatz 1 bewilligt wurde, ist diese Vorschrift bis zum Ende des Ausbildungs-

---

[1] § 61 neu gef. mWv 1.6.2022 durch G v. 23.5.2022 (BGBl. I S. 760).
[2] Nr. **565**.
[3] **Sartorius ErgBd. Nr. 402.**
[4] **Sartorius III Nr. 590.**
[5] **Sartorius III Nr. 981.**
[6] **Sartorius III Nr. 965.**
[7] § 66a neu gef. mWv 16.7.2019, Abs. 9 angef. mWv 1.8.2020 und Abs. 10 angef. mWv 1.8.2021 durch G v. 8.7.2019 (BGBl. I S. 1048); Abs. 8a angef. mWv 1.3.2020 durch G v. 25.5.2020 (BGBl. I S. 1073); Überschr. und Abs. 8a neu gef., Abs. 8b eingef. mWv 24.11.2021 durch G v. 22.11.2021 (BGBl. I S. 4906); Abs. 2 und 3 neu gef., Abs. 4, Abs. 7 Satz 2, Abs. 8–10 aufgeh. mWv 22.7.2022 durch G v. 15.7.2022 (BGBl. I S. 1150).

abschnitts in der bis zum 31. Juli 2016 geltenden Fassung weiter anzuwenden. [2] Für Auszubildende, deren Bewilligungszeitraum vor dem 1. August 2016 begonnen hat, ist § 45 Absatz 1 Satz 2 Nummer 6 bis zum Ende des Ausbildungsabschnitts in der bis zum 31. Juli 2016 geltenden Fassung weiter anzuwenden.

(2) Die §§ 5, 10, 12, 13, 13a, 14b, 16, 18a, 21, 23, 25 und 29 in der durch Artikel 1 des Gesetzes vom 15. Juli 2022 (BGBl. I S. 1150) geänderten Fassung sind erst ab dem 1. August 2022 anzuwenden, soweit nachstehend nichts anderes bestimmt ist.

(3) [1] Für Bewilligungszeiträume, die vor dem 1. August 2022 begonnen haben, sind die §§ 12, 13, 13a, 14b, 21, 23, 25 und 29 in der bis zum 31. Juli 2022 geltenden Fassung vorbehaltlich des Satzes 2 weiter anzuwenden. [2] Ab dem 1. Oktober 2022 sind die in Satz 1 genannten Vorschriften in der ab dem 1. August 2022 anzuwendenden Fassung auch für Bewilligungszeiträume anzuwenden, die vor dem 1. August 2022 begonnen haben.

(4) *(aufgehoben)*

(5) [1] Für Auszubildende, denen für einen vor dem 1. August 2019 begonnenen Ausbildungsabschnitt Förderung geleistet wurde für den Besuch einer staatlichen Akademie, welche Abschlüsse verleiht, die nach Landesrecht Hochschulabschlüssen gleichgestellt sind, sind bis zum Ende dieses Ausbildungsabschnitts § 15 Absatz 2 Satz 1 und § 50 Absatz 2 Satz 4 in der am 31. Juli 2019 geltenden Fassung weiter anzuwenden. [2] § 18 Absatz 4 Satz 1 in der ab dem 1. September 2019 geltenden Fassung gilt für sie mit der Maßgabe, dass ausschließlich die Nummer 2 anzuwenden ist.

(6) Für Darlehensnehmende, denen vor dem 1. September 2019 Förderung nach § 17 Absatz 2 Satz 1 in der am 31. August 2019 anzuwendenden Fassung geleistet wurde, sind diese Regelung, § 18 mit Ausnahme des Absatzes 3 Satz 1 und des Absatzes 5c sowie § 18a Absatz 5, die §§ 18b, 58 Absatz 1 Nummer 3 und § 60 Nummer 2 in der am 31. August 2019 geltenden Fassung weiter anzuwenden; dies gilt auch, soweit die Förderungsleistungen jeweils auch noch über den 31. August 2019 hinaus erbracht werden.

(7) Darlehensnehmende, denen Förderung mit Darlehen nach § 17 in einer vor dem 1. September 2019 geltenden Fassung geleistet wurde, mit Ausnahme von Bankdarlehen nach § 18c, können binnen einer Frist von sechs Monaten nach diesem Datum jeweils durch schriftliche oder elektronische Erklärung gegenüber dem Bundesverwaltungsamt verlangen, dass für die Rückzahlung des gesamten Darlehens § 18 Absatz 12 und § 18a in der am 1. September 2019 anzuwendenden Fassung anzuwenden sind.

(8) *(aufgehoben)*

(8a) § 21 Absatz 4 Nummer 5 ist ab dem 1. April 2022 nicht mehr anzuwenden.

(8b) Die Bundesregierung wird ermächtigt, die Anwendung des § 21 Absatz 4 Nummer 5 durch Rechtsverordnung[1)] ohne Zustimmung des Bundesrates längstens bis zum Ablauf des 31. Dezember 2022 zu verlängern, soweit dies auf Grund fortbestehender Auswirkungen der COVID-19-Pandemie in der Bundesrepublik Deutschland erforderlich ist.

[1)] Siehe hierzu ua die VO zur Verlängerung des Zeitraums für das vereinfachte Verfahren für den Zugang zu den Grundsicherungssystemen und für den Mehrbedarf für die gemeinschaftliche Mittagsverpflegung für Menschen mit Behinderungen aus Anlass der COVID-19-Pandemie (VZVV) v. 10.3.2022 (BGBl. I S. 426, 427).

§ 66b[1)] **Übergangsvorschrift aus Anlass des Endes des Übergangszeitraums nach dem Abkommen über den Austritt des Vereinigten Königreichs Großbritannien und Nordirland aus der Europäischen Union und der Europäischen Atomgemeinschaft.** Auszubildenden, die bis zum Ende des Übergangszeitraums nach Teil Vier des Abkommens über den Austritt des Vereinigten Königreichs Großbritannien und Nordirland aus der Europäischen Union und der Europäischen Atomgemeinschaft vom 24. Januar 2020 (ABl. L 29 vom 31.1.2020, S. 7) einen Ausbildungsabschnitt an einer Ausbildungsstätte im Vereinigten Königreich Großbritannien und Nordirland beginnen oder fortsetzen, wird Ausbildungsförderung nach § 5 Absatz 2 Satz 1 Nummer 3 noch bis zum Abschluss oder Abbruch dieses Ausbildungsabschnitts an einer dortigen Ausbildungsstätte nach Maßgabe der im Übrigen unverändert geltenden sonstigen Förderungsvoraussetzungen dieses Gesetzes gewährt.

§ 67 (weggefallen)

§ 68 (Inkrafttreten)

[1)] § 66b eingef. mWv 24.11.2020 durch G v. 12.11.2020 (BGBl. I S. 2416).

450. Gesetz über das Bundeskriminalamt und die Zusammenarbeit des Bundes und der Länder in kriminalpolizeilichen Angelegenheiten (Bundeskriminalamtgesetz BKAG)[1] [2]

Vom 1. Juni 2017

(BGBl. I S. 1354, ber. 2019 S. 400)

FNA 2190-3

geänd. durch Art. 152 Elfte ZuständigkeitsanpassungsVO v. 19.6.2020 (BGBl. I S. 1328), Nr. 1 Buchst. g Beschl. des BVerfG – 1 BvR 1873/13, 1 BvR 2618/13 – v. 27.5.2020 (BGBl. I S. 1931), Art. 5 G zur Stärkung der Sicherheit im Pass-, Ausweis- und ausländerrechtlichen Dokumentenwesen v. 3.12.2020 (BGBl. I S. 2744), Art. 5 Rechtsextremismus-BekämpfungsG v. 30.3.2021 (BGBl. I S. 441, aufgeh. durch Art. 15 Nr. 2 G v. 30.3.2021, BGBl. I S. 448), Art. 7 G zur Anpassung der Regelungen über die Bestandsdatenauskunft an die Vorgaben aus der Entscheidung des BVerfG v. 27.5.2020 v. 30.3.2021 (BGBl. I S. 448, ber. S. 1380), Art. 14 TelekommunikationsmodernisierungsG v. 23.6.2021 (BGBl. I S. 1858), Art. 9 G zur Regelung des Datenschutzes und des Schutzes der Privatsphäre in der Telekommunikation und bei Telemedien v. 23.6.2021 (BGBl. I S. 1982), Art. 6 Transparenzregister- und Finanzinformationsgesetz v. 25.6.2021 (BGBl. I S. 2083), Art. 2 G zur Fortentwicklung der StrafprozessO und zur Änd. weiterer Vorschriften v. 25.6.2021 (BGBl. I S. 2099) und Art. 2 G zur Durchführung der VO (EU) 2021/784 und zur Änd. weiterer Gesetze v. 21.7.2022 (BGBl. I S. 1182)

Inhaltsübersicht[3]

---

[1] Verkündet als Art. 1 G v. 1.6.2017 (BGBl. I S. 1354, ber. 2019 S. 400); Inkrafttreten gem. Art. 13 Abs. 1 dieses G am 25.5.2018, mit Ausnahme des § 20, der am 9.6.2017 in Kraft tritt, vgl. Art. 13 Abs. 2 dieses G.

[2] **Amtl. Anm. an der Überschrift des MantelG:** Dieses Gesetz dient der Umsetzung der Richtlinie (EU) 2016/680 des Europäischen Parlaments und des Rates vom 27. April 2016 zum Schutz natürlicher Personen bei der Verarbeitung personenbezogener Daten durch die zuständigen Behörden zum Zwecke der Verhütung, Ermittlung, Aufdeckung oder Verfolgung von Straftaten oder der Strafvollstreckung sowie zum freien Datenverkehr und zur Aufhebung des Rahmenbeschlusses 2008/977/JI des Rates (ABl. L 119 vom 4.5.2016, S. 89).

[3] Inhaltsübersicht geänd. mWv 2.4.2021 durch G v. 30.3.2021 (BGBl. I S. 448); geänd. mWv 1.7.2021 durch G v. 25.6.2021 (BGBl. I S. 2099).

4. in den Fällen der in § 129a Absatz 1 Nummer 1 und 2 des Strafgesetzbuchs genannten Straftaten und damit im Zusammenhang stehender Straftaten, soweit es sich um eine Auslandstat handelt und ein Gerichtsstand noch nicht feststeht,
5. in den Fällen von Straftaten nach den §§ 202a, 202b, 202c, 263a, 303a und 303b des Strafgesetzbuchs, soweit tatsächliche Anhaltspunkte dafür vorliegen, dass die Tat sich richtet gegen
   a) die innere oder äußere Sicherheit der Bundesrepublik Deutschland oder
   b) Behörden oder Einrichtungen des Bundes oder sicherheitsempfindliche Stellen von lebenswichtigen Einrichtungen, bei deren Ausfall oder Zerstörung eine erhebliche Bedrohung für die Gesundheit oder das Leben von Menschen zu befürchten ist oder die für das Funktionieren des Gemeinwesens unverzichtbar sind,
6. in den Fällen von
   a) Straftaten nach den §§ 81, 83 Absatz 1, §§ 87, 88 und 94 bis 100a des Strafgesetzbuchs und nach § 13 des Völkerstrafgesetzbuchs[1] sowie
   b) Straftaten nach den §§ 211, 212, 234, 234a, 239, 239a, 239b des Strafgesetzbuchs, wenn anzunehmen ist, dass die Tat durch Angehörige des Geheimdienstes einer fremden Macht oder im Auftrag einer fremden Macht oder den Geheimdienst einer fremden Macht begangen worden ist.

[2]Die Staatsanwaltschaft kann im Benehmen mit dem Bundeskriminalamt die Ermittlungen einer anderen sonst zuständigen Polizeibehörde übertragen. [3]Die Wahrnehmung der Aufgaben nach Satz 1 Nummer 2 und 3 Buchstabe b bedarf der Zustimmung des Bundesministeriums des Innern, für Bau und Heimat; bei Gefahr im Verzug kann das Bundeskriminalamt vor Erteilung der Zustimmung tätig werden.

(2) [1]Das Bundeskriminalamt nimmt darüber hinaus die polizeilichen Aufgaben auf dem Gebiet der Strafverfolgung wahr, wenn
1. eine zuständige Landesbehörde darum ersucht,
2. das Bundesministerium des Innern, für Bau und Heimat es nach Unterrichtung der obersten Landesbehörde aus schwerwiegenden Gründen anordnet oder
3. der Generalbundesanwalt darum ersucht oder einen Auftrag erteilt.

[2]Satz 1 Nummer 1 und 3 gilt entsprechend für die Fahndung nach Verurteilten zum Zwecke der Vollstreckung.

(3) [1]Die für die Strafrechtspflege und die Polizei zuständigen obersten Landesbehörden sind unverzüglich zu benachrichtigen, wenn das Bundeskriminalamt polizeiliche Aufgaben auf dem Gebiet der Strafverfolgung wahrnimmt; außerdem sind unverzüglich zu benachrichtigen die zuständigen Landeskriminalämter, der Generalbundesanwalt in den Fällen, in denen er für die Führung der Ermittlungen zuständig ist, und in den übrigen Fällen die Generalstaatsanwaltschaften, in deren Bezirken ein Gerichtsstand begründet ist. [2]Die Verpflichtung anderer Polizeibehörden zur Durchführung der notwendigen unaufschiebbaren Maßnahmen sowie die Befugnisse der Staatsanwaltschaft nach § 161 der Strafprozessordnung[2] bleiben unberührt.

(4) [1]In den Fällen der Absätze 1 und 2 kann das Bundeskriminalamt den zuständigen Landeskriminalämtern Weisungen für die Zusammenarbeit geben. [2]Die oberste Landesbehörde ist unverzüglich zu benachrichtigen.

---

[1] **Habersack, Deutsche Gesetze ErgBd. Nr. 85g.**
[2] **Habersack, Deutsche Gesetze Nr. 90.**

§ 5[1)] Abwehr von Gefahren des internationalen Terrorismus. (1) [1]Das Bundeskriminalamt kann die Aufgabe der Abwehr von Gefahren des internationalen Terrorismus in Fällen wahrnehmen, in denen

1. eine länderübergreifende Gefahr vorliegt,
2. die Zuständigkeit einer Landespolizeibehörde nicht erkennbar ist oder
3. die oberste Landesbehörde um eine Übernahme ersucht.

[2]Gefahren des internationalen Terrorismus sind Gefahren der Verwirklichung von Straftaten, die in § 129a Absatz 1 und 2 des Strafgesetzbuchs[2)] bezeichnet und dazu bestimmt sind,

1. die Bevölkerung auf erhebliche Weise einzuschüchtern,
2. eine Behörde oder eine internationale Organisation rechtswidrig mit Gewalt oder durch Drohung mit Gewalt zu nötigen oder
3. die politischen, verfassungsrechtlichen, wirtschaftlichen oder sozialen Grundstrukturen eines Staates oder einer internationalen Organisation zu beseitigen oder erheblich zu beeinträchtigen,

und durch die Art ihrer Begehung oder ihre Auswirkungen einen Staat oder eine internationale Organisation erheblich schädigen können. [3]Das Bundeskriminalamt kann in den in Satz 1 bezeichneten Fällen auch zur Verhütung von Straftaten nach Satz 2 tätig werden.

(2) [1]Die Befugnisse der Länder und anderer Polizeibehörden des Bundes bleiben unberührt. [2]Die zuständigen obersten Landesbehörden und, soweit zuständig, anderen Polizeibehörden des Bundes sind unverzüglich zu benachrichtigen, wenn das Bundeskriminalamt die Aufgabe nach Absatz 1 wahrnimmt. [3]Die Aufgabenwahrnehmung erfolgt in gegenseitigem Benehmen. [4]Stellt das Bundeskriminalamt bei der Aufgabenwahrnehmung nach Absatz 1 Satz 1 Nummer 2 die Zuständigkeit einer Landespolizeibehörde fest, so gibt es diese Aufgabe an diese Polizeibehörde ab, wenn nicht ein Fall des Absatzes 1 Satz 1 Nummer 1 oder Nummer 3 vorliegt.

(3) Das Bundeskriminalamt ist unbeschadet der Absätze 1 und 2 zuständige Behörde nach § 1 Absatz 1 des Terroristische-Online-Inhalte-Bekämpfungs-Gesetzes für den Erlass und die Überprüfung von Entfernungsanordnungen nach den Artikeln 3 und 4 der Verordnung (EU) 2021/784 des Europäischen Parlaments und des Rates vom 29. April 2021 zur Bekämpfung der Verbreitung terroristischer Online-Inhalte (ABl. L 172 vom 17.5.2021, S. 79).

§ 6[3)] Schutz von Mitgliedern der Verfassungsorgane und der Leitung des Bundeskriminalamtes. (1) [1]Unbeschadet der Rechte des Präsidenten des Deutschen Bundestages und der Zuständigkeit der Bundespolizei und der Polizeien der Länder obliegt dem Bundeskriminalamt

1. der erforderliche Personenschutz
   a) für die Mitglieder der Verfassungsorgane des Bundes,
   b) in besonders festzulegenden Fällen der Gäste dieser Verfassungsorgane aus anderen Staaten,
   c) auf Ersuchen des Präsidenten des Deutschen Bundestages für Hilfsorgane des Deutschen Bundestages und
   d) für die Leitung des Bundeskriminalamtes;

[1)] § 5 Abs. 3 angef. mWv 27.7.2022 durch G v. 21.7.2022 (BGBl. I S. 1182).
[2)] **Habersack, Deutsche Gesetze Nr. 85.**
[3)] § 6 Abs. 2 geänd. mWv 27.6.2020 durch VO v. 19.6.2020 (BGBl. I S. 1328).

2. der innere Schutz der Dienst- und der Wohnsitze sowie der jeweiligen Aufenthaltsräume des Bundespräsidenten, der Mitglieder der Bundesregierung und in besonders festzulegenden Fällen ihrer Gäste aus anderen Staaten.

[2] In den Fällen des Satzes 1 Nummer 1 Buchstabe a, c und d kann der erforderliche Schutz insbesondere auch über die Amtsdauer hinaus erstreckt werden und Familienangehörige einbeziehen.

(Fortsetzung nächstes Blatt)

565. Gesetz über den Aufenthalt, die Erwerbstätigkeit und die Integration von Ausländern im Bundesgebiet (Aufenthaltsgesetz – AufenthG)[1) 2) 3)]

In der Fassung der Bekanntmachung vom 25. Februar 2008[4)]
(BGBl. I S. 162)

FNA 26-12

geänd. durch Art. 6 G zur Änd. des PassG und weiterer Vorschriften v. 20.7.2007 (BGBl. I S. 1566), Art. 1 G zur Umsetzung aufenthalts- und asylrechtlicher RL der EU v. 19.8.2007 (BGBl. I S. 1970), Art. 3 G zur Änd. des BundespolizeiG und anderer Gesetze v. 26.2.2008 (BGBl. I S. 215), Art. 2 Abs. 3 G zur Ergänzung des Rechts zur Anfechtung der Vaterschaft v. 13.3.2008 (BGBl. I S. 313), Art. 19 FGG-ReformG v. 17.12.2008 (BGBl. I S. 2586), Art. 1 ArbeitsmigrationssteuerungsG v. 20.12.2008 (BGBl. I S. 2846), Art. 1a Viertes G zur Änd. des StraßenverkehrsG v. 22.12.2008 (BGBl. I S. 2965), Art. 4 Abs. 22 G zur Reform der Sachaufklärung in der Zwangsvollstreckung v. 29.7.2009 (BGBl. I S. 2258), Art. 4 Abs. 5 G zur Verfolgung der Vorbereitung von schweren staatsgefährdenden Gewalttaten v. 30.7.2009 (BGBl. I S. 2437), Art. 1 G zur Anpassung des deutschen Rechts an die VO (EG) Nr. 380/2008 v. 12.4.2011 (BGBl. I S. 610), Art. 1 G zur Bekämpfung der Zwangsheirat und zum besseren Schutz der Opfer von Zwangsheirat sowie zur Änd. weiterer aufenthalts- und asylrechtlicher Vorschriften v. 23.6.2011 (BGBl. I S. 1266), Art. 1 G zur Umsetzung aufenthaltsrechtlicher RL der EU und zur Anpassung nationaler Rechtsvorschriften an den EU-Visakodex v. 22.11.2011 (BGBl. I

[1)] **Amtl. Anm.:** Dieses Gesetz dient der Umsetzung folgender Richtlinien:

1. Richtlinie 2001/40/EG des Rates vom 28. Mai 2001 über die gegenseitige Anerkennung von Entscheidungen über die Rückführung von Drittstaatsangehörigen (ABl. EG Nr. L 149 S. 34),
2. Richtlinie 2001/51/EG des Rates vom 28. Juni 2001 zur Ergänzung der Regelungen nach Artikel 26 des Übereinkommens zur Durchführung des Übereinkommens von Schengen vom 14. Juni 1985 (ABl. EG Nr. L 187 S. 45),
3. Richtlinie 2001/55/EG des Rates vom 20. Juli 2001 über Mindestnormen für die Gewährung vorübergehenden Schutzes im Falle eines Massenzustroms von Vertriebenen und Maßnahmen zur Förderung einer ausgewogenen Verteilung der Belastungen, die mit der Aufnahme dieser Personen und den Folgen dieser Aufnahme verbunden sind, auf die Mitgliedstaaten (ABl. EG Nr. L 212 S. 12),
4. Richtlinie 2002/90/EG des Rates vom 28. November 2002 zur Definition der Beihilfe zur unerlaubten Ein- und Durchreise und zum unerlaubten Aufenthalt (ABl. EG Nr. L 328 S. 17),
5. Richtlinie 2003/86/EG des Rates vom 22. September 2003 betreffend das Recht auf Familienzusammenführung (ABl. EU Nr. L 251 S. 12),
6. Richtlinie 2003/110/EG des Rates vom 25. November 2003 über die Unterstützung bei der Durchbeförderung im Rahmen von Rückführungsmaßnahmen auf dem Luftweg (ABl. EU Nr. L 321 S. 26),
7. Richtlinie 2003/109/EG des Rates vom 25. November 2003 betreffend die Rechtsstellung der langfristig aufenthaltsberechtigten Drittstaatsangehörigen (ABl. EU 2004 Nr. L 16 S. 44),
8. Richtlinie 2004/81/EG vom 29. April 2004 über die Erteilung von Aufenthaltstiteln für Drittstaatsangehörige, die Opfer des Menschenhandels sind oder denen Beihilfe zur illegalen Einwanderung geleistet wurde und die mit den zuständigen Behörden kooperieren (ABl. EU Nr. L 261 S. 19),
9. Richtlinie 2004/83/EG des Rates vom 29. April 2004 über Mindestnormen für die Anerkennung und den Status von Drittstaatsangehörigen oder Staatenlosen als Flüchtlinge oder als Personen, die anderweitig internationalen Schutz benötigen, und über den Inhalt des zu gewährenden Schutzes (ABl. EU Nr. L 304 S. 12),
10. Richtlinie 2004/114/EG des Rates vom 13. Dezember 2004 über die Bedingungen für die Zulassung von Drittstaatsangehörigen zwecks Absolvierung eines Studiums oder Teilnahme an einem Schüleraustausch, einer unbezahlten Ausbildungsmaßnahme oder einem Freiwilligendienst (ABl. EU Nr. L 375 S. 12),
11. Richtlinie 2005/71/EG des Rates vom 12. Oktober 2005 über ein besonderes Zulassungsverfahren für Drittstaatsangehörige zum Zwecke der wissenschaftlichen Forschung (ABl. EU Nr. L 289 S. 15).

[2)] Die Änderungen durch G v. 8.7.2019 (BGBl. I S. 1021) treten teilweise erst **mWv 1.1.2024**, die Änderungen durch G v. 15.8.2019 (BGBl. I S. 1307) treten teilweise erst **mWv 2.3.2025** in Kraft und sind insoweit im Text noch nicht berücksichtigt.

[3)] Siehe hierzu die AufenthaltsVO (Nr. **566**), das AusländerzentralregisterG (**Sartorius ErgBd. Nr. 569)** und die AZRG-DurchführungsVO v. 17.5.1995 (BGBl. I S. 695), zuletzt geänd. durch G v. 23.5.2022 (BGBl. I S. 760).

[4)] Neubekanntmachung des AufenthaltsG v. 30.7.2004 (BGBl. I S. 1950) in der ab 28.8.2007 geltenden Fassung.

S. 2258), Art. 13 G zur Verbesserung der Eingliederungschancen am Arbeitsmarkt v. 20.12.2011 (BGBl. I S. 2854), Art. 2 G zur Errichtung einer Visa-Warndatei und zur Änd. des AufenthaltsG v. 22.12.2011 (BGBl. I S. 3037), Art. 2 Abs. 25 G zur Änd. von Vorschriften über Verkündung und Bekanntmachungen sowie der ZPO, des EGZPO und der AO v. 22.12.2011 (BGBl. I S. 3044), Art. 1 G zur Umsetzung der HochqualifiziertenRL der EU v. 1.6.2012 (BGBl. I S. 1224, geänd. durch G v. 27.7.2015, BGBl. I S. 1386), Art. 2 G zur Änd. des FreizügigkeitsG/EU und weiterer aufenthaltsrechtlicher Vorschriften v. 21.1.2013 (BGBl. I S. 86), Art. 2 Abs. 5 BetreuungsgeldG v. 15.2.2013 (BGBl. I S. 254), Art. 1, 7 G zur Anpassung von Rechtsvorschriften des Bundes infolge des Beitritts der Republik Kroatien zur EU v. 17.6.2013 (BGBl. I S. 1555 iVm Bek. v. 21.6.2013, BGBl. II S. 680), Art. 12 G zur Förderung der elektronischen Verwaltung sowie zur Änd. weiterer Vorschriften v. 25.7.2013 (BGBl. I S. 2749), Art. 2 Abs. 59 G zur Strukturreform des Gebührenrechts des Bundes v. 7.8.2013 (BGBl. I S. 3154), Art. 2 G zur Umsetzung der RL 2011/95/EU v. 28.8.2013 (BGBl. I S. 3474), Art. 1 G zur Verbesserung der Rechte von international Schutzberechtigten und ausländischen Arbeitnehmern v. 29.8.2013 (BGBl. I S. 3484, ber. S. 3899), Art. 3 G zur Änd. des BundeszentralregisterG und anderer registerrechtlicher Vorschriften v. 6.9.2013 (BGBl. I S. 3556), Art. 3 G zur Änd. des AntiterrordateiG und anderer Gesetze v. 18.12.2014 (BGBl. I S. 2318), Art. 1 G zur Verbesserung der Rechtsstellung von asylsuchenden und geduldeten Ausländern v. 23.12.2014 (BGBl. I S. 2439), Art. 1 G zur Neubestimmung des Bleiberechts und der Aufenthaltsbeendigung v. 27.7.2015 (BGBl. I S. 1386), Art. 128 Zehnte ZuständigkeitsanpassungsVO v. 31.8.2015 (BGBl. I S. 1474), Art. 3, 13 AsylverfahrensbeschleunigungsG v. 20.10.2015 (BGBl. I S. 1722), Art. 2 G zur Verbesserung der Unterbringung, Versorgung und Betreuung ausländischer Kinder und Jugendlicher v. 28.10.2015 (BGBl. I S. 1802), Art. 5 G zur Änd. des Zwölften Buches Sozialgesetzbuch und weiterer Vorschriften v. 21.12.2015 (BGBl. I S. 2557), Art. 6 DatenaustauschverbesserungsG v. 2.2.2016 (BGBl. I S. 130), Art. 2 Abs. 1 VergaberechtsmodernisierungsG v. 17.2.2016 (BGBl. I S. 203), Art. 2 G zur Einführung beschleunigter Asylverfahren v. 11.3.2016 (BGBl. I S. 390), Art. 1 G zur erleichterten Ausweisung von straffälligen Ausländern und zum erweiterten Ausschluss der Flüchtlingsanerkennung bei straffälligen Asylbewerbern v. 11.3.2016 (BGBl. I S. 394), Art. 50 Zweites G über die weitere Bereinigung von Bundesrecht v. 8.7.2016 (BGBl. I S. 1594), Art. 5, 8 Abs. 5, 6 IntegrationsG v. 31.7.2016 (BGBl. I S. 1939, Art. 8 Abs. 5, 6 dieses G aufgeh. durch Art. 2 G v. 4.7.2019, BGBl. I S. 914), Art. 4 Abs. 2 G zur Verbesserung der Bekämpfung des Menschenhandels und zur Änd. des BundeszentralregisterG sowie des Achten Buches Sozialgesetzbuch v. 11.10.2016 (BGBl. I S. 2226), Art. 2 Abs. 3 50. G zur Änd des StGB v. 4.11.2016 (BGBl. I S. 2460), Art. 4 G zur Regelung von Ansprüchen ausländischer Personen in der Grundsicherung für Arbeitsuchende nach dem SGB II und in der Sozialhilfe nach dem SGB XII v. 22.12.2016 (BGBl. I S. 3155), Art. 6 Abs. 15 G zur Reform der strafrechtlichen Vermögensabschöpfung v. 13.4.2017 (BGBl. I S. 872), Art. 1 G zur Umsetzung aufenthaltsrechtlicher Richtlinien der EU zur Arbeitsmigration v. 12.5.2017 (BGBl. I S. 1106), Art. 7 G zu bereichsspezifischen Regelungen der Gesichtsverhüllung und zur Änd. weiterer dienstrechtlicher Vorschriften v. 8.6.2017 (BGBl. I S. 1570), Art. 2 G zur Verbesserung der Sachaufklärung in der Verwaltungsvollstreckung v. 30.6.2017 (BGBl. I S. 2094), Art. 4 G zur Förderung des elektronischen Identitätsnachweises v. 7.7.2017 (BGBl. I S. 2310), Art. 1 G zur Änd. gebührenrechtlicher Regelungen im Aufenthaltsrecht v. 13.7.2017 (BGBl. I S. 2350), Art. 5 G zur Bekämpfung von Kinderehen v. 17.7.2017 (BGBl. I S. 2429), Art. 11 Abs. 13 eIDAS-DurchführungsG v. 18.7.2017 (BGBl. I S. 2745), Art. 1 G zur besseren Durchsetzung der Ausreisepflicht v. 20.7.2017 (BGBl. I S. 2780), Art. 10 Abs. 4 G zur Neuregelung des Schutzes von Geheimnissen bei der Mitwirkung Dritter an der Berufsausübung schweigepflichtiger Personen v. 30.10.2017 (BGBl.I S. 3618), Art. 1 G zur Verlängerung der Aussetzung des Familiennachzugs zu subsidiär Schutzberechtigten v. 8.3.2018 (BGBl. I S. 342), Art. 1 FamiliennachzugsneuregelungsG v. 12.7.2018 (BGBl. I S. 1147), Art. 1 G zur Entfristung des IntegrationsG v. 4.7.2019 (BGBl. I S. 914), Art. 1, 3 G über Duldung bei Ausbildung und Beschäftigung v. 8.7.2019 (BGBl. I S. 1021), Art. 3 AusländerbeschäftigungsförderungsG v. 8.7.2019 (BGBl. I S. 1029), Art. 4 G gegen illegale Beschäftigung und Sozialleistungsmissbrauch v. 11.7.2019 (BGBl. I S. 1066), Art. 3 Zweites DatenaustauschverbesserungsG v. 4.8.2019 (BGBl. I S. 1131), Art. 1, 6 Zweites G zur besseren Durchsetzung der Ausreisepflicht v. 15.8.2019 (BGBl. I S. 1294), Art. 1, 54 Abs. 2 FachkräfteeinwanderungsG v. 15.8.2019 (BGBl. I S. 1307), Art. 49 Zweites Datenschutz-Anpassungs- und UmsetzungsG EU v. 20.11.2019 (BGBl. I S. 1626), Art. 4b Drittes WaffenrechtsänderungsG v. 17.2.2020 (BGBl. I S. 166), Art. 16 Covid-19-G zur Förderung der beruflichen Weiterbildung im Strukturwandel und zur Weiterentwicklung der Ausbildungsförderung v. 20.5.2020 (BGBl. I S. 1044), Art. 3 G über die Errichtung eines Bundesamts für Auswärtige Angelegenheiten und zur Änd. des G über den Auswärtigen Dienst, des AufenthaltsG und zur Anpassung anderer Gesetze an die Errichtung des Bundesamts v. 12.6.2020 (BGBl. I S. 1241), Art. 26a Abs. 1 Siebtes G zur Änd. des SGB IV und anderer Gesetze v. 12.6.2020 (BGBl. I S. 1248), Art. 169 Elfte ZuständigkeitsanpassungsVO v. 19.6. 2020 (BGBl. I S. 1328), Art. 3 G zur Verschiebung des Zensus in das Jahr 2022 und zur Änd. des AufenthaltsG v. 3.12.2020 (BGBl. I S. 2675), Art. 7 G zur Stärkung der Sicherheit im Pass-, Ausweis- und ausländerrechtlichen Dokumentenwesen v. 3.12.2020 (BGBl. I S. 2744), Art. 10 G zur Ermittlung der Regelbedarfe und zur Änd. des Zwölften Buches Sozialgesetzbuch sowie weiterer Gesetze v. 9.12.2020 (BGBl. I S. 2855), Art. 16 TelekommunikationsmodernisierungsG v. 23.6.2021 (BGBl. I S. 1858), Art. 4 G zur Einführung eines elektronischen Identitätsnachweises mit einem mobilen Endgerät v. 5.7.2021 (BGBl. I S. 2281), Art. 3 G zur Weiterentwicklung des Ausländerzentralregisters v. 9.7.2021 (BGBl. I S. 2467) und Art. 4a G zur Regelung eines Sofortzuschlages und einer Einmalzahlung in den sozialen Mindestsicherungssystemen sowie zur Änd. des FinanzausgleichsG und weiterer G v. 23.5.2022 (BGBl. I S. 760)

Inhaltsübersicht[1)]

[1)] Inhaltsübersicht geänd. mWv 1.1.2009 durch G v. 20.12.2008 (BGBl. I S. 2846); geänd. mWv 1.9.2011 durch G v. 12.4.2011 (BGBl. I S. 610); geänd. mWv 1.7.2011 durch G v. 23.6.2011 (BGBl. I S. 1266); geänd. mWv 26.11.2011 durch G v. 22.11.2011 (BGBl. I S. 2258); geänd. mWv 1.6.2013 durch G v. 22.12.2011 (BGBl. I S. 3037); geänd. mWv 1.8.2012 durch G v. 1.6.2012 (BGBl. I S. 1224); geänd. mWv 6.9.2013 und mWv 2.12.2013 durch G v. 29.8.2013 (BGBl. I S. 3484); geänd. mWv 1.1.2015 durch G v. 23.12.2014 (BGBl. I S. 2439); geänd. mWv 1.8.2015 und mWv 1.1.2016 durch G v. 27.7.2015 (BGBl. I S. 1386); geänd. mWv 24.10.2015 durch G v. 20.10.2015 (BGBl. I S. 1722); geänd. mWv 1.11.2015 durch G v. 28.10.2015 (BGBl. I S. 1802); geänd. mWv 5.2.2016 durch G v. 2.2.2016 (BGBl. I S. 130); geänd. mWv 6.8.2016 und mWv 6.8.2019 durch G v. 31.7.2016 (BGBl. I S. 1939); geänd. mWv 1.8.2017 durch G v. 12.5.2017 (BGBl. I S. 1106); geänd. mWv 15.6.2017 durch G v. 8.6.2017 (BGBl. I S. 1570); geänd. mWv 29.7.2017 durch G v. 20.7.2017 (BGBl. I S. 2780); geänd. mWv 1.8.2018 durch G v. 12.7.2018 (BGBl. I S. 1147); geänd. mWv 1.1.2020 durch G v. 8.7.2019 (BGBl. I S. 1021); geänd. mWv 9.8.2019 durch G v. 4.8.2019 (BGBl. I S. 1131); geänd. mWv 21.8.2019 durch G v. 15.8.2019 (BGBl. I S. 1294); geänd. mWv 1.3.2020 durch G v. 15.8.2019 (BGBl. I S. 1307); geänd. mWv 26.11.2019 durch G v. 20.11.2019 (BGBl. I S. 1626); geänd. mWv 10.12.2020 durch G v. 3.12.2020 (BGBl. I S. 2675); sie wurde nichtamtlich an die nachträgliche Änderung mWv 15.7.2016 durch G v. 8.7.2016 (BGBl. I S. 1594) angepasst.

kann das Bundesamt für Migration und Flüchtlinge ein Einreise- und Aufenthaltsverbot anordnen. [2]Das Einreise- und Aufenthaltsverbot wird mit Bestandskraft der Entscheidung über den Asylantrag wirksam. [3]Absatz 1 Satz 2, Absatz 2 Satz 3 bis 6, Absatz 3 Satz 1 und Absatz 4 Satz 1, 2 und 4 gelten entsprechend. [4]Das Einreise- und Aufenthaltsverbot ist mit seiner Anordnung nach Satz 1 zu befristen. [5]Bei der ersten Anordnung des Einreise- und Aufenthaltsverbots nach Satz 1 soll die Frist ein Jahr nicht überschreiten. [6]Im Übrigen soll die Frist drei Jahre nicht überschreiten. [7]Über die Aufhebung, Verlängerung oder Verkürzung entscheidet die zuständige Ausländerbehörde.

(8) [1]Vor Ablauf des Einreise- und Aufenthaltsverbots kann dem Ausländer ausnahmsweise erlaubt werden, das Bundesgebiet kurzfristig zu betreten, wenn zwingende Gründe seine Anwesenheit erfordern oder die Versagung der Erlaubnis eine unbillige Härte bedeuten würde. [2]Im Falle der Absätze 5a und 5b ist für die Entscheidung die oberste Landesbehörde zuständig.

(9) [1]Reist ein Ausländer entgegen einem Einreise- und Aufenthaltsverbot in das Bundesgebiet ein, wird der Ablauf einer festgesetzten Frist für die Dauer des Aufenthalts im Bundesgebiet gehemmt. [2]Die Frist kann in diesem Fall verlängert werden, längstens jedoch um die Dauer der ursprünglichen Befristung. [3]Der Ausländer ist auf diese Möglichkeit bei der erstmaligen Befristung hinzuweisen. [4]Für eine nach Satz 2 verlängerte Frist gelten die Absätze 3 und 4 Satz 1 entsprechend.

§ 12[1)] Geltungsbereich; Nebenbestimmungen. (1) [1]Der Aufenthaltstitel wird für das Bundesgebiet erteilt. [2]Seine Gültigkeit nach den Vorschriften des Schengener Durchführungsübereinkommens für den Aufenthalt im Hoheitsgebiet der Vertragsparteien bleibt unberührt.

(2) [1]Das Visum und die Aufenthaltserlaubnis können mit Bedingungen erteilt und verlängert werden. [2]Sie können, auch nachträglich, mit Auflagen, insbesondere einer räumlichen Beschränkung, verbunden werden. [3]Insbesondere kann die Aufenthaltserlaubnis mit einer räumlichen Beschränkung versehen werden, wenn ein Ausweisungsinteresse nach § 54 Absatz 1 Nummer 1 oder 1a besteht und dies erforderlich ist, um den Ausländer aus einem Umfeld zu lösen, welches die wiederholte Begehung erheblicher Straftaten begünstigt.

(3) Ein Ausländer hat den Teil des Bundesgebiets, in dem er sich ohne Erlaubnis der Ausländerbehörde einer räumlichen Beschränkung zuwider aufhält, unverzüglich zu verlassen.

(4) Der Aufenthalt eines Ausländers, der keines Aufenthaltstitels bedarf, kann zeitlich und räumlich beschränkt sowie von Bedingungen und Auflagen abhängig gemacht werden.

(5) [1]Die Ausländerbehörde kann dem Ausländer das Verlassen des auf der Grundlage dieses Gesetzes beschränkten Aufenthaltsbereichs erlauben. [2]Die Erlaubnis ist zu erteilen, wenn hieran ein dringendes öffentliches Interesse besteht, zwingende Gründe es erfordern oder die Versagung der Erlaubnis eine unbillige Härte bedeuten würde. [3]Der Ausländer kann Termine bei Behörden und Gerichten, bei denen sein persönliches Erscheinen erforderlich ist, ohne Erlaubnis wahrnehmen.

---

1) § 12 Abs. 2 Satz 3 angef. mWv 21.8.2019 durch G v. 15.8.2019 (BGBl. I S. 1294).

§ 12a[1] Wohnsitzregelung. (1) [1]Zur Förderung seiner nachhaltigen Integration in die Lebensverhältnisse der Bundesrepublik Deutschland ist ein Ausländer, der als Asylberechtigter, Flüchtling im Sinne von § 3 Absatz 1 des Asylgesetzes[2] oder subsidiär Schutzberechtigter im Sinne von § 4 Absatz 1 des Asylgesetzes anerkannt worden ist oder dem nach §§ 22, 23, 24 Absatz 1 oder 25 Absatz 3 erstmalig eine Aufenthaltserlaubnis erteilt worden ist, verpflichtet, für den Zeitraum von drei Jahren ab Anerkennung oder Erteilung der Aufenthaltserlaubnis in dem Land seinen gewöhnlichen Aufenthalt (Wohnsitz) zu nehmen, in das er zur Durchführung seines Asylverfahrens oder im Rahmen seines Aufnahmeverfahrens zugewiesen oder gemäß § 24 Absatz 3 verteilt worden ist. [2]Satz 1 findet keine Anwendung, wenn der Ausländer, sein Ehegatte, eingetragener Lebenspartner oder ein minderjähriges lediges Kind, mit dem er verwandt ist und in familiärer Lebensgemeinschaft lebt, eine sozialversicherungspflichtige Beschäftigung mit einem Umfang von mindestens 15 Stunden wöchentlich aufnimmt oder aufgenommen hat, durch die diese Person mindestens über ein Einkommen in Höhe des monatlichen durchschnittlichen Bedarfs nach den §§ 20 und 22 des Zweiten Buches Sozialgesetzbuch[3] für eine Einzelperson verfügt, oder eine Berufsausbildung aufnimmt oder aufgenommen hat oder in einem Studien- oder Ausbildungsverhältnis steht oder einen Integrationskurs nach § 43, einen Berufssprachkurs nach § 45a, eine Qualifizierungsmaßnahme von einer Dauer von mindestens drei Monaten, die zu einer Berufsanerkennung führt, oder eine Weiterbildungsmaßnahme nach den §§ 81 und 82 des Dritten Buches Sozialgesetzbuch[4] aufnimmt, aufgenommen oder abgeschlossen hat, sofern der Kurs oder die Maßnahme nicht an dem nach Satz 1 verpflichtenden Wohnsitz ohne Verzögerung durchgeführt oder fortgesetzt werden kann. [3]Die Frist nach Satz 1 kann um den Zeitraum verlängert werden, für den der Ausländer seiner nach Satz 1 bestehenden Verpflichtung nicht nachkommt. [4]Fallen die Gründe nach Satz 2 innerhalb von drei Monaten weg, wirkt die Verpflichtung zur Wohnsitznahme nach Satz 1 in dem Land fort, in das der Ausländer seinen Wohnsitz verlegt hat.

(1a) [1]Wird ein Ausländer, dessen gewöhnlicher Aufenthalt durch eine Verteilungs- oder Zuweisungsentscheidung nach dem Achten Buch Sozialgesetzbuch[5] bestimmt wird, volljährig, findet ab Eintritt der Volljährigkeit Absatz 1 Anwendung; die Wohnsitzverpflichtung erwächst in dem Land, in das er zuletzt durch Verteilungs- oder Zuweisungsentscheidung zugewiesen wurde. [2]Die bis zur Volljährigkeit verbrachte Aufenthaltszeit ab Anerkennung als Asylberechtigter, Flüchtling im Sinne von § 3 Absatz 1 des Asylgesetzes oder subsidiär Schutzberechtigter im Sinne von § 4 Absatz 1 des Asylgesetzes oder nach erstmaliger Erteilung eines Aufenthaltstitels nach den §§ 22, 23, 24 Absatz 1 oder 25 Absatz 3 wird auf die Frist nach Absatz 1 Satz 1 angerechnet.

(2) [1]Ein Ausländer, der der Verpflichtung nach Absatz 1 unterliegt und der in einer Aufnahmeeinrichtung oder anderen vorübergehenden Unterkunft wohnt,

---

[1] § 12a eingef. mWv 6.8.2016 durch G v. 31.7.2016 (BGBl. I S. 1939, geänd. durch G v. 4.7.2019, BGBl. I S. 914); Abs. 1 Satz 2 geänd., Sätze 3 und 4 angef., Abs. 1a eingef., Abs. 3 Satz 2 angef., Abs. 5 Satz 1 Nr 1 Buchst. a und b geänd., Satz 2 eingef., bish. Satz 2 wird Satz 3, Abs. 10 angef. mWv 12.7.2019 durch G v. 4.7.2019 (BGBl. I S. 914); Abs. 1 Sätze 1 und 2, Abs. 1a Satz 2, Abs. 2 Satz 1, Abs. 3 Satz 1 Nr. 2, Abs. 5 Satz 1 Nr. 1 Buchst. a geänd., Buchst. b eingef., bish. Buchst. b wird c mWv 1.6.2022 durch G v. 23.5.2022 (BGBl. I S. 760).

[2] Nr. **567**.

[3] **Sartorius ErgBd. Nr. 402.**

[4] **Aichberger, SGB Nr. 3.**

[5] **Habersack, Deutsche Gesetze ErgBd. Nr. 46.**

kann innerhalb von sechs Monaten nach Anerkennung, Aufnahme oder Erteilung einer Aufenthaltserlaubnis nach § 24 Absatz 1 längstens bis zum Ablauf der nach Absatz 1 geltenden Frist zu seiner Versorgung mit angemessenem Wohnraum verpflichtet werden, seinen Wohnsitz an einem bestimmten Ort zu nehmen, wenn dies der Förderung seiner nachhaltigen Integration in die Lebensverhältnisse der Bundesrepublik Deutschland nicht entgegensteht. [2] Soweit im Einzelfall eine Zuweisung angemessenen Wohnraums innerhalb von sechs Monaten nicht möglich war, kann eine Zuweisung nach Satz 1 innerhalb von einmalig weiteren sechs Monaten erfolgen.

(3) [1] Zur Förderung seiner nachhaltigen Integration in die Lebensverhältnisse der Bundesrepublik Deutschland kann ein Ausländer, der der Verpflichtung nach Absatz 1 unterliegt, innerhalb von sechs Monaten nach Anerkennung oder erstmaliger Erteilung der Aufenthaltserlaubnis verpflichtet werden, längstens bis zum Ablauf der nach Absatz 1 geltenden Frist seinen Wohnsitz an einem bestimmten Ort zu nehmen, wenn dadurch

1. seine Versorgung mit angemessenem Wohnraum,
2. sein Erwerb ausreichender mündlicher Deutschkenntnisse im Sinne des Niveaus B1 des Gemeinsamen Europäischen Referenzrahmens für Sprachen und
3. unter Berücksichtigung der örtlichen Lage am Ausbildungs- und Arbeitsmarkt die Aufnahme einer Erwerbstätigkeit

erleichtert werden kann. [2] Bei der Entscheidung nach Satz 1 können zudem besondere örtliche, die Integration fördernde Umstände berücksichtigt werden, insbesondere die Verfügbarkeit von Bildungs- und Betreuungsangeboten für minderjährige Kinder und Jugendliche.

(4) [1] Ein Ausländer, der der Verpflichtung nach Absatz 1 unterliegt, kann zur Vermeidung von sozialer und gesellschaftlicher Ausgrenzung bis zum Ablauf der nach Absatz 1 geltenden Frist auch verpflichtet werden, seinen Wohnsitz nicht an einem bestimmten Ort zu nehmen, insbesondere wenn zu erwarten ist, dass der Ausländer Deutsch dort nicht als wesentliche Verkehrssprache nutzen wird. [2] Die Situation des dortigen Ausbildungs- und Arbeitsmarktes ist bei der Entscheidung zu berücksichtigen.

(5) [1] Eine Verpflichtung oder Zuweisung nach den Absätzen 1 bis 4 ist auf Antrag des Ausländers aufzuheben,

1. wenn der Ausländer nachweist, dass in den Fällen einer Verpflichtung oder Zuweisung nach den Absätzen 1 bis 3 an einem anderen Ort, oder im Falle einer Verpflichtung nach Absatz 4 an dem Ort, an dem er seinen Wohnsitz nicht nehmen darf,
   a) ihm oder seinem Ehegatten, eingetragenen Lebenspartner oder einem minderjährigen ledigen Kind, mit dem er verwandt ist und in familiärer Lebensgemeinschaft lebt, eine sozialversicherungspflichtige Beschäftigung im Sinne von Absatz 1 Satz 2, ein den Lebensunterhalt überwiegend sicherndes Einkommen oder ein Ausbildungs- oder Studienplatz zur Verfügung steht,
   b) ihm oder seinem Ehegatten, seinem eingetragenen Lebenspartner oder einem minderjährigen ledigen Kind, mit dem er verwandt ist und in familiärer Lebensgemeinschaft lebt, ein Integrationskurs nach § 43, ein Berufssprachkurs nach § 45a, eine Qualifizierungsmaßnahme von einer Dauer von mindestens drei Monaten, die zu einer Berufsanerkennung führt, oder eine Weiterbildungsmaßnahme nach den §§ 81 und 82 des Dritten Buches Sozialgesetzbuch zeitnah zur Verfügung steht, oder

c) der Ehegatte, eingetragene Lebenspartner oder ein minderjähriges lediges Kind, mit dem er verwandt ist und mit dem er zuvor in familiärer Lebensgemeinschaft gelebt hat, an einem anderen Wohnort leben,

2. zur Vermeidung einer Härte; eine Härte liegt insbesondere vor, wenn
   a) nach Einschätzung des zuständigen Jugendamtes Leistungen und Maßnahmen der Kinder- und Jugendhilfe nach dem Achten Buch Sozialgesetzbuch mit Ortsbezug beeinträchtigt würden,
   b) aus anderen dringenden persönlichen Gründen die Übernahme durch ein anderes Land zugesagt wurde oder
   c) für den Betroffenen aus sonstigen Gründen vergleichbare unzumutbare Einschränkungen entstehen.

[2] Fallen die Aufhebungsgründe nach Satz 1 Nummer 1 Buchstabe a innerhalb von drei Monaten ab Bekanntgabe der Aufhebung weg, wirkt die Verpflichtung zur Wohnsitznahme nach Absatz 1 Satz 1 in dem Land fort, in das der Ausländer seinen Wohnsitz verlegt hat. [3] Im Fall einer Aufhebung nach Satz 1 Nummer 2 ist dem Ausländer, längstens bis zum Ablauf der nach Absatz 1 geltenden Frist, eine Verpflichtung nach Absatz 3 oder 4 aufzuerlegen, die seinem Interesse Rechnung trägt.

(6) [1] Bei einem Familiennachzug zu einem Ausländer, der einer Verpflichtung oder Zuweisung nach den Absätzen 1 bis 4 unterliegt, gilt die Verpflichtung oder Zuweisung längstens bis zum Ablauf der nach Absatz 1 für den Ausländer geltenden Frist auch für den nachziehenden Familienangehörigen, soweit die zuständige Behörde nichts anderes angeordnet hat. [2] Absatz 5 gilt für die nachziehenden Familienangehörigen entsprechend.

(7) Die Absätze 1 bis 6 gelten nicht für Ausländer, deren Anerkennung oder erstmalige Erteilung der Aufenthaltserlaubnis im Sinne des Absatzes 1 vor dem 1. Januar 2016 erfolgte.

(8) Widerspruch und Klage gegen Verpflichtungen nach den Absätzen 2 bis 4 haben keine aufschiebende Wirkung.

(9) Die Länder können im Hinblick auf Ausländer, die der Verpflichtung nach Absatz 1 unterliegen, hinsichtlich Organisation, Verfahren und angemessenen Wohnraums durch Rechtsverordnung der Landesregierung oder andere landesrechtliche Regelungen Näheres bestimmen zu

1. der Verteilung innerhalb des Landes nach Absatz 2,
2. dem Verfahren für Zuweisungen und Verpflichtungen nach den Absätzen 2 bis 4,
3. den Anforderungen an den angemessenen Wohnraum im Sinne der Absätze 2, 3 Nummer 1 und von Absatz 5 Satz 1 Nummer 1 Buchstabe a sowie der Form seines Nachweises,
4. der Art und Weise des Belegs einer sozialversicherungspflichtigen Beschäftigung nach Absatz 1 Satz 2, eines den Lebensunterhalt sichernden Einkommens sowie eines Ausbildungs- oder Studienplatzes im Sinne der Absätze 1 und 5 Satz 1 Nummer 1 Buchstabe a,
5. der Verpflichtung zur Aufnahme durch die zum Wohnort bestimmte Gemeinde und zu dem Aufnahmeverfahren.

(10) § 12 Absatz 2 Satz 2 bleibt für wohnsitzbeschränkende Auflagen in besonders begründeten Einzelfällen unberührt.

Abschnitt 2. Einreise

§ 13[1)] Grenzübertritt. (1) [1]Die Einreise in das Bundesgebiet und die Ausreise aus dem Bundesgebiet sind nur an den zugelassenen Grenzübergangsstellen und innerhalb der festgesetzten Verkehrsstunden zulässig, soweit nicht auf Grund anderer Rechtsvorschriften oder zwischenstaatlicher Vereinbarungen Ausnahmen zugelassen sind. [2]Ausländer sind verpflichtet, bei der Einreise und der Ausreise einen anerkannten und gültigen Pass oder Passersatz gemäß § 3

(Fortsetzung nächstes Blatt)

[1)] § 13 Abs. 2 Satz 2 geänd. mWv 24.10.2015 durch G v. 20.10.2015 (BGBl. I S. 1722).

Flüchtlinge bestimmten, für eine Neuansiedlung ausgewählten Schutzsuchenden (Resettlement-Flüchtlinge) eine Aufnahmezusage erteilt. [2]Absatz 2 Satz 2 bis 4 und § 24 Absatz 3 bis 5 gelten entsprechend.

§ 23a[1)] Aufenthaltsgewährung in Härtefällen. (1) [1]Die oberste Landesbehörde darf anordnen, dass einem Ausländer, der vollziehbar ausreisepflichtig ist, abweichend von den in diesem Gesetz festgelegten Erteilungs- und Verlängerungsvoraussetzungen für einen Aufenthaltstitel sowie von den §§ 10 und 11 eine Aufenthaltserlaubnis erteilt wird, wenn eine von der Landesregierung durch Rechtsverordnung eingerichtete Härtefallkommission darum ersucht (Härtefallersuchen). [2]Die Anordnung kann im Einzelfall unter Berücksichtigung des Umstandes erfolgen, ob der Lebensunterhalt des Ausländers gesichert ist oder eine Verpflichtungserklärung nach § 68 abgegeben wird. [3]Die Annahme eines Härtefalls ist in der Regel ausgeschlossen, wenn der Ausländer Straftaten von erheblichem Gewicht begangen hat oder wenn ein Rückführungstermin bereits konkret feststeht. [4]Die Befugnis zur Aufenthaltsgewährung steht ausschließlich im öffentlichen Interesse und begründet keine eigenen Rechte des Ausländers.

(2) [1]Die Landesregierungen werden ermächtigt, durch Rechtsverordnung eine Härtefallkommission nach Absatz 1 einzurichten, das Verfahren, Ausschlussgründe und qualifizierte Anforderungen an eine Verpflichtungserklärung nach Absatz 1 Satz 2 einschließlich vom Verpflichtungsgeber zu erfüllender Voraussetzungen zu bestimmen sowie die Anordnungsbefugnis nach Absatz 1 Satz 1 auf andere Stellen zu übertragen. [2]Die Härtefallkommissionen werden ausschließlich im Wege der Selbstbefassung tätig. [3]Dritte können nicht verlangen, dass eine Härtefallkommission sich mit einem bestimmten Einzelfall befasst oder eine bestimmte Entscheidung trifft. [4]Die Entscheidung für ein Härtefallersuchen setzt voraus, dass nach den Feststellungen der Härtefallkommission dringende humanitäre oder persönliche Gründe die weitere Anwesenheit des Ausländers im Bundesgebiet rechtfertigen.

(3) [1]Verzieht ein sozialhilfebedürftiger Ausländer, dem eine Aufenthaltserlaubnis nach Absatz 1 erteilt wurde, in den Zuständigkeitsbereich eines anderen Leistungsträgers, ist der Träger der Sozialhilfe, in dessen Zuständigkeitsbereich eine Ausländerbehörde die Aufenthaltserlaubnis erteilt hat, längstens für die Dauer von drei Jahren ab Erteilung der Aufenthaltserlaubnis dem nunmehr zuständigen örtlichen Träger der Sozialhilfe zur Kostenerstattung verpflichtet. [2]Dies gilt entsprechend für die in § 6 Abs. 1 Satz 1 Nr. 2 des Zweiten Buches Sozialgesetzbuch[2)] genannten Leistungen zur Sicherung des Lebensunterhalts.

§ 24[3)] Aufenthaltsgewährung zum vorübergehenden Schutz. (1) Einem Ausländer, dem auf Grund eines Beschlusses des Rates der Europäischen Union gemäß der Richtlinie 2001/55/EG vorübergehender Schutz gewährt wird und der seine Bereitschaft erklärt hat, im Bundesgebiet aufgenommen zu werden, wird für die nach den Artikeln 4 und 6 der Richtlinie bemessene Dauer des vorübergehenden Schutzes eine Aufenthaltserlaubnis erteilt.

[1)] § 23a Abs. 1 Satz 1 geänd. mWv 26.11.2011 durch G v. 22.11.2011 (BGBl. I S. 2258); Abs. 1 Satz 3 neu gef. mWv 24.10.2015 durch G v. 20.10.2015 (BGBl. I S. 1722).

[2)] **Sartorius ErgBd. Nr. 402.**

[3)] § 24 Abs. 2 und 4 Satz 2 geänd. mWv 24.10.2015 durch G v. 20.10.2015 (BGBl. I S. 1722); Abs. 6 Satz 2 neu gef. mWv 1.3.2020 durch G v. 15.8.2019 (BGBl. I S. 1307); Abs. 4 Satz 1 neu gef., Satz 5 angef., Abs. 6 aufgeh. mWv 1.6.2022 durch G v. 23.5.2022 (BGBl. I S. 760).

(2) Die Gewährung von vorübergehendem Schutz ist ausgeschlossen, wenn die Voraussetzungen des § 3 Abs. 2 des Asylgesetzes[1)] oder des § 60 Abs. 8 Satz 1 vorliegen; die Aufenthaltserlaubnis ist zu versagen.

(3) [1]Die Ausländer im Sinne des Absatzes 1 werden auf die Länder verteilt. [2]Die Länder können Kontingente für die Aufnahme zum vorübergehenden Schutz und die Verteilung vereinbaren. [3]Die Verteilung auf die Länder erfolgt durch das Bundesamt für Migration und Flüchtlinge. [4]Solange die Länder für die Verteilung keinen abweichenden Schlüssel vereinbart haben, gilt der für die Verteilung von Asylbewerbern festgelegte Schlüssel.

(4) [1]Die oberste Landesbehörde des Landes, in das der Ausländer nach Absatz 3 verteilt wurde, oder die von ihr bestimmte Stelle kann eine Zuweisungsentscheidung erlassen. [2]Die Landesregierungen werden ermächtigt, die Verteilung innerhalb der Länder durch Rechtsverordnung zu regeln, sie können die Ermächtigung durch Rechtsverordnung auf andere Stellen übertragen; § 50 Abs. 4 des Asylgesetzes findet entsprechende Anwendung. [3]Ein Widerspruch gegen die Zuweisungsentscheidung findet nicht statt. [4]Die Klage hat keine aufschiebende Wirkung. [5]Die Zuweisungsentscheidung erlischt mit Erteilung einer Aufenthaltserlaubnis nach Absatz 1.

(5) [1]Der Ausländer hat keinen Anspruch darauf, sich in einem bestimmten Land oder an einem bestimmten Ort aufzuhalten. [2]Er hat seine Wohnung und seinen gewöhnlichen Aufenthalt an dem Ort zu nehmen, dem er nach den Absätzen 3 und 4 zugewiesen wurde.

(6) *(aufgehoben)*

(7) Der Ausländer wird über die mit dem vorübergehenden Schutz verbundenen Rechte und Pflichten schriftlich in einer ihm verständlichen Sprache unterrichtet.

§ 25[2)] Aufenthalt aus humanitären Gründen. (1) [1]Einem Ausländer ist eine Aufenthaltserlaubnis zu erteilen, wenn er als Asylberechtigter anerkannt ist. [2]Dies gilt nicht, wenn der Ausländer auf Grund eines besonders schwerwiegenden Ausweisungsinteresses nach § 54 Absatz 1 ausgewiesen worden ist. [3]Bis zur Erteilung der Aufenthaltserlaubnis gilt der Aufenthalt als erlaubt.

(2) [1]Einem Ausländer ist eine Aufenthaltserlaubnis zu erteilen, wenn das Bundesamt für Migration und Flüchtlinge die Flüchtlingseigenschaft im Sinne des § 3 Absatz 1 des Asylgesetzes[1)] oder subsidiären Schutz im Sinne des § 4 Absatz 1 des Asylgesetzes zuerkannt hat. [2]Absatz 1 Satz 2 bis 3 gilt entsprechend.

(3) [1]Einem Ausländer soll eine Aufenthaltserlaubnis erteilt werden, wenn ein Abschiebungsverbot nach § 60 Absatz 5 oder 7 vorliegt. [2]Die Aufenthaltserlaubnis wird nicht erteilt, wenn die Ausreise in einen anderen Staat möglich und zumutbar ist oder der Ausländer wiederholt oder gröblich gegen entsprechende Mitwirkungspflichten verstößt. [3]Sie wird ferner nicht erteilt, wenn schwerwiegende Gründe die Annahme rechtfertigen, dass der Ausländer

---

[1)] Nr. **567**.

[2)] § 25 Abs. 4b eingef. mWv 26.11.2011 durch G v. 22.11.2011 (BGBl. I S. 2258); Abs. 1 Satz 1, Abs. 2 Satz 1, Abs. 3 Satz 1 geänd., Satz 2 Buchst. a–d werden Nr. 1–4 mWv 1.12.2013 durch G v. 28.8.2013 (BGBl. I S. 3474); Abs. 4a Satz 1 und Satz 2 Nr. 1 geänd., Satz 3 angef., Abs. 4b Satz 1, Abs. 5 Satz 1 geänd. mWv 1.8.2015 durch G v. 27.7.2015 (BGBl. I S. 1386); Abs. 2 Satz 1 geänd., Abs. 3 Satz 2 neu gef., Satz 3 angef. mWv 24.10.2015 durch G v. 20.10.2015 (BGBl. I S. 1722); Abs. 4a Satz 1 geänd. mWv 15.10.2016 durch G v. 11.10.2016 (BGBl. I S. 2226); Abs. 1 Satz 2 neu gef. mWv 21.8.2019 durch G v. 15.8.2019 (BGBl. I S. 1294); Abs. 1 Satz 4 aufgeh., Abs. 2 Satz 2 geänd., Abs. 4 Satz 3, Abs. 4a Satz 4, Abs. 4b Satz 4 angef. mWv 1.3.2020 durch G v. 15.8.2019 (BGBl. I S. 1307).

1. ein Verbrechen gegen den Frieden, ein Kriegsverbrechen oder ein Verbrechen gegen die Menschlichkeit im Sinne der internationalen Vertragswerke begangen hat, die ausgearbeitet worden sind, um Bestimmungen bezüglich dieser Verbrechen festzulegen,
2. eine Straftat von erheblicher Bedeutung begangen hat,
3. sich Handlungen zuschulden kommen ließ, die den Zielen und Grundsätzen der Vereinten Nationen, wie sie in der Präambel und den Artikeln 1 und 2 der Charta der Vereinten Nationen verankert sind, zuwiderlaufen, oder
4. eine Gefahr für die Allgemeinheit oder eine Gefahr für die Sicherheit der Bundesrepublik Deutschland darstellt.

(4) [1] Einem nicht vollziehbar ausreisepflichtigen Ausländer kann für einen vorübergehenden Aufenthalt eine Aufenthaltserlaubnis erteilt werden, solange dringende humanitäre oder persönliche Gründe oder erhebliche öffentliche Interessen seine vorübergehende weitere Anwesenheit im Bundesgebiet erfordern. [2] Eine Aufenthaltserlaubnis kann abweichend von § 8 Abs. 1 und 2 verlängert werden, wenn auf Grund besonderer Umstände des Einzelfalls das Verlassen des Bundesgebiets für den Ausländer eine außergewöhnliche Härte bedeuten würde. [3] Die Aufenthaltserlaubnis berechtigt nicht zur Ausübung einer Erwerbstätigkeit; sie kann nach § 4a Absatz 1 erlaubt werden.

(4a) [1] Einem Ausländer, der Opfer einer Straftat nach den §§ 232 bis 233a des Strafgesetzbuches[1)] wurde, soll, auch wenn er vollziehbar ausreisepflichtig ist, für einen Aufenthalt eine Aufenthaltserlaubnis erteilt werden. [2] Die Aufenthaltserlaubnis darf nur erteilt werden, wenn

1. seine Anwesenheit im Bundesgebiet für ein Strafverfahren wegen dieser Straftat von der Staatsanwaltschaft oder dem Strafgericht für sachgerecht erachtet wird, weil ohne seine Angaben die Erforschung des Sachverhalts erschwert wäre,
2. er jede Verbindung zu den Personen, die beschuldigt werden, die Straftat begangen zu haben, abgebrochen hat und
3. er seine Bereitschaft erklärt hat, in dem Strafverfahren wegen der Straftat als Zeuge auszusagen.

[3] Nach Beendigung des Strafverfahrens soll die Aufenthaltserlaubnis verlängert werden, wenn humanitäre oder persönliche Gründe oder öffentliche Interessen die weitere Anwesenheit des Ausländers im Bundesgebiet erfordern. [4] Die Aufenthaltserlaubnis berechtigt nicht zur Ausübung einer Erwerbstätigkeit; sie kann nach § 4a Absatz 1 erlaubt werden.

(4b) [1] Einem Ausländer, der Opfer einer Straftat nach § 10 Absatz 1 oder § 11 Absatz 1 Nummer 3 des Schwarzarbeitsbekämpfungsgesetzes[2)] oder nach § 15a des Arbeitnehmerüberlassungsgesetzes[3)] wurde, kann, auch wenn er vollziehbar ausreisepflichtig ist, für einen vorübergehenden Aufenthalt eine Auf-

(Fortsetzung nächstes Blatt)

---

1) Habersack, Deutsche Gesetze Nr. 85.
2) Habersack, Deutsche Gesetze ErgBd. Nr. 94b.
3) Habersack, Deutsche Gesetze ErgBd. Nr. 84a.

2. seinen Aufenthaltstitel oder eine Bescheinigung über die Aussetzung der Abschiebung

auf Verlangen den mit dem Vollzug des Ausländerrechts betrauten Behörden vorzulegen, auszuhändigen und vorübergehend zu überlassen, soweit dies zur Durchführung oder Sicherung von Maßnahmen nach diesem Gesetz erforderlich ist. [2] Ein deutscher Staatsangehöriger, der zugleich eine ausländische Staatsangehörigkeit besitzt, ist verpflichtet, seinen ausländischen Pass oder Passersatz auf Verlangen den mit dem Vollzug des Ausländerrechts betrauten Behörden vorzulegen, auszuhändigen und vorübergehend zu überlassen, wenn

1. ihm nach § 7 Absatz 1 des Passgesetzes[1)] der deutsche Pass versagt, nach § 8 des Passgesetzes der deutsche Pass entzogen worden ist oder gegen ihn eine Anordnung nach § 6 Absatz 7 des Personalausweisgesetzes[2)] ergangen ist, wenn Anhaltspunkte die Annahme rechtfertigen, dass der Ausländer beabsichtigt, das Bundesgebiet zu verlassen oder
2. die Voraussetzungen für eine Untersagung der Ausreise nach § 10 Absatz 1 des Passgesetzes vorliegen und die Vorlage, Aushändigung und vorübergehende Überlassung des ausländischen Passes oder Passersatzes zur Durchführung oder Sicherung des Ausreiseverbots erforderlich sind.

(2) Ein Ausländer, der einen Pass oder Passersatz weder besitzt noch in zumutbarer Weise erlangen kann, genügt der Ausweispflicht mit der Bescheinigung über einen Aufenthaltstitel oder die Aussetzung der Abschiebung, wenn sie mit den Angaben zur Person und einem Lichtbild versehen und als Ausweisersatz bezeichnet ist.

(3) [1] Besitzt der Ausländer keinen gültigen Pass oder Passersatz, ist er verpflichtet, an der Beschaffung des Identitätspapiers mitzuwirken sowie alle Urkunden, sonstigen Unterlagen und Datenträger, die für die Feststellung seiner Identität und Staatsangehörigkeit und für die Feststellung und Geltendmachung einer Rückführungsmöglichkeit in einen anderen Staat von Bedeutung sein können und in deren Besitz er ist, den mit der Ausführung dieses Gesetzes betrauten Behörden auf Verlangen vorzulegen, auszuhändigen und zu überlassen. [2] Kommt der Ausländer seiner Verpflichtung nicht nach und bestehen tatsächliche Anhaltspunkte, dass er im Besitz solcher Unterlagen oder Datenträger ist, können er und die von ihm mitgeführten Sachen durchsucht werden. [3] Der Ausländer hat die Maßnahme zu dulden.

(3a) [1] Die Auswertung von Datenträgern ist nur zulässig, soweit dies für die Feststellung der Identität und Staatsangehörigkeit des Ausländers und für die Feststellung und Geltendmachung einer Rückführungsmöglichkeit in einen anderen Staat nach Maßgabe von Absatz 3 erforderlich ist und der Zweck der Maßnahme nicht durch mildere Mittel erreicht werden kann. [2] Liegen tatsächliche Anhaltspunkte für die Annahme vor, dass durch die Auswertung von Datenträgern allein Erkenntnisse aus dem Kernbereich privater Lebensgestaltung erlangt würden, ist die Maßnahme unzulässig. [3] Der Ausländer hat die notwendigen Zugangsdaten für eine zulässige Auswertung von Datenträgern zur Verfügung zu stellen. [4] Die Datenträger dürfen nur von einem Bediensteten ausgewertet werden, der die Befähigung zum Richteramt hat. [5] Erkenntnisse aus dem Kernbereich privater Lebensgestaltung, die durch die Auswertung von Datenträgern erlangt werden,

---

1) Nr. **250**.
2) Nr. **255**.

dürfen nicht verwertet werden. [6] Aufzeichnungen hierüber sind unverzüglich zu löschen. [7] Die Tatsache ihrer Erlangung und Löschung ist aktenkundig zu machen.

(4) [1] Wird nach § 5 Abs. 3 oder § 33 von der Erfüllung der Passpflicht (§ 3 Abs. 1) abgesehen, wird ein Ausweisersatz ausgestellt. [2] Absatz 3 bleibt hiervon unberührt.

§ 48a[1] Erhebung von Zugangsdaten. (1) Soweit der Ausländer die notwendigen Zugangsdaten für die Auswertung von Endgeräten, die er für telekommunikative Zwecke eingesetzt hat, nicht zur Verfügung stellt, darf von demjenigen, der geschäftsmäßig Telekommunikationsdienste erbringt oder daran mitwirkt, Auskunft über die Daten, mittels derer der Zugriff auf Endgeräte oder auf Speichereinrichtungen, die in diesen Endgeräten oder hiervon räumlich getrennt eingesetzt werden, geschützt wird (§ 174 Absatz 1 Satz 2 des Telekommunikationsgesetzes), verlangt werden, wenn die gesetzlichen Voraussetzungen für die Verarbeitung der Daten vorliegen.

(2) Der Ausländer ist von dem Auskunftsverlangen vorher in Kenntnis zu setzen.

(3) [1] Auf Grund eines Auskunftsverlangens nach Absatz 1 hat derjenige, der geschäftsmäßig Telekommunikationsdienste erbringt oder daran mitwirkt, die zur Auskunftserteilung erforderlichen Daten unverzüglich zu übermitteln. [2] Für die Entschädigung der Diensteanbieter ist § 23 Absatz 1 des Justizvergütungs- und -entschädigungsgesetzes[2] entsprechend anzuwenden.

§ 49[3] Überprüfung, Feststellung und Sicherung der Identität. (1) [1] Die mit dem Vollzug dieses Gesetzes betrauten Behörden dürfen unter den Voraussetzungen des § 48 Abs. 1 die auf dem elektronischen Speicher- und Verarbeitungsmedium eines Dokuments nach § 48 Abs. 1 Nr. 1 und 2 gespeicherten biometrischen und sonstigen Daten auslesen, die benötigten biometrischen Daten beim Inhaber des Dokuments erheben und die biometrischen Daten miteinander vergleichen. [2] Darüber hinaus sind auch alle anderen Behörden, an die Daten aus dem Ausländerzentralregister nach den §§ 15 bis 20 des AZR-Gesetzes[4] übermittelt werden, und die Meldebehörden befugt, Maßnahmen nach Satz 1 zu treffen, soweit sie die Echtheit des Dokuments oder die Identität des Inhabers überprüfen dürfen. [3] Biometrische Daten nach Satz 1 sind nur die Fingerabdrücke und das Lichtbild.

(2) Jeder Ausländer ist verpflichtet, gegenüber den mit dem Vollzug des Ausländerrechts betrauten Behörden auf Verlangen die erforderlichen Angaben zu seinem Alter, seiner Identität und Staatsangehörigkeit zu machen und die von der

---

[1] § 48a eingef. mWv 1.8.2015 durch G v. 27.7.2015 (BGBl. I S. 1386); Abs. 1 geänd. mWv 26.11.2019 durch G v. 20.11.2019 (BGBl. I S. 1626); Abs. 1 geänd. mWv 1.12.2021 durch G v. 23.6.2021 (BGBl. I S. 1858).

[2] **Habersack, Deutsche Gesetze Nr. 116.**

[3] § 49 Überschrift neu gef., Abs. 1 eingef., bish. Abs. 1, 2, 2a, 3 und 5 bis 7 werden Abs. 2, 3, 4, 5 und 7 bis 9, bish. Abs. 4 und 8 werden Abs. 6 und 10 und geänd. mWv 1.11.2007 durch G v. 20.7.2007 (BGBl. I S. 1566); Abs. 10 geänd. mWv 1.1.2009 durch G v. 20.12.2008 (BGBl. I S. 2846); Abs. 1 Satz 1 geänd. und Satz 3 neu gef. mWv 1.9.2011 durch G v. 12.4.2011 (BGBl. I S. 610); Abs. 9 geänd. mWv 26.11.2011 durch G v. 22.11.2011 (BGBl. I S. 2258); Abs. 5 Nr. 4 geänd., Abs. 8 und 9 neu gef. mWv 24.10.2015 durch G v. 20.10.2015 (BGBl. I S. 1722); Abs. 8 und 9 neu gef. mWv 5.2.2016 durch G v. 2.2.2016 (BGBl. I S. 130); Abs. 5 Nr. 6 neu gef. mWv 9.8.2019, Abs. 6 Satz 2 neu gef., Abs. 8 Satz 3, Abs. 9 Satz 3 geänd. mWv 1.4.2021 durch G v. 4.8.2019 (BGBl. I S. 1131); Abs. 4a eingef. mWv 1.6.2022 durch G v. 23.5.2022 (BGBl. I S. 760).

[4] **Sartorius ErgBd. Nr. 569.**

Vertretung des Staates, dessen Staatsangehörigkeit er besitzt oder vermutlich besitzt, geforderten und mit dem deutschen Recht in Einklang stehenden Erklärungen im Rahmen der Beschaffung von Heimreisedokumenten abzugeben.

(3) Bestehen Zweifel über die Person, das Lebensalter oder die Staatsangehörigkeit des Ausländers, so sind die zur Feststellung seiner Identität, seines Lebensalters oder seiner Staatsangehörigkeit erforderlichen Maßnahmen zu treffen, wenn

1. dem Ausländer die Einreise erlaubt, ein Aufenthaltstitel erteilt oder die Abschiebung ausgesetzt werden soll oder
2. es zur Durchführung anderer Maßnahmen nach diesem Gesetz erforderlich ist.

(4) Die Identität eines Ausländers ist durch erkennungsdienstliche Maßnahmen zu sichern, wenn eine Verteilung gemäß § 15a stattfindet.

(4a) [1] Die Identität eines Ausländers, der eine Aufenthaltserlaubnis nach § 24 beantragt und der das vierzehnte Lebensjahr vollendet hat, ist vor Erteilung der Aufenthaltserlaubnis durch erkennungsdienstliche Maßnahmen zu sichern. [2] Bei Ausländern nach Satz 1, die das sechste, aber noch nicht das vierzehnte Lebensjahr vollendet haben, soll die Identität durch erkennungsdienstliche Maßnahmen gesichert werden.

(5) Zur Feststellung und Sicherung der Identität sollen die erforderlichen Maßnahmen durchgeführt werden,

1. wenn der Ausländer mit einem gefälschten oder verfälschten Pass oder Passersatz einreisen will oder eingereist ist;
2. wenn sonstige Anhaltspunkte den Verdacht begründen, dass der Ausländer nach einer Zurückweisung oder Beendigung des Aufenthalts erneut unerlaubt ins Bundesgebiet einreisen will;
3. bei Ausländern, die vollziehbar ausreisepflichtig sind, sofern die Zurückschiebung oder Abschiebung in Betracht kommt;
4. wenn der Ausländer in einen in § 26a Abs. 2 des Asylgesetzes[1)] genannten Drittstaat zurückgewiesen oder zurückgeschoben wird;
5. bei der Beantragung eines nationalen Visums;
6. bei Ausländern, die für ein Aufnahmeverfahren nach § 23, für die Gewährung von vorübergehendem Schutz nach § 24 oder für ein Umverteilungsverfahren auf Grund von Maßnahmen nach Artikel 78 Absatz 3 des Vertrags über die Arbeitsweise der Europäischen Union[2)] vorgeschlagen und vom Bundesamt für Migration und Flüchtlinge in die Prüfung über die Erteilung einer Aufnahmezusage einbezogen wurden, sowie in den Fällen des § 29 Absatz 3;
7. wenn ein Versagungsgrund nach § 5 Abs. 4 festgestellt worden ist.

(6) [1] Maßnahmen im Sinne der Absätze 3 bis 5 mit Ausnahme des Absatzes 5 Nr. 5 sind das Aufnehmen von Lichtbildern, das Abnehmen von Fingerabdrücken sowie Messungen und ähnliche Maßnahmen, einschließlich körperlicher Eingriffe, die von einem Arzt nach den Regeln der ärztlichen Kunst zum Zweck der Feststellung des Alters vorgenommen werden, wenn kein Nachteil für die Gesundheit des Ausländers zu befürchten ist. [2] Die Maßnahmen sind zulässig bei Ausländern, die das sechste Lebensjahr vollendet haben. [3] Zur Feststellung der Identität sind diese Maßnahmen nur zulässig, wenn die Identität in anderer Weise, insbesondere durch Anfragen bei anderen Behörden nicht oder nicht rechtzeitig oder nur unter erheblichen Schwierigkeiten festgestellt werden kann.

[1)] Nr. **567**.
[2)] Nr. **1001**.

(6a) Maßnahmen im Sinne des Absatzes 5 Nr. 5 sind das Aufnehmen von Lichtbildern und das Abnehmen von Fingerabdrücken.

(7) [1] Zur Bestimmung des Herkunftsstaates oder der Herkunftsregion des Ausländers kann das gesprochene Wort des Ausländers auf Ton- oder Datenträger aufgezeichnet werden. [2] Diese Erhebung darf nur erfolgen, wenn der Ausländer vorher darüber in Kenntnis gesetzt wurde.

(8) [1] Die Identität eines Ausländers, der in Verbindung mit der unerlaubten Einreise aufgegriffen und nicht zurückgewiesen wird, ist durch erkennungsdienstliche Maßnahmen zu sichern. [2] Nach Satz 1 dürfen nur Lichtbilder und Abdrucke aller zehn Finger aufgenommen werden. [3] Die Identität eines Ausländers, der das sechste Lebensjahr noch nicht vollendet hat, ist unter den Voraussetzungen des Satzes 1 nur durch das Aufnehmen eines Lichtbildes zu sichern.

(9) [1] Die Identität eines Ausländers, der sich ohne erforderlichen Aufenthaltstitel im Bundesgebiet aufhält, ist durch erkennungsdienstliche Maßnahmen zu sichern. [2] Nach Satz 1 dürfen nur Lichtbilder und Abdrucke aller zehn Finger aufgenommen werden. [3] Die Identität eines Ausländers, der das sechste Lebensjahr noch nicht vollendet hat, ist unter den Voraussetzungen des Satzes 1 nur durch das Aufnehmen eines Lichtbildes zu sichern.

(10) Der Ausländer hat die Maßnahmen nach den Absätzen 1 und 3 bis 9 zu dulden.

§§ 49a, 49b[1)] *(aufgehoben)*

Kapitel 5. Beendigung des Aufenthalts

Abschnitt 1. Begründung der Ausreisepflicht

§ 50[2)] Ausreisepflicht. (1) Ein Ausländer ist zur Ausreise verpflichtet, wenn er einen erforderlichen Aufenthaltstitel nicht oder nicht mehr besitzt und ein Aufenthaltsrecht nach dem Assoziationsabkommen EWG/Türkei nicht oder nicht mehr besteht.

(2) Der Ausländer hat das Bundesgebiet unverzüglich oder, wenn ihm eine Ausreisefrist gesetzt ist, bis zum Ablauf der Frist zu verlassen.

(3) [1] Durch die Einreise in einen anderen Mitgliedstaat der Europäischen Union oder in einen anderen Schengen-Staat genügt der Ausländer seiner Ausreisepflicht nur, wenn ihm Einreise und Aufenthalt dort erlaubt sind. [2] Liegen diese Voraussetzungen vor, ist der ausreisepflichtige Ausländer aufzufordern, sich unverzüglich in das Hoheitsgebiet dieses Staates zu begeben.

(4) Ein ausreisepflichtiger Ausländer, der seine Wohnung wechseln oder den Bezirk der Ausländerbehörde für mehr als drei Tage verlassen will, hat dies der Ausländerbehörde vorher anzuzeigen.

---

1) §§ 49a, 49b aufgeh. mWv 9.8.2019 durch G v. 4.8.2019 (BGBl. I S. 1131).

2) § 50 Abs. 2 Sätze 2, 3 aufgeh., Abs. 2a, 3 aufgeh, Abs. 4 wird Abs. 3, Satz 1 geänd., Satz 2 angef., bish. Abs. 5–7 werden Abs. 4–6 mWv 26.11.2011 durch G v. 22.11.2011 (BGBl. I S. 2258); Abs. 6 Satz 2 geänd. mWv 1.8.2015 durch G v. 27.7.2015 (BGBl. I S. 1386); Abs. 6 Satz 3 geänd. mWv 24.10.2015 durch G v. 20.10.2015 (BGBl. I S. 1722).

(3) [1] Wird ein Aufenthaltstitel gemäß § 36a Absatz 1 zum Zwecke des Familiennachzugs zu einem Ausländer beantragt,

1. gegen den ein Strafverfahren oder behördliches Verfahren wegen einer der in § 27 Absatz 3a genannten Tatbestände eingeleitet wurde,
2. gegen den ein Strafverfahren wegen einer oder mehrerer der in § 36a Absatz 3 Nummer 2 genannten Straftaten eingeleitet wurde, oder
3. bei dem ein Widerrufsverfahren nach § 73b Absatz 1 Satz 1 des Asylgesetzes[1] oder ein Rücknahmeverfahren nach § 73b Absatz 3 des Asylgesetzes eingeleitet wurde,

ist die Entscheidung über die Erteilung des Aufenthaltstitels gemäß § 36a Absatz 1 bis zum Abschluss des jeweiligen Verfahrens, im Falle einer gerichtlichen Entscheidung bis zu ihrer Rechtskraft, auszusetzen, es sei denn, über den Aufenthaltstitel gemäß § 36a Absatz 1 kann ohne Rücksicht auf den Ausgang des Verfahrens entschieden werden. [2] Im Fall von Satz 1 Nummer 3 ist bei einem Widerruf oder einer Rücknahme der Zuerkennung des subsidiären Schutzes auf das Verfahren zur Entscheidung über den Widerruf des Aufenthaltstitels des Ausländers nach § 52 Absatz 1 Satz 1 Nummer 4 abzustellen.

(4) Beantragt ein Ausländer, gegen den wegen des Verdachts einer Straftat ermittelt wird, die Erteilung oder Verlängerung einer Beschäftigungsduldung, ist die Entscheidung über die Beschäftigungsduldung bis zum Abschluss des Verfahrens, im Falle einer gerichtlichen Entscheidung bis zu deren Rechtskraft, auszusetzen, es sei denn, über die Beschäftigungsduldung kann ohne Rücksicht auf den Ausgang des Verfahrens entschieden werden.

(5) Beantragt ein Ausländer, gegen den wegen einer Straftat öffentliche Klage erhoben wurde, die Erteilung einer Ausbildungsduldung, ist die Entscheidung über die Ausbildungsduldung bis zum Abschluss des Verfahrens, im Falle einer gerichtlichen Entscheidung bis zu deren Rechtskraft, auszusetzen, es sei denn, über die Ausbildungsduldung kann ohne Rücksicht auf den Ausgang des Verfahrens entschieden werden.

§ 80[2] Handlungsfähigkeit. (1) Fähig zur Vornahme von Verfahrenshandlungen nach diesem Gesetz ist ein Ausländer, der volljährig ist, sofern er nicht nach Maßgabe des Bürgerlichen Gesetzbuchs[3] geschäftsunfähig oder in dieser Angelegenheit zu betreuen und einem Einwilligungsvorbehalt zu unterstellen wäre.

(2) [1] Die mangelnde Handlungsfähigkeit eines Minderjährigen steht seiner Zurückweisung und Zurückschiebung nicht entgegen. [2] Das Gleiche gilt für die Androhung und Durchführung der Abschiebung in den Herkunftsstaat, wenn sich sein gesetzlicher Vertreter nicht im Bundesgebiet aufhält oder dessen Aufenthaltsort im Bundesgebiet unbekannt ist.

(3) [1] Bei der Anwendung dieses Gesetzes sind die Vorschriften des Bürgerlichen Gesetzbuchs dafür maßgebend, ob ein Ausländer als minderjährig oder volljährig anzusehen ist. [2] Die Geschäftsfähigkeit und die sonstige rechtliche Handlungsfähigkeit eines nach dem Recht seines Heimatstaates volljährigen Ausländers bleiben davon unberührt.

---

[1] Nr. **567**.

[2] § 80 Überschrift, Abs. 1 und 4 geänd. mWv 1.11.2015 durch G v. 28.10.2015 (BGBl. I S. 1802); Abs. 5 angef. mWv 1.3.2020 durch G v. 15.8.2019 (BGBl. I S. 1307).

[3] **Habersack, Deutsche Gesetze Nr. 20.**

(4) Die gesetzlichen Vertreter eines Ausländers, der minderjährig ist, und sonstige Personen, die an Stelle der gesetzlichen Vertreter den Ausländer im Bundesgebiet betreuen, sind verpflichtet, für den Ausländer die erforderlichen Anträge auf Erteilung und Verlängerung des Aufenthaltstitels und auf Erteilung und Verlängerung des Passes, des Passersatzes und des Ausweisersatzes zu stellen.

(5) Sofern der Ausländer das 18. Lebensjahr noch nicht vollendet hat, müssen die zur Personensorge berechtigten Personen einem geplanten Aufenthalt nach Kapitel 2 Abschnitt 3 und 4 zustimmen.

§ 81[1)] Beantragung des Aufenthaltstitels. (1) Ein Aufenthaltstitel wird einem Ausländer nur auf seinen Antrag erteilt, soweit nichts anderes bestimmt ist.

(2) [1] Ein Aufenthaltstitel, der nach Maßgabe der Rechtsverordnung nach § 99 Abs. 1 Nr. 2 nach der Einreise eingeholt werden kann, ist unverzüglich nach der Einreise oder innerhalb der in der Rechtsverordnung bestimmten Frist zu beantragen. [2] Für ein im Bundesgebiet geborenes Kind, dem nicht von Amts wegen ein Aufenthaltstitel zu erteilen ist, ist der Antrag innerhalb von sechs Monaten nach der Geburt zu stellen.

(3) [1] Beantragt ein Ausländer, der sich rechtmäßig im Bundesgebiet aufhält, ohne einen Aufenthaltstitel zu besitzen, die Erteilung eines Aufenthaltstitels, gilt sein Aufenthalt bis zur Entscheidung der Ausländerbehörde als erlaubt. [2] Wird der Antrag verspätet gestellt, gilt ab dem Zeitpunkt der Antragstellung bis zur Entscheidung der Ausländerbehörde die Abschiebung als ausgesetzt.

(4) [1] Beantragt ein Ausländer vor Ablauf seines Aufenthaltstitels dessen Verlängerung oder die Erteilung eines anderen Aufenthaltstitels, gilt der bisherige Aufenthaltstitel vom Zeitpunkt seines Ablaufs bis zur Entscheidung der Ausländerbehörde als fortbestehend. [2] Dies gilt nicht für ein Visum nach § 6 Absatz 1. [3] Wurde der Antrag auf Erteilung oder Verlängerung eines Aufenthaltstitels verspätet gestellt, kann die Ausländerbehörde zur Vermeidung einer unbilligen Härte die Fortgeltungswirkung anordnen.

(5) Dem Ausländer ist eine Bescheinigung über die Wirkung seiner Antragstellung (Fiktionsbescheinigung) auszustellen.

(5a) [1] In den Fällen der Absätze 3 und 4 gilt die in dem künftigen Aufenthaltstitel für einen Aufenthalt nach Kapitel 2 Abschnitt 3 und 4 beschriebene Erwerbstätigkeit ab Veranlassung der Ausstellung bis zur Ausgabe des Dokuments nach § 78 Absatz 1 Satz 1 als erlaubt. [2] Die Erlaubnis zur Erwerbstätigkeit nach Satz 1 ist in die Bescheinigung nach Absatz 5 aufzunehmen.

(6) Wenn der Antrag auf Erteilung einer Aufenthaltserlaubnis zum Familiennachzug zu einem Inhaber einer ICT-Karte oder einer Mobiler-ICT-Karte gleichzeitig mit dem Antrag auf Erteilung einer ICT-Karte oder einer Mobiler-ICT-Karte gestellt wird, so wird über den Antrag auf Erteilung einer Aufenthaltserlaubnis zum Zweck des Familiennachzugs gleichzeitig mit dem Antrag auf Erteilung einer ICT-Karte oder einer Mobiler-ICT-Karte entschieden.

(7) Ist die Identität durch erkennungsdienstliche Behandlung gemäß § 49 dieses Gesetzes[2)] oder § 16 des Asylgesetzes[3)] zu sichern, so darf eine Fiktionsbescheini-

---

[1)] § 81 Abs. 4 neu gef. mWv 1.8.2012 durch G v. 1.6.2012 (BGBl. I S. 1224); Abs. 4 Satz 2 eingef., bish. Satz 2 wird Satz 3 mWv 6.9.2013 durch G v. 29.8.2013 (BGBl. I S. 3484); Abs. 6 angef. mWv 1.8. 2017 durch G v. 12.5.2017 (BGBl. I S. 1106); Abs. 5a eingef. mWv 12.12.2020 durch G v. 3.12.2020 (BGBl. I S. 2744); Abs. 7 angef. mWv 1.6.2022 durch G v. 23.5.2022 (BGBl. I S. 760).

[2)] Nr. **565**.

[3)] Nr. **567**.

gung nach Absatz 5 nur ausgestellt oder ein Aufenthaltstitel nur erteilt werden, wenn die erkennungsdienstliche Behandlung durchgeführt worden ist und eine Speicherung der hierdurch gewonnenen Daten im Ausländerzentralregister erfolgt ist.

§ 81a[1] Beschleunigtes Fachkräfteverfahren. (1) Arbeitgeber können bei der zuständigen Ausländerbehörde in Vollmacht des Ausländers, der zu einem Auf-

(Fortsetzung nächstes Blatt)

[1] § 81a eingef. mWv 1.3.2020 durch G v. 15.8.2019 (BGBl. I S. 1307).

(5) Zu den in § 755 der Zivilprozessordnung[1)] genannten Zwecken übermittelt die Ausländerbehörde dem Gerichtsvollzieher auf Ersuchen den Aufenthaltsort einer Person.

(7)[2)] [1] Zur Durchführung eines Vollstreckungsverfahrens übermittelt die Ausländerbehörde der Vollstreckungsbehörde auf deren Ersuchen die Angabe über den Aufenthaltsort des Vollstreckungsschuldners. [2] Die Angabe über den Aufenthaltsort darf von der Ausländerbehörde nur übermittelt werden, wenn sich die Vollstreckungsbehörde die Angabe nicht durch Abfrage bei der Meldebehörde beschaffen kann und dies in ihrem Ersuchen gegenüber der Ausländerbehörde bestätigt.

§ 90a[3)] Mitteilungen der Ausländerbehörden an die Meldebehörden.

(1) [1] Die Ausländerbehörden unterrichten unverzüglich die zuständigen Meldebehörden, wenn sie Anhaltspunkte dafür haben, dass die im Melderegister zu meldepflichtigen Ausländern gespeicherten Daten unrichtig oder unvollständig sind. [2] Sie teilen den Meldebehörden insbesondere mit, wenn ein meldepflichtiger Ausländer

1. sich im Bundesgebiet aufhält, der nicht gemeldet ist,
2. dauerhaft aus dem Bundesgebiet ausgereist ist.

[3] Die Ausländerbehörde unterrichtet die zuständige Meldebehörde über die Erteilung einer Niederlassungserlaubnis oder einer Erlaubnis zum Daueraufenthalt-EU.

(2) Die Mitteilungen nach Absatz 1 sollen folgende Angaben zum meldepflichtigen Ausländer enthalten:

1. Familienname, Geburtsname und Vornamen,
2. Tag, Ort und Staat der Geburt,
3. Staatsangehörigkeiten,
4. letzte Anschrift im Inland,
5. Datum und Zielstaat der Ausreise sowie
6. zum Zweck der eindeutigen Zuordnung die AZR-Nummer in den Fällen und nach Maßgabe des § 10 Absatz 4 Satz 2 Nummer 4 des AZR-Gesetzes[4)].

§ 90b[5)] Datenabgleich zwischen Ausländer- und Meldebehörden. [1] Die Ausländer- und Meldebehörden übermitteln einander jährlich die in § 90a Abs. 2 genannten Daten zum Zweck der Datenpflege, soweit sie denselben örtlichen Zuständigkeitsbereich haben. [2] Die empfangende Behörde gleicht die übermittelten Daten mit den bei ihr gespeicherten Daten ab, ein automatisierter Abgleich ist zulässig. [3] Die übermittelten Daten dürfen nur für die Durchführung des Abgleichs sowie die Datenpflege verwendet werden und sind sodann unverzüglich zu löschen; überlassene Datenträger sind unverzüglich zurückzugeben oder zu vernichten. [4] Die Ausländerbehörden übermitteln die im Rahmen des Datenabgleichs erfolgten Änderungen unverzüglich an die Registerbehörde des Ausländerzentralregisters. [5] Andere gesetzliche Vorschriften zum Datenabgleich bleiben unberührt.

---

1) **Habersack, Deutsche Gesetze Nr. 100.**
2) Absatzzählung amtlich.
3) § 90a Abs. 1 Satz 3 angef., Abs. 2 Nr. 4, 5 geänd., Nr. 6 angef. mWv 1.11.2019 durch G v. 4.8.2019 (BGBl. I S. 1131).
4) **Sartorius ErgBd. Nr. 569.**
5) § 90b Sätze 4, 5 angef. mWv 15.7.2021 durch G v. 9.7.2021 (BGBl. I S. 2467).

§ 90c[1)] Datenübermittlungen im Visumverfahren über das Auswärtige Amt. (1) [1]Die Übermittlung von Daten im Visumverfahren von den Auslandsvertretungen an die im Visumverfahren beteiligten Behörden und von diesen zurück an die Auslandsvertretungen erfolgt automatisiert über eine vom Auswärtigen Amt betriebene technische Vorrichtung zur Unterstützung des Visumverfahrens. [2]Die technische Vorrichtung stellt die vollständige, korrekte und fristgerechte Übermittlung der Daten nach Satz 1 sicher. [3]Zu diesem Zweck werden die Daten nach Satz 1 in der technischen Vorrichtung gespeichert.

(2) In der technischen Vorrichtung dürfen personenbezogene Daten nur verarbeitet werden, soweit dies für den in Absatz 1 Satz 1 und 2 genannten Zweck erforderlich ist.

(3) Die nach Absatz 1 Satz 3 gespeicherten Daten sind unverzüglich zu löschen, wenn die Daten nicht mehr zu dem in Absatz 1 Satz 1 und 2 genannten Zweck benötigt werden, spätestens nach Erteilung oder Versagung des Visums oder Rücknahme des Visumantrags.

§ 91[2)] Speicherung und Löschung personenbezogener Daten. (1) [1]Die Daten über die Ausweisung, Zurückschiebung und Abschiebung sind zehn Jahre nach Ablauf der in § 11 Absatz 2 bezeichneten Frist zu löschen. [2]Sie sind vor diesem Zeitpunkt zu löschen, soweit sie Erkenntnisse enthalten, die nach anderen gesetzlichen Bestimmungen nicht mehr gegen den Ausländer verwertet werden dürfen.

(2) Mitteilungen nach § 87 Abs. 1, die für eine anstehende ausländerrechtliche Entscheidung unerheblich sind und voraussichtlich auch für eine spätere ausländerrechtliche Entscheidung nicht erheblich werden können, sind unverzüglich zu vernichten.

§ 91a[3)] Register zum vorübergehenden Schutz. (1) Das Bundesamt für Migration und Flüchtlinge führt ein Register über die Ausländer nach § 24 Abs. 1, die ein Visum oder eine Aufenthaltserlaubnis beantragt haben, und über deren Familienangehörige im Sinne des Artikels 15 Abs. 1 der Richtlinie 2001/55/EG zum Zweck der Aufenthaltsgewährung, der Verteilung der aufgenommenen Ausländer im Bundesgebiet, der Wohnsitzverlegung aufgenommener Ausländer in andere Mitgliedstaaten der Europäischen Union, der Familienzusammenführung und der Förderung der freiwilligen Rückkehr.

(2) Folgende Daten werden in dem Register gespeichert:

1. zum Ausländer:
   a) die Personalien, mit Ausnahme der früher geführten Namen und der Wohnanschrift im Inland, sowie der letzte Wohnort im Herkunftsland, die Herkunftsregion und freiwillig gemachte Angaben zur Religionszugehörigkeit,
   b) Angaben zum Beruf und zur beruflichen Ausbildung,
   c) das Eingangsdatum seines Antrages auf Erteilung eines Visums oder einer Aufenthaltserlaubnis, die für die Bearbeitung seines Antrages zuständige Stelle

---

[1)] § 90c eingef. mWv 26.11.2011 durch G v. 22.11.2011 (BGBl. I S. 2258); Abs. 2 geänd. mWv 26.11.2019 durch G v. 20.11.2019 (BGBl. I S. 1626).

[2)] § 91 Abs. 1 Satz 1 neu gef., Abs. 3 aufgeh. mWv 26.11.2019 durch G v. 20.11.2019 (BGBl. I S. 1626).

[3)] § 91a Abs. 7 geänd. mWv 1.8.2013 durch G v. 25.7.2013 (BGBl. I S. 2749); Abs. 8 Satz 2 geänd. mWv 26.11.2019 durch G v. 20.11.2019 (BGBl. I S. 1626); Abs. 5 Satz 2 angef. mWv 1.6.2022 durch G v. 23.5.2022 (BGBl. I S. 760).

und Angaben zur Entscheidung über den Antrag oder den Stand des Verfahrens,

d) Angaben zum Identitäts- und Reisedokument,

e) die AZR-Nummer und die Visadatei-Nummer,

f) Zielland und Zeitpunkt der Ausreise,

2. die Personalien nach Nummer 1 Buchstabe a mit Ausnahme der freiwillig gemachten Angaben zur Religionszugehörigkeit der Familienangehörigen des Ausländers nach Absatz 1,
3. Angaben zu Dokumenten zum Nachweis der Ehe, der Lebenspartnerschaft oder der Verwandtschaft.

(3) Die Ausländerbehörden und die Auslandsvertretungen sind verpflichtet, die in Absatz 2 bezeichneten Daten unverzüglich an die Registerbehörde zu übermitteln, wenn

1. eine Aufenthaltserlaubnis nach § 24 Abs. 1 oder
2. ein Visum zur Inanspruchnahme vorübergehenden Schutzes im Bundesgebiet

beantragt wurden.

(4) Die §§ 8 und 9 des AZR-Gesetzes[1] gelten entsprechend.

(5) [1] Die Daten dürfen auf Ersuchen an die Ausländerbehörden, Auslandsvertretungen und andere Organisationseinheiten des Bundesamtes für Migration und Flüchtlinge einschließlich der dort eingerichteten nationalen Kontaktstelle nach Artikel 27 Abs. 1 der Richtlinie 2001/55/EG zum Zweck der Erfüllung ihrer ausländer- und asylrechtlichen Aufgaben im Zusammenhang mit der Aufenthaltsgewährung, der Verteilung der aufgenommenen Ausländer im Bundesgebiet, der Wohnsitzverlegung aufgenommener Ausländer in andere Mitgliedstaaten der Europäischen Union, der Familienzusammenführung und der Förderung der freiwilligen Rückkehr übermittelt werden. [2] Die Daten dürfen auf Ersuchen auch den Mitgliedsstaaten der Europäischen Union und der Europäischen Kommission übermittelt werden, um Aufgaben nach den Artikeln 10 und 27 Absatz 1 der Richtlinie 2001/55/EG zu erfüllen.

(6) [1] Die Registerbehörde hat über Datenübermittlungen nach Absatz 5 Aufzeichnungen zu fertigen. [2] § 13 des AZR-Gesetzes gilt entsprechend.

(7) [1] Die Datenübermittlungen nach den Absätzen 3 und 5 erfolgen schriftlich, elektronisch oder im automatisierten Verfahren. [2] § 22 Abs. 2 bis 4 des AZR-Gesetzes gilt entsprechend.

(8) [1] Die Daten sind spätestens zwei Jahre nach Beendigung des vorübergehenden Schutzes des Ausländers zu löschen. [2] Für die Auskunft an die betroffene Person und für die Einschränkung der Verarbeitung der Daten gelten § 34 Abs. 1 und 2 und § 37 des AZR-Gesetzes entsprechend.

§ 91b[2] Datenübermittlung durch das Bundesamt für Migration und Flüchtlinge als nationale Kontaktstelle. Das Bundesamt für Migration und Flüchtlinge als nationale Kontaktstelle nach Artikel 27 Abs. 1 der Richtlinie 2001/55/EG darf die Daten des Registers nach § 91a zum Zweck der Verlegung des Wohnsitzes aufgenommener Ausländer in andere Mitgliedstaaten der Europäischen Union oder zur Familienzusammenführung an folgende Stellen übermitteln:

---

[1] **Sartorius ErgBd. Nr. 569.**

[2] § 91b Nr. 2 geänd. mWv 26.11.2011 durch G v. 22.11.2011 (BGBl. I S. 2258); Nr. 3 geänd. mWv 26.11.2019 durch G v. 20.11.2019 (BGBl. I S. 1626).

1. nationale Kontaktstellen anderer Mitgliedstaaten der Europäischen Union,
2. Organe und Einrichtungen der Europäischen Union,
3. sonstige ausländische oder über- und zwischenstaatliche Stellen nach Maßgabe des Kapitels V der Verordnung (EU) 2016/679[1] und den sonstigen allgemeinen datenschutzrechtlichen Vorschriften.

§ 91c[2] Innergemeinschaftliche Auskünfte zur Durchführung der Richtlinie 2003/109/EG. (1) [1] Das Bundesamt für Migration und Flüchtlinge unterrichtet als nationale Kontaktstelle im Sinne des Artikels 25 der Richtlinie 2003/109/EG die zuständige Behörde eines anderen Mitgliedstaates der Europäischen Union, in dem der Ausländer die Rechtsstellung eines langfristig Aufenthaltsberechtigten besitzt, über den Inhalt und den Tag einer Entscheidung über die Erteilung oder Verlängerung einer Aufenthaltserlaubnis nach § 38a Abs. 1 oder über die Erteilung einer Erlaubnis zum Daueraufenthalt – EU. [2] Die Behörde, die die Entscheidung getroffen hat, übermittelt dem Bundesamt für Migration und Flüchtlinge unverzüglich die hierfür erforderlichen Angaben. [3] Der nationalen Kontaktstelle können die für Unterrichtungen nach Satz 1 erforderlichen Daten aus dem Ausländerzentralregister unter Nutzung der AZR-Nummer automatisiert übermittelt werden.

(1a) [1] Das Bundesamt für Migration und Flüchtlinge leitet von Amts wegen Auskunftsersuchen der Ausländerbehörden über das Fortbestehen des internationalen Schutzes im Sinne von § 2 Absatz 13 in einem anderen Mitgliedstaat an die zuständigen Stellen des betroffenen Mitgliedstaates der Europäischen Union weiter. [2] Hierzu übermittelt die jeweils zuständige Ausländerbehörde dem Bundesamt für Migration und Flüchtlinge die erforderlichen Angaben. [3] Das Bundesamt für Migration und Flüchtlinge leitet die auf die Anfragen eingehenden Antworten an die jeweils zuständige Ausländerbehörde weiter.

(2) [1] Das Bundesamt für Migration und Flüchtlinge leitet von Amts wegen an die zuständigen Stellen des betroffenen Mitgliedstaates der Europäischen Union Anfragen im Verfahren nach § 51 Absatz 8 unter Angabe der vorgesehenen Maßnahme und der von der Ausländerbehörde mitgeteilten wesentlichen tatsächlichen und rechtlichen Gründe der vorgesehenen Maßnahme weiter. [2] Hierzu übermittelt die Ausländerbehörde dem Bundesamt für Migration und Flüchtlinge die erforderlichen Angaben. [3] Das Bundesamt für Migration und Flüchtlinge leitet an die zuständige Ausländerbehörde die in diesem Zusammenhang eingegangenen Antworten von Stellen anderer Mitgliedstaaten der Europäischen Union weiter.

(3) [1] Das Bundesamt für Migration und Flüchtlinge teilt der zuständigen Behörde eines anderen Mitgliedstaates der Europäischen Union von Amts wegen mit, dass einem Ausländer, der dort die Rechtsstellung eines langfristig Aufenthaltsberechtigten besitzt, die Abschiebung oder Zurückschiebung

(Fortsetzung nächstes Blatt)

---

[1] Nr. **246**.

[2] § 91c Abs. 2 Satz 1 geänd. mWv 26.11.2011 durch G v. 22.11.2011 (BGBl. I S. 2258); Abs. 1a und 5a–5c eingef. mWv 6.9.2013, Abs. 1 Satz 1 und Abs. 6 Nr. 1 und 2 geänd. mWv 2.12.2013 durch G v. 29.8.2013 (BGBl. I S. 3484).

600. Verwaltungsgerichtsordnung (VwGO)[1)]

In der Fassung der Bekanntmachung vom 19. März 1991[2)]

(BGBl. I S. 686)

FNA 340-1

geänd. durch Art. 3 G zur Neuregelung des Asylverfahrens v. 26.6.1992 (BGBl. I S. 1126), Art. 9 G zur Entlastung der Rechtspflege v. 11.1.1993 (BGBl. I S. 50), Art. 5 Fünftes G zur Änd. des G über das Bundesverfassungsgericht v. 2.8.1993 (BGBl. I S. 1442), Art. 7 PlanungsvereinfachungsG v. 17.12.1993 (BGBl. I S. 2123), Art. 7 G zur Änd. des RechtspflegerG und anderer Gesetze v. 24.6.1994 (BGBl. I S. 1374), Art. 9 G zu dem Übereinkommen vom 15. April 1994 zur Errichtung der Welthandelsorganisation und zur Änd. anderer Gesetze v. 30.8.1994 (BGBl. II S. 1438), Art. 7 G zur Vermeidung, Verwertung und Beseitigung von Abfällen v. 27.9.1994 (BGBl. I S. 2705), Art. 27 Einführungs zur Insolvenzordnung v. 5.10.1994 (BGBl. I S. 2911), Art. 2 Abs. 6 MagnetschwebebahnplanungsG v. 23.11.1994 (BGBl. I S. 3486), Art. 1 Sechstes G zur Änd. der Verwaltungsgerichtsordnung und anderer Gesetze v. 1.11.1996 (BGBl. I S. 1626), Art. 6 Abs. 3 ZivilschutzneuordnungsG v. 25.3.1997 (BGBl. I S. 726), Art. 33 Abs. 2 JustizmitteilungsG v. 18.6.1997 (BGBl. I S. 1430), Art. 8 Bau- und RaumordnungsG 1998 v. 18.8.1997 (BGBl. I S. 2081), Art. 1 G zur Verlagerung des Sitzes des Bundesverwaltungsgerichts von Berlin nach Leipzig v. 21.11.1997 (BGBl. I S. 2742), Art. 2 § 13 Schiedsverfahrens-NeuregelungsG v. 22.12.1997 (BGBl. I S. 3224), Art. 14 G zur Änd. der Bundesrechtsanwaltsordnung, der Patentanwaltsordnung und anderer Gesetze v. 31.8.1998 (BGBl. I S. 2600), BVerfGE v. 27.10.1999 (BGBl.2000 I S. 54), Art. 15 Zweites ZuständigkeitslockerungsG v. 3.5.2000 (BGBl. I S. 632), Art. 2 Abs. 18 ZustellungsreformG v. 25.6.2001 (BGBl. I S. 1206), Art. 14 G zur Neuordnung des Bundesdisziplinarrechts v. 9.7.2001 (BGBl. I S. 1510), Art. 8 G zur Anpassung der Formvorschriften des Privatrechts und anderer Vorschriften an den modernen Rechtsgeschäftsverkehr v. 13.7.2001 (BGBl. I S. 1542), Art. 1 und 6 G zur Bereinigung des Rechtsmittelrechts im Verwaltungsprozess v. 20.12.2001 (BGBl. I S. 3987), Art. 4 Abs. 26 Kostenrechtsmodernisierungs G v. 5.5.2004 (BGBl. I S. 718), Art. 4 EuroparechtsanpassungsG Bau v. 24.6.2004 (BGBl. I S. 1359), Art. 11 Nr. 23 ZuwanderungsG v. 30.7.2004 (BGBl. I S. 1950), Art. 6 Erstes JustizmodernisierungsG v. 24.8.2004 (BGBl. I S. 2198), Art. 8 AnhörungsrügenG v. 9.12.2004 (BGBl. I S. 3220), Art. 2 Siebentes G zur Änderung des SozialgerichtsG v. 9.12.2004 (BGBl. I S. 3302), Art. 6 G zur Vereinfachung und Vereinheitlichung der Verfahrensvorschriften zur Wahl und Berufung ehrenamtlicher Richter v. 21.12. 2004 (BGBl. I S. 3599), Art. 2 JustizkommunikationsG v. 22.3.2005 (BGBl. I S. 837), Art. 2 26. G zur Änd. des AbgeordnetenG v. 22.8.2005 (BGBl. I S. 2482 iVm Bek. v. 18.10.2005, BGBl. I S. 3007), Art. 13 G zur Vereinfachung der abfallrechtlichen Überwachung v. 15.7.2006 (BGBl. I S. 1619), Art. 9 G zur Beschleunigung von Planungsverfahren für Infrastrukturvorhaben v. 9.12.2006 (BGBl. I S. 2833), Art. 3 G zur Erleichterung von Planungsvorhaben für die Innenentwicklung der Städte v. 21.12.2006 (BGBl. I S. 3316), Art. 13 G zur Neuregelung des Rechtsberatungsrechts v. 12.12.2007 (BGBl. I S. 2840, geänd. durch G v. 12.6.2008, BGBl. I S. 1000), § 62 Abs. 11 BeamtenstatusG v. 17.6.2008 (BGBl. I S. 1010), Art. 5 G zur Modernisierung von Verfahren im anwaltlichen und notariellen Berufsrecht, zur Errichtung einer Schlichtungsstelle der Rechtsanwaltschaft sowie zur Änd. sonstiger Vorschriften v. 30.7.2009 (BGBl. I S. 2449), Art. 3 G zur Beschleunigung des Ausbaus der Höchstspannungsnetze v. 21.8.2009 (BGBl. I S. 2870), Art. 9 G zur Umsetzung der DienstleistungsRL in der Justiz und zur Änd. weiterer Vorschriften v. 22.12.2010 (BGBl. I S. 2248), Art. 8 G über den Rechtsschutz bei überlangen Gerichtsverfahren und strafrechtlichen Ermittlungsverfahren v. 24.11.2011 (BGBl. I S. 2302), Art. 2 Abs. 34 G zur Änd. von Vorschriften über Verkündung und Bekanntmachungen sowie der ZPO, des EGZPO und der AO v. 22.12.2011 (BGBl. I S. 3044), Art. 5 Abs. 2 G zur Neuordnung des Kreislaufwirtschafts- und Abfallrechts v. 24.2.2012 (BGBl. I S. 212), Art. 6 G zur Förderung der Mediation und anderer Verfahren der außergerichtlichen Konfliktbeilegung v. 21.7.2012 (BGBl. I S. 1577), Art. 4 G zur Intensivierung des Einsatzes von Videokonferenztechnik in gerichtlichen und staatsanwaltschaftlichen Verfahren v. 25.4.2013 (BGBl. I S. 935), Art. 2 Planfeststellungsverfahren-VereinheitlichungsG v. 31.5.2013 (BGBl. I S. 1388), Art. 4 Zweites G über Maßnahmen zur Beschleunigung des Netzausbaus Elektrizitätsnetze v. 23.7.2013 (BGBl. I S. 2543), Art. 12 G zur Änd. des Prozesskostenhilfe- und Beratungshilferechts v. 31.8.2013 (BGBl. I S. 3533), Art. 5 G zur Förderung des elektronischen Rechtsverkehrs mit den Gerichten v. 10.10.2013 (BGBl. I S. 3786), Art. 13 G zur Durch-

---

[1)] Die Änderungen durch G v. 5.7.2017 (BGBl. I S. 2208) treten teilweise erst **mWv 1.1.2026**, die Änderungen durch G v. 12.12.2019 (BGBl. I S. 2652) treten erst **mWv 1.1.2024**, die Änderungen durch G v. 4.5.2021 (BGBl. I S. 882) treten erst **mWv 1.1.2023**, die Änderungen durch G v. 5.10.2021 (BGBl. I S. 4607) treten teilweise erst **mWv 1.1.2026** und die Änderungen durch G v. 20.7.2022 (BGBl. I S. 1325) treten erst **mWv 1.1.2023** in Kraft und sind im Text noch nicht berücksichtigt.

[2)] Neubekanntmachung der VwGO v. 21.1.1960 (BGBl. I S. 17) in der ab 1.1.1991 geltenden Fassung.

führung der Verordnung (EU) Nr. 1215/2012 sowie zur Änd. sonstiger Vorschriften v. 8.7.2014 (BGBl. I S. 890), Art. 3 G zur Änd. des BundesministerG und des G über die Rechtsverhältnisse der Parlamentarischen Staatssekretäre v. 17.7.2015 (BGBl. I S. 1322), Art. 171 Zehnte ZuständigkeitsanpassungsVO v. 31.8. 2015 (BGBl. I S. 1474), Art. 7 AsylverfahrensbeschleunigungsG v. 20.10.2015 (BGBl. I S. 1722), Art. 3 G zur Änd. von Bestimmungen des Rechts des Energieleitungsbaus v. 21.12.2015 (BGBl. I S. 2490), Art. 7 G zur Änd. des Sachverständigenrechts und zur weiteren Änd. des G über das Verfahren in Familiensachen und in den Angelegenheiten der freiwilligen Gerichtsbarkeit sowie zur Änd. weiterer G v. 11.10.2016 (BGBl. I S. 2222), Art. 3 G zur Einführung von Ausschreibungen für Strom aus erneuerbaren Energien und zu weiteren Änd. des Rechts der erneuerbaren Energien v. 13.10.2016 (BGBl. I S. 2258), Art. 17 G zur Änd. der Bestimmungen zur Stromerzeugung aus Kraft-Wärme-Kopplung und zur Eigenversorgung v. 22.12. 2016 (BGBl. I S. 3106), Art. 5 G zur Anpassung des Umwelt-RechtsbehelfsG und anderer Vorschriften an europa- und völkerrechtliche Vorgaben v. 29.5.2017 (BGBl. I S. 1298), Art. 4 Hochwasserschutzgesetz II v. 30.6.2017 (BGBl. I S. 2193), Art. 20 und 21 G zur Einführung der elektronischen Akte in der Justiz und zur weiteren Förderung des elektronischen Rechtsverkehrs v. 5.7.2017 (BGBl. I S. 2208), Art. 11 Abs. 24 eIDAS-DurchführungsG v. 18.7.2017 (BGBl. I S. 2745), Art. 5 Abs. 2 G über die Erweiterung der Medienöffentlichkeit in Gerichtsverfahren v. 8.10.2017 (BGBl. I S. 3546), Art. 2 16. G zur Änd. des AtomG v. 10.7.2018 (BGBl. I S. 1122 iVm Bek. v. 11.7.2018, BGBl. I S. 1124), Art. 7 G zur Einführung einer zivilprozessualen Musterfeststellungsklage v. 12.7.2018 (BGBl. I S. 1151), Art. 5 Abs. 24 G zur Einführung einer Karte für Unionsbürger und Angehörige des Europäischen Wirtschaftsraums mit Funktion zum elektronischen Identitätsnachweis sowie zur Änd. des PersonalausweisG und weiterer Vorschriften[1] v. 21.6. 2019 (BGBl. I S. 846), Art. 4 Zweites G zur besseren Durchsetzung der Ausreisepflicht v. 15.8.2019 (BGBl. I S. 1294), Art. 5 G zur Regelung der Wertgrenze für die Nichtzulassungsbeschwerde in Zivilsachen, zum Ausbau der Spezialisierung bei den Gerichten sowie zur Änd. weiterer prozessrechtl. Vorschriften v. 12.12. 2019 (BGBl. I S. 2633), Art. 56 G zur Regelung des Sozialen Entschädigungsrechts v. 12.12.2019 (BGBl. I S. 2652), Art. 5 Abs. 1 G über die Errichtung eines Bundesamts für Auswärtige Angelegenheiten und zur Änd. des G über den Auswärtigen Dienst, des AufenthaltsG und zur Anpassung anderer G an die Errichtung des Bundesamts v. 12.6.2020 (BGBl. I S. 1241), Art. 181 Elfte ZuständigkeitsanpassungsVO v. 19.6.2020 (BGBl. I S. 1328), Art. 1a G zur Änd. des Windenergie-auf-See-G und anderer Vorschriften v. 3.12.2020 (BGBl. I S. 2682), Art. 1 Investitionen-Beschleunigungsgesetz v. 3.12.2020 (BGBl. I S. 2694), Art. 15 Abs. 9 Vormundschafts- und Betreuungsrechts-ReformG v. 4.5.2021 (BGBl. I S. 882), Art. 2 G zur Änd. des BundesbergG und zur Änd. der VwGO v. 14.6.2021 (BGBl. I S. 1760), Art. 14 G zur Fortentwicklung der StrafprozessO und zur Änd. weiterer Vorschriften v. 25.6.2021 (BGBl. I S. 2099), Art. 16 G zur Modernisierung des notariellen Berufsrechts und zur Änd. weiterer Vorschriften v. 25.6.2021 (BGBl. I S. 2154), Art. 20 G zur Neuregelung des Berufsrechts der anwaltlichen und steuerberatenden Berufsausübungsgesellschaften sowie zur Änd. weiterer Vorschriften im Bereich der rechtsberatenden Berufe v. 7.7.2021 (BGBl. I S. 2363), Art. 3a G zur Umsetzung unionsrechtl. Vorgaben und zur Regelung reiner Wasserstoffnetze im Energiewirtschaftsrecht v. 16.7.2021 (BGBl. I S. 3026), Art. 14, 15 und 16 G zum Ausbau des elektronischen Rechtsverkehrs mit den Gerichten und zur Änd. weiterer Vorschriften v. 5.10.2021 (BGBl. I S. 4607), Art. 2 G zur Verbesserung der Transparenzregeln für die Mitglieder des Deutschen Bundestages und zur Anhebung des Strafrahmens des § 108e des Strafgesetzbuches v. 8.10.2021 (BGBl. I S. 4650) und Art. 3 Zweites G zur Änd. des Windenergie-auf-See-Gesetzes und anderer Vorschriften v. 20.7.2022 (BGBl. I S. 1325)

Zur VwGO haben die Länder folgende Vorschriften erlassen:

- **Baden-Württemberg:** G zur Ausführung der VwGO v. 14.10.2008 (GBl. S. 343, 356), zuletzt geänd. durch G v. 11.5.2022 (GBl. S. 281)
- **Bayern:** G zur Ausführung der VwGO idF der Bek. v. 20.6.1992 (GVBl. S. 162), zuletzt geänd. durch G v. 22.4.2022 (GVBl. S. 148)
- **Berlin:** G zur Ausführung der VwGO v. 22.2.1977 (GVBl. S. 557), aufgeh. durch G v. 22.1.2021 (GVBl. S. 88); gem. § 2 dieses G bleibt die Vorschrift auf Rechtsverhältnisse und Sachverhalte anwendbar, die während ihrer Geltung ganz oder zum Teil bestanden haben oder entstanden sind; besondere Rechtsvorschriften zu Übergangsregelungen bleiben unberührt.
- **Brandenburg:** Brandenburgisches VerwaltungsgerichtsG idF der Bek. v. 22.11.1996 (GVBl. I S. 317), zuletzt geänd. durch G v. 10.7.2014 (GVBl. I Nr. 37)
- **Bremen:** G zur Ausführung der VwGO v. 15.3.1960 (Brem.GBl. S. 25), zuletzt geänd. durch Bek. v. 20.10.2020 (Brem.GBl. S. 1172)
- **Hamburg:** G zur Ausführung der VwGO v. 29.3.1960 (HmbGVBl. S. 291), zuletzt geänd. durch G v. 8.7.2014 (HmbGVBl. S. 299)
- **Hessen:** Hessisches G zur Ausführung der VwGO idF der Bek. v. 27.10.1997 (GVBl. I S. 381), zuletzt geänd. durch G v. 15.11.2021 (GVBl. S. 718)

---

[1] Die Änd. des Inkrafttretens dieses G durch Art. 154a G v. 20.11.2019 (BGBl. I S. 1626) ist unbeachtlich, da das G bei Erlass des ÄndG bereits in Kraft getreten war.

5. wenn verschiedene Gerichte, von denen eines für den Rechtsstreit zuständig ist, sich rechtskräftig für unzuständig erklärt haben.

(2) Wenn eine örtliche Zuständigkeit nach § 52 nicht gegeben ist, bestimmt das Bundesverwaltungsgericht das zuständige Gericht.

(3) [1]Jeder am Rechtsstreit Beteiligte und jedes mit dem Rechtsstreit befaßte Gericht kann das im Rechtszug höhere Gericht oder das Bundesverwaltungsgericht anrufen. [2]Das angerufene Gericht kann ohne mündliche Verhandlung entscheiden.

Teil II. Verfahren

7. Abschnitt. Allgemeine Verfahrensvorschriften

§ 54 [Ausschließung und Ablehnung von Gerichtspersonen] (1) Für die Ausschließung und Ablehnung der Gerichtspersonen gelten §§ 41 bis 49 der Zivilprozeßordnung[1)] entsprechend.

(2) Von der Ausübung des Amtes als Richter oder ehrenamtlicher Richter ist auch ausgeschlossen, wer bei dem vorausgegangenen Verwaltungsverfahren mitgewirkt hat.

(3) Besorgnis der Befangenheit nach § 42 der Zivilprozeßordnung ist stets dann begründet, wenn der Richter oder ehrenamtliche Richter der Vertretung einer Körperschaft angehört, deren Interessen durch das Verfahren berührt werden.

§ 55 [Ordnungsvorschriften des GVG] §§ 169, 171a bis 198 des Gerichtsverfassungsgesetzes[2)] über die Öffentlichkeit, Sitzungspolizei, Gerichtssprache, Beratung und Abstimmung finden entsprechende Anwendung.

§ 55a[3) 4)] [Elektronische Dokumentenübermittlung] (1) Vorbereitende Schriftsätze und deren Anlagen, schriftlich einzureichende Anträge und Erklärungen der Beteiligten sowie schriftlich einzureichende Auskünfte, Aussagen, Gutachten, Übersetzungen und Erklärungen Dritter können nach Maßgabe der Absätze 2 bis 6 als elektronische Dokumente bei Gericht eingereicht werden.

(2) [1]Das elektronische Dokument muss für die Bearbeitung durch das Gericht geeignet sein. [2]Die Bundesregierung bestimmt durch Rechtsverordnung mit Zustimmung des Bundesrates technische Rahmenbedingungen für die Übermittlung und die Eignung zur Bearbeitung durch das Gericht.

(3) [1]Das elektronische Dokument muss mit einer qualifizierten elektronischen Signatur der verantwortenden Person versehen sein oder von der verantwortenden Person signiert und auf einem sicheren Übermittlungsweg eingereicht werden. [2]Satz 1 gilt nicht für Anlagen, die vorbereitenden Schriftsätzen beigefügt sind.

(4) [1]Sichere Übermittlungswege sind

[1)] **Habersack, Deutsche Gesetze Nr. 100.**

[2)] **Habersack, Deutsche Gesetze Nr. 95.**

[3)] § 55a eingef. mWv 1.4.2005 durch G v. 22.3.2005 (BGBl. I S. 837); Abs. 1 und 2 neu gef., Abs. 3–6 eingef., bish. Abs. 3 wird Abs. 7 mWv 1.1.2018 durch G v. 10.10.2013 (BGBl. I S. 3786); Abs. 7 Satz 2 angef. mWv 1.1.2018 durch G v. 5.7.2017 (BGBl. I S. 2208); Abs. 1 Satz 3 und Abs. 3 geänd. mWv 29.7.2017 durch G v. 18.7.2017 (BGBl. I S. 2745); Abs. 1 geänd., Abs. 3 Satz 2 angef. mWv 1.1.2020 durch G v. 12.12.2019 (BGBl. I S. 2633); Abs. 4 Nr. 2 neu gef. mWv 1.8.2022 durch G v. 7.7.2021 (BGBl. I S. 2363); Abs. 2 Satz 2 neu gef., Abs. 4 Satz 1 Nr. 3 geänd., Nr. 4 und 5 eingef., bish. Nr. 4 wird Nr. 6, Satz 2 angef., Abs. 6 Satz 1 geänd. mWv 1.1.2022 durch G v. 5.10.2021 (BGBl. I S. 4607).

[4)] Siehe auch die Elektronischer-Rechtsverkehr-VO v. 24.11.2017 (BGBl. I S. 3803), zuletzt geänd. durch G v. 5.10.2021 (BGBl. I S. 4607).

1. der Postfach- und Versanddienst eines De-Mail-Kontos, wenn der Absender bei Versand der Nachricht sicher im Sinne des § 4 Absatz 1 Satz 2 des De-Mail-Gesetzes[1] angemeldet ist und er sich die sichere Anmeldung gemäß § 5 Absatz 5 des De-Mail-Gesetzes bestätigen lässt,
2. der Übermittlungsweg zwischen den besonderen elektronischen Anwaltspostfächern nach den §§ 31a und 31b der Bundesrechtsanwaltsordnung[2] oder einem entsprechenden, auf gesetzlicher Grundlage errichteten elektronischen Postfach und der elektronischen Poststelle des Gerichts,
3. der Übermittlungsweg zwischen einem nach Durchführung eines Identifizierungsverfahrens eingerichteten Postfach einer Behörde oder einer juristischen Person des öffentlichen Rechts und der elektronischen Poststelle des Gerichts,
4. der Übermittlungsweg zwischen einem nach Durchführung eines Identifizierungsverfahrens eingerichteten elektronischen Postfach einer natürlichen oder juristischen Person oder einer sonstigen Vereinigung und der elektronischen Poststelle des Gerichts,
5. der Übermittlungsweg zwischen einem nach Durchführung eines Identifizierungsverfahrens genutzten Postfach- und Versanddienst eines Nutzerkontos im Sinne des § 2 Absatz 5 des Onlinezugangsgesetzes[3] und der elektronischen Poststelle des Gerichts,
6. sonstige bundeseinheitliche Übermittlungswege, die durch Rechtsverordnung der Bundesregierung mit Zustimmung des Bundesrates festgelegt werden, bei denen die Authentizität und Integrität der Daten sowie die Barrierefreiheit gewährleistet sind.

²Das Nähere zu den Übermittlungswegen gemäß Satz 1 Nummer 3 bis 5 regelt die Rechtsverordnung nach Absatz 2 Satz 2.

(5) ¹Ein elektronisches Dokument ist eingegangen, sobald es auf der für den Empfang bestimmten Einrichtung des Gerichts gespeichert ist. ²Dem Absender ist eine automatisierte Bestätigung über den Zeitpunkt des Eingangs zu erteilen. ³Die Vorschriften dieses Gesetzes über die Beifügung von Abschriften für die übrigen Beteiligten finden keine Anwendung.

(6) ¹Ist ein elektronisches Dokument für das Gericht zur Bearbeitung nicht geeignet, ist dies dem Absender unter Hinweis auf die Unwirksamkeit des Eingangs unverzüglich mitzuteilen. ²Das Dokument gilt als zum Zeitpunkt der früheren Einreichung eingegangen, sofern der Absender es unverzüglich in einer für das Gericht zur Bearbeitung geeigneten Form nachreicht und glaubhaft macht, dass es mit dem zuerst eingereichten Dokument inhaltlich übereinstimmt.

(7) ¹Soweit eine handschriftliche Unterzeichnung durch den Richter oder den Urkundsbeamten der Geschäftsstelle vorgeschrieben ist, genügt dieser Form die Aufzeichnung als elektronisches Dokument, wenn die verantwortenden Personen am Ende des Dokuments ihren Namen hinzufügen und das Dokument mit einer qualifizierten elektronischen Signatur versehen. ²Der in Satz 1 genannten Form genügt auch ein elektronisches Dokument, in welches das handschriftlich unterzeichnete Schriftstück gemäß § 55b Absatz 6 Satz 4 übertragen worden ist.

---

[1] **Sartorius III Nr. 730.**
[2] **Habersack, Deutsche Gesetze ErgBd. Nr. 98.**
[3] **Sartorius III Nr. 718.**

§ 55b[1)] [Elektronische Aktenführung] (1) [1]Die Prozessakten können elektronisch geführt werden. [2]Die Bundesregierung und die Landesregierungen bestimmen jeweils für ihren Bereich durch Rechtsverordnung den Zeitpunkt, von dem an die Prozessakten elektronisch geführt werden. [3]In der Rechtsverordnung sind die organisatorisch-technischen Rahmenbedingungen für die Bildung, Führung und Verwahrung der elektronischen Akten festzulegen. [4]Die Landesregierungen können die Ermächtigung auf die für die Verwaltungsgerichtsbarkeit zuständigen obersten Landesbehörden übertragen. [5]Die Zulassung der elektronischen Akte kann auf einzelne Gerichte oder Verfahren beschränkt werden; wird von dieser Möglichkeit Gebrauch gemacht, kann in der Rechtsverordnung bestimmt werden, dass durch Verwaltungsvorschrift, die öffentlich bekanntzumachen ist, geregelt wird, in welchen Verfahren die Prozessakten elektronisch zu führen sind. [6]Die Rechtsverordnung der Bundesregierung bedarf nicht der Zustimmung des Bundesrates.

(1a) [1]Die Prozessakten werden ab dem 1. Januar 2026 elektronisch geführt. [2]Die Bundesregierung und die Landesregierungen bestimmen jeweils für ihren Bereich durch Rechtsverordnung die organisatorischen und dem Stand der Technik entsprechenden technischen Rahmenbedingungen für die Bildung, Führung und Verwahrung der elektronischen Akten einschließlich der einzuhaltenden Anforderungen der Barrierefreiheit. [3]Die Bundesregierung und die Landesregierungen können jeweils für ihren Bereich durch Rechtsverordnung bestimmen, dass Akten, die in Papierform angelegt wurden, in Papierform weitergeführt werden. [4]Die Landesregierungen können die Ermächtigungen nach den Sätzen 2 und 3 auf die für die Verwaltungsgerichtsbarkeit zuständigen obersten Landesbehörden übertragen. [5]Die Rechtsverordnungen der Bundesregierung bedürfen nicht der Zustimmung des Bundesrates.

(2) [1]Werden die Akten in Papierform geführt, ist von einem elektronischen Dokument ein Ausdruck für die Akten zu fertigen. [2]Kann dies bei Anlagen zu vorbereitenden Schriftsätzen nicht oder nur mit unverhältnismäßigem Aufwand erfolgen, so kann ein Ausdruck unterbleiben. [3]Die Daten sind in diesem Fall dauerhaft zu speichern; der Speicherort ist aktenkundig zu machen.

(3) Wird das elektronische Dokument auf einem sicheren Übermittlungsweg eingereicht, so ist dies aktenkundig zu machen.

(4) Ist das elektronische Dokument mit einer qualifizierten elektronischen Signatur versehen und nicht auf einem sicheren Übermittlungsweg eingereicht, muss der Ausdruck einen Vermerk darüber enthalten,

1. welches Ergebnis die Integritätsprüfung des Dokumentes ausweist,
2. wen die Signaturprüfung als Inhaber der Signatur ausweist,
3. welchen Zeitpunkt die Signaturprüfung für die Anbringung der Signatur ausweist.

(5) Ein eingereichtes elektronisches Dokument kann im Falle von Absatz 2 nach Ablauf von sechs Monaten gelöscht werden.

(6) [1]Werden die Prozessakten elektronisch geführt, sind in Papierform vorliegende Schriftstücke und sonstige Unterlagen nach dem Stand der Technik zur Ersetzung der Urschrift in ein elektronisches Dokument zu übertragen. [2]Es ist

---

[1)] § 55b eingef. mWv 1.4.2005 durch G v. 22.3.2005 (BGBl. I S. 837); Abs. 2–5 neu gef., Abs. 6 angef. mWv 1.1.2018 durch G v. 10.10.2013 (BGBl. I S. 3786; *Änd. hinsichtlich Abs. 6 nicht ausführbar wegen Änd. durch BGBl. I 2017 S. 2208*); Abs. 1 Satz 5 geänd. mWv 13.7.2017, Abs. 1a eingef., Abs. 6 angef. mWv 1.1.2018 durch G v. 5.7.2017 (BGBl. I S. 2208).

sicherzustellen, dass das elektronische Dokument mit den vorliegenden Schriftstücken und sonstigen Unterlagen bildlich und inhaltlich übereinstimmt. [3] Das elektronische Dokument ist mit einem Übertragungsnachweis zu versehen, der das bei der Übertragung angewandte Verfahren und die bildliche und inhaltliche Übereinstimmung dokumentiert. [4] Wird ein von den verantwortenden Personen handschriftlich unterzeichnetes gerichtliches Schriftstück übertragen, ist der Übertragungsnachweis mit einer qualifizierten elektronischen Signatur des Urkundsbeamten der Geschäftsstelle zu versehen. [5] Die in Papierform vorliegenden Schriftstücke und sonstigen Unterlagen können sechs Monate nach der Übertragung vernichtet werden, sofern sie nicht rückgabepflichtig sind.

§ 55c[1)] Formulare; Verordnungsermächtigung. [1] Das Bundesministerium der Justiz und für Verbraucherschutz kann durch Rechtsverordnung mit Zustimmung des Bundesrates elektronische Formulare einführen. [2] Die Rechtsverordnung kann bestimmen, dass die in den Formularen enthaltenen Angaben ganz oder teilweise in strukturierter maschinenlesbarer Form zu übermitteln sind. [3] Die Formulare sind auf einer in der Rechtsverordnung zu bestimmenden Kommunikationsplattform im Internet zur Nutzung bereitzustellen. [4] Die Rechtsverordnung kann bestimmen, dass eine Identifikation des Formularverwenders abweichend von § 55a Absatz 3 auch durch Nutzung des elektronischen Identitätsnachweises nach § 18 des Personalausweisgesetzes[2)], § 12 des eID-Karte-Gesetzes oder § 78 Absatz 5 des Aufenthaltsgesetzes[3)] erfolgen kann.

§ 55d[4)] Nutzungspflicht für Rechtsanwälte, Behörden und vertretungsberechtigte Personen. [1] Vorbereitende Schriftsätze und deren Anlagen sowie schriftlich einzureichende Anträge und Erklärungen, die durch einen Rechtsanwalt, durch eine Behörde oder durch eine juristische Person des öffentlichen Rechts einschließlich der von ihr zur Erfüllung ihrer öffentlichen Aufgaben gebildeten Zusammenschlüsse eingereicht werden, sind als elektronisches Dokument zu übermitteln. [2] Gleiches gilt für die nach diesem Gesetz vertretungsberechtigten Personen, für die ein sicherer Übermittlungsweg nach § 55a Absatz 4 Satz 1 Nummer 2 zur Verfügung steht. [3] Ist eine Übermittlung aus technischen Gründen vorübergehend nicht möglich, bleibt die Übermittlung nach den allgemeinen Vorschriften zulässig. [4] Die vorübergehende Unmöglichkeit ist bei der Ersatzeinreichung oder unverzüglich danach glaubhaft zu machen; auf Anforderung ist ein elektronisches Dokument nachzureichen.

§ 56[5)] [Zustellungen] (1) Anordnungen und Entscheidungen, durch die eine Frist in Lauf gesetzt wird, sowie Terminbestimmungen und Ladungen sind zuzustellen, bei Verkündung jedoch nur, wenn es ausdrücklich vorgeschrieben ist.

(2) Zugestellt wird von Amts wegen nach den Vorschriften der Zivilprozessordnung[6)].

---

1) § 55c eingef. mWv 1.7.2014 durch G v. 10.10.2013 (BGBl. I S. 3786); Satz 1 geänd. mWv 8.9.2015 durch VO v. 31.8.2015 (BGBl. I S. 1474); Satz 4 geänd. mWv 1.11.2019 durch G v. 21.6.2019 (BGBl. I S. 846).

2) Nr. **255**.

3) Nr. **565**.

4) § 55d eingef. mWv 1.1.2022 durch G v. 10.10.2013 (BGBl. I S. 3786); Satz 2 geänd. mWv 1.1.2022 durch G v. 5.10.2021 (BGBl. I S. 4607).

5) § 56 Abs. 2 geänd. mWv 1.7.2002 durch G v. 25.6.2001 (BGBl. I S. 1206).

6) **Habersack, Deutsche Gesetze Nr. 100.**

(3) Wer nicht im Inland wohnt, hat auf Verlangen einen Zustellungsbevollmächtigten zu bestellen.

§ 56a[1)] [Öffentliche Bekanntmachung im Massenverfahren] (1) [1]Sind gleiche Bekanntgaben an mehr als fünfzig Personen erforderlich, kann das Gericht für das weitere Verfahren die Bekanntgabe durch öffentliche Bekanntmachung anordnen. [2]In dem Beschluß muß bestimmt werden, in welchen Tageszeitungen die Bekanntmachungen veröffentlicht werden; dabei sind Tageszeitungen vorzusehen, die in dem Bereich verbreitet sind, in dem sich die Entscheidung voraussichtlich auswirken wird. [3]Der Beschluß ist den Beteiligten zuzustellen. [4]Die Beteiligten sind darauf hinzuweisen, auf welche Weise die weiteren Bekanntgaben bewirkt werden und wann das Dokument als zugestellt gilt. [5]Der Beschluß ist unanfechtbar. [6]Das Gericht kann den Beschluß jederzeit aufheben; es muß ihn aufheben, wenn die Voraussetzungen des Satzes 1 nicht vorlagen oder nicht mehr vorliegen.

(2) [1]Die öffentliche Bekanntmachung erfolgt durch Aushang an der Gerichtstafel oder durch Veröffentlichung in einem elektronischen Informations- und Kommunikationssystem, das im Gericht öffentlich zugänglich ist und durch Veröffentlichung im Bundesanzeiger sowie in den im Beschluss nach Absatz 1 Satz 2 bestimmten Tageszeitungen. [2]Bei einer Entscheidung genügt die öffentliche Bekanntmachung der Entscheidungsformel und der Rechtsbehelfsbelehrung. [3]Statt des bekannt zu machenden Dokuments kann eine Benachrichtigung öffentlich bekannt gemacht werden, in der angegeben ist, wo das Dokument eingesehen werden kann. [4]Eine Terminbestimmung oder Ladung muss im vollständigen Wortlaut öffentlich bekannt gemacht werden.

(3) [1]Das Dokument gilt als an dem Tage zugestellt, an dem seit dem Tage der Veröffentlichung im Bundesanzeiger zwei Wochen verstrichen sind; darauf ist in jeder Veröffentlichung hinzuweisen. [2]Nach der öffentlichen Bekanntmachung einer Entscheidung können die Beteiligten eine Ausfertigung schriftlich anfordern; darauf ist in der Veröffentlichung gleichfalls hinzuweisen.

§ 57 [Fristen] (1) Der Lauf einer Frist beginnt, soweit nichts anderes bestimmt ist, mit der Zustellung oder, wenn diese nicht vorgeschrieben ist, mit der Eröffnung oder Verkündung.

(2) Für die Fristen gelten die Vorschriften der §§ 222, 224 Abs. 2 und 3, §§ 225 und 226 der Zivilprozeßordnung[2)].

§ 58[3)] [Rechtsbehelfsbelehrung] (1) Die Frist für ein Rechtsmittel oder einen anderen Rechtsbehelf beginnt nur zu laufen, wenn der Beteiligte über den Rechtsbehelf, die Verwaltungsbehörde oder das Gericht, bei denen der Rechtsbehelf anzubringen ist, den Sitz und die einzuhaltende Frist schriftlich oder elektronisch belehrt worden ist.

(2) [1]Ist die Belehrung unterblieben oder unrichtig erteilt, so ist die Einlegung des Rechtsbehelfs nur innerhalb eines Jahres seit Zustellung, Eröffnung oder Verkündung zulässig, außer wenn die Einlegung vor Ablauf der Jahresfrist infolge

---

1) § 56a Abs. 1 Satz 4 und Abs. 3 Satz 1 erster Halbs. geänd. sowie Abs. 2 neu gef. mWv 1.4.2005 durch G v. 22.3.2005 (BGBl. I S. 837); Abs. 2 Satz 1 geänd. mWv 1.4.2012 durch G v. 22.12.2011 (BGBl. I S. 3044); Abs. 2 Satz 1 geänd., Satz 2 aufgeh., bish. Sätze 3–5 werden Sätze 2–4 mWv 1.1.2022 durch G v. 5.10.2021 (BGBl. I S. 4607).

2) **Habersack, Deutsche Gesetze Nr. 100.**

3) § 58 Abs. 1 und Abs. 2 Satz 1 geänd. mWv 1.4.2005 durch G v. 22.3.2005 (BGBl. I S. 837).

höherer Gewalt unmöglich war oder eine schriftliche oder elektronische Belehrung dahin erfolgt ist, daß ein Rechtsbehelf nicht gegeben sei. ²§ 60 Abs. 2 gilt für den Fall höherer Gewalt entsprechend.

§ 59[1)] *(aufgehoben)*

§ 60[2)] **[Wiedereinsetzung]** (1) Wenn jemand ohne Verschulden verhindert war, eine gesetzliche Frist einzuhalten, so ist ihm auf Antrag Wiedereinsetzung in den vorigen Stand zu gewähren.

(2) ¹Der Antrag ist binnen zwei Wochen nach Wegfall des Hindernisses zu stellen; bei Versäumung der Frist zur Begründung der Berufung, des Antrags auf Zulassung der Berufung, der Revision, der Nichtzulassungsbeschwerde oder der Beschwerde beträgt die Frist einen Monat. ²Die Tatsachen zur Begründung des Antrags sind bei der Antragstellung oder im Verfahren über den Antrag glaubhaft zu machen. ³Innerhalb der Antragsfrist ist die versäumte Rechtshandlung nachzuholen. ⁴Ist dies geschehen, so kann die Wiedereinsetzung auch ohne Antrag gewährt werden.

(3) Nach einem Jahr seit dem Ende der versäumten Frist ist der Antrag unzulässig, außer wenn der Antrag vor Ablauf der Jahresfrist infolge höherer Gewalt unmöglich war.

(4) Über den Wiedereinsetzungsantrag entscheidet das Gericht, das über die versäumte Rechtshandlung zu befinden hat.

(5) Die Wiedereinsetzung ist unanfechtbar.

§ 61 [Beteiligungsfähigkeit] Fähig, am Verfahren beteiligt zu sein, sind

1. natürliche und juristische Personen,
2. Vereinigungen, soweit ihnen ein Recht zustehen kann,
3. Behörden, sofern das Landesrecht dies bestimmt.

§ 62[3)] **[Prozessfähigkeit]** (1) Fähig zur Vornahme von Verfahrenshandlungen sind

1. die nach bürgerlichem Recht Geschäftsfähigen,
2. die nach bürgerlichem Recht in der Geschäftsfähigkeit Beschränkten, soweit sie durch Vorschriften des bürgerlichen oder öffentlichen Rechts für den Gegenstand des Verfahrens als geschäftsfähig anerkannt sind.

(2) Betrifft ein Einwilligungsvorbehalt nach § 1903 des Bürgerlichen Gesetzbuchs[4)] den Gegenstand des Verfahrens, so ist ein geschäftsfähiger Betreuter nur insoweit zur Vornahme von Verfahrenshandlungen fähig, als er nach den Vorschriften des bürgerlichen Rechts ohne Einwilligung des Betreuers handeln kann oder durch Vorschriften des öffentlichen Rechts als handlungsfähig anerkannt ist.

(3) Für Vereinigungen sowie für Behörden handeln ihre gesetzlichen Vertreter und Vorstände.

(4) §§ 53 bis 58 der Zivilprozeßordnung[5)] gelten entsprechend.

[1)] § 59 aufgeh. mWv 7.6.2013 durch G v. 31.5.2013 (BGBl. I S. 1388).

[2)] § 60 Abs. 2 Satz 1 zweiter Halbs. angef. mWv 1.9.2004 durch G v. 24.8.2004 (BGBl. I S. 2198).

[3)] § 62 Abs. 2 eingef., bish. Abs. 2 und 3 werden Abs. 3 und 4 mWv 1.1.1992 durch G v. 12.9.1990 (BGBl. I S. 2002); Abs. 3 geänd. mWv 1.7.2008 durch G v. 12.12.2007 (BGBl. I S. 2840).

[4)] **Habersack, Deutsche Gesetze Nr. 20.**

[5)] **Habersack, Deutsche Gesetze Nr. 100.**

§ 63[1] **[Beteiligte]** Beteiligte am Verfahren sind
1. der Kläger,
2. der Beklagte,
3. der Beigeladene (§ 65),
4. der Vertreter des Bundesinteresses beim Bundesverwaltungsgericht oder der Vertreter des öffentlichen Interesses, falls er von seiner Beteiligungsbefugnis Gebrauch macht.

§ 64 [Streitgenossenschaft] Die Vorschriften der §§ 59 bis 63 der Zivilprozeßordnung[2] über die Streitgenossenschaft sind entsprechend anzuwenden.

§ 65[3] **[Beiladung Dritter]** (1) Das Gericht kann, solange das Verfahren noch nicht rechtskräftig abgeschlossen oder in höherer Instanz anhängig ist, von Amts wegen oder auf Antrag andere, deren rechtliche Interessen durch die Entscheidung berührt werden, beiladen.

(2) Sind an dem streitigen Rechtsverhältnis Dritte derart beteiligt, daß die Entscheidung auch ihnen gegenüber nur einheitlich ergehen kann, so sind sie beizuladen (notwendige Beiladung).

(3) [1]Kommt nach Absatz 2 die Beiladung von mehr als fünfzig Personen in Betracht, kann das Gericht durch Beschluß anordnen, daß nur solche Personen beigeladen werden, die dies innerhalb einer bestimmten Frist beantragen. [2]Der Beschluß ist unanfechtbar. [3]Er ist im Bundesanzeiger bekanntzumachen. [4]Er muß außerdem in Tageszeitungen veröffentlicht werden, die in dem Bereich verbreitet sind, in dem sich die Entscheidung voraussichtlich auswirken wird. [5]Die Bekanntmachung kann zusätzlich in einem von dem Gericht für Bekanntmachungen bestimmten Informations- und Kommunikationssystem erfolgen. [6]Die Frist muß mindestens drei Monate seit Veröffentlichung im Bundesanzeiger betragen. [7]In der Veröffentlichung in Tageszeitungen ist mitzuteilen, an welchem Tage die Frist abläuft. [8]Für die Wiedereinsetzung in den vorigen Stand bei Versäumung der Frist gilt § 60 entsprechend. [9]Das Gericht soll Personen, die von der Entscheidung erkennbar in besonderem Maße betroffen werden, auch ohne Antrag beiladen.

(4) [1]Der Beiladungsbeschluß ist allen Beteiligten zuzustellen. [2]Dabei sollen der Stand der Sache und der Grund der Beiladung angegeben werden. [3]Die Beiladung ist unanfechtbar.

§ 66 [Prozessuale Rechte des Beigeladenen] [1]Der Beigeladene kann innerhalb der Anträge eines Beteiligten selbständig Angriffs- und Verteidigungsmittel geltend machen und alle Verfahrenshandlungen wirksam vornehmen. [2]Abweichende Sachanträge kann er nur stellen, wenn eine notwendige Beiladung vorliegt.

§ 67[4] **[Prozessbevollmächtigte und Beistände]** (1) Die Beteiligten können vor dem Verwaltungsgericht den Rechtsstreit selbst führen.

---

[1] § 63 Nr. 4 geänd. mWv 1.1.2002 durch G v. 9.7.2001 (BGBl. I S. 1510).

[2] **Habersack, Deutsche Gesetze Nr. 100.**

[3] § 65 Abs. 3 Satz 3 geänd. und Satz 5 eingef., bish. Sätze 5–8 werden Sätze 6–9 sowie Satz 6 geänd. mWv 1.4.2005 durch G v. 22.3.2005 (BGBl. I S. 837); Abs. 3 Sätze 3 und 6 geänd. mWv 1.4.2012 durch G v. 22.12.2011 (BGBl. I S. 3044).

[4] § 67 neu gef. mWv 1.7.2008 durch G v. 12.12.2007 (BGBl. I S. 2840); Abs. 2 Satz 2 Nr. 3 geänd., Abs. 4 Sätze 5 und 6 eingef., bish. Sätze 5 und 6 werden Sätze 7 und 8; neuer Satz 8 geänd. mWv 5.8. 2009 durch G v. 30.7.2009 (BGBl. I S. 2449); Abs. 2 Satz 1 neu gef. mWv 28.12.2010 durch G v. 22.12. →

(2) [1] Die Beteiligten können sich durch einen Rechtsanwalt oder einen Rechtslehrer an einer staatlichen oder staatlich anerkannten Hochschule eines Mitgliedstaates der Europäischen Union, eines anderen Vertragsstaates des Abkommens über den Europäischen Wirtschaftsraum oder der Schweiz, der die Befähigung zum Richteramt besitzt, als Bevollmächtigten vertreten lassen. [2] Darüber hinaus sind als Bevollmächtigte vor dem Verwaltungsgericht vertretungsbefugt nur

1. Beschäftigte des Beteiligten oder eines mit ihm verbundenen Unternehmens (§ 15 des Aktiengesetzes[1]); Behörden und juristische Personen des öffentlichen Rechts einschließlich der von ihnen zur Erfüllung ihrer öffentlichen Aufgaben gebildeten Zusammenschlüsse können sich auch durch Beschäftigte anderer Behörden oder juristischer Personen des öffentlichen Rechts einschließlich der von ihnen zur Erfüllung ihrer öffentlichen Aufgaben gebildeten Zusammenschlüsse vertreten lassen,
2. volljährige Familienangehörige (§ 15 der Abgabenordnung, § 11 des Lebenspartnerschaftsgesetzes[2]), Personen mit Befähigung zum Richteramt und Streitgenossen, wenn die Vertretung nicht im Zusammenhang mit einer entgeltlichen Tätigkeit steht,
3. Steuerberater, Steuerbevollmächtigte, Wirtschaftsprüfer und vereidigte Buchprüfer, Personen und Vereinigungen im Sinn des § 3a des Steuerberatungsgesetzes, zu beschränkter geschäftsmäßiger Hilfeleistung in Steuersachen nach den §§ 3d und 3e des Steuerberatungsgesetzes berechtigte Personen im Rahmen dieser Befugnisse sowie Gesellschaften im Sinn des § 3 Nr. 2 und 3 des Steuerberatungsgesetzes, die durch Personen im Sinn des § 3 Nr. 1 des Steuerberatungsgesetzes handeln, in Abgabenangelegenheiten,

3a. Steuerberater, Steuerbevollmächtigte, Wirtschaftsprüfer und vereidigte Buchprüfer, Personen und Vereinigungen im Sinn des § 3a des Steuerberatungsgesetzes, zu beschränkter geschäftsmäßiger Hilfeleistung in Steuersachen nach den §§ 3d und 3e des Steuerberatungsgesetzes berechtigte Personen im Rahmen dieser Befugnisse sowie Gesellschaften im Sinn des § 3 Nummer 2 und 3 des Steuerberatungsgesetzes, die durch Personen im Sinn des § 3 Nummer 1 des Steuerberatungsgesetzes handeln, in Angelegenheiten finanzieller Hilfeleistungen im Rahmen staatlicher Hilfsprogramme zur Abmilderung der Folgen der COVID-19-Pandemie, wenn und soweit diese Hilfsprogramme eine Einbeziehung der Genannten als prüfende Dritte vorsehen,

4. berufsständische Vereinigungen der Landwirtschaft für ihre Mitglieder,
5. Gewerkschaften und Vereinigungen von Arbeitgebern sowie Zusammenschlüsse solcher Verbände für ihre Mitglieder oder für andere Verbände oder Zusammenschlüsse mit vergleichbarer Ausrichtung und deren Mitglieder,
6. Vereinigungen, deren satzungsgemäße Aufgaben die gemeinschaftliche Interessenvertretung, die Beratung und Vertretung der Leistungsempfänger nach dem sozialen Entschädigungsrecht oder der behinderten Menschen wesentlich umfassen und die unter Berücksichtigung von Art und Umfang ihrer Tätigkeit sowie ihres Mitgliederkreises die Gewähr für eine sachkundige Prozessvertretung bieten, für ihre Mitglieder in Angelegenheiten der Kriegsopferfürsorge

---

(Fortsetzung der Anm. von voriger Seite)
2010 (BGBl. I S. 2248); Abs. 2 Satz 2 Nr. 3a eingef. mWv 3.7.2021 durch G v. 25.6.2021 (BGBl. I S. 2154); Abs. 2 Satz 2 Nr. 3 und 3a geänd. mWv 1.8.2022 durch G v. 7.7.2021 (BGBl. I S. 2363).

[1] **Habersack, Deutsche Gesetze Nr. 51.**

[2] **Habersack, Deutsche Gesetze ErgBd. Nr. 43.**

und des Schwerbehindertenrechts sowie der damit im Zusammenhang stehenden Angelegenheiten,

7. juristische Personen, deren Anteile sämtlich im wirtschaftlichen Eigentum einer der in den Nummern 5 und 6 bezeichneten Organisationen stehen, wenn die juristische Person ausschließlich die Rechtsberatung und Prozessvertretung dieser Organisation und ihrer Mitglieder oder anderer Verbände oder Zusammenschlüsse mit vergleichbarer Ausrichtung und deren Mitglieder entsprechend deren Satzung durchführt, und wenn die Organisation für die Tätigkeit der Bevollmächtigten haftet.

[3] Bevollmächtigte, die keine natürlichen Personen sind, handeln durch ihre Organe und mit der Prozessvertretung beauftragten Vertreter.

(3) [1] Das Gericht weist Bevollmächtigte, die nicht nach Maßgabe des Absatzes 2 vertretungsbefugt sind, durch unanfechtbaren Beschluss zurück. [2] Prozesshandlungen eines nicht vertretungsbefugten Bevollmächtigten und Zustellungen oder Mitteilungen an diesen Bevollmächtigten sind bis zu seiner Zurückweisung wirksam. [3] Das Gericht kann den in Absatz 2 Satz 2 Nr. 1 und 2 bezeichneten Bevollmächtigten durch unanfechtbaren Beschluss die weitere Vertretung untersagen, wenn sie nicht in der Lage sind, das Sach- und Streitverhältnis sachgerecht darzustellen.

(4) [1] Vor dem Bundesverwaltungsgericht und dem Oberverwaltungsgericht müssen sich die Beteiligten, außer im Prozesskostenhilfeverfahren, durch Prozessbevollmächtigte vertreten lassen. [2] Dies gilt auch für Prozesshandlungen, durch die ein Verfahren vor dem Bundesverwaltungsgericht oder einem Oberverwaltungsgericht eingeleitet wird. [3] Als Bevollmächtigte sind nur die in Absatz 2 Satz 1 bezeichneten Personen zugelassen. [4] Behörden und juristische Personen des öffentlichen Rechts einschließlich der von ihnen zur Erfüllung ihrer öffentlichen Aufgaben gebildeten Zusammenschlüsse können sich durch eigene Beschäftigte mit Befähigung zum Richteramt oder durch Beschäftigte mit Befähigung zum Richteramt anderer Behörden oder juristischer Personen des öffentlichen Rechts einschließlich der von ihnen zur Erfüllung ihrer öffentlichen Aufgaben gebildeten Zusammenschlüsse vertreten lassen. [5] Vor dem Bundesverwaltungsgericht sind auch die in Absatz 2 Satz 2 Nr. 5 bezeichneten Organisationen einschließlich der von ihnen gebildeten juristischen Personen gemäß Absatz 2 Satz 2 Nr. 7 als Bevollmächtigte zugelassen, jedoch nur in Angelegenheiten, die Rechtsverhältnisse im Sinne des § 52 Nr. 4 betreffen, in Personalvertretungsangelegenheiten und in Angelegenheiten, die in einem Zusammenhang mit einem gegenwärtigen oder früheren Arbeitsverhältnis von Arbeitnehmern im Sinne des § 5 des Arbeitsgerichtsgesetzes[1)] stehen, einschließlich Prüfungsangelegenheiten. [6] Die in Satz 5 genannten Bevollmächtigten müssen durch Personen mit der Befähigung zum Richteramt handeln. [7] Vor dem Oberverwaltungsgericht sind auch die in Absatz 2 Satz 2 Nr. 3 bis 7 bezeichneten Personen und Organisationen als Bevollmächtigte zugelassen. [8] Ein Beteiligter, der nach Maßgabe der Sätze 3, 5 und 7 zur Vertretung berechtigt ist, kann sich selbst vertreten.

(5) [1] Richter dürfen nicht als Bevollmächtigte vor dem Gericht auftreten, dem sie angehören. [2] Ehrenamtliche Richter dürfen, außer in den Fällen des Absatzes 2 Satz 2 Nr. 1, nicht vor einem Spruchkörper auftreten, dem sie angehören. [3] Absatz 3 Satz 1 und 2 gilt entsprechend.

(Fortsetzung nächstes Blatt)

[1)] **Habersack, Deutsche Gesetze Nr. 83.**

700. Bundeshaushaltsordnung (BHO)[1)]

Vom 19. August 1969
(BGBl. I S. 1284)

FNA 63-1

geänd. durch ÄndG v. 23.12.1971 (BGBl. I S. 2133), Zweites ÄndG v. 14.7.1980 (BGBl. I S. 955), § 5 G über die Feststellung des Bundeshaushaltsplans für das Haushaltsjahr 1981 v. 13.7.1981 (BGBl. I S. 630), § 21 G über den Bundesrechnungshof v. 11.7.1985 (BGBl. I S. 1445), Art. 10 Abs. 30 G zur Durchführung der Vierten, Siebenten und Achten Richtlinie des Rates der Europäischen Gemeinschaften zur Koordinierung des Gesellschaftsrechts v. 19.12.1985 (BGBl. I S. 2355), Drittes ÄndG v. 6.8.1986 (BGBl. I S. 1275), Viertes ÄndG v. 18.7.1990 (BGBl. I S. 1447), Art. 11 Erstes G zur Umsetzung des Spar-, Konsolidierungs- und Wachstumsprogramms v. 21.12.1993 (BGBl. I S. 2353), Art. 30 G zur sozialen Absicherung des Risikos der Pflegebedürftigkeit v. 26.5.1994 (BGBl. I S. 1014), Art. 28 G zur Reform der agrarsozialen Sicherung v. 29.7.1994 (BGBl. I S. 1890), Fünftes ÄndG v. 22.9.1994 (BGBl. I S. 2605), Art. 11 G zur Änd. des Sechsten Buches Sozialgesetzbuch und anderer Gesetze v. 15.12.1995 (BGBl. I S. 1824), Art. 2 G zur Änd. verwaltungsverfahrensrechtlicher Vorschriften v. 2.5.1996 (BGBl. I S. 656), Art. 2 G zur Fortentwicklung des Haushaltsrechts von Bund und Ländern v. 22.12.1997 (BGBl. I S. 3251), Art. 3 G zur Änd. von Vorschriften über parlamentarische Gremien v. 17.6.1999 (BGBl. I S. 1334), Art. 4 G zur Beschleunigung der Umsetzung von Öffentlich Privaten Partnerschaften und zur Verbesserung gesetzlicher Rahmenbedingungen für Öffentlich Private Partnerschaften v. 1.9.2005 (BGBl. I S. 2676), Art. 3 G zur Neuorganisation der Bundesfinanzverwaltung und zur Schaffung eines Refinanzierungsregisters v. 22.9.2005 (BGBl. I S. 2809), Art. 15 SCE-EinführungsG v. 14.8.2006 (BGBl. I S. 1911), Art. 9 Zweites G zur Änd. des FinanzverwaltungsG und anderer Gesetze v. 13.12.2007 (BGBl. I S. 2897), Art. 3 Abs. 3 G zur Fortentwicklung der parlamentarischen Kontrolle der Nachrichtendienste des Bundes v. 29.7.2009 (BGBl. I S. 2346), Art. 4 HaushaltsgrundsätzemodernisierungsG v. 31.7.2009 (BGBl. I S. 2580), Art. 10 HaushaltsbegleitG 2011 v. 9.12.2010 (BGBl. I S. 1885), Art. 2 G zur Änd. des FinanzausgleichsG und der BundeshaushaltsO v. 15.7.2013 (BGBl. I S. 2395), Art. 8 Abs. 10 G zur Neuorganisation der Zollverwaltung v. 3.12.2015 (BGBl. I S. 2178), Art. 11 G zur Neuregelung des bundesstaatlichen Finanzausgleichssystems ab dem Jahr 2020 und zur Änd. haushaltsrechtlicher Vorschriften v. 14.8.2017 (BGBl. I S. 3122), Art. 77 Zweites Datenschutz-Anpassungs- und Umsetzungsgesetz EU v. 20.11.2019 (BGBl. I S. 1626), Art. 3 Besoldungsstrukturenmodernisierungsgesetz v. 9.12.2019 (BGBl. I S. 2053), Art. 212 Elfte ZuständigkeitsanpassungsVO v. 19.6.2020 (BGBl. I S. 1328), Art. 21 G über die Entschädigung der Soldatinnen und Soldaten und zur Neuordnung des Soldatenversorgungsrechts v. 20.8. 2021 (BGBl. I S. 3932) und Art. 2 G zur Finanzierung der Bundeswehr und zur Errichtung eines „Sondervermögens Bundeswehr" und zur Änderung der Bundeshaushaltsordnung v. 1.7.2022 (BGBl. I S. 1030)

Der Bundestag hat das folgende Gesetz beschlossen:

Teil I. Allgemeine Vorschriften zum Haushaltsplan

§ 1 Feststellung des Haushaltsplans. [1]Der Haushaltsplan wird für ein oder zwei Rechnungsjahre, nach Jahren getrennt, vor Beginn des ersten Rechnungsjahres durch das Haushaltsgesetz festgestellt. [2]Mit dem Haushaltsgesetz wird nur der Gesamtplan (§ 13 Abs. 4) verkündet.

§ 2 Bedeutung des Haushaltsplans. [1]Der Haushaltsplan dient der Feststellung und Deckung des Finanzbedarfs, der zur Erfüllung der Aufgaben des Bundes im Bewilligungszeitraum voraussichtlich notwendig ist. [2]Der Haushaltsplan ist Grundlage für die Haushalts- und Wirtschaftsführung. [3]Bei seiner Aufstellung und Ausführung ist den Erfordernissen des gesamtwirtschaftlichen Gleichgewichts Rechnung zu tragen.

[1)] Die Änderung durch G v. 20.8.2021 (BGBl. I S. 3932) tritt erst **mWv 1.1.2025** in Kraft und ist im Text noch nicht berücksichtigt.

§ 3 Wirkungen des Haushaltsplans. (1) Der Haushaltsplan ermächtigt die Verwaltung, Ausgaben zu leisten und Verpflichtungen einzugehen.

(2) Durch den Haushaltsplan werden Ansprüche oder Verbindlichkeiten weder begründet noch aufgehoben.

§ 4[1] Haushaltsjahr. [1]Rechnungsjahr (Haushaltsjahr) ist das Kalenderjahr. [2]Das Bundesministerium der Finanzen kann für einzelne Bereiche etwas anderes bestimmen.

§ 5[2] Allgemeine Verwaltungsvorschriften, vorläufige und endgültige Haushalts- und Wirtschaftsführung. Die allgemeinen Verwaltungsvorschriften zu diesem Gesetz sowie zur vorläufigen und endgültigen Haushalts- und Wirtschaftsführung erläßt das Bundesministerium der Finanzen.

§ 6 Notwendigkeit der Ausgaben und Verpflichtungsermächtigungen.

Bei Aufstellung und Ausführung des Haushaltsplans sind nur die Ausgaben und die Ermächtigungen zum Eingehen von Verpflichtungen zur Leistung von Ausgaben in künftigen Jahren (Verpflichtungsermächtigungen) zu berücksichtigen, die zur Erfüllung der Aufgaben des Bundes notwendig sind.

§ 7[3] Wirtschaftlichkeit und Sparsamkeit, Kosten- und Leistungsrechnung. (1) [1]Bei Aufstellung und Ausführung des Haushaltsplans sind die Grundsätze der Wirtschaftlichkeit und Sparsamkeit zu beachten. [2]Diese Grundsätze verpflichten zur Prüfung, inwieweit staatliche Aufgaben oder öffentlichen Zwecken dienende wirtschaftliche Tätigkeiten durch Ausgliederung und Entstaatlichung oder Privatisierung erfüllt werden können.

(2) [1]Für alle finanzwirksamen Maßnahmen sind angemessene Wirtschaftlichkeitsuntersuchungen durchzuführen. [2]Dabei ist auch die mit den Maßnahmen verbundene Risikoverteilung zu berücksichtigen. [3]In geeigneten Fällen ist privaten Anbietern die Möglichkeit zu geben darzulegen, ob und inwieweit sie staatliche Aufgaben oder öffentlichen Zwecken dienende wirtschaftliche Tätigkeiten nicht ebenso gut oder besser erbringen können (Interessenbekundungsverfahren).

(3) In geeigneten Bereichen ist eine Kosten- und Leistungsrechnung einzuführen.

(Fortsetzung nächstes Blatt)

---

[1] § 4 geänd. durch G v. 22.9.1994 (BGBl. I S. 2605).

[2] § 5 geänd. durch G v. 22.12.1997 (BGBl. I S. 3252).

[3] § 7 Abs. 1 Satz 2 und Abs. 2 Satz 2 angef. durch G v. 21.12.1993 (BGBl. I S. 2353); Überschrift und Abs. 2 geänd., Abs. 3 angef. durch G v. 22.12.1997 (BGBl. I S. 3252); Abs. 2 Satz 2 eingef. 2 wird Satz 3 mWv 8.9.2005 durch G v. 1.9.2005 (BGBl. I S. 2676).

Absatz 1 Satz 2 Nummer 2 mit der Maßgabe, dass an die Stelle des 62. Lebensjahres das 52. Lebensjahr tritt. [3] Absatz 1 Satz 2 Nummer 1 findet keine Anwendung.

(3) [1] Für die Berufung in ein Soldatenverhältnis oder die Umwandlung des Dienstverhältnisses eines Soldaten auf Zeit in das Dienstverhältnis eines Berufssoldaten gilt Absatz 1 Satz 1 mit der Maßgabe, dass an die Stelle des 50. Lebensjahres das 40. Lebensjahr tritt. [2] Außerdem gilt in diesen Fällen Absatz 1 Satz 2 Nummer 2 mit der Maßgabe, dass an die Stelle des 62. Lebensjahres eine Diensterwartung von mehr als drei Jahren tritt. [3] Absatz 1 Satz 2 Nummer 1 findet keine Anwendung.

(4) Die Entscheidung über Berufungen in ein Beamtenverhältnis oder über Versetzungen in den Bundesdienst trifft die jeweils zuständige oberste Bundesbehörde für ihren Geschäftsbereich.

§ 49 Einweisung in eine Planstelle. (1) Ein Amt darf nur zusammen mit der Einweisung in eine besetzbare Planstelle verliehen werden.

(2) [1] Wer als Beamter befördert wird, kann mit Wirkung vom Ersten des Monats, in dem seine Ernennung wirksam geworden ist, in die entsprechende, zu diesem Zeitpunkt besetzbare Planstelle eingewiesen werden. [2] Er kann mit Rückwirkung von höchstens drei Monaten, zum Ersten eines Monats, in eine besetzbare Planstelle eingewiesen werden, wenn er während dieser Zeit die Obliegenheiten dieses oder eines gleichwertigen Amtes wahrgenommen und die beamtenrechtlichen Voraussetzungen für die Beförderung erfüllt hat.

§ 50[1)] Umsetzung von Mitteln und Planstellen. (1) [1] Die Bundesregierung kann Mittel und Planstellen umsetzen, wenn Aufgaben von einer Verwaltung auf eine andere Verwaltung übergehen. [2] Eines Beschlusses der Bundesregierung bedarf es nicht, wenn die beteiligten Bundesministerien und das Bundesministerium der Finanzen über die Umsetzung einig sind.

(2) [1] Eine Planstelle darf mit Einwilligung des Bundesministeriums der Finanzen in eine andere Verwaltung umgesetzt werden, wenn dort ein unvorhergesehener und unabweisbarer vordringlicher Personalbedarf besteht. [2] Über den weiteren Verbleib der Planstelle ist im nächsten Haushaltsplan zu bestimmen.

(3) Bei Abordnungen können mit Einwilligung des Bundesministeriums der Finanzen die Personalausgaben für abgeordnete Beamte von der abordnenden Verwaltung bis zur Verkündung des nächsten Haushaltsgesetzes weitergezahlt werden.

(4) Die Absätze 1 bis 3 gelten für Mittel und für Stellen der Angestellten und Arbeiter entsprechend.

(5) Für Beamte, die bei einer Vertretung des Bundes im Ausland verwendet werden, kann das Bundesministerium der Finanzen in besonders begründeten Ausnahmefällen für die Dauer von höchstens sechs Monaten eine Leerstelle schaffen.

§ 51 Besondere Personalausgaben. Personalausgaben, die nicht auf Gesetz oder Tarifvertrag beruhen, dürfen nur geleistet werden, wenn dafür Ausgabemittel besonders zur Verfügung gestellt sind.

§ 52[2)] Nutzungen und Sachbezüge. [1] Nutzungen und Sachbezüge dürfen Angehörigen des öffentlichen Dienstes nur gegen angemessenes Entgelt gewährt werden, soweit nicht durch Gesetz oder Tarifvertrag oder im Haushaltsplan etwas anderes bestimmt ist. [2] Die Bundesregierung kann für die Benutzung von Dienst-

---

[1)] § 50 Abs. 1 Satz 2, Abs. 2 Satz 1, Abs. 3 und 5 geänd. durch G v. 22.9.1994 (BGBl. I S. 2605).
[2)] § 52 Satz 3 geänd. durch G v. 22.9.1994 (BGBl. I S. 2605).

fahrzeugen Ausnahmen zulassen. [3] Das Nähere für die Zuweisung, Nutzung, Verwaltung und Festsetzung des Nutzungswertes von Dienstwohnungen regelt das Bundesministerium der Finanzen.[1)] [4] Die Dienstwohnungen mit Ausnahme der Dienstwohnungen für Angestellte und Arbeiter sind im Haushaltsplan auszubringen.

§ 53 Billigkeitsleistungen. Leistungen aus Gründen der Billigkeit dürfen nur gewährt werden, wenn dafür Ausgabemittel besonders zur Verfügung gestellt sind.

§ 54[2)] Baumaßnahmen, größere Beschaffungen, größere Entwicklungsvorhaben. (1) [1] Baumaßnahmen dürfen nur begonnen werden, wenn ausführliche Entwurfszeichnungen und Kostenberechnungen vorliegen, es sei denn, daß es sich um kleine Maßnahmen handelt. [2] In den Zeichnungen und Berechnungen darf von den in § 24 bezeichneten Unterlagen nur insoweit abgewichen werden, als die Änderung nicht erheblich ist; weitergehende Ausnahmen bedürfen der Einwilligung des Bundesministeriums der Finanzen.

(2) [1] Größeren Beschaffungen und größeren Entwicklungsvorhaben sind ausreichende Unterlagen zugrunde zu legen. [2] Absatz 1 Satz 2 gilt entsprechend.

(3) [1] Verträge über Beschaffungsmaßnahmen und Entwicklungsvorhaben sowie Betreiberverträge, die im Geschäftsbereich des Bundesministeriums der Verteidigung geschlossen werden sollen und die ein Finanzvolumen von 25 Millionen Euro überschreiten, sind dem Haushaltsausschuss des Deutschen Bundestages zur Billigung vorzulegen. [2] Bis zur Billigung des Haushaltsausschusses des Deutschen Bundestages sind Verträge zu der entsprechenden Maßnahme schwebend unwirksam.

§ 55[3) 4)] Öffentliche Ausschreibung. (1) [1] Dem Abschluss von Verträgen über Lieferungen und Leistungen muss eine Öffentliche Ausschreibung oder eine Beschränkte Ausschreibung mit Teilnahmewettbewerb vorausgehen, sofern nicht die Natur des Geschäfts oder besondere Umstände eine Ausnahme rechtfertigen. [2] Teilnahmewettbewerb ist ein Verfahren, bei dem der öffentliche Auftraggeber nach vorheriger öffentlicher Aufforderung zur Teilnahme eine beschränkte Anzahl von geeigneten Unternehmen nach objektiven, transparenten und nichtdiskriminierenden Kriterien auswählt und zur Abgabe von Angeboten auffordert.

(2) Beim Abschluß von Verträgen ist nach einheitlichen Richtlinien zu verfahren.

§ 56[5)] Vorleistungen. (1) Vor Empfang der Gegenleistung dürfen Leistungen des Bundes nur vereinbart oder bewirkt werden, wenn dies allgemein üblich oder durch besondere Umstände gerechtfertigt ist.

(Fortsetzung nächstes Blatt)

[1)] Siehe hierzu ua die Dienstwohnungsvorschriften Ausland v. 13.4.2015 (GMBl S. 462), geänd. durch VwV v. 9.4.2021 (GMBl S. 646).

[2)] § 54 Abs. 1 Satz 2 geänd. durch G v. 22.9.1994 (BGBl. I S. 2605); Abs. 3 angef. mWv 7.7.2022 durch G v. 1.7.2022 (BGBl. I S. 1030).

[3)] § 55 Abs. 1 neu gef. mWv 18.8.2017 durch G v. 14.8.2017 (BGBl. I S. 3122).

[4)] Abweichend hierzu § 9 Abs. 4 LNG-Beschleunigungsgesetz v. 24.5.2022 (BGBl. I S. 802).

[5)] § 56 Abs. 2 geänd. durch G v. 22.9.1994 (BGBl. I S. 2605).

800. Gewerbeordnung[1)]

In der Fassung der Bekanntmachung vom 22. Februar 1999[2)]
(BGBl. I S. 202)

FNA 7100-1

geänd. durch Art. 2 Zweites Euro-EinführungsG v. 24.3.1999 (BGBl. I S. 385), Art. 26 Viertes Euro-EinführungsG v. 21.12.2000 (BGBl. I S. 1983), Art. 4 Zweites G zur Änd. reiserechtl. Vorschriften v. 23.7.2001 (BGBl. I S. 1658), Art. 131 Siebente ZuständigkeitsanpassungsVO v. 29.10.2001 (BGBl. I S. 2785), Art. 8 Neuntes Euro-EinführungsG v. 10.11.2001 (BGBl. I S. 2992), Art. 2 GaststättenG-GewerbeO-ÄndG v. 13.12.2001 (BGBl. I S. 3584), Art. 3 Viertes G zur Änd. des BundeszentralregisterG v. 23.4.2002 (BGBl. I S. 1406), Art. 3 WirtschaftsnummervorbereitungsG v. 22.5.2002 (BGBl. I S. 1644), Art. 11 Nr. 17 ZuwanderungsG v. 20.6.2002 (BGBl. I S. 1946, nichtig gem. Urt. des BVerfG v. 18.12. 2002 - 2 BvF 1/02 -), Art. 1 Bewachungsgewerberechts-ÄndG v. 23.7.2002 (BGBl. I S. 2724), Art. 11 Schwarzarbeit-Bekämpfungs-ErleichterungsG v. 23.7.2002 (BGBl. I S. 2787), Art. 1 Drittes Gewerberechts-ÄndG v. 24.8.2002 (BGBl. I S. 3412), Art. 9 Waffenrechts-NeuregelungsG v. 11.10.2002 (BGBl. I S. 3970), Art. 108 Achte ZuständigkeitsanpassungsVO v. 25.11.2003 (BGBl. I S. 2304), Art. 67 Drittes G für moderne Dienstleistungen am Arbeitsmarkt v. 23.12.2003 (BGBl. I S. 2848), Art. 4 Drittes G zur Änd. der Handwerksordnung und and. handwerksrechtlicher Vorschriften v. 24.12.2003 (BGBl. I S. 2934), Art. 35a Viertes G für moderne Dienstleistungen am Arbeitsmarkt v. 24.12.2003 (BGBl. I S. 2954), Art. 10 G zur Intensivierung der Bekämpfung der Schwarzarbeit und damit zusammenhängender Steuerhinterziehung v. 23.7.2004 (BGBl. I S. 1842), Art. 11 Nr. 18 ZuwanderungsG v. 30.7.2004 (BGBl. I S. 1950), Art. 12 Kommunales OptionsG v. 30.7.2004 (BGBl. I S. 2014), Art. 9 Bürokratieabbau- und DeregulierungsG v. 21.6.2005 (BGBl. I S. 1666), Art. 2 Abs. 2 Siebtes ÄndG v. 7.7.2005 (BGBl. I S. 1954), Art. 3a G zur Änd. des GemeindefinanzreformG und and. G v. 6.9.2005 (BGBl. I S. 2725), Art. 11 Erstes G zum Abbau bürokratischer Hemmnisse insbesondere in der mittelständischen Wirtschaft v. 22.8.2006 (BGBl. I S. 1970), Art. 144 Neunte ZuständigkeitsanpassungsVO v. 31.10.2006 (BGBl. I S. 2407), Art. 3 G zur Errichtung und zur Regelung der Aufgaben des BfJ v. 17.12.2006 (BGBl. I S. 3171), Art. 1 G zur Neuregelung des Versicherungsvermittlerrechts v. 19.12.2006 (BGBl. I S. 3232), Art. 3 G zur Ausführung des UNESCO-Übk über Maßnahmen zum Verbot und zur Verhütung der rechtswidrigen Einfuhr, Ausfuhr und Übereignung von Kulturgut v. 18.5.2007 (BGBl. I S. 757, ber. S. 2547, iVm Bek. v. 28.3. 2008, BGBl. II S. 235), Art. 5 Finanzmarktrichtlinie-UmsetzungsG v. 16.7.2007 (BGBl. I S. 1330), Art. 9 Zweites BürokratieabbauG v. 7.9.2007 (BGBl. I S. 2246), Art. 14 G zur Änd. des SGB IV und and. Gesetze v. 19.12.2007 (BGBl. I S. 3024), Art. 9 InvestmentänderungsG v. 21.12.2007 (BGBl. 2007 I S. 3089), Art. 9 G zur Vereinfachung und Anpassung statistischer Rechtsvorschriften v. 17.3.2008 (BGBl. I S. 399), Art. 11 Abs. 5 UnfallversicherungsmodernisierungsG v. 30.10.2008 (BGBl. I S. 2130), Art. 1 G zur Umsetzung der RL 2005/36/EG über die Anerkennung von Berufsqualifikationen in der GewerbeO v. 12.12.2008 (BGBl. I S. 2423), Art. 92 FGG-ReformG v. 17.12.2008 (BGBl. I S. 2586), Art. 9 Drittes MittelstandsentlastungsG v. 17.3.2009 (BGBl. I S. 550), Art. 7 ELENA-VerfahrensG v. 28.3.2009 (BGBl. I S. 634), Art. 3 Erstes G zur Änd. des G über die Festsetzung von Mindestarbeitsbedingungen v. 22.4. 2009 (BGBl. I S. 818), Art. 1 G zur Umsetzung der DienstleistungsRL im Gewerberecht und in weiteren Rechtsvorschriften v. 17.7.2009 (BGBl. I S. 2091), Art. 4 Abs. 14 G zur Reform der Sachaufklärung in der Zwangsvollstreckung v. 29.7.2009 (BGBl. I S. 2258), Art. 1 G zur Änd. gewerberechtl. Vorschriften v. 11.7.2011 (BGBl. I S. 1341), Art. 8 G zur Änd. des BeherbergungsstatistikG und des HandelsstatistikG sowie zur Aufhebung von Vorschriften zum Verfahren des elektronischen Entgeltnachweises v. 23.11.2011 (BGBl. I S. 2298), Art. 7 G zur Umsetzung der RL 2010/78/EU im Hinblick auf die Errichtung des Europäischen Finanzaufsichtssystems v. 4.12.2011 (BGBl. I S. 2427), Art. 5 G zur Novellierung des Finanzanlagenvermittler- und Vermögensanlagenrechts v. 6.12.2011 (BGBl. I S. 2481), Art. 4 G zur Verbesserung der Feststellung und Anerkennung im Ausland erworbener Berufsqualifikationen v. 6.12. 2011 (BGBl. I S. 2515), Art. 3 G zur Verbesserung des Austauschs von strafregisterrechtl. Daten zwischen den Mitgliedstaaten der Europäischen Union und zur Änd. registerrechtl. Vorschriften v. 15.12.2011 (BGBl. I S. 2714), Art. 1 G zur Änd. der Gewerbeordnung und anderer G v. 5.12.2012 (BGBl. I S. 2415), Art. 1 G zur Einführung eines Zulassungsverfahrens für Bewachungsunternehmen auf Seeschiffen v. 4.3. 2013 (BGBl. I S. 362, geänd. durch Art. 2 G v. 24.4.2013, BGBl. I S. 930), Art. 3 G über konjunktur-

---

[1)] Die Änderungen durch G v. 18.7.2017 (BGBl. I S. 2739, geänd. durch G v. 18.1.2021, BGBl. I S. 2, iVm Bek. v. 18.10.2021, BAnz AT 29.10.2021 B3, und Bek. v. 16.2.2022, BGBl. I S. 306) treten erst **mWv 1.6.2025** in Kraft und sind im Text noch nicht berücksichtigt.

[2)] Neubekanntmachung der GewO idF der Bek. v. 1.1.1987 (BGBl. I S. 425) in der ab 1.1.1999 geltenden Fassung.

statistische Erhebungen in bestimmten Dienstleistungsbereichen und zur Änd. von Vorschriften des Zulassungsverfahrens für Bewachungsunternehmen auf Seeschiffen v. 24.4.2013 (BGBl. I S. 930), Art. 5 Abs. 6 Achtes G zur Änd. des GWB v. 26.6.2013 (BGBl. I S. 1738), Art. 17 AIFM-UmsetzungsG v. 4.7. 2013 (BGBl. I S. 1981), Art. 3 HonoraranlageberatungsG v. 15.7.2013 (BGBl. I S. 2390), Art. 9 G zur Neuregelung des gesetzlichen Messwesens v. 25.7.2013 (BGBl. I S. 2722), Art. 18 G zur Förderung der elektronischen Verwaltung sowie zur Änd. weiterer Vorschriften v. 25.7.2013 (BGBl. I S. 2749), Art. 2 Abs. 79, Art. 3 Abs. 11 und Art. 4 Abs. 61 G zur Strukturreform des Gebührenrechts des Bundes v. 7.8. 2013 (BGBl. I S. 3154, geänd. durch G v. 18.7.2016, BGBl. I S. 1666), Art. 6 Fünftes G zur Änd. des StraßenverkehrsG und anderer Gesetze v. 28.8.2013 (BGBl. I S. 3313), Art. 2 G zur Änd. des BundeszentralregisterG und anderer registerrechtlicher Vorschriften v. 6.9.2013 (BGBl. I S. 3556), Art. 11 G zur Anpassung von Gesetzen auf dem Gebiet des Finanzmarktes v. 15.7.2014 (BGBl. I S. 934), Art. 11 TarifautonomiestärkungsG v. 11.8.2014 (BGBl. I S. 1348), Art. 2 G zur Änd. des StraßenverkehrsG, der GewerbeO und des BundeszentralregisterG v. 28.11.2014 (BGBl. I S. 1802), Art. 2 Abs. 33 G zur Modernisierung der Finanzaufsicht über Versicherungen v. 1.4.2015 (BGBl. I S. 434), Art. 10 Fünftes G zur Änd. des Vierten Buches Sozialgesetzbuch und anderer G v. 15.4.2015 (BGBl. I S. 583), Art. 11 KleinanlegerschutzG v. 3.7.2015 (BGBl. I S. 1114), Art. 275, Art. 625 und Art. 626 Abs. 3 Zehnte ZuständigkeitsanpassungsVO v. 31.8.2015 (BGBl. I S. 1474, geänd. durch G v. 18.7.2016, BGBl. I S. 1666), Art. 2 G zur Änd. des BerufsqualifikationsfeststellungsG und anderer Gesetze v. 22.12.2015 (BGBl. I S. 2572), Art. 2 Abs. 7 VergaberechtsmodernisierungsG v. 17.2.2016 (BGBl. I S. 203), Art. 10 G zur Umsetzung der WohnimmobilienkreditRL und zur Änd. handelsrechtlicher Vorschriften v. 11.3.2016 (BGBl. I S. 396), Art. 13 Erstes FinanzmarktnovellierungsG v. 30.6.2016 (BGBl. I S. 1514), Art. 2, Art. 3 Abs. 10, Art. 4 Abs. 58, Art. 5 Abs. 9 G zur Aktualisierung der Strukturreform des Gebührenrechts des Bundes v. 18.7.2016 (BGBl. I S. 1666), Art. 9 G zur Neuregelung des Kulturgutschutzrechts v. 31.7.2016 (BGBl. I S. 1914), Art. 5 G zur Regulierung des Prostitutionsgewerbes v. 21.10.2016 (BGBl. I S. 2372), Art. 1 G zur Änd. bewachungsrechtlicher Vorschriften v. 4.11.2016 (BGBl. I S. 2456, geänd. durch G v. 29.11.2018, BGBl. I S. 2666), Art. 16 6. SGB IV-ÄnderungsG v. 11.11.2016 (BGBl. I S. 2500), Art. 97 G zum Abbau verzichtbarer Anordnungen der Schriftform im Verwaltungsrecht des Bundes v. 29.3.2017 (BGBl. I S. 626), Art. 2 Abs. 3 52. G zur Änd. des StGB – Stärkung des Schutzes von Vollstreckungsbeamten und Rettungskräften v. 23.5.2017 (BGBl. I S. 1226), Art. 20 Zweites FinanzmarktnovellierungsG v. 23.6.2017 (BGBl. I S. 1693), Art. 16 G zur Umsetzung der Vierten EU-GeldwäscheRL, zur Ausführung der EU-GeldtransferVO und zur Neuorganisation der Zentralstelle für Finanztransaktionsuntersuchungen v. 23.6.2017 (BGBl. I S. 1822), Art. 4 Drittes G zur Änd. reiserechtlicher Vorschriften v. 17.7. 2017 (BGBl. I S. 2394), Art. 3 Siebtes G zur Änd. des BundeszentralregisterG v. 18.7.2017 (BGBl. I S. 2732, ber. S. 3431, geänd. durch Art. 53 G v. 20.11.2019, BGBl. I S. 1626), Art. 2 Abs. 3 G zur Einführung eines Wettbewerbsregisters und zur Änd. des G gegen Wettbewerbsbeschränkungen v. 18.7. 2017 (BGBl. I S. 2739, geänd. durch G v. 18.1.2021, BGBl. I S. 2, iVm Bek. v. 18.10.2021, BAnz AT 29.10.2021 B3, und Bek. v. 16.2.2022, BGBl. I S. 306), Art. 1 G zur Umsetzung der Richtlinie (EU) 2016/97 über Versicherungsvertrieb und zur Änd. weiterer Gesetze v. 20.7.2017 (BGBl. I S. 2789), Art. 1 G zur Einführung einer Berufszulassungsregelung für gewerbliche Immobilienmakler und Wohnimmobilienverwalter v. 17.10.2017 (BGBl. I S. 3562), Art. 2 G zur Änd. des AkkreditierungsstellenG und der GewerbeO v. 11.12.2018 (BGBl. I S. 2354), Art. 1, 2 Zweites G zur Änd. bewachungsrechtlicher Vorschriften v. 29.11.2018 (BGBl. I S. 2666), Art. 5 Abs. 11 G zur Einführung einer Karte für Unionsbürger und Angehörige des Europäischen Wirtschaftsraums mit Funktion zum elektronischen Identitätsnachweis sowie zur Änd. des PersonalausweisG und weiterer Vorschriften v. 21.6.2019 (BGBl. I S. 846), Art. 81 Zweites Datenschutz-Anpassungs- und UmsetzungsG EU v. 20.11.2019 (BGBl. I S. 1626), Art. 15 Drittes BürokratieentlastungsG v. 22.11.2019 (BGBl. I S. 1746), Art. 19 Siebtes G zur Änd. des Vierten Buches SGB und anderer Gesetze v. 12.6.2020 (BGBl. I S. 1248), Art. 222, 360 Abs. 3 Elfte ZuständigkeitsanpassungsVO v. 19.6.2020 (BGBl. I S. 1328), Art. 5 G zur Umsetzung der VerhältnismäßigkeitsRL (RL (EU) 2018/958) im Bereich öffentlich-rechtlicher Körperschaften v. 19.6.2020 (BGBl. I S. 1403), Art. 20 Sanierungs- und InsolvenzrechtsfortentwicklungsG v. 22.12.2020 (BGBl. I S. 3256), Art. 9 G zur Verbesserung des Verbraucherschutzes im Inkassorecht und zur Änd. weiterer Vorschriften v. 22.12.2020 (BGBl. I S. 3320), Art. 13 G zur weiteren Verkürzung des Restschuldbefreiungsverfahrens und zur Anpassung pandemiebedingter Vorschriften im Gesellschafts-, Genossenschafts-, Vereins- und Stiftungsrecht sowie im Miet- und Pachtrecht v. 22.12.2020 (BGBl. I S. 3328), Art. 9b ArbeitsschutzkontrollG v. 22.12.2020 (BGBl. I S. 3334), Art. 3 GWB-DigitalisierungsG v. 18.1.2021 (BGBl. I S. 2), Art. 5 Abs. 4 G zur Verbesserung der strafrechtlichen Bekämpfung der Geldwäsche v. 9.3.2021 (BGBl. I S. 327), Art. 7 Abs. 25 G zur Umsetzung der RL (EU) 2019/2034 über die Beaufsichtigung von Wertpapierinstituten v. 12.5.2021 (BGBl. I S. 990), Art. 26 Abs. 4 FinanzmarktintegritätsstärkungsG v. 3.6.2021 (BGBl. I S. 1534), Art. 22 G zur begleitenden Ausführung der VO (EU) 2020/1503 und der Umsetzung der RL EU 2020/1504 v. 3.6.2021 (BGBl. I S. 1568), Art. 4 G über die Insolvenzsicherung durch Reisesicherungsfonds und zur Änd. reiserechtlicher Vorschriften v. 25.6.2021 (BGBl. I S. 2114), Art. 34 G zur Neuregelung des Berufsrechts der anwaltlichen und steuerberatenden Berufsausübungsgesellschaften sowie zur Änd. weiterer Vorschriften im Bereich der rechtsberatenden Berufe v. 7.7.2021 (BGBl. I S. 2363),

Art. 10 Abs. 6 Viertes G zur Änd. des Lebensmittel- und Futtermittelgesetzbuches sowie anderer Vorschriften v. 27.7.2021 (BGBl. I S. 3274), Art. 3 G zur Durchführung der VO (EU) 2019/816 sowie zur Änd. weiterer Vorschriften v. 10.8.2021 (BGBl. I S. 3420), Art. 2 G zur Stärkung des Verbraucherschutzes im Wettbewerbs- und Gewerberecht v. 10.8.2021 (BGBl. I S. 3504), Art. 1 G zum Übergang des Bewacherregisters vom Bundesamt für Wirtschaft und Ausfuhrkontrolle auf das Statistische Bundesamt v. 19.6.2022 (BGBl. I S. 918) und Art. 6 G zur Umsetzung der RL (EU) 2019/1152 v. 20.7.2022 (BGBl. I S. 1174)

Inhaltsübersicht[1)]

[1)] Inhaltsübersicht geänd. mWv 1.1.2003 durch G v. 24.8.2002 (BGBl. I S. 3412); mWv 1.7.2005 durch G v. 21.6.2005 (BGBl. I S. 1666); mWv 22.5.2007 durch G v. 19.12.2006 (BGBl. I S. 3232); mWv 1.11.2007 durch G v. 16.7.2007 (BGBl. I S. 1330); mWv 14.9.2007 durch G v. 7.9.2007 (BGBl. I S. 2246); mWv 18.12.2008 durch G v. 12.12.2008 (BGBl. I S. 2423); mWv 25.3.2009 durch G v. 17.3.2009 (BGBl. I S. 550); mWv 25.7.2009 durch G v. 17.7.2009 (BGBl. I S. 2091); mWv 28.12.2009 durch G v. 17.7.2009 (BGBl. I S. 2091); mWv 15.7.2011 durch G v. 11.7.2011 (BGBl. I S. 1341); mWv 1.1.2013 durch G v. 6.12.2011 (BGBl. I S. 2481); mWv 1.4.2012 durch G v. 6.12.2011 (BGBl. I S. 2515); mWv 27.4.2012 durch G v. 15.12.2011 (BGBl. I S. 2714); mWv 1.12.2013 durch G v. 4.3.2013 (BGBl. I S. 362, geänd. durch G v. 24.4.2013, BGBl. I S. 930); mWv 1.8.2014 durch G v. 15.7.2013 (BGBl. I S. 2390); mWv 1.9.2014 durch G v. 6.9.2013 (BGBl. I S. 3556); mWv 18.1.2016 durch G v. 22.12.2015 (BGBl. I S. 2572); mWv 21.3.2016 durch G v. 11.3.2016 (BGBl. I S. 396); mWv 1.12.2016 durch G v. 4.11.2016 (BGBl. I S. 2456); mWv 1.7.2018 durch G v. 17.7.2017 (BGBl. I S. 2394); mWv 29.7.2017 durch G v. 18.7.2017 (BGBl. I S. 2732); mWv 23.2.2018 durch G v. 20.7.2017 (BGBl. I S. 2789); mWv 1.8.2018 durch G v. 17.10.2017 (BGBl. I S. 3562); mWv 15.12.2018 durch G v. 11.12.2018 (BGBl. I S. 2354); mWv 1.1.2019 durch G v. 29.11.2018 (BGBl. I S. 2666); mWv 26.11.2019 durch G v. 20.11.2019 (BGBl. I S. 1626); mWv 1.1.2021 durch G v. 22.12.2020 (BGBl. I S. 3256); mWv 1.7.2021 durch G v. 25.6.2021 (BGBl. I S. 2114); mWv 18.8.2021 durch G v. 10.8.2021 (BGBl. I S. 3420); mWv 28.5.2022 durch G v. 10.8.2021 (BGBl. I S. 3504); mWv 23.6.2022 durch G v. 19.6.2022 (BGBl. I S. 918); mWv 1.8.2022 durch G v. 20.7.2022 (BGBl. I S. 1174); sie wurde nichtamtlich an die Änderungen durch G v. 23.4.2002 (BGBl. I S. 1406) und G v. 23.12.2003 (BGBl. I S. 2848) angepasst.

[2)] Wortlaut weicht amtlich von der gleichzeitigen Änderung der Überschrift des § 6b ab.

Titel I. Allgemeine Bestimmungen

§ 1 Grundsatz der Gewerbefreiheit (1) Der Betrieb eines Gewerbes ist jedermann gestattet, soweit nicht durch dieses Gesetz Ausnahmen oder Beschränkungen vorgeschrieben oder zugelassen sind.

(2) Wer gegenwärtig zum Betrieb eines Gewerbes berechtigt ist, kann von demselben nicht deshalb ausgeschlossen werden, weil er den Erfordernissen dieses Gesetzes nicht genügt.

§ 2 (weggefallen)

§ 3 Betrieb verschiedener Gewerbe. [1] Der gleichzeitige Betrieb verschiedener Gewerbe sowie desselben Gewerbes in mehreren Betriebs- oder Verkaufsstätten ist gestattet. [2] Eine Beschränkung der Handwerker auf den Verkauf der selbstverfertigten Waren findet nicht statt.

§ 4[1)] Grenzüberschreitende Dienstleistungserbringung, Niederlassung.

(1) [1] Werden Gewerbetreibende von einer Niederlassung in einem anderen Mitgliedstaat der Europäischen Union oder einem anderen Vertragsstaat des Abkommens über den Europäischen Wirtschaftsraum aus im Geltungsbereich dieses Gesetzes vorübergehend selbständig gewerbsmäßig tätig, sind § 34b Absatz 1, 3, 4, 6 und 7, § 34c Absatz 1 Satz 1 Nummer 1, 3 und 4 sowie § 38 Absatz 1 und 2 insoweit nicht anzuwenden. [2] Die §§ 14, 55 Absatz 2 und 3, die §§ 55c, 56a Absatz 2, 3, 5 und 7 Nummer 1 sowie § 57 Absatz 3 sind in diesen Fällen ebenfalls nicht anzuwenden, es sei denn, es werden gewerbsmäßige Tätigkeiten ausgeübt, die auf Grund des Artikels 2 Absatz 2 der Richtlinie 2006/123/EG[2)] des Europäischen Parlaments und des Rates vom 12. Dezember 2006 über Dienstleistungen im Binnenmarkt (ABl. L 376 vom 27.12.2006, S. 36) vom Anwendungsbereich dieser Richtlinie oder auf Grund der Regelungen des Artikels 17 dieser Richtlinie von der Dienstleistungsfreiheit ausgenommen sind.

(2) [1] Absatz 1 gilt nicht, wenn die Tätigkeit aus dem anderen Mitgliedstaat der Europäischen Union oder dem anderen Vertragsstaat des Abkommens über den Europäischen Wirtschaftsraum heraus zur Umgehung der in Absatz 1 genannten Vorschriften erbracht wird. [2] Eine Umgehung liegt insbesondere vor, wenn ein Gewerbetreibender, um sich den in Absatz 1 genannten Vorschriften zu entziehen, von einem anderen Mitgliedstaat der Europäischen Union oder einem anderen Vertragsstaat des Abkommens über den Europäischen Wirtschaftsraum aus ganz oder vorwiegend im Geltungsbereich dieses Gesetzes tätig wird.

(3) Eine Niederlassung besteht, wenn eine selbständige gewerbsmäßige Tätigkeit auf unbestimmte Zeit und mittels einer festen Einrichtung von dieser aus tatsächlich ausgeübt wird.

§ 5 Zulassungsbeschränkungen. In den Beschränkungen des Betriebs einzelner Gewerbe, welche auf den Zoll-, Steuer- und Postgesetzen beruhen, wird durch das gegenwärtige Gesetz nichts geändert.

[1)] § 4 neu gef. mWv 28.12.2009 durch G v. 17.7.2009 (BGBl. I S. 2091); Abs. 1 Satz 1 geänd. mWv 1.1.2013 durch G v. 6.12.2011 (BGBl. I S. 2481); Abs. 1 Satz 1 geänd. mWv 15.12.2018 durch G v. 11.12.2018 (BGBl. I S. 2354); Abs. 1 Satz 2 geänd. mWv 28.5.2022 durch G v. 10.8.2021 (BGBl. I S. 3504).

[2)] **Loseblatt-Textsammlung Arbeitsrecht Nr. 866.**

§ 6[1)] Anwendungsbereich. (1) [1] Dieses Gesetz ist nicht anzuwenden auf die Fischerei, die Errichtung und Verlegung von Apotheken, die Erziehung von Kindern gegen Entgelt, das Unterrichtswesen, auf die Tätigkeit der Rechtsanwälte und Berufsausübungsgesellschaften nach der Bundesrechtsanwaltsordnung[2)], der Patentanwälte und Berufsausübungsgesellschaften nach der Patentanwaltsordnung, der Notare, der in § 10 Absatz 1 des Rechtsdienstleistungsgesetzes[3)] und § 1 Absatz 2 und 3 des Einführungsgesetzes zum Rechtsdienstleistungsgesetz[4)] genannten Personen, der Wirtschaftsprüfer und Wirtschaftsprüfungsgesellschaften, der vereidigten Buchprüfer und Buchprüfungsgesellschaften, der Steuerberater und Berufsausübungsgesellschaften nach dem Steuerberatungsgesetz sowie der Steuerbevollmächtigten, auf den Gewerbebetrieb der Auswandererberater, das Seelotswesen und die Tätigkeit der Prostituierten. [2] Auf das Bergwesen findet dieses Gesetz nur insoweit Anwendung, als es ausdrückliche Bestimmungen enthält; das gleiche gilt für die Ausübung der ärztlichen und anderen Heilberufe, den Verkauf von Arzneimitteln, den Vertrieb von Lotterielosen und die Viehzucht. [3] Ferner findet dieses Gesetz mit Ausnahme des Titels XI auf den Gewerbebetrieb der Versicherungsunternehmen sowie auf Beförderungen mit Krankenkraftwagen im Sinne des § 1 Abs. 2 Nr. 2 in Verbindung mit Abs. 1 des Personenbeförderungsgesetzes[5)] keine Anwendung.

(1a) § 6c findet auf alle Gewerbetreibenden und sonstigen Dienstleistungserbringer im Sinne des Artikels 4 Nummer 2 der Richtlinie 2006/123/EG[6)] Anwendung, deren Dienstleistungen unter den Anwendungsbereich der Richtlinie fallen.

(2) Die Bestimmungen des Abschnitts I des Titels VII finden auf alle Arbeitnehmer Anwendung.

§ 6a[7)] Entscheidungsfrist, Genehmigungsfiktion. (1) Hat die Behörde über einen Antrag auf Erlaubnis zur Ausübung eines Gewerbes nach § 34b Absatz 1, 3, 4, § 34c Absatz 1 Satz 1 Nummer 1, 3 und 4 oder § 55 Absatz 2 nicht innerhalb einer Frist von drei Monaten entschieden, gilt die Erlaubnis als erteilt.

(2) Absatz 1 gilt auch für Verfahren nach § 33a Absatz 1 und § 69 Absatz 1 und für Verfahren nach dem Gaststättengesetz, solange keine landesrechtlichen Regelungen bestehen.

§ 6b[8)] Verfahren über eine einheitliche Stelle,[9)] Europäischer Berufsausweis; Verordnungsermächtigung. (1) [1] Verwaltungsverfahren nach diesem Ge-

---

[1)] § 6 bish. Text wird Abs. 1, Sätze 1 und 2 Halbs. 2 geänd., Abs. 2 angef. mWv 1.1.2003 durch G v. 24.8.2002 (BGBl. I S. 3412); Abs. 1a angef. mWv 25.7.2009 durch G v. 17.7.2009 (BGBl. I S. 2091); Abs. 1 Satz 1 geänd. mWv 1.7.2017 durch G v. 21.10.2016 (BGBl. I S. 2372); Abs. 1 Sätze 1–3 geänd. mWv 1.1.2021 durch G v. 22.12.2020 (BGBl. I S. 3320); Abs. 1 Satz 1 neu gef. mWv 1.8.2022 durch G v. 7.7.2021 (BGBl. I S. 2363).

[2)] **Habersack, Deutsche Gesetze ErgBd. Nr. 98.**

[3)] **Habersack, Deutsche Gesetze ErgBd. Nr. 99.**

[4)] **Habersack, Deutsche Gesetze ErgBd. Nr. 99a.**

[5)] Nr. **950.**

[6)] **Loseblatt-Textsammlung Arbeitsrecht Nr. 866.**

[7)] § 6a eingef. mWv 28.12.2009 durch G v. 17.7.2009 (BGBl. I S. 2091); Abs. 1 geänd. mWv 1.1.2013 durch G v. 6.12.2011 (BGBl. I S. 2481); Abs. 1 geänd. mWv 15.12.2018 durch G v. 11.12.2018 (BGBl. I S. 2354).

[8)] § 6b eingef. mWv 28.12.2009 durch G v. 17.7.2009 (BGBl. I S. 2091); bish. Wortlaut wird Abs. 1 und Abs. 2 angef. mWv 31 12. 2015, Überschrift geänd. mWv 18.1.2016 durch G v. 22.12.2015 (BGBl. I S. 2572).

[9)] Komma fehlt in amtlicher Vorlage.

setz oder nach einer auf Grund dieses Gesetzes erlassenen Rechtsverordnung können über eine einheitliche Stelle nach den Vorschriften des Verwaltungsverfahrensgesetzes[1] abgewickelt werden. [2]Die Landesregierungen werden ermächtigt, durch Rechtsverordnung im Einklang mit Artikel 2 Absatz 2 der Richtlinie 2006/123/EG[2] bestimmte Verfahren von der Abwicklung über eine einheitliche Stelle auszuschließen.

(2) Die Bundesregierung wird ermächtigt, durch Rechtsverordnung mit Zustimmung des Bundesrates zur Umsetzung der Richtlinie 2005/36/EG des Europäischen Parlaments und des Rates vom 7. September 2005 über die Anerkennung von Berufsqualifikationen (ABl. L 255 vom 30.9.2005, S. 22), die zuletzt durch die Richtlinie 2013/55/EU (ABl. L 354 vom 28.12.2013, S. 132) geändert worden ist, Regelungen zur Ausstellung eines Europäischen Berufsausweises und zur Durchführung des Verfahrens zur Anerkennung einer beruflichen Qualifikation auf der Grundlage eines Europäischen Berufsausweises zu erlassen.

(Fortsetzung nächstes Blatt)

[1] Nr. **100**.
[2] **Loseblatt-Textsammlung Arbeitsrecht Nr. 866.**

nanzanlagenberatern und Immobiliardarlehensvermittlern zusammenhängen. [4] Die in Satz 1 genannten Stellen stellen der Europäischen Aufsichtsbehörde für das Versicherungswesen und die betriebliche Altersversorgung nach Maßgabe des Artikels 35 der Verordnung (EU) Nr. 1094/2010 des Europäischen Parlaments und des Rates vom 24. November 2010 zur Errichtung einer Europäischen Aufsichtsbehörde (Europäische Aufsichtsbehörde für das Versicherungswesen und die betriebliche Altersversorgung), zur Änderung des Beschlusses Nr. 716/2009/EG und zur Aufhebung des Beschlusses 2009/79/EG der Kommission (ABl. L 331 vom 15.12.2010, S. 48) auf Verlangen alle Informationen zur Verfügung, die zur Erfüllung von deren Aufgaben auf Grund der Verordnung (EU) Nr. 1094/2010 erforderlich sind.

(8) [1] In Bezug auf Versicherungsvermittler, Versicherungsberater, Finanzanlagenvermittler, Honorar-Finanzanlagenberater und Immobiliardarlehensvermittler unterliegen alle Personen, die im Rahmen des Registrierungsverfahrens oder im Rahmen der Überprüfung der Einhaltung der Voraussetzungen für die Tätigkeit zur Entgegennahme oder Erteilung von Informationen verpflichtet sind, dem Berufsgeheimnis. [2] § 309 des Versicherungsaufsichtsgesetzes gilt entsprechend.

§ 11b[1)] Bewacherregister; Verordnungsermächtigung. (1) [1] Beim Statistischen Bundesamt (Registerbehörde) wird ein Bewacherregister eingerichtet und geführt, in dem zum Zweck der Unterstützung der für den Vollzug des § 34a zuständigen Behörden Daten zu Gewerbetreibenden nach § 34a Absatz 1 Satz 1, Wachpersonen nach § 34a Absatz 1a Satz 1 und mit der Leitung des Betriebes oder einer Zweigniederlassung beauftragten Personen elektronisch auswertbar zu erfassen sind. [2] Das Bewacherregister ist räumlich, organisatorisch und personell von den Bereichen, die Aufgaben der Bundesstatistik wahrnehmen, getrennt zu führen.

(2) Die Registerbehörde darf folgende Daten verarbeiten:

1. Daten zur Identifizierung und Erreichbarkeit des Gewerbetreibenden nach § 34a Absatz 1 Satz 1, bei juristischen Personen der nach Gesetz, Satzung oder Gesellschaftsvertrag jeweils allein oder mit anderen zur Vertretung berufenen Personen, sowie der mit der Leitung des Betriebes oder einer Zweigniederlassung beauftragten Personen:
   a) Familienname, Geburtsname, Vornamen,
   b) Geschlecht,
   c) Geburtsdatum, Geburtsort, Staat,
   d) Staatsangehörigkeiten,
   e) Telefonnummer, E-Mail-Adresse,
   f) Meldeanschrift bestehend aus Straße, Hausnummer, Postleitzahl, Ort, Zusatz, Land, Staat und Regionalschlüssel,
   g) Wohnorte der letzten fünf Jahre bestehend aus Straße, Hausnummer, Postleitzahl, Land und Staat,
   h) Art des Ausweisdokuments mit ausstellender Behörde, ausstellendem Staat, Datum der Ausstellung, Ausweisnummer, Ablaufdatum, soweit vorhanden maschinenlesbarem Namen sowie Inhalt der maschinenlesbaren Zone,
   i) sofern der Gewerbetreibende eine juristische Person ist:

[1)] § 11b eingef. mWv 1.1.2019 durch G v. 29.11.2018 (BGBl. I S. 2666); Überschrift, Abs. 1 Satz 1 geänd., Satz 2 angef., Abs. 2 Nr. 11 Buchst. d, Abs. 9 einl. Satzteil geänd. mWv 23.6.2022 durch G v. 19.6.2022 (BGBl. I S. 918).

aa) Rechtsform, Registerart, soweit vorhanden im Register eingetragener Name nebst Registernummer, Registergericht oder ausländische Registernummer und Registerbehörde,
bb) Betriebliche Anschrift des Sitzes der juristischen Person,
cc) Telefonnummer und E-Mail-Adresse der juristischen Person,

2. Daten zur Identifizierung und Erreichbarkeit des Gewerbebetriebes:
   a) Geschäftsbezeichnung,
   b) Rechtsform, Registerart, soweit vorhanden im Register eingetragener Name nebst Registernummer, Registergericht oder ausländische Registernummer und Registerbehörde,
   c) Betriebliche Anschrift von Hauptniederlassung und sonstigen Betriebsstätten,
   d) Telefonnummer, E-Mail-Adresse,
3. Daten zur Identifizierung und Erreichbarkeit von Wachpersonen nach § 34a Absatz 1a Satz 1:
   a) Familienname, Geburtsname, Vornamen,
   b) Geschlecht,
   c) Geburtsdatum, Geburtsort, Geburtsland,
   d) Staatsangehörigkeiten,
   e) Meldeanschrift bestehend aus Straße, Hausnummer, Postleitzahl, Ort, Zusatz, Land, Staat und Regionalschlüssel,
   f) Wohnorte der letzten fünf Jahre bestehend aus Straße, Hausnummer, Postleitzahl, Land und Staat,
   g) Art des Ausweisdokuments mit ausstellender Behörde, ausstellendem Staat, Datum der Ausstellung, Ausweisnummer, Ablaufdatum, soweit vorhanden maschinenlesbarem Namen sowie Inhalt der maschinenlesbaren Zone,
4. den Umfang und das Erlöschen der Erlaubnis nach § 34a Absatz 1 Satz 1 einschließlich des Datums der Erlaubniserteilung und des Erlöschens, der Angabe der Kontaktdaten der zuständigen Erlaubnisbehörde sowie den Stand des Erlaubnisverfahrens,
5. die Anzeige eines Gewerbetreibenden nach § 13a über die vorübergehende Erbringung von Bewachungstätigkeiten in Deutschland nebst den Daten nach den Nummern 1 bis 3, soweit diese Daten mit der Anzeige zu übermitteln sind,
6. die Angabe der Tätigkeit der Wachperson nach § 34a Absatz 1a Satz 2 und 5,
7. Untersagung der Beschäftigung nach § 34a Absatz 4,
8. Daten zur Überprüfung der Zuverlässigkeit nach § 34a Absatz 1 Satz 3 Nummer 1, auch in Verbindung mit § 34a Absatz 1a Satz 1 Nummer 1:
   a) Datum, Art und Ergebnis der Überprüfung,
   b) Stand des Überprüfungsprozesses der Zuverlässigkeit,
   c) Datum der Bestands- oder Rechtskraft der Entscheidung,
9. die in Nummer 1 genannten Daten des Gewerbetreibenden, der eine Wachperson zur Überprüfung der Zuverlässigkeit anmeldet,
10. Daten zu Sachkunde- und Unterrichtungsnachweisen der Industrie- und Handelskammern:
    a) Art der erworbenen Qualifikation,
    b) bei Unterrichtungsnachweisen der Unterrichtungszeitraum, bei Sachkundenachweisen das Datum der Sachkundeprüfung,

c) Ausstellungsdatum des Qualifikationsnachweises, Angabe der Identifikationsnummer der ausstellenden Industrie- und Handelskammer, auf dem Qualifikationsnachweis angegebener Familienname, Vornamen, Geburtsdatum und Geburtsort,
d) soweit vorhanden ein Validierungscode der Industrie- und Handelskammer,
e) Datum und Inhalt der Rückmeldung aus der elektronischen Abfrage über die Schnittstelle zu der in § 32 des Umweltauditgesetzes bezeichneten gemeinsamen Stelle,

11. Daten zu Qualifikationsnachweisen von Gewerbetreibenden, bei juristischen Personen der nach Gesetz, Satzung oder Gesellschaftsvertrag jeweils allein oder mit anderen zur Vertretung berufenen Personen, der mit der Leitung des Betriebes oder einer Zweigniederlassung beauftragten Personen sowie Wachpersonen, die dem Sachkunde- oder Unterrichtungsnachweis gleichgestellt wurden:
a) Art der erworbenen Qualifikation,
b) Unterrichtungszeitraum,
c) Ausstellungsdatum des Qualifikationsnachweises, Angabe der Kontaktdaten der ausstellenden Stelle, auf dem Qualifikationsnachweis angegebener Familienname, Vornamen, Geburtsdatum und Geburtsort,
d) Bescheinigungen des Gewerbetreibenden nach § 23 Absatz 1 Satz 2 und Absatz 2 Satz 2 der Bewachungsverordnung,

12. Daten aus der Schnittstelle des Bewacherregisters zum Bundesamt für Verfassungsschutz nach § 34a Absatz 1 Satz 5 Nummer 4:
a) meldendes Landesamt für Verfassungsschutz,
b) Datum der Meldung sowie
c) Angabe, ob Erkenntnisse vorliegen,

13. Daten zur Identifikation und Erreichbarkeit der für den Vollzug des § 34a zuständigen Behörden:
a) Name,
b) Anschrift,
c) Kurzbezeichnung,
d) Land,
e) Telefonnummer, E-Mail-Adresse,
f) Regionalschlüssel.

(3) [1] Die Registerbehörde darf Statusangaben zum Ablauf der Verfahren sowie die für den Vollzug des § 34a notwendigen Verknüpfungen aus den Daten nach Absatz 2 und die durch das Register vergebenen Identifikationsnummern für die Datenobjekte speichern. [2] Die Identifikationsnummern enthalten keine personenbezogenen Angaben und werden den Datensätzen zugeordnet.

(4) [1] Die Industrie- und Handelskammern stellen Daten nach Absatz 2 Nummer 10 in Bezug auf Qualifikationsnachweise, die nach dem 1. Januar 2009 ausgestellt wurden, über die in § 32 Absatz 2 Satz 1 des Umweltauditgesetzes bezeichnete gemeinsame Stelle elektronisch zum Abruf für die Registerbehörde bereit. [2] Die Industrie- und Handelskammern dürfen Daten nach Absatz 2 Nummer 10 in Bezug auf Qualifikationsnachweise, die vor dem 1. Januar 2009 ausgestellt wurden, elektronisch zum Abruf bereitstellen. [3] Bei Abfragen durch das Bewacherregister, die sich auf Qualifikationsnachweise vor dem 1. Januar 2009 beziehen, müssen die Daten nacherfasst werden. [4] Dabei üben die zuständigen

obersten Landesbehörden die Aufsicht über die Industrie- und Handelskammern aus.

(5) [1] Zum Zweck der Anmeldung von Wachpersonen und der mit der Leitung des Betriebes oder einer Zweigniederlassung beauftragten Personen hat der Gewerbetreibende die Vorder- und Rückseite des Ausweisdokuments der anzumeldenden Person in gut lesbarer Fassung vollständig optisch digital erfasst im Onlineportal des Registers hochzuladen. [2] Zu diesem Zweck darf der Gewerbetreibende eine Kopie des Ausweisdokuments anfertigen. [3] Der Gewerbetreibende ist verpflichtet, die Kopie, auch in digitaler Form, unverzüglich nach dem Hochladen in das Register zu vernichten. [4] Die in das Register hochgeladene optisch digital erfasste Kopie wird nach Prüfung durch die für den Vollzug des § 34a zuständigen Behörden, spätestens nach Bestands- oder Rechtskraft der Entscheidung über die Zuverlässigkeit, von der Registerbehörde gelöscht.

(6) [1] Die für den Vollzug des § 34a zuständigen Behörden sind verpflichtet, nach Maßgabe des Satzes 2 der Registerbehörde im Anschluss an ein in Absatz 7 bezeichnetes die Speicherung begründendes Ereignis unverzüglich die nach Absatz 2 zu speichernden oder zu einer Änderung oder Löschung einer Eintragung im Register führenden Daten zu übermitteln. [2] Zu diesem Zweck hat der Gewerbetreibende der an seinem Betriebssitz für den Vollzug des § 34a zuständigen Behörde Änderungen der Daten nach Absatz 2 Nummer 1, 2, 10 und 11, ausgenommen die Daten zu den mit der Leitung des Betriebes oder einer Zweigniederlassung beauftragten Personen, unverzüglich, spätestens 14 Tage nach dem Erlangen der Kenntnis der Änderungen, mitzuteilen. [3] Änderungen betreffend Daten zu Wachpersonen nach Absatz 2 Nummer 3, 6, 10 und 11 sowie zu den mit der Leitung des Betriebes oder einer Zweigniederlassung beauftragten Personen nach Absatz 2 Nummer 1, 10 und 11 hat der Gewerbetreibende unverzüglich, spätestens 14 Tage nach dem Erlangen der Kenntnis der Änderungen, über das Bewacherregister mitzuteilen. [4] Zu diesem Zweck ist der Gewerbetreibende berechtigt, Änderungen betreffend Daten nach den Sätzen 2 und 3 zu erheben und

1. im Falle des Satzes 2 an die für den Vollzug des § 34a zuständige Behörde und
2. im Falle des Satzes 3 an die Registerbehörde

zum Zwecke der Speicherung zu übermitteln.
[5] Der Gewerbetreibende hat Wachpersonen und mit der Leitung eines Betriebes oder einer Zweigniederlassung beauftragte Personen sechs Wochen nach Beendigung des Beschäftigungsverhältnisses über das Bewacherregister bei der für den Vollzug des § 34a zuständigen Behörde abzumelden.

(7) Im Bewacherregister sind die Daten aus den folgenden Anlässen zu speichern:

1. Beantragen oder Erteilen einer Erlaubnis nach § 34a Absatz 1 Satz 1,
2. Versagen oder Erlöschen einer Erlaubnis nach § 34a Absatz 1 Satz 1,
3. Untersagen der Beschäftigung nach § 34a Absatz 4,
4. Anmelden und Abmelden von Wachpersonen und mit der Leitung des Betriebes oder einer Zweigniederlassung beauftragter Personen,
5. Melden von Datenänderungen durch den Gewerbetreibenden gegenüber der für den Vollzug des § 34a zuständigen Behörde nach Absatz 6 Satz 2 oder dem Bewacherregister nach Absatz 6 Satz 3,
6. Überprüfen der Zuverlässigkeit im Rahmen der Regelüberprüfung nach spätestens fünf Jahren von Gewerbetreibenden und gesetzlichen Vertretern juristischer Personen nach § 34a Absatz 1 Satz 10 sowie Wachpersonen nach § 34a Absatz 1a

Satz 7 und mit der Leitung des Betriebes oder einer Zweigniederlassung beauftragter Personen,

7. Überprüfen aufgrund eines Nachberichts durch die zuständigen Verfassungsschutzbehörden und Polizeibehörden nach § 34a Absatz 1b Satz 1.

(8) Die Registerbehörde löscht auf Veranlassung der für den Vollzug des § 34a zuständigen Behörden die im Bewacherregister gespeicherten Daten:

1. in den Fällen des Absatzes 7 Nummer 1 bei eingetragener Beantragung der Erlaubnis und begonnener Prüfung, sechs Monate nach Rücknahme des Antrags auf Erlaubnis,
2. in den Fällen des Absatzes 7 Nummer 2 betreffend eine versagte oder zurückgenommene oder widerrufene Erlaubnis durch Überschreibung der Daten bei erneuter Beantragung und Erteilung der Erlaubnis, spätestens nach fünf Jahren; bei Erlöschen der Erlaubnis durch Verzicht oder Tod oder Untergang der juristischen Person, sechs Monate nach Erlöschen der Erlaubnis; bei Verzicht während eines Rücknahmeverfahrens oder Widerrufsverfahrens wegen Unzuverlässigkeit, wenn der Verzicht durch eine spätere Entscheidung gegenstandslos wird,
3. in den Fällen des Absatzes 7 Nummer 3 durch Überschreiben der Daten bei einer zeitlich nachfolgenden Feststellung der Zuverlässigkeit,
4. in den Fällen des Absatzes 7 Nummer 4 bei Anmeldungen betreffend Wachpersonen oder mit der Leitung des Betriebes oder einer Zweigniederlassung beauftragten Personen die Wohnorte der letzten fünf Jahre nach der Entscheidung über die Zuverlässigkeit der Wachpersonen oder der mit der Leitung des Betriebes oder einer Zweigniederlassung beauftragten Personen,
5. in den Fällen des Absatzes 7 Nummer 4 bei Abmeldungen betreffend Wachpersonen und mit der Leitung des Betriebes oder einer Zweigniederlassung beauftragten Personen ein Jahr nach Abmeldung des letzten für die natürliche Person gemeldeten Beschäftigungsverhältnisses im Register,
6. in den Fällen des Absatzes 7 Nummer 5 bei Meldung von Änderungen betreffend Daten nach Absatz 2 Nummer 1, 2, 3, 6, 10 und 11 durch Überschreiben der bisherigen Einträge im Register,
7. in den Fällen des Absatzes 7 Nummer 6 bei Unzuverlässigkeit des Gewerbetreibenden, gesetzlicher Vertreter bei juristischen Personen, von mit der Leitung des Betriebes oder einer Zweigniederlassung beauftragten Personen sowie Wachpersonen, durch Überschreiben der Daten nach Absatz 2 Nummer 7 bei späterer Feststellung der Zuverlässigkeit im Rahmen eines neuen Erlaubnis- oder Anmeldeverfahrens, spätestens nach fünf Jahren, und
8. in den Fällen des Absatzes 7 Nummer 7 bei Unzuverlässigkeit des Gewerbetreibenden, der gesetzlichen Vertreter juristischer Personen, von mit der Leitung des Betriebes oder einer Zweigniederlassung beauftragten Personen sowie Wachpersonen, durch Überschreiben der Daten nach Absatz 2 Nummer 7 bei späterer Feststellung der Zuverlässigkeit im Rahmen eines neuen Erlaubnis- oder Anmeldeverfahrens, spätestens nach fünf Jahren.

(9) Das Bundesministerium des Innern und für Heimat wird ermächtigt, im Einvernehmen mit dem Bundesministerium für Wirtschaft und Klimaschutz, durch Rechtsverordnung[1] mit Zustimmung des Bundesrates die Einzelheiten zu regeln:

---

[1] Siehe ua die BewacherregisterVO v. 24.6.2019 (BGBl. I S. 882).

1. zu den Datensätzen, die nach Absatz 2 gespeichert werden, sowie zur Datenverarbeitung,
2. zur Einrichtung und Führung des Registers,
3. zum Verfahren der Datenübermittlung an die Registerbehörde, insbesondere durch die für den Vollzug des § 34a zuständigen Behörden und durch die Gewerbetreibenden, sowie der Datenübermittlung durch die Registerbehörde, insbesondere an die für den Vollzug des § 34a zuständigen Behörden,
4. zur Verwendung elektronischer Schnittstellen des Registers, der Schnittstelle zum Verfassungsschutz, zum Deutschen Industrie- und Handelskammertag e. V. und zu Fachverfahren der für den Vollzug des § 34a zuständigen Behörden,
5. zum Verfahren des automatisierten Datenabrufs aus dem Register,
6. zum Datenschutz und der Datensicherheit nebst Protokollierungspflicht der Registerbehörde.

§ 11c[1)] Übermittlung personenbezogener Daten innerhalb der Europäischen Union und des Europäischen Wirtschaftsraumes bei reglementierten Berufen. (1) [1]Begibt sich ein im Inland tätiger Gewerbetreibender in einen anderen Mitgliedstaat der Europäischen Union oder in einen anderen Vertragsstaat des Abkommens über den Europäischen Wirtschaftsraum, um dort dauerhaft oder vorübergehend eine Tätigkeit auszuüben, deren Aufnahme oder Ausübung durch Rechts- und Verwaltungsvorschriften an den Besitz bestimmter beruflicher Qualifikationen gebunden ist, so über-

(Fortsetzung nächstes Blatt)

[1)] Früherer § 11b eingef. mWv 18.12.2008 durch G v. 12.12.2008 (BGBl. I S. 2423); Überschrift geänd. mWv 28.12.2009 durch G v. 17.7.2009 (BGBl. I S. 2091); bish. § 11b wird § 11c mWv 1.1.2019 durch G v. 29.11.2018 (BGBl. I S. 2666).

(2) [1] Für die Ausübung des Bewachungsgewerbes, des Versteigerergewerbes, des Gewerbes der Makler, Bauträger und Baubetreuer, Wohnimmobilienverwalter, des Versicherungsvermittlergewerbes, des Versicherungsberatergewerbes, des Gewerbes des Finanzanlagenvermittlers und Honorar-Finanzanlagenberaters sowie des Gewerbes des Immobiliardarlehensvermittlers gelten § 34a Absatz 1a Satz 1 und Absatz 2 bis 5, § 34b Absatz 5 bis 8 und 10, § 34c Absatz 3 und 5, § 34d Absatz 8 bis 10, § 34f Absatz 4 bis 6, § 34i Absatz 5 bis 8 sowie die auf Grund des § 34a Absatz 2, des § 34b Absatz 8, des § 34c Absatz 3, des § 34e sowie der §§ 34g und 34j erlassenen Rechtsvorschriften entsprechend. [2] Die zuständige Behörde kann für die Versteigerung leicht verderblicher Waren für ihren Bezirk Ausnahmen zulassen.

Titel V. Taxen

§§ 72 bis 80 (weggefallen)

Titel VI. Innungen, Innungsausschüsse, Handwerkskammern, Innungsverbände

§§ 81 bis 104n (weggefallen)

Titel VIa. Handwerksrolle

§§ 104o bis 104u (weggefallen)

Titel VII.[1)] Arbeitnehmer

I.[2)] Allgemeine arbeitsrechtliche Grundsätze

§ 105[3)] Freie Gestaltung des Arbeitsvertrages. [1] Arbeitgeber und Arbeitnehmer können Abschluss, Inhalt und Form des Arbeitsvertrages frei vereinbaren, soweit nicht zwingende gesetzliche Vorschriften, Bestimmungen eines anwendbaren Tarifvertrages oder einer Betriebsvereinbarung entgegenstehen. [2] Soweit die Vertragsbedingungen wesentlich sind, richtet sich ihr Nachweis nach den Bestimmungen des Nachweisgesetzes[4)].

§ 106[5)] Weisungsrecht des Arbeitgebers. [1] Der Arbeitgeber kann Inhalt, Ort und Zeit der Arbeitsleistung nach billigem Ermessen näher bestimmen, soweit diese Arbeitsbedingungen nicht durch den Arbeitsvertrag, Bestimmungen einer Betriebsvereinbarung, eines anwendbaren Tarifvertrages oder gesetzliche Vorschriften festgelegt sind. [2] Dies gilt auch hinsichtlich der Ordnung und des Verhaltens der Arbeitnehmer im Betrieb. [3] Bei der Ausübung des Ermessens hat der Arbeitgeber auch auf Behinderungen des Arbeitnehmers Rücksicht zu nehmen.

§ 107[5)] Berechnung und Zahlung des Arbeitsentgelts. (1) Das Arbeitsentgelt ist in Euro zu berechnen und auszuzahlen.

[1)] Titel VII Überschr. neu gef. mWv 1.1.2003 durch G v. 24.8.2002 (BGBl. I S. 3412).
[2)] I. Abschn. Überschr. neu gef. mWv 1.1.2003 durch G v. 24.8.2002 (BGBl. I S. 3412).
[3)] § 105 neu gef. mWv 1.1.2003 durch G v. 24.8.2002 (BGBl. I S. 3412).
[4)] **Habersack, Deutsche Gesetze ErgBd. Nr. 78a.**
[5)] §§ 106, 107 eingef. mWv 1.1.2003 durch G v. 24.8.2002 (BGBl. I S. 3412).

(2) [1]Arbeitgeber und Arbeitnehmer können Sachbezüge als Teil des Arbeitsentgelts vereinbaren, wenn dies dem Interesse des Arbeitnehmers oder der Eigenart des Arbeitsverhältnisses entspricht. [2]Der Arbeitgeber darf dem Arbeitnehmer keine Waren auf Kredit überlassen. [3]Er darf ihm nach Vereinbarung Waren in Anrechnung auf das Arbeitsentgelt überlassen, wenn die Anrechnung zu den durchschnittlichen Selbstkosten erfolgt. [4]Die geleisteten Gegenstände müssen mittlerer Art und Güte sein, soweit nicht ausdrücklich eine andere Vereinbarung getroffen worden ist. [5]Der Wert der vereinbarten Sachbezüge oder die Anrechnung der überlassenen Waren auf das Arbeitsentgelt darf die Höhe des pfändbaren Teils des Arbeitsentgelts nicht übersteigen.

(3) [1]Die Zahlung eines regelmäßigen Arbeitsentgelts kann nicht für die Fälle ausgeschlossen werden, in denen der Arbeitnehmer für seine Tätigkeit von Dritten ein Trinkgeld erhält. [2]Trinkgeld ist ein Geldbetrag, den ein Dritter ohne rechtliche Verpflichtung dem Arbeitnehmer zusätzlich zu einer dem Arbeitgeber geschuldeten Leistung zahlt.

§ 108[1)] Abrechnung des Arbeitsentgelts. (1) [1]Dem Arbeitnehmer ist bei Zahlung des Arbeitsentgelts eine Abrechnung in Textform zu erteilen. [2]Die Abrechnung muss mindestens Angaben über Abrechnungszeitraum und Zusammensetzung des Arbeitsentgelts enthalten. [3]Hinsichtlich der Zusammensetzung sind insbesondere Angaben über Art und Höhe der Zuschläge, Zulagen, sonstige Vergütungen, Art und Höhe der Abzüge, Abschlagszahlungen sowie Vorschüsse erforderlich.

(2) Die Verpflichtung zur Abrechnung entfällt, wenn sich die Angaben gegenüber der letzten ordnungsgemäßen Abrechnung nicht geändert haben.

(3) [1]Das Bundesministerium für Arbeit und Soziales wird ermächtigt, das Nähere zum Inhalt und Verfahren einer Entgeltbescheinigung, die zu Zwecken nach dem Sozialgesetzbuch sowie zur Vorlage bei den Sozial- und Familiengerichten verwendet werden kann, durch Rechtsverordnung[2)] zu bestimmen. [2]Besoldungsmitteilungen für Beamte, Richter oder Soldaten, die inhaltlich der Entgeltbescheinigung nach Satz 1 entsprechen, können für die in Satz 1 genannten Zwecke verwendet werden. [3]Der Arbeitnehmer kann vom Arbeitgeber zu anderen Zwecken eine weitere Entgeltbescheinigung verlangen, die sich auf die Angaben nach Absatz 1 beschränkt.

§ 109[3)] Zeugnis. (1) [1]Der Arbeitnehmer hat bei Beendigung eines Arbeitsverhältnisses Anspruch auf ein schriftliches Zeugnis. [2]Das Zeugnis muss mindestens Angaben zu Art und Dauer der Tätigkeit (einfaches Zeugnis) enthalten. [3]Der Arbeitnehmer kann verlangen, dass sich die Angaben darüber hinaus auf Leistung und Verhalten im Arbeitsverhältnis (qualifiziertes Zeugnis) erstrecken.

(2) [1]Das Zeugnis muss klar und verständlich formuliert sein. [2]Es darf keine Merkmale oder Formulierungen enthalten, die den Zweck haben, eine andere als

---

[1)] § 108 eingef. mWv 1.1.2003 durch G v. 24.8.2002 (BGBl. I S. 3412); Abs. 3 angef. mWv 23.12.2007 durch G v. 19.12.2007 (BGBl. I S. 3024); Abs. 3 neu gef. mWv 2.4.2009 durch G v. 28.3.2009 (BGBl. I S. 634); Abs. 3 neu gef. mWv 3.12.2011 durch G v. 23.11.2011 (BGBl. I S. 2298); Abs. 3 Satz 1 geänd. mWv 1.1.2016 durch G v. 15.4.2015 (BGBl. I S. 583); Abs. 3 Satz 2 eingef., bish. Satz 2 wird Satz 3 mWv 1.1.2017 durch G v. 11.11.2016 (BGBl. I S. 2500).

[2)] Siehe die EntgeltbescheinigungsVO v. 19.12.2012 (BGBl. I S. 2712), zuletzt geänd. durch G v. 28.11.2018 (BGBl. I S. 2016).

[3)] § 109 eingef. mWv 1.1.2003 durch G v. 24.8.2002 (BGBl. I S. 3412).

aus der äußeren Form oder aus dem Wortlaut ersichtliche Aussage über den Arbeitnehmer zu treffen.

(3) Die Erteilung des Zeugnisses in elektronischer Form ist ausgeschlossen.

§ 110[1] Wettbewerbsverbot. [1] Arbeitgeber und Arbeitnehmer können die berufliche Tätigkeit des Arbeitnehmers für die Zeit nach Beendigung des Arbeitsverhältnisses durch Vereinbarung beschränken (Wettbewerbsverbot). [2] Die §§ 74 bis 75f des Handelsgesetzbuches[2] sind entsprechend anzuwenden.

§ 111[3] Pflichtfortbildungen. (1) Ist der Arbeitgeber durch Gesetz oder aufgrund eines Gesetzes, durch Tarifvertrag oder Betriebs- oder Dienstvereinbarung verpflichtet, dem Arbeitnehmer eine für die Erbringung der Arbeitsleistung erforderliche Fortbildung anzubieten, dürfen dem Arbeitnehmer die Kosten hierfür nicht auferlegt werden.

(2) [1] Fortbildungen nach Absatz 1 sollen während der regelmäßigen Arbeitszeit durchgeführt werden. [2] Soweit Fortbildungen nach Absatz 1 außerhalb der regelmäßigen Arbeitszeit durchgeführt werden müssen, gelten sie als Arbeitszeit.

§ 112 (weggefallen)

§§ 113–132a[4] *(aufgehoben)*

(Fortsetzung nächstes Blatt)

---

[1] § 110 eingef. mWv 1.1.2003 durch G v. 24.8.2002 (BGBl. I S. 3412).
[2] **Habersack, Deutsche Gesetze Nr. 50.**
[3] § 111 neu gef. mWv 1.8.2022 durch G v. 20.7.2022 (BGBl. I S. 1174).
[4] §§ 113 bis 132a aufgeh. mWv 1.1.2003 durch G v. 24.8.2002 (BGBl. I S. 3412).

(2) Die Landesregierungen oder die von ihnen bestimmten Stellen bestimmen die für die Ausführung dieses Gesetzes und der nach diesem Gesetz ergangenen Rechtsverordnungen zuständigen Behörden, soweit in diesem Gesetz nichts anderes bestimmt ist.

(3) Die Landesregierungen werden ermächtigt, ihre Befugnis zum Erlaß von Rechtsverordnungen auf oberste Landesbehörden und auf andere Behörden zu übertragen und dabei zu bestimmen, daß diese ihre Befugnis durch Rechtsverordnung auf nachgeordnete oder ihrer Aufsicht unterstehende Behörden weiter übertragen können.

(4) (weggefallen)

(5) Die Senate der Länder Berlin, Bremen und Hamburg werden ermächtigt, zuständige öffentliche Stellen oder zuständige Behörden von mehreren Verwaltungseinheiten für Zwecke der Datenverarbeitung als einheitliche Stelle oder Behörde zu bestimmen.

§ 155a[1)] Versagung der Auskunft zu Zwecken des Zeugenschutzes.

Für die Versagung der Auskunft zu Zwecken des Zeugenschutzes gilt § 44a des Bundeszentralregistergesetzes[2)] entsprechend.

§ 156[3)] Übergangsregelungen zu den §§ 34d und 34e. (1) [1] Eine vor dem 23. Februar 2018 erteilte Erlaubnis als Versicherungsberater nach § 34e Absatz 1 Satz 1 in der bis zum Ablauf des 22. Februar 2018 geltenden Fassung gilt als Erlaubnis als Versicherungsberater nach § 34d Absatz 2 Satz 1. [2] Die Bezeichnung der Erlaubnis im Register nach § 34d Absatz 10 Satz 1 in Verbindung mit § 11a Absatz 1 Satz 1 wird von der Registerbehörde aktualisiert.

(2) [1] Wird die Erlaubnis nach § 34d Absatz 2 Satz 1 unter Vorlage der Erlaubnisurkunde nach § 34d Absatz 1 Satz 1 in der bis zum Ablauf des 22. Februar 2018 geltenden Fassung beantragt, so erfolgt keine Prüfung der Zuverlässigkeit, der Vermögensverhältnisse und der Sachkunde. [2] Die Erlaubnis nach § 34d Absatz 1 Satz 1 in der bis zum Ablauf des 22. Februar 2018 geltenden Fassung erlischt mit Erteilung der Erlaubnis nach Satz 1.

(3) Versicherungsberater nach § 34d Absatz 2 Satz 1 dürfen abweichend von § 34d Absatz 2 Satz 4 Zuwendungen eines Versicherungsunternehmens auf Grund einer Vermittlung annehmen, die bis zur Erteilung der Erlaubnis nach § 34d Absatz 2 Satz 1 erfolgt ist.

§ 157[4)] Übergangsregelungen zu den §§ 34c und 34f. (1) Für einen Gewerbetreibenden, der am 1. November 2007 eine Erlaubnis für die Vermittlung des Abschlusses von Verträgen im Sinne des § 34c Absatz 1 Satz 1 Nummer 1 Buchstabe b in der bis zum 31. Oktober 2007 geltenden Fassung hat, gilt die Erlaubnis für die Anlageberatung im Sinne des § 34c Abs. 1 Satz 1 Nr. 3 in der ab dem 1. November 2007 geltenden Fassung als zu diesem Zeitpunkt erteilt.

[1)] § 155a eingef. mWv 30.4.2002 durch G v. 23.4.2002 (BGBl. I S. 1406).

[2)] **Habersack, Deutsche Gesetze Nr. 92.**

[3)] § 156 neu gef. mWv 23.2.2018 durch G v. 20.7.2017 (BGBl. I S. 2789).

[4)] § 157 angef. mWv 25.3.2009 durch G v. 17.3.2009 (BGBl. I S. 550); Überschr. geänd., Abs. 2 und 3 angef., bish. Wortlaut wird Abs. 1 mWv 1.1.2013 durch G v. 6.12.2011 (BGBl. I S. 2481); Abs. 4 angef. mWv 19.7.2014 durch G v. 15.7.2014 (BGBl. I S. 934); Abs. 5–7 angef. mWv 10.7.2015 durch G v. 3.7. 2015 (BGBl. I S. 1114); Abs. 3 Satz 4 geänd. mWv 21.3.2016 durch G v. 11.3.2016 (BGBl. I S. 396); Abs. 8 angef. mWv 1.7.2021 durch G v. 3.6.2021 (BGBl. I S. 1534).

(2) [1]Gewerbetreibende, die am 1. Januar 2013 eine Erlaubnis für die Vermittlung des Abschlusses von Verträgen im Sinne des § 34c Absatz 1 Satz 1 Nummer 2 oder für die Anlageberatung nach § 34c Absatz 1 Satz 1 Nummer 3 haben und diese Tätigkeit nach dem 1. Januar 2013 weiterhin ausüben wollen, sind verpflichtet, bis zum 1. Juli 2013 eine Erlaubnis als Finanzanlagenvermittler nach § 34f Absatz 1 zu beantragen und sich selbst sowie die nach § 34f Absatz 6 einzutragenden Personen nach Erteilung der Erlaubnis gemäß § 34f Absatz 5 registrieren zu lassen. [2]Die für die Erlaubniserteilung zuständige Stelle übermittelt dazu die erforderlichen Informationen an die Registerbehörde. [3]Wird die Erlaubnis unter Vorlage der bisherigen Erlaubnisurkunde gemäß § 34c Absatz 1 Satz 1 Nummer 2 oder Nummer 3 beantragt, so erfolgt keine Prüfung der Zuverlässigkeit und der Vermögensverhältnisse nach § 34f Absatz 2 Nummer 1 und 2. [4]Für den Nachweis der nach § 34f Absatz 2 Nummer 4 erforderlichen Sachkunde gilt Absatz 3. [5]Die Erlaubnis nach § 34c Absatz 1 Satz 1 Nummer 2 oder Nummer 3 erlischt mit der bestandskräftigen Entscheidung über den Erlaubnisantrag nach § 34f Absatz 1 Satz 1, spätestens aber mit Ablauf der in Satz 1 genannten Frist. [6]Bis zu diesem Zeitpunkt gilt die Erlaubnis nach § 34c Absatz 1 Satz 1 Nummer 2 oder Nummer 3 als Erlaubnis nach § 34f Absatz 1 Satz 1.

(3) [1]Gewerbetreibende im Sinne des Absatzes 2 sind verpflichtet, bis zum 1. Januar 2015 einen Sachkundenachweis nach § 34f Absatz 2 Nummer 4 gegenüber der zuständigen Behörde zu erbringen. [2]Die Erlaubnis nach § 34f Absatz 1 Satz 1 erlischt, wenn der erforderliche Sachkundenachweis nach § 34f Absatz 2 Nummer 4 nicht bis zum Ablauf dieser Frist erbracht wird. [3]Beschäftigte im Sinne des § 34f Absatz 4 sind verpflichtet, bis zum 1. Januar 2015 einen Sachkundenachweis nach § 34f Absatz 2 Nummer 4 zu erwerben. [4]Personen, die seit dem 1. Januar 2006 ununterbrochen unselbstständig oder selbstständig als Anlagevermittler oder Anlageberater gemäß § 34c Absatz 1 Satz 1 Nummer 2 oder Nummer 3 in der bis zum 31. Dezember 2012 geltenden Fassung tätig waren, bedürfen keiner Sachkundeprüfung für die Produktkategorien der Erlaubnis nach § 34f Absatz 1, die bis zum 1. Januar 2015 beantragt wurde. [5]Selbstständig tätige Anlagevermittler oder Anlageberater haben die ununterbrochene Tätigkeit durch Vorlage der erteilten Erlaubnis und die lückenlose Vorlage der Prüfungsberichte nach § 16 Absatz 1 Satz 1 der Makler- und Bauträgerverordnung[1)] in der am 31. Dezember 2012 geltenden Fassung nachzuweisen.

(4) [1]Für einen Gewerbetreibenden, der am 21. Juli 2013 eine Erlaubnis für die Anlageberatung oder die Vermittlung des Abschlusses von Verträgen gemäß § 34f Absatz 1 Satz 1 Nummer 1, 2 oder Nummer 3 in der bis zum 21. Juli 2013 geltenden Fassung hat, gilt die Erlaubnis für die Anlageberatung oder die Vermittlung des Abschlusses von Verträgen gemäß § 34f Absatz 1 Satz 1 in der ab dem 22. Juli 2013 geltenden Fassung als zu diesem Zeitpunkt erteilt. [2]Für einen Gewerbetreibenden, der am 18. Juli 2014 eine Erlaubnis für die Anlageberatung oder die Vermittlung des Abschlusses von Verträgen gemäß § 34f Absatz 1 Satz 1 in der bis zum 19. Juli 2014 geltenden Fassung hat, gilt die Erlaubnis als für die Anlageberatung oder Anlagevermittlung gemäß § 34f Absatz 1 Satz 1 als zu diesem Zeitpunkt erteilt. [3]Die Absätze 2 und 3 bleiben unberührt. [4]Die Bezeichnungen der Erlaubnisse im Register nach § 34f Absatz 5 in Verbindung mit § 11a Absatz 1 werden von Amts wegen aktualisiert.

(5) [1]Gewerbetreibende, die am 10. Juli 2015 eine Erlaubnis nach § 34c Absatz 1 Satz 1 Nummer 2 für die Vermittlung von Darlehensverträgen oder die Gelegen-

---

[1)] **Habersack, Deutsche Gesetze ErgBd. Nr. 32a.**

heit zum Nachweis solcher Verträge haben und damit partiarische Darlehen oder Nachrangdarlehen vermitteln und die diese Tätigkeit nach dem 10. Juli 2015 weiterhin ausüben wollen, sind verpflichtet, bis zum 1. Januar 2016 eine Erlaubnis als Finanzanlagenvermittler nach § 34f Absatz 1 Satz 1 Nummer 3 zu beantragen und sich selbst sowie die nach § 34f Absatz 6 Satz 1 einzutragenden Personen nach Erteilung der Erlaubnis nach § 34f Absatz 5 und 6 registrieren zu lassen. ²Die für die Erlaubniserteilung zuständige Stelle übermittelt dazu die erforderlichen Informationen an die Registerbehörde. ³Wird die Erlaubnis unter Vorlage der bisherigen Erlaubnisurkunde nach § 34c Absatz 1 Satz 1 Nummer 2 beantragt, erfolgt keine Prüfung der Zuverlässigkeit und der Vermögensverhältnisse nach § 34f Absatz 2 Nummer 1 und 2. ⁴Die Erlaubnis ist auf die Vermittlung von partiarischen Darlehen und Nachrangdarlehen beschränkt. ⁵Für den Nachweis der nach § 34f Absatz 2 Nummer 4 erforderlichen Sachkunde ist Absatz 6 anzuwenden. ⁶Die Erlaubnis nach § 34c Absatz 1 Satz 1 Nummer 2 erlischt hinsichtlich der Vermittlung von partiarischen Darlehen oder Nachrangdarlehen mit der bestandskräftigen Entscheidung über den Erlaubnisantrag nach § 34f Absatz 1 Satz 1 Nummer 3, spätestens aber mit Ablauf der in Satz 1 genannten Frist. ⁷Bis zu diesem Zeitpunkt gilt die Erlaubnis nach § 34c Absatz 1 Satz 1 Nummer 2 als Erlaubnis nach § 34f Absatz 1 Satz 1 Nummer 3 für die Vermittlung partiarischer Darlehen und Nachrangdarlehen.

(6) ¹Gewerbetreibende im Sinne des Absatzes 5 sind verpflichtet, bis zum 1. Juli 2016 einen Sachkundenachweis nach § 34f Absatz 2 Nummer 4 gegenüber der zuständigen Behörde zu erbringen. ²Die nach Absatz 5 erteilte Erlaubnis erlischt, wenn der erforderliche Sachkundenachweis nicht bis zum Ablauf dieser Frist erbracht wird. ³Nach Erbringung des Sachkundenachweises ist dem Erlaubnisinhaber eine unbeschränkte Erlaubnis nach § 34f Absatz 1 Satz 1 Nummer 3 zu erteilen. ⁴Beschäftigte dieses Erlaubnisinhabers im Sinne des § 34f Absatz 4 Satz 1 sind verpflichtet, bis zum 1. Juli 2016 einen Sachkundenachweis nach § 34f Absatz 2 Nummer 4 zu erwerben.

(7) Gewerbetreibende, die zu Vermögensanlagen im Sinne des § 1 Absatz 2 Nummer 7 des Vermögensanlagengesetzes Anlagevermittlung im Sinne des § 1 Absatz 1a Nummer 1 des Kreditwesengesetzes[1] oder Anlageberatung im Sinne des § 1 Absatz 1a Nummer 1a des Kreditwesengesetzes erbringen wollen, bedürfen bis zum 15. Oktober 2015 keiner Erlaubnis nach § 34f Absatz 1 Satz 1 Nummer 3.

(8) Gewerbetreibende, die zu Vermögensanlagen im Sinne des § 1 Absatz 2 Nummer 8 des Vermögensanlagengesetzes Anlagevermittlung im Sinne des § 1 Absatz 1a Nummer 1 des Kreditwesengesetzes oder Anlageberatung im Sinne des § 1 Absatz 1a Nummer 1a des Kreditwesengesetzes erbringen wollen, bedürfen bis zum 31. Dezember 2021 keiner Erlaubnis nach § 34f Absatz 1 Satz 1 Nummer 3.

§ 158[2] Übergangsregelung zu § 11b; Probebetrieb. (1) § 11b Absatz 1 ist bis zum 10. Oktober 2022 in der bis zum 22. Juni 2022 geltenden Fassung anzuwenden.

(2) ¹Das Bundesamt für Wirtschaft und Ausfuhrkontrolle übermittelt dem Statistischen Bundesamt zum 10. Oktober 2022 die im Bewacherregister nach § 11b gespeicherten Daten. ²Das Bundesamt für Wirtschaft und Ausfuhrkontrolle darf die nach Satz 1 übermittelten personenbezogenen Daten bis einen Monat nach der Übermittlung speichern. ³Danach sind die personenbezogenen Daten beim Bun-

[1] **Sartorius ErgBd. Nr. 856.**
[2] § 158 neu gef. mWv 23.6.2022 durch G v. 19.6.2022 (BGBl. I S. 918).

desamt für Wirtschaft und Ausfuhrkontrolle zu löschen. [4]Die Speicherung nach Satz 2 dient ausschließlich der Absicherung der Inbetriebnahme des Bewacherregisters beim Statistischen Bundesamt im Falle eines dortigen Datenverlustes. [5]Das Bundesamt für Wirtschaft und Ausfuhrkontrolle darf im Falle eines Datenverlustes bei der Inbetriebnahme des Bewacherregisters beim Statistischen Bundesamt die im Bewacherregister nach § 11b gespeicherten Daten erneut an das Statistische Bundesamt bis einen Monat nach dem in Satz 1 genannten Zeitpunkt übermitteln. [6]Die personenbezogenen Daten nach Satz 2 dürfen durch das Bundesamt für Wirtschaft und Ausfuhrkontrolle nicht zu anderen Zwecken verarbeitet werden.

(3) [1]Das Bundesamt für Wirtschaft und Ausfuhrkontrolle darf vor der Übertragung der Aufgabe der Führung des Bewacherregisters dem Statistischen Bundesamt die im Bewacherregister nach § 11b gespeicherten Daten übermitteln. [2]Zweck dieser Übermittlung ist die Erprobung der Übermittlung der im Bewacherregister nach § 11b erfassten Daten von den informationstechnischen Systemen des Bundesamtes für Wirtschaft und Ausfuhrkontrolle in die informationstechnischen Systeme des Statistischen Bundesamtes und die Erprobung der Lauffähigkeit der einzelnen Bestandteile der informationstechnischen Systeme für das Bewacherregister im Statistischen Bundesamt. [3]Das Statistische Bundesamt darf die nach Satz 1 übermittelten Daten ausschließlich zu den in Satz 2 genannten Zwecken verarbeiten. [4]Das Statistische Bundesamt hat die Daten unverzüglich zu löschen, wenn die Erprobung nach Satz 2 abgeschlossen ist. [5]Die Erprobungszeit endet spätestens mit der Inbetriebnahme des Bewacherregisters im Statistischen Bundesamt.

(4) [1]Die Übermittlung der Daten nach den Absätzen 2 und 3 ist von der übermittelnden Stelle zu protokollieren. [2]§ 14 Absatz 3 der Bewacherregisterverordnung gilt entsprechend. [3]Die zu übermittelnden Daten werden als Speicherabzug übermittelt, der den Aufbewahrungspflichten nach § 14 Absatz 3 Satz 2 und 3 der Bewacherregisterverordnung unterliegt.

(5) Das Bundesamt für Wirtschaft und Ausfuhrkontrolle und das Statistische Bundesamt ergreifen während der Erprobungszeit nach Absatz 3 dem jeweiligen Stand der Technik entsprechende technische und organisatorische Maßnahmen zur Gewährleistung der Datensicherheit und zur Sicherstellung des Datenschutzes nach Maßgabe der Datenschutz-Grundverordnung[1)] und des Bundesdatenschutzgesetzes[2)].

§ 159[3)] Übergangsregelung zu § 34a. (1) Bis zum Ablauf des 31. Mai 2019 ist § 34a Absatz 1 bis 5 in der am 31. Dezember 2018 geltenden Fassung anzuwenden.

(2) Gewerbetreibende sind verpflichtet, bis zum Ablauf des 30. Juni 2019 die in § 11b Absatz 2 Nummer 1, 10 und 11 aufgeführten Daten zu den mit der Leitung des Betriebes oder einer Zweigniederlassung beauftragten Personen und zu den in § 11b Absatz 2 Nummer 3, 10 und 11 aufgeführten Daten zu Wachpersonen der für den Vollzug des § 34a zuständigen Behörde über das Bewacherregister mitzuteilen.

(3) Zur Überprüfung der Zuverlässigkeit von Wachpersonen, die ab dem 1. Juni 2019 mit Aufgaben nach § 34a Absatz 1a Satz 5 beauftragt sind oder werden sollen,

---

1) Nr. **246**.
2) Nr. **245**.
3) § 159 neu gef. mWv 1.1.2019 durch G v. 29.11.2018 (BGBl. I S. 2666).

fragt die zuständige Behörde bis zum Ablauf des 30. September 2019 eine Stellungnahme nach § 34a Absatz 1a Satz 5 in Verbindung mit Absatz 1 Satz 5 Nummer 4 ab.

§ 160[1)] Übergangsregelungen zu den §§ 34c und 34i. (1) Gewerbetreibende, die am 21. März 2016 eine Erlaubnis nach § 34c Absatz 1 Satz 1 haben, welche zur Vermittlung des Abschlusses von Darlehensverträgen berechtigt, und die Verträge über Immobiliardarlehen im Sinne des § 34i Absatz 1 weiterhin vermitteln wollen, müssen bis zum 21. März 2017 eine Erlaubnis als Immobiliardarlehensvermittler nach § 34i Absatz 1 erworben haben und sich selbst sowie die nach § 34i Absatz 8 Nummer 2 einzutragenden Personen registrieren lassen.

(2) Wird die Erlaubnis unter Vorlage der bisherigen Erlaubnisurkunde beantragt, so erfolgt keine Prüfung der Zuverlässigkeit und der Vermögensverhältnisse nach § 34i Absatz 2 Nummer 1 und 2.

(3) Personen, die seit dem 21. März 2011 ununterbrochen unselbständig oder selbständig eine Tätigkeit im Sinne des § 34i Absatz 1 Satz 1 ausüben, bedürfen keiner Sachkundeprüfung nach § 34i Absatz 2 Nummer 4, wenn sie bei Beantragung der Erlaubnis nach § 34i Absatz 1 die ununterbrochene Tätigkeit nachweisen können.

(4) [1]Die Erlaubnisse nach § 34c Absatz 1 Satz 1, die zur Vermittlung des Abschlusses von Darlehensverträgen berechtigen, erlöschen für die Vermittlung von Verträgen im Sinne des § 34i Absatz 1 Satz 1 mit der Erteilung der Erlaubnis nach § 34i Absatz 1 Satz 1, spätestens aber zum 21. März 2017. [2]Bis zu diesem Zeitpunkt gelten diese Erlaubnisse als Erlaubnis nach § 34i Absatz 1 Satz 1.

(5) [1]Beschäftigte im Sinne des § 34i Absatz 6 sind verpflichtet, bis zum 21. März 2017 einen Sachkundenachweis nach § 34i Absatz 2 Nummer 4 zu erwerben. [2]Absatz 3 ist entsprechend anzuwenden.

(6) Bis zur Erteilung der Erlaubnis nach § 34i Absatz 1 findet das Verfahren des § 11a Absatz 4 auf Gewerbetreibende im Sinne des Absatzes 1 keine Anwendung.

§ 161[2)] Übergangsregelung zu § 34c Absatz 1 Satz 1 Nummer 4. Gewerbetreibende, die vor dem 1. August 2018 Wohnimmobilien verwaltet haben und diese Tätigkeit nach dem 1. August 2018 weiterhin ausüben wollen, sind verpflichtet, bis zum 1. März 2019 eine Erlaubnis nach § 34c Absatz 1 Satz 1 Nummer 4 zu beantragen.

Anlagen 1–3[3)]
(aufgehoben)

[1)] § 160 angef. mWv 21.3.2016 durch G v. 11.3.2016 (BGBl. I S. 396).
[2)] § 161 angef. mWv 1.8.2018 durch G v. 17.10.2017 (BGBl. I S. 3562).
[3)] Anl. 1–3 aufgeh. mWv 15.7.2011 durch G v. 11.7.2011 (BGBl. I S. 1341).

§ 160 Übergangsregelungen zu den §§ 34c und 34i

§ 161 Übergangsregelung zu § 34c Absatz 1 Satz 1 Nummer 4 [illegible]

805. Gesetz über den Ladenschluss[1) 2)]

In der Fassung der Bekanntmachung vom 2. Juni 2003[3)]
(BGBl. I S. 744)

FNA 8050-20

geänd. durch Art. 2 Abs. 3 Siebtes ÄndG v. 7.7.2005 (BGBl. I S. 1954), Art. 228 Neunte ZuständigkeitsanpassungsVO v. 31.10.2006 (BGBl. I S. 2407) und Art. 430 Zehnte ZuständigkeitsanpassungsVO v. 31.8. 2015 (BGBl. I S. 1474)

Erster Abschnitt. Begriffsbestimmungen

§ 1[4)] Verkaufsstellen. (1) Verkaufsstellen im Sinne dieses Gesetzes sind

1. Ladengeschäfte aller Art, Apotheken, Tankstellen und Bahnhofsverkaufsstellen,
2. sonstige Verkaufsstände und -buden, Kioske, Basare und ähnliche Einrichtungen, falls in ihnen ebenfalls von einer festen Stelle aus ständig Waren zum Verkauf an jedermann feilgehalten werden. Dem Feilhalten steht das Zeigen von

---

[1)] Gilt nur noch bis zur Änderung der **Ladenöffnungszeiten** durch die Länder. Bislang haben die folgenden Länder entsprechende Vorschriften erlassen:
- **Baden-Württemberg:** Gesetz über die Ladenöffnung in Baden-Württemberg (LadÖG) v. 14.2.2007 (GBl. S. 135), zuletzt geänd. durch G v. 28.11.2017 (GBl. S. 631),
- **Berlin:** Berliner Ladenöffnungsgesetz (BerlLadÖffG) v. 14.11.2006 (GVBl. S. 1046), zuletzt geänd. durch G v. 13.10.2010 (GVBl. S. 467),
- **Brandenburg:** Brandenburgisches Ladenöffnungsgesetz (BbgLöG) v. 27.11.2006 (GVBl. I S. 158), zuletzt geänd. durch G v. 25.4.2017 (GVBl. I Nr. 8),
- **Bremen:** Bremisches Ladenschlussgesetz v. 22.3.2007 (Brem.GBl. S. 221), zuletzt geänd. durch Bek. v. 20.10.2020 (Brem.GBl. S. 1172),
- **Hamburg:** Hamburgisches Gesetz zur Regelung der Ladenöffnungszeiten (Ladenöffnungsgesetz) v. 22.12.2006 (HmbGVBl. S. 611), geänd. durch G v. 15.12.2009 (HmbGVBl. S. 444),
- **Hessen:** Hessisches Ladenöffnungsgesetz (HLöG) v. 23.11.2006 (GVBl. I S. 606), zuletzt geänd. durch G v. 13.12.2019 (GVBl. S. 434),
- **Mecklenburg-Vorpommern:** Gesetz über die Ladenöffnungszeiten für das Land Mecklenburg-Vorpommern (Ladenöffnungsgesetz – LöffG M-V) v. 18.6.2007 (GVOBl. M-V S. 226),
- **Niedersachsen:** Niedersächsisches Gesetz über Ladenöffnungs- und Verkaufszeiten (NLöffVZG) v. 8.3.2007 (Nds. GVBl. S. 111), zuletzt geänd. durch G v. 15.5.2019 (Nds. GVBl. S. 80),
- **Nordrhein-Westfalen:** Gesetz zur Regelung der Ladenöffnungszeiten (Ladenöffnungsgesetz – LÖG NRW) v. 16.11.2006 (GV. NRW. S. 516), zuletzt geänd. durch G v. 22.3.2018 (GV. NRW. S. 172),
- **Rheinland-Pfalz:** Ladenöffnungsgesetz Rheinland-Pfalz (LadöffnG) v. 21.11.2006 (GVBl. S. 351), geänd. durch G v. 22.12.2015 (GVBl. S. 461),
- **Saarland:** Gesetz zur Regelung der Ladenöffnungszeiten (Ladenöffnungsgesetz – LÖG Saarland) v. 15.11.2006 (Amtsbl. S. 1974), zuletzt geänd. durch G v. 11.11.2020 (Amtsbl. I S. 1262),
- **Sachsen:** Gesetz über die Ladenöffnungszeiten im Freistaat Sachsen (Sächsisches Ladenöffnungsgesetz – SächsLadÖffG) v. 1.12.2010 (SächsGVBl. S. 338), zuletzt geänd. durch G v. 5.11.2020 (SächsGVBl. S. 589),
- **Sachsen-Anhalt:** Gesetz über die Ladenöffnungszeiten im Land Sachsen-Anhalt (Ladenöffnungszeitengesetz Sachsen-Anhalt – LÖffzeitG LSA) v. 22.11.2006 (GVBl. LSA S. 528), geänd. durch G v. 20.1. 2015 (GVBl. LSA S. 28),
- **Schleswig-Holstein:** Gesetz über die Ladenöffnungszeiten (Ladenöffnungszeitengesetz – LÖffZG) v. 29.11.2006 (GVOBl. Schl.-H. S. 243),
- **Thüringen:** Thüringer Ladenöffnungsgesetz (ThürLadÖffG) v. 24.11.2006 (GVBl. S. 541), zuletzt geänd. durch G v. 17.2.2022 (GVBl. S. 91).

[2)] Siehe zum Ladenschluss auch die Übersicht zu den Ladenöffnungsgesetzen der Länder und Durchführungsbestimmungen der Länder über den Ladenschluss u. die Übersicht zu den Bedarfsgewerbeverordnungen der Länder.

[3)] Neubekanntmachung des LadenschlussG v. 28.11.1956 in der ab 1.6.2003 geltenden Fassung.

[4)] § 1 Abs. 2 geänd. mWv 8.11.2006 durch VO v. 31.10.2006 (BGBl. I S. 2407); Abs. 2 geänd. mWv 8.9.2015 durch VO v. 31.8.2015 (BGBl. I S. 1474).

Mustern, Proben und ähnlichem gleich, wenn Warenbestellungen in der Einrichtung entgegengenommen werden,
3. Verkaufsstellen von Genossenschaften.

(2) Zur Herbeiführung einer einheitlichen Handhabung des Gesetzes kann das Bundesministerium für Arbeit und Soziales im Einvernehmen mit dem Bundesministerium für Wirtschaft und Energie durch Rechtsverordnung mit Zustimmung des Bundesrates bestimmen, welche Einrichtungen Verkaufsstellen gemäß Absatz 1 sind.

§ 2 Begriffsbestimmungen. (1) Feiertage im Sinne dieses Gesetzes sind die gesetzlichen Feiertage[1)].

(2) Reisebedarf im Sinne dieses Gesetzes sind Zeitungen, Zeitschriften, Straßenkarten, Stadtpläne, Reiselektüre, Schreibmaterialien, Tabakwaren,

(Fortsetzung nächstes Blatt)

[1)] Siehe hierzu ua die folgenden **Feiertagsgesetze** der Länder:
- **Baden-Württemberg:** FeiertagsG idF der Bek. v. 8.5.1995 (GBl. S. 450), zuletzt geänd. durch G v. 1.12.2015 (GBl. S. 1034),
- **Bayern:** FeiertagsG v. 21.5.1980 (BayRS II S. 172), zuletzt geänd. durch V v. 26.3.2019 (GVBl. S. 98),
- **Berlin:** G über die Sonn- und Feiertage v. 28.10.1954 (GVBl. S. 615), zuletzt geänd. durch G v. 30.1.2019 (GVBl. S. 22); Feiertagsschutz-VO idF der Bek. v. 5.10.2004 (GVBl. S. 441),
- **Brandenburg:** FeiertagsG v. 21.3.1991 (GVBl. S. 44), zuletzt geänd. durch G v. 30.4.2015 (GVBl. I Nr. 13),
- **Bremen:** G über die Sonn- und Feiertage v. 12.11.1954 (Brem.GBl. S. 115), zuletzt geänd. durch G v. 3.3.2020 (Brem.GBl. S. 52),
- **Hamburg:** FeiertagsG v. 16.10.1953 (HmbGVBl. S. 289), zuletzt geänd. durch G v. 17.2.2021 (HmbGVBl. S. 75); FeiertagsschutzVO v. 15.2.1957 (BS Hbg I S. 51), zuletzt geänd. durch VO v. 1.2.2005 (GVBl. S. 22); VO zum Schutz des Buß- und Bettages v. 7.11.1995 (HmbGVBl. S. 290); VO über den Volkstrauertag v. 10.11.1953 (HmbGVBl. S. 313), zuletzt geänd. durch G v. 02.03.1970 (HmbGVBl. S. 90),
- **Hessen:** HFeiertagsG v. 29.12.1971 (GVBl. I S. 344), zuletzt geänd. durch G v. 13.12.2012 (GVBl. S. 622),
- **Mecklenburg-Vorpommern:** FeiertagsG idF der Bek. v. 8.3.2002 (GVOBl. M-V S. 145), zuletzt geänd. durch G v. 7.7.2022 (GVOBl. M-V S. 427); BäderverkaufsVO v. 22.3.2019 (GVOBl. M-V S. 130),
- **Niedersachsen:** NFeiertagsG idF der Bek. v. 7.3.1995 (Nds. GVBl. S. 50), zuletzt geänd. durch G v. 22.6.2018 (Nds. GVBl. S. 123),
- **Nordrhein-Westfalen:** FeiertagsG NW idF der Bek. v. 23.4.1989 (GV. NRW. S. 222), zuletzt geänd. durch G v. 20.12.1994 (GV. NRW. S. 1114),
- **Rheinland-Pfalz:** FeiertagsG v. 15.7.1970 (GVBl. S. 225), zuletzt geänd. durch G v. 27.10.2009 (GVBl. S. 358),
- **Saarland:** FeiertagsG v. 18.2.1976 (Amtsbl. S. 213), zuletzt geänd. durch G v. 13.10.2015 (Amtsbl. I S. 790),
- **Sachsen:** SächsSFG v. 10.11.1992 (SächsGVBl. S. 536), zuletzt geänd. durch G v. 30.1.2013 (SächsGVBl. S. 2); FronleichnamsVO v. 4.5.1993 (SächsGVBl. S. 417), geänd. durch VO v. 30.5.1995 (SächsGVBl. S. 160),
- **Sachsen-Anhalt:** FeiertG LSA idF der Bek. v. 25.8.2004 (GVBl. LSA S. 538), zuletzt geänd. durch G v. 22.11.2006 (GVBl. LSA S. 528),
- **Schleswig-Holstein:** G über Sonn- und Feiertage v. 28.6.2004 (GVOBl. Schl.-H. S. 213), zuletzt geänd. durch G v. 21.3.2018 (GVOBl. Schl.-H. S. 69); BäderVO v. 15.6.2018 (GVOBl. Schl.-H. S. 383, ber. 2022 S. 613),
- **Thüringen:** FeiertagsG v. 21.12.1994 (GVBl. S. 1221), zuletzt geänd. durch G v. 19.3.2019 (GVBl. S. 22).

815. Gesetz zur Ordnung des Handwerks (Handwerksordnung)[1]

In der Fassung der Bekanntmachung vom 24. September 1998[2]

(BGBl. I S. 3074, ber. 2006 I S. 2095)

FNA 7110-1

geänd. durch Art. 33 SGB IX – Rehabilitation und Teilhabe behinderter Menschen – v. 19.6.2001 (BGBl. I S. 1046), Art. 135 Siebente ZuständigkeitsanpassungsVO v. 29.10.2001 (BGBl. I S. 2785), Art. 13 Neuntes Euro-EinführungsG v. 10.11.2001 (BGBl. I S. 2992), Art. 69 Drittes G für moderne Dienstleistungen am Arbeitsmarkt v. 23.12.2003 (BGBl. I S. 2848), Art. 1 ÄndG v. 24.12.2003 (BGBl. I S. 2933), Art. 1 Drittes ÄndG v. 24.12.2003 (BGBl. I S. 2934), Art. 35b Viertes G für moderne Dienstleistungen am Arbeitsmarkt v. 24.12.2003 (BGBl. I S. 2954), Art. 2, Art. 2a Nr. 2, Art. 8 Abs. 2 BerufsbildungsreformG v. 23.3.2005 (BGBl. I S. 931), Art. 5 G zur Änd. des StatistikregisterG und sonstiger StatistikG v. 9.6.2005 (BGBl. I S. 1534), Art. 3b G zur Änd. des GemeindefinanzreformG und and. G v. 6.9.2005 (BGBl. I S. 2725), Art. 146 Neunte ZuständigkeitsanpassungsVO v. 31.10.2006 (BGBl. I S. 2407), Art. 9a Zweites BürokratieabbauG v. 7.9.2007 (BGBl. I S. 2246), Art. 8 Viertes G zur Änd. verwaltungsverfahrensrechtl. Vorschriften v. 11.12.2008 (BGBl. I S. 2418), Art. 6 G zur Neuausrichtung der arbeitsmarktpolitischen Instrumente v. 21.12.2008 (BGBl. I S. 2917), Art. 2 G zur Umsetzung der DienstleistungsRL im Gewerberecht und in weiteren Rechtsvorschriften v. 17.7.2009 (BGBl. I S. 2091), Art. 2 VO zur Änd. der Kehr- und ÜberprüfungsO und der HandwerksO v. 14.6.2011 (BGBl. I S. 1077), Art. 3 G zur Änd. gewerberechtl. Vorschriften v. 11.7.2011 (BGBl. I S. 1341), Art. 3 G zur Verbesserung der Feststellung und Anerkennung im Ausland erworbener Berufsqualifikationen v. 6.12.2011 (BGBl. I S. 2515), Art. 33 G zur Verbesserung der Eingliederungschancen am Arbeitsmarkt v. 20.12.2011 (BGBl. I S. 2854), Art. 2 G zur Änd. der Gewerbeordnung und anderer G v. 5.12.2012 (BGBl. I S. 2415), Art. 19 G zur Förderung der elektronischen Verwaltung sowie zur Änd. weiterer Vorschriften v. 25.7.2013 (BGBl. I S. 2749), Art. 283 Zehnte ZuständigkeitsanpassungsVO v. 31.8.2015 (BGBl. I S. 1474), Art. 104 G zum Abbau verzichtbarer Anordnungen der Schriftform im Verwaltungsrecht des Bundes v. 29.3.2017 (BGBl. I S. 626), Art. 6 Zweites BürokratieentlastungsG v. 30.6.2017 (BGBl. I S. 2143), Art. 84 Zweites Datenschutz-Anpassungs- und Umsetzungsgesetz EU v. 20.11.2019 (BGBl. I S. 1626), Art. 2 Gesetz zur Modernisierung und Stärkung der beruflichen Bildung v. 12.12.2019 (BGBl. I S. 2522), Art. 1 Viertes G zur Änd. der HandwerksO und anderer handwerksrechtl. Vorschriften v. 6.2.2020 (BGBl. I S. 142), Art. 3 G zur Abmilderung der Folgen der COVID-19-Pandemie im Wettbewerbsrecht und für den Bereich der Selbstverwaltungsorganisationen der gewerbl. Wirtschaft v. 25.5.2020 (BGBl. I S. 1067), Art. 6 G zur Umsetzung der VerhältnismäßigkeitsRL (RL (EU) 2018/958) im Bereich öffentlich-rechtl. Körperschaften v. 19.6.2020 (BGBl. I S. 1403), Art. 21 Sanierungs- und InsolvenzrechtsfortentwicklungsG v. 22.12.2020 (BGBl. I S. 3256), Art. 18 RegistermodernisierungsG[3] v. 28.3.2021 (BGBl. I S. 591), Art. 1 Fünftes G zur Änd. der HandwerksO und anderer handwerksrechtlicher Vorschriften v. 9.6.2021 (BGBl. I S. 1654) und Art. 3 G zur Umsetzung der RL (EU) 2019/1152 v. 20.7.2022 (BGBl. I S. 1174)

---

[1] Die Änderungen durch G v. 28.3.2021 (BGBl. I S. 591) treten erst **mit noch unbestimmtem Datum** in Kraft und sind im Text noch nicht berücksichtigt.

[2] Neubekanntmachung der HandwerksO idF der Bek. v. 28.12.1965 (BGBl. 1966 I S. 1) in der ab 1.4.1998 geltenden Fassung.

[3] Die Änderungen durch Art. 18 RegistermodernisierungsG treten gem. Art. 22 Satz 3 dieses Gesetzes „an dem Tag in Kraft, an dem das Bundesministerium des Innern, für Bau und Heimat im Bundesgesetzblatt [...] bekannt gibt, dass die technischen Voraussetzungen für die Verarbeitung der Identifikationsnummer nach § 139b der Abgabenordnung [...] vorliegen".

Inhaltsübersicht[1]

---

[1] Inhaltsübersicht neu gef. mWv 1.7.2021 durch G v. 9.6.2021 (BGBl. I S. 1654).

4. beim Ausbildungsverhältnis:
Ausbildungsberuf einschließlich Fachrichtung, ausbildungsintegrierendes duales Studium, Tag, Monat und Jahr des Abschlusses des Ausbildungsvertrages, Ausbildungsdauer, Tag, Monat und Jahr des vertraglich vereinbarten Beginns und Endes der Berufsausbildung, Tag, Monat und Jahr einer vorzeitigen Auflösung des Ausbildungsverhältnisses, Dauer der Probezeit, Verkürzung der Ausbildungsdauer, Teilzeitberufsausbildung, die bei Vertragsabschluss vereinbarte Vergütung für jedes Ausbildungsjahr, Art der Förderung bei überwiegend öffentlich, insbesondere auf Grund des Dritten Buches Sozialgesetzbuch[1] geförderten Berufsausbildungsverhältnissen, Anschrift und Amtlicher Gemeindeschlüssel der Ausbildungsstätte, Wirtschaftszweig, Betriebsnummer der Ausbildungsstätte nach § 18i Absatz 1 oder § 18k Absatz 1 des Vierten Buches Sozialgesetzbuch[2], Zugehörigkeit zum öffentlichen Dienst.

IV. In das Verzeichnis der Unternehmer nach § 90 Abs. 3 und 4 der Handwerksordnung werden die Personen nach § 90 Abs. 3 und 4 der Handwerksordnung mit den nach Abschnitt I Nr. 1 Buchstabe a und c geforderten Angaben für natürliche Personen sowie der Zeitpunkt der Gewerbeanmeldung eingetragen.

V. Über Personen, die von der Handwerkskammer als Sachverständige nach § 91 Absatz 1 Nummer 8 der Handwerksordnung öffentlich bestellt und vereidigt sind, sind folgende Daten zu verarbeiten, um sie insbesondere zum Zweck der Bekanntmachung und Vermittlung an Dritte zu nutzen:

a) Name, Geburtsname, Vorname, Geschlecht, Geburtsdatum, Wohnanschrift und elektronische Kontaktdaten – beispielsweise E-Mail-Adresse, Internetpräsenz, Telefaxnummer oder Festnetz- oder Mobilfunktelefonnummer;

b) das Handwerk oder die Handwerke sowie das handwerksähnliche Gewerbe oder die handwerksähnlichen Gewerbe, für die eine öffentliche Bestellung und Vereidigung zum Sachverständigen besteht;

c) die Stelle, die den Sachverständigen hinsichtlich seiner besonderen Sachkunde überprüft hat, sowie Art, Ort und Zeitpunkt der Sachkundeprüfung;

d) der Zeitpunkt der Bestellung.

[Nichtamtliche Zusammenstellung der zu den §§ 25, 45 und 51a erlassenen Ausbildungs- bzw. Meisterprüfungsverordnungen]

A. Auf Grund von § 25 erlassene Ausbildungsordnungen

(alphabetisch nach Berufen geordnet)

- Augenoptiker v. 26.4.2011 (BGBl. I S. 698)
- Bäcker v. 21.4.2004 (BGBl. I S. 632), geänd. durch VO v. 8.2.2016 (BGBl. I S. 179)
- Bauwirtschaft v. 2.6.1999 (BGBl. I S. 1102), zuletzt geänd. durch VO v. 20.2.2009 (BGBl. I S. 399)
- Behälter- und Apparatebauer v. 2.1.2018 (BGBl. I S. 73)
- Böttcher v. 5.5.2010 (BGBl. I S. 601)
- Bogenmacher v. 16.7.2015 (BGBl. I S. 1280)
- Bootsbauer v. 8.6.2011 (BGBl. I S. 1058)
- Büchsenmacher v. 26.5.2010 (BGBl. I S. 677)
- Buchbinder v. 20.5.2011 (BGBl. I S. 966)
- Bürsten- und Pinselmacher v. 8.6.2017 (BGBl. I S. 1559)
- Chirurgiemechaniker v. 23.3.1989 (BGBl. I S. 572)
- Dachdecker v. 28.4.2016 (BGBl. I S. 994)
- Drechsler (Elfenbeinschnitzer) v. 7.12.1987 (BGBl. I S. 2521)
- Drucker v. 7.4.2011 (BGBl. I S. 570)
- Edelsteinschleifer v. 17.5.2018 (BGBl. I S. 636)
- Elektroniker v. 30.3.2021 (BGBl. I S. 662, 699)
- Elektromaschinenbauer v. 30.3.2021 (BGBl. I S. 662)
- Fahrzeugbaumechaniker v. 10.6.2014 (BGBl. I S. 714)
- Feinwerkmechaniker v. 7.7.2010 (BGBl. I S. 888)

---

[1] **Aichberger, SGB Nr. 3.**
[2] **Aichberger, SGB Nr. 4.**

– Flechtwerkgestalter v. 31.3.2006 (BGBl. I S. 595)
– Fleischer v. 23.3.2005 (BGBl. I S. 898), geänd. durch VO v. 30.12.2016 (BGBl. 2017 I S. 37)
– Fotograf v. 12.5.2009 (BGBl. I S. 1051)
– Friseur v. 21.5.2008 (BGBl. I S. 856), zuletzt geänd. durch VO v. 5.7.2022 (BGBl. I S. 1070)
– Gebäudereiniger v. 28.6.2019 (BGBl. I S. 892)
– Gebäudesystemintegrator v. 30.3.2021 (BGBl. I S. 662, 687)
– Geigenbauer v. 16.7.2015 (BGBl. I S. 1289)
– Gerüstbauer v. 26.5.2000 (BGBl. I S. 778)
– Glasapparatebauer v. 21.12.1983 (BGBl. I S. 1645)
– Glaser v. 5.7.2001 (BGBl. I S. 1551)
– Glasveredler v. 27.4.2004 (BGBl. I S. 661)
– Goldschmied v. 2.4.1992 (BGBl. I S. 756)
– Graveur v. 3.6.2016 (BGBl. I S. 1298)
– Handzuginstrumentenmacher v. 27.1.1997 (BGBl. I S. 100)
– Hörgeräteakustiker v. 28.4.2016 (BGBl. I S. 1012), geänd. durch VO v. 5.9.2016 (BGBl. I S. 2139)
– Holzbildhauer v. 27.1.1997 (BGBl. I S. 93)
– Holzblasinstrumentenmacher v. 27.1.1997 (BGBl. I S. 109)
– Keramiker v. 27.5.2009 (BGBl. I S. 1177), geänd. durch VO v. 15.11.2010 (BGBl. I S. 1540, ber. S. 363)
– Kerzenhersteller- und Wachsbildner v. 16.7.2015 (BGBl. I S. 1308)
– Klavier- und Cembalobauer idF der Bek. v. 29.12.2017 (BGBl. 2018 I S. 58)
– Klempner v. 21.6.2013 (BGBl. I S. 1614)
– Konditor v. 3.6.2003 (BGBl. I S. 790)
– Kürschner v. 13.2.1997 (BGBl. I S. 239)
– Land- und Baumaschinenmechatroniker v. 25.7.2008 (BGBl. I S. 1545), geänd. durch VO v. 19.6. 2014 (BGBl. I S. 811)
– Lederherstellung und Gerbereitechnik v. 2.7.2015 (BGBl. I S. 1148)
– Maler und Lackierer v. 29.6.2021 (BGBl. I S. 2300)
– Maßschneider v. 15.4.2004 (BGBl. I S. 571), geänd. durch VO v. 9.5.2005 (BGBl. I S. 1292)
– Maßschuhmacher v. 17.5.2018 (BGBl. I S. 622)
– Mechaniker für Reifen- und Vulkanisationstechnik v. 12.5.2004 (BGBl. I S. 908)
– Mediengestalter Digital und Print v. 26.4.2013 (BGBl. I S. 1173), geänd. durch VO v. 5.2.2016 (BGBl. I S. 175)
– Metallbauer v. 25.7.2008 (BGBl. I S. 1468)
– Metallbildner v. 6.6.2016 (BGBl. I S. 1335)
– Metall- und Glockengießer v. 15.5.1998 (BGBl. I S. 996)
– Modellbauer v. 27.5.2009 (BGBl. I S. 1187, ber. S. 2888)
– Modist v. 15.4.2004 (BGBl. I S. 580)
– Ofen- und Luftheizungsbauer v. 6.4.2006 (BGBl. I S. 818)
– Orgel- und Harmoniumbauer v. 11.2.2019 (BGBl. I S. 92)
– Orthopädietechnik-Mechaniker v. 15.5.2013 (BGBl. I S. 1358)
– Orthopädieschumacher v. 16.7.2015 (BGBl. I S. 1298)
– Parkettleger v. 17.6.2002 (BGBl. I S. 1852)
– Präzisionswerkzeugmechaniker idF der Bek. v. 18.7.2018 (BGBl. I S. 1189)
– Raumausstatter v. 18.5.2004 (BGBl. I S. 980), zuletzt geänd. durch VO v. 9.5.2005 (BGBl. I S. 1285)
– Rollladen- und Sonnenschutzmechatroniker v. 3.5.2016 (BGBl. I S. 1123)
– Sanitär-, Heizungs- und Klimatechnikanlagenmechaniker v. 28.4.2016 (BGBl. I S. 1025)
– Sattler v. 23.3.2005 (BGBl. I S. 913), geänd. durch VO v. 14.2.2011 (BGBl. I S. 263)
– Schilder- und Lichtreklamehersteller v. 26.3.2012 (BGBl. I S. 494)
– Schornsteinfeger v. 20.6.2012 (BGBl. I S. 1430)

– Segelmacher v. 5.5.2010 (BGBl. I S. 564)
– Seiler v. 22.5.2008 (BGBl. I S. 947)
– Siebdrucker v. 7.4.2011 (BGBl. I S. 590)
– Silberschmied v. 2.4.1992 (BGBl. I S. 770)
– Speiseeisfachkraft v. 5.6.2014 (BGBl. I S. 702), geänd. durch VO v. 26.2.2015 (BGBl. I S. 180)
– Steinmetz- und Steinbildhauer v. 13.4.2018 (BGBl. I S. 447)
– Textilgestalter v. 17.6.2011 (BGBl. I S. 1178), geänd. durch VO v. 25.7.2011 (BGBl. I S. 1527)
– Textilreiniger v. 17.6.2002 (BGBl. I S. 1923)
– Thermometermacher v. 27.5.1986 (BGBl. I S. 834)
– Tischler v. 25.1.2006 (BGBl. I S. 245)
– Uhrmacher v. 2.7.2001 (BGBl. I S. 1476, ber. S. 3230)
– Vergolder v. 26.5.1997 (BGBl. I S. 1241)
– Weintechnologe v. 15.5.2013 (BGBl. I S. 1369), geänd. durch VO v. 27.1.2014 (BGBl. I S. 90)
– Werksteinhersteller v. 13.7.2015 (BGBl. I S. 1168), zuletzt geänd. durch VO v. 30.3.2017 (BGBl. I S. 682)
– Zahntechniker v. 23.3.2022 (BGBl. I S. 589)
– Zupfinstrumentenmacher v. 30.6.2014 (BGBl. I S. 875), geänd. durch VO v. 1.7.2015 (BGBl. I S. 1087)
– Zweiradmechatroniker v. 13.6.2014 (BGBl. I S. 731)

B. Auf Grund von § 45 erlassene Verordnungen über das Berufsbild und die Anforderungen in der Meisterprüfung
(alphabetisch nach Berufen geordnet)

– Augenoptiker v. 29.8.2005 (BGBl. I S. 2610), zuletzt geänd. durch VO v. 18.1.2022 (BGBl. I S. 39)
– Bäcker v. 28.2.1997 (BGBl. I S. 393), geänd. durch VO v. 18.1.2022 (BGBl. I S. 39)
– Betonstein- und Terrazzohersteller v. 16.2.2021 (BGBl. I S. 250), geänd. durch VO v. 18.1.2022 (BGBl. I S. 39)
– Bogenmacher v. 26.1.1998 (BGBl. I S. 221), geänd. durch VO v. 18.1.2022 (BGBl. I S. 39)
– Bootsbauer v. 26.4.2016 (BGBl. I S. 974), geänd. durch VO v. 18.1.2022 (BGBl. I S. 39)
– Brauer und Mälzer v. 15.8.1996 (BGBl. I S. 1329), geänd. durch VO v. 18.1.2022 (BGBl. I S. 39)
– Brunnenbauer v. 14.10.2005 (BGBl. I S. 3024), zuletzt geänd. durch VO v. 18.1.2022 (BGBl. I S. 39)
– Büchsenmacher v. 1.10.1981 (BGBl. I S. 1117), geänd. durch VO v. 18.1.2022 (BGBl. I S. 39)
– Bürsten- und Pinselmacher v. 17.11.2020 (BGBl. I S. 2443), geänd. durch VO v. 18.1.2022 (BGBl. I S. 39)
– Chirurgiemechaniker v. 27.7.2006 (BGBl. I S. 1731), zuletzt geänd. durch VO v. 18.1.2022 (BGBl. I S. 39)
– Dachdecker v. 23.5.2006 (BGBl. I S. 1263), zuletzt geänd. durch VO v. 18.1.2022 (BGBl. I S. 39)
– Drechsler (Elfenbeinschnitzer und Holzspielzeugmacher) v. 5.11.2001 (BGBl. I S. 2985), zuletzt geänd. durch VO v. 18.1.2022 (BGBl. I S. 39)
– Drucker (Buchdrucker) v. 16.8.1984 (BGBl. I S. 1148), geänd. durch VO v. 18.1.2022 (BGBl. I S. 39)
– Elektromaschinenbauer v. 17.6.2002 (BGBl. I S. 2325), zuletzt geänd. durch VO v. 18.1.2022 (BGBl. I S. 39)
– Elektrotechniker v. 17.6.2002 (BGBl. I S. 2331), zuletzt geänd. durch VO v. 18.1.2022 (BGBl. I S. 39)
– Estrichleger v. 16.2.1995 (BGBl. I S. 214), zuletzt geänd. durch VO v. 18.1.2022 (BGBl. I S. 39)
– Feinwerkmechaniker v. 5.4.2001 (BGBl. I S. 487), zuletzt geänd. durch VO v. 18.1.2022 (BGBl. I S. 39)
– Fleischer v. 4.10.2012 (BGBl. I S. 2109), geänd. durch VO v. 18.1.2022 (BGBl. I S. 39)
– Flexograf v. 1.8.1994 (BGBl. I S. 2014), geänd. durch VO v. 18.1.2022 (BGBl. I S. 39)
– Fotograf v. 30.9.2019 (BGBl. I S. 1404), geänd. durch VO v. 18.1.2022 (BGBl. I S. 39)
– Friseur v. 19.4.2001 (BGBl. I S. 638), zuletzt geänd. durch VO v. 18.1.2022 (BGBl. I S. 39)
– Gebäudereiniger v. 17.11.2020 (BGBl. I S. 2437), geänd. durch VO v. 18.1.2022 (BGBl. I S. 39)

– Geigenbauer v. 26.1.1998 (BGBl. I S. 219), geänd. durch VO v. 18.1.2022 (BGBl. I S. 39)
– Gerüstbauer v. 12.12.2000 (BGBl. I S. 1694), zuletzt geänd. durch VO v. 18.1.2022 (BGBl. I S. 39)
– Glasapparatebauer v. 11.1.1990 (BGBl. I S. 104), geänd. durch VO v. 18.1.2022 (BGBl. I S. 39)
– Glaser v. 19.12.2014 (BGBl. I S. 2331), geänd. durch VO v. 18.1.2022 (BGBl. I S. 39)
– Glasveredler v. 2.5.1994 (BGBl. I S. 994), zuletzt geänd. durch VO v. 18.1.2022 (BGBl. I S. 39)
– Gold- und Silberschmied v. 8.5.2003 (BGBl. I S. 672), zuletzt geänd. durch VO v. 18.1.2022 (BGBl. I S. 39)
– Handzuginstrumentenmacher v. 6.3.1998 (BGBl. I S. 431), geänd. durch VO v. 18.1.2022 (BGBl. I S. 39)
– Holzbildhauer v. 10.4.1987 (BGBl. I S. 1192), geänd. durch VO v. 18.1.2022 (BGBl. I S. 39)
– Holzblasinstrumentenmacher v. 9.6.2022 (BGBl. I S. 870)
– Hörgeräteakustiker v. 17.2.2022 (BGBl. I S. 207), geänd. durch VO v. 22.6.2022 (BGBl. I S. 984)
– Informationstechniker v. 17.6.2002 (BGBl. I S. 2328), zuletzt geänd. durch VO v. 18.1.2022 (BGBl. I S. 39)
– Installateur- und Heizungsbauer v. 17.7.2002 (BGBl. I S. 2693), zuletzt geänd. durch VO v. 18.1.2022 (BGBl. I S. 39)
– Kälteanlagenbauer v. 16.7.2015 (BGBl. I S. 1276), geänd. durch VO v. 18.1.2022 (BGBl. I S. 39)
– Karosserie- und Fahrzeugbauer v. 17.12.2019 (BGBl. I S. 2836), geänd. durch VO v. 18.1.2022 (BGBl. I S. 39)
– Klavier- und Cembalobauer v. 17.12.2019 (BGBl. I S. 2842), geänd. durch VO v. 18.1.2022 (BGBl. I S. 39)
– Klempner v. 23.5.2006 (BGBl. I S. 1267), zuletzt geänd. durch VO v. 18.1.2022 (BGBl. I S. 39)
– Konditor v. 12.10.2006 (BGBl. I S. 2278), zuletzt geänd. durch VO v. 18.1.2022 (BGBl. I S. 39)
– Korbmacher v. 7.11.1993 (BGBl. I S. 1868), geänd. durch VO v. 18.1.2022 (BGBl. I S. 39)
– Kürschner v. 17.11.1994 (BGBl. I S. 3463), zuletzt geänd. durch VO v. 18.1.2022 (BGBl. I S. 39)
– Landmaschinenmechaniker v. 5.4.2001 (BGBl. I S. 490), zuletzt geänd. durch VO v. 18.1.2022 (BGBl. I S. 39)
– Maler und Lackierer v. 13.6.2005 (BGBl. I S. 1659), zuletzt geänd. durch VO v. 18.1.2022 (BGBl. I S. 39)
– Maurer u. Betonbauer v. 30.8.2004 (BGBl. I S. 2307), zuletzt geänd. durch VO v. 18.1.2022 (BGBl. I S. 39)
– Schneidwerkzeugmechanikermeisterverordnung v. 22.11.2011 (BGBl. I S. 2315), geänd. durch VO v. 18.1.2022 (BGBl. I S. 39)
– Metallbauer v. 22.3.2002 (BGBl. I S. 1224), zuletzt geänd. durch VO v. 18.1.2022 (BGBl. I S. 39)
– Metallbildner v. 17.9.2001 (BGBl. I S. 2432), zuletzt geänd. durch VO v. 18.1.2022 (BGBl. I S. 39)
– Modist v. 9.9.1994 (BGBl. I S. 2312), geänd. durch VO v. 18.1.2022 (BGBl. I S. 39)
– Ofen- und Luftheizungsbauer v. 5.3.2009 (BGBl. I S. 456), zuletzt geänd. durch VO v. 18.1.2022 (BGBl. I S. 39)
– Orgel- und Harmoniumbauer v. 23.7.1997 (BGBl. I S. 1915), zuletzt geänd. durch VO v. 18.1.2022 (BGBl. I S. 39)
– Orthopädiemechaniker und Bandagist v. 26.4.1994 (BGBl. I S. 904), geänd. durch VO v. 18.1.2022 (BGBl. I S. 39)
– Orthopädieschuhmacher v. 24.6.2008 (BGBl. I S. 1096), zuletzt geänd. durch VO v. 18.1.2022 (BGBl. I S. 39)
– Parkettleger v. 25.5.2020 (BGBl. I S. 1078, ber. S. 1542), zuletzt geänd. durch VO v. 18.1.2022 (BGBl. I S. 39)
– Schneidwerkzeugmechanikermeisterverordnung v. 22.11.2011 (BGBl. I S. 2315), geänd. durch VO v. 18.1.2022 (BGBl. I S. 39)
– Schornsteinfeger v. 11.11.2015 (BGBl. I S. 1987), geänd. durch VO v. 18.1.2022 (BGBl. I S. 39)
– Schriftsetzer (Buchdrucker) v. 13.6.1995 (BGBl. I S. 799), geänd. durch VO v. 18.1.2022 (BGBl. I S. 39)
– Segelmacher v. 5.7.1993 (BGBl. I S. 1138), geänd. durch VO v. 18.1.2022 (BGBl. I S. 39)
– Seiler v. 28.5.1997 (BGBl. I S. 1257), geänd. durch VO v. 18.1.2022 (BGBl. I S. 39)

- Steinmetz und Steinbildhauer v. 11.7.2008 (BGBl. I S. 1281), zuletzt geänd. durch VO v. 18.1.2022 (BGBl. I S. 39)
- Straßenbauer v. 17.2.2009 (BGBl. I S. 390), zuletzt geänd. durch VO v. 18.1.2022 (BGBl. I S. 39)
- Stuckateur v. 30.8.2004 (BGBl. I S. 2311), zuletzt geänd. durch VO v. 18.1.2022 (BGBl. I S. 39)
- Textilreiniger v. 16.9.1983 (BGBl. I S. 1179), geänd. durch VO v. 18.1.2022 (BGBl. I S. 39)
- Tischler v. 13.5.2008 (BGBl. I S. 826), zuletzt geänd. durch VO v. 18.1.2022 (BGBl. I S. 39)
- Thermometermacher v. 20.6.1989 (BGBl. I S. 1131), geänd. durch VO v. 18.1.2022 (BGBl. I S. 39)
- Vergolder v. 12.2.1990 (BGBl. I S. 283), geänd. durch VO v. 18.1.2022 (BGBl. I S. 39)
- Vulkaniseur v. 5.5.2006 (BGBl. I S. 1156), zuletzt geänd. durch VO v. 18.1.2022 (BGBl. I S. 39)
- Wachszieher v. 23.6.1987 (BGBl. I S. 1553), geänd. durch VO v. 18.1.2022 (BGBl. I S. 39)
- Wärme-, Kälte- und Schallschutzisolierer v. 3.6.1982 (BGBl. I S. 663), geänd. durch VO v. 18.1.2022 (BGBl. I S. 39)
- Weinküfer v. 16.10.1995 (BGBl. I S. 1418), geänd. durch VO v. 18.1.2022 (BGBl. I S. 39)
- Zahntechniker v. 8.5.2007 (BGBl. I S. 687), zuletzt geänd. durch VO v. 18.1.2022 (BGBl. I S. 39)
- Zimmerer v. 16.4.2008 (BGBl. I S. 743), zuletzt geänd. durch VO v. 18.1.2022 (BGBl. I S. 39)
- Zinngießer v. 8.1.1969 (BGBl. I S. 37)
- Zupfinstrumentenmacher v. 7.10.1997 (BGBl. I S. 2458), geänd. durch VO v. 18.1.2022 (BGBl. I S. 39)
- Zweiradmechanikermeisterverordnung v. 29.8.2005 (BGBl. I S. 2562), zuletzt geänd. durch VO v. 18.1.2022 (BGBl. I S. 39)

C. Auf Grund von § 51a erlassene Verordnungen über das Berufsbild und die Anforderungen in der Meisterprüfung
(alphabetisch nach Berufen geordnet)

- Behälter- und Apparatebauer v. 30.4.2013 (BGBl. I S. 1203), zuletzt geänd. durch VO v. 18.1.2022 (BGBl. I S. 39)
- Buchbinder v. 5.5.2006 (BGBl. I S. 1152), zuletzt geänd. durch VO v. 18.1.2022 (BGBl. I S. 39)
- Fliesen-, Platten- u. Mosaikleger v. 10.3.2008 (BGBl. I S. 378), zuletzt geänd. durch VO v. 18.1.2022 (BGBl. I S. 39)
- Galvaniseur v. 12.9.2014 (BGBl. I S. 1522), geänd. durch VO v. 18.1.2022 (BGBl. I S. 39)
- Graveur v. 16.11.2005 (BGBl. I S. 3182), zuletzt geänd. durch VO v. 18.1.2022 (BGBl. I S. 39)
- Keramiker v. 13.1.2006 (BGBl. I S. 148), zuletzt geänd. durch VO v. 18.1.2022 (BGBl. I S. 39)
- Kosmetiker v. 16.1.2015 (BGBl. I S. 17), geänd. durch VO v. 18.1.2022 (BGBl. I S. 39)
- Müller v. 11.10.2012 (BGBl. I S. 2138), geänd. durch VO v. 18.1.2022 (BGBl. I S. 39)
- Modellbauer v. 27.12.2012 (BGBl. 2013 I S. 27), geänd. durch VO v. 18.1.2022 (BGBl. I S. 39)
- Raumausstatter v. 18.6.2008 (BGBl. I S. 1087), zuletzt geänd. durch VO v. 18.1.2022 (BGBl. I S. 39)
- Rolladen- u. Sonnenschutzmeister v. 22.1.2007 (BGBl. I S. 51), zuletzt geänd. durch VO v. 18.1.2022 (BGBl. I S. 39)
- Sattler und Feintäschner v. 15.8.2008 (BGBl. I S. 1733), zuletzt geänd. durch VO v. 18.1.2022 (BGBl. I S. 39)
- Schilder- und Lichtreklamehersteller v. 18.6.2007 (BGBl. I S. 1173), zuletzt geänd. durch VO v. 18.1.2022 (BGBl. I S. 39)
- Schneider v. 5.9.2006 (BGBl. I S. 2122), zuletzt geänd. durch VO v. 18.1.2022 (BGBl. I S. 39)
- Schuhmacher v. 3.3.2014 (BGBl. I S. 220), geänd. durch VO v. 18.1.2022 (BGBl. I S. 39)
- Siebdrucker v. 5.9.2006 (BGBl. I S. 2126), zuletzt geänd. durch VO v. 18.1.2022 (BGBl. I S. 39)
- Textilgestalter v. 26.4.2013 (BGBl. I S. 1169), geänd. durch VO v. 18.1.2022 (BGBl. I S. 39)
- Uhrmacher v. 1.11.2005 (BGBl. I S. 3122), zuletzt geänd. durch VO v. 18.1.2022 (BGBl. I S. 39)

830. Gesetz über die Elektrizitäts- und Gasversorgung (Energiewirtschaftsgesetz – EnWG)[1)] [2)] [3)] [4)]

Vom 7. Juli 2005

(BGBl. I S. 1970, ber. S. 3621)

FNA 752-6

geänd. durch Art. 7 G zur Beschleunigung von Planungsverfahren für Infrastrukturvorhaben v. 9.12.2006 (BGBl. I S. 2833), Art. 7 Abs. 14 G zur Stärkung der Selbstverwaltung der Rechtsanwaltschaft v. 26.3. 2007 (BGBl. I S. 358), Art. 2 G zur Bekämpfung von Preismissbrauch im Bereich der Energieversorgung und des Lebensmittelhandels v. 18.12.2007 (BGBl. I S. 2966), Art. 1 G zur Öffnung des Messwesens bei Strom und Gas für Wettbewerb v. 29.8.2008 (BGBl. I S. 1790), Art. 3 G zur Neuregelung des Rechts der Erneuerbaren Energien im Strombereich und zur Änd. damit zusammenhängender Vorschriften v. 25.10. 2008 (BGBl. I S. 2074), Art. 2 G zur Förderung der Kraft-Wärme-Kopplung v. 25.10.2008 (BGBl. I S. 2101), Art. 10 G zur Neuregelung des Rechts des Naturschutzes und der Landschaftspflege v. 29.7.2009 (BGBl. I S. 2542), Art. 2 G zur Beschleunigung des Ausbaus der Höchstspannungsnetze v. 21.8.2009 (BGBl. I S. 2870), Art. 2 G zur Umsetzung der RL des Europäischen Parlaments und des Rates über Endenergieeffizienz und Energiedienstleistungen v. 4.11.2010 (BGBl. I S. 1483), Art. 4 G zur Umsetzung der DienstleistungsRL im EichG sowie im Geräte- und ProduktsicherheitsG und zur Änd. des Verwaltungskosten G, des EnergiewirtschaftsG und des EnergieleitungsausbauG v. 7.3.2011 (BGBl. I S. 338), Art. 1 G zur Neuregelung energiewirtschaftsrechtlicher Vorschriften v. 26.7.2011 (BGBl. I S. 1554), Art. 8 G zur Neuregelung des Rechtsrahmens für die Förderung der Stromerzeugung aus erneuerbaren Energien v. 28.7.2011 (BGBl. I S. 1634), Art. 2 G über Maßnahmen zur Beschleunigung des Netzausbaus Elektrizitätsnetze v. 28.7.2011 (BGBl. I S. 1690), Art. 22 G über den Rechtsschutz bei überlangen Gerichtsverfahren und strafrechtlichen Ermittlungsverfahren v. 24.11.2011 (BGBl. I S. 2302), Art. 1 Zweites G zur Neuregelung energiewirtschaftsrechtlicher Vorschriften v. 22.12.2011 (BGBl. I S. 3034), Art. 2 Abs. 66 G zur Änd. von Vorschriften über Verkündung und Bekanntmachungen sowie der ZPO, des EGZPO und der AO v. 22.12.2011 (BGBl. I S. 3044), Art. 3 G zur Neufassung des ErdölbevorratungsG, zur Änd. des MineralöldatenG und zur Änd. des EnergiewirtschaftsG v. 16.1.2012 (BGBl. I S. 74), Art. 2 G zur Einrichtung einer Markttransparenzstelle für den Großhandel mit Strom und Gas v. 5.12.2012 (BGBl. I S. 2403), Art. 1, 2 Drittes G zur Neuregelung energiewirtschaftsrechtlicher Vorschriften v. 20.12.2012 (BGBl. I S. 2730, geänd. durch G v. 26.7.2016, BGBl. I S. 1786), Art. 1 ÄndG v. 21.2.2013 (BGBl. I S. 346), Art. 4 Planfeststellungsverfahren-VereinheitlichungsG v. 31.5.2013 (BGBl. I S. 1388, geänd. durch G v. 24.5.2014, BGBl. I S. 538), Art. 5 Abs. 1 Achtes G zur Änd. des GWB v. 26.6.2013 (BGBl. I S. 1738), Art. 2 Zweites G über Maßnahmen zur Beschleunigung des Netzausbaus Elektrizitätsnetze v. 23.7.2013 (BGBl. I S. 2543), Art. 2 Abs. 97 G zur Strukturreform des Gebührenrechts des Bundes v. 7.8.2013 (BGBl. I S. 3154), Art. 3 Abs. 4 G zur Änd. des HGB v. 4.10.2013 (BGBl. I S. 3746), Art. 6

[1)] **Amtl. Anm.:** Dieses Gesetz dient der Umsetzung der Richtlinie 2003/54/EG des Europäischen Parlaments und des Rates vom 26. Juni 2003 über gemeinsame Vorschriften für den Elektrizitätsbinnenmarkt und zur Aufhebung der Richtlinie 96/92/EG (ABl. EU Nr. L 176 S. 37), der Richtlinie 2003/55/EG des Europäischen Parlaments und des Rates vom 26. Juni 2003 über gemeinsame Vorschriften für den Erdgasbinnenmarkt und zur Aufhebung der Richtlinie 98/30/EG (ABl. EU Nr. L 176 S. 57), der Richtlinie 2004/67/EG des Rates vom 26. April 2004 über Maßnahmen zur Gewährleistung der sicheren Erdgasversorgung (ABl. EU Nr. L 127 S. 92) und der Richtlinie 2006/32/EG des Europäischen Parlaments und des Rates vom 5. April 2006 über Endenergieeffizienz und Energiedienstleistungen und zur Aufhebung der Richtlinie 93/76/EWG des Rates (ABl. EU Nr. L 114 S. 64).

[2)] Verkündet als Art. 1 Zweites G zur Neuregelung des Energiewirtschaftsrechts v. 7.7.2005 (BGBl. I S. 1970); Inkrafttreten gem. Art. 5 Abs. 1 dieses G am 13.7.2005.

[3)] Zur Sicherstellung ordnungsgemäßer Planungs- und Genehmigungsverfahren während der COVID-19-Pandemie siehe das PlanungssicherstellungsG **(Sartorius III Nr. 160)**.

[4)] Die Änderungen durch G v. 13.10.2016 (BGBl. I S. 2258) treten teilweise erst **mWv 1.1.2026**, die Änderung durch G v. 10.8.2021 (BGBl. I S. 3436) tritt erst **mWv 1.1.2024**, die Änderungen durch G v. 19.7.2022 (BGBl. I S. 1214) treten teilweise erst **mWv 1.7.2023**, die Änderungen durch G v. 20.7.2022 (BGBl. I S. 1237) treten erst **mWv 1.1.2023**, die Änderungen durch G v. 20.7.2022 (BGBl. I S. 1325) treten teilweise erst **mWv 1.1.2023** in Kraft und sind insoweit im Text noch nicht berücksichtigt..

Die Änderungen durch G v. 8.7.2022 (BGBl. I S. 1054) treten teilweise erst an dem Tag in Kraft, an dem die Europäische Kommission die beihilfenrechtliche Genehmigung erteilt hat, und sind insoweit im Text noch nicht berücksichtigt. Der Tag des Inkrafttretens wurde bisher nicht im BGBl. bekannt gegeben.

G zur grundlegenden Reform des EEG und zur Änd. weiterer Bestimmungen des Energiewirtschaftsrechts v. 21.7.2014 (BGBl. I S. 1066), Art. 3 IT-SicherheitsG v. 17.7.2015 (BGBl. I S. 1324), Art. 15 BürokratieentlastungsG v. 28.7.2015 (BGBl. I S. 1400), Art. 311 Zehnte ZuständigkeitsanpassungsVO v. 31.8.2015 (BGBl. I S. 1474), Art. 2 Erstes G zur Änd. des EnergieverbrauchskennzeichnungsG und zur Änd. weiterer Bestimmungen des Energiewirtschaftsrechts v. 10.12.2015 (BGBl. I S. 2194), Art. 1 G zur Änd. von Bestimmungen des Rechts des Energieleitungsbaus v. 21.12.2015 (BGBl. I S. 2490), Art. 2 Abs. 3 G zur Neuregelung des Kraft-Wärme-KopplungsG v. 21.12.2015 (BGBl. I S. 2498), Art. 9 G zur Umsetzung der RL über alternative Streitbeilegung in Verbraucherangelegenheiten und zur Durchführung der VO über Online-Streitbeilegung in Verbraucherangelegenheiten v. 19.2.2016 (BGBl. I S. 254), Art. 78 Zweites G über die weitere Bereinigung von Bundesrecht v. 8.7.2016 (BGBl. I S. 1594), Art. 1, 11 StrommarktG v. 26.7.2016 (BGBl. I S. 1786), Art. 3 G zur Digitalisierung der Energiewende v. 29.8. 2016 (BGBl. I S. 2034), Art. 6, 25 Abs. 3 G zur Einführung von Ausschreibungen für Strom aus erneuerbaren Energien und zu weiteren Änd. des Rechts der erneuerbaren Energien v. 13.10.2016 (BGBl. I S. 2258), Art. 3 G zur Änd. von Vorschriften zur Bevorratung von Erdöl, zur Erhebung von Mineralöldaten und zur Umstellung auf hochkalorisches Erdgas v. 14.12.2016 (BGBl. I S. 2874), Art. 3 G zur Änd. der Bestimmungen zur Stromerzeugung aus Kraft-Wärme-Kopplung und zur Eigenversorgung v. 22.12.2016 (BGBl. I S. 3106), Art. 1 G zur Änd. der Vorschriften zur Vergabe von Wegenutzungsrechten zur leitungsgebundenen Energieversorgung v. 27.1.2017 (BGBl. I S. 130), Art. 117 G zum Abbau verzichtbarer Anordnungen der Schriftform im Verwaltungsrecht des Bundes v. 29.3.2017 (BGBl. I S. 626), Art. 6 Abs. 36 G zur Reform der strafrechtlichen Vermögensabschöpfung v. 13.4.2017 (BGBl. I S. 872), Art. 13 G zur Anpassung des Umwelt-RechtsbehelfsG und anderer Vorschriften an europa- und völkerrechtliche Vorgaben v. 29.5.2017 (BGBl. I S. 1298), Art. 24 Abs. 28 Zweites FinanzmarktnovellierungsG v. 23.6.2017 (BGBl. I S. 1693), Art. 3 G zur Umsetzung der RL (EU) 2016/1148 des Europäischen Parlaments und des Rates vom 6. Juli 2016 über Maßnahmen zur Gewährleistung eines hohen gemeinsamen Sicherheitsniveaus von Netz- und Informationssystemen in der Union v. 23.6.2017 (BGBl. I S. 1885), Art. 1 NetzentgeltmodernisierungsG v. 17.7.2017 (BGBl. I S. 2503, ber. S. 3343, geänd. durch G v. 17.12.2018, BGBl. I S. 2549), Art. 2 G zur Förderung von Mieterstrom und zur Änd. weiterer Vorschriften des Erneuerbare-Energien-G v. 17.7.2017 (BGBl. I S. 2532), Art. 2 Abs. 6 G zur Modernisierung des Rechts der Umweltverträglichkeitsprüfung v. 20.7.2017 (BGBl. I S. 2808, ber. 2018 S. 472), Art. 3, 14 G zur Änd. des Erneuerbare-Energien-G, des Kraft-Wärme-KopplungsG, des EnergiewirtschaftsG und weiterer energierechtlicher Vorschriften v. 17.12.2018 (BGBl. I S. 2549), Art. 1 G zur Beschleunigung des Energieleitungsausbaus v. 13.5.2019 (BGBl. I S. 706, geänd. durch G v. 21.12.2020, BGBl. I S. 3138, und durch G v. 16.7.2021, BGBl. I S. 3026), Art. 89 Zweites Datenschutz-Anpassungs- und UmsetzungsG EU v. 20.11.2019 (BGBl. I S. 1626), Art. 2 G zur Änd. des G über Energiedienstleistungen und andere Energieeffizienzmaßnahmen v. 20.11.2019 (BGBl. I S. 1719), Art. 5 G zur Änd. von Vorschriften über die außergerichtliche Streitbeilegung in Verbrauchersachen und zur Änd. weiterer Gesetze v. 30.11.2019 (BGBl. I S. 1942), Art. 1 G zur Änd. des EnergiewirtschaftsG zur Umsetzung der RL (EU) 2019/692 des Europäischen Parlamentes und des Rates über gemeinsame Vorschriften für den Erdgasbinnenmarkt v. 5.12.2019 (BGBl. I S. 2002), Art. 5 G zur Änd. des Erneuerbare-Energien-G 2017 und weiterer energierechtlicher Bestimmungen v. 25.5.2020 (BGBl. I S. 1070), Art. 249 Elfte ZuständigkeitsanpassungsVO v. 19.6.2020 (BGBl. I S. 1328), Art. 4 G zur Vereinheitlichung des Energieeinsparrechts für Gebäude und zur Änd. weiterer Gesetze v. 8.8.2020 (BGBl. I S. 1728), Art. 4 KohleausstiegsG v. 8.8.2020 (BGBl. I S. 1818), Art. 1 G zur Änd. des EnergiewirtschaftsG zur marktgestützten Beschaffung von Systemdienstleistungen v. 22.11.2020 (BGBl. I S. 2464), Art. 2 G zur Änd. des Windenergie-auf-See-G und anderer Vorschriften v. 3.12.2020 (BGBl. I S. 2682), Art. 2 G zur Änd. des Erneuerbare-Energien-G und weiterer energierechtlicher Vorschriften v. 21.12.2020 (BGBl. I S. 3138), Art. 2 G zur Änd. des BundesbedarfsplanG und anderer Vorschriften v. 25.2.2021 (BGBl. I S. 298), Art. 3 Zweites G zur Erhöhung der Sicherheit informationstechnischer Systeme v. 18.5.2021 (BGBl. I S. 1122), Art. 1, 2 G zur Umsetzung unionsrechtlicher Vorgaben und zur Regelung reiner Wasserstoffnetze im Energiewirtschaftsrecht v. 16.7.2021 (BGBl. I S. 3026), Art. 24 G zur Umsetzung der DigitalisierungsRL v. 5.7.2021 (BGBl. I S. 3338), Art. 84 PersonengesellschaftsrechtsmodernisierungsG (MoPeG) v. 10.8.2021 (BGBl. I S. 3436), Art. 1 G zur Änd. des EnergiewirtschaftsG zur Einführung von Füllstandsvorgaben für Gasspeicheranlagen sowie zur Änd. von § 246 BauGB v. 26.4.2022 (BGBl. I S. 674), Art. 2 G zur Änd. des EnergiesicherungsG 1975 und anderer energiewirtschaftlicher Vorschriften v. 20.5.2022 (BGBl. I S. 730), Art. 2 G zur Absenkung der Kostenbelastungen durch die EEG-Umlage und zur Weitergabe dieser Absenkung an die Letztverbraucher v. 23.5.2022 (BGBl. I S. 747), Art. 1 G zur Bereithaltung von Ersatzkraftwerken zur Reduzierung des Gasverbrauchs im Stromsektor im Fall einer drohenden Gasmangellage durch Änd. des EnergiewirtschaftsG und weiterer energiewirtschaftlicher Vorschriften[1] v. 8.7.2022 (BGBl. I S. 1054),

---

[1] Die Änderungen durch G v. 8.7.2022 (BGBl. I S. 1054) treten teilweise erst an dem Tag in Kraft, an dem die Europäische Kommission die beihilfenrechtliche Genehmigung erteilt hat, und sind insoweit im Text noch nicht berücksichtigt. Der Tag des Inkrafttretens wurde bisher nicht im BGBl. bekannt gegeben.

Art. 1 G zur Änd. des Energiewirtschaftsrechts im Zusammenhang mit dem Klimaschutz-Sofortprogramm und zu Anpassungen im Recht der Endkundenbelieferung v. 19.7.2022 (BGBl. I S. 1214), Art. 5 G zu Sofortmaßnahmen für einen beschleunigten Ausbau der erneuerbaren Energien und weiteren Maßnahmen im Stromsektor v. 20.7.2022 (BGBl. I S. 1237) und Art. 4, 5 Zweites G zur Änd. des Windenergie-auf-See-G und anderer Vorschriften v. 20.7.2022 (BGBl. I S. 1325)

Inhaltsübersicht[1)]

---

1) Inhaltsübersicht geänd. mWv 17.12.2006 durch G v. 9.12.2006 (BGBl. I S. 2833); geänd. mWv 22.12.2007 durch G v. 18.12.2007 (BGBl. I S. 2966); geänd. mWv 26.8.2009 durch G v. 21.8.2009 (BGBl. I S. 2870); geänd. mWv 12.3.2011 durch G v. 7.3.2011 (BGBl. I S. 338); geänd. mWv 4.8.2011 durch G v. 26.7.2011 (BGBl. I S. 1554); geänd. mWv 3.12.2011 durch G v. 24.11.2011 (BGBl. I S. 2302); geänd. mWv 12.12.2012 durch G v. 5.12.2012 (BGBl. I S. 2403); geänd. mWv 28.12.2012 durch G v. 20.12.2012 (BGBl. I S. 2730); geänd. mWv 8.9.2015 durch VO v. 31.8.2015 (BGBl. I S. 1474); geänd. mWv 1.1.2016 durch G v. 10.12.2015 (BGBl. I S. 2194); geänd. mWv 15.7.2016 durch G v. 8.7.2016 (BGBl. I S. 1594); geänd. mWv 30.7.2016 durch G v. 26.7.2016 (BGBl. I S. 1786); geänd. mWv 2.9.2016 durch G v. 29.8.2016 (BGBl. I S. 2034); geänd. mWv 1.1.2017 durch G v. 13.10.2016 (BGBl. I S. 2258); geänd. mWv 1.1.2017 durch G v. 14.12.2016 (BGBl. I S. 2874); geänd. mWv 3.2.2017 durch G v. 27.1.2017 (BGBl. I S. 130); geänd. mWv 22.7.2017 durch G v. 17.7.2017 (BGBl. I S. 2503); geänd. mWv 25.7.2017 durch G v. 17.7.2017 (BGBl. I S. 2532); geänd. mWv 21.12.2018 durch G v. 17.12.2018 (BGBl. I S. 2549); geänd. mWv 17.5.2019 und mWv 1.10.2021 durch G v. 13.5.2019 (BGBl. I S. 706); geänd. mWv 12.12.2019 durch G v. 5.12.2019 (BGBl. I S. 2002); geänd. mWv 14.8.2020 durch G v. 8.8.2020 (BGBl. I S. 1818); geänd. mWv 27.11.2020 durch G v. 22.11.2020 (BGBl. I S. 2464); geänd. mWv 1.1.2021 (mangels Textübereinstimmung nicht ausführbar) durch G v. 21.12.2020 (BGBl. I S. 3138); geänd. mWv 4.3.2021 durch G v. 25.2.2021 (BGBl. I S. 298); geänd. mWv 27.7.2021 durch G v. 16.7.2021 (BGBl. I S. 3026); geänd. mWv 30.4.2022 durch G v. 26.4.2022 (BGBl. I S. 674); geänd. mWv 22.5.2022 durch G v. 20.5.2022 (BGBl. I S. 730); geänd. mWv 12.7.2022 durch G v. 8.7.2022 (BGBl. I S. 1054); geänd. mWv 29.7.2022 durch G v. 19.7.2022 (BGBl. I S. 1214); sie wurde nichtamtlich an die Änderungen durch G v. 28.7.2011 (BGBl. I S. 1690), durch G v. 22.12.2016 (BGBl I S. 3106) und durch G v. 20.7.2017 (BGBl. I S. 2808) angepasst.

Teil 1. Allgemeine Vorschriften

§ 1[1] Zweck und Ziele des Gesetzes. (1) Zweck des Gesetzes ist eine möglichst sichere, preisgünstige, verbraucherfreundliche, effiziente, umweltverträgliche und treibhausgasneutrale leitungsgebundene Versorgung der Allgemeinheit mit Elektrizität, Gas und Wasserstoff, die zunehmend auf erneuerbaren Energien beruht.

(2) Die Regulierung der Elektrizitäts- und Gasversorgungsnetze dient den Zielen der Sicherstellung eines wirksamen und unverfälschten Wettbewerbs bei der Versorgung mit Elektrizität und Gas und der Sicherung eines langfristig angelegten leistungsfähigen und zuverlässigen Betriebs von Energieversorgungsnetzen.

(3) Zweck dieses Gesetzes ist ferner die Umsetzung und Durchführung des Europäischen Gemeinschaftsrechts auf dem Gebiet der leitungsgebundenen Energieversorgung.

(4) Um den Zweck des Absatzes 1 auf dem Gebiet der leitungsgebundenen Versorgung der Allgemeinheit mit Elektrizität zu erreichen, verfolgt dieses Gesetz insbesondere die Ziele,

1. die freie Preisbildung für Elektrizität durch wettbewerbliche Marktmechanismen zu stärken,
2. den Ausgleich von Angebot und Nachfrage nach Elektrizität an den Strommärkten jederzeit zu ermöglichen,
3. dass Erzeugungsanlagen, Anlagen zur Speicherung elektrischer Energie und Lasten insbesondere möglichst umweltverträglich, netzverträglich, effizient und flexibel in dem Umfang eingesetzt werden, der erforderlich ist, um die Sicherheit und Zuverlässigkeit des Elektrizitätsversorgungssystems zu gewährleisten, und
4. den Elektrizitätsbinnenmarkt zu stärken sowie die Zusammenarbeit insbesondere mit den an das Gebiet der Bundesrepublik Deutschland angrenzenden Staaten

---

[1] § 1 Abs. 1 geänd. mWv 4.8.2011 durch G v. 26.7.2011 (BGBl. I S. 1554); Überschrift neu gef., Abs. 4 angef. mWv 30.7.2016 durch G v. 26.7.2016 (BGBl. I S. 1786); Abs. 1 geänd. mWv 27.7.2021 durch G v. 16.7.2021 (BGBl. I S. 3026); Abs. 1 geänd. mWv 29.7.2022 durch G v. 19.7.2022 (BGBl. I S. 1214).

sowie mit dem Königreich Norwegen und dem Königreich Schweden zu intensivieren.

§ 1a[1] **Grundsätze des Strommarktes.** (1) [1]Der Preis für Elektrizität bildet sich nach wettbewerblichen Grundsätzen frei am Markt. [2]Die Höhe der Preise für Elektrizität am Großhandelsmarkt wird regulatorisch nicht beschränkt.

(2) [1]Das Bilanzkreis- und Ausgleichsenergiesystem hat eine zentrale Bedeutung für die Gewährleistung der Elektrizitätsversorgungssicherheit. [2]Daher sollen die Bilanzkreistreue der Bilanzkreisverantwortlichen und eine ordnungsgemäße Bewirtschaftung der Bilanzkreise sichergestellt werden.

(3) [1]Es soll insbesondere auf eine Flexibilisierung von Angebot und Nachfrage hingewirkt werden. [2]Ein Wettbewerb zwischen effizienten und flexiblen Erzeugungsanlagen, Anlagen zur Speicherung elektrischer Energie und Lasten, eine effiziente Kopplung des Wärme- und des Verkehrssektors mit dem Elektrizitätssektor sowie die Integration der Ladeinfrastruktur für Elektromobile in das Elektrizitätsversorgungssystem sollen die Kosten der Energieversorgung verringern, die Transformation zu einem umweltverträglichen, zuverlässigen und bezahlbaren Energieversorgungssystem ermöglichen und die Versorgungssicherheit gewährleisten.

(4) Elektrizitätsversorgungsnetze sollen bedarfsgerecht unter Berücksichtigung des Ausbaus der Stromerzeugung aus erneuerbaren Energien nach § 4 des Erneuerbare-Energien-Gesetzes[2], der Versorgungssicherheit sowie volkswirtschaftlicher Effizienz ausgebaut werden.

(5) Die Transparenz am Strommarkt soll erhöht werden.

(6) [1]Als Beitrag zur Verwirklichung des Elektrizitätsbinnenmarktes sollen eine stärkere Einbindung des Strommarktes in die europäischen Strommärkte und eine stärkere Angleichung der Rahmenbedingungen in den europäischen Strommärkten, insbesondere mit den an das Gebiet der Bundesrepublik Deutschland angrenzenden Staaten sowie dem Königreich Norwegen und dem Königreich Schweden, angestrebt werden. [2]Es sollen die notwendigen Verbindungsleitungen ausgebaut, die Marktkopplung und der grenzüberschreitende Stromhandel gestärkt sowie die Regelenergiemärkte und die vortägigen und untertägigen Spotmärkte stärker integriert werden.

§ 2[3] **Aufgaben der Energieversorgungsunternehmen.** (1) Energieversorgungsunternehmen sind im Rahmen der Vorschriften dieses Gesetzes zu einer Versorgung im Sinne des § 1 verpflichtet.

(2) Die Verpflichtungen nach dem Erneuerbare-Energien-Gesetz[2] und nach dem Kraft-Wärme-Kopplungsgesetz[4] bleiben vorbehaltlich des § 13, auch in Verbindung mit § 14, unberührt.

§ 3[5] **Begriffsbestimmungen.** Im Sinne dieses Gesetzes bedeutet

---

[1] § 1a eingef. mWv 30.7.2016 durch G v. 26.7.2016 (BGBl. I S. 1786); Abs. 4 geänd. mWv 1.1.2017 durch G v. 22.12.2016 (BGBl. I S. 3106).

[2] **Sartorius ErgBd. Nr. 833.**

[3] § 2 Abs. 2 geänd. mWv 1.11.2008 durch G v. 25.10.2008 (BGBl. I S. 2101).

[4] **Sartorius ErgBd. Nr. 834.**

[5] § 3 Nr. 26a–26c eingef. mWv 9.9.2008 durch G v. 29.8.2008 (BGBl. I S. 1790); Nr. 18a geänd. mWv 1.1.2009 durch G v. 25.10.2008 (BGBl. I S. 2074); Nr. 10, 23, 25 und 29 geänd. mWv 1.11.2008 durch G v. 25.10.2008 (BGBl. I S. 2101); Nr. 19a geänd. mWv 26.8.2009 durch G v. 21.8.2009 (BGBl. I S. 2870); Nr. 5 neu gef., Nr. 10c geänd., Nr. 15a eingef., bish. Nr. 15a wird Nr. 15b, Nr. 16 geänd., Nr. 18 →

1. Abrechnungsinformationen
Informationen, die üblicherweise in Rechnungen über die Energiebelieferung von Letztverbrauchern zur Ermittlung des Rechnungsbetrages enthalten sind, mit Ausnahme der Zahlungsaufforderung selbst,

1a. Aggregatoren
natürliche oder juristische Personen oder rechtlich unselbständige Organisationseinheiten eines Energieversorgungsunternehmens, die eine Tätigkeit ausüben, bei der Verbrauch oder Erzeugung von elektrischer Energie in Energieanlagen oder in Anlagen zum Verbrauch elektrischer Energie auf einem Elektrizitätsmarkt gebündelt angeboten werden,

1b. Ausgleichsleistungen
Dienstleistungen zur Bereitstellung von Energie, die zur Deckung von Verlusten und für den Ausgleich von Differenzen zwischen Ein- und Ausspeisung benötigt wird, zu denen insbesondere auch Regelenergie gehört,

1c. Ausspeisekapazität
im Gasbereich das maximale Volumen pro Stunde in Normkubikmeter, das an einem Ausspeisepunkt aus einem Netz oder Teilnetz insgesamt ausgespeist und gebucht werden kann,

1d. Ausspeisepunkt
ein Punkt, an dem Gas aus einem Netz oder Teilnetz eines Netzbetreibers entnommen werden kann,

2. Betreiber von Elektrizitätsversorgungsnetzen
natürliche oder juristische Personen oder rechtlich unselbständige Organisationseinheiten eines Energieversorgungsunternehmens, die Betreiber von Übertragungs- oder Elektrizitätsverteilernetzen sind,

3. Betreiber von Elektrizitätsverteilernetzen
natürliche oder juristische Personen oder rechtlich unselbständige Organisationseinheiten eines Energieversorgungsunternehmens, die die Aufgabe der Verteilung von Elektrizität wahrnehmen und verantwortlich sind für den Betrieb, die Wartung sowie erforderlichenfalls den Ausbau des Verteilernetzes in einem bestimmten Gebiet und gegebenenfalls der Verbindungsleitungen zu anderen Netzen,

4. Betreiber von Energieversorgungsnetzen
Betreiber von Elektrizitätsversorgungsnetzen oder Gasversorgungsnetzen,

---

(Fortsetzung der Anm. von voriger Seite)
neu gef., Nr. 18a eingef., bish. Nr. 18a wird Nr. 18b, Nr. 19a neu gef., Nr. 24a, b, Nr. 29b eingef., bish. Nr. 29b wird Nr. 29c, Nr. 31c, d, Nr. 33a eingef., Nr. 37 geänd., Nr. 38 neu gef. mWv 4.8.2011 durch G v. 26.7.2011 (BGBl. I S. 1554); Nr. 32 geänd. mWv 5.8.2011 durch G v. 28.7.2011 (BGBl. I S. 1690); Nr. 18b neu gef. mWv 1.8.2014 durch G v. 21.7.2014 (BGBl. I S. 1066); Nr. 18c und 18d eingef., Nr. 25 und 39 geänd., Nr. 40 angef. mWv 30.7.2016 durch G v. 26.7.2016 (BGBl. I S. 1786); Nr. 18b geänd. mWv 1.1.2017 durch G v. 13.10.2016 (BGBl. I S. 2258); Nr. 38a eingef. mWv 22.7.2017 durch G v. 17.7.2017 (BGBl. I S. 2503); Nr. 21a und 24c eingef. mWv 21.12.2018 durch G v. 17.12.2018 (BGBl. I S. 2549); Nr. 24d eingef. mWv 18.11.2017 durch G v. 13.5.2019 (BGBl. I S. 706); Nr. 19c eingef. mWv 12.12.2019 durch G v. 5.12.2019 (BGBl. I S. 2002); Nr. 1 und 1a eingef., bish. Nr. 1–1b werden Nr. 1b–1d, Nr. 6 eingef., bish. Nr. 6–8 werden Nr. 7–9 , bish. Nr. 9 aufgeh., Nr. 10a–10c eingef., bish. Nr. 10a–10c werden Nr. 10d–10f, Nr. 14 geänd., Nr. 15c und 15d eingef., Nr. 16 geänd., Nr. 18b eingef., bish. Nr. 18b–18d werden Nr. 18c–18e, Nr. 19c eingef., bish. Nr. 19c wird Nr. 19d, Nr. 20 geänd., Nr. 20a eingef., Nr. 21 und 23 geänd., Nr. 23a und 24e eingef., Nr. 25 und 27 geänd., Nr. 31 neu gef., Nr. 31a und 31b eingef., bish. Nr. 31a–31d werden Nr. 31c–31f, Nr. 38b, 39a und 39b eingef. mWv 27.7.2021 durch G v. 16.7.2021 (BGBl. I S. 3026); Nr. 26a eingef., bish. Nr. 26a–26c werden Nr. 26b–26d mWv 30.4.2022 durch G v. 26.4.2022 (BGBl. I S. 674); Nr. 35a eingef., Nr. 38 geänd. mWv 29.7.2022 durch G v. 19.7.2022 (BGBl. I S. 1214).

5. Betreiber von Fernleitungsnetzen
Betreiber von Netzen, die Grenz- oder Marktgebietsübergangspunkte aufweisen, die insbesondere die Einbindung großer europäischer Importleitungen in das deutsche Fernleitungsnetz gewährleisten, oder natürliche oder juristische Personen oder rechtlich unselbstständige Organisationseinheiten eines Energieversorgungsunternehmens, die die Aufgabe der Fernleitung von Erdgas wahrnehmen und verantwortlich sind für den Betrieb, die Wartung sowie erforderlichenfalls den Ausbau eines Netzes,
   a) das der Anbindung der inländischen Produktion oder von LNG-Anlagen an das deutsche Fernleitungsnetz dient, sofern es sich hierbei nicht um ein vorgelagertes Rohrleitungsnetz im Sinne von Nummer 39 handelt, oder
   b) das an Grenz- oder Marktgebietsübergangspunkten Buchungspunkte oder -zonen aufweist, für die Transportkunden Kapazitäten buchen können,
6. Betreiber von Gasspeicheranlagen
natürliche oder juristische Personen oder rechtlich unselbständige Organisationseinheiten eines Energieversorgungsunternehmens, die die Aufgabe der Speicherung von Erdgas wahrnehmen und für den Betrieb einer Gasspeicheranlage verantwortlich sind,
7. Betreiber von Gasversorgungsnetzen
natürliche oder juristische Personen oder rechtlich unselbständige Organisationseinheiten eines Energieversorgungsunternehmens, die Gasversorgungsnetze betreiben,
8. Betreiber von Gasverteilernetzen
natürliche oder juristische Personen oder rechtlich unselbständige Organisationseinheiten eines Energieversorgungsunternehmens, die die Aufgabe der Verteilung von Gas wahrnehmen und verantwortlich sind für den Betrieb, die Wartung sowie erforderlichenfalls den Ausbau des Verteilernetzes in einem bestimmten Gebiet und gegebenenfalls der Verbindungsleitungen zu anderen Netzen,
9. Betreiber von LNG-Anlagen
natürliche oder juristische Personen oder rechtlich unselbständige Organisationseinheiten eines Energieversorgungsunternehmens, die die Aufgabe der Verflüssigung von Erdgas oder der Einfuhr, Entladung und Wiederverdampfung von verflüssigtem Erdgas wahrnehmen und für den Betrieb einer LNG-Anlage verantwortlich sind,
10. Betreiber von Übertragungsnetzen
natürliche oder juristische Personen oder rechtlich unselbständige Organisationseinheiten eines Energieversorgungsunternehmens, die die Aufgabe der Übertragung von Elektrizität wahrnehmen und die verantwortlich sind für den Betrieb, die Wartung sowie erforderlichenfalls den Ausbau des Übertragungsnetzes in einem bestimmten Gebiet und gegebenenfalls der Verbindungsleitungen zu anderen Netzen,

10a. Betreiber von Übertragungsnetzen mit Regelzonenverantwortung
die Unternehmen 50Hertz Transmission GmbH, Amprion GmbH, TenneT TSO GmbH und TransnetBW GmbH sowie ihre Rechtsnachfolger,

10b. Betreiber von Wasserstoffnetzen
natürliche oder juristische Personen, die die Aufgabe des Transports oder der Verteilung von Wasserstoff wahrnehmen und verantwortlich sind für den Betrieb, die Wartung sowie erforderlichenfalls den Ausbau des Wasserstoffnetzes,

10c. Betreiber von Wasserstoffspeicheranlagen
natürliche oder juristische Personen oder rechtlich unselbständige Organisationseinheiten eines Energieversorgungsunternehmens, die die Aufgabe der Speicherung von Wasserstoff wahrnehmen und für den Betrieb einer Wasserstoffspeicheranlage verantwortlich sind,

10d. Bilanzkreis
im Elektrizitätsbereich innerhalb einer Regelzone die Zusammenfassung von Einspeise- und Entnahmestellen, die dem Zweck dient, Abweichungen zwischen Einspeisungen und Entnahmen durch ihre Durchmischung zu minimieren und die Abwicklung von Handelstransaktionen zu ermöglichen,

10e. Bilanzzone
im Gasbereich der Teil eines oder mehrerer Netze, in dem Ein- und Ausspeisepunkte einem bestimmten Bilanzkreis zugeordnet werden können,

10f. Biogas
Biomethan, Gas aus Biomasse, Deponiegas, Klärgas und Grubengas sowie Wasserstoff, der durch Wasserelektrolyse erzeugt worden ist, und synthetisch erzeugtes Methan, wenn der zur Elektrolyse eingesetzte Strom und das zur Methanisierung eingesetzte Kohlendioxid oder Kohlenmonoxid jeweils nachweislich weit überwiegend aus erneuerbaren Energiequellen im Sinne der Richtlinie 2009/28/EG (ABl. L 140 vom 5.6.2009, S. 16) stammen,

11. dezentrale Erzeugungsanlage
eine an das Verteilernetz angeschlossene verbrauchs- und lastnahe Erzeugungsanlage,

12. Direktleitung
eine Leitung, die einen einzelnen Produktionsstandort mit einem einzelnen Kunden verbindet, oder eine Leitung, die einen Elektrizitätserzeuger und ein Elektrizitätsversorgungsunternehmen zum Zwecke der direkten Versorgung mit ihrer eigenen Betriebsstätte, Tochterunternehmen oder Kunden verbindet, oder eine zusätzlich zum Verbundnetz errichtete Gasleitung zur Versorgung einzelner Kunden,

13. Eigenanlagen
Anlagen zur Erzeugung von Elektrizität zur Deckung des Eigenbedarfs, die nicht von Energieversorgungsunternehmen betrieben werden,

13a. Einspeisekapazität
im Gasbereich das maximale Volumen pro Stunde in Normkubikmeter, das an einem Einspeisepunkt in ein Netz oder Teilnetz eines Netzbetreibers insgesamt eingespeist werden kann,

13b. Einspeisepunkt
ein Punkt, an dem Gas an einen Netzbetreiber in dessen Netz oder Teilnetz übergeben werden kann, einschließlich der Übergabe aus Speichern, Gasproduktionsanlagen, Hubs oder Misch- und Konversionsanlagen,

14. Energie
Elektrizität, Gas und Wasserstoff, soweit sie zur leitungsgebundenen Energieversorgung verwendet werden,

15. Energieanlagen
Anlagen zur Erzeugung, Speicherung, Fortleitung oder Abgabe von Energie, soweit sie nicht lediglich der Übertragung von Signalen dienen, dies schließt die Verteileranlagen der Letztverbraucher sowie bei der Gasversorgung auch die letzte Absperreinrichtung vor der Verbrauchsanlage ein,

15a. Energiederivat
ein in Abschnitt C Nummer 5, 6 oder 7 des Anhangs I der Richtlinie 2004/39/EG des Europäischen Parlaments und des Rates vom 21. April 2004 über Märkte für Finanzinstrumente, zur Änderung der Richtlinien 85/611/EWG und 93/6/EWG des Rates und der Richtlinie 2000/12/EG des Europäischen Parlaments und des Rates und zur Aufhebung der Richtlinie 93/22/EWG des Rates (ABl. L 145 vom 30.4.2001, S. 1, ABl. L 45 vom 16.2.2005, S. 18) in der jeweils geltenden Fassung genanntes Finanzinstrument, sofern dieses Instrument auf Elektrizität oder Gas bezogen ist,

15b. Energieeffizienzmaßnahmen
Maßnahmen zur Verbesserung des Verhältnisses zwischen Energieaufwand und damit erzieltem Ergebnis im Bereich von Energieumwandlung, Energietransport und Energienutzung,

15c. Energielieferant
Gaslieferant oder Stromlieferant,

15d. Energiespeicheranlagen
Anlagen, die elektrische Energie zum Zwecke der elektrischen, chemischen, mechanischen oder physikalischen Zwischenspeicherung verbrauchen und als elektrische Energie erzeugen oder in einer anderen Energieform wieder abgeben,

16. Energieversorgungsnetze
Elektrizitätsversorgungsnetze und Gasversorgungsnetze über eine oder mehrere Spannungsebenen oder Druckstufen mit Ausnahme von Kundenanlagen im Sinne der Nummern 24a und 24b sowie im Rahmen von Teil 5 dieses Gesetzes Wasserstoffnetze,

17. Energieversorgungsnetze der allgemeinen Versorgung
Energieversorgungsnetze, die der Verteilung von Energie an Dritte dienen und von ihrer Dimensionierung nicht von vornherein nur auf die Versorgung bestimmter, schon bei der Netzerrichtung feststehender oder bestimmbarer Letztverbraucher ausgelegt sind, sondern grundsätzlich für die Versorgung jedes Letztverbrauchers offen stehen,

18. Energieversorgungsunternehmen
natürliche oder juristische Personen, die Energie an andere liefern, ein Energieversorgungsnetz betreiben oder an einem Energieversorgungsnetz als Eigentümer Verfügungsbefugnis besitzen; der Betrieb einer Kundenanlage oder einer Kundenanlage zur betrieblichen Eigenversorgung macht den Betreiber nicht zum Energieversorgungsunternehmen,

18a. Energieversorgungsvertrag
ein Vertrag über die Lieferung von Elektrizität oder Gas, mit Ausnahme von Energiederivaten,

18b. Erlösobergrenze
Obergrenzen der zulässigen Gesamterlöse eines Netzbetreibers aus den Netzentgelten,

18c. erneuerbare Energien
Energien im Sinne des § 3 Nummer 21 des Erneuerbare-Energien-Gesetzes[1)],

18d. Erzeugungsanlage
Anlage zur Erzeugung von elektrischer Energie,

[1)] **Sartorius ErgBd. Nr. 833.**

18e. europäische Strommärkte
die Strommärkte der Mitgliedstaaten der Europäischen Union sowie der Schweizerischen Eidgenossenschaft und des Königreichs Norwegen,

19. Fernleitung
der Transport von Erdgas durch ein Hochdruckfernleitungsnetz, mit Ausnahme von vorgelagerten Rohrleitungsnetzen, um die Versorgung von Kunden zu ermöglichen, jedoch nicht die Versorgung der Kunden selbst,

19a. Gas
Erdgas, Biogas, Flüssiggas im Rahmen der §§ 4 und 49 sowie, wenn sie in ein Gasversorgungsnetz eingespeist werden, Wasserstoff, der durch Wasserelektrolyse erzeugt worden ist, und synthetisch erzeugtes Methan, das durch wasserelektrolytisch erzeugten Wasserstoff und anschließende Methanisierung hergestellt worden ist,

19b. Gaslieferant
natürliche und juristische Personen, deren Geschäftstätigkeit ganz oder teilweise auf den Vertrieb von Gas zum Zwecke der Belieferung von Letztverbrauchern ausgerichtet ist,

19c. Gasspeicheranlage
eine einem Gasversorgungsunternehmen gehörende oder von ihm betriebene Anlage zur Speicherung von Gas, einschließlich des zu Speicherzwecken genutzten Teils von LNG-Anlagen, jedoch mit Ausnahme des Teils, der für eine Gewinnungstätigkeit genutzt wird, ausgenommen sind auch Einrichtungen, die ausschließlich Betreibern von Leitungsnetzen bei der Wahrnehmung ihrer Aufgaben vorbehalten sind,

19d. Gasverbindungsleitungen mit Drittstaaten
Fernleitungen zwischen einem Mitgliedstaat der Europäischen Union und einem Drittstaat bis zur Grenze des Hoheitsgebietes der Mitgliedstaaten oder dem Küstenmeer dieses Mitgliedstaates,

20. Gasversorgungsnetze
alle Fernleitungsnetze, Gasverteilernetze, LNG-Anlagen oder Gasspeicheranlagen, die für den Zugang zur Fernleitung, zur Verteilung und zu LNG-Anlagen erforderlich sind und die einem oder mehreren Energieversorgungsunternehmen gehören oder von ihm oder von ihnen betrieben werden, einschließlich Netzpufferung und seiner Anlagen, die zu Hilfsdiensten genutzt werden, und der Anlagen verbundener Unternehmen, ausgenommen sind solche Netzteile oder Teile von Einrichtungen, die für örtliche Produktionstätigkeiten verwendet werden,

20a. grenzüberschreitende Elektrizitätsverbindungsleitungen
Übertragungsleitungen zur Verbundschaltung von Übertragungsnetzen einschließlich aller Anlagengüter bis zum jeweiligen Netzverknüpfungspunkt, die eine Grenze zwischen Mitgliedstaaten oder zwischen einem Mitgliedstaat und einem Staat, der nicht der Europäischen Union angehört, queren oder überspannen und einzig dem Zweck dienen, die nationalen Übertragungsnetze dieser Staaten zu verbinden,

21. Großhändler
natürliche oder juristische Personen mit Ausnahme von Betreibern von Übertragungs-, Fernleitungs-, Wasserstoff- sowie Elektrizitäts- und Gasverteilernetzen, die Energie zum Zwecke des Weiterverkaufs innerhalb oder außerhalb des Netzes, in dem sie ansässig sind, kaufen,

21a. H-Gasversorgungsnetz
ein Gasversorgungsnetz zur Versorgung von Kunden mit H-Gas,

22. Haushaltskunden
Letztverbraucher, die Energie überwiegend für den Eigenverbrauch im Haushalt oder für den einen Jahresverbrauch von 10 000 Kilowattstunden nicht übersteigenden Eigenverbrauch für berufliche, landwirtschaftliche oder gewerbliche Zwecke kaufen,

23. Hilfsdienste
sämtliche zum Betrieb eines Übertragungs- oder Elektrizitätsverteilernetzes erforderlichen Dienste oder sämtliche für den Zugang zu und den Betrieb von Fernleitungs- oder Gasverteilernetzen oder LNG-Anlagen oder Gasspeicheranlagen erforderlichen Dienste, einschließlich Lastausgleichs- und Mischungsanlagen, jedoch mit Ausnahme von Anlagen, die ausschließlich Betreibern von Fernleitungsnetzen für die Wahrnehmung ihrer Aufgaben vorbehalten sind,

23a. Kleinstunternehmen
ein Unternehmen, das weniger als zehn Personen beschäftigt und dessen Jahresumsatz oder dessen Jahresbilanzsumme 2 Millionen Euro nicht überschreitet,

24. Kunden
Großhändler, Letztverbraucher und Unternehmen, die Energie kaufen,

24a. Kundenanlagen
Energieanlagen zur Abgabe von Energie,

a) die sich auf einem räumlich zusammengehörenden Gebiet befinden,

b) mit einem Energieversorgungsnetz oder mit einer Erzeugungsanlage verbunden sind,

c) für die Sicherstellung eines wirksamen und unverfälschten Wettbewerbs bei der Versorgung mit Elektrizität und Gas unbedeutend sind und

d) jedermann zum Zwecke der Belieferung der angeschlossenen Letztverbraucher im Wege der Durchleitung unabhängig von der Wahl des Energielieferanten diskriminierungsfrei und unentgeltlich zur Verfügung gestellt werden,

24b. Kundenanlagen zur betrieblichen Eigenversorgung
Energieanlagen zur Abgabe von Energie,

a) die sich auf einem räumlich zusammengehörenden Betriebsgebiet befinden,

b) mit einem Energieversorgungsnetz oder mit einer Erzeugungsanlage verbunden sind,

c) fast ausschließlich dem betriebsnotwendigen Transport von Energie innerhalb des eigenen Unternehmens oder zu verbundenen Unternehmen oder fast ausschließlich dem der Bestimmung des Betriebs geschuldeten Abtransport in ein Energieversorgungsnetz dienen und

d) jedermann zum Zwecke der Belieferung der an sie angeschlossenen Letztverbraucher im Wege der Durchleitung unabhängig von der Wahl des Energielieferanten diskriminierungsfrei und unentgeltlich zur Verfügung gestellt werden,

24c. L-Gasversorgungsnetz
ein Gasversorgungsnetz zur Versorgung von Kunden mit L-Gas,

24d. landseitige Stromversorgung
die mittels einer Standardschnittstelle von Land aus erbrachte Stromversorgung von Seeschiffen oder Binnenschiffen am Liegeplatz,

24e. Landstromanlagen
die Gesamtheit der technischen Infrastruktur aus den technischen Anlagen zur Frequenz- und Spannungsumrichtung, der Standardschnittstelle einschließlich der zugehörigen Verbindungsleitungen, die
a) sich in einem räumlich zusammengehörigen Gebiet in oder an einem Hafen befinden und
b) ausschließlich der landseitigen Stromversorgung von Schiffen dienen,

25. Letztverbraucher
Natürliche oder juristische Personen, die Energie für den eigenen Verbrauch kaufen; auch der Strombezug der Ladepunkte für Elektromobile und der Strombezug für Landstromanlagen steht dem Letztverbrauch im Sinne dieses Gesetzes und den auf Grund dieses Gesetzes erlassenen Verordnungen gleich,

26. LNG-Anlage
eine Kopfstation zur Verflüssigung von Erdgas oder zur Einfuhr, Entladung und Wiederverdampfung von verflüssigtem Erdgas; darin eingeschlossen sind Hilfsdienste und die vorübergehende Speicherung, die für die Wiederverdampfung und die anschließende Einspeisung in das Fernleitungsnetz erforderlich sind, jedoch nicht die zu Speicherzwecken genutzten Teile von LNG-Kopfstationen,

26a. Marktgebietsverantwortlicher
ist die von den Fernleitungsnetzbetreibern mit der Wahrnehmung von Aufgaben des Netzbetriebs beauftragte bestimmte natürliche oder juristische Person, die in einem Marktgebiet Leistungen erbringt, die zur Verwirklichung einer effizienten Abwicklung des Gasnetzzugangs durch eine Person zu erbringen sind,

26b. Messstellenbetreiber
ein Netzbetreiber oder ein Dritter, der die Aufgabe des Messstellenbetriebs wahrnimmt,

26c. Messstellenbetrieb
der Einbau, der Betrieb und die Wartung von Messeinrichtungen,

26d. Messung
die Ab- und Auslesung der Messeinrichtung sowie die Weitergabe der Daten an die Berechtigten,

27. Netzbetreiber
Netz- oder Anlagenbetreiber im Sinne der Nummern 2 bis 5, 7 und 8, 10 und 10a,

28. Netznutzer
natürliche oder juristische Personen, die Energie in ein Elektrizitäts- oder Gasversorgungsnetz einspeisen oder daraus beziehen,

29. Netzpufferung
die Speicherung von Gas durch Verdichtung in Fernleitungs- und Verteilernetzen, ausgenommen sind Einrichtungen, die Betreibern von Fernleitungsnetzen bei der Wahrnehmung ihrer Aufgaben vorbehalten sind,

29a. neue Infrastruktur
eine Infrastruktur, die nach dem 12. Juli 2005 in Betrieb genommen worden ist,

29b. oberste Unternehmensleitung
Vorstand, Geschäftsführung oder ein Gesellschaftsorgan mit vergleichbaren Aufgaben und Befugnissen,

29c. örtliches Verteilernetz
ein Netz, das überwiegend der Belieferung von Letztverbrauchern über örtliche Leitungen, unabhängig von der Druckstufe oder dem Durchmesser der Leitungen, dient; für die Abgrenzung der örtlichen Verteilernetze von den vorgelagerten Netzebenen wird auf das Konzessionsgebiet abgestellt, in dem ein Netz der allgemeinen Versorgung im Sinne des § 18 Abs. 1 und des § 46 Abs. 2 betrieben wird einschließlich von Leitungen, die ein örtliches Verteilernetz mit einem benachbarten örtlichen Verteilernetz verbinden,

30. Regelzone
im Bereich der Elektrizitätsversorgung das Netzgebiet, für dessen Primärregelung, Sekundärregelung und Minutenreserve ein Betreiber von Übertragungsnetzen im Rahmen der Union für die Koordinierung des Transports elektrischer Energie (UCTE) verantwortlich ist,

31. selbstständige Betreiber von grenzüberschreitenden Elektrizitätsverbindungsleitungen
Betreiber von Übertragungsnetzen, die eine oder mehrere grenzüberschreitende Elektrizitätsverbindungsleitungen betreiben, ohne
a) Betreiber von Übertragungsnetzen mit Regelzonenverantwortung zu sein, oder
b) mit einem Betreiber von Übertragungsnetzen mit Regelzonenverantwortung im Sinne des Artikels 3 Absatz 2 der Verordnung (EG) Nr. 139/2004 des Rates vom 20. Januar 2004 über die Kontrolle von Unternehmenszusammenschlüssen (ABl. L 24 vom 29.1.2004, S. 1) verbunden zu sein,

31a. Stromlieferanten
natürliche und juristische Personen, deren Geschäftstätigkeit ganz oder teilweise auf den Vertrieb von Elektrizität zum Zwecke der Belieferung von Letztverbrauchern ausgerichtet ist,

31b. Stromliefervertrag mit dynamischen Tarifen
ein Stromliefervertrag mit einem Letztverbraucher, in dem die Preisschwankungen auf den Spotmärkten, einschließlich der Day-Ahead- und Intraday-Märkte, in Intervallen widergespiegelt werden, die mindestens den Abrechnungsintervallen des jeweiligen Marktes entsprechen,

31c. Teilnetz
im Gasbereich ein Teil des Transportgebiets eines oder mehrerer Netzbetreiber, in dem ein Transportkunde gebuchte Kapazitäten an Ein- und Ausspeisepunkten flexibel nutzen kann,

31d. Transportkunde
im Gasbereich Großhändler, Gaslieferanten einschließlich der Handelsabteilung eines vertikal integrierten Unternehmens und Letztverbraucher,

31e. Transportnetzbetreiber
jeder Betreiber eines Übertragungs- oder Fernleitungsnetzes,

31f. Transportnetz
jedes Übertragungs- oder Fernleitungsnetz,

32. Übertragung
der Transport von Elektrizität über ein Höchstspannungs- und Hochspannungsverbundnetz einschließlich grenzüberschreitender Verbindungsleitun-

gen zum Zwecke der Belieferung von Letztverbrauchern oder Verteilern, jedoch nicht die Belieferung der Kunden selbst,

33. Umweltverträglichkeit
dass die Energieversorgung den Erfordernissen eines nachhaltigen, insbesondere rationellen und sparsamen Umgangs mit Energie genügt, eine schonende und dauerhafte Nutzung von Ressourcen gewährleistet ist und die Umwelt möglichst wenig belastet wird, der Nutzung von Kraft-Wärme-Kopplung und erneuerbaren Energien kommt dabei besondere Bedeutung zu,

33a. Unternehmensleitung
die oberste Unternehmensleitung sowie Personen, die mit Leitungsaufgaben für den Transportnetzbetreiber betraut sind und auf Grund eines Übertragungsaktes, dessen Eintragung im Handelsregister oder einem vergleichbaren Register eines Mitgliedstaates der Europäischen Union gesetzlich vorgesehen ist, berechtigt sind, den Transportnetzbetreiber gerichtlich und außergerichtlich zu vertreten,

34. Verbindungsleitungen
Anlagen, die zur Verbundschaltung von Elektrizitätsnetzen dienen, oder eine Fernleitung, die eine Grenze zwischen Mitgliedstaaten quert oder überspannt und einzig dem Zweck dient, die nationalen Fernleitungsnetze dieser Mitgliedstaaten zu verbinden,

35. Verbundnetz
eine Anzahl von Übertragungs- und Elektrizitätsverteilernetzen, die durch eine oder mehrere Verbindungsleitungen miteinander verbunden sind, oder eine Anzahl von Gasversorgungsnetzen, die miteinander verbunden sind,

35a. Versorgeranteil
der auf die Energiebelieferung entfallende Preisanteil, der sich rechnerisch nach Abzug der Umsatzsteuer und der Belastungen nach § 40 Absatz 3 ergibt,

36. Versorgung
die Erzeugung oder Gewinnung von Energie zur Belieferung von Kunden, der Vertrieb von Energie an Kunden und der Betrieb eines Energieversorgungsnetzes,

37. Verteilung
der Transport von Elektrizität mit hoher, mittlerer oder niederer Spannung über Elektrizitätsverteilernetze oder der Transport von Gas über örtliche oder regionale Leitungsnetze, um die Versorgung von Kunden zu ermöglichen, jedoch nicht die Belieferung der Kunden selbst; der Verteilung von Gas dienen auch solche Netze, die über Grenzkopplungspunkte verfügen, über die ausschließlich ein anderes, nachgelagertes Netz aufgespeist wird,

38. vertikal integriertes Unternehmen
ein im Elektrizitäts- oder Gasbereich tätiges Unternehmen oder eine Gruppe von Elektrizitäts- oder Gasunternehmen, die im Sinne des Artikels 3 Absatz 2 der Verordnung (EG) Nr. 139/2004 des Rates vom 20. Januar 2004 über die Kontrolle von Unternehmenszusammenschlüssen (ABl. L 24 vom 29.1.2004, S. 1) miteinander verbunden sind, wobei das betreffende Unternehmen oder die betreffende Gruppe im Elektrizitätsbereich mindestens eine der Funktionen Übertragung oder Verteilung und mindestens eine der Funktionen Erzeugung oder Vertrieb von Elektrizität oder im Erdgasbereich mindestens eine der Funktionen Fernleitung, Verteilung, Betrieb einer LNG-Anlage oder Speicherung und gleichzeitig eine der Funktionen Gewinnung oder Vertrieb von Erdgas wahrnimmt,

38a. volatile Erzeugung
Erzeugung von Strom aus Windenergieanlagen und aus solarer Strahlungsenergie,

38b. vollständig integrierte Netzkomponenten
Netzkomponenten, die in das Übertragungs- oder Verteilernetz integriert sind, einschließlich Energiespeicheranlagen, und die ausschließlich der Aufrechterhaltung des sicheren und zuverlässigen Netzbetriebs und nicht der Bereitstellung von Regelenergie oder dem Engpassmanagement dienen,

39. vorgelagertes Rohrleitungsnetz
Rohrleitungen oder ein Netz von Rohrleitungen, deren Betrieb oder Bau Teil eines Öl- oder Gasgewinnungsvorhabens ist oder die dazu verwendet werden, Erdgas von einer oder mehreren solcher Anlagen zu einer Aufbereitungsanlage, zu einem Terminal oder zu einem an der Küste gelegenen Endanlandeterminal zu leiten, mit Ausnahme solcher Netzteile oder Teile von Einrichtungen, die für örtliche Produktionstätigkeiten verwendet werden,

39a. Wasserstoffnetz
ein Netz zur Versorgung von Kunden ausschließlich mit Wasserstoff, das von der Dimensionierung nicht von vornherein nur auf die Versorgung bestimmter, schon bei der Netzerrichtung feststehender oder bestimmbarer Kunden ausgelegt ist, sondern grundsätzlich für die Versorgung jedes Kunden offensteht, dabei umfasst es unabhängig vom Durchmesser Wasserstoffleitungen zum Transport von Wasserstoff nebst allen dem Leitungsbetrieb dienenden Einrichtungen, insbesondere Entspannungs-, Regel- und Messanlagen sowie Leitungen oder Leitungssysteme zur Optimierung des Wasserstoffbezugs und der Wasserstoffdarbietung,

39b. Wasserstoffspeicheranlagen
eine einem Energieversorgungsunternehmen gehörende oder von ihm betriebene Anlage zur Speicherung von Wasserstoff, mit Ausnahme von Einrichtungen, die ausschließlich Betreibern von Wasserstoffnetzen bei der Wahrnehmung ihrer Aufgaben vorbehalten sind,

40. Winterhalbjahr
der Zeitraum vom 1. Oktober eines Jahres bis zum 31. März des Folgejahres.

§ 3a Verhältnis zum Eisenbahnrecht. Dieses Gesetz gilt auch für die Versorgung von Eisenbahnen mit leitungsgebundener Energie, insbesondere Fahrstrom, soweit im Eisenbahnrecht nichts anderes geregelt ist.

§ 4[1] Genehmigung des Netzbetriebs. (1) [1] Die Aufnahme des Betriebs eines Energieversorgungsnetzes bedarf der Genehmigung durch die nach Landesrecht zuständige Behörde. [2] Über die Erteilung der Genehmigung entscheidet die nach Landesrecht zuständige Behörde innerhalb von sechs Monaten nach Vorliegen vollständiger Antragsunterlagen.

(2) [1] Die Genehmigung nach Absatz 1 darf nur versagt werden, wenn der Antragsteller nicht die personelle, technische und wirtschaftliche Leistungsfähigkeit und Zuverlässigkeit besitzt, um den Netzbetrieb entsprechend den Vorschriften dieses Gesetzes auf Dauer zu gewährleisten. [2] Unter den gleichen Voraussetzungen kann auch der Betrieb einer in Absatz 1 genannten Anlage untersagt werden, für dessen Aufnahme keine Genehmigung erforderlich war.

---

[1] § 4 Abs. 1 Satz 2, Abs. 4 und 5 angef. mWv 12.11.2010 durch G v. 4.11.2010 (BGBl. I S. 1483); Abs. 3 geänd. mWv 28.12.2012 durch G v. 20.12.2012 (BGBl. I S. 2730).

(3) Im Falle der Gesamtrechtsnachfolge oder der Rechtsnachfolge nach dem Umwandlungsgesetz[1] oder in sonstigen Fällen der rechtlichen Entflechtung des Netzbetriebs nach § 7 oder den §§ 8 bis 10 geht die Genehmigung auf den Rechtsnachfolger über.

(4) Die nach Landesrecht zuständige Behörde kann bei einem Verstoß gegen Absatz 1 den Netzbetrieb untersagen oder den Netzbetreiber durch andere geeignete Maßnahmen vorläufig verpflichten, ein Verhalten abzustellen, das einen Versagungsgrund im Sinne des Absatzes 2 darstellen würde.

(5) Das Verfahren nach Absatz 1 kann über eine einheitliche Stelle abgewickelt werden.

§ 4a[2] Zertifizierung und Benennung des Betreibers eines Transportnetzes. (1) [1]Der Betrieb eines Transportnetzes bedarf der Zertifizierung durch die Regulierungsbehörde. [2]Das Zertifizierungsverfahren wird auf Antrag des Transportnetzbetreibers oder des Transportnetzeigentümers, auf begründeten Antrag der Europäischen Kommission oder von Amts wegen eingeleitet. [3]Transportnetzbetreiber oder Transportnetzeigentümer haben den Antrag auf Zertifizierung bis spätestens 3. März 2012 zu stellen.

(2) [1]Transportnetzbetreiber haben dem Antrag alle zur Prüfung des Antrags erforderlichen Unterlagen beizufügen. [2]Die Unterlagen sind der Regulierungsbehörde auf Anforderung auch elektronisch zur Verfügung zu stellen.

(3) Die Regulierungsbehörde erteilt die Zertifizierung des Transportnetzbetreibers, wenn der Transportnetzbetreiber nachweist, dass er entsprechend den Vorgaben der §§ 8 oder 9 oder der §§ 10 bis 10e organisiert ist.

(4) Die Zertifizierung kann mit Nebenbestimmungen verbunden werden, soweit dies erforderlich ist, um zu gewährleisten, dass die Vorgaben der §§ 8 oder 9 oder der §§ 10 bis 10e erfüllt werden.

(5) [1]Die Regulierungsbehörde erstellt innerhalb eines Zeitraums von vier Monaten ab Einleitung des Zertifizierungsverfahrens einen Entscheidungsentwurf und übersendet diesen unverzüglich der Europäischen Kommission zur Abgabe einer Stellungnahme. [2]Die Regulierungsbehörde hat der Europäischen Kommission mit der Übersendung des Entscheidungsentwurfs nach Satz 1 alle Antragsunterlagen nach Absatz 2 zur Verfügung zu stellen.

(6) [1]Die Regulierungsbehörde hat binnen zwei Monaten nach Zugang der Stellungnahme der Europäischen Kommission oder nach Ablauf der Frist des Artikels 51 Absatz 1 der Verordnung (EU) Nr. 2019/943 des Europäischen Parlaments und des Rates vom 5. Juni 2019 über den Elektrizitätsbinnenmarkt (ABl. L 158 vom 14.6.2019, S. 54) oder des Artikels 3 Absatz 1 der Verordnung (EG) Nr. 715/2009 des Europäischen Parlaments und des Rates vom 13. Juli 2009 über die Bedingungen für den Zugang zu den Erdgasfernleitungsnetzen und zur Aufhebung der Verordnung (EG) Nr. 1775/2005 (ABl. L 211 vom 14.8.2009, S. 36, L 229 vom 1.9.2009, S. 29), ohne dass der Regulierungsbehörde eine Stellungnahme der Europäischen Kommission zugegangen ist, eine Entscheidung zu treffen. [2]Hat die Europäische Kommission eine Stellungnahme übermittelt, berücksichtigt die Regulierungsbehörde diese so weit wie möglich in ihrer Entscheidung. [3]Die Entscheidung wird zusammen mit der Stellungnahme der Europäischen Kommission im Amtsblatt der Bundesnetzagentur in nicht personenbezogener Form

---

[1] **Habersack, Deutsche Gesetze Nr. 52a.**

[2] § 4a eingef. mWv 4.8.2011 durch G v. 26.7.2011 (BGBl. I S. 1554); Abs. 6 Satz 1, Abs. 8 geänd. mWv 27.7.2021 durch G v. 16.7.2021 (BGBl. I S. 3026).

bekannt gegeben. [4] Trifft die Regulierungsbehörde innerhalb der Frist nach Satz 1 keine Entscheidung, gilt der betreffende Transportnetzbetreiber bis zu einer Entscheidung der Regulierungsbehörde als zertifiziert.

(7) [1] Mit der Bekanntgabe der Zertifizierung im Amtsblatt der Bundesnetzagentur ist der Antragsteller als Transportnetzbetreiber benannt. [2] Die Regulierungsbehörde teilt der Europäischen Kommission die Benennung mit. [3] Die Benennung eines Unabhängigen Systembetreibers im Sinne des § 9 erfordert die Zustimmung der Europäischen Kommission.

(8) Artikel 51 der Verordnung (EU) Nr. 2019/943 und Artikel 3 der Verordnung (EG) Nr. 715/2009 bleiben unberührt.

§ 4b[1)] Zertifizierung in Bezug auf Drittstaaten. (1) [1] Beantragt ein Transportnetzbetreiber oder ein Transportnetzeigentümer, der von einer oder mehreren Personen aus einem oder mehreren Staaten, die nicht der Europäischen Union oder dem Europäischen Wirtschaftsraum angehören (Drittstaaten), allein oder gemeinsam kontrolliert wird, die Zertifizierung, teilt die Regulierungsbehörde dies der Europäischen Kommission mit. [2] Transportnetzbetreiber oder Transportnetzeigentümer haben den Antrag auf Zertifizierung bis spätestens 3. März 2013 bei der Regulierungsbehörde zu stellen.

(2) [1] Wird ein Transportnetzbetreiber oder ein Transportnetzeigentümer von einer oder mehreren Personen aus einem oder mehreren Drittstaaten allein oder gemeinsam kontrolliert, ist die Zertifizierung nur zu erteilen, wenn der Transportnetzbetreiber oder der Transportnetzeigentümer den Anforderungen der §§ 8 oder 9 oder der §§ 10 bis 10e genügt und das Bundesministerium für Wirtschaft und Energie feststellt, dass die Erteilung der Zertifizierung die Sicherheit der Elektrizitäts- oder Gasversorgung der Bundesrepublik Deutschland und der Europäischen Union nicht gefährdet. [2] Der Antragsteller hat mit der Antragstellung nach Absatz 1 zusätzlich beim Bundesministerium für Wirtschaft und Energie die zur Beurteilung der Auswirkungen auf die Versorgungssicherheit erforderlichen Unterlagen einzureichen.

(3) [1] Das Bundesministerium für Wirtschaft und Energie übermittelt der Regulierungsbehörde binnen drei Monaten nach Eingang der vollständigen erforderlichen Unterlagen nach Absatz 2 Satz 2 seine Bewertung, ob die Erteilung der Zertifizierung die Sicherheit der Elektrizitäts- oder Gasversorgung der Bundesrepublik Deutschland und der Europäischen Union gefährdet. [2] Bei seiner Bewertung der Auswirkungen auf die Versorgungssicherheit berücksichtigt das Bundesministerium für Wirtschaft und Energie

1. die Rechte und Pflichten der Europäischen Union gegenüber diesem Drittstaat, die aus dem Völkerrecht, auch aus einem Abkommen mit einem oder mehreren Drittstaaten, dem die Union als Vertragpartei angehört und in dem Fragen der Energieversorgungssicherheit behandelt werden, erwachsen;
2. die Rechte und Pflichten der Bundesrepublik Deutschland gegenüber diesem Drittstaat, die aus einem mit diesem Drittstaat geschlossenen Abkommen erwachsen, soweit sie mit dem Unionsrecht in Einklang stehen, und
3. andere besondere Umstände des Einzelfalls und des betreffenden Drittstaats.

---

1) § 4b eingef. mWv 4.8.2011 durch G v. 26.7.2011 (BGBl. I S. 1554); Abs. 2 Sätze 1 und 2, Abs. 3 Sätze 1 und 2 einl. Satzteil, Abs. 4 und 5 Satz 3 geänd. mWv 8.9.2015 durch VO v. 31.8.2015 (BGBl. I S. 1474); Abs. 5 Satz 1 geänd. mWv 27.7.2021 durch G v. 16.7.2021 (BGBl. I S. 3026).

(4) Vor einer Entscheidung der Regulierungsbehörde über die Zertifizierung des Betriebs eines Transportnetzes bitten Regulierungsbehörde und Bundesministerium für Wirtschaft und Energie die Europäische Kommission um Stellungnahme, ob der Transportnetzbetreiber oder der Transportnetzeigentümer den Anforderungen der §§ 8 oder 9 oder der §§ 10 bis 10e genügt und eine Gefährdung der Energieversorgungssicherheit der Europäischen Union auf Grund der Zertifizierung ausgeschlossen ist.

(5) [1] Die Regulierungsbehörde hat innerhalb von zwei Monaten, nachdem die Europäische Kommission ihre Stellungnahme vorgelegt hat oder nachdem die Frist des Artikels 53 Absatz 6 der Richtlinie (EU) 2019/944 des Europäischen Parlaments und des Rates vom 5. Juni 2019 mit gemeinsamen Vorschriften für den Elektrizitätsbinnenmarkt und zur Änderung der Richtlinie 2012/27/EU (ABl. L 158 vom 14.6.2019, S. 125; L 15 vom 20.1.2020, S. 8) oder des Artikels 11 Absatz 6 der Richtlinie 2009/73/EG des Europäischen Parlaments und des Rates vom 13. Juli 2009 über gemeinsame Vorschriften für den Erdgasbinnenmarkt und zur Aufhebung der Richtlinie 2003/55/EG (ABl. L 211 vom 14.8.2009, S. 55) abgelaufen ist, ohne dass die Europäische Kommission eine Stellungnahme vorgelegt hat, über den Antrag auf Zertifizierung zu entscheiden. [2] Die Regulierungsbehörde hat in ihrer Entscheidung der Stellungnahme der Europäischen Kommission so weit wie möglich Rechnung zu tragen. [3] Die Bewertung des Bundesministeriums für Wirtschaft und Energie ist Bestandteil der Entscheidung der Regulierungsbehörde.

(6) Die Regulierungsbehörde hat der Europäischen Kommission unverzüglich die Entscheidung zusammen mit allen die Entscheidung betreffenden wichtigen Informationen mitzuteilen.

(7) [1] Die Regulierungsbehörde hat ihre Entscheidung zusammen mit der Stellungnahme der Europäischen Kommission im Amtsblatt der Bundesnetzagentur in nicht personenbezogener Form zu veröffentlichen. [2] Weicht die Entscheidung von der Stellungnahme der Europäischen Kommission ab, ist mit der Entscheidung die Begründung für diese Entscheidung mitzuteilen und zu veröffentlichen.

§ 4c[1)] Pflichten der Transportnetzbetreiber. [1] Die Transportnetzbetreiber haben die Regulierungsbehörde unverzüglich über alle geplanten Transaktionen und Maßnahmen sowie sonstige Umstände zu unterrichten, die eine Neubewertung der Zertifizierungsvoraussetzungen nach den §§ 4a und 4b erforderlich machen können. [2] Sie haben die Regulierungsbehörde insbesondere über Umstände zu unterrichten, in deren Folge eine oder mehrere Personen aus einem oder mehreren Drittstaaten allein oder gemeinsam die Kontrolle über den Transportnetzbetreiber erhalten. [3] Die Regulierungsbehörde hat das Bundesministerium für Wirtschaft und Energie und die Europäische Kommission unverzüglich über Umstände nach Satz 2 zu informieren. [4] Das Bundesministerium für Wirtschaft und Energie kann bei Vorliegen von Umständen nach Satz 2 seine Bewertung nach § 4b Absatz 1 widerrufen.

§ 4d[2)] Widerruf der Zertifizierung nach § 4a, nachträgliche Versehung mit Auflagen. [1] Die Regulierungsbehörde kann eine Zertifizierung nach § 4a oder § 4b widerrufen oder erweitern oder eine Zertifizierung nachträglich mit

---

[1)] § 4c eingef. mWv 4.8.2011 durch G v. 26.7.2011 (BGBl. I S. 1554); Satz 1 geänd. mWv 1.4.2012 durch G v. 16.1.2012 (BGBl. I S. 74); Sätze 3 und 4 geänd. mWv 8.9.2015 durch VO v. 31.8.2015 (BGBl. I S. 1474).

[2)] § 4d eingef. mWv 4.8.2011 durch G v. 26.7.2011 (BGBl. I S. 1554).

Auflagen versehen sowie Auflagen ändern oder ergänzen, soweit auf Grund geänderter tatsächlicher Umstände eine Neubewertung der Zertifizierungsvoraussetzungen erforderlich wird. 2 Die Regulierungsbehörde kann eine Zertifizierung auch nachträglich mit Auflagen versehen sowie Auflagen ändern oder ergänzen. 3 Insbesondere kann sie dem Transportnetzbetreiber Maßnahmen aufgeben, die erforderlich sind, um zu gewährleisten, dass der Transportnetzbetreiber die Anforderungen der §§ 8 bis 10e erfüllt. 4 § 65 bleibt unberührt.

§ 5[1)] Anzeige der Energiebelieferung. (1) 1 Energielieferanten, die Haushaltskunden mit Energie beliefern, müssen nach Maßgabe des Absatzes 2 Satz 1 und 2 die Aufnahme und Beendigung der Tätigkeit sowie Änderungen ihrer Firma bei der Bundesnetzagentur anzeigen; ausgenommen ist die Belieferung von Haushaltskunden ausschließlich innerhalb einer Kundenanlage oder eines geschlossenen Verteilernetzes sowie über nicht auf Dauer angelegte Leitungen. 2 Die Bundesnetzagentur veröffentlicht laufend auf ihrer Internetseite eine Liste der angezeigten Energielieferanten; dabei werden die Firma und die Adresse des Sitzes der angezeigten Energielieferanten veröffentlicht. 3 Von der Bundesnetzagentur werden monatlich die Energielieferanten veröffentlicht, die in den jeweils letzten zwölf Monaten die Beendigung ihrer Tätigkeit angezeigt haben.

(2) 1 Die nach Absatz 1 Satz 1 erster Halbsatz erforderliche Anzeige der Aufnahme der Tätigkeit ist unverzüglich vorzunehmen. 2 Die nach Absatz 1 Satz 1 erster Halbsatz erforderliche Anzeige der Beendigung der Tätigkeit hat der Energielieferant nach Maßgabe des Satzes 4 und so rechtzeitig vorzunehmen, dass diese der Bundesnetzagentur spätestens drei Monate vor dem geplanten Beendigungstermin zugeht. 3 Der Energielieferant darf die Tätigkeit nicht vor Ablauf des nach Satz 2 angezeigten Beendigungstermins beenden, es sei denn, er hat einen Antrag auf Eröffnung eines Insolvenzverfahrens gestellt. 4 Mit der Anzeige der Beendigung der Tätigkeit nach Absatz 1 Satz 1 erster Halbsatz hat der Energielieferant zugleich den geplanten Beendigungstermin mitzuteilen und darzulegen, wie die Erfüllung der vertraglichen Verpflichtungen des Energielieferanten gegenüber Haushaltskunden bis zur geplanten Beendigung der Tätigkeit sichergestellt ist. 5 Die vertraglichen Vereinbarungen zwischen dem Energielieferanten und den betroffenen Haushaltskunden bleiben unberührt.

(3) 1 Zeitgleich mit der Anzeige der Beendigung der Tätigkeit nach Absatz 2 Satz 2 hat der Energielieferant die von der Beendigung betroffenen Haushaltskunden und die Netzbetreiber, in deren Netzgebieten er Haushaltskunden beliefert, in Textform über das Datum der Beendigung seiner Tätigkeit zu informieren. 2 Der Energielieferant ist verpflichtet, die Anzeige zugleich einfach auffindbar auf seiner Internetseite zu veröffentlichen.

(4) 1 Mit der Anzeige der Aufnahme der Tätigkeit ist das Vorliegen der personellen, technischen und wirtschaftlichen Leistungsfähigkeit sowie der Zuverlässigkeit der Geschäftsleitung darzulegen. 2 Die Bundesnetzagentur ist berechtigt, das Vorliegen der personellen, technischen und wirtschaftlichen Leistungsfähigkeit sowie der Zuverlässigkeit der Geschäftsleitung jederzeit unter Nutzung der behördlichen Aufsichtsrechte nach diesem Gesetz zu überprüfen. 3 Die Bundesnetzagentur kann die Vorlage des Jahresabschlusses über das letzte Geschäftsjahr und, sofern der Abschluss von einem Abschlussprüfer geprüft worden ist, auch die Vorlage des Prüfungsberichtes sowie des Bestätigungsvermerkes oder Versagungsvermerkes des Abschlussprüfers verlangen.

---

1) § 5 neu gef. mWv 29.7.2022 durch G v. 19.7.2022 (BGBl. I S. 1214).

(5) [1]Die Regulierungsbehörde kann einem Energielieferanten die Ausübung der Tätigkeit jederzeit ganz oder teilweise untersagen, wenn die personelle, technische oder wirtschaftliche Leistungsfähigkeit oder Zuverlässigkeit nicht gewährleistet ist. [2]Satz 1 sowie Absatz 1 Satz 3 und Absatz 4 sind nicht für Energielieferanten mit Sitz in einem anderen Mitgliedstaat der Europäischen Union anzuwenden, wenn der Energielieferant von der zuständigen Behörde des Herkunftsmitgliedstaates ordnungsgemäß zugelassen worden ist.

§ 5a[1)] Speicherungspflichten, Veröffentlichung von Daten. (1) [1]Energieversorgungsunternehmen, die Energie an Kunden verkaufen, haben die hierfür erforderlichen Daten über sämtliche mit Großhandelskunden und Transportnetzbetreibern sowie im Gasbereich mit Betreibern von Gasspeicheranlagen und LNG-Anlagen im Rahmen von Energieversorgungsverträgen und Energiederivaten getätigte Transaktionen für die Dauer von fünf Jahren zu speichern und sie auf Verlangen der Regulierungsbehörde, dem Bundeskartellamt, den Landeskartellbehörden sowie der Europäischen Kommission zu übermitteln, soweit dies für deren jeweilige Aufgabenerfüllung erforderlich ist. [2]Daten im Sinne des Satzes 1 sind genaue Angaben zu den Merkmalen der Transaktionen wie Laufzeit-, Liefer- und Abrechnungsbestimmungen, Menge, Datum und Uhrzeit der Ausführung, Transaktionspreise und Angaben zur Identifizierung des betreffenden Vertragspartners sowie entsprechende Angaben zu sämtlichen offenen Positionen und nicht abgerechneten Energieversorgungsverträgen und Energiederivaten.

(2) [1]Die Regulierungsbehörde kann Informationen nach Absatz 1 in nicht personenbezogener Form veröffentlichen, wenn damit keine wirtschaftlich sensiblen Daten über einzelne Marktakteure oder einzelne Transaktionen preisgegeben werden. [2]Satz 1 gilt nicht für Informationen über Energiederivate. [3]Die Regulierungsbehörde stellt vor der Veröffentlichung das Einvernehmen mit dem Bundeskartellamt her.

(3) Soweit sich aus dem

1. Wertpapierhandelsgesetz[2)],
2. den Artikeln 72 bis 76 der Delegierten Verordnung (EU) 2017/565 der Kommission vom 25. April 2016 zur Ergänzung der Richtlinie 2014/65/EU des Europäischen Parlaments und des Rates in Bezug auf die organisatorischen Anforderungen an Wertpapierfirmen und die Bedingungen für die Ausübung ihrer Tätigkeit sowie in Bezug auf die Definition bestimmter Begriffe für die Zwecke der genannten Richtlinie (ABl. L 87 vom 31.3.2017, S. 1), in der jeweils geltenden Fassung, oder
3. handels- oder steuerrechtlichen Bestimmungen Pflichten zur Aufbewahrung ergeben, die mit den Pflichten nach Absatz 1 vergleichbar sind, ist das Energieversorgungsunternehmen insoweit von den Pflichten zur Aufbewahrung gemäß Absatz 1 befreit.

[1)] § 5a eingef. mWv 4.8.2011 durch G v. 26.7.2011 (BGBl. I S. 1554); Abs. 3 Nr. 2 neu gef. mWv 3.1. 2018 durch G v. 23.6.2017 (BGBl. I S. 1693); Abs. 1 Satz 1 geänd. mWv 27.7.2021 durch G v. 16.7.2021 (BGBl. I S. 3026).

[2)] **Habersack, Deutsche Gesetze ErgBd. Nr. 58.**

§ 5b[1] Anzeige von Verdachtsfällen, Verschwiegenheitspflichten.

(1) [1] Personen, die beruflich Transaktionen mit Energiegroßhandelsprodukten arrangieren, dürfen ausschließlich Personen, die auf Grund ihres Berufs einer gesetzlichen Verschwiegenheitspflicht unterliegen, und staatliche Stellen von einer Anzeige gemäß Artikel 15 Satz 1 der Verordnung (EU) Nr. 1227/2011 des Europäischen Parlaments und des Rates vom 25. Oktober 2011 über die Integrität und Transparenz des Energiegroßhandelsmarkts (ABl. L 326 vom 8.12.2011, S. 1) oder von einer daraufhin eingeleiteten Untersuchung oder einem daraufhin eingeleiteten Ermittlungsverfahren in Kenntnis setzen. [2] Die Bundesnetzagentur kann Inhalt und Ausgestaltung der Vorkehrungsmaßnahmen und Verfahren nach Artikel 15 Satz 2 der Verordnung (EU) Nr. 1227/2011 durch Festlegung nach § 29 Absatz 1 näher bestimmen. [3] Für die zur Auskunft nach Artikel 15 Satz 1 verpflichtete Person gilt § 55 der Strafprozessordnung[2] entsprechend.

(2) Ergreift die Bundesnetzagentur Maßnahmen wegen eines möglichen Verstoßes gegen ein Verbot nach Artikel 3 oder Artikel 5 der Verordnung (EU) Nr. 1227/2011, so dürfen die Adressaten dieser Maßnahmen ausschließlich Personen, die auf Grund ihres Berufs einer gesetzlichen Verschwiegenheitspflicht unterliegen, und staatliche Stellen von diesen Maßnahmen oder von einem daraufhin eingeleiteten Ermittlungsverfahren in Kenntnis setzen.

Teil 2.[3] Entflechtung

Abschnitt 1.[3] Gemeinsame Vorschriften für Verteilernetzbetreiber und Transportnetzbetreiber

§ 6[4] Anwendungsbereich und Ziel der Entflechtung. (1) [1] Vertikal integrierte Unternehmen und rechtlich selbstständige Betreiber von Elektrizitäts- und Gasversorgungsnetzen, die im Sinne des § 3 Nummer 38 mit einem vertikal integrierten Unternehmen verbunden sind, sind zur Gewährleistung von Transparenz sowie diskriminierungsfreier Ausgestaltung und Abwicklung des Netzbetriebs verpflichtet. [2] Um dieses Ziel zu erreichen, müssen sie die Unabhängigkeit der Netzbetreiber von anderen Tätigkeitsbereichen der Energieversorgung nach den §§ 6a bis 10e sicherstellen. [3] Die §§ 9 bis 10e sind nur auf solche Transportnetze anwendbar, die am 3. September 2009 im Eigentum eines vertikal integrierten Unternehmens standen.

(2) [1] Die in engem wirtschaftlichen Zusammenhang mit der rechtlichen und operationellen Entflechtung eines Verteilernetzes, eines Transportnetzes oder eines Betreibers von Gasspeicheranlagen nach § 7 Absatz 1 und §§ 7a bis 10e übertragenen Wirtschaftsgüter gelten als Teilbetrieb im Sinne der §§ 15, 16, 18, 20 und 24 des Umwandlungssteuergesetzes. [2] Satz 1 gilt nur für diejenigen Wirtschaftsgüter, die unmittelbar auf Grund des Organisationsakts der Entflechtung übertragen werden. [3] Für die Anwendung des § 15 Absatz 1 Satz 1 des Umwandlungssteuergesetzes gilt auch das Vermögen als zu einem Teilbetrieb gehörend, das der übertragenden Körperschaft im Rahmen des Organisationsakts der Entflech-

---

[1] § 5b eingef. mWv 12.12.2012 durch G v. 5.12.2012 (BGBl. I S. 2403); Abs. 1 Sätze 1–3 geänd. mWv 27.7.2013 durch G v. 23.7.2013 (BGBl. I S. 2543).

[2] **Habersack, Deutsche Gesetze Nr. 90.**

[3] Teil 2 (§§ 6–10e) neu gef. mWv 4.8.2011 durch G v. 26.7.2011 (BGBl. I S. 1554).

[4] § 6 neu gef. mWv 4.8.2011 durch G v. 26.7.2011 (BGBl. I S. 1554); Abs. 2–4 angef. mWv 5.3.2013 durch G v. 21.2.2013 (BGBl. I S. 346); Abs. 2 Sätze 1 und 4, Abs. 3 Satz 1 geänd. mWv 27.7.2021 durch G v. 16.7.2021 (BGBl. I S. 3026); Abs. 1 Satz 1, Abs. 2 Satz 1 geänd. mWv 29.7.2022 durch G v. 19.7. 2022 (BGBl. I S. 1214).

tung verbleibt. [4] § 15 Absatz 2 und § 22 des Umwandlungssteuergesetzes, § 34 Absatz 7a des Körperschaftsteuergesetzes sowie § 6 Absatz 3 Satz 2 und Absatz 5 Satz 4 bis 6 sowie § 16 Absatz 3 Satz 3 und 4 des Einkommensteuergesetzes sind auf Maßnahmen nach Satz 1 nicht anzuwenden, sofern diese Maßnahme von Transportnetzbetreibern im Sinne des § 3 Nummer 31f oder Betreibern von Gasspeicheranlagen bis zum 3. März 2012 ergriffen worden sind. [5] Satz 4 gilt bezüglich des § 22 des Umwandlungssteuergesetzes und der in § 34 Absatz 7a des Körperschaftsteuergesetzes genannten Fälle nur für solche mit der siebenjährigen Sperrfrist behafteten Anteile, die zu Beginn der rechtlichen oder operationellen Entflechtung bereits bestanden haben und deren Veräußerung unmittelbar auf Grund des Organisationsakts der Entflechtung erforderlich ist. [6] Für den Erwerber der Anteile gilt Satz 4 nicht und dieser tritt bezüglich der im Zeitpunkt der Veräußerung der Anteile noch laufenden Sperrfrist unter *Besitzzeitanrechung*[1)] in die Rechtsstellung des Veräußerers ein. [7] Bei der Prüfung der Frage, ob die Voraussetzungen für die Anwendung der Sätze 1 und 2 vorliegen, leistet die Regulierungsbehörde den Finanzbehörden Amtshilfe (§ 111 der Abgabenordnung).

(3) [1] Erwerbsvorgänge im Sinne des § 1 des Grunderwerbsteuergesetzes, die sich für Verteilernetzbetreiber, Transportnetzbetreiber oder Betreiber von Gasspeicheranlagen aus der rechtlichen oder operationellen Entflechtung nach § 7 Absatz 1 und den §§ 7a bis 10e ergeben, sind von der Grunderwerbsteuer befreit. [2] Absatz 2 Satz 4 und 7 gelten entsprechend.

(4) Die Absätze 2 und 3 gelten nicht für diejenigen Unternehmen, die eine rechtliche Entflechtung auf freiwilliger Grundlage vornehmen.

§ 6a[2)] Verwendung von Informationen. (1) Unbeschadet gesetzlicher Verpflichtungen zur Offenbarung von Informationen haben vertikal integrierte Unternehmen, Transportnetzeigentümer, Netzbetreiber, Gasspeicheranlagenbetreiber sowie Betreiber von LNG-Anlagen sicherzustellen, dass die Vertraulichkeit wirtschaftlich sensibler Informationen, von denen sie in Ausübung ihrer Geschäftstätigkeit als Transportnetzeigentümer, Netzbetreiber, Gasspeicheranlagenbetreiber sowie Betreiber von LNG-Anlagen Kenntnis erlangen, gewahrt wird.

(2) [1] Legen das vertikal integrierte Unternehmen, Transportnetzeigentümer, Netzbetreiber, ein Gasspeicheranlagenbetreiber oder ein Betreiber von LNG-Anlagen über die eigenen Tätigkeiten Informationen offen, die wirtschaftliche Vorteile bringen können, so stellen sie sicher, dass dies in nicht diskriminierender Weise erfolgt. [2] Sie stellen insbesondere sicher, dass wirtschaftlich sensible Informationen gegenüber anderen Teilen des Unternehmens vertraulich behandelt werden.

§ 6b[3)] Rechnungslegung und Buchführung. (1) [1] Vertikal integrierte Unternehmen im Sinne des § 3 Nummer 38, einschließlich rechtlich selbständiger

---

[1)] Richtig wohl: „Besitzzeitanrechnung".

[2)] § 6a neu gef. mWv 4.8.2011 durch G v. 26.7.2011 (BGBl. I S. 1554); Abs. 1 und 2 Satz 1 geänd. mWv 27.7.2021 durch G v. 16.7.2021 (BGBl. I S. 3026); Abs. 1 und 2 Satz 1 geänd. mWv 29.7.2022 durch G v. 19.7.2022 (BGBl. I S. 1214).

[3)] § 6b neu gef. mWv 4.8.2011 durch G v. 26.7.2011 (BGBl. I S. 1554); Abs. 4 Sätze 1 und 2 geänd. mWv 1.4.2012 durch G v. 22.12.2011 (BGBl. I S. 3044); Abs. 1 Sätze 1 und 2 geänd., Abs. 2 Satz 2 angef., Abs. 3 Sätze 1, 5 und 6, Abs. 6 Satz 1 geänd., Satz 3 angef., Abs. 7 neu gef., Abs. 8 angef. mWv 28.12.2012 durch G v. 20.12.2012 (BGBl. I S. 2730); Abs. 1 Satz 1, Abs. 3 Satz 1 Nr. 6 geänd., Nr. 7 angef., Sätze 2 und 6 geänd. mWv 27.7.2021 durch G v. 16.7.2021 (BGBl. I S. 3026); Abs. 4 Satz 1 geänd., Satz 2 aufgeh., bish. Satz 3 wird Satz 2 mWv 1.8.2022 durch G v. 5.7.2021 (BGBl. I S. 3338); Abs. 1 Satz 1, Abs. 8 Satz 1 geänd. mWv 29.7.2022 durch G v. 19.7.2022 (BGBl. I S. 1214).

Unternehmen, die zu einer Gruppe verbundener Elektrizitäts- oder Gasunternehmen gehören und mittelbar oder unmittelbar energiespezifische Dienstleistungen erbringen, und rechtlich selbständige Netzbetreiber sowie Betreiber von Gasspeicheranlagen haben ungeachtet ihrer Eigentumsverhältnisse und ihrer Rechtsform einen Jahresabschluss und Lagebericht nach den für Kapitalgesellschaften geltenden Vorschriften des Ersten, Dritten und Vierten Unterabschnitts des Zweiten Abschnitts des Dritten Buchs des Handelsgesetzbuchs[1)] aufzustellen, prüfen zu lassen und offenzulegen; § 264 Absatz 3 und § 264b des Handelsgesetzbuchs sind insoweit nicht anzuwenden. [2]Handelt es sich bei dem Unternehmen nach Satz 1 um eine Personenhandelsgesellschaft oder das Unternehmen eines Einzelkaufmanns, dürfen das sonstige Vermögen der Gesellschafter oder des Einzelkaufmanns (Privatvermögen) nicht in die Bilanz und die auf das Privatvermögen entfallenden Aufwendungen und Erträge nicht in die Gewinn- und Verlustrechnung aufgenommen werden.

(2) [1]Im Anhang zum Jahresabschluss sind die Geschäfte größeren Umfangs mit verbundenen oder assoziierten Unternehmen im Sinne von § 271 Absatz 2 oder § 311 des Handelsgesetzbuchs gesondert auszuweisen. [2]Hierbei sind insbesondere Leistung und Gegenleistung anzugeben.

(3) [1]Unternehmen nach Absatz 1 Satz 1 haben zur Vermeidung von Diskriminierung und Quersubventionierung in ihrer internen Rechnungslegung jeweils getrennte Konten für jede ihrer Tätigkeiten in den nachfolgend aufgeführten Bereichen so zu führen, wie dies erforderlich wäre, wenn diese Tätigkeiten von rechtlich selbstständigen Unternehmen ausgeführt würden:

1. Elektrizitätsübertragung;
2. Elektrizitätsverteilung;
3. Gasfernleitung;
4. Gasverteilung;
5. Gasspeicherung;
6. Betrieb von LNG-Anlagen;
7. Entwicklung, Verwaltung oder Betrieb von Ladepunkten für Elektromobile nach § 7c Absatz 2.

[2]Tätigkeit im Sinne dieser Bestimmung ist auch jede wirtschaftliche Nutzung eines Eigentumsrechts an Elektrizitäts- oder Gasversorgungsnetzen, Gasspeichern, LNG-Anlagen oder Ladepunkten für Elektromobile nach § 7c Absatz 2. [3]Für die anderen Tätigkeiten innerhalb des Elektrizitätssektors und innerhalb des Gassektors sind Konten zu führen, die innerhalb des jeweiligen Sektors zusammengefasst werden können. [4]Für Tätigkeiten außerhalb des Elektrizitäts- und Gassektors sind ebenfalls eigene Konten zu führen, die zusammengefasst werden können. [5]Soweit eine direkte Zuordnung zu den einzelnen Tätigkeiten nicht möglich ist oder mit unvertretbarem Aufwand verbunden wäre, hat die Zuordnung durch Schlüsselung zu den Konten, die sachgerecht und für Dritte nachvollziehbar sein muss, zu erfolgen. [6]Mit der Aufstellung des Jahresabschlusses ist für jeden der genannten Tätigkeitsbereiche jeweils eine den in Absatz 1 Satz 1 genannten Vorschriften entsprechende Bilanz und Gewinn- und Verlustrechnung (Tätigkeitsabschluss) aufzustellen und dem Abschlussprüfer zur Prüfung vorzulegen. [7]Dabei sind in der Rechnungslegung die Regeln, einschließlich der Abschreibungsmethoden, anzugeben, nach denen die Gegenstände des Aktiv- und Passivvermögens sowie die

---

[1)] **Habersack, Deutsche Gesetze Nr. 50.**

Aufwendungen und Erträge den gemäß Satz 1 bis 4 geführten Konten zugeordnet worden sind.

(4) [1] Die gesetzlichen Vertreter haben den Tätigkeitsabschluss unverzüglich, jedoch spätestens vor Ablauf des zwölften Monats des dem Abschlussstichtag nachfolgenden Geschäftsjahres, gemeinsam mit dem nach Absatz 1 Satz 1 in Verbindung mit § 325 des Handelsgesetzbuchs offenzulegenden Jahresabschluss der das Unternehmensregister führenden Stelle elektronisch zur Einstellung in das Unternehmensregister zu übermitteln. [2] § 326 des Handelsgesetzbuchs ist insoweit nicht anzuwenden.

(5) [1] Die Prüfung des Jahresabschlusses gemäß Absatz 1 umfasst auch die Einhaltung der Pflichten zur Rechnungslegung nach Absatz 3. [2] Dabei ist neben dem Vorhandensein getrennter Konten auch zu prüfen, ob die Wertansätze und die Zuordnung der Konten sachgerecht und nachvollziehbar erfolgt sind und der Grundsatz der Stetigkeit beachtet worden ist. [3] Im Bestätigungsvermerk zum *Jahresabschuss*[1] ist anzugeben, ob die Vorgaben nach Absatz 3 eingehalten worden sind.

(6) [1] Unbeschadet der besonderen Pflichten des Prüfers nach Absatz 5 kann die Regulierungsbehörde zusätzliche Bestimmungen gegenüber dem Unternehmen nach Absatz 1 Satz 1 durch Festlegung nach § 29 Absatz 1 treffen, die vom Prüfer im Rahmen der Jahresabschlussprüfung über die nach Absatz 1 anwendbaren Prüfungsvoraussetzungen hinaus zu berücksichtigen sind. [2] Sie kann insbesondere zusätzliche Schwerpunkte für die Prüfungen festlegen. [3] Eine solche Festlegung muss spätestens sechs Monate vor dem Bilanzstichtag des jeweiligen Kalenderjahres ergehen.

(7) [1] Der Auftraggeber der Prüfung des Jahresabschlusses hat der Regulierungsbehörde unverzüglich nach Feststellung des Jahresabschlusses eine Ausfertigung des Berichts über die Prüfung des Jahresabschlusses nach § 321 des Handelsgesetzbuchs (Prüfungsbericht) einschließlich erstatteter Teilberichte zu übersenden. [2] Der Prüfungsbericht ist fest mit dem geprüften Jahresabschluss, dem Lagebericht und den erforderlichen Tätigkeitsabschlüssen zu verbinden. [3] Der Bestätigungsvermerk oder der Vermerk über die Versagung sind im Prüfungsbericht wiederzugeben. [4] Der Lagebericht muss auf die Tätigkeiten nach Absatz 3 Satz 1 eingehen. [5] Geschäftsberichte zu den in Absatz 3 Satz 1 und 2 aufgeführten Tätigkeitsbereichen sind von den Unternehmen auf ihrer Internetseite zu veröffentlichen. [6] Tätigkeitsabschlüsse zu den Tätigkeitsbereichen, die nicht in Absatz 3 Satz 1 aufgeführt sind, hat die Regulierungsbehörde als Geschäftsgeheimnisse zu behandeln. [7] Prüfberichte von solchen Unternehmen nach Absatz 1 Satz 1, die mittelbar oder unmittelbar energiespezifische Dienstleistungen erbringen, sind der Regulierungsbehörde zu übersenden, die für das regulierte Unternehmen nach § 54 Absatz 1 zuständig ist.

(8) [1] Unternehmen, die nur deshalb als vertikal integriertes Unternehmen im Sinne des § 3 Nummer 38 einzuordnen sind, weil sie auch Betreiber eines geschlossenen Verteilernetzes sind, und ihre Abschlussprüfer sind von den Verpflichtungen nach den Absätzen 4 und 7 ausgenommen. [2] Die Befugnisse der Regulierungsbehörde insbesondere nach § 110 Absatz 4 bleiben unberührt.

§ 6c[2] **Ordnungsgeldvorschriften.** (1) [1] Die Ordnungsgeldvorschriften der §§ 335 bis 335b des Handelsgesetzbuchs[3] sind auf die Verletzung der Pflichten zur

---

[1] Richtig wohl: „Jahresabschluss".

[2] § 6c neu gef. mWv 4.8.2011 durch G v. 26.7.2011 (BGBl. I S. 1554); Abs. 2 geänd. mWv 1.4.2012 durch G v. 22.12.2011 (BGBl. I S. 3044); Abs. 1 Satz 1 geänd. mWv 10.10.2013 durch G v. 4.10.2013 (BGBl. I S. 3746); Abs. 1 Satz 1 neu gef., Satz 3 eingef., bish. Satz 3 wird Satz 4, Abs. 2 geänd. mWv 27.7. →

Offenlegung des Jahresabschlusses und Lageberichts nach § 6b Absatz 1 Satz 1 oder des Tätigkeitsabschlusses nach § 6b Absatz 4 entsprechend anzuwenden. [2] Das Ordnungsgeldverfahren kann durchgeführt werden

1. bei einer juristischen Person gegen die juristische Person oder die Mitglieder des vertretungsberechtigten Organs;
2. bei einer Personenhandelsgesellschaft im Sinne des § 264a Absatz 1 des Handelsgesetzbuchs gegen die Personenhandelsgesellschaft oder gegen die in § 335b Satz 2 des Handelsgesetzbuchs genannten Personen;
3. bei einer Personenhandelsgesellschaft, die nicht in Nummer 2 genannt ist, gegen die Personenhandelsgesellschaft oder den oder die vertretungsbefugten Gesellschafter;
4. bei einem Unternehmen, das in der Rechtsform des Einzelkaufmanns betrieben wird, gegen den Inhaber oder dessen gesetzlichen Vertreter.

[3] § 329 des Handelsgesetzbuchs ist entsprechend anzuwenden.

(2) Die nach § 54 Absatz 1 zuständige Regulierungsbehörde übermittelt der das Unternehmensregister führenden Stelle einmal pro Kalenderjahr Name und Anschrift der ihr bekannt werdenden Unternehmen nach § 6b Absatz 1 Satz 1.

§ 6d[1)] Betrieb eines Kombinationsnetzbetreibers. Der gemeinsame Betrieb eines Transport- sowie eines Verteilernetzes durch denselben Netzbetreiber ist zulässig, soweit dieser Netzbetreiber die Bestimmungen der §§ 8 oder 9 oder §§ 10 bis 10e einhält.

Abschnitt 2.[2)] Entflechtung von Verteilernetzbetreibern und Betreibern von Gasspeicheranlagen

§ 7[3)] Rechtliche Entflechtung von Verteilernetzbetreibern. (1) [1] Vertikal integrierte Unternehmen haben sicherzustellen, dass Verteilernetzbetreiber, die mit ihnen im Sinne von § 3 Nummer 38 verbunden sind, hinsichtlich ihrer Rechtsform unabhängig von anderen Tätigkeitsbereichen der Energieversorgung sind. [2] Betreiber von Elektrizitätsverteilernetzen sind nicht berechtigt, Eigentümer einer Energiespeicheranlage zu sein oder eine solche zu errichten, zu verwalten oder zu betreiben.

(2) [1] Vertikal integrierte Unternehmen, an deren Elektrizitätsverteilernetz weniger als 100 000 Kunden unmittelbar oder mittelbar angeschlossen sind, sind hinsichtlich der Betreiber von Elektrizitätsverteilernetzen, die mit ihnen im Sinne von § 3 Nummer 38 verbunden sind, von den Verpflichtungen nach Absatz 1 ausgenommen. [2] Satz 1 gilt für Gasverteilernetze entsprechend.

(Fortsetzung der Anm. von voriger Seite)
2021 durch G v. 16.7.2021 (BGBl. I S. 3026); Abs. 1 Satz 2 aufgeh., bish. Sätze 3 und 4 werden Sätze 2 und 3, Abs. 2 geänd. mWv 1.8.2022 durch G v. 5.7.2021 (BGBl. I S. 3338).

[3)] **Habersack, Deutsche Gesetze Nr. 50.**

[1)] Teil 2 (§§ 6–10e) neu gef. mWv 4.8.2011 durch G v. 26.7.2011 (BGBl. I S. 1554).

[2)] Teil 2 (§§ 6–10e) neu gef. mWv 4.8.2011 durch G v. 26.7.2011 (BGBl. I S. 1554); Überschrift geänd. mWv 27.7.2021 durch G v. 16.7.2021 (BGBl. I S. 3026).

[3)] § 7 neu gef. mWv 4.8.2011 durch G v. 26.7.2011 (BGBl. I S. 1554); Abs. 1 Satz 2 angef. mWv 27.7.2021 durch G v. 16.7.2021 (BGBl. I S. 3026); Abs. 1 Satz 1, Abs. 2 Satz 1 geänd. mWv 29.7.2022 durch G v. 19.7.2022 (BGBl. I S. 1214).

§ 7a[1)] Operationelle Entflechtung von Verteilernetzbetreibern.

(1) Unternehmen nach § 6 Absatz 1 Satz 1 haben die Unabhängigkeit ihrer im Sinne von § 3 Nummer 38 verbundenen Verteilernetzbetreiber hinsichtlich der Organisation, der Entscheidungsgewalt und der Ausübung des Netzgeschäfts nach Maßgabe der folgenden Absätze sicherzustellen.

(2) Für Personen, die für den Verteilernetzbetreiber tätig sind, gelten zur Gewährleistung eines diskriminierungsfreien Netzbetriebs folgende Vorgaben:

1. Personen, die mit Leitungsaufgaben für den Verteilernetzbetreiber betraut sind oder die Befugnis zu Letztentscheidungen besitzen, die für die Gewährleistung eines diskriminierungsfreien Netzbetriebs wesentlich sind, müssen für die Ausübung dieser Tätigkeiten einer betrieblichen Einrichtung des Verteilernetzbetreibers angehören und dürfen keine Angehörigen von betrieblichen Einrichtungen des vertikal integrierten Unternehmens sein, die direkt oder indirekt für den laufenden Betrieb in den Bereichen der Gewinnung, Erzeugung oder des Vertriebs von Energie an Kunden zuständig sind.
2. Personen, die in anderen Teilen des vertikal integrierten Unternehmens sonstige Tätigkeiten des Netzbetriebs ausüben, sind insoweit den fachlichen Weisungen der Leitung des Verteilernetzbetreibers zu unterstellen.

(3) Unternehmen nach § 6 Absatz 1 Satz 1 haben geeignete Maßnahmen zu treffen, um die berufliche Handlungsunabhängigkeit der Personen zu gewährleisten, die mit Leitungsaufgaben des Verteilernetzbetreibers betraut sind.

(4) [1] Vertikal integrierte Unternehmen haben zu gewährleisten, dass die Verteilernetzbetreiber tatsächliche Entscheidungsbefugnisse in Bezug auf die für den Betrieb, die Wartung und den Ausbau des Netzes erforderlichen Vermögenswerte des vertikal integrierten Unternehmens besitzen und diese im Rahmen der Bestimmungen dieses Gesetzes unabhängig von der Leitung und den anderen betrieblichen Einrichtungen des vertikal integrierten Unternehmens ausüben können. [2] Das vertikal integrierte Unternehmen hat sicherzustellen, dass der Verteilernetzbetreiber über die erforderliche Ausstattung in materieller, personeller, technischer und finanzieller Hinsicht verfügt, um tatsächliche Entscheidungsbefugnisse nach Satz 1 effektiv ausüben zu können. [3] Zur Wahrnehmung der wirtschaftlichen Befugnisse der Leitung des vertikal integrierten Unternehmens und seiner Aufsichtsrechte über die Geschäftsführung des Verteilernetzbetreibers im Hinblick auf dessen Rentabilität ist die Nutzung gesellschaftsrechtlicher Instrumente der Einflussnahme und Kontrolle, unter anderem der Weisung, der Festlegung allgemeiner Verschuldungsobergrenzen und der Genehmigung jährlicher Finanzpläne oder gleichwertiger Instrumente, insoweit zulässig als dies zur Wahrnehmung der berechtigten Interessen des vertikal integrierten Unternehmens erforderlich ist. [4] Dabei ist die Einhaltung der §§ 11 bis 16a sicherzustellen. [5] Weisungen zum laufenden Netzbetrieb sind nicht erlaubt; ebenfalls unzulässig sind Weisungen im Hinblick auf einzelne Entscheidungen zu baulichen Maßnahmen an Energieanlagen, solange sich diese Entscheidungen im Rahmen eines vom vertikal integrierten Unternehmen genehmigten Finanzplans oder gleichwertigen Instruments halten.

(5) [1] Vertikal integrierte Unternehmen sind verpflichtet, für die mit Tätigkeiten des Netzbetriebs befassten Mitarbeiter ein Programm mit verbindlichen Maßnah-

---

[1)] § 7a neu gef. mWv 4.8.2011 durch G v. 26.7.2011 (BGBl. I S. 1554); Abs. 2 Nr. 1 und 2 geänd., Abs. 4 neu gef., Abs. 5 Satz 1, Abs. 6 und 7 Satz 1 geänd. mWv 29.7.2022 durch G v. 19.7.2022 (BGBl. I S. 1214).

men zur diskriminierungsfreien Ausübung des Netzgeschäfts (Gleichbehandlungsprogramm) festzulegen, den Mitarbeitern dieses Unternehmens und der Regulierungsbehörde bekannt zu machen und dessen Einhaltung durch eine natürliche oder juristische Person (Gleichbehandlungsbeauftragter) zu überwachen. [2]Pflichten der Mitarbeiter und mögliche Sanktionen sind festzulegen. [3]Der Gleichbehandlungsbeauftragte legt der Regulierungsbehörde jährlich spätestens zum 31. März einen Bericht über die nach Satz 1 getroffenen Maßnahmen des vergangenen Kalenderjahres vor und veröffentlicht ihn in nicht personenbezogener Form. [4]Der Gleichbehandlungsbeauftragte des Verteilernetzbetreibers ist in seiner Aufgabenwahrnehmung vollkommen unabhängig. [5]Er hat Zugang zu allen Informationen, über die der Verteilernetzbetreiber und etwaige verbundene Unternehmen verfügen, soweit dies zu Erfüllung seiner Aufgaben erforderlich ist.

(6) Verteilernetzbetreiber, die Teil eines vertikal integrierten Unternehmens sind, haben in ihrem Kommunikationsverhalten und ihrer Markenpolitik zu gewährleisten, dass eine Verwechslung zwischen Verteilernetzbetreiber und den Vertriebsaktivitäten des vertikal integrierten Energieversorgungsunternehmens ausgeschlossen ist.

(7) [1]Vertikal integrierte Unternehmen, an deren Elektrizitätsverteilernetz weniger als 100 000 Kunden unmittelbar oder mittelbar angeschlossen sind, sind hinsichtlich der Betreiber von Elektrizitätsverteilernetzen, die mit ihnen im Sinne von § 3 Nummer 38 verbunden sind, von den Verpflichtungen nach Absatz 1 bis 6 ausgenommen. [2]Satz 1 gilt entsprechend für Gasverteilernetze.

§ 7b[1)] Entflechtung von Gasspeicheranlagenbetreibern und Transportnetzeigentümern. Auf Transportnetzeigentümer, soweit ein Unabhängiger Systembetreiber im Sinne des § 9 benannt wurde, und auf Betreiber von Gasspeicheranlagen, die Teil eines vertikal integrierten Unternehmens sind und zu denen der Zugang technisch und wirtschaftlich erforderlich ist für einen effizienten Netzzugang im Hinblick auf die Belieferung von Kunden, sind § 7 Absatz 1 und § 7a Absatz 1 bis 5 entsprechend anwendbar.

§ 7c[2)] Ausnahme für Ladepunkte für Elektromobile; Verordnungsermächtigung. (1) [1]Betreiber von Elektrizitätsverteilernetzen dürfen weder Eigentümer von Ladepunkten für Elektromobile sein noch diese Ladepunkte entwickeln, verwalten oder betreiben. [2]Satz 1 ist nicht für private Ladepunkte für Elektromobile anzuwenden, die für den Eigengebrauch des Betreibers von Elektrizitätsverteilernetzen bestimmt sind.

(2) [1]Abweichend von Absatz 1 Satz 1 sind Betreiber von Elektrizitätsverteilernetzen befugt, in ihrem Netzgebiet das Eigentum an Ladepunkten für Elektromobile zu halten oder diese Ladepunkte zu entwickeln, zu verwalten oder zu betreiben, sofern in Fällen regionalen Marktversagens, das nach Durchführung eines offenen, transparenten und diskriminierungsfreien Ausschreibungsverfahrens durch eine kommunale Gebietskörperschaft festgestellt worden ist, die Bundesnetzagentur nach Maßgabe der Bedingungen einer aufgrund des Absatzes 3 erlassenen Rechtsverordnung ihre Genehmigung dazu erteilt hat. [2]Im Falle einer Genehmigung hat die Bundesnetzagentur den Betreiber des Elektrizitätsverteilernetzes zu verpflichten, Dritten den Zugang zu den Ladepunkten zu angemessenen und

---

1) § 7b neu gef. mWv 4.8.2011 durch G v. 26.7.2011 (BGBl. I S. 1554); Überschrift und Wortlaut geänd. mWv 27.7.2021 durch G v. 16.7.2021 (BGBl. I S. 3026); geänd. mWv 29.7.2022 durch G v. 19.7. 2022 (BGBl. I S. 1214).

2) § 7c eingef. mWv 27.7.2021 durch G v. 16.7.2021 (BGBl. I S. 3026).

diskriminierungsfreien Bedingungen zu gewähren. [3] Die Voraussetzungen für den Fortbestand einer Genehmigung sind mindestens alle fünf Jahre durch die Regulierungsbehörde zu überprüfen.

(3) [1] Das Bundesministerium für Wirtschaft und Energie wird ermächtigt, im Einvernehmen mit dem Bundesministerium für Verkehr und digitale Infrastruktur durch Rechtsverordnung mit Zustimmung des Bundesrates die Voraussetzungen einer Genehmigung nach Absatz 2 festzulegen und das Ausschreibungsverfahren näher zu bestimmen. [2] Insbesondere können durch Rechtsverordnung Regelungen getroffen werden,

1. zu der Bestimmung eines Bedarfs und eines regionalen Marktversagens im Hinblick auf den Ladeinfrastrukturaufbau, insbesondere hinsichtlich der Abgrenzung des betroffenen Gebiets und der bereits bestehenden Ladepunkte, einschließlich der Festlegung von Ausschreibungsbedingungen und -verfahren,
2. zu den Anforderungen an ein Ausschreibungsverfahren nach Absatz 2 Satz 1 sowie den Voraussetzungen und dem Verfahren für Genehmigungen der Regulierungsbehörde sowie
3. zu der regelmäßigen Überprüfung und Bewertung nach Erteilung einer Genehmigung, ob Dritte in der Lage sind, Eigentümer von Ladepunkten zu sein oder diese zu entwickeln, zu betreiben oder zu verwalten, sowie zu möglichen Folgemaßnahmen einschließlich einer mindestens schrittweisen Einstellung der von Absatz 1 erfassten Tätigkeiten des Betreibers von Elektrizitätsverteilernetzen.

Abschnitt 3.[1)] Besondere Entflechtungsvorgaben für Transportnetzbetreiber

§ 8[2)] Eigentumsrechtliche Entflechtung. (1) Vertikal integrierte Unternehmen haben sich nach Maßgabe der folgenden Absätze zu entflechten, soweit sie nicht von einer der in § 9 oder den §§ 10 bis 10e enthaltenen Möglichkeiten Gebrauch machen.

(2) [1] Der Transportnetzbetreiber hat unmittelbar oder vermittelt durch Beteiligungen Eigentümer des Transportnetzes zu sein. [2] Personen, die unmittelbar oder mittelbar die Kontrolle über ein Unternehmen ausüben, das eine der Funktionen Gewinnung, Erzeugung oder Vertrieb von Energie an Kunden wahrnimmt, sind nicht berechtigt, unmittelbar oder mittelbar Kontrolle über einen Betreiber eines Transportnetzes oder ein Transportnetz oder Rechte an einem Betreiber eines Transportnetzes oder einem Transportnetz auszuüben. [3] Personen, die unmittelbar oder mittelbar die Kontrolle über einen Transportnetzbetreiber oder ein Transportnetz ausüben, sind nicht berechtigt, unmittelbar oder mittelbar Kontrolle über ein Unternehmen, das eine der Funktionen Gewinnung, Erzeugung oder Vertrieb von Energie an Kunden wahrnimmt, oder Rechte an einem solchen Unternehmen auszuüben. [4] Insbesondere sind Übertragungsnetzbetreiber nicht berechtigt, Eigentümer einer Energiespeicheranlage zu sein oder eine solche zu errichten, zu verwalten oder zu betreiben. [5] Personen, die unmittelbar oder mittelbar die Kontrolle über ein Unternehmen ausüben, das eine der Funktionen Gewinnung, Erzeugung oder Vertrieb von Energie an Kunden wahrnimmt, oder Rechte an

---

1) Teil 2 (§§ 6–10e) neu gef. mWv 4.8.2011 durch G v. 26.7.2011 (BGBl. I S. 1554).

2) § 8 neu gef. mWv 4.8.2011 durch G v. 26.7.2011 (BGBl. I S. 1554); Abs. 2 Satz 4 eingef., bish. Sätze 4–9 werden Sätze 5–10, neuer Satz 7 einl. Satzteil geänd. mWv 27.7.2021 durch G v. 16.7.2021 (BGBl. I S. 3026); Abs. 1 geänd. mWv 29.7.2022 durch G v. 19.7.2022 (BGBl. I S. 1214).

einem solchen Unternehmen ausüben, sind nicht berechtigt, Mitglieder des Aufsichtsrates oder der zur gesetzlichen Vertretung berufenen Organe eines Betreibers von Transportnetzen zu bestellen. [6] Personen, die Mitglied des Aufsichtsrates oder der zur gesetzlichen Vertretung berufenen Organe eines Unternehmens sind, das eine Funktion der Gewinnung, Erzeugung oder Vertrieb von Energie an Kunden wahrnimmt, sind nicht berechtigt, Mitglied des Aufsichtsrates oder der zur gesetzlichen Vertretung berufenen Organe des Transportnetzbetreibers zu sein. [7] Rechte im Sinne von Satz 2, 3 und 5 sind insbesondere:

1. die Befugnis zur Ausübung von Stimmrechten, soweit dadurch wesentliche Minderheitsrechte vermittelt werden, insbesondere in den in § 179 Absatz 2 des Aktiengesetzes[1)], § 182 Absatz 1 des Aktiengesetzes sowie § 193 Absatz 1 des Aktiengesetzes geregelten oder vergleichbaren Bereichen,
2. die Befugnis, Mitglieder des Aufsichtsrates oder der zur gesetzlichen Vertretung berufenen Organe zu bestellen,
3. das Halten einer Mehrheitsbeteiligung.

[8] Die Verpflichtung nach Satz 1 gilt als erfüllt, wenn zwei oder mehr Unternehmen, die Eigentümer von Transportnetzen sind, ein Gemeinschaftsunternehmen gründen, das in zwei oder mehr Mitgliedstaaten als Betreiber für die betreffenden Transportnetze tätig ist. [9] Ein anderes Unternehmen darf nur dann Teil des Gemeinschaftsunternehmens sein, wenn es nach den Vorschriften dieses Abschnitts entflochten und zertifiziert wurde. [10] Transportnetzbetreiber haben zu gewährleisten, dass sie über die finanziellen, materiellen, technischen und personellen Mittel verfügen, die erforderlich sind, um die Aufgaben nach Teil 3 Abschnitt 1 bis 3 wahrzunehmen.

(3) Im unmittelbaren Zusammenhang mit einem Entflechtungsvorgang nach Absatz 1 dürfen weder wirtschaftlich sensible Informationen nach § 6a, über die ein Transportnetzbetreiber verfügt, der Teil eines vertikal integrierten Unternehmens war, an Unternehmen übermittelt werden, die eine der Funktionen Gewinnung, Erzeugung oder Vertrieb von Energie an Kunden wahrnehmen, noch ein Personalübergang vom Transportnetzbetreiber zu diesen Unternehmen stattfinden.

§ 9[2)] Unabhängiger Systembetreiber. (1) [1] Ein Unabhängiger Systembetreiber kann nach Maßgabe dieser Vorschrift benannt werden

1. für ein Transportnetz, wenn dieses am 3. September 2009 im Eigentum eines vertikal integrierten Unternehmens stand, oder
2. für ein Fernleitungsnetz, das Deutschland mit einem Drittstaat verbindet, in Bezug auf den Abschnitt von der Grenze des deutschen Hoheitsgebietes bis zum ersten Kopplungspunkt mit dem deutschen Netz, wenn das Fernleitungsnetz am 23. Mai 2019 im Eigentum eines vertikal integrierten Unternehmens stand.

[2] Unternehmen, die einen Antrag auf Zertifizierung des Betriebs eines Unabhängigen Systembetreibers stellen, haben die Unabhängigkeit des Transportnetzbetreibers nach Maßgabe der Absätze 2 bis 6 sicherzustellen.

(2) [1] Auf Unabhängige Systembetreiber ist § 8 Absatz 2 Satz 2, 3, 5 und 6 entsprechend anzuwenden, dabei ist auf Unabhängige Systembetreiber im Elek-

---

[1)] **Habersack, Deutsche Gesetze Nr. 51.**

[2)] § 9 neu gef. mWv 4.8.2011 durch G v. 26.7.2011 (BGBl. I S. 1554); Abs. 1 Satz 1 neu gef. mWv 12.12.2019 durch G v. 5.12.2019 (BGBl. I S. 2002); Abs. 2 Satz 1 neu gef., Satz 4, Abs. 3 Satz 3 geänd. mWv 27.7.2021 durch G v. 16.7.2021 (BGBl. I S. 3026); Abs. 1 Satz 1 Nr. 1 und 2, Abs. 4 Sätze 1 und 4, Abs. 5 geänd. mWv 29.7.2022 durch G v. 19.7.2022 (BGBl. I S. 1214).

trizitätsbereich auch § 8 Absatz 2 Satz 4 entsprechend anwendbar. [2] Er hat über die materiellen, finanziellen, technischen und personellen Mittel zu verfügen, die erforderlich sind, um die Aufgaben des Transportnetzbetreibers nach Teil 3 Abschnitt 1 bis 3 wahrzunehmen. [3] Der Unabhängige Systembetreiber ist verpflichtet, den von der Regulierungsbehörde überwachten zehnjährigen Netzentwicklungsplan nach den §§ 12a bis 12f oder § 15a umzusetzen. [4] Der Unabhängige Systembetreiber hat in der Lage zu sein, den Verpflichtungen, die sich aus der Verordnung (EU) 2019/943 oder der Verordnung (EG) Nr. 715/2009 ergeben, auch hinsichtlich der Zusammenarbeit der Übertragungs- oder Fernleitungsnetzbetreiber auf europäischer und regionaler Ebene, nachkommen zu können.

(3) [1] Der Unabhängige Systembetreiber hat den Netzzugang für Dritte diskriminierungsfrei zu gewähren und auszugestalten. [2] Er hat insbesondere Netzentgelte zu erheben, Engpasserlöse einzunehmen, das Transportnetz zu betreiben, zu warten und auszubauen, sowie im Wege einer Investitionsplanung die langfristige Fähigkeit des Transportnetzes zur Befriedigung einer angemessenen Nachfrage zu gewährleisten. [3] Der Unabhängige Systembetreiber hat im Elektrizitätsbereich neben den Aufgaben nach Satz 1 und 2 auch die Rechte und Pflichten, insbesondere Zahlungen, im Rahmen des Ausgleichsmechanismus zwischen Übertragungsnetzbetreibern nach Artikel 49 der Verordnung (EU) 2019/943 wahrzunehmen. [4] Der Unabhängige Systembetreiber trägt die Verantwortung für Planung, einschließlich der Durchführung der erforderlichen Genehmigungsverfahren, Bau und Betrieb der Infrastruktur. [5] Der Transportnetzeigentümer ist nicht nach Satz 1 bis 4 verpflichtet.

(4) [1] Der Eigentümer des Transportnetzes und das vertikal integrierte Unternehmen haben im erforderlichen Umfang mit dem Unabhängigen Systembetreiber zusammenzuarbeiten und ihn bei der Wahrnehmung seiner Aufgaben, insbesondere durch Zurverfügungstellung der dafür erforderlichen Informationen, zu unterstützen. [2] Sie haben die vom Unabhängigen Systembetreiber beschlossenen und im Netzentwicklungsplan nach den §§ 12a bis 12f oder § 15a für die folgenden drei Jahre ausgewiesenen Investitionen zu finanzieren oder ihre Zustimmung zur Finanzierung durch Dritte, einschließlich des Unabhängigen Systembetreibers, zu erteilen. [3] Die Finanzierungsvereinbarungen sind von der Regulierungsbehörde zu genehmigen. [4] Der Eigentümer des Transportnetzes und das vertikal integrierte Energieversorgungsunternehmen haben die notwendigen Sicherheitsleistungen, die zur Erleichterung der Finanzierung eines notwendigen Netzausbaus erforderlich sind, zur Verfügung zu stellen, es sei denn, der Eigentümer des Transportnetzes oder das vertikal integrierte Unternehmen haben der Finanzierung durch einen Dritten, einschließlich dem Unabhängigen Systembetreiber, zugestimmt. [5] Der Eigentümer des Transportnetzes hat zu gewährleisten, dass er dauerhaft in der Lage ist, seinen Verpflichtungen nach Satz 1 bis 3 nachzukommen.

(5) Der Eigentümer des Transportnetzes und das vertikal integrierte Unternehmen haben den Unabhängigen Systembetreiber von jeglicher Haftung für Sach-, Personen- und Vermögensschäden freizustellen, die durch das vom Unabhängigen Systembetreiber betriebenen Transportnetz verursacht werden, es sei denn, die Haftungsrisiken betreffen die Wahrnehmung der Aufgaben nach Absatz 3 durch den Unabhängigen Systembetreiber.

(6) Betreibt der Unabhängige Systembetreiber die Transportnetze mehrerer Eigentümer von Transportnetzen, sind die Voraussetzungen der Absätze 1 bis 5 im Verhältnis zwischen dem Unabhängigen Systembetreiber und dem jeweiligen Eigentümer von Transportnetzen oder dem jeweiligen vertikal integrierten Unternehmen jeweils zu erfüllen.

§ 10[1)] Unabhängiger Transportnetzbetreiber. (1) [1]Vertikal integrierte Unternehmen können einen Unabhängigen Transportnetzbetreiber nach Maßgabe dieser Bestimmung sowie der §§ 10a bis 10e benennen:

1. für ein Transportnetz, wenn es am 3. September 2009 im Eigentum des vertikal integrierten Unternehmens stand, oder
2. für ein Fernleitungsnetz, das Deutschland mit einem Drittstaat verbindet, in Bezug auf den Abschnitt von der Grenze des deutschen Hoheitsgebietes bis zum ersten Kopplungspunkt mit dem deutschen Netz, wenn das Fernleitungsnetz am 23. Mai 2019 im Eigentum des vertikal integrierten Unternehmens stand.

[2]Der Unabhängige Transportnetzbetreiber hat neben den Aufgaben nach Teil 3 Abschnitt 1 bis 3 mindestens für folgende Bereiche verantwortlich zu sein:

1. die Vertretung des Unabhängigen Transportnetzbetreibers gegenüber Dritten und der Regulierungsbehörde,
2. die Vertretung des Unabhängigen Transportnetzbetreibers innerhalb des Europäischen Verbunds der Übertragungs- oder Fernleitungsnetzbetreiber,
3. die Erhebung aller transportnetzbezogenen Entgelte, einschließlich der Netzentgelte, sowie gegebenenfalls anfallender Entgelte für Hilfsdienste, insbesondere für Gasaufbereitung und die Beschaffung oder Bereitstellung von Ausgleichs- oder Verlustenergie,
4. die Einrichtung und den Unterhalt solcher Einrichtungen, die üblicherweise für mehrere Teile des vertikal integrierten Unternehmens tätig wären, insbesondere eine eigene Rechtsabteilung und eigene Buchhaltung sowie die Betreuung der beim Unabhängigen Transportnetzbetreiber vorhandenen Informationstechnologie-Infrastruktur,
5. die Gründung von geeigneten Gemeinschaftsunternehmen, auch mit anderen Transportnetzbetreibern, mit Energiebörsen und anderen relevanten Akteuren, mit dem Ziel die Entwicklung von regionalen Strom- oder Gasmärkten zu fördern, die Versorgungssicherheit zu gewährleisten oder den Prozess der Liberalisierung der Energiemärkte zu erleichtern.

(2) [1]Vertikal integrierte Unternehmen haben die Unabhängigkeit ihrer im Sinne von § 3 Nummer 38 verbundenen Unabhängigen Transportnetzbetreiber hinsichtlich der Organisation, der Entscheidungsgewalt und der Ausübung des Transportnetzgeschäfts nach Maßgabe der §§ 10a bis 10e zu gewährleisten. [2]Vertikal integrierte Unternehmen haben den Unabhängigen Transportnetzbetreiber in einer der nach Artikel 1 der Richtlinie 2009/101/EG des Europäischen Parlaments und des Rates vom 16. September 2009 zur Koordinierung der Schutzbestimmungen, die in den Mitgliedstaaten Gesellschaften im Sinne des Artikels 48 Absatz 2 des Vertrags im Interesse der Gesellschafter sowie Dritter vorgeschrieben sind, um diese Bestimmungen gleichwertig zu gestalten (ABl. L 258 vom 1.10. 2009, S. 11) zulässigen Rechtsformen zu organisieren.

§ 10a[2)] Vermögenswerte, Anlagen, Personalausstattung, Unternehmensidentität des Unabhängigen Transportnetzbetreibers. (1) [1]Unabhängige Transportnetzbetreiber müssen über die finanziellen, technischen, materiellen und

---

[1)] § 10 neu gef. mWv 4.8.2011 durch G v. 26.7.2011 (BGBl. I S. 1554); Abs. 1 Satz 1 neu gef. mWv 12.12.2019 durch G v. 5.12.2019 (BGBl. I S. 2002); Abs. 1 Satz 1 einl. Satzteil, Nr. 1 und 2, Abs. 2 Sätze 1 und 2 geänd. mWv 29.7.2022 durch G v. 19.7.2022 (BGBl. I S. 1214).

[2)] § 10a neu gef. mWv 4.8.2011 durch G v. 26.7.2011 (BGBl. I S. 1554); Abs. 2–7 neu gef. mWv 29.7. 2022 durch G v. 19.7.2022 (BGBl. I S. 1214).

personellen Mittel verfügen, die zur Erfüllung der Pflichten aus diesem Gesetz und für den Transportnetzbetrieb erforderlich sind. [2] Unabhängige Transportnetzbetreiber haben, unmittelbar oder vermittelt durch Beteiligungen, Eigentümer an allen für den Transportnetzbetrieb erforderlichen Vermögenswerten, einschließlich des Transportnetzes, zu sein.

(2) [1] Personal, das für den Betrieb des Transportnetzes erforderlich ist, darf nicht in anderen Gesellschaften des vertikal integrierten Unternehmens angestellt sein. [2] Arbeitnehmerüberlassungen des Unabhängigen Transportnetzbetreibers an das vertikal integrierte Unternehmen sowie Arbeitnehmerüberlassungen des vertikal integrierten Unternehmens an den Unabhängigen Transportnetzbetreiber sind unzulässig.

(3) [1] Andere Teile des vertikal integrierten Unternehmens haben die Erbringung von Dienstleistungen durch eigene oder in ihrem Auftrag handelnde Personen für den Unabhängigen Transportnetzbetreiber zu unterlassen. [2] Die Erbringung von Dienstleistungen für das vertikal integrierte Unternehmen durch den Unabhängigen Transportnetzbetreiber ist nur zulässig, soweit

1. die Dienstleistungen grundsätzlich für alle Nutzer des Transportnetzes diskriminierungsfrei zugänglich sind und der Wettbewerb in den Bereichen Erzeugung, Gewinnung und Lieferung nicht eingeschränkt, verzerrt oder unterbunden wird;
2. die vertraglichen Bedingungen für die Erbringung der Dienstleistung durch den Unabhängigen Transportnetzbetreiber für das vertikal integrierte Unternehmen der Regulierungsbehörde vorgelegt und von dieser geprüft wurden und
3. die Dienstleistungen weder die Abrechnung erbrachter Dienstleistungen gegenüber dem Kunden für das vertikal integrierte Unternehmen im Bereich der Funktionen Erzeugung, Gewinnung, Verteilung, Lieferung von Elektrizität oder Erdgas oder Speicherung von Erdgas noch andere Dienstleistungen umfassen, deren Wahrnehmung durch den Unabhängigen Transportnetzbetreiber geeignet ist, Wettbewerber des vertikal integrierten Unternehmens zu diskriminieren.

[3] Die Befugnisse der Regulierungsbehörde nach § 65 bleiben unberührt.

(4) Der Unabhängige Transportnetzbetreiber hat sicherzustellen, dass hinsichtlich seiner Firma, seiner Kommunikation mit Dritten sowie seiner Markenpolitik und Geschäftsräume eine Verwechslung mit dem vertikal integrierten Unternehmen oder irgendeinem Teil davon ausgeschlossen ist.

(5) [1] Unabhängige Transportnetzbetreiber müssen die gemeinsame Nutzung von Anwendungssystemen der Informationstechnologie mit jeglichem Unternehmensteil des vertikal integrierten Unternehmens unterlassen, soweit diese Anwendungen der Informationstechnologie auf die unternehmerischen Besonderheiten des Unabhängigen Transportnetzbetreibers oder des vertikal integrierten Unternehmens angepasst wurden. [2] Unabhängige Transportnetzbetreiber haben die gemeinsame Nutzung von Infrastruktur der Informationstechnologie mit jeglichem Unternehmensteil des vertikal integrierten Unternehmens zu unterlassen, es sei denn, die Infrastruktur

1. befindet sich außerhalb der Geschäftsräume des Unabhängigen Transportnetzbetreibers und des vertikal integrierten Unternehmens und
2. wird von Dritten zur Verfügung gestellt und betrieben.

[3] Unabhängige Transportnetzbetreiber und vertikal integrierte Unternehmen haben sicherzustellen, dass sie in Bezug auf Anwendungssysteme der Informationstechnologie und Infrastruktur der Informationstechnologie, die sich in Geschäfts-

oder Büroräumen des Unabhängigen Transportnetzbetreibers oder des vertikal integrierten Unternehmens befindet, nicht mit denselben Beratern oder externen Auftragnehmern zusammenarbeiten.

(6) Unabhängiger Transportnetzbetreiber und jegliche Unternehmensteile des vertikal integrierten Unternehmens haben die gemeinsame Nutzung von Büro- und Geschäftsräumen, einschließlich der gemeinsamen Nutzung von Zugangskontrollsystemen, zu unterlassen.

(7) [1] Der Unabhängige Transportnetzbetreiber hat die Rechnungslegung von anderen Abschlussprüfern als denen prüfen zu lassen, die die Rechnungsprüfung beim vertikal integrierten Unternehmen oder bei dessen Unternehmensteilen durchführen. [2] Der Abschlussprüfer des vertikal integrierten Unternehmens kann Einsicht in Teile der Bücher des Unabhängigen Transportnetzbetreibers nehmen, soweit dies zur Erteilung des Konzernbestätigungsvermerkes im Rahmen der Vollkonsolidierung des vertikal integrierten Unternehmens erforderlich ist. [3] Der Abschlussprüfer ist verpflichtet, aus der Einsicht in die Bücher des Unabhängigen Transportnetzbetreibers gewonnene Erkenntnisse und wirtschaftlich sensible Informationen vertraulich zu behandeln und sie insbesondere nicht dem vertikal integrierten Unternehmen mitzuteilen.

§ 10b[1)] Rechte und Pflichten im vertikal integrierten Unternehmen.

(1) [1] Vertikal integrierte Unternehmen müssen gewährleisten, dass Unabhängige Transportnetzbetreiber wirksame Entscheidungsbefugnisse in Bezug auf die für den Betrieb, die Wartung und den Ausbau des Netzes erforderlichen Vermögenswerte des vertikal integrierten Unternehmens besitzen und diese im Rahmen der Bestimmungen dieses Gesetzes unabhängig von der Leitung und den anderen betrieblichen Einrichtungen des vertikal integrierten Unternehmens ausüben können. [2] Unabhängige Transportnetzbetreiber müssen insbesondere die Befugnis haben, sich zusätzliche Finanzmittel auf dem Kapitalmarkt durch Aufnahme von Darlehen oder durch eine Kapitalerhöhung zu beschaffen. [3] Satz 1 und 2 gelten unbeschadet der Entscheidungen des Aufsichtsrates nach § 10d.

(2) [1] Struktur und Satzung des Unabhängigen Transportnetzbetreibers haben die Unabhängigkeit des Transportnetzbetreibers vom vertikal integrierten Unternehmen im Sinne der §§ 10 bis 10e sicherzustellen. [2] Vertikal integrierte Unternehmen haben jegliche unmittelbare oder mittelbare Einflussnahme auf das laufende Geschäft des Unabhängigen Transportnetzbetreibers oder den Netzbetrieb zu unterlassen; sie unterlassen ebenfalls jede unmittelbare oder mittelbare Einflussnahme auf notwendige Tätigkeiten zur Erstellung des zehnjährigen Netzentwicklungsplans nach den §§ 12a bis 12f oder § 15a durch den Unabhängigen Transportnetzbetreiber.

(3) [1] Tochterunternehmen des vertikal integrierten Unternehmens, die die Funktionen Erzeugung, Gewinnung oder Vertrieb von Energie an Kunden wahrnehmen, dürfen weder direkt noch indirekt Anteile am Transportnetzbetreiber halten. [2] Der Transportnetzbetreiber darf weder direkt oder indirekt Anteile an Tochterunternehmen des vertikal integrierten Unternehmens, die die Funktionen Erzeugung, Gewinnung oder Vertrieb von Energie an Kunden wahrnehmen, halten noch Dividenden oder andere finanzielle Zuwendungen von diesen Tochterunternehmen erhalten. [3] Insbesondere sind Übertragungsnetzbetreiber nicht

---

[1)] § 10b neu gef. mWv 4.8.2011 durch G v. 26.7.2011 (BGBl. I S. 1554); Abs. 3 Satz 3 angef. mWv 27.7.2021 durch G v. 16.7.2021 (BGBl. I S. 3026); Abs. 1 Satz 1, Abs. 2 Satz 2, Abs. 5 Sätze 1, 2 und 4 geänd. mWv 29.7.2022 durch G v. 19.7.2022 (BGBl. I S. 1214).

berechtigt, Eigentümer einer Energiespeicheranlage zu sein oder eine solche zu errichten, zu verwalten oder zu betreiben.

(4) Der Unabhängige Transportnetzbetreiber hat zu gewährleisten, dass er jederzeit über die notwendigen Mittel für die Errichtung, den Betrieb und den Erhalt eines sicheren, leistungsfähigen und effizienten Transportnetzes verfügt.

(5) [1] Das vertikal integrierte Unternehmen und der Unabhängige Transportnetzbetreiber haben bei zwischen ihnen bestehenden kommerziellen und finanziellen Beziehungen, einschließlich der Gewährung von Krediten an das vertikal integrierte Unternehmen durch den Unabhängigen Transportnetzbetreiber, marktübliche Bedingungen einzuhalten. [2] Der Transportnetzbetreiber hat alle kommerziellen oder finanziellen Vereinbarungen mit dem vertikal integrierten Unternehmen der Regulierungsbehörde in der Zertifizierung zur Genehmigung vorzulegen. [3] Die Befugnisse der Behörde zur Überprüfung der Pflichten aus Teil 3 Abschnitt 3 bleiben unberührt. [4] Der Unabhängige Transportnetzbetreiber hat diese kommerziellen und finanziellen Beziehungen mit dem vertikal integrierten Unternehmen umfassend zu dokumentieren und die Dokumentation der Regulierungsbehörde auf Verlangen zur Verfügung zu stellen.

(6) Die organschaftliche Haftung der Mitglieder von Organen des vertikal integrierten Unternehmens für Vorgänge in Bereichen, auf die diese Mitglieder nach diesem Gesetz keinen Einfluss ausüben durften und tatsächlich keinen Einfluss ausgeübt haben, ist ausgeschlossen.

§ 10c[1)] Unabhängigkeit des Personals und der Unternehmensleitung des Unabhängigen Transportnetzbetreibers. (1) [1] Der Unabhängige Transportnetzbetreiber hat der Regulierungsbehörde die Namen der Personen, die vom Aufsichtsrat als oberste Unternehmensleitung des Transportnetzbetreibers ernannt oder bestätigt werden, sowie die Regelungen hinsichtlich der Funktion, für die diese Personen vorgesehen sind, die Laufzeit der Verträge mit diesen Personen, die jeweiligen Vertragsbedingungen sowie eine eventuelle Beendigung der Verträge mit diesen Personen unverzüglich mitzuteilen. [2] Im Falle einer Vertragsbeendigung hat der Unabhängige Transportnetzbetreiber der Regulierungsbehörde die Gründe, aus denen die Vertragsbeendigung vorgesehen ist, vor der Entscheidung mitzuteilen. [3] Entscheidungen und Regelungen nach Satz 1 werden erst verbindlich, wenn die Regulierungsbehörde innerhalb von drei Wochen nach Zugang der Mitteilung des Unabhängigen Transportnetzbetreibers keine Einwände gegen die Entscheidung erhebt. [4] Die Regulierungsbehörde kann ihre Einwände gegen die Entscheidung nur darauf stützen, dass Zweifel bestehen an:

1. der beruflichen Unabhängigkeit einer ernannten Person der obersten Unternehmensleitung oder
2. der Berechtigung einer vorzeitigen Vertragsbeendigung.

(2) [1] Die Mehrheit der Angehörigen der Unternehmensleitung des Unabhängigen Transportnetzbetreibers darf in den letzten drei Jahren vor einer Ernennung nicht bei einem Unternehmen des vertikal integrierten Unternehmens oder einem Mehrheitsanteilseigner dieser Unternehmen angestellt gewesen sein oder Interessen- oder Geschäftsbeziehungen zu einem dieser Unternehmen unterhalten haben. [2] Die verbleibenden Angehörigen der Unternehmensleitung des Unabhängi-

[1)] § 10c neu gef. mWv 4.8.2011 durch G v. 26.7.2011 (BGBl. I S. 1554); Abs. 2 Satz 1 geänd. mWv 22.7.2017 durch G v. 17.7.2017 (BGBl. I S. 2503); Abs. 2 Satz 2 geänd. mWv 27.7.2021 durch G v. 16.7. 2021 (BGBl. I S. 3026); Abs. 2-5 neu gef. mWv 29.7.2022 durch G v. 19.7.2022 (BGBl. I S. 1214).

gen Transportnetzbetreibers dürfen in den letzten sechs Monaten vor einer Ernennung keine Aufgaben der Unternehmensleitung und keine mit der Aufgabe beim Unabhängigen Transportnetzbetreiber vergleichbaren Aufgaben bei einem Unternehmen des vertikal integrierten Unternehmens oder einem Mehrheitsanteilseigner dieser Unternehmen wahrgenommen haben.

(3) [1] Der Unabhängige Transportnetzbetreiber hat sicherzustellen, dass seine Unternehmensleitung und seine Beschäftigten weder bei anderen Unternehmensteilen des vertikal integrierten Unternehmens oder bei deren Mehrheitsanteilseignern angestellt sind noch Interessen- oder Geschäftsbeziehungen zu ihnen unterhalten. [2] Satz 1 umfasst nicht die zu marktüblichen Bedingungen erfolgende Belieferung von Energie für den privaten Verbrauch oder die zu marktüblichen Bedingungen für den privaten Verbrauch erfolgende Belieferung im Rahmen sonstiger Kauf- oder Dienstleistungsverträge.

(4) [1] Der Unabhängige Transportnetzbetreiber und das vertikal integrierte Unternehmen haben zu gewährleisten, dass Personen der Unternehmensleitung und die übrigen Beschäftigten des Unabhängigen Transportnetzbetreibers weder direkt noch indirekt Beteiligungen an Unternehmensteilen des vertikal integrierten Unternehmens halten noch finanzielle Zuwendungen von diesen erhalten, es sei denn, es handelt sich um Beteiligungen am Unabhängigen Transportnetzbetreiber oder Zuwendungen vom Unabhängigen Transportnetzbetreiber. [2] Der Unabhängige Transportnetzbetreiber hat zu gewährleisten, dass die Vergütung von Personen der Unternehmensleitung und der übrigen Beschäftigten des Unabhängigen Transportnetzbetreibers nicht vom wirtschaftlichen Erfolg, insbesondere vom Betriebsergebnis, des vertikal integrierten Unternehmens, mit Ausnahme des Unabhängigen Transportnetzbetreibers, abhängig ist.

(5) Nach Beendigung des Vertragsverhältnisses zum Unabhängigen Transportnetzbetreiber dürfen Personen der Unternehmensleitung für vier Jahre bei anderen Unternehmensteilen des vertikal integrierten Unternehmens als dem Unabhängigen Transportnetzbetreiber oder bei deren Mehrheitsanteilseignern keine beruflichen Positionen bekleiden oder berufliche Aufgaben wahrnehmen oder Interessen- oder Geschäftsbeziehungen zu ihnen unterhalten.

(6) Absatz 2 Satz 1 sowie Absatz 3 und 5 gelten für Personen, die der obersten Unternehmensleitung unmittelbar unterstellt und für Betrieb, Wartung oder Entwicklung des Netzes verantwortlich sind, entsprechend.

§ 10d[1] Aufsichtsrat des Unabhängigen Transportnetzbetreibers.

(1) Der Unabhängige Transportnetzbetreiber hat über einen Aufsichtsrat nach Abschnitt 2 des Teils 4 des Aktiengesetzes[2] zu verfügen.

(2) [1] Entscheidungen, die Ernennungen, Bestätigungen, Beschäftigungsbedingungen für Personen der Unternehmensleitung des Unabhängigen Transportnetzbetreibers, einschließlich Vergütung und Vertragsbeendigung, betreffen, werden vom Aufsichtsrat getroffen. [2] Der Aufsichtsrat entscheidet, abweichend von § 119 des Aktiengesetzes, auch über die Genehmigung der jährlichen und langfristigen Finanzpläne des Unabhängigen Transportnetzbetreibers, über die Höhe der Verschuldung des Unabhängigen Transportnetzbetreibers sowie die Höhe der an die Anteilseigner des Unabhängigen Transportnetzbetreibers auszuzahlenden Dividenden. [3] Entscheidungen, die die laufenden Geschäfte des Transportnetzbetreibers, insbesondere den Netzbetrieb sowie die Aufstellung des zehnjährigen Netzent-

---

[1] Teil 2 (§§ 6–10e) neu gef. mWv 4.8.2011 durch G v. 26.7.2011 (BGBl. I S. 1554).

[2] **Habersack, Deutsche Gesetze Nr. 51.**

wicklungsplans nach den §§ 12a bis 12f oder nach § 15a betreffen, sind ausschließlich von der Unternehmensleitung des Unabhängigen Transportnetzbetreibers zu treffen.

(3) [1] § 10c Absatz 1 bis 5 gilt für die Hälfte der Mitglieder des Aufsichtrats des Unabhängigen Transportnetzbetreibers abzüglich einem Mitglied entsprechend. [2] § 10c Absatz 1 Satz 1 und 2 sowie Satz 4 Nummer 2 gilt für die übrigen Mitglieder des Aufsichtsrates des Unabhängigen Transportnetzbetreibers entsprechend.

§ 10e[1)] Gleichbehandlungsprogramm und Gleichbehandlungsbeauftragter des Unabhängigen Transportnetzbetreibers. (1) [1] Unabhängige Transportnetzbetreiber haben ein Programm mit verbindlichen Maßnahmen zur diskriminierungsfreien Ausübung des Betriebs des Transportnetzes festzulegen (Gleichbehandlungsprogramm), den Mitarbeitern bekannt zu machen und der Regulierungsbehörde zur Genehmigung vorzulegen. [2] Im Programm sind Pflichten der Mitarbeiter und mögliche Sanktionen festzulegen.

(2) [1] Unbeschadet der Befugnisse der Regulierungsbehörde wird die Einhaltung des Programms fortlaufend durch eine natürliche oder juristische Person (Gleichbehandlungsbeauftragter des Unabhängigen Transportnetzbetreibers) überwacht. [2] Der Gleichbehandlungsbeauftragte des Unabhängigen Transportnetzbetreibers wird vom nach § 10d gebildeten Aufsichtsrat des unabhängigen Transportnetzbetreibers ernannt. [3] § 10c Absatz 1 bis 5 gilt für den Gleichbehandlungsbeauftragten des Unabhängigen Transportnetzbetreibers entsprechend, § 10c Absatz 2 Satz 1 und 2 gilt nicht entsprechend, wenn der Unabhängige Transportnetzbetreiber eine natürliche Person zum Gleichbehandlungsbeauftragten des Unabhängigen Transportnetzbetreibers bestellt hat. [4] Der Gleichbehandlungsbeauftragte des Unabhängigen Transportnetzbetreibers ist der Leitung des Unabhängigen Transportnetzbetreibers unmittelbar zu unterstellen und in dieser Funktion weisungsfrei. [5] Er darf wegen der Erfüllung seiner Aufgaben nicht benachteiligt werden. [6] Der Unabhängige Transportnetzbetreiber hat dem Gleichbehandlungsbeauftragten des Unabhängigen Transportnetzbetreibers die zur Erfüllung seiner Aufgaben notwendigen Mittel zur Verfügung zu stellen. [7] Der Gleichbehandlungsbeauftragte des Unabhängigen Transportnetzbetreibers kann vom Unabhängigen Transportnetzbetreiber Zugang zu allen für die Erfüllung seiner Aufgaben erforderlichen Daten sowie, ohne Vorankündigung, zu den Geschäftsräumen des Unabhängigen Transportnetzbetreibers verlangen; der Unabhängige Transportnetzbetreiber hat diesem Verlangen des Gleichbehandlungsbeauftragten des Unabhängigen Transportnetzbetreibers zu entsprechen.

(3) [1] Der Aufsichtsrat des Unabhängigen Transportnetzbetreibers hat die Ernennung des Gleichbehandlungsbeauftragten des Unabhängigen Transportnetzbetreibers der Regulierungsbehörde unverzüglich mitzuteilen. [2] Die Ernennung nach Absatz 2 Satz 2 wird erst nach Zustimmung der Regulierungsbehörde wirksam. [3] Die Zustimmung zur Ernennung ist von der Regulierungsbehörde, außer im Falle fehlender Unabhängigkeit oder fehlender fachlicher Eignung der vom Unabhängigen Transportnetzbetreiber zur Ernennung vorgeschlagenen Person, zu erteilen. [4] Die Auftragsbedingungen oder Beschäftigungsbedingungen des Gleichbehandlungsbeauftragten des Unabhängigen Transportnetzbetreibers, einschließ-

[1)] § 10e neu gef. mWv 4.8.2011 durch G v. 26.7.2011 (BGBl. I S. 1554); Abs. 6 Satz 3 Nr. 1 geänd. mWv 27.7.2021 durch G v. 16.7.2021 (BGBl. I S. 3026); Abs. 4 Satz 3 geänd. mWv 29.7.2022 durch G v. 19.7.2022 (BGBl. I S. 1214).

lich der Dauer seiner Bestellung, sind von der Regulierungsbehörde zu genehmigen.

(4) [1] Der Gleichbehandlungsbeauftragte des Unabhängigen Transportnetzbetreibers hat der Regulierungsbehörde regelmäßig Bericht zu erstatten. [2] Er erstellt einmal jährlich einen Bericht, in dem die Maßnahmen zur Durchführung des Gleichbehandlungsprogramms dargelegt werden, und legt ihn der Regulierungsbehörde spätestens zum 30. September eines Jahres vor. [3] Er unterrichtet die Regulierungsbehörde fortlaufend über erhebliche Verstöße bei der Durchführung des Gleichbehandlungsprogramms sowie über die finanziellen und kommerziellen Beziehungen, insbesondere deren Änderungen, zwischen dem vertikal integrierten Unternehmen und dem Unabhängigen Transportnetzbetreiber. [4] Er berichtet dem Aufsichtsrat des Unabhängigen Transportnetzbetreibers und gibt der obersten Unternehmensleitung Empfehlungen zum Gleichbehandlungsprogramm und seiner Durchführung.

(5) [1] Der Gleichbehandlungsbeauftragte des Unabhängigen Transportnetzbetreibers hat der Regulierungsbehörde alle Entscheidungen zum Investitionsplan oder zu Einzelinvestitionen im Transportnetz spätestens dann zu übermitteln, wenn die Unternehmensleitung des Transportnetzbetreibers diese Entscheidungen dem Aufsichtsrat zuleitet. [2] Der Gleichbehandlungsbeauftragte des Unabhängigen Transportnetzbetreibers hat die Regulierungsbehörde unverzüglich zu informieren, wenn das vertikal integrierte Unternehmen in der Gesellschafter- oder Hauptversammlung des Transportnetzbetreibers durch das Abstimmungsverhalten der von ihm ernannten Mitglieder einen Beschluss herbeigeführt oder die Annahme eines Beschlusses verhindert und auf Grund dessen Netzinvestitionen, die nach dem zehnjährigen Netzentwicklungsplan in den folgenden drei Jahren durchgeführt werden sollten, verhindert oder hinausgezögert werden.

(6) [1] Der Gleichbehandlungsbeauftragte des Unabhängigen Transportnetzbetreibers ist berechtigt, an allen Sitzungen der Unternehmensleitung, des Aufsichtsrats oder der Gesellschafter- oder Hauptversammlung teilzunehmen. [2] In den Sitzungen des Aufsichtsrats ist dem Gleichbehandlungsbeauftragten des Unabhängigen Transportnetzbetreibers ein eigenes Rederecht einzuräumen. [3] Der Gleichbehandlungsbeauftragte des Unabhängigen Transportnetzbetreibers hat an allen Sitzungen des Aufsichtsrates teilzunehmen, die folgende Fragen behandeln:

1. Netzzugangsbedingungen nach Maßgabe der Verordnung (EU) 2019/943 und der Verordnung (EG) Nr. 715/2009 (ABl. L 211 vom 14.8.2009, S. 36), insbesondere soweit die Beratungen Fragen zu Netzentgelten, Leistungen im Zusammenhang mit dem Zugang Dritter, der Kapazitätsvergabe und dem Engpassmanagement, Transparenz, Systemdienstleistungen, Ausgleich von Energieverlusten und Sekundärmärkte betreffen,
2. Vorhaben für den Betrieb, die Wartung und den Ausbau des Transportnetzes, insbesondere hinsichtlich der notwendigen Investitionen für den Netzanschluss und Netzverbund, in neue Transportverbindungen, für die Kapazitätsausweitung und die Verstärkung vorhandener Kapazitäten oder
3. den Verkauf oder Erwerb von Energie, die für den Betrieb des Transportnetzes erforderlich ist.

(7) [1] Nach vorheriger Zustimmung der Regulierungsbehörde kann der Aufsichtsrat den Gleichbehandlungsbeauftragten des Unabhängigen Transportnetzbetreibers abberufen. [2] Die Abberufung hat aus Gründen mangelnder Unabhängigkeit oder mangelnder fachlicher Eignung auf Verlangen der Regulierungsbehörde zu erfolgen.

Teil 3. Regulierung des Netzbetriebs

Abschnitt 1. Aufgaben der Netzbetreiber

§ 11[1)] Betrieb von Energieversorgungsnetzen. (1) [1]Betreiber von Energieversorgungsnetzen sind verpflichtet, ein sicheres, zuverlässiges und leistungsfähiges Energieversorgungsnetz diskriminierungsfrei zu betreiben, zu warten und bedarfsgerecht zu optimieren, zu verstärken und auszubauen, soweit es wirtschaftlich zumutbar ist. [2]Sie haben insbesondere die Aufgaben nach den §§ 12 bis 16a zu erfüllen. [3]Sie nehmen diese Aufgaben für ihr Energieversorgungsnetz in eigener Verantwortung wahr. [4]Sie kooperieren und unterstützen sich bei der Wahrnehmung dieser Aufgaben; dies ist insbesondere für Maßnahmen anzuwenden, die sich auf das Netz eines anderen Betreibers von Energieversorgungsnetzen auswirken können. [5]Die Verpflichtungen sind auch anzuwenden im Rahmen der Wahrnehmung der wirtschaftlichen Befugnisse der Leitung des vertikal integrierten Unternehmens und seiner Aufsichtsrechte nach § 7a Absatz 4 Satz 3. [6]Der Ausbau eines L-Gasversorgungsnetzes ist nicht bedarfsgerecht im Sinne von Satz 1, wenn er auf Grund von Netzanschlüssen erfolgen muss, zu deren Einräumung der Betreiber des L-Gasversorgungsnetzes nicht nach den §§ 17 und 18 verpflichtet war.

(1a) [1]Der Betrieb eines sicheren Energieversorgungsnetzes umfasst insbesondere auch einen angemessenen Schutz gegen Bedrohungen für Telekommunikations- und elektronische Datenverarbeitungssysteme, die für einen sicheren Netzbetrieb notwendig sind. [2]Die Regulierungsbehörde erstellt hierzu im Benehmen mit dem Bundesamt für Sicherheit in der Informationstechnik einen Katalog von Sicherheitsanforderungen und veröffentlicht diesen. [3]Der Katalog der Sicherheitsanforderungen enthält auch Regelungen zur regelmäßigen Überprüfung der Erfüllung der Sicherheitsanforderungen. [4]Ein angemessener Schutz des Betriebs eines Energieversorgungsnetzes liegt vor, wenn dieser Katalog der Sicherheitsanforderungen eingehalten und dies vom Betreiber dokumentiert worden ist. [5]Die Einhaltung kann von der Regulierungsbehörde überprüft werden. [6]Zu diesem Zwecke kann die Regulierungsbehörde nähere Bestimmungen zu Format, Inhalt und Gestaltung der Dokumentation nach Satz 4 treffen.

(1b) [1]Betreiber von Energieanlagen, die durch Inkrafttreten der Rechtsverordnung gemäß § 10 Absatz 1 des BSI-Gesetzes[2)] vom 14. August 2009 (BGBl. I S. 2821), das zuletzt durch Artikel 8 des Gesetzes vom 17. Juli 2015 (BGBl. I

[1)] § 11 Abs. 1 Satz 2, Abs. 2 Satz 3 geänd. mWv 1.11.2008 durch G v. 25.10.2008 (BGBl. I S. 2101); Abs. 1 Satz 1 geänd. mWv 26.8.2009 durch G v. 21.8.2009 (BGBl. I S. 2870); Abs. 1a eingef. mWv 4.8. 2011 durch G v. 26.7.2011 (BGBl. I S. 1554); Abs. 1 Satz 3 geänd., Abs. 2 Satz 3 neu gef. mWv 28.12. 2012 durch G v. 20.12.2012 (BGBl. I S. 2730); Abs. 1a Satz 1 geänd., Satz 3 eingef., bish. Sätze 3–5 werden Sätze 4–6, neuer Satz 4 geänd., neuer Satz 6 neu gef., Abs. 1b und 1c eingef. mWv 25.7.2015 durch G v. 17.7.2015 (BGBl. I S. 1324); Abs. 1b Satz 1 geänd., Satz 2 neu gef., Abs. 2 eingef., bish. Abs. 2 wird Abs. 3 und Satz 3 geänd. mWv 30.7.2016 durch G v. 26.7.2016 (BGBl. I S. 1786); Abs. 1c neu gef. mWv 30.6.2017 durch G v. 23.6.2017 (BGBl. I S. 1885); Abs. 3 eingef., bish. Abs. 3 wird Abs. 4 mWv 22.7.2017 durch G v. 17.7.2017 (BGBl. I S. 2503); Abs. 1 Satz 4 angef., Abs. 2 Satz 5 geänd. mWv 21.12. 2018 durch G v. 17.12.2018 (BGBl. I S. 2549); Abs. 1 Sätze 3 und 4 eingef., bish. Sätze 3 und 4 werden Sätze 5 und 6, neuer Satz 5, Abs. 2 Sätze 4 und 5 geänd. mWv 1.10.2021 durch G v. 13.5.2019 (BGBl. I S. 706); Abs. 1d und 1e eingef. mWv 28.5.2021 durch G v. 18.5.2021 (BGBl. I S. 1122); Abs. 3 aufgeh., bish. Abs. 4 wird Abs. 3 mWv 27.7.2021 durch G v. 16.7.2021 (BGBl. I S. 3026); Abs. 1g eingef. mWv 22.5.2022 durch G v. 20.5.2022 (BGBl. I S. 730); Abs. 1 Satz 5 geänd., Abs. 1d eingef., bish. Abs. 1d wird Abs. 1e, bish. Abs. 1e wird Abs. 1f und Satz 1 geänd. mWv 29.7.2022 durch G v. 19.7.2022 (BGBl. I S. 1214).

[2)] **Sartorius III Nr. 710.**

S. 1324) geändert worden ist, in der jeweils geltenden Fassung als Kritische Infrastruktur bestimmt wurden und an ein Energieversorgungsnetz angeschlossen sind, haben innerhalb einer von der Regulierungsbehörde festzulegenden Frist einen angemessenen Schutz gegen Bedrohungen für Telekommunikations- und elektronische Datenverarbeitungssysteme zu gewährleisten, die für einen sicheren Anlagenbetrieb notwendig sind. [2] Die Regulierungsbehörde erstellt hierzu im Benehmen mit dem Bundesamt für Sicherheit in der Informationstechnik einen Katalog von Sicherheitsanforderungen, in den auch die Bestimmung der Frist nach Satz 1 aufzunehmen ist, und veröffentlicht diesen. [3] Für Telekommunikations- und elektronische Datenverarbeitungssysteme von Anlagen nach § 7 Absatz 1 des Atomgesetzes[1)] haben Vorgaben auf Grund des Atomgesetzes Vorrang. [4] Die für die nukleare Sicherheit zuständigen Genehmigungs- und Aufsichtsbehörden des Bundes und der Länder sind bei der Erarbeitung des Katalogs von Sicherheitsanforderungen zu beteiligen. [5] Der Katalog von Sicherheitsanforderungen enthält auch Regelungen zur regelmäßigen Überprüfung der Erfüllung der Sicherheitsanforderungen. [6] Ein angemessener Schutz des Betriebs von Energieanlagen im Sinne von Satz 1 liegt vor, wenn dieser Katalog eingehalten und dies vom Betreiber dokumentiert worden ist. [7] Die Einhaltung kann von der Bundesnetzagentur überprüft werden. [8] Zu diesem Zwecke kann die Regulierungsbehörde nähere Bestimmungen zu Format, Inhalt und Gestaltung der Dokumentation nach Satz 6 treffen.

(1c) [1] Betreiber von Energieversorgungsnetzen und von solchen Energieanlagen, die durch Inkrafttreten der Rechtsverordnung gemäß § 10 Absatz 1 des BSI-Gesetzes als Kritische Infrastruktur bestimmt wurden, haben

1. Störungen der Verfügbarkeit, Integrität, Authentizität und Vertraulichkeit ihrer informationstechnischen Systeme, Komponenten oder Prozesse, die zu einem Ausfall oder einer erheblichen Beeinträchtigung der Funktionsfähigkeit des Energieversorgungsnetzes oder der betreffenden Energieanlage geführt haben,
2. erhebliche Störungen der Verfügbarkeit, Integrität, Authentizität und Vertraulichkeit ihrer informationstechnischen Systeme, Komponenten oder Prozesse, die zu einem Ausfall oder einer erheblichen Beeinträchtigung der Funktionsfähigkeit des Energieversorgungsnetzes oder der betreffenden Energieanlage führen können,

über die Kontaktstelle unverzüglich an das Bundesamt für Sicherheit in der Informationstechnik zu melden.
[2] Die Meldung muss Angaben zu der Störung, zu möglichen grenzübergreifenden Auswirkungen sowie zu den technischen Rahmenbedingungen, insbesondere der vermuteten oder tatsächlichen Ursache und der betroffenen Informationstechnik, enthalten. [3] Die Nennung des Betreibers ist nur dann erforderlich, wenn die Störung tatsächlich zu einem Ausfall oder einer Beeinträchtigung der Funktionsfähigkeit der Kritischen Infrastruktur geführt hat. [4] Das Bundesamt für Sicherheit in der Informationstechnik hat die Meldungen unverzüglich an die Bundesnetzagentur weiterzuleiten. [5] Das Bundesamt für Sicherheit in der Informationstechnik und die Bundesnetzagentur haben sicherzustellen, dass die unbefugte Offenbarung der ihnen nach Satz 1 zur Kenntnis gelangten Angaben ausgeschlossen wird. [6] Zugang zu den Akten des Bundesamtes für Sicherheit in der Informationstechnik sowie zu den Akten der Bundesnetzagentur in Angelegenheiten nach § 11 Ab-

[1)] Nr. **835**.

satz 1a bis Absatz 1c wird nicht gewährt. [7] § 29 des Verwaltungsverfahrensgesetzes[1)] bleibt unberührt. [8] § 8e Absatz 1 des BSI-Gesetzes ist entsprechend anzuwenden.

(1d) [1] Betreiber von Energieversorgungsnetzen und von solchen Energieanlagen, die durch Inkrafttreten der Rechtsverordnung gemäß § 10 Absatz 1 des BSI-Gesetzes als Kritische Infrastruktur bestimmt wurden, sind verpflichtet, spätestens bis zum 1. April jeden Jahres, die von ihnen betriebene Anlage beim Bundesamt für Sicherheit in der Informationstechnik zu registrieren und eine Kontaktstelle zu benennen. [2] Das Bundesamt für Sicherheit in der Informationstechnik übermittelt die Registrierungen einschließlich der damit verbundenen Kontaktdaten an die Bundesnetzagentur. [3] Die Registrierung eines Betreibers eines Energieversorgungsnetzes oder von solchen Energieanlagen, die durch Inkrafttreten der Rechtsverordnung gemäß § 10 Absatz 1 des BSI-Gesetzes als Kritische Infrastruktur bestimmt wurden, kann das Bundesamt für Sicherheit in der Informationstechnik auch selbst vornehmen, wenn der Betreiber seine Pflicht zur Registrierung nicht erfüllt. [4] Nimmt das Bundesamt für Sicherheit in der Informationstechnik eine solche Registrierung selbst vor, informiert es die Bundesnetzagentur darüber und übermittelt die damit verbundenen Kontaktdaten. [5] Die Betreiber haben sicherzustellen, dass sie über die benannte oder durch das Bundesamt für Sicherheit in der Informationstechnik festgelegte Kontaktstelle jederzeit erreichbar sind. [6] Die Übermittlung von Informationen durch das Bundesamt für Sicherheit in der Informationstechnik nach § 8b Absatz 2 Nummer 4 Buchstabe a des BSI-Gesetzes erfolgt an diese Kontaktstelle.

(1e) [1] Betreiber von Energieversorgungsnetzen und von solchen Energieanlagen, die durch Inkrafttreten der Rechtsverordnung gemäß § 10 Absatz 1 des BSI-Gesetzes als Kritische Infrastruktur bestimmt wurden, haben spätestens ab dem 1. Mai 2023 in ihren informationstechnischen Systemen, Komponenten oder Prozessen, die für die Funktionsfähigkeit der von ihnen betriebenen Energieversorgungsnetze oder Energieanlagen maßgeblich sind, in angemessener Weise Systeme zur Angriffserkennung einzusetzen. [2] Die eingesetzten Systeme zur Angriffserkennung müssen geeignete Parameter und Merkmale aus dem laufenden Betrieb kontinuierlich und automatisch erfassen und auswerten. [3] Sie sollten dazu in der Lage sein, fortwährend Bedrohungen zu identifizieren und zu vermeiden sowie für eingetretene Störungen geeignete Beseitigungsmaßnahmen vorsehen. [4] Dabei soll der Stand der Technik eingehalten werden. [5] Der Einsatz von Systemen zur Angriffserkennung ist angemessen, wenn der dafür erforderliche Aufwand nicht außer Verhältnis zu den möglichen Folgen eines Ausfalls oder einer Beeinträchtigung des betroffenen Energieversorgungsnetzes oder der betroffenen Energieanlage steht.

(1f) [1] Betreiber von Energieversorgungsnetzen und von solchen Energieanlagen, die nach der Rechtsverordnung gemäß § 10 Absatz 1 des BSI-Gesetzes als Kritische Infrastruktur gelten, haben dem Bundesamt für Sicherheit in der Informationstechnik erstmalig am 1. Mai 2023 und danach alle zwei Jahre die Erfüllung der Anforderungen nach Absatz 1d nachzuweisen. [2] Das Bundesamt für Sicherheit in der Informationstechnik hat die hierfür eingereichten Nachweisdokumente unverzüglich an die Bundesnetzagentur weiterzuleiten. [3] Das Bundesamt für Sicherheit in der Informationstechnik und die Bundesnetzagentur haben sicherzustellen, dass die unbefugte Offenbarung der ihnen nach Satz 1 zur Kenntnis gelangten Angaben ausgeschlossen wird. [4] Das Bundesamt für Sicherheit in der Informationstechnik kann bei Mängeln in der Umsetzung der Anforderungen nach Absatz 1d oder in

[1)] Nr. **100**.

den Nachweisdokumenten nach Satz 1 im Einvernehmen mit der Bundesnetzagentur die Beseitigung der Mängel verlangen.

(1g) [1] Die Bundesnetzagentur legt bis zum 22. Mai 2023 im Einvernehmen mit dem Bundesamt für Sicherheit in der Informationstechnik durch Allgemeinverfügung im Wege einer Festlegung nach § 29 Absatz 1 in einem Katalog von Sicherheitsanforderungen für das Betreiben von Energieversorgungsnetzen und Energieanlagen fest,

1. welche Komponenten kritische Komponenten im Sinne des § 2 Absatz 13 Satz 1 Nummer 3 Buchstabe a des BSI-Gesetzes sind oder
2. welche Funktionen kritisch bestimmte Funktionen im Sinne des § 2 Absatz 13 Satz 1 Nummer 3 Buchstabe b des BSI-Gesetzes sind.

[2] Die Betreiber von Energieversorgungsnetzen und Energieanlagen, die durch Rechtsverordnung gemäß § 10 Absatz 1 Satz 1 des BSI-Gesetzes als Kritische Infrastruktur bestimmt wurden, haben die Vorgaben des Katalogs spätestens sechs Monate nach dessen Inkrafttreten zu erfüllen, es sei denn, in dem Katalog ist eine davon abweichende Umsetzungsfrist festgelegt worden. [3] Der Katalog wird mit den Katalogen der Sicherheitsanforderungen nach § 11 Absatz 1a und 1b verbunden.

(2) [1] Für einen bedarfsgerechten, wirtschaftlich zumutbaren Ausbau der Elektrizitätsversorgungsnetze nach Absatz 1 Satz 1 können Betreiber von Elektrizitätsversorgungsnetzen den Berechnungen für ihre Netzplanung die Annahme zugrunde legen, dass die prognostizierte jährliche Stromerzeugung je unmittelbar an ihr Netz angeschlossener Anlage zur Erzeugung von elektrischer Energie aus Windenergie an Land oder solarer Strahlungsenergie um bis zu 3 Prozent reduziert werden darf (Spitzenkappung). [2] Betreiber von Elektrizitätsversorgungsnetzen, die für ihre Netzplanung eine Spitzenkappung zugrunde gelegt haben, müssen dies

1. auf ihrer Internetseite veröffentlichen,
2. dem Betreiber des vorgelagerten Elektrizitätsversorgungsnetzes, dem Betreiber des Übertragungsnetzes, der Bundesnetzagentur sowie der zuständigen Landesregulierungsbehörde unverzüglich mitteilen und
3. im Rahmen der Netzplanung für einen sachkundigen Dritten nachvollziehbar dokumentieren.

[3] Die Dokumentation nach Satz 2 Nummer 3 muss der Bundesnetzagentur, der zuständigen Landesregulierungsbehörde, dem Betreiber des vorgelagerten Elektrizitätsversorgungsnetzes, dem Betreiber des Übertragungsnetzes, einem Einspeisewilligen sowie einem an das Netz angeschlossenen Anlagenbetreiber auf Verlangen unverzüglich vorgelegt werden. [4] Die §§ 13 und 14 und § 11 des Erneuerbare-Energien-Gesetzes[1)] bleiben unberührt. [5] Ein Betreiber des Elektrizitätsversorgungsnetzes, der Kosten für die Reduzierung der Einspeisung von mehr als 3 Prozent der jährlichen Stromerzeugung einer Anlage zur Erzeugung von Strom aus erneuerbaren Energien, Grubengas oder Kraft-Wärme-Kopplung bei der Ermittlung seiner Netzentgelte in Ansatz bringt, muss der Bundesnetzagentur sowie der zuständigen Landesregulierungsbehörde den Umfang der und die Ursachen für die Reduzierung der Einspeisung mitteilen und im Fall einer Spitzenkappung die Dokumentation nach Satz 2 Nummer 3 vorlegen.

(3) [1] In Rechtsverordnungen über die Regelung von Vertrags- und sonstigen Rechtsverhältnissen können auch Regelungen zur Haftung der Betreiber von

---

[1)] **Sartorius ErgBd. Nr. 833.**

Energieversorgungsnetzen aus Vertrag und unerlaubter Handlung für Sach- und Vermögensschäden, die ein Kunde durch Unterbrechung der Energieversorgung oder durch Unregelmäßigkeiten in der Energieversorgung erleidet, getroffen werden. [2] Dabei kann die Haftung auf vorsätzliche oder grob fahrlässige Verursachung beschränkt und der Höhe nach begrenzt werden. [3] Soweit es zur Vermeidung unzumutbarer wirtschaftlicher Risiken des Netzbetriebs im Zusammenhang mit Verpflichtungen nach § 13 Absatz 2, § 13b Absatz 5 und § 13f Absatz 1, auch in Verbindung mit § 14, und § 16 Absatz 2 und 2a, auch in Verbindung mit § 16a, erforderlich ist, kann die Haftung darüber hinaus vollständig ausgeschlossen werden.

§ 11a[1)] Ausschreibung von Energiespeicheranlagen, Festlegungskompetenz. (1) [1] Der Betreiber eines Elektrizitätsversorgungsnetzes kann die Errichtung, die Verwaltung und den Betrieb einer im Eigentum eines Dritten stehenden Energiespeicheranlage, die elektrische Energie erzeugt, in einem offenen, transparenten und diskriminierungsfreien Verfahren ausschreiben, wenn diese Energiespeicheranlage notwendig ist, damit der Betreiber eines Elektrizitätsversorgungsnetzes seinen Verpflichtungen nach § 11 Absatz 1 Satz 1 in effizienter Weise nachkommen kann. [2] Der Betreiber eines Elektrizitätsversorgungsnetzes darf einen Zuschlag in einem nach Satz 1 durchgeführten Ausschreibungsverfahren nicht an einen Dritten erteilen, wenn dieser die mit der Energiespeicheranlage im Sinne von Satz 1 angebotene Dienstleistung unter Berücksichtigung der Anforderungen an die Gewährleistung der Sicherheit und Zuverlässigkeit des Elektrizitätsversorgungssystems nicht zu angemessenen Kosten oder nicht rechtzeitig erbringen kann. [3] Angemessen sind die Kosten, wenn sie die Kosten für die Errichtung, die Verwaltung und den Betrieb einer vergleichbaren Energiespeicheranlage im Eigentum eines Netzbetreibers nicht übersteigen.

(2) [1] Der Dritte kann die Anlage nach Absatz 1 Satz 1 so planen und errichten, dass deren Leistungsfähigkeit die durch den Netzbetreiber gesetzten Anforderungen übertrifft. [2] Wird die Anlage zeitweise oder dauerhaft nicht für die Erfüllung der Vereinbarung nach Absatz 1 benötigt, dürfen Leistung und Arbeit in diesem Umfang durch den Dritten auf den Strommärkten veräußert werden.

(3) Die Bundesnetzagentur wird ermächtigt, durch Festlegung nach § 29 Absatz 1 dem Betreiber eines Elektrizitätsversorgungsnetzes Vorgaben zur näheren Ausgestaltung des Ausschreibungsverfahrens nach Absatz 1 zu machen.

§ 11b[2)] Ausnahme für Energiespeicheranlagen, Festlegungskompetenz.

(1) Der Betreiber eines Elektrizitätsversorgungsnetzes darf abweichend von Teil 2 Abschnitt 2 und 3 Eigentümer sein von Energiespeicheranlagen, die elektrische Energie erzeugen, oder solche errichten, verwalten oder betreiben, sofern

1. die Regulierungsbehörde dies nach Absatz 2 auf Antrag des Netzbetreibers genehmigt hat oder
2. die Regulierungsbehörde dies für Energiespeicheranlagen, die vollständig integrierte Netzkomponenten darstellen, durch Festlegung gegenüber allen oder einer Gruppe von Netzbetreibern nach § 29 Absatz 1 gestattet hat; sofern eine vollständig integrierte Netzkomponente nicht bereits von einer solchen Fest-

---

1) § 11a eingef. mWv 27.7.2021 durch G v. 16.7.2021 (BGBl. I S. 3026).

2) § 11b eingef. mWv 27.7.2021, Abs. 4 Satz 1 Nr. 2, Satz 2 geänd. mWv 1.10.2021 durch G v. 16.7. 2021 (BGBl. I S. 3026).

legung erfasst wird, bleibt der Regulierungsbehörde eine Genehmigung auf Antrag des Netzbetreibers im Einzelfall unbenommen.

(2) Die Regulierungsbehörde erteilt ihre Genehmigung nach Absatz 1 Nummer 1, wenn

1. der Betreiber eines Elektrizitätsversorgungsnetzes nachgewiesen hat, dass die Energiespeicheranlage im Sinne von Absatz 1
   a) notwendig ist, damit er seinen Verpflichtungen gemäß § 11 Absatz 1 Satz 1 in effizienter Weise nachkommen kann,
   b) neben der bestimmungsgemäßen Nutzung nach Buchstabe a nicht verwendet wird, um Leistung oder Arbeit ganz oder teilweise auf den Strommärkten zu kaufen oder zu verkaufen, und
2. der Betreiber eines Elektrizitätsversorgungsnetzes ein offenes, transparentes und diskriminierungsfreies Ausschreibungsverfahren nach § 11a durchgeführt hat, dessen Bedingungen die Regulierungsbehörde im Hinblick auf das technische Einsatzkonzept der Energiespeicheranlage im Sinne von Absatz 1 geprüft hat, und
   a) der Betreiber eines Elektrizitätsversorgungsnetzes den Zuschlag nach § 11a Absatz 1 zur Errichtung, zur Verwaltung oder zum Betrieb der Energiespeicheranlage im Sinne von Absatz 1 nicht an einen Dritten erteilen konnte, oder
   b) sich nach Erteilung des Zuschlags an einen Dritten herausstellt, dass dieser die mit der Energiespeicheranlage im Sinne von Absatz 1 angebotene Dienstleistung nicht oder nicht rechtzeitig erbringen kann.

(3) [1] Soweit eine Genehmigung unter den Voraussetzungen des Absatzes 2 erteilt wurde, führt die Regulierungsbehörde fünf Jahre nach der Inbetriebnahme der Energiespeicheranlage im Sinne von Absatz 1 und danach in regelmäßigen Abständen von höchstens fünf Jahren eine öffentliche Konsultation durch. [2] Dabei ermittelt die Regulierungsbehörde, ob Dritte zu angemessenen Kosten unter Berücksichtigung der Anforderungen an die Gewährleistung der Sicherheit und Zuverlässigkeit des Elektrizitätsversorgungssystems in der Lage sind, Eigentümer dieser Energiespeicheranlage im Sinne von Absatz 1 zu sein, diese zu verwalten und zu betreiben. [3] Kann die Regulierungsbehörde dies mit hinreichender Wahrscheinlichkeit feststellen, verpflichtet sie den Betreiber eines Elektrizitätsversorgungsnetzes, den Betrieb und die Verwaltung der Energiespeicheranlage im Sinne von Absatz 1 gemäß § 11a in Verbindung mit Absatz 2 Nummer 2 auszuschreiben und nach Erteilung eines Zuschlags an einen Dritten innerhalb von 12 Monaten einzustellen, sofern Belange der Versorgungssicherheit nicht entgegenstehen. [4] Mit dem Betrieb der Energiespeicheranlage im Sinne von Absatz 1 ist auch das Eigentum gegen Zahlung des Restbuchwertes zu übertragen. [5] Mit Übertragung des Eigentums erlischt auch die Genehmigung nach Absatz 2. [6] Die Verpflichtung nach den Sätzen 3 und 4 kann mit Nebenbestimmungen versehen werden. [7] Nach erfolgter Eigentumsübertragung darf die Leistung oder Arbeit der Energiespeicheranlage im Sinne von Absatz 1 weder ganz noch teilweise auf den Strommärkten veräußert werden, solange über die Energiespeicheranlage im Sinne von Absatz 1 ein Dienstleistungsvertrag mit dem Betreiber eines Elektrizitätsversorgungsnetzes besteht, mindestens aber für die Dauer von fünf Jahren, nachdem erstmalig eine Ausschreibung nach Satz 3 für die Energiespeicheranlage im Sinne von Absatz 1 durchgeführt wurde.

(4) [1] Während des üblichen kalkulatorischen Abschreibungszeitraums für Batteriespeicheranlagen ist Absatz 3 nicht anzuwenden, sofern es sich um Batteriespeicheranlagen im Eigentum

1. eines Übertragungsnetzbetreibers handelt, für die eine Investitionsentscheidung bis zum 31. Dezember 2024 erfolgt, oder eines Verteilernetzbetreibers handelt, für die eine Investitionsentscheidung bis zum 4. Juli 2019 erfolgte, und
2. die spätestens zwei Jahre nach der Investitionsentscheidung an das Elektrizitätsversorgungsnetz angeschlossen wurden oder werden und die ausschließlich der reaktiven unmittelbaren Wiederherstellung des sicheren und zuverlässigen Netzbetriebs durch netzbezogene Maßnahmen nach § 13 Absatz 1 Satz 1 Nummer 1 dienen.

[2] Die Wiederherstellungsmaßnahme gemäß Satz 1 Nummer 2 beginnt unmittelbar nach Eintritt der Störung und endet, sobald das Problem durch Maßnahmen gemäß § 13 Absatz 1 Satz 1 Nummer 2 und 3 behoben werden kann.

(5) Die Bundesnetzagentur wird ermächtigt, durch Festlegung nach § 29 Absatz 1 Vorgaben zur näheren Ausgestaltung der Genehmigungsverfahren nach Absatz 1 Nummer 1 in Verbindung mit den Absätzen 2 und 3 sowie nach Absatz 1 Nummer 2 zweiter Halbsatz zu treffen.

§ 12[1)] Aufgaben der Betreiber von Elektrizitätsversorgungsnetzen, Verordnungsermächtigung. (1) [1] Betreiber von Übertragungsnetzen haben die Energieübertragung durch das Netz unter Berücksichtigung des Austauschs mit anderen Verbundnetzen zu regeln und mit der Bereitstellung und dem Betrieb ihrer Übertragungsnetze im nationalen und internationalen Verbund zu einem sicheren und zuverlässigen Elektrizitätsversorgungssystem in ihrer Regelzone und damit zu einer sicheren Energieversorgung beizutragen. [2] Betreiber von Übertragungsnetzen können vereinbaren, die Regelverantwortung für ihre Netze auf einen Betreiber von Übertragungsnetzen zu übertragen. [3] Mit der Übertragung der Regelverantwortung erhält der verantwortliche Netzbetreiber die Befugnisse der §§ 13 bis 13b. [4] Die Übertragung der Regelverantwortung ist der Regulierungsbehörde spätestens sechs Monate vorher anzuzeigen. [5] Die Regulierungsbehörde kann zur Verringerung des Aufwandes für Regelenergie und zur Förderung von einheitlichen Bedingungen bei der Gewährung des Netzzugangs durch Festlegung nach § 29 Absatz 1 die Betreiber von Übertragungsnetzen verpflichten, eine einheitliche Regelzone zu bilden.

(2) Betreiber von Übertragungsnetzen haben Betreibern eines anderen Netzes, mit dem die eigenen Übertragungsnetze technisch verbunden sind, die notwendigen Informationen bereitzustellen, um den sicheren und effizienten Betrieb, den koordinierten Ausbau und den Verbund sicherzustellen.

(3) [1] Betreiber von Übertragungsnetzen haben dauerhaft die Fähigkeit des Netzes sicherzustellen, die Nachfrage nach Übertragung von Elektrizität zu befriedi-

[1)] § 12 Abs. 3a Satz 2 eingef., bish. Sätze 2–4 werden Sätze 3–5, neue Sätze 3 und 4 geänd. mWv 26.8. 2009 durch G v. 21.8.2009 (BGBl. I S. 2870); Abs. 1 Sätze 2–5, Abs. 3 Satz 2 angef., Abs. 3a, 4 neu gef., Abs. 5 angef. mWv 4.8.2011 durch G v. 26.7.2011 (BGBl. I S. 1554); Überschrift neu gef., Abs. 3a Satz 1, Abs. 4 Satz 1 geänd., Satz 2 eingef., bish. Sätze 2 und 3 werden Sätze 3 und 4 mWv 28.12.2012 durch G v. 20.12.2012 (BGBl. I S. 2730); Abs. 3a bish. Satz 1 geänd., Satz 2 aufgeh. mWv 8.9.2015 durch VO v. 31.8.2015 (BGBl. I S. 1474); Überschrift neu gef., Abs. 1 Satz 3 geänd., Abs. 4 und 5 neu gef., Abs. 6 und 7 angef. mWv 30.7.2016 durch G v. 26.7.2016 (BGBl. I S. 1786); Abs. 3b und 3c eingef. mWv 17.5. 2019 durch G v. 13.5.2019 (BGBl. I S. 706); Abs. 5 neu gef., Abs. 5a eingef. mWv 14.8.2020 durch G v. 8.8.2020 (BGBl. I S. 1818); Abs. 3 Satz 2 neu gef., Satz 3 angef. mWv 27.7.2021 durch G v. 16.7.2021 (BGBl. I S. 3026).

gen und insbesondere durch entsprechende Übertragungskapazität und Zuverlässigkeit des Netzes zur Versorgungssicherheit beizutragen. [2]Dafür können sie im Rahmen des technisch Möglichen auch geeignete technische Anlagen etwa zur Bereitstellung von nicht frequenzgebundenen Systemdienstleistungen nutzen, die keine Anlagen zur Erzeugung elektrischer Energie sind. [3]Hierbei hat eine Abwägung mit einer marktgestützten Beschaffung nach § 12h zu erfolgen.

(3a) Um die technische Sicherheit und die Systemstabilität zu gewährleisten, wird das Bundesministerium für Wirtschaft und Energie ermächtigt, durch Rechtsverordnung technische Anforderungen an Anlagen zur Erzeugung elektrischer Energie, insbesondere an Anlagen nach dem Erneuerbare-Energien-Gesetz[1)] und dem Kraft-Wärme-Kopplungsgesetz[2)], vorzugeben sowie Netzbetreiber und Anlagenbetreiber zu verpflichten, Anlagen, die bereits vor dem 1. Januar 2012 in Betrieb genommen worden sind, entsprechend nachzurüsten sowie anlagenbezogene Daten, die zur Durchführung und Kontrolle des Nachrüstungsprozesses erforderlich sind, bereitzustellen und auszuwerten und Regelungen zur Kostentragung zu treffen.

(3b) [1]Betreiber von Übertragungsnetzen berichten der Regulierungsbehörde auf deren Anforderung über die Sicherheit, Zuverlässigkeit und Leistungsfähigkeit ihres Energieversorgungsnetzes im Sinne von § 11 sowie über die Sicherheit und Zuverlässigkeit des Elektrizitätsversorgungssystems im Sinne von Absatz 1 Satz 1 und Absatz 3. [2]Bei einer Anforderung nach Satz 1 bestimmt die Regulierungsbehörde,

1. zu welchem Zeitpunkt und für welchen Zeitraum berichtet werden soll,
2. ob die Betreiber von Übertragungsnetzen einzeln oder gemeinsam berichten sollen,
3. ob und in welchem Umfang Betreiber von Verteilernetzen an der Erstellung des Berichts zu beteiligen sind,
4. zu welchen Themen berichtet werden soll und
5. ob und zu welchen Themen die Betreiber von Übertragungsnetzen Maßnahmen einschließlich Alternativen vorschlagen sollen, die sie zur Erfüllung ihrer Aufgaben künftig für erforderlich halten; dies kann auch Vorsorgemaßnahmen und Pilotprojekte umfassen.

(3c) [1]Betreiber von Verteilernetzen berichten der Regulierungsbehörde auf deren Anforderung über die Sicherheit, Zuverlässigkeit und Leistungsfähigkeit ihres Energieversorgungsnetzes im Sinne von § 11. [2]Absatz 3b Satz 2 ist entsprechend anzuwenden.

(4) [1]Die folgenden natürlichen oder juristischen Personen müssen den Betreibern von Elektrizitätsversorgungsnetzen auf deren Verlangen unverzüglich die Informationen einschließlich etwaiger Betriebs- und Geschäftsgeheimnisse bereitstellen, die notwendig sind, damit die Elektrizitätsversorgungsnetze sicher und zuverlässig betrieben, gewartet und ausgebaut werden können:

1. die Betreiber von Erzeugungsanlagen,
2. die Betreiber von Anlagen zur Speicherung von elektrischer Energie,
3. die Betreiber von Elektrizitätsverteilernetzen,
4. die Betreiber von Gasversorgungsnetzen,
5. industrielle und gewerbliche Letztverbraucher,

[1)] **Sartorius ErgBd. Nr. 833.**
[2)] **Sartorius ErgBd. Nr. 834.**

6. Anbieter von Lastmanagement und
7. Großhändler oder Lieferanten von Elektrizität.

2 Zu den bereitzustellenden Informationen zählen insbesondere Stammdaten, Planungsdaten und Echtzeitdaten.

(5) Die Betreiber von Elektrizitätsversorgungsnetzen müssen

1. sicherstellen, dass die Betriebs- und Geschäftsgeheimnisse, die ihnen nach Absatz 4 Satz 1 zur Kenntnis gelangen, ausschließlich so zu den dort genannten Zwecken genutzt werden, dass deren unbefugte Offenbarung ausgeschlossen ist,
2. die nach Absatz 4 erhaltenen Informationen in anonymisierter Form an die Bundesnetzagentur jeweils auf deren Verlangen für die Zwecke des Monitorings nach § 51 übermitteln,
3. neben den nach Nummer 2 zu übermittelnden Informationen an die Bundesnetzagentur jeweils auf deren Verlangen weitere verfügbare und für die Zwecke des Monitorings nach § 51 erforderliche Informationen und Analysen übermitteln, insbesondere verfügbare Informationen und eine gemeinsam von den Betreibern von Übertragungsnetzen in einer von der Bundesnetzagentur zu bestimmenden Form zu erstellende Analyse zu den grenzüberschreitenden Verbindungsleitungen sowie zu Angebot und Nachfrage auf den europäischen Strommärkten, zu der Höhe und der Entwicklung der Gesamtlast in den Elektrizitätsversorgungsnetzen in den vergangenen zehn Jahren im Gebiet der Bundesrepublik Deutschland und zur Sicherheit, Zuverlässigkeit und Leistungsfähigkeit der Energieversorgungsnetze einschließlich des Netzbetriebs,
4. der Bundesnetzagentur jeweils auf deren Verlangen in einer von ihr zu bestimmenden Frist und Form für die Zwecke des Berichts nach § 63 Absatz 3a Informationen und Analysen zu der Mindesterzeugung insbesondere aus thermisch betriebenen Erzeugungsanlagen und aus Anlagen zur Speicherung von elektrischer Energie sowie Informationen und geeignete Analysen zur Entwicklung der Mindesterzeugung übermitteln und
5. der Bundesnetzagentur jeweils jährlich auf deren Verlangen in einer von ihr zu bestimmenden Frist und Form für die Zwecke des Monitorings nach § 51a die Unternehmen und Vereinigungen von Unternehmen nennen, die einen Stromverbrauch von mehr als 20 Gigawattstunden jährlich haben.

(5a) Die Bundesnetzagentur übermittelt die nach Absatz 5 zum Zwecke des Monitorings der Versorgungssicherheit nach § 51 und zur Erfüllung der Berichterstattungspflicht nach § 63 Absatz 2 Satz 1 Nummer 2 erhobenen Daten an das Bundesministerium für Wirtschaft und Energie auf dessen Verlangen.

(6) Die Regulierungsbehörde wird ermächtigt, nach § 29 Absatz 1 Festlegungen zu treffen zur näheren Bestimmung des Kreises der nach Absatz 4 Satz 1 Verpflichteten, zum Inhalt und zur Methodik, zu den Details der Datenweitergabe und zum Datenformat der Bereitstellung an die Betreiber von Elektrizitätsversorgungsnetzen.

(7) Die Regulierungsbehörde, das Bundesministerium für Wirtschaft und Energie sowie die Betreiber von Elektrizitätsversorgungsnetzen sollen anstelle der Abfrage nach den Absätzen 4 und 5 das Marktstammdatenregister nach § 111e nutzen, sobald und soweit ihnen das Marktstammdatenregister den Zugriff auf Daten im Sinne der Absätze 4 und 5 eröffnet.

§ 12a[1)] Szenariorahmen für die Netzentwicklungsplanung. (1) [1]Die Betreiber von Übertragungsnetzen mit Regelzonenverantwortung erarbeiten alle zwei Jahre einen gemeinsamen Szenariorahmen, der Grundlage für die Erarbeitung des Netzentwicklungsplans nach § 12b und des Offshore-Netzentwicklungsplans nach § 17b ist. [2]Der Szenariorahmen umfasst mindestens drei Entwicklungspfade (Szenarien), die für die mindestens nächsten zehn und höchstens 15 Jahre die Bandbreite wahrscheinlicher Entwicklungen im Rahmen der klima- und energiepolitischen Ziele der Bundesregierung abdecken. [3]Drei weitere Szenarien müssen das Jahr 2045 betrachten und eine Bandbreite von wahrscheinlichen Entwicklungen darstellen, welche sich an den gesetzlich festgelegten sowie weiteren klima- und energiepolitischen Zielen der Bundesregierung ausrichten. [4]Für den Szenariorahmen legen die Betreiber von Übertragungsnetzen mit Regelzonenverantwortung angemessene Annahmen für die jeweiligen Szenarien zu Erzeugung, Versorgung, Verbrauch von Strom sowie dessen Austausch mit anderen Ländern sowie zur Spitzenkappung nach § 11 Absatz 2 zu Grunde und berücksichtigen geplante Investitionsvorhaben der europäischen Netzinfrastruktur. [5]Die Verteilernetzbetreiber werden bei der Erstellung des Szenariorahmens angemessen eingebunden.

(2) [1]Die Betreiber von Übertragungsnetzen mit Regelzonenverantwortung legen der Regulierungsbehörde den Entwurf des Szenariorahmens spätestens bis zum 10. Januar eines jeden geraden Kalenderjahres, beginnend mit dem Jahr 2016, vor. [2]Die Regulierungsbehörde macht den Entwurf des Szenariorahmens auf ihrer Internetseite öffentlich bekannt und gibt der Öffentlichkeit, einschließlich tatsächlicher und potenzieller Netznutzer, den nachgelagerten Netzbetreibern, sowie den Trägern öffentlicher Belange Gelegenheit zur Äußerung.

(3) [1]Die Regulierungsbehörde genehmigt den Szenariorahmen unter Berücksichtigung der Ergebnisse der Öffentlichkeitsbeteiligung. [2]Die Regulierungsbehörde kann nähere Bestimmungen zu Inhalt und Verfahren der Erstellung des Szenariorahmens, insbesondere zum Betrachtungszeitraum nach Absatz 1 Satz 2 und 3, treffen. [3]Die Genehmigung ist nicht selbstständig durch Dritte anfechtbar.

§ 12b[2)] Erstellung des Netzentwicklungsplans durch die Betreiber von Übertragungsnetzen. (1) [1]Die Betreiber von Übertragungsnetzen mit Regelzonenverantwortung legen der Regulierungsbehörde auf der Grundlage des Szenariorahmens einen gemeinsamen nationalen Netzentwicklungsplan zur Bestätigung vor. [2]Der gemeinsame nationale Netzentwicklungsplan muss alle wirksamen Maßnahmen zur bedarfsgerechten Optimierung, Verstärkung und zum Ausbau des Netzes enthalten, die spätestens zum Ende der jeweiligen Betrachtungszeiträume

---

[1)] § 12a eingef. mWv 4.8.2011 durch G v. 26.7.2011 (BGBl. I S. 1554); Abs. 1 Satz 1 geänd. mWv 28.12.2012 durch G v. 20.12.2012 (BGBl. I S. 2730); Abs. 1 Sätze 1–3 und Abs. 2 Satz 1 geänd., Abs. 3 Satz 2 angef. mWv 1.1.2016 durch G v. 10.12.2015 (BGBl. I S. 2194); Abs. 1 Satz 4 geänd. mWv 30.7.2016 durch G v. 26.7.2016 (BGBl. I S. 1786); Abs. 1 Sätze 1 und 4, Abs. 2 Satz 1 geänd. mWv 17.5.2019 durch G v. 13.5.2019 (BGBl. I S. 706); Abs. 1 Satz 2 geänd., Satz 3 neu gef., Satz 5 angef., Abs. 2 Satz 2, Abs. 3 Satz 2 geänd., Satz 3 angef. mWv 29.7.2022 durch G v. 19.7.2022 (BGBl. I S. 1214).

[2)] § 12b eingef. mWv 4.8.2011 durch G v. 26.7.2011 (BGBl. I S. 1554); Abs. 1 Sätze 1–3 Nr. 3 Buchst. a, b, Nr. 5 geänd., Abs. 1 Satz 3 Nr. 3 Buchst. c, Nr. 6 angef., Abs. 3 Satz 3 eingef., bish. Satz 3 wird Satz 4, Abs. 5 neu gef. mWv 1.1.2016 durch G v. 10.12.2015 (BGBl. I S. 2194); Abs. 1 Satz 3 eingef., bish. Sätze 3–5 werden Sätze 4–6 mWv 30.7.2016 durch G v. 26.7.2016 (BGBl. I S. 1786); Abs. 1 Satz 4 (lt. BGBl. wohl irrtümlich „Satz 3") Nr. 6 geänd., Nr. 7 angef. mWv 1.1.2017 durch G v. 13.10.2016 (BGBl. I S. 2258); Abs. 1 Sätze 1, 3 und 4 Nr. 7, Satz 5, Abs. 3 Sätze 1, 3 und 4, Abs. 5 geänd. mWv 17.5.2019 durch G v. 13.5.2019 (BGBl. I S. 706); Abs. 1 Sätze 2 und 4 Nr. 7, Satz 5 geänd., Abs. 3a eingef. mWv 29.7.2022 durch G v. 19.7.2022 (BGBl. I S. 1214).

im Sinne des § 12a Absatz 1 für einen sicheren und zuverlässigen Netzbetrieb erforderlich sind. [3] Die Betreiber von Übertragungsnetzen mit Regelzonenverantwortung müssen im Rahmen der Erstellung des Netzentwicklungsplans die Regelungen zur Spitzenkappung nach § 11 Absatz 2 bei der Netzplanung anwenden. [4] Der Netzentwicklungsplan enthält darüber hinaus folgende Angaben:

1. alle Netzausbaumaßnahmen, die in den nächsten drei Jahren ab Feststellung des Netzentwicklungsplans durch die Regulierungsbehörde für einen sicheren und zuverlässigen Netzbetrieb erforderlich sind,
2. einen Zeitplan für alle Netzausbaumaßnahmen sowie
3. a) Netzausbaumaßnahmen als Pilotprojekte für eine verlustarme Übertragung hoher Leistungen über große Entfernungen,
   b) den Einsatz von Hochtemperaturleiterseilen als Pilotprojekt mit einer Bewertung ihrer technischen Durchführbarkeit und Wirtschaftlichkeit sowie
   c) das Ergebnis der Prüfung des Einsatzes von neuen Technologien als Pilotprojekte einschließlich einer Bewertung der technischen Durchführbarkeit und Wirtschaftlichkeit,
4. den Stand der Umsetzung des vorhergehenden Netzentwicklungsplans und im Falle von Verzögerungen, die dafür maßgeblichen Gründe der Verzögerungen,
5. Angaben zur zu verwendenden Übertragungstechnologie,
6. Darlegung der in Betracht kommenden anderweitigen Planungsmöglichkeiten von Netzausbaumaßnahmen,
7. beginnend mit der Vorlage des ersten Entwurfs des Netzentwicklungsplans im Jahr 2018 alle wirksamen Maßnahmen zur bedarfsgerechten Optimierung, Verstärkung und zum Ausbau der Offshore-Anbindungsleitungen in der ausschließlichen Wirtschaftszone und im Küstenmeer einschließlich der Netzanknüpfungspunkte an Land, die bis zum Ende der jeweiligen Betrachtungszeiträume nach § 12a Absatz 1 für einen schrittweisen, bedarfsgerechten und wirtschaftlichen Ausbau sowie einen sicheren und zuverlässigen Betrieb der Offshore-Anbindungsleitungen sowie zum Weitertransport des auf See erzeugten Stroms oder für eine Anbindung von Testfeldern im Sinne des § 3 Nummer 9 des Windenergie-auf-See-Gesetzes (Testfeld-Anbindungsleitungen) erforderlich sind; für die Maßnahmen nach dieser Nummer werden Angaben zum geplanten Zeitpunkt der Fertigstellung vorgesehen; hierbei müssen die Festlegungen des zuletzt bekannt gemachten Flächenentwicklungsplans nach den §§ 4 bis 8 des Windenergie-auf-See-Gesetzes zu Grunde gelegt werden.

[5] Die Betreiber von Übertragungsnetzen mit Regelzonenverantwortung nutzen bei der Erarbeitung des Netzentwicklungsplans eine geeignete und für einen sachkundigen Dritten nachvollziehbare Modellierung des Elektrizitätsversorgungsnetzes. [6] Der Netzentwicklungsplan berücksichtigt den gemeinschaftsweiten Netzentwicklungsplan nach Artikel 8 Absatz 3b der Verordnung (EG) Nr. 714/2009 und vorhandene Offshore-Netzpläne.

(2) [1] Der Netzentwicklungsplan umfasst alle Maßnahmen, die nach den Szenarien des Szenariorahmens erforderlich sind, um die Anforderungen nach Absatz 1 Satz 2 zu erfüllen. [2] Dabei ist dem Erfordernis eines sicheren und zuverlässigen Netzbetriebs in besonderer Weise Rechnung zu tragen.

(3) [1] Die Betreiber von Übertragungsnetzen mit Regelzonenverantwortung veröffentlichen den Entwurf des Netzentwicklungsplans vor Vorlage bei der Regulierungsbehörde auf ihren Internetseiten und geben der Öffentlichkeit, einschließlich tatsächlicher oder potenzieller Netznutzer, den nachgelagerten Netzbetreibern

sowie den Trägern öffentlicher Belange und den Energieaufsichtsbehörden der Länder Gelegenheit zur Äußerung. [2]Dafür stellen sie den Entwurf des Netzentwicklungsplans und alle weiteren erforderlichen Informationen im Internet zur Verfügung. [3]Die Betreiber von Übertragungsnetzen mit Regelzonenverantwortung sollen den Entwurf des Netzentwicklungsplans spätestens bis zum 10. Dezember eines jeden geraden Kalenderjahres, beginnend mit dem Jahr 2016, veröffentlichen. [4]Die Betreiber von Elektrizitätsversorgungsnetzen sind verpflichtet, mit den Betreibern von Übertragungsnetzen mit Regelzonenverantwortung in dem Umfang zusammenzuarbeiten, der erforderlich ist, um eine sachgerechte Erstellung des Netzentwicklungsplans zu gewährleisten; sie sind insbesondere verpflichtet, den Betreibern von Übertragungsnetzen mit Regelzonenverantwortung für die Erstellung des Netzentwicklungsplans notwendige Informationen auf Anforderung unverzüglich zur Verfügung zu stellen.

(3a) Zum Zeitpunkt der Veröffentlichung nach Absatz 3 Satz 1 übermitteln die Betreiber von Übertragungsnetzen der Regulierungsbehörde Angaben dazu, welche Netzausbaumaßnahmen zur Höchstspannungs-Gleichstrom-Übertragung oder welcher länderübergreifende landseitige Teil von Offshore-Anbindungsleitungen ganz oder weit überwiegend in einem Trassenkorridor, der bereits gemäß § 17 des Netzausbaubeschleunigungsgesetzes Übertragungsnetz[1)] in den Bundesnetzplan aufgenommen ist, oder in einem durch Landesplanungen bestimmten Leitungsverlauf für Erdkabel zur Höchstspannungs-Gleichstrom-Übertragung eines weiteren Vorhabens realisiert werden sollen.

(4) Dem Netzentwicklungsplan ist eine zusammenfassende Erklärung beizufügen über die Art und Weise, wie die Ergebnisse der Beteiligungen nach § 12a Absatz 2 Satz 2 und § 12b Absatz 3 Satz 1 in dem Netzentwicklungsplan berücksichtigt wurden und aus welchen Gründen der Netzentwicklungsplan nach Abwägung mit den geprüften, in Betracht kommenden anderweitigen Planungsmöglichkeiten gewählt wurde.

(5) Die Betreiber von Übertragungsnetzen mit Regelzonenverantwortung legen den konsultierten und überarbeiteten Entwurf des Netzentwicklungsplans der Regulierungsbehörde unverzüglich nach Fertigstellung, jedoch spätestens zehn Monate nach Genehmigung des Szenariorahmens gemäß § 12a Absatz 3 Satz 1, vor.

§ 12c[2)] Prüfung und Bestätigung des Netzentwicklungsplans durch die Regulierungsbehörde. (1) [1]Die Regulierungsbehörde prüft die Übereinstimmung des Netzentwicklungsplans mit den Anforderungen gemäß § 12b Absatz 1, 2 und 4. [2]Sie kann Änderungen des Entwurfs des Netzentwicklungsplans durch die Betreiber von Übertragungsnetzen mit Regelzonenverantwortung verlangen. [3]Die Betreiber von Übertragungsnetzen mit Regelzonenverantwortung stellen der Regulierungsbehörde auf Verlangen die für ihre Prüfungen erforderlichen Informationen zur Verfügung. [4]Bestehen Zweifel, ob der Netzentwicklungsplan mit

---

[1)] **Sartorius III Nr. 511.**

[2)] § 12c eingef. mWv 4.8.2011 durch G v. 26.7.2011 (BGBl. I S. 1554); Abs. 2 Satz 1 geänd., Satz 2 eingef., bish. Satz 2 wird Satz 3, Abs. 6 geänd. mWv 28.12.2012 durch G v. 20.12.2012 (BGBl. I S. 2730); Überschrift, Abs. 4 Satz 1 neu gef., Abs. 6 eingef., bish. Abs. 6 wird Abs. 7 mWv 1.1.2016 durch G v. 10.12.2015 (BGBl. I S. 2194); Abs. 2 Satz 1, Abs. 3 Satz 5 geänd. mWv 29.7.2017 durch G v. 20.7.2017 (BGBl. I S. 2808); Abs. 1 Sätze 2 und 3, Abs. 2 Satz 3 geänd., Abs. 4 Satz 3 aufgeh., Abs. 5 geänd., Abs. 8 angef. mWv 17.5.2019 durch G v. 13.5.2019 (BGBl. I S. 706); Abs. 2 Satz 1 geänd., Satz 2 neu gef., Satz 3 eingef., bish. Satz 3 wird Satz 4 mWv 4.3.2021 durch G v. 25.2.2021 (BGBl. I S. 298); Abs. 8 neu gef. mWv 27.7.2021 durch G v. 16.7.2021 (BGBl. I S. 3026); Abs. 2a eingef., Abs. 3 Satz 3, Abs. 7 geänd. mWv 29.7.2022 durch G v. 19.7.2022 (BGBl. I S. 1214).

dem gemeinschaftsweit geltenden Netzentwicklungsplan in Einklang steht, konsultiert die Regulierungsbehörde die Agentur für die Zusammenarbeit der Energieregulierungsbehörden.

(2) [1] Zur Vorbereitung eines Bedarfsplans nach § 12e erstellt die Regulierungsbehörde frühzeitig während des Verfahrens zur Erstellung des Netzentwicklungsplans nach § 12b einen Umweltbericht, der den Anforderungen des § 40 des Gesetzes über die Umweltverträglichkeitsprüfung[1)] entsprechen muss. [2] Der Umweltbericht nach Satz 1 bezieht den Umweltbericht zum Flächenentwicklungsplan nach § 6 Absatz 4 des Windenergie-auf-See-Gesetzes ein und kann auf zusätzliche oder andere als im Umweltbericht zum Flächenentwicklungsplan nach § 6 Absatz 4 des Windenergie-auf-See-Gesetzes enthaltene erhebliche Umweltauswirkungen beschränkt werden. [3] Der Umweltbericht nach Satz 1 kann sich auf den Bereich des Festlands und des Küstenmeeres beschränken. [4] Die Betreiber von Übertragungsnetzen mit Regelzonenverantwortung stellen der Regulierungsbehörde die hierzu erforderlichen Informationen zur Verfügung.

(2a) [1] Enthält der nach § 12b Absatz 5 vorgelegte Netzentwicklungsplan eine Neubaumaßnahme zur Höchstspannungs-Gleichstrom-Übertragung oder für den länderübergreifenden landseitigen Teil einer Offshore-Anbindungsleitung, die noch nicht im Netzentwicklungsplan bestätigt wurde und für die keine Bündelungsoption nach § 12b Absatz 3a besteht, hat die Regulierungsbehörde anhand von vorhandenen Daten zur großräumigen Raum- und Umweltsituation für diese Maßnahme einen Präferenzraum im Sinne des § 3 Nummer 10 des Netzausbaubeschleunigungsgesetzes Übertragungsnetz[2)] zu ermitteln und dem Umweltbericht zugrunde zu legen. [2] Die Ermittlung von Präferenzräumen nach Satz 1 hat keine unmittelbare Außenwirkung und ersetzt nicht die Entscheidung über die Zulässigkeit der Netzausbaumaßnahme. [3] Die Ermittlung von Präferenzräumen kann nur im Rahmen des Rechtsbehelfsverfahrens gegen die Zulassungsentscheidung für die jeweilige Netzausbaumaßnahme überprüft werden. [4] Sofern Geodaten über die verbindlichen Festlegungen der Landes- und Regionalplanung benötigt werden, legt die Bundesnetzagentur die Daten des Raumordnungsplan-Monitors des Bundesinstituts für Bau-, Stadt- und Raumforschung zugrunde, die ihr für diesen Zweck zur Verfügung zu stellen sind. [5] Für diese und andere Geodaten gilt § 31 Absatz 4 des Netzausbaubeschleunigungsgesetzes Übertragungsnetz entsprechend.

(3) [1] Nach Abschluss der Prüfung nach Absatz 1 beteiligt die Regulierungsbehörde unverzüglich die Behörden, deren Aufgabenbereich berührt wird, und die Öffentlichkeit. [2] Maßgeblich sind die Bestimmungen des Gesetzes über die Umweltverträglichkeitsprüfung, soweit sich aus den nachfolgenden Vorschriften nicht etwas anderes ergibt. [3] Gegenstand der Beteiligung ist der Entwurf des Netzentwicklungsplans und in den Fällen des § 12e der Umweltbericht. [4] Die Unterlagen für die Strategische Umweltprüfung sowie der Entwurf des Netzentwicklungsplans sind für eine Frist von sechs Wochen am Sitz der Regulierungsbehörde auszulegen und darüber hinaus auf ihrer Internetseite öffentlich bekannt zu machen. [5] Die betroffene Öffentlichkeit kann sich zum Entwurf des Netzentwicklungsplans und zum Umweltbericht bis einen Monat nach Ende der Auslegung äußern.

(4) [1] Die Regulierungsbehörde soll den Netzentwicklungsplan unter Berücksichtigung des Ergebnisses der Behörden- und Öffentlichkeitsbeteiligung mit Wirkung für die Betreiber von Übertragungsnetzen spätestens bis zum 31. Dezember

---

1) Nr. **295**.
2) **Sartorius III Nr. 511.**

eines jeden ungeraden Kalenderjahres, beginnend mit dem Jahr 2017, bestätigen. [2] Die Bestätigung ist nicht selbstständig durch Dritte anfechtbar.

(5) Die Betreiber von Übertragungsnetzen mit Regelzonenverantwortung sind verpflichtet, den entsprechend Absatz 1 Satz 2 geänderten Netzentwicklungsplan der Regulierungsbehörde unverzüglich vorzulegen.

(6) [1] Bei Fortschreibung des Netzentwicklungsplans kann sich die Beteiligung der Öffentlichkeit, einschließlich tatsächlicher und potenzieller Netznutzer, der nachgelagerten Netzbetreiber sowie der Träger öffentlicher Belange nach § 12a Absatz 2, § 12b Absatz 3 und § 12c Absatz 3 auf Änderungen gegenüber dem zuletzt genehmigten Szenariorahmen oder dem zuletzt bestätigten Netzentwicklungsplan beschränken. [2] Ein vollständiges Verfahren nach den §§ 12a bis 12c Absatz 1 bis 5 muss mindestens alle vier Jahre sowie in den Fällen des § 12e Absatz 1 Satz 3 durchgeführt werden.

(7) Die Regulierungsbehörde kann nähere Bestimmungen zu Inhalt und Verfahren der Erstellung des Netzentwicklungsplans sowie zur Ausgestaltung des nach Absatz 3, § 12a Absatz 2 und § 12b Absatz 3 durchzuführenden Verfahrens zur Beteiligung der Öffentlichkeit treffen.

(8) [1] Die Regulierungsbehörde kann bei Bestätigung des Netzentwicklungsplans oder durch gesonderte Entscheidung bestimmen, wer für die Durchführung einer im Netzentwicklungsplan bestätigten Maßnahme als Vorhabenträger ganz oder teilweise verantwortlich ist. [2] Hierbei berücksichtigt die Regulierungsbehörde ausschließlich Belange, die im öffentlichen Interesse eine möglichst zügige, effiziente und umweltschonende Durchführung der Maßnahmen erwarten lassen. [3] Dazu gehören Vorschläge im Netzentwicklungsplan und etwaige Vereinbarungen von Übertragungsnetzbetreibern zur Bestimmung eines oder mehrerer Vorhabenträger; in diesem Fall ist durch die Übertragungsnetzbetreiber darzulegen, dass durch eine solche anteilige Zuweisung eine möglichst zügige und effiziente Durchführung der Maßnahme erreicht werden kann. [4] Darüber hinaus kann sie insbesondere berücksichtigen

1. ob ein Vorhabenträger bereits für ein Vorhaben nach dem Energieleitungsausbaugesetz oder dem Bundesbedarfsplangesetz verantwortlich ist und die bestätigte Maßnahme mit diesem Vorhaben gemeinsam realisiert werden soll,
2. ob durch die Durchführung einer Maßnahme durch einen Vorhabenträger oder durch eine gemeinsame Durchführung der Maßnahme durch mehrere Vorhabenträger die Ziele nach Satz 2 besser erreicht werden können,
3. die personelle, technische und wirtschaftliche Leistungsfähigkeit und Zuverlässigkeit eines Vorhabenträgers,
4. die bisherigen Fortschritte eines Vorhabenträgers bei der Realisierung von Vorhaben nach dem Energieleitungsausbaugesetz und dem Bundesbedarfsplangesetz,
5. in welchem Umfang der Vorhabenträger neben der Durchführung der Maßnahme im Übrigen für Netzausbauvorhaben verantwortlich ist oder sein wird.

[5] Vorhabenträger für im Netzentwicklungsplan bestätigte Leitungen zur Höchstspannungs-Gleichstrom-Übertragung, für welche noch kein Antrag auf Bundesfachplanung nach § 6 Absatz 1 Netzausbaubeschleunigungsgesetz oder in den Fällen des § 5a des Netzausbaubeschleunigungsgesetzes kein Antrag auf Planfeststellungsbeschluss für das Gesamtvorhaben oder Teile davon gestellt wurde, ist im Geltungsbereich des Netzausbaubeschleunigungsgesetzes der Übertragungsnetzbetreiber, in dessen Regelzone der südliche Netzverknüpfungspunkt der Leitung

gelegen ist. [6]Vorhabenträger für im Netzentwicklungsplan bestätigte Offshore-Anbindungsleitungen ist entsprechend § 17d Absatz 1 der Übertragungsnetzbetreiber, in dessen Regelzone der landseitige Netzverknüpfungspunkt gelegen ist. [7]Die Bundesnetzagentur kann bei der Bestätigung des Netzentwicklungsplans oder durch gesonderte Entscheidung abweichend von den Sätzen 5 und 6 den Vorhabenträger nach den Sätzen 1 bis 4 bestimmen, um eine möglichst zügige, effiziente und umweltschonende Durchführung der Maßnahmen sicherzustellen.

§ 12d[1)] Umsetzungsbericht der Übertragungsnetzbetreiber und Monitoring durch die Regulierungsbehörde. (1) [1]Die Betreiber von Übertragungsnetzen mit Regelzonenverantwortung legen der Regulierungsbehörde jeweils spätestens bis zum 30. September eines jeden geraden Kalenderjahres, beginnend mit dem Jahr 2018, einen gemeinsamen Umsetzungsbericht vor, den diese prüft. [2]Der Umsetzungsbericht muss folgende Angaben enthalten:

1. Angaben zum Stand der Umsetzung des zuletzt bestätigten Netzentwicklungsplans,
2. im Fall von Verzögerungen der Umsetzung die dafür maßgeblichen Gründe,
3. Angaben zu den Risiken, die Verzögerungen hervorrufen können, und Vorschläge für Maßnahmen, um diese Risiken zu verringern, und
4. Angaben zu Möglichkeiten, um die Umsetzung zu beschleunigen, und Vorschläge für Maßnahmen, um diese Möglichkeiten zu nutzen.

[3]Die Regulierungsbehörde veröffentlicht den Umsetzungsbericht und gibt allen tatsächlichen und potenziellen Netznutzern Gelegenheit zur Äußerung.

(2) [1]Die Regulierungsbehörde führt fortlaufend ein Monitoring über die Planung und den Stand der Umsetzung der Maßnahmen zur Optimierung, zur Verstärkung und zum Ausbau des Übertragungsnetzes durch und informiert hierüber regelmäßig die Öffentlichkeit. [2]Die Betreiber von Übertragungsnetzen und die Behörden stellen der Regulierungsbehörde die für das Monitoring notwendigen Informationen in geeigneter Form zur Verfügung.

§ 12e[2)] Bundesbedarfsplan. (1) [1]Die Regulierungsbehörde übermittelt den Netzentwicklungsplan mindestens alle vier Jahre der Bundesregierung als Entwurf für einen Bundesbedarfsplan. [2]Die Bundesregierung legt den Entwurf des Bundesbedarfsplans mindestens alle vier Jahre dem Bundesgesetzgeber vor. [3]Die Regulierungsbehörde hat auch bei wesentlichen Änderungen des Netzentwicklungsplans gemäß Satz 1 zu verfahren.

(2) [1]Die Regulierungsbehörde kennzeichnet in ihrem Entwurf für einen Bundesbedarfsplan die länderübergreifenden und grenzüberschreitenden Höchstspannungsleitungen sowie die Anbindungsleitungen von den Offshore-Windpark-Umspannwerken zu den Netzverknüpfungspunkten an Land. [2]Dem Entwurf ist eine Begründung beizufügen. [3]Die Vorhaben des Bundesbedarfsplans entsprechen den Zielsetzungen des § 1 dieses Gesetzes.

[1)] § 12d neu gef. mWv 1.1.2016 durch G v. 10.12.2015 (BGBl. I S. 2194); Überschrift, Abs. 1 Satz 1 geänd., Satz 2 neu gef., Abs. 2 angef. mWv 17.5.2019 durch G v. 13.5.2019 (BGBl. I S. 706).

[2)] § 12e eingef. mWv 4.8.2011 durch G v. 26.7.2011 (BGBl. I S. 1554); Abs. 4 Satz 2 geänd. mWv 5.8.2011 durch G v. 28.7.2011 (BGBl. I S. 1690); Abs. 1 Satz 1 geänd. mWv 28.12.2012 durch G v. 20.12.2012 (BGBl. I S. 2730); Abs. 3 Satz 1 geänd. mWv 27.7.2013 durch G v. 23.7.2013 (BGBl. I S. 2543); Abs. 3 aufgeh. mWv 1.8.2014 durch G v. 21.7.2014 (BGBl. I S. 1066); Abs. 1 Sätze 1–3 geänd. mWv 1.1.2016 durch G v. 10.12.2015 (BGBl. I S. 2194); Abs. 5 Satz 1 geänd. mWv 29.7.2017 durch G v. 20.7.2017 (BGBl. I S. 2808); Abs. 1 Satz 1 geänd. mWv 4.3.2021 durch G v. 25.2.2021 (BGBl. I S. 298).

(3) *(aufgehoben)*

(4) [1] Mit Erlass des Bundesbedarfsplans durch den Bundesgesetzgeber wird für die darin enthaltenen Vorhaben die energiewirtschaftliche Notwendigkeit und der vordringliche Bedarf festgestellt. [2] Die Feststellungen sind für die Betreiber von Übertragungsnetzen sowie für die Planfeststellung und die Plangenehmigung nach den §§ 43 bis 43d und §§ 18 bis 24 des Netzausbaubeschleunigungsgesetzes Übertragungsnetz[1)] verbindlich.

(5) [1] Für die Änderung von Bundesbedarfsplänen gilt § 37 Satz 1 des Gesetzes über die Umweltverträglichkeitsprüfung[2)]. [2] Soweit danach keine Pflicht zur Durchführung einer Strategischen Umweltprüfung besteht, findet § 12c Absatz 2 keine Anwendung.

§ 12f[3)] Herausgabe von Daten. (1) Die Regulierungsbehörde stellt dem Bundesministerium für Wirtschaft und Energie sowie dem Umweltbundesamt Daten, die für digitale Netzberechnungen erforderlich sind, insbesondere Einspeise- und Lastdaten sowie Impedanzen und Kapazitäten von Leitungen und Transformatoren, einschließlich unternehmensbezogener Daten und Betriebs- und Geschäftsgeheimnisse zur Verfügung, soweit dies zur Erfüllung ihrer jeweiligen Aufgaben erforderlich ist.

(2) [1] Die Regulierungsbehörde gibt auf Antrag insbesondere netzknotenpunktscharfe Einspeise- und Lastdaten sowie Informationen zu Impedanzen und Kapazitäten von Leitungen und Transformatoren an Dritte heraus, die die Fachkunde zur Überprüfung der Netzplanung und ein berechtigtes Interesse gegenüber der Regulierungsbehörde nachweisen sowie die vertrauliche Behandlung der Informationen zusichern oder die Berechtigung zum Umgang mit Verschlusssachen mit einem Geheimhaltungsgrad nach § 12g Absatz 4 in Verbindung mit § 4 des Sicherheitsüberprüfungsgesetzes[4)] haben. [2] Die Daten sind in einem standardisierten, elektronisch verarbeitbaren Format zur Verfügung zu stellen. [3] Daten, die Betriebs- und Geschäftsgeheimnisse darstellen, dürfen von der Regulierungsbehörde nicht herausgegeben werden. [4] In diesem Fall hat die Regulierungsbehörde typisierte und anonymisierte Datensätze an den Antragsteller herauszugeben.

§ 12g[5)] Schutz europäisch kritischer Anlagen, Verordnungsermächtigung. (1) [1] Zum Schutz des Übertragungsnetzes bestimmt die Regulierungsbehörde alle zwei Jahre diejenigen Anlagen oder Teile von Anlagen des Übertragungsnetzes, deren Störung oder Zerstörung erhebliche Auswirkungen in mindestens zwei Mitgliedstaaten der Europäischen Union haben kann (europäisch kritische Anlage). [2] Die Bestimmung erfolgt durch Festlegung nach dem Verfahren des § 29. [3] Zur Vorbereitung der Festlegung haben die Betreiber von Übertragungsnetzen der Regulierungsbehörde einen Bericht vorzulegen, in dem Anlagen ihres Netzes, deren Störung oder Zerstörung erhebliche Auswirkungen in mindestens zwei Mitgliedstaaten haben kann, vorgeschlagen werden und dies begründet wird. [4] Der Bericht kann auch von allen Betreibern gemeinsam erstellt und vorgelegt werden.

---

1) **Sartorius III Nr. 511.**

2) Nr. **295.**

3) § 12f eingef. mWv 4.8.2011 durch G v. 26.7.2011 (BGBl. I S. 1554); Abs. 1 geänd. mWv 1.8.2014 durch G v. 21.7.2014 (BGBl. I S. 1066).

4) **Sartorius III Nr. 810.**

5) § 12g eingef. mWv 4.8.2011 durch G v. 26.7.2011 (BGBl. I S. 1554).

(2) Betreiber von Übertragungsnetzen haben zum Schutz ihrer gemäß Absatz 1 Satz 1 bestimmten Anlagen Sicherheitspläne zu erstellen sowie Sicherheitsbeauftragte zu bestimmen und der Regulierungsbehörde nachzuweisen.

(3) Die Bundesregierung wird ermächtigt, durch Rechtsverordnung[1)] ohne Zustimmung des Bundesrates Einzelheiten zu dem Verfahren der Festlegung und zum Bericht gemäß Absatz 1 sowie zu den Sicherheitsplänen und Sicherheitsbeauftragten nach Absatz 2 zu regeln.

(4) Die für die Festlegung gemäß Absatz 1 Satz 2 erforderlichen Informationen, der Bericht der Betreiber nach Absatz 1 Satz 3 sowie die Sicherheitspläne nach Absatz 2 sind als Verschlusssache mit dem geeigneten Geheimhaltungsgrad im Sinne von § 4 des Sicherheitsüberprüfungsgesetzes[2)] einzustufen.

§ 12h[3)] Marktgestützte Beschaffung nicht frequenzgebundener Systemdienstleistungen. (1) [1]Betreiber von Übertragungsnetzen mit Regelzonenverantwortung und Betreiber von Elektrizitätsverteilernetzen sind verpflichtet, für ihr jeweiliges Netz in einem transparenten, diskriminierungsfreien und marktgestützten Verfahren folgende Systemdienstleistungen zu beschaffen:

1. Dienstleistungen zur Spannungsregelung,
2. Trägheit der lokalen Netzstabilität,
3. Kurzschlussstrom,
4. dynamische Blindstromstützung,
5. Schwarzstartfähigkeit und
6. Inselbetriebsfähigkeit.

[2]Dabei darf die Beschaffung dieser Systemdienstleistungen nur erfolgen, soweit diese für einen sicheren, zuverlässigen und effizienten Netzbetrieb erforderlich sind.

(2) Betreiber von Elektrizitätsverteilernetzen haben diese Systemdienstleistungen nur zu beschaffen, soweit sie diese in ihrem eigenen Netz benötigen oder die Systemdienstleistungen im Einvernehmen mit den Betreibern von Übertragungsnetzen mit Regelzonenverantwortung beschafft werden.

(3) Die Verpflichtung nach Absatz 1 Satz 1 ist nicht für Systemdienstleistungen aus vollständig integrierten Netzkomponenten anzuwenden.

(4) [1]Die Bundesnetzagentur kann Ausnahmen von der Verpflichtung der marktgestützten Beschaffung von Systemdienstleistungen nach § 29 Absatz 1 festlegen, wenn diese wirtschaftlich nicht effizient ist; sie kann auch einzelne Spannungsebenen ausnehmen. [2]Erstmalig trifft die Bundesnetzagentur Entscheidungen über Ausnahmen bis zum 31. Dezember 2020 ohne Anhörung. [3]Gewährt sie eine Ausnahme, überprüft sie ihre Einschätzung spätestens alle drei Jahre und veröffentlicht das Ergebnis.

(5) [1]Soweit die Bundesnetzagentur keine Ausnahmen nach Absatz 4 festlegt, hat sie die Spezifikationen und technischen Anforderungen der transparenten, diskriminierungsfreien und marktgestützten Beschaffung der jeweiligen Systemdienstleistung, vorbehaltlich des Absatzes 4, nach § 29 Absatz 1 festzulegen. [2]Die Spezifikationen und technischen Anforderungen müssen sicherstellen, dass

---

[1)] Siehe die VO zum Schutz von Übertragungsnetzen v. 6.1.2012 (BGBl. I S. 69), geänd. durch VO v. 31.8.2015 (BGBl. I S. 1474).

[2)] **Sartorius III Nr. 810.**

[3)] § 12h eingef. mWv 27.11.2020 durch G v. 22.11.2020 (BGBl. I S. 2464); Abs. 9 Satz 2 eingef., bish. Sätze 2–4 werden Sätze 3–5 mWv 27.7.2021 durch G v. 16.7.2021 (BGBl. I S. 3026).

sich alle Marktteilnehmer wirksam und diskriminierungsfrei beteiligen können; dies schließt Anbieter erneuerbarer Energien, Anbieter dezentraler Erzeugung, Anbieter von Laststeuerung und Energiespeicherung sowie Anbieter ein, die in der Aggregierung tätig sind. [3] Die Spezifikationen und technischen Anforderungen sollen sicherstellen, dass die marktgestützte Beschaffung der jeweiligen Systemdienstleistung nicht zu einer Reduzierung der Einspeisung vorrangberechtigter Elektrizität führt. [4] Die Spezifikationen und technischen Anforderungen wirken auf eine größtmögliche Effizienz der Beschaffung und des Netzbetriebs hin.

(6) [1] Statt einer Festlegung nach Absatz 5 kann die Bundesnetzagentur die Betreiber von Übertragungs- und Verteilernetzen auffordern, jeweils gemeinsam Spezifikationen und technische Anforderungen in einem transparenten Verfahren, an dem alle relevanten Netznutzer und Betreiber von Elektrizitätsversorgungsnetzen teilnehmen können, zu erarbeiten oder zu überarbeiten. [2] Diese Spezifikationen und technischen Anforderungen sind der Bundesnetzagentur zur Genehmigung vorzulegen; dabei sind die Anforderungen nach Absatz 5 Satz 2 bis 4 entsprechend anzuwenden. [3] Die Bundesnetzagentur hat von ihr genehmigte Spezifikationen und technische Anforderungen zu veröffentlichen.

(7) Die Verpflichtungen zur marktgestützten Beschaffung von Systemdienstleistungen nach Absatz 1 sind ausgesetzt, bis die Bundesnetzagentur die Spezifikationen und technischen Anforderungen erstmals nach Absatz 5 festgelegt oder nach Absatz 6 genehmigt hat.

(8) Die Betreiber von Elektrizitätsversorgungsnetzen sind verpflichtet, alle erforderlichen Informationen untereinander auszutauschen und sich abzustimmen, damit die Ressourcen optimal genutzt sowie die Netze sicher und effizient betrieben werden und die Marktentwicklung erleichtert wird.

(9) [1] Hat die Bundesnetzagentur für Systemdienstleistungen nach Absatz 1 Satz 1 Nummer 5 eine Ausnahme nach Absatz 4 festgelegt oder, sofern sie von einer Ausnahme abgesehen hat, noch keine Spezifikationen und technischen Anforderungen nach Absatz 5 festgelegt oder nach Absatz 6 genehmigt, sind die Betreiber von Übertragungsnetzen mit Regelzonenverantwortung und die Betreiber von Elektrizitätsverteilernetzen berechtigt, Betreiber von Erzeugungsanlagen oder Anlagen zur Speicherung elektrischer Energie zur Vorhaltung der Schwarzstartfähigkeit ihrer Anlagen zu verpflichten. [2] Die Verpflichtung zur Vorhaltung der Schwarzstartfähigkeit umfasst auch die Durchführung von Schwarzstartversuchen und Betriebsversuchen im Sinne der genehmigten vertraglichen Modalitäten für Anbieter von Systemdienstleistungen zum Netzwiederaufbau nach Artikel 4 Absatz 2 Buchstabe b und Absatz 4 der Verordnung (EU) 2017/2196 der Kommission vom 24. November 2017 zur Festlegung eines Netzkodex über den Notzustand und den Netzwiederaufbau des Übertragungsnetzes (ABl. L 312 vom 28.11.2017, S. 54). [3] Die Verpflichtung der Betreiber der Erzeugungsanlagen oder Anlagen zur Speicherung elektrischer Energie ist erforderlich, sofern andernfalls die Sicherheit oder Zuverlässigkeit des Elektrizitätsversorgungssystems gefährdet wäre. [4] Im Falle der Verpflichtung nach Satz 1 kann der Betreiber der Erzeugungsanlage oder der Anlage zur Speicherung elektrischer Energie eine angemessene Vergütung geltend machen, die entsprechend § 13c Absatz 1 bestimmt wird. [5] § 13c Absatz 5 ist entsprechend anzuwenden.

§ 13[1] Systemverantwortung der Betreiber von Übertragungsnetzen.

(1) [1]Sofern die Sicherheit oder Zuverlässigkeit des Elektrizitätsversorgungssystems in der jeweiligen Regelzone gefährdet oder gestört ist, sind die Betreiber der Übertragungsnetze berechtigt und verpflichtet, die Gefährdung oder Störung zu beseitigen durch

1. netzbezogene Maßnahmen, insbesondere durch Netzschaltungen,
2. marktbezogene Maßnahmen, insbesondere durch den Einsatz von Regelenergie, Maßnahmen nach § 13a Absatz 1, vertraglich vereinbarte abschaltbare und zuschaltbare Lasten, Information über Engpässe und das Management von Engpässen sowie
3. zusätzliche Reserven, insbesondere die Netzreserve nach § 13d und die Kapazitätsreserve nach § 13e.

[2]Bei strom- und spannungsbedingten Anpassungen der Wirkleistungserzeugung oder des Wirkleistungsbezugs sind abweichend von Satz 1 von mehreren geeigneten Maßnahmen nach Satz 1 Nummer 2 und 3 die Maßnahmen auszuwählen, die voraussichtlich insgesamt die geringsten Kosten verursachen. [3]Maßnahmen gegenüber Anlagen zur Erzeugung oder Speicherung von elektrischer Energie mit einer Nennleistung unter 100 Kilowatt, die durch einen Netzbetreiber jederzeit fernsteuerbar sind, dürfen die Betreiber von Übertragungsnetzen unabhängig von den Kosten nachrangig ergreifen.

(1a) [1]Im Rahmen der Auswahlentscheidung nach Absatz 1 Satz 2 sind die Verpflichtungen nach § 11 Absatz 1 und 3 des Erneuerbare-Energien-Gesetzes[2] einzuhalten, indem für Maßnahmen zur Reduzierung der Wirkleistungserzeugung von Anlagen nach § 3 Nummer 1 des Erneuerbare-Energien-Gesetzes kalkulatorische Kosten anzusetzen sind, die anhand eines für alle Anlagen nach § 3 Nummer 1 des Erneuerbare-Energien-Gesetzes einheitlichen kalkulatorischen Preises zu bestimmen sind. [2]Der einheitliche kalkulatorische Preis ist so zu bestimmen, dass die Reduzierung der Wirkleistungserzeugung der Anlagen nach § 3 Nummer 1 des Erneuerbare-Energien-Gesetzes nur erfolgt, wenn dadurch in der Regel ein Vielfaches an Reduzierung von nicht vorrangberechtigter Erzeugung ersetzt werden kann (Mindestfaktor). [3]Der Mindestfaktor nach Satz 2 beträgt mindestens fünf und höchstens fünfzehn; Näheres bestimmt die Bundesnetzagentur nach § 13j Absatz 5 Nummer 2.

(1b) *(aufgehoben)*

(1c) [1]Im Rahmen der Auswahlentscheidung nach Absatz 1 Satz 2 sind bei Maßnahmen zur Erhöhung der Erzeugungsleistung von Anlagen der Netzreserve nach § 13d kalkulatorische Kosten anzusetzen, die anhand eines für alle Anlagen einheitlichen kalkulatorischen Preises zu bestimmen sind. [2]Übersteigen die tatsächlichen Kosten die kalkulatorischen Kosten, sind die tatsächlichen Kosten an-

---

[1] § 13 neu gef. mWv 30.7.2016 durch G v. 26.7.2016 (BGBl. I S. 1786); Abs. 6a eingef., Abs. 10 angef. mWv 1.1.2017 durch G v. 13.10.2016 (BGBl. I S. 2258); Abs. 3 Satz 1 geänd. mWv 1.1.2017 durch G v. 22.12.2016 (BGBl. I S. 3106); Abs. 10 Sätze 1 und 2 geänd., Satz 4 angef. mWv 21.12.2018 durch G v. 17.12.2018 (BGBl. I S. 2549); Abs. 1 Nr. 2 geänd., Sätze 2 und 3 angef., Abs. 2 Sätze 1 und 2 geänd., Abs. 3 neu gef., Abs. 6 Satz 1 geänd. mWv 1.10.2021 durch G v. 13.5.2019 (BGBl. I S. 706, geänd. durch G v. 16.7.2021, BGBl. I S. 3026); Abs. 6a Satz 1 neu gef., Satz 2 Nr. 1 geänd., Nr. 2 neu gef., Nr. 3 geänd., Satz 4 neu gef., Satz 7 aufgeh. mWv 27.7.2021, Abs. 1a–1c eingef., Abs. 6a Satz 1 einl. Satzteil, Satz 2 Nr. 1 geänd. mWv 1.10.2021 durch G v. 16.7.2021 (BGBl. I S. 3026); Abs. 1b aufgeh. mWv 12.7. 2022 durch G v. 8.7.2022 (BGBl. I S. 1054); Abs. 1b Nr. 1 geänd. (aufgrund der vorhergehenden Änd. nicht ausführbar), Abs. 6b eingef. mWv 29.7.2022 durch G v. 19.7.2022 (BGBl. I S. 1214).

[2] **Sartorius ErgBd. Nr. 833.**

zusetzen. [3]Der einheitliche kalkulatorische Preis ist so zu bestimmen, dass ein Einsatz der Anlagen der Netzreserve in der Regel nachrangig zu dem Einsatz von Anlagen mit nicht vorrangberechtigter Einspeisung erfolgt und in der Regel nicht zu einer höheren Reduzierung der Wirkleistungserzeugung der Anlagen nach § 3 Nummer 1 des Erneuerbare-Energien-Gesetzes führt als bei einer Auswahlentscheidung nach den tatsächlichen Kosten. [4]Der einheitliche kalkulatorische Preis entspricht mindestens dem höchsten tatsächlichen Preis, der für die Erhöhung der Erzeugungsleistung von Anlagen mit nicht vorrangberechtigter Einspeisung, die nicht zur Netzreserve zählen, regelmäßig aufgewendet wird.

(2) [1]Lässt sich eine Gefährdung oder Störung der Sicherheit oder Zuverlässigkeit des Elektrizitätsversorgungssystems durch Maßnahmen nach Absatz 1 nicht oder nicht rechtzeitig beseitigen, so sind die Betreiber der Übertragungsnetze im Rahmen der Zusammenarbeit nach § 12 Absatz 1 berechtigt und verpflichtet, sämtliche Stromerzeugung, Stromtransite und Strombezüge in ihren Regelzonen den Erfordernissen eines sicheren und zuverlässigen Betriebs des Übertragungsnetzes anzupassen oder diese Anpassung zu verlangen. [2]Bei einer erforderlichen Anpassung von Stromerzeugung und Strombezügen sind insbesondere die betroffenen Betreiber von Elektrizitätsverteilernetzen und Stromhändler – soweit möglich – vorab zu informieren.

(3) [1]Soweit die Einhaltung der in den Absätzen 1 und 2 genannten Verpflichtungen die Beseitigung einer Gefährdung oder Störung verhindern würde, kann ausnahmsweise von ihnen abgewichen werden. [2]Ein solcher Ausnahmefall liegt insbesondere vor, soweit die Betreiber von Übertragungsnetzen zur Gewährleistung der Sicherheit und Zuverlässigkeit des Elektrizitätsversorgungssystems auf die Mindesteinspeisung aus bestimmten Anlagen angewiesen sind und keine technisch gleich wirksame andere Maßnahme verfügbar ist (netztechnisch erforderliches Minimum). [3]Bei Maßnahmen nach den Absätzen 1 und 2 sind die Auswirkungen auf die Sicherheit und Zuverlässigkeit des Gasversorgungssystems auf Grundlage der von den Betreibern der Gasversorgungsnetze nach § 12 Absatz 4 Satz 1 bereitzustellenden Informationen angemessen zu berücksichtigen.

(4) Eine Gefährdung der Sicherheit oder Zuverlässigkeit des Elektrizitätsversorgungssystems in der jeweiligen Regelzone liegt vor, wenn örtliche Ausfälle des Übertragungsnetzes oder kurzfristige Netzengpässe zu besorgen sind oder zu besorgen ist, dass die Haltung von Frequenz, Spannung oder Stabilität durch die Betreiber von Übertragungsnetzen nicht im erforderlichen Maße gewährleistet werden kann.

(5) [1]Im Falle einer Anpassung nach Absatz 2 Satz 1 ruhen bis zur Beseitigung der Gefährdung oder Störung alle hiervon jeweils betroffenen Leistungspflichten. [2]Satz 1 führt grundsätzlich nicht zu einer Aussetzung der Abrechnung der Bilanzkreise durch den Betreiber eines Übertragungsnetzes. [3]Soweit bei Vorliegen der Voraussetzungen nach Absatz 2 Maßnahmen getroffen werden, ist insoweit die Haftung für Vermögensschäden ausgeschlossen. [4]Im Übrigen bleibt § 11 Absatz 3 unberührt. [5]Die Sätze 3 und 4 sind für Entscheidungen des Betreibers von Übertragungsnetzen im Rahmen von § 13b Absatz 5, § 13f Absatz 1 und § 16 Absatz 2a entsprechend anzuwenden.

(6) [1]Die Beschaffung von Ab- oder Zuschaltleistung über vertraglich vereinbarte ab- oder zuschaltbare Lasten nach Absatz 1 Satz 1 Nummer 2 erfolgt durch die Betreiber von Übertragungsnetzen in einem diskriminierungsfreien und transparenten Ausschreibungsverfahren, bei dem die Anforderungen, die die Anbieter von Ab- oder Zuschaltleistung für die Teilnahme erfüllen müssen, soweit dies technisch möglich ist, zu vereinheitlichen sind. [2]Die Betreiber von Übertragungs-

netzen haben für die Ausschreibung von Ab- oder Zuschaltleistung aus ab- oder zuschaltbaren Lasten eine gemeinsame Internetplattform einzurichten. [3] Die Einrichtung der Plattform nach Satz 2 ist der Regulierungsbehörde anzuzeigen. [4] Die Betreiber von Übertragungsnetzen sind unter Beachtung ihrer jeweiligen Systemverantwortung verpflichtet, zur Senkung des Aufwandes für Ab- und Zuschaltleistung unter Berücksichtigung der Netzbedingungen zusammenzuarbeiten.

(6a) [1] Die Betreiber von Übertragungsnetzen können mit Betreibern von KWK-Anlagen vertragliche Vereinbarungen zur Reduzierung der Wirkleistungseinspeisung aus der KWK-Anlage und gleichzeitigen bilanziellen Lieferung von elektrischer Energie für die Aufrechterhaltung der Wärmeversorgung nach Absatz 1 Satz 1 Nummer 2 schließen, wenn die KWK-Anlage

1. technisch unter Berücksichtigung ihrer Größe und Lage im Netz geeignet ist, zur Beseitigung von Gefährdungen oder Störungen der Sicherheit oder Zuverlässigkeit des Elektrizitätsversorgungssystems aufgrund von Netzengpässen im Höchstspannungsnetz effizient beizutragen,
2. sich im Zeitpunkt des Vertragsabschlusses innerhalb der Bundesrepublik Deutschland, aber außerhalb der Südregion nach der Anlage 1 des Kohleverstromungsbeendigungsgesetzes[1)] vom 8. August 2020 (BGBl. I S. 1818), das zuletzt durch Artikel 26 Absatz 2 des Gesetzes vom 3. Juni 2021 (BGBl. I S. 1534) geändert worden ist, befindet,
3. vor dem 14. August 2020 in Betrieb genommen worden ist und
4. eine installierte elektrische Leistung von mehr als 500 Kilowatt hat.

[2] In der vertraglichen Vereinbarung nach Satz 1 ist zu regeln, dass

1. die Reduzierung der Wirkleistungseinspeisung und die bilanzielle Lieferung von elektrischer Energie zum Zweck der Aufrechterhaltung der Wärmeversorgung abweichend von § 3 Absatz 1 und 2 des Kraft-Wärme-Kopplungsgesetzes[2)] und als Maßnahme nach Absatz 1 Satz 1 Nummer 2 durchzuführen ist,
2. für die Maßnahme nach Nummer 1 zwischen dem Betreiber des Übertragungsnetzes und dem Betreiber der KWK-Anlage unter Anrechnung der bilanziellen Lieferung elektrischer Energie ein angemessener finanzieller Ausgleich zu leisten ist, der den Betreiber der KWK-Anlage wirtschaftlich weder besser noch schlechter stellt, als er ohne die Maßnahme stünde, dabei ist § 13a Absatz 2 bis 4 entsprechend anzuwenden, und
3. die erforderlichen Kosten für die Investition für die elektrische Wärmeerzeugung, sofern sie nach dem Vertragsschluss entstanden sind, vom Betreiber des Übertragungsnetzes einmalig erstattet werden.

[3] Die Betreiber der Übertragungsnetze müssen sich bei der Auswahl der KWK-Anlagen, mit denen vertragliche Vereinbarungen nach den Sätzen 1 und 2 geschlossen werden, auf die KWK-Anlagen beschränken, die kostengünstig und effizient zur Beseitigung von Netzengpässen beitragen können. [4] Die vertragliche Vereinbarung muss mindestens für fünf Jahre abgeschlossen werden und kann höchstens eine Geltungsdauer bis zum 31. Dezember 2028 haben; sie ist mindestens vier Wochen vor dem Abschluss der Bundesnetzagentur und spätestens vier Wochen nach dem Abschluss den anderen Betreibern von Übertragungsnetzen zu übermitteln. [5] Sie dürfen nur von Übertragungsnetzbetreibern aufgrund von Eng-

---

[1)] **Sartorius III Nr. 340.**
[2)] **Sartorius ErgBd. Nr. 834.**

pässen im Übertragungsnetz abgeschlossen werden, § 14 Absatz 1 Satz 1 findet insoweit keine Anwendung. [6] Die installierte elektrische Leistung von Wärmeerzeugern, die aufgrund einer vertraglichen Vereinbarung mit den KWK-Anlagen nach den Sätzen 1 und 2 installiert wird, darf 2 Gigawatt nicht überschreiten.

(6b) [1] Um eine Abregelung von Anlagen nach § 3 Nummer 1 des Erneuerbare-Energien-Gesetzes zu vermeiden, nehmen Betreiber von Übertragungsnetzen nach Absatz 6 bis zum 31. Dezember 2030 gemeinsam eine Ausschreibung für den Strombezug von zuschaltbaren Lasten vor. [2] Die Ausschreibung nach Satz 1 erfolgt erstmals zum 1. Juli 2023. [3] Über den Umfang der jeweiligen Ausschreibung aufgrund von Netzengpässen entscheidet der Betreiber von Übertragungsnetzen nach Maßgabe der für den jeweiligen Ausschreibungszeitraum erwarteten Reduktion der Erzeugungsleistung aus erneuerbaren Energien. [4] Teilnahmeberechtigt an Ausschreibungen nach Satz 1 sind zuschaltbare Lasten, sofern

1. für die angebotene Abnahmeleistung innerhalb der letzten zwölf Monate vor Beginn und innerhalb des jeweiligen Ausschreibungszeitraums kein Strombezug an Strommärkten erfolgt,
2. bei Strombezug aus einer verbundenen KWK-Anlage im Fall eines Abrufs deren Stromerzeugung in mindestens dem gleichen Umfang wie der Höhe des Strombezugs der zuschaltbaren Last verringert wird, wobei dem Betreiber der KWK-Anlage die verringerte eigenerzeugte Strommenge bilanziell erstattet wird,
3. die Anlage technisch unter Berücksichtigung ihrer Größe und Lage im Netz geeignet ist, zur Beseitigung von Gefährdungen oder Störungen der Sicherheit oder Zuverlässigkeit des Elektrizitätsversorgungssystems aufgrund von Netzengpässen im Höchstspannungsnetz beizutragen,
4. sich die Anlage innerhalb der Bundesrepublik Deutschland, aber außerhalb der Südregion nach der Anlage 1 des Kohleverstromungsbeendigungsgesetzes vom 8. August 2020 (BGBl. I S. 1818), das zuletzt durch Artikel 13 des Gesetzes vom 16. Juli 2021 (BGBl. I S. 3026) geändert worden ist, befindet,
5. die jederzeitige Verfügbarkeit im Ausschreibungszeitraum gewährleistet wird,
6. die Zuschaltung nach Maßgabe der Ausschreibungsbedingungen und, sobald die Messstelle mit einem intelligenten Messsystem ausgestattet wurde, über ein Smart-Meter-Gateway nach § 2 Satz 1 Nummer 19 des Messstellenbetriebsgesetzes fernsteuerbar ist,
7. das Gebot eine Mindestgröße von 100 Kilowatt aufweist, wobei eine Zusammenlegung kleinerer Lasten durch Dritte zulässig ist, und
8. für die abzunehmende Strommenge ein Gebotspreis in Euro je Megawattstunde abgegeben wird; negative Gebote sind unzulässig.

[5] Die Nichteinhaltung der Bedingungen nach Satz 4 Nummer 1, 2 und 5 wird mit dem Ausschluss von den Ausschreibungen für die Dauer von drei Monaten belegt. [6] Nicht teilnahmeberechtigt sind zuschaltbare Lasten, die unmittelbar oder bilanziell Strom aus Anlagen zur Erzeugung von erneuerbarer Energie beziehen oder innerhalb der letzten zwölf Monate bezogen haben. [7] Für aus dem Netz bezogenen Strom nach Satz 1 werden die Umlagen nach § 17f Absatz 5, nach § 26 Absatz 1 des Kraft-Wärme-Kopplungsgesetzes, nach § 18 Absatz 1 der Abschaltbare-Lasten-Verordnung sowie nach § 19 Absatz 2 Satz 15 der Stromnetzentgeltverordnung nicht erhoben. [8] Die Bundesnetzagentur kann im Wege einer Festlegung nach § 29 Absatz 1 über eine Reduzierung der Netzentgelte bis auf null für diesen Strombezug sowie über den Ausschreibungszeitraum nach Satz 1 entscheiden. [9] An Ausschreibungen nach Satz 1 können sich Betreiber von Verteilernetzen beteiligen, sofern sie dadurch eine Abregelung von Anlagen nach § 3 Nummer 1 des

Erneuerbare-Energien-Gesetzes vermeiden können und nachweisen, dass das Netz weder im erforderlichen Umfang nach dem Stand der Technik optimiert, verstärkt oder ausgebaut werden konnte noch andere geeignete Maßnahmen zur effizienten Beseitigung des Engpasses verfügbar sind. [10] Der Bedarf an Zuschaltungen durch Übertragungsnetzbetreiber geht dem Bedarf in Verteilernetzen voraus. [11] Der Betreiber einer zuschaltbaren Last darf nicht im Sinne des Artikels 3 Absatz 2 der Verordnung (EG) Nr. 139/2004 des Rates vom 20. Januar 2004 über die Kontrolle von Unternehmenszusammenschlüssen (ABl. L 24 vom 29.1.2004, S. 1) mit dem Betreiber eines Verteilernetzes verbunden sein.

(7) [1] Über die Gründe von durchgeführten Anpassungen und Maßnahmen sind die hiervon unmittelbar Betroffenen und die Regulierungsbehörde unverzüglich zu informieren. [2] Auf Verlangen sind die vorgetragenen Gründe zu belegen.

(8) Reichen die Maßnahmen nach Absatz 2 nach Feststellung eines Betreibers von Übertragungsnetzen nicht aus, um eine Versorgungsstörung für lebenswichtigen Bedarf im Sinne des § 1 des Energiesicherungsgesetzes abzuwenden, muss der Betreiber von Übertragungsnetzen unverzüglich die Regulierungsbehörde unterrichten.

(9) [1] Zur Vermeidung schwerwiegender Versorgungsstörungen müssen die Betreiber von Übertragungsnetzen alle zwei Jahre eine Schwachstellenanalyse erarbeiten und auf dieser Grundlage notwendige Maßnahmen treffen. [2] Das Personal in den Steuerstellen ist entsprechend zu unterweisen. [3] Über das Ergebnis der Schwachstellenanalyse und die notwendigen Maßnahmen hat der Betreiber eines Übertragungsnetzes alle zwei Jahre jeweils zum 31. August der Regulierungsbehörde zu berichten.

(10) [1] Die Betreiber von Übertragungsnetzen erstellen jährlich gemeinsam für die nächsten fünf Jahre eine Prognose des Umfangs von Maßnahmen nach den Absätzen 1 und 2, die aufgrund von Netzengpässen notwendig sind, und übermitteln diese jedes Jahr spätestens zum 1. Juli an die Bundesnetzagentur. [2] Die zugrunde liegenden Annahmen, Parameter und Szenarien für die Prognose nach Satz 1 sind der im jeweiligen Jahr erstellten Systemanalyse und den in dem jeweiligen Jahr oder einem Vorjahr erstellten ergänzenden Analysen nach § 3 Absatz 2 der Netzreserveverordnung zu entnehmen. [3] Die Prognose nach Satz 1 enthält eine Schätzung der Kosten. [4] Die Bundesnetzagentur veröffentlicht die Prognose nach Satz 1.

§ 13a[1)] Erzeugungsanpassung und ihr bilanzieller und finanzieller Ausgleich. (1) [1] Betreiber von Anlagen zur Erzeugung oder Speicherung von elektrischer Energie mit einer Nennleistung ab 100 Kilowatt sowie von Anlagen zur Erzeugung oder Speicherung von elektrischer Energie, die durch einen Netzbetreiber jederzeit fernsteuerbar sind, sind verpflichtet, auf Aufforderung durch Betreiber von Übertragungsnetzen die Wirkleistungs- oder Blindleistungserzeugung oder den Wirkleistungsbezug anzupassen oder die Anpassung zu dulden. [2] Eine Anpassung umfasst auch die Aufforderung einer Einspeisung oder eines Bezugs aus Anlagen, die

1. derzeit keine elektrische Energie erzeugen oder beziehen und erforderlichenfalls erst betriebsbereit gemacht werden müssen oder

---

1) § 13a neu gef. mWv 30.7.2016 durch G v. 26.7.2016 (BGBl. I S. 1786); Überschrift, Abs. 1 neu gef., Abs. 1a eingef., Abs. 2 und 5 neu gef. mWv 1.10.2021 durch G v. 13.5.2019 (BGBl. I S. 706, geänd. durch G v. 21.12.2020, BGBl. I S. 3138); Abs. 2 Satz 3 Nr. 5 geänd. mWv 29.7.2022 durch G v. 19.7. 2022 (BGBl. I S. 1214).

2. zur Erfüllung der Anforderungen einer Erzeugung oder eines Bezugs eine geplante Revision verschieben müssen.

(1a) [1] Der Bilanzkreisverantwortliche der betroffenen Einspeise- oder Entnahmestelle hat einen Anspruch auf einen bilanziellen Ausgleich der Maßnahme gegen den Übertragungsnetzbetreiber, der den Betreiber der Anlage nach Absatz 1 zur Anpassung aufgefordert oder die Anpassung durchgeführt hat. [2] Der Übertragungsnetzbetreiber hat einen Anspruch gegen den Bilanzkreisverantwortlichen auf Abnahme des bilanziellen Ausgleichs. [3] Ist der Strom nach § 59 des Erneuerbare-Energien-Gesetzes[1)] zu vermarkten, erfolgt der bilanzielle Ausgleich abweichend von Satz 1 mit dem Bilanzkreis, über den der Übertragungsnetzbetreiber die Vermarktung durchführt. [4] Der Übertragungsnetzbetreiber muss den Bilanzkreisverantwortlichen unverzüglich über den geplanten Zeitpunkt, den Umfang und die Dauer der Anpassung unterrichten. [5] Der Übertragungsnetzbetreiber muss den Bilanzkreisverantwortlichen und den Betreiber der Anlage nach Absatz 1 unverzüglich über die tatsächlichen Zeitpunkte, den jeweiligen Umfang, die Dauer und die Gründe der Anpassung unterrichten.

(2) [1] Eine nach Absatz 1 Satz 1 vorgenommene Anpassung ist zwischen dem Betreiber des Übertragungsnetzes und dem Betreiber der Anlage zur Erzeugung oder Speicherung von elektrischer Energie angemessen finanziell auszugleichen. [2] Der finanzielle Ausgleich ist angemessen, wenn er den Betreiber der Anlage unter Anrechnung des bilanziellen Ausgleichs nach Absatz 1a wirtschaftlich weder besser noch schlechter stellt, als er ohne die Maßnahme stünde. [3] Ein angemessener finanzieller Ausgleich nach Satz 1 umfasst folgende Bestandteile, wenn und soweit diese durch die jeweilige Anpassung der Wirkleistungs- oder Blindleistungserzeugung oder des Wirkleistungsbezugs auf Anforderung des Betreibers eines Übertragungsnetzes verursacht worden sind:

1. die notwendigen Auslagen für die tatsächlichen Anpassungen der Erzeugung (Erzeugungsauslagen) oder des Bezugs,
2. den Werteverbrauch der Anlage für die tatsächlichen Anpassungen der Erzeugung oder des Bezugs (anteiligen Werteverbrauch),
3. die nachgewiesenen entgangenen Erlösmöglichkeiten, wenn und soweit diese die Summe der nach den Nummern 1 und 2 zu erstattenden Kosten übersteigen,
4. die notwendigen Auslagen für die Herstellung der Betriebsbereitschaft nach Absatz 1 Satz 2 Nummer 1 oder die Verschiebung einer geplanten Revision nach Absatz 1 Satz 2 Nummer 2 und
5. im Fall der Reduzierung der Wirkleistungserzeugung aus Anlagen nach § 3 Nummer 1 des Erneuerbare-Energien-Gesetzes oder von KWK-Strom im Sinne des § 3 Absatz 2 des Kraft-Wärme-Kopplungsgesetzes[2)] die entgangenen Einnahmen zuzüglich der zusätzlichen Aufwendungen.

[4] Ersparte Aufwendungen erstattet der Anlagenbetreiber an den zuständigen Betreiber eines Übertragungsnetzes. [5] Abweichend von Satz 2 ist der bilanzielle Ausgleich nach Absatz 1a nicht anzurechnen, wenn der Strom nach § 59 des Erneuerbare-Energien-Gesetzes zu vermarkten ist.

(3) Grundlage für die Bestimmung des anteiligen Werteverbrauchs nach Absatz 2 Satz 2 Nummer 2 sind die handelsrechtlichen Restwerte und handelsrechtlichen

---

[1)] **Sartorius ErgBd. Nr. 833.**
[2)] **Sartorius ErgBd. Nr. 834.**

Restnutzungsdauern in Jahren; für die Bestimmung des anteiligen Werteverbrauchs für die Anlage oder Anlagenteile ist als Schlüssel das Verhältnis aus den anrechenbaren Betriebsstunden im Rahmen von Maßnahmen nach Absatz 1 Satz 1 und den für die Anlage bei der Investitionsentscheidung betriebswirtschaftlich geplanten Betriebsstunden zugrunde zu legen.

(4) Weitergehende Kosten, die dem Anlagenbetreiber auch ohne die Anforderung nach Absatz 1 Satz 1 entstehen, insbesondere Betriebsbereitschaftsauslagen und eine Verzinsung des gebundenen Kapitals, werden nicht erstattet.

(5) [1] Maßnahmen nach Absatz 1 erfolgen in Abstimmung mit dem Betreiber desjenigen Netzes, in das die Anlage eingebunden ist, und allen zwischengelagerten Netzbetreibern, durch die das Anschlussnetz mit dem Netz des anfordernden Netzbetreibers verbunden ist, sowie allen vorgelagerten Netzbetreibern, die durch die Maßnahme betroffen sind. [2] Trifft ein nachgelagerter Netzbetreiber in seinem Netz Maßnahmen nach Absatz 1 und konkurrieren diese Maßnahmen mit Maßnahmen des vorgelagerten Netzbetreibers nach Absatz 1, so sollen insoweit die Maßnahmen des nachgelagerten Netzbetreibers in der Regel Vorrang haben. [3] Der Betreiber eines Übertragungsnetzes, in dessen Netz die Ursache für eine Maßnahme nach Absatz 1 liegt, muss dem Netzbetreiber, der die Maßnahme ausführt oder nach § 14 Absatz 1c Satz 1 zu ihr auffordert, die Kosten für den bilanziellen und finanziellen Ausgleich nach Abzug entstandener Erlöse ersetzen, soweit kein Anspruch nach § 14 Absatz 1c Satz 2 besteht.

§ 13b[1)] Stilllegungen von Anlagen. (1) [1] Betreiber von Anlagen zur Erzeugung oder Speicherung elektrischer Energie mit einer Nennleistung ab 10 Megawatt sind verpflichtet, vorläufige oder endgültige Stilllegungen ihrer Anlage oder von Teilkapazitäten ihrer Anlage dem systemverantwortlichen Betreiber des Übertragungsnetzes und der Bundesnetzagentur möglichst frühzeitig, mindestens aber zwölf Monate vorher anzuzeigen; dabei ist anzugeben, ob und inwieweit die Stilllegung aus rechtlichen, technischen oder betriebswirtschaftlichen Gründen erfolgen soll. [2] Vorläufige und endgültige Stilllegungen ohne vorherige Anzeige und vor Ablauf der Frist nach Satz 1 sind verboten, wenn ein Weiterbetrieb technisch und rechtlich möglich ist. [3] Eine Stilllegung von Anlagen vor Ablauf der Frist nach den Sätzen 1 und 2 ist zulässig, wenn der Betreiber eines Übertragungsnetzes hierdurch keine Gefährdung oder Störung der Sicherheit oder Zuverlässigkeit des Elektrizitätsversorgungssystems erwartet und er dem Anlagenbetreiber dies nach Absatz 2 Satz 1 mitgeteilt hat.

(2) [1] Der systemverantwortliche Betreiber des Übertragungsnetzes prüft nach Eingang der Anzeige einer Stilllegung nach Absatz 1 Satz 1 unverzüglich, ob die Anlage systemrelevant ist, und teilt dem Betreiber der Anlage und der Bundesnetzagentur das Ergebnis seiner Prüfung unverzüglich schriftlich oder elektronisch mit. [2] Eine Anlage ist systemrelevant, wenn ihre Stilllegung mit hinreichender Wahrscheinlichkeit zu einer nicht unerheblichen Gefährdung oder Störung der Sicherheit oder Zuverlässigkeit des Elektrizitätsversorgungssystems führen würde und diese Gefährdung oder Störung nicht durch andere angemessene Maßnahmen beseitigt werden kann. [3] Die Begründung der Notwendigkeit der Ausweisung einer systemrelevanten Anlage im Fall einer geplanten vorläufigen oder endgültigen Stilllegung soll sich aus der Systemanalyse der Betreiber von Übertragungs-

---

[1)] § 13b neu gef. mWv 30.7.2016 durch G v. 26.7.2016 (BGBl. I S. 1786); Abs. 6 Satz 2 angef. mWv 14.8.2020 durch G v. 8.8.2020 (BGBl. I S. 1818); Abs. 5 Satz 9 geänd. mWv 27.7.2021 durch G v. 16.7. 2021 (BGBl. I S. 3026).

netzen oder dem Bericht der Bundesnetzagentur nach § 3 der Netzreserveverordnung ergeben. [4]Die Begründung kann sich auf die Liste systemrelevanter Gaskraftwerke nach § 13f Absatz 1 stützen.

(3) [1]Mit Ausnahme von Revisionen und technisch bedingten Störungen sind vorläufige Stilllegungen Maßnahmen, die bewirken, dass die Anlage nicht mehr anfahrbereit gehalten wird, aber innerhalb eines Jahres nach Anforderung durch den Betreiber eines Übertragungsnetzes nach Absatz 4 Satz 3 wieder betriebsbereit gemacht werden kann, um eine geforderte Anpassung ihrer Einspeisung nach § 13a Absatz 1 umzusetzen. [2]Endgültige Stilllegungen sind Maßnahmen, die den Betrieb der Anlage endgültig ausschließen oder bewirken, dass eine Anpassung der Einspeisung nicht mehr innerhalb eines Jahres nach einer Anforderung nach Absatz 4 erfolgen kann, da die Anlage nicht mehr innerhalb dieses Zeitraums betriebsbereit gemacht werden kann.

(4) [1]Vorläufige Stilllegungen von Anlagen, die nach Absatz 1 Satz 1 zur vorläufigen Stilllegung angezeigt wurden, sind auch nach Ablauf der in der Anzeige genannten Frist nach Absatz 1 Satz 1 verboten, solange und soweit der systemverantwortliche Betreiber des Übertragungsnetzes die Anlage nach Absatz 2 Satz 2 als systemrelevant ausweist. [2]Die Ausweisung erfolgt für eine Dauer von 24 Monaten; zeigt der Betreiber einer Anlage für den Zeitraum nach Ablauf der 24 Monate die geplante vorläufige Stilllegung nach § 13b Absatz 1 Satz 1 erneut an und wird das Fortbestehen der Systemrelevanz der Anlage durch eine Prüfung des regelzonenverantwortlichen Betreibers eines Übertragungsnetzes festgestellt, erfolgt jede erneute Ausweisung der Anlage als systemrelevant jeweils für einen Zeitraum von bis zu 24 Monaten. [3]Der Betreiber einer Anlage, deren vorläufige Stilllegung nach Satz 1 verboten ist, muss die Betriebsbereitschaft der Anlage für Anpassungen der Einspeisung nach § 13a Absatz 1 weiter vorhalten oder wiederherstellen. [4]Der Betreiber einer vorläufig stillgelegten Anlage, die nach Absatz 2 Satz 2 systemrelevant ist, muss für die Durchführung von Maßnahmen nach § 13 Absatz 1 Nummer 2 und 3 und § 13a Absatz 1 auf Anforderung durch den Betreiber des Übertragungsnetzes und erforderlichenfalls in Abstimmung mit dem Betreiber desjenigen Netzes, in das die Anlage eingebunden ist, die Anlage betriebsbereit machen.

(5) [1]Endgültige Stilllegungen von Anlagen zur Erzeugung oder Speicherung elektrischer Energie mit einer Nennleistung ab 50 Megawatt sind auch nach Ablauf der in der Anzeige genannten Frist nach Absatz 1 Satz 1 verboten, solange und soweit

1. der systemverantwortliche Betreiber des Übertragungsnetzes die Anlage als systemrelevant ausweist,
2. die Ausweisung durch die Bundesnetzagentur genehmigt worden ist und
3. ein Weiterbetrieb technisch und rechtlich möglich ist.

[2]Der Betreiber des Übertragungsnetzes hat den Antrag auf Genehmigung der Ausweisung nach Prüfung der Anzeige einer Stilllegung unverzüglich bei der Bundesnetzagentur zu stellen und zu begründen. [3]Er hat dem Anlagenbetreiber unverzüglich eine Kopie von Antrag und Begründung zu übermitteln. [4]Die Bundesnetzagentur hat den Antrag zu genehmigen, wenn die Anlage systemrelevant nach Absatz 2 Satz 2 ist. [5]Die Genehmigung kann unter Bedingungen erteilt und mit Auflagen verbunden werden. [6]Hat die Bundesnetzagentur über den Antrag nicht innerhalb einer Frist von drei Monaten nach Vorliegen der vollständigen Unterlagen entschieden, gilt die Genehmigung als erteilt, es sei denn,

1. der Antragsteller hat einer Verlängerung der Frist zugestimmt oder

2. die Bundesnetzagentur kann wegen unrichtiger Angaben oder wegen einer nicht rechtzeitig erteilten Auskunft keine Entscheidung treffen und sie hat dies den Betroffenen vor Ablauf der Frist unter Angabe der Gründe mitgeteilt.

[7] Die Vorschriften des Verwaltungsverfahrensgesetzes über die Genehmigungsfiktion sind entsprechend anzuwenden. [8] Die Ausweisung erfolgt in dem Umfang und für den Zeitraum, der erforderlich ist, um die Gefährdung oder Störung abzuwenden. [9] Sie soll eine Dauer von 24 Monaten nicht überschreiten, es sei denn, die Systemrelevanz der Anlage wird durch eine Systemanalyse des regelzonenverantwortlichen Betreibers eines Übertragungsnetzes für einen längeren Zeitraum oder für einen Zeitpunkt, der nach dem Zeitraum von 24 Monaten liegt, nachgewiesen und von der Bundesnetzagentur bestätigt. [10] Der Betreiber des Übertragungsnetzes hat dem Betreiber der Anlage die Ausweisung mit der Begründung unverzüglich nach Genehmigung durch die Bundesnetzagentur mitzuteilen. [11] Der Betreiber einer Anlage, deren endgültige Stilllegung nach Satz 1 verboten ist, muss die Anlage zumindest in einem Zustand erhalten, der eine Anforderung zur weiteren Vorhaltung oder Wiederherstellung der Betriebsbereitschaft nach Absatz 4 ermöglicht, sowie auf Anforderung des Betreibers eines Übertragungsnetzes die Betriebsbereitschaft der Anlage für Anpassungen der Einspeisung weiter vorhalten oder wiederherstellen, soweit dies nicht technisch oder rechtlich ausgeschlossen ist.

(6) [1] Die Absätze 1 bis 5 gelten nicht für die stillzulegenden Anlagen nach § 13g. [2] § 42 des Kohleverstromungsbeendigungsgesetzes[1)] bleibt unberührt.

§ 13c[2)] Vergütung bei geplanten Stilllegungen von Anlagen. (1) [1] Fordert der Betreiber eines Übertragungsnetzes den Betreiber einer Anlage, die andernfalls auf Grund einer vorläufigen Stilllegung im erforderlichen Zeitraum nicht anfahrbereit wäre, nach § 13b Absatz 4 dazu auf, die Betriebsbereitschaft der Anlage für Anpassungen der Einspeisung weiter vorzuhalten oder wiederherzustellen, kann der Betreiber als angemessene Vergütung geltend machen:

1. die für die Vorhaltung und die Herstellung der Betriebsbereitschaft notwendigen Auslagen (Betriebsbereitschaftsauslagen); im Rahmen der Betriebsbereitschaftsauslagen
   a) werden die einmaligen Kosten für die Herstellung der Betriebsbereitschaft der Anlage berücksichtigt; Kosten in diesem Sinn sind auch die Kosten erforderlicher immissionsschutzrechtlicher Prüfungen sowie die Kosten der Reparatur außergewöhnlicher Schäden, und
   b) wird ein Leistungspreis für die Bereithaltung der betreffenden Anlage gewährt; hierbei werden die Kosten berücksichtigt, die dem Betreiber zusätzlich und fortlaufend auf Grund der Vorhaltung der Anlage für die Netzreserve nach § 13d entstehen; der Leistungspreis kann als pauschalierter Betrag (Euro je Megawatt) zu Vertragsbeginn auf Grundlage von jeweils ermittelten Erfahrungswerten der Anlage festgelegt werden; die Bundesnetzagentur kann die der Anlage zurechenbaren Gemeinkosten eines Betreibers bis zu einer Höhe von 5 Prozent der übrigen Kosten dieser Nummer pauschal anerkennen; der Nachweis höherer Gemeinkosten durch den Betreiber ist möglich;
2. die Erzeugungsauslagen und
3. den anteiligen Werteverbrauch.

[1)] **Sartorius III Nr. 340.**
[2)] § 13c neu gef. mWv 30.7.2016 durch G v. 26.7.2016 (BGBl. I S. 1786).

[2] Betriebsbereitschaftsauslagen nach Satz 1 Nummer 1 sind zu erstatten, wenn und soweit diese ab dem Zeitpunkt der Ausweisung der Systemrelevanz der Anlage durch den Betreiber eines Übertragungsnetzes anfallen und der Vorhaltung und dem Einsatz als Netzreserve im Sinne von § 13d Absatz 1 Satz 1 zu dienen bestimmt sind. [3] Grundlage für die Bestimmung des anteiligen Werteverbrauchs nach Satz 1 Nummer 3 sind die handelsrechtlichen Restwerte und handelsrechtlichen Restnutzungsdauern in Jahren; für die Bestimmung des anteiligen Werteverbrauchs für die Anlage oder Anlagenteile ist als Schlüssel das Verhältnis aus den anrechenbaren Betriebsstunden im Rahmen von Maßnahmen nach § 13a Absatz 1 Satz 2 und den für die Anlage bei der Investitionsentscheidung betriebswirtschaftlich geplanten Betriebsstunden zugrunde zu legen. [4] Im Rahmen der Erzeugungsauslagen wird ein Arbeitspreis in Form der notwendigen Auslagen für eine Einspeisung der Anlage gewährt.

(2) [1] Nimmt der Betreiber der Anlage im Sinn von § 13b Absatz 4 Satz 1 den Betreiber des Übertragungsnetzes auf Zahlung der Betriebsbereitschaftsauslagen nach Absatz 1 Satz 1 Nummer 1 in Anspruch, darf ab diesem Zeitpunkt die Anlage für die Dauer der Ausweisung der Anlage als systemrelevant durch den Betreiber eines Übertragungsnetzes ausschließlich nach Maßgabe der von den Betreibern von Übertragungsnetzen angeforderten Systemsicherheitsmaßnahmen betrieben werden. [2] Wird die Anlage nach Ablauf der Dauer der Ausweisung als systemrelevant wieder eigenständig an den Strommärkten eingesetzt, ist der Restwert der investiven Vorteile, die der Betreiber der Anlage erhalten hat, zu erstatten. [3] Maßgeblich ist der Restwert zu dem Zeitpunkt, ab dem die Anlage wieder eigenständig an den Strommärkten eingesetzt wird.

(3) [1] Der Betreiber einer Anlage, deren endgültige Stilllegung nach § 13b Absatz 5 Satz 1 verboten ist, kann als angemessene Vergütung für die Verpflichtung nach § 13b Absatz 5 Satz 11 von dem jeweiligen Betreiber eines Übertragungsnetzes geltend machen:

1. die Kosten für erforderliche Erhaltungsmaßnahmen nach § 13b Absatz 5 Satz 11 (Erhaltungsauslagen),
2. die Betriebsbereitschaftsauslagen im Sinn von Absatz 1 Satz 1 Nummer 1 und Satz 2,
3. Erzeugungsauslagen im Sinne von Absatz 1 Satz 1 Nummer 2 und Satz 4 und
4. Opportunitätskosten in Form einer angemessenen Verzinsung für bestehende Anlagen, wenn und soweit eine verlängerte Kapitalbindung in Form von Grundstücken und weiterverwertbaren technischen Anlagen oder Anlagenteilen auf Grund der Verpflichtung für die Netzreserve besteht.

[2] Erhaltungs- und Betriebsbereitschaftsauslagen nach Satz 1 Nummer 1 und 2 sind zu erstatten, wenn und soweit diese ab dem Zeitpunkt der Ausweisung der Systemrelevanz durch den Betreiber eines Übertragungsnetzes nach § 13b Absatz 5 anfallen und der Vorhaltung und dem Einsatz als Netzreserve zu dienen bestimmt sind. [3] Der Werteverbrauch der weiterverwertbaren technischen Anlagen oder der Anlagenteile ist nur erstattungsfähig, wenn und soweit die technischen Anlagen in der Netzreserve tatsächlich eingesetzt werden; für die Bestimmung des anteiligen Werteverbrauchs ist Absatz 1 Satz 3 anzuwenden. [4] Weitergehende Kosten, insbesondere Kosten, die auch im Fall einer endgültigen Stilllegung angefallen wären, sind nicht erstattungsfähig.

(4) [1] Nimmt der Betreiber der Anlage, deren endgültige Stilllegung nach § 13b Absatz 5 Satz 1 verboten ist, den Betreiber des Übertragungsnetzes auf Zahlung der Erhaltungsauslagen oder der Betriebsbereitschaftsauslagen nach Absatz 3 Satz 1

Nummer 1 und 2 sowie Satz 2 in Anspruch, darf die Anlage bis zu ihrer endgültigen Stilllegung ausschließlich nach Maßgabe der von den Betreibern von Übertragungsnetzen angeforderten Systemsicherheitsmaßnahmen betrieben werden. [2] Wird die Anlage endgültig stillgelegt, so ist der Restwert der investiven Vorteile bei wiederverwertbaren Anlagenteilen, die der Betreiber der Anlage im Rahmen der Erhaltungsauslagen nach Absatz 3 Satz 1 Nummer 1 und der Betriebsbereitschaftsauslagen im Sinne von Absatz 1 Satz 1 Nummer 1 erhalten hat, zu erstatten. [3] Maßgeblich ist der Restwert zu dem Zeitpunkt, ab dem die Anlage nicht mehr als Netzreserve vorgehalten wird. [4] Der Umfang der Vergütung nach Absatz 3 wird in den jeweiligen Verträgen zwischen den Betreibern der Anlagen und den Betreibern der Übertragungsnetze auf Grundlage der Kostenstruktur der jeweiligen Anlage nach Abstimmung mit der Bundesnetzagentur festgelegt.

(5) Die durch die Absätze 1 bis 4 entstehenden Kosten der Betreiber von Übertragungsnetzen werden durch Festlegung der Bundesnetzagentur zu einer freiwilligen Selbstverpflichtung der Betreiber von Übertragungsnetzen nach § 11 Absatz 2 Satz 4 und § 32 Absatz 1 Nummer 4 der Anreizregulierungsverordnung in der jeweils geltenden Fassung als verfahrensregulierte Kosten nach Maßgabe der hierfür geltenden Vorgaben anerkannt.

(6) Die Absätze 1 bis 5 gelten nicht für die stillzulegenden Anlagen nach § 13g.

§ 13d[1] Netzreserve. (1) [1] Die Betreiber von Übertragungsnetzen halten nach § 13b Absatz 4 und 5 sowie nach Maßgabe der Netzreserveverordnung Anlagen zum Zweck der Gewährleistung der Sicherheit und Zuverlässigkeit des Elektrizitätsversorgungssystems insbesondere für die Bewirtschaftung von Netzengpässen und für die Spannungshaltung und zur Sicherstellung eines möglichen Versorgungswiederaufbaus vor (Netzreserve). [2] Die Netzreserve wird gebildet aus

1. Anlagen, die derzeit nicht betriebsbereit sind und auf Grund ihrer Systemrelevanz auf Anforderung der Betreiber von Übertragungsnetzen wieder betriebsbereit gemacht werden müssen,
2. systemrelevanten Anlagen, für die die Betreiber eine vorläufige oder endgültige Stilllegung nach § 13b Absatz 1 Satz 1 angezeigt haben, und
3. geeigneten Anlagen im europäischen Ausland.

(2) [1] Betreiber von bestehenden Anlagen, die als Netzreserve zur Gewährleistung der Sicherheit und Zuverlässigkeit des Elektrizitätsversorgungssystems verpflichtet worden sind, können unter den Voraussetzungen des § 13e und den Regelungen der Rechtsverordnung nach § 13h auch an dem Verfahren der Beschaffung der Kapazitätsreserve teilnehmen. [2] Sind bestehende Anlagen der Netzreserve im Rahmen des Beschaffungsverfahrens erfolgreich, erhalten sie ihre Vergütung ausschließlich nach den Bestimmungen zur Kapazitätsreserve. [3] Sie müssen weiterhin auf Anweisung der Betreiber von Übertragungsnetzen ihre Einspeisung nach § 13a Absatz 1 sowie § 7 der Netzreserveverordnung anpassen.

(3) [1] Unbeschadet der gesetzlichen Verpflichtungen erfolgen die Bildung der Netzreserve und der Einsatz der Anlagen der Netzreserve auf Grundlage des Abschlusses von Verträgen zwischen Betreibern von Übertragungsnetzen und Anlagenbetreibern in Abstimmung mit der Bundesnetzagentur nach Maßgabe der Bestimmungen der Netzreserveverordnung. [2] Erzeugungsanlagen im Ausland können nach den Vorgaben der Rechtsverordnung nach § 13i Absatz 3 vertraglich gebunden werden.

---

[1] § 13d eingef. mWv 30.7.2016 durch G v. 26.7.2016 (BGBl. I S. 1786).

§ 13e[1)] Kapazitätsreserve. (1) [1]Die Betreiber von Übertragungsnetzen halten Reserveleistung vor, um im Fall einer Gefährdung oder Störung der Sicherheit oder Zuverlässigkeit des Elektrizitätsversorgungssystems Leistungsbilanzdefizite infolge des nicht vollständigen Ausgleichs von Angebot und Nachfrage an den Strommärkten im deutschen Netzregelverbund auszugleichen (Kapazitätsreserve). [2]Die Kapazitätsreserve wird ab dem Winterhalbjahr 2020/2021 außerhalb der Strommärkte gebildet. [3]Die Anlagen der Kapazitätsreserve speisen ausschließlich auf Anforderung der Betreiber von Übertragungsnetzen ein. [4]Für die Kapazitätsreserve steht die Reduktion des Wirkleistungsbezugs der Einspeisung von Wirkleistung gleich.

(2) [1]Die Bildung der Kapazitätsreserve erfolgt im Rahmen eines wettbewerblichen Ausschreibungsverfahrens oder eines diesem hinsichtlich Transparenz und Nichtdiskriminierung gleichwertigen wettbewerblichen Verfahrens (Beschaffungsverfahren). [2]Die Betreiber der Übertragungsnetze führen das Beschaffungsverfahren ab dem Jahr 2019 in regelmäßigen Abständen durch. [3]In der Kapazitätsreserve werden Anlagen mit folgender Reserveleistung gebunden:

1. für die Leistungserbringung ab dem Winterhalbjahr 2020/2021 eine Reserveleistung von 2 Gigawatt,
2. für die Leistungserbringung ab dem Winterhalbjahr 2022/2023 eine Reserveleistung in Höhe von 2 Gigawatt vorbehaltlich einer Anpassung nach Absatz 5.

[4]Anlagen können wiederholt an dem Beschaffungsverfahren teilnehmen und in der Kapazitätsreserve gebunden werden.

(3) [1]Die Betreiber der Anlagen der Kapazitätsreserve erhalten eine jährliche Vergütung, deren Höhe im Rahmen des Beschaffungsverfahrens nach Absatz 2 ermittelt wird. [2]Die Vergütung umfasst alle Kosten, soweit sie nicht aufgrund einer Verordnung nach § 13h gesondert erstattet werden, einschließlich der Kosten für

1. die Vorhaltung der Anlage, die auch die Kosten für den Stromverbrauch der Anlage selbst, für auf Grund anderer gesetzlicher Vorschriften notwendige Anfahrvorgänge sowie für die Instandhaltung der Anlage und Nachbesserungen umfassen, sowie
2. den Werteverbrauch durch den Einsatz der Anlage.

[3]Die Betreiber von Übertragungsnetzen dürfen die ihnen auf Grund der Durchführung der Rechtsverordnung nach § 13h entstehenden Kosten nach Abzug der entstehenden Erlöse über die Netzentgelte geltend machen. [4]Die Kosten nach Satz 3 gelten als dauerhaft nicht beeinflussbare Kostenanteile nach § 11 Absatz 2 Satz 1 der Anreizregulierungsverordnung. [5]Die Betreiber von Übertragungsnetzen müssen den unterschiedlichen Umfang der nach Satz 3 bei jedem Betreiber eines Übertragungsnetzes verbleibenden Kosten nach Maßgabe der von ihnen oder anderen Netzbetreibern im Bereich ihres Übertragungsnetzes an Letztverbraucher gelieferten Strommengen über eine finanzielle Verrechnung untereinander ausgleichen. [6]Betreiber von Übertragungsnetzen, die bezogen auf die an Letztverbraucher gelieferten Strommengen im Bereich ihres Netzes höhere Zahlungen zu leisten hatten, als es dem Durchschnitt aller Letztverbraucher entspricht, haben einen finanziellen Anspruch auf Belastungsausgleich, bis alle Betreiber von Über-

---

[1)] § 13e eingef. mWv 30.7.2016 durch G v. 26.7.2016 (BGBl. I S. 1786); Abs. 1 Satz 2 geänd., Satz 4 angef., Abs. 2 Sätze 2 und 3 Nr. 1 und 2, Abs. 3 Satz 2 einl. Satzteil geänd., Satz 3 aufgeh., bish. Sätze 4–7 werden Sätze 3–6, neue Sätze 4 und 5 geänd. mWv 21.12.2018 durch G v. 17.12.2018 (BGBl. I S. 2549); Abs. 6 angef. mWv 29.7.2022 durch G v. 19.7.2022 (BGBl. I S. 1214).

tragungsnetzen eine Belastung tragen, die dem Durchschnitt aller Betreiber von Übertragungsnetzen entspricht.

(4) [1] Die Betreiber von Anlagen, die in der Kapazitätsreserve gebunden sind,

1. dürfen die Leistung oder Arbeit dieser Anlagen weder ganz noch teilweise auf den Strommärkten veräußern (Vermarktungsverbot) und
2. müssen diese Anlagen endgültig stilllegen, sobald die Anlagen nicht mehr in der Kapazitätsreserve gebunden sind (Rückkehrverbot), wobei Absatz 2 Satz 4 sowie die Regelungen zur Stilllegung von Erzeugungsanlagen nach den §§ 13b und 13c sowie zur Netzreserve nach § 13d unberührt bleiben; Betreiber von Lasten müssen diese nicht endgültig stilllegen, dürfen aber mit den Lasten endgültig nicht mehr an den Ausschreibungen auf Grund einer Verordnung nach § 13i Absatz 1 und 2 teilnehmen.

[2] Das Vermarktungsverbot und das Rückkehrverbot gelten auch für Rechtsnachfolger des Betreibers sowie im Fall einer Veräußerung der Anlage für deren Erwerber sowie für die Betreiber von Übertragungsnetzen.

(5) [1] Das Bundesministerium für Wirtschaft und Energie überprüft den Umfang der Kapazitätsreserve bis zum 31. Oktober 2018 und dann mindestens alle zwei Jahre auf Basis des Berichts zum Monitoring der Versorgungssicherheit nach § 63 Absatz 2 Satz 1 Nummer 2 und entscheidet, ob eine Anpassung des Umfangs erforderlich ist. [2] Die Entscheidung ist zu begründen und zu veröffentlichen. [3] Eine eventuell erforderliche Anpassung des Umfangs der Kapazitätsreserve erfolgt durch oder auf Grund der Rechtsverordnung nach § 13h oder durch Festlegung der Bundesnetzagentur nach § 13j Absatz 4. [4] Eine Entscheidung, durch die die gebundene Reserveleistung 5 Prozent der durchschnittlichen Jahreshöchstlast im Gebiet der Bundesrepublik Deutschland übersteigen würde, darf nur durch Rechtsverordnung nach § 13h ergehen; diese Rechtsverordnung bedarf der Zustimmung des Bundestages. [5] Der zugrunde zu legende Wert der durchschnittlichen Jahreshöchstlast errechnet sich als Durchschnittswert aus der für das Gebiet der Bundesrepublik Deutschland für das Jahr, in dem die Erhöhung erstmals stattfinden soll, sowie das Folgejahr prognostizierten Jahreshöchstlast. [6] Die Prognosen sind aus dem jährlichen Bericht der Bundesnetzagentur nach § 3 Absatz 1 der Netzreserveverordnung zu entnehmen. [7] Der Jahreshöchstlastwert umfasst auch Netzverluste.

(6) Schließen die Betreiber von Übertragungsnetzen innerhalb von drei aufeinanderfolgenden Jahren keine neuen wirksamen Verträge für den Einsatz von Anlagen in der Kapazitätsreserve, dürfen sie keine Beschaffungsverfahren nach Absatz 2 durchführen.

§ 13f[1)] Systemrelevante Gaskraftwerke. (1) [1] Betreiber von Übertragungsnetzen können eine Anlage zur Erzeugung von elektrischer Energie aus Gas mit einer Nennleistung ab 50 Megawatt ganz oder teilweise als systemrelevantes Gaskraftwerk ausweisen, soweit eine Einschränkung der Gasversorgung dieser Anlage mit hinreichender Wahrscheinlichkeit zu einer nicht unerheblichen Gefährdung oder Störung der Sicherheit oder Zuverlässigkeit des Elektrizitätsversorgungssystems führt. [2] Die Ausweisung erfolgt in dem Umfang und für den Zeitraum, der erforderlich ist, um die Gefährdung oder Störung abzuwenden. [3] Sie soll eine Dauer von 24 Monaten nicht überschreiten, es sei denn, die Systemrelevanz der Anlage wird durch eine Systemanalyse des regelzonenverantwortlichen Betreibers

---

1) § 13f eingef. mWv 30.7.2016 durch G v. 26.7.2016 (BGBl. I S. 1786).

eines Übertragungsnetzes für einen längeren Zeitraum nachgewiesen und von der Bundesnetzagentur bestätigt. [4] Die Ausweisung bedarf der Genehmigung der Bundesnetzagentur. [5] Der Betreiber des Übertragungsnetzes hat den Antrag auf Genehmigung unverzüglich nach der Ausweisung bei der Bundesnetzagentur zu stellen und zu begründen. [6] Er hat dem Anlagenbetreiber unverzüglich eine Kopie von Antrag und Begründung zu übermitteln. [7] Die Bundesnetzagentur hat den Antrag zu genehmigen, wenn die Anlage systemrelevant im Sinne der Sätze 1 und 2 ist. [8] § 13b Absatz 5 Satz 5 bis 7 ist entsprechend anzuwenden. [9] Der Betreiber des Übertragungsnetzes hat die Ausweisung eines systemrelevanten Gaskraftwerks nach Genehmigung durch die Bundesnetzagentur unverzüglich dem Betreiber der Anlage, den betroffenen Betreibern von Gasversorgungsnetzen sowie dem Betreiber des Elektrizitätsversorgungsnetzes, an das die Anlage angeschlossen ist, mitzuteilen und zu begründen. [10] Die Betreiber von Übertragungsnetzen haben eine Liste mit den systemrelevanten Kraftwerken aufzustellen, diese Liste, falls erforderlich, zu aktualisieren und der Bundesnetzagentur unverzüglich vorzulegen.

(2) [1] Soweit die Ausweisung einer Anlage genehmigt worden ist, sind Betreiber der Erzeugungsanlagen verpflichtet, soweit technisch und rechtlich möglich sowie wirtschaftlich zumutbar, eine Absicherung der Leistung im erforderlichen Umfang durch Inanspruchnahme der vorhandenen Möglichkeiten für einen Brennstoffwechsel vorzunehmen. [2] Fallen bei dem Betreiber der Erzeugungsanlage in diesem Zusammenhang Mehrkosten für einen Brennstoffwechsel an, sind diese durch den jeweiligen Betreiber eines Übertragungsnetzes zu erstatten. [3] Soweit ein Brennstoffwechsel nicht möglich ist, ist dies gegenüber der Bundesnetzagentur zu begründen und kurzfristig dazulegen, mit welchen anderen Optimierungs- oder Ausbaumaßnahmen der Kapazitätsbedarf befriedigt werden kann. [4] Die durch den Brennstoffwechsel oder andere Optimierungs- oder Ausbaumaßnahmen entstehenden Kosten des Betreibers von Übertragungsnetzen werden durch Festlegung der Bundesnetzagentur zu einer freiwilligen Selbstverpflichtung der Betreiber von Übertragungsnetzen nach § 11 Absatz 2 Satz 4 und § 32 Absatz 1 Nummer 4 der Anreizregulierungsverordnung in ihrer jeweils geltenden Fassung als verfahrensregulierte Kosten nach Maßgabe der hierfür geltenden Vorgaben anerkannt.

§ 13g[1)] Stilllegung von Braunkohlekraftwerken. (1) [1] Als Beitrag zur Erreichung der nationalen und europäischen Klimaschutzziele müssen die folgenden Erzeugungsanlagen bis zu dem genannten Kalendertag vorläufig stillgelegt werden (stillzulegende Anlagen), um die Kohlendioxidemissionen im Bereich der Elektrizitätsversorgung zu verringern:

1. bis zum 1. Oktober 2016: Kraftwerk Buschhaus,
2. bis zum 1. Oktober 2017:
   a) Block P des Kraftwerks Frimmersdorf und
   b) Block Q des Kraftwerks Frimmersdorf,
3. bis zum 1. Oktober 2018:
   a) Block E des Kraftwerks Niederaußem,
   b) Block F des Kraftwerks Niederaußem und
   c) Block F des Kraftwerks Jänschwalde,

[1)] § 13g eingef. mWv 30.7.2016 durch G v. 26.7.2016 (BGBl. I S. 1786); Abs. 7 Satz 9 geänd. mWv 1.1.2017 durch G v. 22.12.2016 (BGBl. I S. 3106); Abs. 7 Satz 10 geänd. mWv 21.12.2018 durch G v. 17.12.2018 (BGBl. I S. 2549); Abs. 8 Satz 1 geänd. mWv 27.6.2020 durch VO v. 19.6.2020 (BGBl. I S. 1328); Abs. 9 angef. mWv 14.8.2020 durch G v. 8.8.2020 (BGBl. I S. 1818); Abs. 9 aufgeh. mWv 1.1. 2021 durch G v. 21.12.2020 (BGBl. I S. 3138).

4. bis zum 1. Oktober 2019:
   a) Block C des Kraftwerks Neurath und
   b) Block E des Kraftwerks Jänschwalde.

[2]Die stillzulegenden Anlagen dürfen jeweils ab dem in Satz 1 genannten Kalendertag für vier Jahre nicht endgültig stillgelegt werden. [3]Nach Ablauf der vier Jahre müssen sie endgültig stillgelegt werden.

(2) [1]Die stillzulegenden Anlagen stehen jeweils ab dem in Absatz 1 Satz 1 genannten Kalendertag bis zu ihrer endgültigen Stilllegung ausschließlich für Anforderungen der Betreiber von Übertragungsnetzen nach Maßgabe des § 1 Absatz 6 der Elektrizitätssicherungsverordnung zur Verfügung (Sicherheitsbereitschaft). [2]Dabei dürfen die Betreiber von Übertragungsnetzen die stillzulegenden Anlagen nur entsprechend den zeitlichen Vorgaben nach Absatz 3 Satz 1 anfordern.

(3) [1]Während der Sicherheitsbereitschaft müssen die Betreiber der stillzulegenden Anlagen jederzeit sicherstellen, dass die stillzulegenden Anlagen die folgenden Voraussetzungen erfüllen:

1. die stillzulegenden Anlagen müssen bei einer Vorwarnung durch den zuständigen Betreiber eines Übertragungsnetzes innerhalb von 240 Stunden betriebsbereit sein und
2. die stillzulegenden Anlagen müssen nach Herstellung ihrer Betriebsbereitschaft ab Anforderung durch den zuständigen Betreiber eines Übertragungsnetzes innerhalb von 11 Stunden auf Mindestteilleistung und innerhalb von weiteren 13 Stunden auf Nettonennleistung angefahren werden können.

[2]Die Betreiber der stillzulegenden Anlagen müssen dem zuständigen Betreiber eines Übertragungsnetzes vor Beginn der Sicherheitsbereitschaft nachweisen, dass ihre stillzulegenden Anlagen die Voraussetzungen nach Satz 1 Nummer 2 erfüllen.

(4) [1]Während der Sicherheitsbereitschaft darf in den stillzulegenden Anlagen Strom nur im Fall eines Einsatzes nach Absatz 2 Satz 1 oder im Fall eines mit dem zuständigen Betreiber eines Übertragungsnetzes abgestimmten Probestarts erzeugt werden. [2]Die Betreiber von Übertragungsnetzen müssen die aus den stillzulegenden Anlagen eingespeisten Strommengen in ihren Bilanzkreisen führen, dürfen die Strommengen aber nicht auf den Strommärkten veräußern. [3]Die Betreiber von Übertragungsnetzen informieren die Marktteilnehmer unverzüglich und auf geeignete Art und Weise über die Vorwarnung und die Anforderung zur Einspeisung einer stillzulegenden Anlage.

(5) [1]Die Betreiber der stillzulegenden Anlagen erhalten für die Sicherheitsbereitschaft und die Stilllegung einer Anlage eine Vergütung nach Maßgabe des Absatzes 7 Satz 1 bis 4 in Höhe der Erlöse, die sie mit der stillzulegenden Anlage in den Strommärkten während der Sicherheitsbereitschaft erzielt hätten, abzüglich der kurzfristig variablen Erzeugungskosten. [2]Die Höhe der Vergütung für jede stillzulegende Anlage ergibt sich aus der Formel in der Anlage zu diesem Gesetz. [3]Wenn eine stillzulegende Anlage bei einer Vorwarnung durch den Betreiber eines Übertragungsnetzes nicht innerhalb von 288 Stunden ab der Vorwarnung nach Absatz 3 Satz 1 Nummer 1 betriebsbereit ist oder nicht innerhalb der Anfahrzeiten nach Absatz 3 Satz 1 Nummer 2 die angeforderte Leistung im Bereich der üblichen Schwankungen einspeist, verringert sich die Vergütung für die stillzulegende Anlage

1. auf null ab dem 13. Tag, wenn und solange die Voraussetzungen aus arbeitsschutz- oder immissionsschutzrechtlichen Gründen nicht erfüllt werden, oder

2. um jeweils 10 Prozent in einem Jahr der Sicherheitsbereitschaft, wenn die Voraussetzungen aus anderen Gründen nicht erfüllt werden.

[4] Wenn eine stillzulegende Anlage die Voraussetzungen der Sicherheitsbereitschaft vorübergehend nicht erfüllen kann, verringert sich die Vergütung ebenfalls ab dem 13. Tag solange auf null, bis die Voraussetzungen wieder erfüllt werden können. [5] Dies gilt nicht für mit dem Betreiber eines Übertragungsnetzes abgestimmte Wartungs- und Instandsetzungsarbeiten. [6] Unbeschadet der Sätze 1 bis 5 werden den Betreibern der stillzulegenden Anlagen nach Maßgabe des Absatzes 7 Satz 5 die im Fall einer Vorwarnung oder der Anforderung zur Einspeisung durch den Betreiber eines Übertragungsnetzes oder im Fall eines Probestarts entstehenden Erzeugungsauslagen erstattet.

(6) [1] Eine stillzulegende Anlage kann abweichend von Absatz 1 Satz 2 mit Ablauf des ersten Jahres der Sicherheitsbereitschaft endgültig stillgelegt werden, wenn der Betreiber das dem zuständigen Betreiber eines Übertragungsnetzes spätestens ein halbes Jahr vorher anzeigt. [2] Der Betreiber der vorzeitig endgültig stillgelegten Anlage erhält nach der vorzeitigen endgültigen Stilllegung nur noch eine einmalige Abschlussvergütung nach Maßgabe des Absatzes 7 Satz 1, 2 und 6. [3] Diese Abschlussvergütung wird pauschal festgesetzt und entspricht der Vergütung, die dem Betreiber für die stillzulegende Anlage im ersten Jahr der Sicherheitsbereitschaft erstattet wurde. [4] Unbeschadet des Satzes 1 kann eine stillzulegende Anlage auf Antrag des Betreibers und nach Genehmigung durch die Bundesnetzagentur jederzeit endgültig stillgelegt werden, wenn sie die Voraussetzungen der Sicherheitsbereitschaft dauerhaft nicht oder nur unter unverhältnismäßigem Aufwand erfüllen kann; in diesem Fall entfällt mit Wirkung ab der endgültigen Stilllegung der Vergütungsanspruch nach Absatz 5 für diese stillzulegende Anlage; die Sätze 2 und 3 finden in diesem Fall keine Anwendung.

(7) [1] Die Höhe der Vergütung nach Absatz 5 oder 6 wird durch die Bundesnetzagentur festgesetzt. [2] Der Betreiber einer stillzulegenden Anlage hat gegen den zuständigen Betreiber eines Übertragungsnetzes einen Vergütungsanspruch in der von der Bundesnetzagentur festgesetzten Höhe. [3] Die Vergütung nach Absatz 5 Satz 1 und 2 wird jährlich im Voraus gezahlt, zahlbar monatlich in zwölf gleichen Abschlägen. [4] Die endgültige Abrechnung eines Bereitschaftsjahres erfolgt – soweit erforderlich – spätestens zum 1. Januar des folgenden Kalenderjahres. [5] Die Erzeugungsauslagen nach Absatz 5 Satz 6 werden von den Betreibern der Übertragungsnetze nach Ablauf eines Bereitschaftsjahres spätestens zum 1. Januar des folgenden Kalenderjahres gesondert erstattet. [6] Die Vergütung nach Absatz 6 wird nach Ablauf des ersten Bereitschaftsjahres spätestens zum 1. Januar des folgenden Kalenderjahres abgerechnet. [7] Die Betreiber von Übertragungsnetzen rechnen Bilanzkreisunterspeisungen und Bilanzkreisüberspeisungen für die Fahrplanviertelstunden, in denen eine Anforderung zur Einspeisung erfolgt ist, im Rahmen der Ausgleichsenergieabrechnung nach § 8 Absatz 2 der Stromnetzzugangsverordnung ab. [8] Die Betreiber von Übertragungsnetzen dürfen die ihnen nach den Absätzen 5 und 6 entstehenden Kosten nach Abzug der entstehenden Erlöse über die Netzentgelte geltend machen. [9] Die Kosten mit Ausnahme der Erzeugungsauslagen nach Absatz 5 Satz 6 gelten als dauerhaft nicht beeinflussbare Kostenanteile nach § 11 Absatz 2 Satz 1 der Anreizregulierungsverordnung. [10] Im Übrigen ist § 13e Absatz 3 Satz 5 und 6 entsprechend anzuwenden.

(8) [1] Das Bundesministerium für Wirtschaft und Energie überprüft im Einvernehmen mit dem Bundesministerium für Umwelt, Naturschutz und nukleare Sicherheit bis zum 30. Juni 2018, in welchem Umfang Kohlendioxidemissionen

durch die Stilllegung der stillzulegenden Anlagen zusätzlich eingespart werden. [2]Sofern bei der Überprüfung zum 30. Juni 2018 absehbar ist, dass durch die Stilllegung der stillzulegenden Anlagen nicht 12,5 Millionen Tonnen Kohlendioxidemissionen ab dem Jahr 2020 zusätzlich eingespart werden, legt jeder Betreiber von stillzulegenden Anlagen bis zum 31. Dezember 2018 in Abstimmung mit dem Bundesministerium für Wirtschaft und Energie einen Vorschlag vor, mit welchen geeigneten zusätzlichen Maßnahmen er beginnend ab dem Jahr 2019 jährlich zusätzliche Kohlendioxidemissionen einsparen wird. [3]Die zusätzlichen Maßnahmen aller Betreiber von stillzulegenden Anlagen müssen insgesamt dazu führen, dass dadurch zusammen mit der Stilllegung der stillzulegenden Anlagen 12,5 Millionen Tonnen Kohlendioxid im Jahr 2020 zusätzlich eingespart werden, wobei die Betreiber gemeinsam zusätzlich zu den Einsparungen durch die Stilllegung der stillzulegenden Anlagen nicht mehr als insgesamt 1,5 Millionen Tonnen Kohlendioxid einsparen müssen. [4]Sofern keine Einigung zu den zusätzlichen Maßnahmen erreicht wird, kann die Bundesregierung nach Anhörung der Betreiber durch Rechtsverordnung nach § 13i Absatz 5 weitere Maßnahmen zur Kohlendioxideinsparung in der Braunkohlewirtschaft erlassen.

§ 13h[1)] Verordnungsermächtigung zur Kapazitätsreserve. (1) Zur näheren Bestimmung der Kapazitätsreserve nach § 13e wird das Bundesministerium für Wirtschaft und Energie ermächtigt, durch Rechtsverordnung, die nicht der Zustimmung des Bundesrates bedarf, insbesondere Regelungen vorzusehen

1. zur Konkretisierung der Anlagen, aus denen Reserveleistung für die Kapazitätsreserve gebunden werden kann,
2. zu der Menge an Reserveleistung, die in der Kapazitätsreserve gebunden wird, und zu den Zeitpunkten der Leistungserbringung, abweichend von § 13e Absatz 2 Satz 3 und bis zur Grenze nach § 13e Absatz 5 Satz 4,
3. zur Anpassung des Umfangs der Kapazitätsreserve in Ergänzung zu den Anforderungen in § 13e Absatz 5,
4. zum Verhältnis der Kapazitätsreserve zu netz- und marktbezogenen Maßnahmen nach § 13 sowie zu den Anlagen der Netzreserve im Sinne des § 13d Absatz 1,
5. zu der Aktivierung und dem Abruf (Einsatz) der Anlagen, insbesondere um zu gewährleisten, dass die Anlagen der Kapazitätsreserve elektrische Energie ausschließlich auf Anforderung der Betreiber von Übertragungsnetzen einspeisen und die Betreiber der Anlagen die Reserveleistung nicht an den Strommärkten veräußern,
6. zu Art, Zeitpunkt, Zeitraum sowie Häufigkeit, Form und Inhalt des Beschaffungsverfahrens, insbesondere
   a) zu der jeweils zu beschaffenden Reserveleistung,
   b) zur zeitlichen Staffelung der zu beschaffenden Reserveleistung in Teilmengen,

[1)] § 13h eingef. mWv 30.7.2016 durch G v. 26.7.2016 (BGBl. I S. 1786); Abs. 1 Nr. 21 geänd. mWv 1.1.2017 durch G v. 22.12.2016 (BGBl. I S. 3106); Abs. 1 Nr. 7 Buchst. e, Nr. 10 geänd., Nr. 11 neu gef., Nr. 12 aufgeh., bish. Nr. 13–15 werden Nr. 12–14, bish. Nr. 16 wird Nr. 15 und geänd., bish. Nr. 17 wird Nr. 16, bish. Nr. 18 wird Nr. 17 und Buchst. b einl. Satzteil geänd., bish. Nr. 19–24 werden Nr. 18–23, Abs. 2 geänd. mWv 21.12.2018 durch G v. 17.12.2018 (BGBl. I S. 2549); Abs. 1 Nr. 21 geänd. mWv 26.11.2019 durch G v. 20.11.2019 (BGBl. I S. 1626).

c) zu den Vorlaufzeiten und zu den Zeitpunkten der tatsächlichen Bereitstellung der Reserveleistung, die nach bestehenden oder neu zu errichtenden Kapazitätsreserveanlagen differenziert werden können,
d) zur Preisbildung für die Bereitstellung und die Verfügbarkeit der Reserveleistung, einschließlich der Festlegung von Mindest- und Höchstpreisen,
e) zum Ablauf des Beschaffungsverfahrens,
f) zur Nachbeschaffung von Reserveleistung, insbesondere wenn die insgesamt zu beschaffende Reserveleistung voraussichtlich nicht erreicht wird, ein Vertrag während der Verpflichtung zur Vorhaltung der Reserveleistung beendet wird oder die Funktionsprüfung trotz Nachbesserungsmöglichkeit nicht erfolgreich ist,

7. zu den Anforderungen für die Teilnahme an dem Beschaffungsverfahren und für die Anlagen, insbesondere
a) Mindestanforderungen an die Eignung der Teilnehmer,
b) Anforderungen an die Lage, Größe und die Eignung der Anlagen oder Teilkapazitäten der Anlage, um die Sicherheit und Zuverlässigkeit des Elektrizitätsversorgungssystems im Fall von Leistungsbilanzdefiziten zu gewährleisten,
c) Anforderungen zur Netz- oder Systemintegration der Anlagen der Kapazitätsreserve,
d) Anforderungen an das Vorliegen von Genehmigungen bei Anlagen,
e) Anforderungen an die Anlagen zur Einhaltung des Rückkehrverbotes sowie zu Art, Form, Inhalt und Höhe von Sicherheiten, die von allen Teilnehmern des Beschaffungsverfahrens oder im Fall der Zuschlagserteilung zu leisten sind, um eine Inbetriebnahme sowie die Vorhaltung und den Einsatz der Anlage der Kapazitätsreserve sicherzustellen und zu gewährleisten, dass die Anlagen der Kapazitätsreserve bis zu ihrer endgültigen Stilllegung auch im Fall einer Veräußerung der Anlage nur außerhalb der Strommärkte eingesetzt werden, sowie Anforderungen an die entsprechenden Regelungen zur teilweisen oder vollständigen Rückgewährung dieser Sicherheiten,
f) festzulegen, wie Teilnehmer an dem Beschaffungsverfahren die Einhaltung der Anforderungen nach den Buchstaben a bis e nachweisen müssen,

8. zu Form, Inhalt und Zeitpunkt der Zuschlagserteilung bei einem Beschaffungsverfahren und zu den Kriterien für die Zuschlagserteilung,
9. zur Berücksichtigung der durch die Kapazitätsreserve entstehenden Kosten der Betreiber von Übertragungsnetzen und zu den Anforderungen an einen Kostenausgleichsmechanismus zwischen den Betreibern der Übertragungsnetze,
10. zu der durch einen Zuschlag vergebenen Vergütung einschließlich der Vergütungsbestandteile, insbesondere zu regeln, dass die Vergütung für die Vorhaltung der Reserveleistung als Leistungspreis in Euro pro Megawatt zu zahlen ist,
11. zu den Kosten, die den Betreibern von Anlagen der Kapazitätsreserve gesondert zu erstatten sind, zur Abgrenzung zwischen erstattungsfähigen Kostenpositionen, nicht erstattungsfähigen Kostenpositionen und Vergütungsbestandteilen sowie zur Abgeltung der Kosten durch einen pauschalen Vergütungssatz,
12. zum Verfahren der Abrechnung der Kosten für die Vorhaltung und den Einsatz der Anlagen der Kapazitätsreserve durch die Betreiber der Übertragungsnetze,
13. zum Verfahren der Anpassung bestehender Verträge bei der Erteilung eines Zuschlags für Anlagen, die nach § 13a Absatz 1, § 13b oder § 13d sowie der

Netzreserveverordnung als Netzreserve verpflichtet und an das Netz angeschlossen sind,

14. zur Dauer der vertraglichen Verpflichtung bei bestehenden und neu zu errichtenden Anlagen der Kapazitätsreserve,
15. zu der Art, den Kriterien, den Bedingungen, dem Umfang und der Reihenfolge des Einsatzes der Anlagen der Kapazitätsreserve, einschließlich des Einsatzes geeigneter Anlagen der Kapazitätsreserve für die Netzreserve, durch die Betreiber der Übertragungsnetze,
16. zur Sicherstellung, dass die Anlagen der Kapazitätsreserve den Betreibern der Übertragungsnetze im Bedarfsfall für den Einsatz zur Verfügung stehen, sowie zur Vermeidung von Wettbewerbsverzerrungen auf den Strommärkten, einschließlich der Untersagung des Betriebs der Anlage,
17. zu den Anforderungen, die bei Anlagen der Kapazitätsreserve sicherstellen sollen, dass die Anlagen von den Betreibern der Übertragungsnetze im Bedarfsfall eingesetzt werden können, insbesondere für den Fall, dass eine Anlage nicht oder verspätet aktiviert worden ist oder nicht in einem ausreichenden Umfang einspeist, und zu den Anforderungen, die bei neu zu errichtenden Anlagen die Inbetriebnahme sicherstellen sollen, insbesondere für den Fall, dass eine Anlage nicht oder verspätet in Betrieb genommen worden ist,
    a) zu einem Verfahren für Probeabrufe, für einen Funktionstest der Anlagen und für Nachbesserungen in angemessener Frist, um die Betriebsbereitschaft und rechtzeitige Aktivierbarkeit der Anlagen zu gewährleisten, insbesondere
        aa) die Möglichkeit vorzusehen, einen Vertrag mit einem Betreiber einer Anlage bei Vorliegen wichtiger Gründe zu beenden,
        bb) Regelungen zur nachträglichen Beschaffung von Anlagen der Kapazitätsreserve vorzusehen und
        cc) eine Pflicht zu einer Geldzahlung oder zur Reduzierung der Vergütung vorzusehen und deren Höhe und die Voraussetzungen für die Zahlungspflicht zu regeln,
    b) zum Vorgehen bei erfolglosen Probeabrufen, Funktionstests oder Einsätzen, insbesondere
        aa) bei der unterlassenen oder verspäteten Aktivierung einer Anlage oder bei der unterlassenen Inbetriebnahme einer neu errichteten Anlage eine Pflicht zu einer Geldzahlung vorzusehen und deren Höhe und die Voraussetzungen für die Zahlungspflicht zu regeln,
        bb) Kriterien für einen Ausschluss von Bietern bei künftigen Beschaffungen der Kapazitätsreserve zu regeln und
        cc) die Möglichkeit vorzusehen, die im Rahmen des Beschaffungsverfahrens zu zahlende Vergütung nach Ablauf einer angemessenen Frist nicht mehr zu zahlen oder zu verringern und danach die Reserveleistung erneut zu vergeben, oder die Dauer oder Höhe der Vergütung nach Ablauf einer angemessenen Frist zu verringern,
18. zu der Art, der Form und dem Inhalt der Veröffentlichungen der Bekanntmachung von Beschaffungsverfahren, der abgegebenen Gebote und den Ergebnissen der Beschaffungsverfahren,
19. zu den Informationen, die zur Durchführung der Nummern 1 bis 14 zu übermitteln sind, und zum Schutz der in diesem Zusammenhang übermittelten Betriebs- und Geschäftsgeheimnisse,

20. zur Bestimmung, wie der nach § 13e Absatz 5 Satz 5 bis 7 zugrunde zu legende Wert der durchschnittlichen Jahreshöchstlast berechnet wird und worauf er sich bezieht,
21. welche Daten übermittelt werden müssen und wer als Verantwortlicher zur Übermittlung verpflichtet ist,
22. zur Gewährleistung von Datensicherheit und Datenschutz; dies umfasst insbesondere Regelungen zum Schutz personenbezogener Daten im Zusammenhang mit den nach Nummer 18 zu übermittelnden Daten einschließlich Aufklärungs-, Auskunfts- und Löschungspflichten,
23. zu Art und Form der Veröffentlichung und Zustellung von Entscheidungen der Bundesnetzagentur im Anwendungsbereich der Rechtsverordnung nach diesem Absatz, insbesondere eine öffentliche Bekanntmachung vorzusehen.

(2) Das Bundesministerium für Wirtschaft und Energie wird ermächtigt, durch Rechtsverordnung, die nicht der Zustimmung des Bundesrates bedarf, die Bundesnetzagentur zu ermächtigen, im Anwendungsbereich der Kapazitätsreserve zur näheren Bestimmung der Regelungen nach Absatz 1 Nummer 1 bis 20 Festlegungen nach § 29 Absatz 1 zu treffen.

§ 13i[1)] Weitere Verordnungsermächtigungen. (1) [1]Die Bundesregierung kann zur Verwirklichung einer effizienten Beschaffung und zur Verwirklichung einheitlicher Anforderungen im Sinne von § 13 Absatz 6 Satz 1 in einer Rechtsverordnung[2)] ohne Zustimmung des Bundesrates und mit Zustimmung des Bundestages Regeln für ein sich wiederholendes oder für einen bestimmten Zeitraum geltendes Ausschreibungsverfahren zur Beschaffung von Ab- und Zuschaltleistung vorsehen. [2]Die Zustimmung des Bundestages gilt mit Ablauf der sechsten Sitzungswoche nach Zuleitung des Verordnungsentwurfs der Bundesregierung an den Bundestag als erteilt. [3]In der Rechtsverordnung können insbesondere Regelungen getroffen werden

1. zu technischen Anforderungen an Ab- oder Zuschaltleistung aus ab- oder zuschaltbaren Lasten,
2. zu Anforderungen an eine Rahmenvereinbarung, die zur Teilnahme an einem Ausschreibungsverfahren berechtigt,
3. zum Verfahren der Angebotserstellung und der Zuschlagserteilung,
4. zum Abruf der Ab- oder Zuschaltleistung und
5. für einen rückwirkenden Wegfall der Vergütung für ab- oder zuschaltbare Lasten bei vorsätzlicher oder grob fahrlässiger Verletzung der Pflichten nach dieser Rechtsverordnung.

[4]Daneben können in der Rechtsverordnung den Anbietern von Ab- oder Zuschaltleistung aus ab- oder zuschaltbaren Lasten Meldepflichten bezüglich der Verfügbarkeit der Ab- oder Zuschaltleistung gegenüber den Betreibern von Übertragungsnetzen auferlegt werden. [5]Zudem können zivilrechtliche Regelungen für

---

[1)] § 13i eingef. mWv 30.7.2016 durch G v. 26.7.2016 (BGBl. I S. 1786); Abs. 2 Satz 4, Abs. 3 Nr. 2 geänd., Nr. 3 angef. mWv 1.1.2017 durch G v. 13.10.2016 (BGBl. I S. 2258); Abs. 2 Satz 6 geänd. mWv 1.1.2017 durch G v. 22.12.2016 (BGBl. I S. 3106); Abs. 3 Nr. 1 Buchst. e und f geänd., Buchst. g angef. mWv 1.10.2021 durch G v. 13.5.2019 (BGBl. I S. 706); Abs. 3 Nr. 3 geänd. mWv 1.1.2021 durch G v. 21.12.2020 (BGBl. I S. 3138).

[2)] Siehe die VO zu abschaltbaren Lasten v. 16.8.2016 (BGBl. I S. 1984), zuletzt geänd. durch G v. 20.7. 2022 (BGBl. I S. 1237).

3. dem bilanziellen Ausgleich nach § 13a Absatz 1a in der auf Grund des Artikels 1 Nummer 10 des Gesetzes vom 13. Mai 2019 (BGBl. I S. 706) ab dem 1. Oktober 2021 geltenden Fassung.

(6) [1] Die Bundesnetzagentur erlässt durch Festlegungen nach § 29 Absatz 1 insbesondere unter Berücksichtigung der Ziele des § 1 nähere Bestimmungen zu dem Mindestfaktor nach § 13 Absatz 1a, wobei dieser nicht weniger als das Fünffache und nicht mehr als das Fünfzehnfache betragen darf. [2] Die Festlegung des Mindestfaktors nach Satz 1 erfolgt im Einvernehmen mit dem Umweltbundesamt.

(7) [1] Die Bundesnetzagentur kann durch Festlegungen nach § 29 Absatz 1 unter besonderer Berücksichtigung der Ziele des § 1 abweichend von § 13 Absatz 6a Satz 5 bestimmen, dass Betreiber eines Elektrizitätsverteilernetzes, an das mindestens 100 000 Kunden unmittelbar oder mittelbar angeschlossen sind, vertragliche Vereinbarungen nach § 13 Absatz 6a unter entsprechender Anwendung der dortigen Vorgaben zur Beseitigung von Engpässen in ihrem Hochspannungsnetz schließen können. [2] Hierzu kann sie nähere Bestimmungen zu Inhalt und Verfahren treffen, insbesondere

1. über Art und Umfang des Nachweises, ob die Anlage nach § 13 Absatz 6a Satz 1 Nummer 1 geeignet ist, zur Beseitigung von Gefährdungen oder Störungen der Sicherheit oder Zuverlässigkeit des Elektrizitätsversorgungssystems aufgrund von Netzengpässen im Hochspannungsnetz des Verteilernetzbetreibers effizient beizutragen,
2. über Ausnahmen von den Vorgaben des § 13 Absatz 6a Satz 1 Nummer 2,
3. über den Nachweis, dass weder das Netz während der Dauer der Vertragslaufzeit im erforderlichen Umfang nach dem Stand der Technik optimiert, verstärkt oder ausgebaut werden kann noch andere geeignete Maßnahmen zur effizienten Beseitigung des Engpasses verfügbar sind,
4. dass der Betreiber des Übertragungsnetzes, in dessen Netz das Elektrizitätsverteilernetz unmittelbar oder mittelbar technisch eingebunden ist, der Vereinbarung zustimmt, wobei die Zustimmung nur aus netztechnischen Gründen verweigert werden kann, und
5. dass der Betreiber der KWK-Anlage nicht im Sinne des Artikels 3 Absatz 2 der Verordnung (EG) Nr. 139/2004 des Rates vom 20. Januar 2004 über die Kontrolle von Unternehmenszusammenschlüssen (ABl. L 24 vom 29.1.2004, S. 1) mit dem Betreiber eines Elektrizitätsverteilernetzes verbunden sein darf.

[3] Die Ermächtigung nach Satz 1 ist darauf beschränkt, dass Netzengpässe im Sinne des § 13 Absatz 6a Satz 1 Nummer 1 und Satz 5 im Hochspannungsnetz auftreten.

§ 13k[1] *(aufgehoben)*

§ 14[2] Aufgaben der Betreiber von Elektrizitätsverteilernetzen.

(1) [1] Die §§ 12, 13 bis 13c und die auf Grundlage des § 13i Absatz 3 erlassenen Rechtsverordnungen gelten für Betreiber von Elektrizitätsverteilernetzen im Rah-

---

[1] § 13k aufgeh. mWv 22.7.2017 durch G v. 17.7.2017 (BGBl. I S. 2503).

[2] § 14 Abs. 1a geänd. mWv 26.8.2009 durch G v. 21.8.2009 (BGBl. I S. 2870); Abs. 1 Sätze 2 und3 aufgeh., bish. Satz 4 wird Satz 2, Abs. 1a und 1b eingef., bish. Abs. 1a wird Abs. 1c und neu gef. mWv 4.8.2011 durch G v. 26.7.2011 (BGBl. I S. 1554); Abs. 1b Satz 4 neu gef. mWv 1.1.2016 durch G v. 10.12.2015 (BGBl. I S. 2194); Abs. 1 Sätze 1 und 2, Abs. 1c geänd. mWv 30.7.2016 durch G v. 26.7.2016 (BGBl. I S. 1786); Abs. 1b neu gef. mWv 1.1.2017 durch G v. 22.12.2016 (BGBl. I S. 3106); Abs. 1c neu gef. mWv 1.10.2021 durch G v. 13.5.2019 (BGBl. I S. 706); Abs. 1a, 1b und 2 neu gef., Abs. 3 angef. mWv 27.7.2021, Abs. 3 Satz 1 geänd. mWv 1.10.2021 durch G v. 16.7.2021 (BGBl. I S. 3026).

men ihrer Verteilungsaufgaben entsprechend, soweit sie für die Sicherheit und Zuverlässigkeit der Elektrizitätsversorgung in ihrem Netz verantwortlich sind. [2] § 13 Absatz 9 ist mit der Maßgabe anzuwenden, dass die Betreiber von Elektrizitätsverteilernetzen nur auf Anforderung der Regulierungsbehörde die Schwachstellenanalyse zu erstellen und über das Ergebnis zu berichten haben.

(1a) (weggefallen)

(1b) (weggefallen)

(1c) [1] Die Betreiber von Elektrizitätsverteilernetzen sind verpflichtet, auf Aufforderung eines Betreibers von Übertragungsnetzen oder eines nach Absatz 1 Satz 1 verantwortlichen Betreibers von Elektrizitätsverteilernetzen, in dessen Netz sie unmittelbar oder mittelbar technisch eingebunden sind, nach dessen Vorgaben und den dadurch begründeten Vorgaben eines Betreibers von vorgelagerten Elektrizitätsverteilernetzen in ihrem Elektrizitätsverteilernetz eigene Maßnahmen nach § 13 Absatz 1 und 2 auszuführen; dabei sind die §§ 12 und 13 bis 13c entsprechend anzuwenden. [2] Soweit auf Grund der Aufforderung nach Satz 1 strom- und spannungsbedingte Anpassungen der Wirkleistungserzeugung oder des Wirkleistungsbezugs nach § 13a Absatz 1 durchgeführt werden, hat der Betreiber des Elektrizitätsverteilernetzes einen Anspruch gegen den ihn auffordernden Netzbetreiber auf bilanziellen und finanziellen Ersatz entsprechend den Vorgaben nach Satz 1. [3] Der ihn auffordernde Netzbetreiber hat einen Anspruch auf Abnahme des bilanziellen Ersatzes.

(2) [1] Betreiber von Elektrizitätsverteilernetzen haben in Ergänzung zur Berichtspflicht nach § 14d oder in begründeten Einzelfällen auf Verlangen der Regulierungsbehörde innerhalb von zwei Monaten einen Bericht über den Netzzustand und die Umsetzung der Netzausbauplanung zu erstellen und ihr diesen vorzulegen. [2] Die Regulierungsbehörde kann Vorgaben zu Frist, Form, Inhalt und Art der Übermittlung des Berichts machen. [3] Die Regulierungsbehörde kann den Bericht auf bestimmte Teile des Elektrizitätsverteilernetzes beschränken. [4] Die Regulierungsbehörde kann durch Festlegung nach § 29 Absatz 1 zum Inhalt des Berichts nähere Bestimmungen treffen.

(3) [1] Die Betreiber von Elektrizitätsverteilernetzen haben für ihr Netzgebiet in Zusammenarbeit mit den Betreibern von Fernwärme- und Fernkältesystemen mindestens alle vier Jahre das Potenzial der Fernwärme- und Fernkältesysteme für die Erbringung marktbezogener Maßnahmen nach § 13 Absatz 1 Satz 1 Nummer 2 zu bewerten. [2] Dabei haben sie auch zu prüfen, ob die Nutzung des ermittelten Potenzials gegenüber anderen Lösungen unter Berücksichtigung der Zwecke des § 1 Absatz 1 vorzugswürdig wäre.

§ 14a[1)] Steuerbare Verbrauchseinrichtungen in Niederspannung; Verordnungsermächtigung. [1] Betreiber von Elektrizitätsverteilernetzen haben denjenigen Lieferanten und Letztverbrauchern im Bereich der Niederspannung, mit denen sie Netznutzungsverträge abgeschlossen haben, ein reduziertes Netzentgelt zu berechnen, wenn mit ihnen im Gegenzug die netzdienliche Steuerung von steuerbaren Verbrauchseinrichtungen, die über einen separaten Zählpunkt verfügen, vereinbart wird. [2] Als steuerbare Verbrauchseinrichtung im Sinne von Satz 1 gelten auch Elektromobile. [3] Die Bundesregierung wird ermächtigt, durch Rechtsverordnung mit Zustimmung des Bundesrates die Verpflichtung nach den Sätzen 1 und 2 näher zu konkretisieren, insbesondere einen Rahmen für die Reduzierung

[1)] § 14a eingef. mWv 4.8.2011 durch G v. 26.7.2011 (BGBl. I S. 1554); Überschrift neu gef., Sätze 1 und 2 geänd., Satz 3 neu gef. und Satz 4 angef. mWv 2.9.2016 durch G v. 29.8.2016 (BGBl. I S. 2034).

rung, zur Verstärkung, zur Erneuerung und zum Ausbau des Netzes sowie notwendiger Energieeffizienz- und Nachfragesteuerungsmaßnahmen,

4. die geplanten Optimierungs-, Verstärkungs-, Erneuerungs- und Ausbaumaßnahmen sowie notwendige Energieeffizienz- und Nachfragesteuerungsmaßnahmen in den nächsten fünf und zehn Jahren, wobei anzugeben ist, inwieweit für die Umsetzung dieser Maßnahmen öffentlich-rechtliche Planungs- oder Genehmigungsverfahren notwendig sind, sowie den jeweiligen Stand dieser Verfahren und die Angabe, ob und zu welchem Zeitpunkt durch den Betreiber eines Elektrizitätsverteilernetzes bereits Investitionsentscheidungen bezüglich dieser Maßnahmen getroffen wurden und bis zu welchem Zeitpunkt der Betreiber des Elektrizitätsverteilernetzes von der tatsächlichen Durchführung einer Maßnahme ausgeht,
5. eine detaillierte Darlegung der engpassbehafteten Leitungsabschnitte und der jeweilig geplanten Optimierungs-, Verstärkungs- und Ausbaumaßnahmen,
6. den Bedarf an nicht frequenzgebundenen Systemdienstleistungen und Flexibilitätsdienstleistungen im Sinne des § 14c sowie die geplante Deckung dieses Bedarfs und
7. den Umfang, in dem von dem Instrument der Spitzenkappung nach § 11 Absatz 2 Gebrauch gemacht werden soll.

[2] Die Darstellung der Angaben nach Satz 1 muss so ausgestaltet sein, dass ein sachkundiger Dritter nachvollziehen kann,

1. welche Veränderungen der Kapazitäten für Leitungstrassen und Umspannstationen sowie welche Veränderungen bei nicht frequenzgebundenen Systemdienstleistungen mit den geplanten Maßnahmen einhergehen,
2. welche Alternativen der Betreiber von Elektrizitätsverteilernetzen geprüft hat,
3. welcher Bedarf an Systemdienstleistungen und Flexibilitätsdienstleistungen nach Realisierung der geplanten Maßnahmen verbleibt und
4. welche Kosten voraussichtlich entstehen.

[3] Die Regulierungsbehörde kann Vorgaben zu Frist, Form, Inhalt und Art der Übermittlung des Netzausbauplans machen.

(5) Die Regulierungsbehörde kann durch Festlegung nach § 29 Absatz 1 nähere Bestimmungen zu den Absätzen 1 bis 4 treffen.

(6) Die Betreiber von Elektrizitätsverteilernetzen haben zumindest den Netznutzern der Mittel- und Hochspannungsebene sowie den Betreibern von Übertragungsnetzen zu den sie betreffenden Netzausbauplänen Gelegenheit zur Stellungnahme zu geben.

(7) [1] Bei der Erstellung der Netzausbaupläne haben Betreiber von Elektrizitätsverteilernetzen die Möglichkeiten von Energieeffizienz- und Nachfragesteuerungsmaßnahmen zu berücksichtigen und für Niederspannungsnetze die langfristig erwarteten Anschlüsse von Erzeugungskapazitäten und Lasten anzusetzen. [2] Die Bundesregierung wird ermächtigt, durch Rechtsverordnung ohne Zustimmung des Bundesrates allgemeine Grundsätze für die Berücksichtigung der in Satz 1 genannten Belange festzulegen.

(8) [1] Die Absätze 1 bis 4 sowie 6 und 7 sind nicht anzuwenden auf Betreiber von Elektrizitätsverteilernetzen, an deren Elektrizitätsverteilernetz weniger als 100 000 Kunden unmittelbar oder mittelbar angeschlossen sind. [2] Abweichend von Satz 1 sind die Absätze 1 bis 4 sowie 6 und 7 auf Betreiber nach Satz 1 anzuwenden, wenn in dem Elektrizitätsverteilernetz die technisch mögliche Stromerzeugung der beiden vorherigen Jahre aus Windenergie an Land oder aus solarer

Strahlungsenergie aus den an das Elektrizitätsverteilernetz angeschlossenen Anlagen auf Veranlassung des Betreibers eines Elektrizitätsverteilernetzes um jeweils mehr als 3 Prozent gekürzt wurde.

(9) [1] Betreiber von Elektrizitätsverteilernetzen nach Absatz 8 Satz 1 sind verpflichtet, Daten nach Absatz 4 Satz 1 Nummer 1 und 2 an den vorgelagerten Betreiber von Elektrizitätsverteilernetzen zu übermitteln. [2] Die Betreiber von Elektrizitätsverteilernetzen nach Absatz 1 stimmen sich zumindest innerhalb einer Planungsregion zu den Anforderungen an die zu übermittelnden Daten ab. [3] Dabei haben sie den Betreibern von Elektrizitätsverteilernetzen nach Absatz 8 Satz 1 Gelegenheit zur Stellungnahme zu geben.

(10) Die Errichtung und der Betrieb von Elektrizitätsverteilernetzen mit einer Nennspannung von 110 Kilovolt liegen im überragenden öffentlichen Interesse und dienen der öffentlichen Sicherheit.

§ 14e[1] Gemeinsame Internetplattform; Festlegungskompetenz.

(1) Betreiber von Elektrizitätsverteilernetzen sind verpflichtet, ab dem 1. Januar 2023 zu den in den folgenden Absätzen genannten Zwecken eine gemeinsame Internetplattform einzurichten und zu betreiben.

(2) Betreiber von Elektrizitätsverteilernetzen haben spätestens ab dem 1. Januar 2024 sicherzustellen, dass Anschlussbegehrende von Anlagen gemäß § 8 Absatz 1 Satz 2 des Erneuerbare-Energien-Gesetzes[2] sowie Letztverbraucher, einschließlich Anlagen nach § 3 Nummer 15d und 25, über die gemeinsame Internetplattform auf die Internetseite des zuständigen Netzbetreibers gelangen können, um dort Informationen für ein Netzanschlussbegehren nach § 8 des Erneuerbare-Energien-Gesetzes oder die im Rahmen eines Netzanschlusses nach § 18 erforderlichen Informationen zu übermitteln.

(3) Die Beteiligung nach § 14d Absatz 6 hat über die gemeinsame Internetplattform zu erfolgen.

(4) Betreiber von Elektrizitätsverteilernetzen veröffentlichen auf der gemeinsamen Internetplattform mindestens Folgendes:

1. das jeweilige Regionalszenario nach § 14d Absatz 3, spätestens vier Wochen nach Fertigstellung,
2. den jeweiligen Netzausbauplan nach § 14d Absatz 1, spätestens vier Wochen nach Fertigstellung und
3. die Stellungnahmen nach § 14d Absatz 6.

(5) Die Betreiber von Elektrizitätsverteilernetzen haben die Regulierungsbehörde auf die Veröffentlichungen nach Absatz 4 in Textform hinzuweisen.

(6) Die Regulierungsbehörde kann die Übermittlung einer Zusammenfassung der Stellungnahmen nach § 14d Absatz 6 in Textform verlangen.

(7) Die Regulierungsbehörde kann durch Festlegung nach § 29 Absatz 1 nähere Bestimmungen zu den Absätzen 1 bis 5 treffen.

§ 15[3] Aufgaben der Betreiber von Fernleitungsnetzen. (1) Betreiber von Fernleitungsnetzen haben den Gastransport durch ihr Netz unter Berücksichtigung der Verbindungen mit anderen Netzen zu regeln und mit der Bereitstellung und dem Betrieb ihrer Fernleitungsnetze im nationalen und internationalen Verbund

[1] § 14e neu gef. mWv 29.7.2022 durch G v. 19.7.2022 (BGBl. I S. 1214).
[2] **Sartorius ErgBd. Nr. 833.**
[3] § 15 Abs. 2 Sätze 2 und 3 angef. mWv 28.12.2012 durch G v. 20.12.2012 (BGBl. I S. 2730).

Für handschriftliche Notizen

Für handschriftliche Notizen

Für handschriftliche Notizen

Für handschriftliche Notizen

Für handschriftliche Notizen

Für handschriftliche Notizen

Für handschriftliche Notizen

Für handschriftliche Notizen